Louisiane

LA JOIE DE VIVRE

Musique, culture, gastronomie, architecture, joie de vivre : la Louisiane est une destination vibrante et contagieuse qui ne laisse pas indifférent. L'amateur de nature s'y précipitera, à la découverte de ses bayous et marais mystérieux. Il y observera les *'gators* qui se prélassent au soleil et les nombreux oiseaux nichés dans les infinis cyprès couverts de mousse espagnole. Celui qui ne jure que par le rythme ne saura plus où donner de l'oreille, et pas que durant le fameux Mardi Gras : les murs du French Quarter et de Frenchmen Street à La Nouvelle-Orléans résonnent jour et nuit des notes de blues, R'n'B et jazz New Orleans, tandis que les parquets grinçants des « fais dodo » du pays cajun sont tellement imprégnés des entêtants tempos du two-step ou du zydeco que le talon bat instinctivement la mesure et qu'on se retrouve sur la piste sans trop savoir comment. Le passionné d'histoire prendra la route des plantations pour s'imprégner d'un passé sulfureux façonné par l'esclavage, la prospère industrie du coton et les ravages de la guerre de Sécession, ou encore celle des Cajuns qui se laisse découvrir en poussant un peu plus dans les terres. Quant au gourmand, il ne fera pas régime entre les énormes plats d'écrevisses, les spécialités bien épicées que sont le gumbo et le jambalaya, ou encore les succulents po-boys et muffulettas toujours bien garnis. Bref, la Louisiane est un État à part en Amérique, un lieu où « laisser les bons temps rouler », comme on dit ici.

SOMMAIRE

Marécages de Louisiane. © TOMASWORKS

Le vieux carré et ses musiciens de rue. © PHOTOSERVICE

6 INSPIRER

Pour vous tenter. Mieux, vous convaincre, avec les plus de la destination, des idées de séjour, les festivités à ne pas rater et des infos pratiques à gogo.

43 DÉCOUVRIR

Tout ce que vous avez toujours voulu savoir sur la Louisiane sans jamais oser le demander, de ses racines métissées aux célébrations colorées du Mardi Gras.

115 LA NOUVELLE-ORLÉANS ET SES ENVIRONS

Outre la grande star des lieux, La Nouvelle-Orléans, la région est réputée pour sa gastronomie, les virées en *airboat* dans les bayous ou encore la pêche en mer.

Aigrette dans le bayou. © CEJOOS - ISTOCKPHOTO.COM

Plantation Myrtles. © WANDERLUSTER - ISTOCKPHOTO.COM

Alexandria. © DENISTANGNEYJR

© STEVEN L.J. REICH - SHUTTERSTOCK.COM

ARKANSAS
Haynesville
Upper Ouachita NWA
BASTROP
American Rose Center / Gardens
Lac Caddo
Minden
MONROE – WEST MONROE ★★
SHREVEPORT - BOSSIER CITY ★★★
Ouachita
Lucky
Winnsboro
Saline Bayou NSR
MANSFIELD
Winnfield
Olla
Sicily Isla
KISATCHIE NATIONAL FOREST ★★★
NATCHITOCHES ★★★
Toledo Bend Res.
MELROSE
Archie
Lac Catahoula
MONTROSE ★
Natchitoches N.P.
Saline Area/ Catahoula NR
Flatwoods
Lake Ophe NWR
ALEXANDRIA - PINEVILLE ★
Rapides
KISATCHIE NATIONAL FOREST ★
Bunkie
Lutcher and Moore Area
Oakdale
Atchafalaya
Sabine
TEXAS
Oberlin
Longville
Atcha NW
EUNICE ★
Kinder
LAFAYETTE ★★★
LAKE CHARLES ★★
ST MARTINVILLE ★★
Lake Arthur
NEW IBERIA ★★
ABBEVILLE ★★
Lac Calcasieu
Lacassine NWR
AVERY ISLAND ★★
Sabine NWR
Creole
White Lake
Holly Beach
Pecan Island
Rockfeller WR
Russel Sage State Refuge
GOLFE DU MEXIQUE
Bai d'Atchaf
50 KM

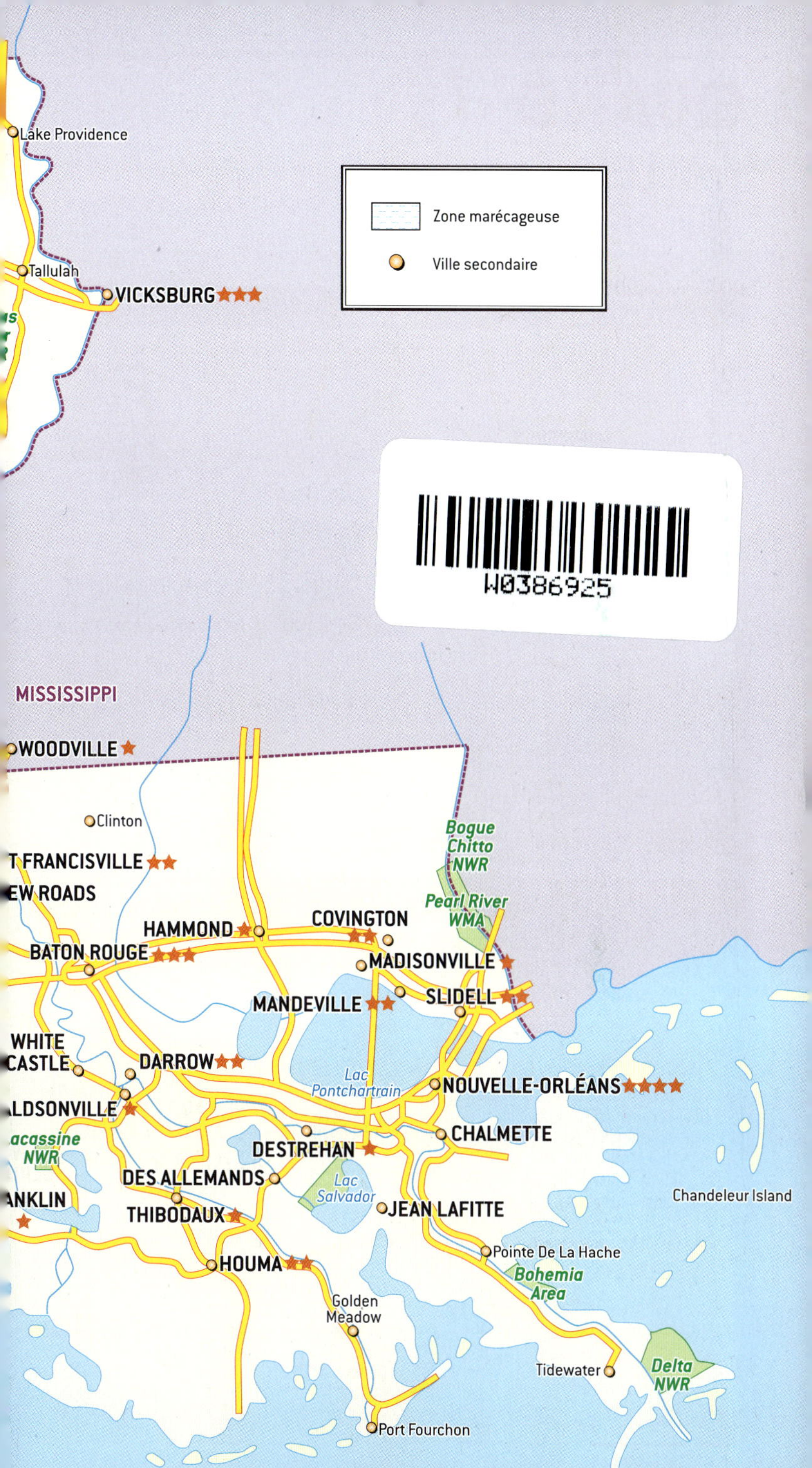

Lake Providence
Zone marécageuse
Ville secondaire
Tallulah
VICKSBURG
MISSISSIPPI
WOODVILLE
Clinton
Bogue Chitto NWR
T FRANCISVILLE
EW ROADS
Pearl River WMA
HAMMOND
COVINGTON
BATON ROUGE
MADISONVILLE
MANDEVILLE
SLIDELL
WHITE CASTLE
DARROW
Lac Pontchartrain
NOUVELLE-ORLÉANS
LDSONVILLE
acassine NWR
CHALMETTE
DESTREHAN
Lac Salvador
DES ALLEMANDS
ANKLIN
THIBODAUX
JEAN LAFITTE
Chandeleur Island
Pointe De La Hache
HOUMA
Bohemia Area
Golden Meadow
Tidewater
Delta NWR
Port Fourchon

QUAND

Y ALLER

JANVIER

9° / 17°

TWELFTH NIGHT
(LA NOUVELLE-ORLÉANS)
Le 6 janvier marque le début de la saison du carnaval à La Nouvelle-Orléans. C'est parti pour plus d'un mois de festivités !

$ $

FÉVRIER

11° / 19°

MARDI GRAS NEW ORLEANS
(LA NOUVELLE-ORLÉANS)

© MARIANS_YEAR

C'est clairement l'événement le plus festif de La Nouvelle-Orléans, dont la réputation dépasse largement les frontières du pays.

$ $ $

MARS

14° / 23°

TENNESSEE WILLIAMS & NEW ORLEANS LITERARY FESTIVAL
(LA NOUVELLE-ORLÉANS)
Un événement de belle envergure, nommé en l'hommage du dramaturge ayant écrit l'incontournable pièce *Un tramway nommé Désir*.

MARDI GRAS INDIANS SUPER SUNDAY
(LA NOUVELLE-ORLÉANS)
Pour voir les plus beaux costumes de toute la saison du Mardi Gras, le Super Sunday est carrément recommandé.

$ $ $

JUILLET

26° / 34°

CAJUN MUSIC & FOOD FESTIVAL
(LAKE CHARLES)
La Cajun French Music Association de Lake Charles nous plonge l'instant d'une journée dans la musique et la gastronomie cajuns.

$

AOÛT

25° / 33°

WHITE LINEN NIGHT
(LA NOUVELLE-ORLÉANS)
Un grand rendez-vous annuel où l'on se pare entièrement de blanc pour découvrir les expositions des institutions du Arts District.

LOUISIANA SHRIMP AND PETROLEUM FESTIVAL
(MORGAN CITY)
Morgan City célèbre comme il se doit ses deux grandes industries que sont les crevettes et le pétrole avec 5 jours de festivités.

$

SEPTEMBRE

24° / 31°

SOUTHERN DECADENCE
(LA NOUVELLE-ORLÉANS)
Southern Decadence vient clore l'été en beauté alors que le French Quarter accueille son party annuel de la communauté LGBTQ2+.

SOUTHWEST LOUISIANA ZYDECO MUSIC FESTIVAL
(OPELOUSAS)
Style musical unique à la Louisiane, le zydeco est célébré en grande pompe dans la ville qui en est la capitale mondiale.

$

C'est au printemps et à l'automne qu'il faut rendre visite à la Louisiane. Non seulement la faune et la flore bourdonnent d'activité, mais c'est aussi à ces périodes que les festivals et événements en tous genres s'enchaînent sans temps mort. L'été est à proscrire en raison des fortes chaleurs et risques d'ouragans, alors que l'hiver fait place à la saison du carnaval. À noter que si les tarifs sont bas sur place en été, les billets d'avion se vendent à prix d'or pour cette période.

AVRIL

18° / 26°

NEW ORLEANS JAZZ & HERITAGE FESTIVAL
(LA NOUVELLE-ORLÉANS)
C'est l'un des plus importants festivals de jazz de la planète, organisé dans la ville qui a vu naître ce style musical.

FESTIVAL INTERNATIONAL DE LOUISIANE
(LAFAYETTE)
Un événement haut en couleur, réunissant la musique, les arts et la gastronomie des quatre coins du globe au cœur de Lafayette.

$ $ $

MAI

22° / 30°

BREAUX BRIDGE CRAWFISH FESTIVAL
(BREAUX BRIDGE)
Le fameux crustacé tient ici la vedette, tant dans l'assiette que dans des compétitions farfelues comme la course d'écrevisses.

MID-CITY BAYOU BOOGALOO
(LA NOUVELLE-ORLÉANS)
Rares sont les festivals où l'on peut assister à un concert tout en se prélassant sur un matelas gonflable sur un cours d'eau.

$ $ $

JUIN

25° / 33°

ESSENCE FESTIVAL OF CULTURE
(LA NOUVELLE-ORLÉANS)
Organisé tous les ans dans les environs de la fête nationale, cet événement braque les projecteurs sur la culture afro-américaine.

$

OCTOBRE

19° / 27°

RED RIVER REVEL
(SHREVEPORT - BOSSIER CITY)
Un festival où se mélangent la musique, les arts visuels et la gastronomie internationale, le tout en plein cœur de Shreveport.

FESTIVALS ACADIENS ET CRÉOLES
(LAFAYETTE)
C'est LE festival à voir pour découvrir ce qui rend Lafayette si unique, de par sa musique, sa culture et son incroyable cuisine.

$ $

NOVEMBRE

14° / 22°

TREME CREOLE GUMBO FESTIVAL
(LA NOUVELLE-ORLÉANS)
Deux festivals en un, où la musique, la danse, l'art et la gastronomie locale sont à l'honneur dans un lieu chargé d'histoire.

GIANT OMELETTE CELEBRATION
(ABBEVILLE)
La Confrérie d'Abbeville prépare chaque année sa fameuse omelette géante faite à partir de 5 000 œufs. Avis aux gourmands !

$ $

DÉCEMBRE

10° / 18°

ALLSTATE SUGAR BOWL
(LA NOUVELLE-ORLÉANS)
Compétition des meilleures équipes de football américain collégial et universitaire. L'occasion en or de voir la relève !

$ $

LES BONNES RAISONS D'Y ALLER

© JBKC - SHUTTERSTOCK.COM

UN MARDI GRAS DE NOTORIÉTÉ MONDIALE

Le carnaval de La Nouvelle-Orléans se hisse parmi les plus courus et appréciés du globe.

UN MELTING-POT ARCHITECTURAL

Style créole, néoclassicisme d'inspiration grecque, *shotgun house*… tout se côtoie ici !

© HOWARD CHAPMAN - SHUTTERSTOCK.COM

© FOTOLUMINATE LLC - SHUTTERSTOCK.COM

LA JOIE DE VIVRE DES LOUISIANAIS

Elle est carrément légendaire et hautement contagieuse, et c'est tant mieux pour nous !

© VALÉRIE FORTIER

LA MUSIQUE, PARTOUT, TOUT LE TEMPS

En Louisiane, la musique fait pleinement partie d'un art de vivre envié du monde entier.

© LAURIPATTERSON - ISTOCKPHOTO.COM

UNE SAVOUREUSE CUISINE MÉTISSÉE

Véritable oasis d'arômes, de couleurs et de saveurs dans l'espace culinaire américain.

© VALÉRIE FORTIER

NOLA, CŒUR DE LA LOUISIANE

Mystérieuse et envoûtante, La Nouvelle-Orléans est aussi la cité de la fête perpétuelle.

© MATTHEW CONNOLLY - SHUTTERSTOCK.COM

LE TÉMOIGNAGE DES PLANTATIONS

Elles rappellent une époque sulfureuse, mais aussi un passé esclavagiste bouleversant.

LES BONNES RAISONS D'Y ALLER

LES BAYOUS ET LES MARÉCAGES

Le royaume de l'alligator et des forêts de cyprès, arbre emblématique de la Louisiane.

© VALÉRIE FORTIER

© VALÉRIE FORTIER

LE PAYS CAJUN

Terre de nos lointains cousins, on y fait un véritable pèlerinage historique et culturel.

© RUTH PETERKIN - SHUTTERSTOCK.COM

LE GOLFE DU MEXIQUE À DEUX PAS

Pour la plage, la pêche en mer, ou s'évader le long de la côte aussi loin qu'en Floride !

LES 12 MOTS-CLÉS

#ALLIGATOR

L'alligator est ici présent sous toutes ses formes : partout dans les bayous, dans les assiettes avec une sauce piquante ou encore dans les légendes populaires - les Cajuns pensent qu'un alligator jaune porte malheur - et même au téléphone, puisqu'il existe un numéro spécial à contacter en cas d'intrusion d'un de ces prédateurs chez vous !

© BECKYJENSON

#BAYOU

Les bayous sont des étendues d'eau formées par les anciens bras et méandres du Mississippi, qui s'étendent dans une jungle verte au sud de l'État. Au cours de votre voyage, on vous parlera d'une part de bayou et de *swamp* - le second étant plus difficilement pénétrable - et d'autre part de *marsh*, des marais d'eau saumâtre, dépourvus d'arbres.

© VALÉRIE FORTIER

#BRASS BAND

Brass band peut être traduit par « fanfare » en version funk-jazz. Leurs cuivres et percussions apportent, dans un boucan incroyable, une ambiance extraordinaire et une envie de se trémousser dès les premières notes. Même quand les *brass bands* dirigent les convois funéraires, la musique reste toujours très gaie : il s'agit des *Second Lines*.

#CANNE À SUCRE

C'est à sa culture, avec celle du coton et de l'indigo, que les plantations du Sud américain étaient vouées. Ces cultures, qui ont fait la fortune des planteurs, vont de pair avec la traite des Noirs. Ceux-là mêmes qui, de fait, ont coécrit l'histoire de la région et du pays et sont un des piliers de sa mixité culturelle, religieuse et ethnique.

#FAIS DODO

Bal populaire du pays cajun. On y chante principalement des chansons en français cadien et on y danse le *two-step* sur des airs de zydeco. Le nom vient du fait que les jeunes mères tapaient du pied, impatientes de voir leurs enfants aller se coucher pour pouvoir courir retrouver leur mari au bal, qui probablement dansait déjà avec une autre femme...

#JAZZ

Né à NOLA, il est issu des chants et musiques des esclaves. Le style se distingue par les instruments utilisés : trombone, trompette, clarinette puis saxophone pour les instruments à vent, banjo ou piano pour les instruments à cordes. Un bon *jazz band*, c'est aussi une bonne section rythmique composée d'un batteur, d'un contrebassiste ou d'un tuba.

#MARDI GRAS

Le jour de Mardi Gras est l'apogée de plusieurs jours de défilés et de festivités dans quasiment toutes les villes de Louisiane. Tout s'arrête pour 24 heures. Si La Nouvelle-Orléans organise la plus grande fête de Mardi Gras, dont la renommée dépasse les frontières du pays, les villes de Baton Rouge, Lafayette et Lake Charles ne sont pas en reste.

© SUZANNE C. GRIM - SHUTTERSTOCK.COM

LES 12

MOTS-CLÉS

#MISSISSIPPI

Ce fleuve mythique ondule à travers la Louisiane et guide les voyageurs, notamment sur la route des plantations. Vecteur économique, agricole et culturel, le Mississippi, long de 3 778 km, n'usurpe pas son nom indien de « Père des eaux » (*Mee-zee-see-bee*). Les Louisianais le regardent avec fascination et effroi, craignant ses terribles caprices.

#OURAGAN

Les ouragans sont fréquents en Louisiane et on ne peut oublier le plus tragique, Katrina en 2005, qui a fait près de 1 600 morts juste dans cet État. Chaque saison des pluies, de juin à septembre (voire octobre), amène son lot d'inondations, tornades et autres catastrophes naturelles. La prudence est donc de mise si vous voyagez à cette période.

#PARISH

La Louisiane est découpée en 64 paroisses civiles (*parishes*), représentées par un « jury de police ». Ce terme est un rappel de l'héritage français. Les *parishes* sont des circonscriptions administratives. La Louisiane se distingue encore : tous les autres États parlent de comtés (*counties*), ou d'arrondissements (*boroughs*) dans le cas de l'Alaska.

#PLANTATION

La route sinueuse qui suit le cours du Mississippi est bordée de massives demeures aux styles architecturaux encensés au cinéma. Elles rappellent l'histoire de la Louisiane, des premières implantations de Créoles français à la grande époque de la production de sucre, de coton et d'indigo, en passant par l'épisode tragique de la guerre de Sécession.

#VAUDOU

Appelé « vaudou louisianais » ou « vaudou de La Nouvelle-Orléans » - à ne pas le confondre avec le vaudou haïtien ou encore le Hoodoo -, ses croyances et pratiques sont issues de la diaspora africaine en Louisiane. Devenu plutôt mainstream au fil du temps, il va sans dire que les attrapes touristes pullulent dans la plus grande ville de l'État...

VOUS ÊTES D'ICI, SI...

▸ **Vous comprenez ce que sont NOLA, The Big Easy,** Crescent City, The City That Care Forgot : quelques-uns des surnoms de La Nouvelle-Orléans.

▸ **Vous évitez les environs de Bourbon Street pendant le carnaval,** l'endroit étant pris d'assaut par les touristes qui n'hésitent pas à s'enivrer jusqu'au coma éthylique et à exhiber leurs parties intimes en échange de colliers (le *flashing*, une pratique d'ailleurs interdite).

▸ **Pour vous l'été rime avec clim,** alors que le mercure explose et que le taux d'humidité frise en moyenne les 80 % !

▸ **Vous ne vous baignez pas dans les bayous et marais** la nuit tombée, période de chasse des alligators. Mais bon, même si les Louisianais s'y baignent de jour, faites bien attention si vous voulez tenter l'expérience. Alligators et serpents ne sont jamais loin...

▸ **Vous ne faites pas la bise,** à moins de bien connaître la personne. Aux États-Unis, on ne s'embrasse pas, on se serre la main (même aux dames) ou, mieux, on se donne l'accolade (un *hug*).

MA LOUISIANE

Par Valérie Fortier, auteure du guide

Interview

Elle a beau être Québécoise, Valérie reluque la Louisiane depuis un bon moment. État mystérieux, dépaysant, métissé et ô combien festif : il n'en fallait pas plus pour que l'auteure de ce guide cède finalement à la tentation. Et elle ne lésine pas sur les petites adresses locales et les coups de cœur, sans oublier les incontournables, histoire de ne rien louper de la destination. Suivez le guide !

DISTANCES

TEMPS DE TRAJET

	ALEXANDRIA	BATON ROUGE	COVINGTON	GRAND ISLE	HOUMA
ALEXANDRIA		179 KM 🚗 2h	285 KM 🚗 3h	416 KM 🚗 4h30	305 KM 🚗 3h
BATON ROUGE	179 KM 🚗 2h		110 KM 🚗 1h	254 KM 🚗 2h45	137 KM 🚗 1h45
COVINGTON	285 KM 🚗 3h	110 KM 🚗 1h		217 KM 🚗 2h30	136 KM 🚗 1h30
GRAND ISLE	416 KM 🚗 4h30	254 KM 🚗 2h45	217 KM 🚗 2h30		112 KM 🚗 1h30
HOUMA	305 KM 🚗 3h	137 KM 🚗 1h45	136 KM 🚗 1h30	112 KM 🚗 1h30	
LAFAYETTE	143 KM 🚗 1h30 🚌 1h45	89 KM 🚗 1h 🚌 1h	197 KM 🚗 2h	276 KM 🚗 3h	168 KM 🚗 1h45
LAKE CHARLES	159 KM 🚗 1h45 🚌 4h30	203 KM 🚗 2h 🚌 2h30	310 KM 🚗 3h	398 KM 🚗 4h15	290 KM 🚗 3h
LA NOUVELLE-ORLÉANS	306 KM 🚗 3h15 🚌 5h45	131 KM 🚗 1h15 🚌 2h	66 KM 🚗 45mn	173 KM 🚗 2h	93 KM 🚗 1h
MONROE	153 KM 🚗 1h45 🚌 2h30	300 KM 🚗 3h15 🚌 6h	406 KM 🚗 4h	579 KM 🚗 5h45	460 KM 🚗 4h45
NATCHITOCHES	91 KM 🚗 1h	287 KM 🚗 2h45	394 KM 🚗 3h45	506 KM 🚗 5h15	398 KM 🚗 4h
NEW IBERIA	174 KM 🚗 1h45 🚌 2h30	109 KM 🚗 1h15 🚌 3h30	216 KM 🚗 2h15	246 KM 🚗 2h45	138 KM 🚗 1h3
SHREVEPORT	200 KM 🚗 1h45 🚌 5h30	397 KM 🚗 3h45 🚌 9h	504 KM 🚗 4h45	616 KM 🚗 6h	508 KM 🚗 4h4

Si l'Amérique du Nord est réputée pour sa démesure, la Louisiane, elle, se parcourt beaucoup plus rapidement. Cinq autoroutes inter-États (Interstates) la sillonnent et permettent en plus de pouvoir rejoindre les États voisins du Texas, de l'Arkansas et du Mississippi. Mais ce sont toutefois les petites routes hors des sentiers battus qui vous permettrontde découvrir l'essence même de la Louisiane, comme le pays cajun ou celui des plantations. Pour planifier votre itinéraire : triptik.aaa.com

LAFAYETTE	LAKE CHARLES	LA NOUVELLE-ORLÉANS	MONROE	NATCHITOCHES	NEW IBERIA	SHREVEPORT
143 KM 1h30 1h45	159 KM 1h45 4h30	306 KM 3h15 5h45	153 KM 1h45 2h30	91 KM 1h	174 KM 1h45 2h30	200 KM 1h45 5h30
89 KM 1h 1h	203 KM 2h 2h30	131 KM 1h15 2h	300 KM 3h15 6h	287 KM 2h45	109 KM 1h15 3h30	397 KM 3h45 9h
197 KM 2h	310 KM 3h	66 KM 45mn	406 KM 4h	394 KM 3h45	216 KM 2h15	504 KM 4h45
276 KM 3h	398 KM 4h15	173 KM 2h	579 KM 5h45	506 KM 5h15	246 KM 2h45	616 KM 6h
168 KM 1h45	290 KM 3h	93 KM 1h	460 KM 4h45	398 KM 4h	138 KM 1h30	508 KM 4h45
	121 KM 1h15 1h15	217 KM 2h15 3h45	294 KM 3h 4h15	232 KM 2h15	33 KM 30mn 30mn	342 KM 3h 7h15
121 KM 1h15 1h15		331 KM 3h 4h30	311 KM 3h30 20h45	195 KM 2h30	154 KM 1h30	305 KM 3h15 13h15
217 KM 2h15 3h45	331 KM 3h 4h30		455 KM 4h15 8h30	416 KM 4h	215 KM 2h15 3h15	526 KM 5h 11h15
294 KM 3h 4h15	311 KM 3h30 20h45	455 KM 4h15 8h30		150 KM 1h45	327 KM 3h30 5h	159 KM 1h30 2h
232 KM 2h15	195 KM 2h30	416 KM 4h	150 KM 1h45		264 KM 2h30	123 KM 1h15
33 KM 30mn 30mn	154 KM 1h30	215 KM 2h15 3h15	327 KM 3h30 5h	264 KM 2h30		373 KM 3h30
342 KM 3h 7h15	305 KM 3h15 13h15	526 KM 5h 11h15	159 KM 1h30 2h	123 KM 1h15	373 KM 3h30	

IDÉES DE SÉJOUR

La Louisiane n'est peut-être pas bien grande en termes de superficie, mais c'est un véritable condensé de culture, d'histoire, de gastronomie et de joie de vivre. Il y a tant à voir et à faire qu'on y passerait bien des semaines, d'autant que les Louisianais sont particulièrement accueillants et que le dépaysement est total. Il vaut la peine de consulter le site web de chacun des offices du tourisme régionaux. Ils mettent en avant de nombreuses idées de circuits, dont certaines avec des thématiques bien précises comme la route des plantations, du fleuve Mississippi, du boudin, de la cuisine cajun, de l'histoire du jazz à La Nouvelle-Orléans, de l'héritage afro-américain ou encore des droits civiques. Voici également quelques suggestions afin de ne rien manquer de la destination, des incontournables à voir en une semaine au grand tour de la Louisiane, en passant par un séjour aux quatre coins du pays cajun.

LES INCONTOURNABLES

On propose ici une boucle d'une semaine qui permet de se faire une bonne idée des richesses de la Louisiane et de voir l'essentiel, de La Nouvelle-Orléans au pays cajun, en passant par la route des plantations et la capitale de l'État, Baton Rouge. Il faudra en revanche faire un sacré choix... ou revenir !

› Jour 1 - La Nouvelle-Orléans

Pour cette première journée, direction le French Quarter et ses environs. Bien que le quartier soit hyper touristique, il demeure incontournable pour la belle architecture de ses bâtiments. Surplombé de la **St. Louis Cathedral** (p.154), **Jackson Square** (p.154) est un must. Il faut aussi voir le **St. Louis Cemetery N° 1** (p.160) et, à quelques pas, **Congo Square et Louis Armstrong Park** (p.151), lieu de naissance du jazz. On recommande finalement une visite guidée à pied sur le thème des Créoles avec **Tours by Marguerite** (p.148) ou **Le Monde Créole** (p.147). En soirée, allez voir un spectacle de jazz sur **Frenchmen Street** (p.152).

› Jour 2 - La Nouvelle-Orléans

Démarrez la journée du bon pied dans un coffee shop du quartier CBD ou Arts/Warehouse District (Mammoth, Revelator...) et consacrez la matinée à l'un des musées des environs (**Ogden Museum of Southern Art** (p.158), **The National WWII Museum** (p.161)...). Partez ensuite du côté d'Uptown pour du shopping sur Magazine Street, les belles maisons du Garden District et un bain de verdure au **Audubon Park** (p.164). Tout ce secteur regorge de bonnes adresses pour manger et boire un verre. Ne ratez pas une balade dans le *Tramway nommé Désir* sur l'avenue St. Charles.

› Jour 3 - Route des plantations

Sur les routes qui longent le Mississippi entre **La Nouvelle-Orléans** ★★★★ (p.133) et **Baton Rouge** ★★★ (p.236) se trouvent les fameuses plantations. Parmi les grandes stars de cette route, notons **Whitney** (p.228), **Laura** (p.230), **Oak Alley** (p.230) et **Houmas House** (p.234). Impossible de visiter les quatre en une seule journée, il faudra donc faire un choix. Pour plonger au cœur de la culture afro-américaine, on recommande aussi un arrêt au **River Road African American Museum** (p.232) à **Donaldsonville** ★ (p.232).

› Jour 4 - Baton Rouge

Installée sur les rives du Mississippi, la capitale louisianaise regorge de points d'intérêt, à commencer par le **USS KIDD Veterans Museum** (p.240) et son contre-torpilleur dont la visite est particulièrement intéressante. L'ancien capitole de l'État, le **Old State Capitol** (p.238), vaut le détour pour son architecture, tout comme l'actuel siège du gouvernement, le **Louisiana State Capitol** (p.239) avec son superbe hall de style Art déco et son observatoire au 27e étage. En soirée, on suggère un cocktail au River Room et un spectacle chez Boudreaux & Thibodeaux's.

› Jour 5 - Henderson, Breaux Bridge et Lafayette

En route vers Lafayette, capitale du pays cajun. Il faut emprunter la I-10 qui devient, sur une trentaine de km, l'Atchafalaya Basin Bridge, un chef-d'œuvre d'ingénierie. Prévoyez un arrêt à **Henderson** ★ (p.312) pour une excursion sur le bassin de l'Atchafalaya avec **McGee's Swamp Tours** (p.313). Partez ensuite vers **Breaux Bridge** ★★★ (p.307), localité en bordure du bayou Teche avec d'excellentes adresses pour casser la croûte et des boutiques d'antiquités pour flâner. Si vous avez le temps, filez vers le **lac Martin** (p.307) pour une randonnée ou une excursion en kayak. Finissez la journée à **Lafayette** ★★★ (p.293) avec un spectacle au Blue Moon Saloon (jam cajun le mercredi soir).

› Jour 6 - Lafayette

C'est l'endroit où s'imprégner à fond de la culture, de la musique et de la gastronomie cadiennes. Difficile de tout voir en un jour, mais une visite à **Vermilion-**

ville (p.293), un village animé incontournable, et au **Acadian Cultural Center** (p.293), un centre d'interprétation doublé d'un film sur la déportation des Acadiens, est un must pour plonger au cœur du sujet. Pour goûter aux spécialités locales, les visites de **Cajun Food Tours** (p.294) sont chaudement recommandées, notamment l'Original Cajun Food Tour qui inclut cinq adresses gourmandes.

› Jour 7 - Route 90

La route 90 traverse le sud-est du pays cajun et se rend jusqu'à **La Nouvelle-Orléans** ★★★★ (p.133). Plusieurs arrêts sont possibles en cours de route, parfois impliquant un petit détour : **St. Martinville** ★★ (p.304) pour son **mémorial acadien** (p.305) et le **chêne d'Évangéline** (p.305), **New Iberia** ★★ (p.276) pour sa maison historique **Shadows-on-the-Teche** (p.276) et son usine **Tabasco** (p.279) (Avery Island), **Houma** ★★ (p.262) pour ses nombreux attraits et ses cours de cuisine cajun, ou encore **Des Allemands** (p.259) pour ses *airboat tours* (p.259). Retour à La Nouvelle-Orléans pour la dernière soirée et fin du séjour.

DÉCOUVERTE DU PAYS CAJUN

Il mérite un itinéraire à lui seul, pour ses bayous et ses marais, son histoire étonnante, sa gastronomie si savoureuse, sa musique unique au pays et, par-dessus tout, la chaleureuse hospitalité de ses habitants et leur bonne humeur contagieuse. Dépaysement garanti. Laissez les bons temps rouler, comme on dit ici !

› Jour 1 - Houma et ses environs

Direction **Houma** ★★ (p.262), à 1 heure de route au sud-ouest de **La Nouvelle-Orléans** ★★★★ (p.133). Rendez-vous au **Bayou Terrebonne Waterlife Museum** (p.262), qui traite de l'importance de l'élément aquatique dans la région, ou au **Wetlands Acadian Cultural Centre** (p.269) de **Thibodaux** ★ (p.268), lequel retrace l'histoire des Acadiens. Puis au choix : un *swamp tour* dans les marais, une **visite guidée** (p.266) sur l'industrie de la pêche aux crevettes à **Chauvin** (p.265) ou une escapade au bout du monde à **Cocodrie** ★★ (p.266).

› Jour 2 - Route 14

Cap à l'ouest pour une visite de la célèbre usine **Tabasco** (p.279) et des jardins tropicaux de **Jungle Gardens** (p.280) à **Avery Island** ★★ (p.279). Partez ensuite en direction de **Jefferson Island** ★ (p.280) qui héberge aussi des jardins, les **Rip Van Winkle Gardens** (p.281) (le restaurant du domaine est recommandé pour la pause déjeuner). La route 14 mène ensuite à Erath où se trouve **The Acadian Museum** (p.283), puis à **Abbeville** ★★ (p.282) qui mérite un arrêt pour son joli centre-ville. Pour la nuit, on conseille le charmant bed & breakfast Crawfish Haven à Kaplan.

› Jour 3 - Lake Charles

À l'ouest toute pour faire connaissance avec la plus texane des villes de Louisiane, **Lake Charles** ★★ (p.285). On suggère un arrêt à Lacassine pour découvrir les secrets de fabrication du rhum à la distillerie Bayou Rum, avant de se pâmer devant les costumes exposés au **Mardi Gras Museum of Imperial Calcasieu** (p.285) à Lake Charles. La ville est aussi réputée pour ses casinos. À caser dans la journée : une visite au bureau d'information de Lake Charles ou de **Sulphur** (p.290) pour planifier la journée du lendemain.

› Jour 4 - Creole Nature Trail

Journée entièrement dédiée au **Creole Nature Trail** (p.291), un circuit panoramique qui fait une boucle par la route 27 avec quelques escapades hors boucle. Il peut se faire dans un sens comme dans l'autre. Plusieurs activités sont possibles : randonnée et observation de la nature dans les réserves fauniques, pêche à la truite mouchetée dans les environs du lac Calcasieu, éco-tour dans le secteur du Lacassine National Wildlife Refuge, etc. Pour la nuit, on conseille de revenir à **Lake Charles** ★★ (p.285).

› Jour 5 - Henderson et Breaux Bridge

Suivre la I-10 jusqu'à **Henderson** ★ (p.312) pour une excursion sur le bassin de l'Atchafalaya avec **McGee's Swamp Tours** (p.313). Lunch sur la terrasse surplombant le bayou à Pat's Fisherman's Wharf. Partez ensuite vers le **lac Martin** (p.307) pour une randonnée ou une excursion en kayak. Terminer la journée en beauté à **Breaux Bridge** ★★★ (p.307), localité en bordure du bayou Teche avec des boutiques d'antiquités, des bons restos et des hébergements vraiment chouettes. La Maison Stéphanie à **Arnaudville** ★ (p.314) est également une belle option pour la nuit.

© VALÉRIE FORTIER

Le coeur du village à Breaux Bridge.

› Jour 6 - Arnaudville, Opelousas, Eunice et Lafayette

Si vous vous réveillez à Breaux Bridge ★★★ (p.307) un samedi, ne ratez pas le Zydeco Breakfast chez Buck & Johnny's. Filez ensuite vers Arnaudville ★ (p.314) pour découvrir l'espace culturel NUNU Collective (p.314) et/ou les bières de Bayou Teche Brewing. Route vers Opelousas ★ (p.314) pour visiter Le Vieux Village (p.316) et faire le plein de boudin et *cracklins* chez Billy's. Dernier arrêt à Eunice ★ (p.318) pour son Cajun Music Hall of Fame & Museum (p.318), avant de rejoindre Lafayette ★★★ (p.293), capitale du pays cajun. En soirée, allez voir un spectacle au Blue Moon Saloon (jam cajun le mercredi soir).

› Jour 7 - Lafayette

C'est l'endroit où s'imprégner à fond de la culture, de la musique et de la gastronomie cadiennes. Difficile de tout voir en un jour, mais une visite à Vermilionville (p.293), un village animé incontournable, et au Acadian Cultural Center (p.293), un centre d'interprétation doublé d'un film sur la déportation des Acadiens, est un must pour plonger au cœur du sujet. Pour goûter aux spécialités locales, les visites de Cajun Food Tours (p.294) sont chaudement recommandées, notamment l'Original Cajun Food Tour qui inclut cinq adresses gourmandes.

› Jour 8 - Route 90

La route 90 traverse le sud-est du pays cajun et se rend jusqu'à La Nouvelle-Orléans ★★★★ (p.133). Plusieurs arrêts sont possibles en cours de route, parfois impliquant un petit détour : St. Martinville ★★ (p.304) pour son mémorial acadien (p.305) et le chêne d'Evangéline (p.305), New Iberia ★★ (p.276) pour sa maison historique Shadows-on-the-Teche (p.276), Houma ★★ (p.262) pour ses nombreux attraits et ses cours de cuisine cajun, ou encore Des Allemands (p.259) pour ses *airboat tours* (p.259). Retour à La Nouvelle-Orléans pour la dernière soirée et fin du séjour.

› Jour 9 - Extra : Camping dans un parc d'État

S'il vous est possible d'ajouter une journée ou deux à l'itinéraire, prévoyez un séjour en camping ou en chalet dans un des parcs d'État du pays cajun, comme Cypremort Point (p.275), Lake Fausse Pointe (p.305) ou Sam Houston Jones (p.285).

GRAND TOUR DE LA LOUISIANE

Pour ceux qui ont le temps, qui désirent voir les incontournables mais aussi sortir des sentiers battus et pousser davantage l'exploration. Car outre La Nouvelle-Orléans, les plantations et le pays cajun, la Louisiane recèle de lieux à découvrir, principalement fréquentés par les locaux ou les visiteurs d'autres États.

› Jour 1 - La Nouvelle-Orléans

Pour cette première journée, direction le French Quarter et ses environs. Bien que le quartier soit hyper touristique, il demeure incontournable pour la belle architecture de ses bâtiments. Surplombé de la St. Louis Cathedral (p.154), Jackson Square (p.154) est un must. Il faut aussi voir le St. Louis Cemetery N° 1 (p.160) et, à quelques pas, Congo Square et Louis Armstrong Park (p.151), lieu de naissance du jazz. On recommande finalement une visite guidée à pied sur le thème des Créoles avec Tours by Marguerite (p.148) ou Le Monde Créole (p.147). En soirée, allez voir un spectacle de jazz sur Frenchmen Street (p.152).

› Jour 2 - La Nouvelle-Orléans

Démarrez la journée du bon pied dans un coffee shop du quartier CBD ou Arts/Warehouse District (Mammoth, Revelator...) et consacrez la matinée à l'un des musées des environs (Ogden Museum of Southern Art (p.158), The National WWII Museum (p.161)...). Partez ensuite du côté d'Uptown pour du shopping sur Magazine Street, les belles maisons du Garden District et un bain de verdure au Audubon Park (p.164). Tout ce secteur regorge de bonnes adresses pour manger et boire un verre. Ne ratez pas une balade dans le *Tramway nommé Désir* sur l'avenue St. Charles.

› Jour 3 - Houma et ses environs

Direction Houma ★★ (p.262), à 1 heure de route au sud-ouest de La Nouvelle-Orléans ★★★★ (p.133). Rendez-vous au Bayou Terrebonne Waterlife Museum (p.262), qui traite de l'importance de l'élément aquatique dans la région, ou au Wetlands Acadian Cultural Centre (p.269) de Thibodaux ★ (p.268), lequel retrace l'histoire des Acadiens. Puis au choix : un *swamp tour* dans les marais, une visite guidée (p.266) sur l'industrie de la pêche aux crevettes à Chauvin (p.265) ou une escapade au bout du monde à Cocodrie ★★ (p.266).

› Jour 4 - Avery Island, Jefferson Island et New Iberia

Cap à l'ouest pour une visite de la célèbre usine Tabasco (p.279) et des jardins tropicaux de Jungle Gardens (p.280) à Avery Island ★★ (p.279). Partez ensuite en direction de Jefferson Island ★ (p.280) qui héberge aussi des jardins, les Rip Van Winkle Gardens (p.281) (le restaurant du domaine est recommandé pour la pause déjeuner). Direction New Iberia ★★ (p.276) pour le reste de la journée et la nuit. La ville regorge d'attraits, de bons restos et d'hébergements vraiment cosy.

› Jour 5 - Henderson, Breaux Bridge et Lafayette

Remontez vers le nord par la route 31 avec un arrêt à **St. Martinville** ★★ (p.304) pour son **mémorial acadien** (p.305) et le **chêne d'Evangéline** (p.305), puis direction **Henderson** ★ (p.312) pour une excursion sur le bassin de l'Atchafalaya avec **McGee's Swamp Tours** (p.313). Partez ensuite vers **Breaux Bridge** ★★★ (p.307), localité en bordure du bayou Teche avec d'excellentes adresses pour casser la croûte et des boutiques d'antiquités pour flâner. Si vous avez le temps, filez vers le **lac Martin** (p.307) pour une randonnée ou une excursion en kayak. Finissez la journée à **Lafayette** ★★★ (p.293) avec un spectacle au Blue Moon Saloon (jam cajun le mercredi soir).

› Jour 6 - Lafayette

C'est l'endroit où s'imprégner à fond de la culture, de la musique et de la gastronomie cadiennes. Difficile de tout voir en un jour, mais une visite à **Vermilionville** (p.293), un village animé incontournable, et au **Acadian Cultural Center** (p.293), un centre d'interprétation doublé d'un film sur la déportation des Acadiens, est un must pour plonger au cœur du sujet. Pour goûter aux spécialités locales, les visites de **Cajun Food Tours** (p.294) sont chaudement recommandées, notamment l'Original Cajun Food Tour qui inclut cinq adresses gourmandes.

› Jour 7 - Lake Charles

À l'ouest toute pour faire connaissance avec la plus texane des villes de Louisiane, **Lake Charles** ★★ (p.285). On suggère un arrêt à Lacassine pour découvrir les secrets de fabrication du rhum à la distillerie Bayou Rum, avant de se pâmer devant les costumes exposés au **Mardi Gras Museum of Imperial Calcasieu** (p.285) à Lake Charles. La ville est aussi réputée pour ses casinos. À caser dans la journée : une visite au bureau d'information de Lake Charles ou de **Sulphur** (p.290) pour planifier la journée du lendemain.

› Jour 8 - Creole Nature Trail

Journée entièrement dédiée au **Creole Nature Trail** (p.291), un circuit panoramique qui fait une boucle par la route 27 avec quelques escapades hors boucle. Il peut se faire dans un sens comme dans l'autre. Plusieurs activités sont possibles : randonnée et observation de la nature dans les réserves fauniques, pêche à la truite mouchetée dans les environs du lac Calcasieu, éco-tour dans le secteur du Lacassine National Wildlife Refuge, etc. Pour la nuit, on conseille de revenir à **Lake Charles** ★★ (p.285).

› Jour 9 - Toledo Bend

Départ vers le Toledo Bend, un immense lac de barrage sur la rivière Sabine. L'endroit par excellence pour profiter des plaisirs nautiques et des centres de villégiature et campings installés dans la région. On retrouve deux petits parcs d'État dans lesquels il est possible de camper ou de louer un chalet : le **North Toledo Bend State Park** (p.337) à Zwolle et le **South Toledo Bend State Park** (p.338) à Anacoco.

› Jour 10 - Natchitoches

Route vers une des plus belles villes de Louisiane, **Natchitoches** ★★★ (p.333). Son **quartier ancien** (p.334), ses sites historiques et son *gator park* (p.333) constituent les principaux attraits. Plusieurs excellents restaurants également, sans oublier les superbes bed & breakfast où passer une nuit des plus douillettes. Bon plan gourmand : les fudges de la boutique Louisiana Purchase sur Front Street.

› Jour 11 - Shreveport – Bossier City

Départ vers **Shreveport - Bossier City** ★★★ (p.342), 3e plus grande ville de l'État, située près des frontières avec l'Arkansas et le Texas. On y vient pour ses musées et galeries d'art mais aussi pour l'**American Rose Center** (p.342), plus grande roseraie du pays. Si vous désirez plutôt profiter du grand air, on recommande la tyrolienne au-dessus des alligators à **Gator & Friends** (p.344) (à Greenwood). Mentionnons également que c'est à Shreveport - Bossier City qu'on retrouve le plus de casinos en Louisiane.

› Jour 12 - Ruston et West Monroe/ Monroe

Après un copieux petit déjeuner chez Strawn's Eat Shop, prenez la I-20 vers l'est en direction de **Monroe** ★★ (p.351). Quelques parcs d'État se trouvent dans les environs (**Lake Bistinau** (p.349) à **Doyline** (p.349), **Lake Claiborne** (p.349) à **Homer** (p.349), etc.). Sur la route, vous croiserez également la localité de **Ruston** ★ (p.350), capitale de la pêche (le fruit) en Louisiane (en été, allez au Mitcham Farms Peach Store). Reprenez ensuite la route vers West Monroe/Monroe où vous passerez la nuit. Si vous aimez les antiquités, on recommande une balade sur Antique Alley.

› Jour 13 - Kisatchie National Forest

Prenez la route 165 en direction sud vers la **forêt nationale Kisatchie** (p.329). L'endroit idéal pour s'adonner à des activités de plein air. Si vous êtes équipé pour camper, on recommande l'expérience d'une nuit sur place. Le cas échéant, passez la nuit dans la ville d'**Alexandria** ★ (p.325) située un peu plus au sud.

› Jour 14 - St. Francisville

En suivant la route 1 sud, vous gagnerez le pays des plantations et la charmante localité de **St. Francisville** ★★ (p.247) (2 heures de route depuis **Alexandria** ★ (p.325)). Ses belles maisons historiques, ses plantations, ses bonnes adresses gourmandes, ses auberges de charme et ses réserves naturelles à proximité (notamment celle de Tunica Hills) en font une destination de choix. Si vous n'avez pas peur des esprits taquins, passez la nuit dans la plantation **The Myrtles** (p.248), réputée hantée.

› Jour 15 - Baton Rouge

Installée sur les rives du Mississippi, la capitale louisianaise regorge de points d'intérêt, à commencer par le **USS KIDD Veterans Museum** (p.240) et son contre-torpilleur dont la visite est particulièrement intéressante. L'ancien capitole de l'État, le **Old State Capitol** (p.238), vaut le détour pour son architecture, tout comme l'actuel siège du gouvernement, le **Louisiana State Capitol** (p.239) avec son superbe hall de style Art déco et son observatoire au 27e étage. En soirée, on suggère un cocktail au River Room et un spectacle chez Boudreaux & Thibodeaux's.

› Jour 16 - Route des plantations

Sur les routes qui longent le Mississippi entre **Baton Rouge** ★★★ (p.236) et **La Nouvelle-Orléans** ★★★★ (p.133) se trouvent les fameuses plantations. Parmi les grandes stars de cette route, notons **Houmas House** (p.234), **Laura** (p.230), **Oak Alley** (p.230) et **Whitney** (p.228). Impossible de visiter les quatre en une seule journée, il faudra donc faire un choix. Pour plonger au cœur de la culture afro-américaine, on recommande aussi un arrêt au **River Road African American Museum** (p.232) à **Donaldsonville** ★ (p.232). Pour la nuit, optez pour le cadre unique d'une plantation ou poursuivez la route jusqu'à La Nouvelle-Orléans.

› Jour 17 - Northshore

Direction le Northshore pour la journée. Si vous partez d'une plantation, suivez la I-12 est ; depuis **La Nouvelle-Orléans** ★★★★ (p.133), prenez soit la I-10 est ou le **Lake Pontchartrain Causeway Bridge** (p.208). Le programme de la journée dépendant de vos intérêts, voici quelques bonnes pistes : *swamp tour* à **Slidell** ★★ (p.220), balade dans les très jolies localités de **Mandeville** ★★ (p.207), **Covington** ★★ (p.213) et **Abita Springs** ★★ (p.211), dégustation de vins à **Bush** (p.216), descente de rivière en chambre à air à **Bogalusa** (p.216)... Retour à La Nouvelle-Orléans pour la dernière soirée et fin du séjour.

SE REPÉRER / SE DÉPLACER

DE L'AÉROPORT AU CENTRE-VILLE

Un seul aéroport accueille les vols internationaux en Louisiane : le Louis Armstrong New Orleans International Airport (flymsy.com). Plusieurs autres aéroports régionaux - Alexandria, Baton Rouge, Lafayette, Lake Charles, Monroe et Shreveport - sont desservis par des compagnies aériennes effectuant des vols intérieurs aux États-Unis. Si vous arrivez d'Europe, c'est donc à La Nouvelle-Orléans que vous atterrirez. Pour rejoindre le centre-ville depuis l'aéroport, la ligne de bus E1 Veterans-Airport de la Jefferson Transit Authority (2 US$ l'aller, jeffersontransit.org) et la 202 Airport Express de la Regional Transportation Authority (1,50 US$ l'aller, norta.com) font la liaison en un peu moins d'une heure. Le Regional Ride Day Pass (6 US$, norta.com) est également accepté à bord de ces deux bus et est valide durant 24 heures après l'activation. Un service de navette est aussi offert entre l'aéroport et le centre-ville de La Nouvelle-Orléans (24 US$ l'aller, 44 US$ aller-retour, airportshuttleneworleans.com), sans oublier les taxis (36 US$ pour 1-2 personnes), les applis comme Lyft et Uber, les compagnies de location de voiture (près d'une dizaine) et les navettes d'hôtel.

ARRIVÉE EN TRAIN

La compagnie Amtrak gère un immense réseau ferroviaire à travers tout le pays (francais.amtrak.com). Le train représente rarement la solution la plus rapide (les retards sont aussi fréquents), la moins chère ou la plus pratique, mais offre une manière de voyager pittoresque et confortable. Le réseau permet de relier entre elles les plus grandes agglomérations du pays et de nombreuses villes plus modestes. En général, plus on réserve tôt, moins on paie cher. Trois trajets relient La Nouvelle-Orléans au reste du pays : City of New Orleans (Chicago - La Nouvelle-Orléans via Memphis), Crescent (New York - La Nouvelle-Orléans via Atlanta) et Sunset Limited (Los Angeles - La Nouvelle-Orléans via San Antonio, Tucson et Phoenix). En plus des billets à l'unité, Amtrak propose des forfaits vacances comprenant entre autres le trajet en train, des nuitées en hôtel et des excursions/activités. Il est également possible de se procurer un pass multi-trajets ou encore le USA Rail Pass qui permet de voyager pendant 30 jours dans le pays en classe Économie (un nombre limité de 10 trajets est toutefois en vigueur).

TRANSPORTS EN COMMUN

Outre la compagnie ferroviaire nationale Amtrak qui dessert le sud (La Nouvelle-Orléans, Schriever, New Iberia, Lafayette et Lake Charles) et l'extrême est (Hammond, Slidell) de la Louisiane, une ligne régionale devrait sous peu relier La Nouvelle-Orléans à Baton Rouge (infos : southernrailcommission.org/louisiana). L'État dispose aussi d'un réseau de bus interurbains avec Greyhound (greyhound.com), lequel dessert Alexandria, Baton Rouge, Gonzales, Grambling, Gray, Kenner, LaPlace, Lafayette, Lake

Tramways de La Nouvelle-Orléeans.

Charles, La Nouvelle-Orléans, Monroe, Morgan City, New Iberia, Opelousas, Raceland, Shreveport, Slidell, St. Francisville et Thibodaux. À noter que Greyhound couvre tout le pays et effectue quelques liaisons avec le Canada et le Mexique. Il y a également deux compagnies *low cost*, soit Megabus (us.megabus.com) qui dessert Baton Rouge et La Nouvelle-Orléans ainsi que d'autres destinations aux États-Unis et quelques villes en Ontario et au Québec (Canada), et FlixBus (flixbus.fr/bus/etats-unis) qui relie les villes de Baton Rouge, Lafayette et La Nouvelle-Orléans entre elles et à d'autres villes américaines. La Louisiane dispose aussi d'un petit réseau de traversiers (*ferries*), dont trois gérés par le Louisiana Department of Transportation and Development (DOTD, wwwapps.dotd.la.gov/operations/ferrystatus) : la traversée de la rivière Calcasieu près de Cameron dans l'extrême sud-ouest de l'État, le bac de la rivière Ouachita entre Duty et Enterprise (au sud de la Bœuf Wildlife Management Area), et la traversée du Mississippi entre Plaquemine et Sunshine (au sud de Baton Rouge). Enfin, la RTA, société de transport en commun de La Nouvelle-Orléans (norta.com), gère le *ferry* qui relie le centre-ville au quartier d'Algiers sur la rive opposée du Mississippi ainsi que celui reliant Lower Algiers à Chalmette. La plupart des villes offrent un réseau de bus urbains (Baton Rouge, Lake Charles, Lafayette, Shreveport, etc.), mais le service est parfois restreint en soirée et le week-end. Un billet coûte entre 1 et 2 US$ et des pass à la journée sont souvent proposés (environ 3-4 US$), sans oublier les carte multi-billets, les pass à la semaine et au mois. La Nouvelle-Orléans est la plus développée en termes de transport en commun, mais il n'est pas toujours fiable et plusieurs secteurs ne sont pas desservis tard en soirée. Le Regional Transit Authority (norta.com) dispose d'un réseau d'une quarantaine de lignes de bus, quatre lignes de *streetcars*, un *ferry* entre le centre-ville et le quartier d'Algiers et un autre entre Lower Algiers et Chalmette. Deux autres compagnies desservent la région métropolitaine de NOLA, soit Jefferson Transit (jeffersontransit.org) et St. Bernard Parish Rapid Urban Transit (sbpg.net/178/Transit).

▸ *Streetcars* de La Nouvelle-Orléans. Le tramway de La Nouvelle-Orléans est l'un des plus connus des États-Unis, autant que celui de San Francisco, et surtout depuis que Tennessee Williams, en 1950, l'a immortalisé dans sa pièce *A Streetcar named Desire* (*Un Tramway nommé Désir*). L'adaptation cinématographique de cette pièce par Elia Kazan, avec Vivien Leigh et Marlon Brando, connaîtra également un succès retentissant.

Une des meilleures visites guidées de la ville se fait en tramway. C'est un moyen de transport très utile (1,25 US$) et utilisé par les locaux. En circulation depuis 1835, c'est le plus ancien encore sur rails. Après sa construction, pendant près de soixante ans, la voiture était tirée par des mules. En 1893, la ligne fut convertie à l'électricité et le *streetcar* a commencé à circuler.

VÉLO, TROTTINETTE & CO

La Nouvelle-Orléans offre un service de vélos en libre-service, Blue Bikes (bluebikesnola.com, tarifs à la minute ou forfait au mois), tout comme la capitale de l'État, Baton Rouge, avec Gotcha (ridegotcha.com, plusieurs forfaits disponibles, nombreuses villes américaines desservies). Pour l'instant aucune autre localité n'offre ce service malgré des discussions à ce sujet au cours des dernières années, notamment à Lake Charles. Concernant les trottinettes électriques, la Louisiane en permet l'usage à condition que les utilisateurs soient âgés d'au moins 15 ans et le port du casque est obligatoire pour les moins de 18 ans (pour les adultes sans casque, une police d'assurance couvrant au moins 10 000 US$ en frais médicaux est requise). Des trottinettes en libre-service sont disponibles dans les rues de La Nouvelle-Orléans, notamment avec la compagnie Go X (goxapp.com/scooter-rentals-in-new-orleans), mais c'est pour l'instant la seule ville de Louisiane offrant ce service.

AVEC UN CHAUFFEUR

Le service de taxis est offert principalement dans les moyennes et grandes villes de la Louisiane, et plusieurs compagnies ont leur propre appli. Les taxis sont équipés d'un compteur et les tarifs de prise en charge et de millage (1 mile = 1,6 km) varient d'une ville à l'autre. Ne pas oublier d'ajouter un supplément pour les bagages et un pourboire (de 10 à 15 %). Le service Uber (uber.com/ca/fr-ca/ride) est aussi offert en Louisiane (Baton Rouge, La Nouvelle-Orléans, Monroe, la grande région de Alexandria-Shreveport et celle de Lafayette-Lake Charles). La compagnie Lyft dessert les mêmes villes avec en plus la localité de Houma (lyft.com/rider/cities). Pour les plus longues distances, et pour faire des économies sur les trajets, il vaut également la peine de consulter les systèmes centralisés de covoiturage. On suggère notamment le site de Ridesharing (ridesharing.com).

EN VOITURE

La voiture est reine aux États-Unis et, règle générale, les Américains la prennent pour n'importe quel trajet, aussi court soit-il. Il serait important de mentionner ici que dans plusieurs villes, hormis au centre et encore, les trottoirs se font rares et il peut être compliqué, voire risqué, de se déplacer à pied.
Le voyageur est en général frappé par le mauvais état des routes, témoignage de l'absence de politique d'infrastructures de l'État jusqu'alors. Le réseau routier couvre l'ensemble de l'État, mais les routes sont peu nombreuses le long de la côte du golfe du Mexique. Comparativement à des États comme la Californie et le Texas, les distances sont raisonnables en Louisiane. Par exemple, pour se rendre de l'extrême sud-est (La Nouvelle-Orléans) et l'extrême nord-ouest (Shreveport) de l'État, il faut compter environ 5h de route (315 miles = 505 km). Si l'ensemble du réseau est gratuit, des péages sont installés à certains endroits : le Lake Pontchartrain Causeway (pont entre Metairie et Mandeville), la section de la route LA 1 entre Golden Meadow et le golfe du Mexique, et le pont pour se rendre à Avery Island. Les permis de conduire français, belges et suisses sont acceptés pour une période ne dépassant pas trois mois, et ce, dans tous les États ; le cas échéant, vous devrez vous munir du permis international dans votre pays d'origine avant le départ. Si vous désirez louer une voiture en Louisiane, il faut être âgé de 21 ans, voire 25 ans pour certains modèles, et être en possession d'une carte de crédit. L'essence, qui se vend au gallon, est largement moins chère qu'en Europe, et son prix varie d'un État à l'autre. Cela dit, la Louisiane, comme plusieurs autres États du Sud tels que le Texas, le Mississippi et l'Alabama, offre le prix le plus bas à la pompe (gasprices.aaa.com). Au niveau de la réglementation, la limitation de vitesse est de 60 à 75 mph sur les autoroutes inter-États (*Interstates*) et certaines routes US et LA, de 55 mph sur la plupart des routes à deux voies, et de 30 à 40 mph (parfois moins) en ville. Le port de la ceinture de sécurité est obligatoire pour tous les passagers et le siège-auto pour les plus jeunes. Le taux maximal d'alcoolémie toléré est sous 0,08 g/l (tolérance zéro pour les moins de 21 ans), la conduite avec des facultés amoindries menant à l'amende, voire plus (contrôles fréquents). Le code de la route et la signalisation sont sensiblement les mêmes qu'en Europe, à quelques différences près. Les feux de circulation sont placés de l'autre côté de l'intersection des rues, et il n'y a pas de priorité à droite en Louisiane (la priorité échoit au premier arrivé, mais priorité à droite si vous arrivez en même temps). Il est permis de tourner à droite au feu rouge partout sauf dans le cas où un panneau indique que c'est interdit. La même logique s'applique pour tourner à gauche au feu rouge, à condition d'être sur une rue à sens unique et

© PEETERV - ISTOCKPHOTO.COM

La Nouvelle-Orléans.

de tourner à gauche sur un autre sens unique. Finalement, l'arrêt total est obligatoire lorsqu'on suit ou qu'on croise un bus scolaire (presque toujours jaune) arrêté dont les clignotants rouges fonctionnent. Concernant les limites de vitesse, les policiers ne montrent aucune indulgence envers les conducteurs pris en flagrant délit. Les amendes aux États-Unis ne vous sont pas envoyées à domicile, ici on vous prend en chasse et on vous fait arrêter sur le bas-côté pour vous verbaliser. Là encore, une chose à ne pas faire est de s'agiter dans la voiture pour aller chercher ses papiers dans la boîte à gants ou dans le sac. Restez bien immobile jusqu'à ce que le policier vous demande vos papiers. En cas d'amende, payez au plus vite, sinon le véhicule sera fiché sur informatique et, au prochain contrôle de police, vous devrez payer une forte amende. Ou bien, si vous ne vous faites pas contrôler, l'entreprise de location de voitures sera mise au courant de l'affaire et vous devrez payer plus cher que l'amende. Quant au stationnement, pas de problème en région. Mais en ville, notamment à La Nouvelle-Orléans, se garer est souvent difficile et, avant d'arrêter son véhicule, il faut absolument lire entièrement ce qui est noté sur les panneaux de stationnement, ce dernier étant souvent limité à une durée précise, à des jours spécifiques... La police veille et les infractions sont très vite relevées. Vérifiez également si les places sont payantes (à noter que les nouveaux parcomètres à La Nouvelle-Orléans ont aussi un menu en français) ou si vous êtes dans une zone réservée aux résidents. Les stationnements publics peuvent sembler chers (toutefois moins que certains hôtels au centre-ville), mais c'est parfois la meilleure solution pour éviter les amendes et les pertes de temps. Bon plan : le site web parkopedia.com qui recense les parcs de stationnement, les disponibilités et les tarifs. Attention : il est formellement interdit de stationner devant une borne d'incendie. En cas d'erreur, soyez assuré que vous aurez, dans les 5 minutes suivantes, votre contravention. Aussi, sachez qu'on ne peut garer son véhicule que dans le sens de la circulation.

LES PHRASES CLÉS

Bonjour, comment puis-je me rendre à...
Excuse me, how can I get to...

Est-ce loin à pied ? Y a-t-il le métro ou un bus... pour y aller ?
Is it far to walk? Is there a subway or a bus that goes there?

Pouvez-vous me montrer cet endroit sur la carte s'il vous plait ?
Can you please show me this place on the map?

Où puis-je acheter les tickets de transport ? Est-ce que je peux payer en carte de crédit ?
Where can I buy transit tickets? Can I pay with a credit card?

Où est la sortie ? A gauche, à droite ou tout droit ?
Where is the exit? Is it on the left, the right, or straight ahead?

Je suis perdu et je suis en retard, s'il vous plait, aidez-moi ! Merci beaucoup !
I'm lost and running late. Could you please help me? Thank you very much!

PRATIQUE

A VOIR / A FAIRE

HORAIRES

Dans les centres urbains comme en région, les points d'intérêt sont habituellement ouverts toute l'année, quoique que dans de rares cas, certains ferment leurs portes en hiver (novembre à mars). Les horaires d'ouverture sont souvent du mardi au samedi ou dimanche, mais ils sont plus restreints dans les petites localités. Les plantations, les sites naturels, les jardins, les parcs animaliers et tutti quanti ont quant à eux un horaire s'étalant généralement sur sept jours. À noter que certains sites historiques ne sont toutefois ouverts que sur réservation. Et lors des jours fériés, les points d'intérêt peuvent être fermés (par exemple lors du Thanksgiving et à Noël) ou avoir un horaire restreint (par exemple lors du Memorial Day et du Labor Day).

A RÉSERVER

Les réservations sont rarement nécessaires, hormis pour les ateliers et activités spéciales dans les musées et galeries, les visites guidées, les croisières sur le Mississippi ou encore les excursions dans les bayous. À savoir que certains points d'intérêt proposent en plus de l'hébergement à même le site, souvent expérientiel (par exemple, dans les plantations et réserves naturelles). Dans ce cas, il est fortement conseillé de réserver son forfait à l'avance.

BUDGET / BONS PLANS

Il faut généralement compter entre 5 et 30 US$ pour une entrée au tarif adulte. Des réductions sont pratiquement toujours offertes aux enfants, étudiants et seniors, voire la gratuité. Plusieurs points d'intérêt sont également entièrement gratuits, certains demandant parfois une contribution volontaire. À La Nouvelle-Orléans, des pass combinant divers musées et attractions permettent de faire de belles économies (Go City New Orleans et New Orleans Sightseeing Pass), pour autant que l'on soit sur place pour au moins 2-3 jours.

© NELLY JACQUES

Balade en kayak sur le bayou Cane.

LES ÉVÉNEMENTS

Nombreux festivals et événements se déroulent chaque année en Louisiane, avec des thématiques aussi variées que le rodéo, le zydeco, les écrevisses, les arts visuels ou encore la fierté LGBTQ2. Parmi les principaux et les plus célèbres, notons le Mardi Gras New Orleans qui se positionne comme l'un des carnavals les plus importants du globe, le Festival International de Louisiane à Lafayette réputé pour ses spectacles de musiques du monde et son ambiance festive, ou encore le New Orleans Jazz & Heritage Festival qui attire les plus grands chanteurs et musiciens de jazz et styles connexes. Il ne faut pas non plus manquer les différents festivals gourmands dédiés aux spécialités de l'État (Breaux Bridge Crawfish Festival, Cajun Music & Food Festival à Lake Charles, Gonzales Jambalaya Festival, Louisiana Gumbo Festival à Chackbay, etc.).

VISITES GUIDÉES

Toutes sortes de visites guidées sont proposées en Louisiane, allant des traditionnels tours de ville en bus aux excursions en *steamboat* sur le Mississippi ou en *airboat* dans les bayous et marécages. Des thématiques pour tous les goûts font également partie de l'offre : tournée des brasseries artisanales, arrêts gourmands dans un quartier émergent, découverte de l'histoire du jazz ou de l'héritage et de la culture des Noirs, visite « hantée » du French Quarter ou des cimetières de La Nouvelle-Orléans, visite historique des plantations avec personnages en habits d'époque, etc.

▶ **Concernant la route des plantations.** Prévoyez, en moyenne, une heure et demie pour une visite commentée, assurée par des guides en anglais (certaines plantations possèdent des fascicules en français). Plus rarement, vous trouverez des visites en français. La plantation Laura propose, notamment, des visites en français à des horaires précis. Visiter plus de deux ou trois plantations en une journée est une erreur. Vous risquez de mélanger les détails de chaque maison et vous aurez mal aux pieds. Chaque maison est différente, même si les visites peuvent parfois se ressembler. Pour choisir, basez-vous sur vos goûts personnels, en matière de paysage, d'histoire ou d'architecture. Dans ce guide, les plantations sont présentées géographiquement au départ de La Nouvelle-Orléans. Sachez que d'autres plantations sont à voir dans les environs de St. Francisville.

Les *swamp tours*, un incontournable. Le Mississippi, surnommé « le père des fleuves », inonde le sud de la Louisiane et alimente ses bayous et marécages. Les *swamp tours* (ou visites guidées des marécages) sont le meilleur moyen de les parcourir et de découvrir ses incroyables faune et flore. Ici règne l'alligator. De la minuscule progéniture protégée par des mères possessives aux mastodontes surveillant leur territoire avec vigilance, vous pourrez rencontrer cet animal fascinant dans son habitat et mieux comprendre son mode de vie. Une occasion unique de dériver à travers des forêts de cyprès, arbre emblématique de la Louisiane. Plus ou moins recouverts de mousse espagnole, abritant des nids d'aigles royaux en leurs sommets ou des cabanes de ratons-laveurs à leurs pieds, refuges de nombreux oiseaux ou petits mammifères, ils créent des paysages surprenants. Les visites guidées peuvent prendre l'allure de véritables conférences sur cet écosystème unique.

FUMEURS

Que ce soit lors d'une visite guidée ou dans un musée, il est interdit de fumer. Pour les points d'intérêt situés en plein air, comme les sites d'interprétation et les lieux historiques, des aires pour fumeurs sont parfois aménagées. Certains sites extérieurs non-fumeurs exigent aussi de s'abstenir dans les environs immédiats (généralement quelques mètres), tel que le Lafayette Square à La Nouvelle-Orléans.

LES ATTRAPE-TOURISTES

Si vous participez à une visite guidée payante à La Nouvelle-Orléans, assurez-vous que votre guide est bien accrédité et qu'il possède un permis de la ville (celui-ci doit toujours être visible pendant l'exercice de ses fonctions et doit être renouvelé tous les deux ans). En effet, les guides doivent passer un examen portant sur l'histoire et la culture de la ville et obtenir un score minimum de 70 %. Cela permet d'assurer la qualité et la véracité des informations transmises au cours des visites.

LES PHRASES CLÉS

Bonjour, puis-je avoir deux entrées adultes et un enfant s'il vous plait ?
Hello. Could I please have tickets for two adults and one child?

Le tarif enfant est jusqu'à quel âge ? Et pour les seniors, est-ce qu'il y a une réduction ?
What is the age limit for the children's rate? Is there a senior discount?

Est-ce qu'il y a des visites guidées en français ou un audioguide ?
Do you offer guided tours or an audio guide?

Combien de temps faut-il pour faire la visite ?
How long does the tour take?

J'ai du mal à monter les escaliers, avez-vous un ascenseur ?
I have difficulty climbing stairs. Do you have an elevator?

Excusez-moi, pouvez-vous me dire où sont les toilettes ? Merci beaucoup.
Excuse me, could you please tell me where are the toilets? Thank you very much.

SE RÉGALER

HORAIRES

Il n'existe pas d'horaires plus variables que ceux du monde de la restauration. Non seulement ils varient selon la saison, mais aussi plusieurs fois au cours d'une même saison. Les restaurants des grandes villes ont tendance à avoir un horaire relativement fixe à l'année, alors qu'en région, certains établissements peuvent avoir une période d'ouverture précise, notamment certains petits *shacks* ouverts seulement pour la saison des écrevisses. Et comme partout, les week-ends et jours fériés sont synonymes de grande affluence, notamment pour le fameux brunch servi jusqu'à 14h, 15h ou même 16h. À savoir également que les Louisianais mangent plus tôt que les Européens. Par conséquent, les heures d'ouverture des cuisines ne sont pas très tardives, et ferment généralement vers 21h ou 22h (plus tard les vendredis et samedis, jusqu'à minuit - voire 24h/24 - dans certains restaurants de La Nouvelle-Orléans). Finalement, il faut savoir que plusieurs restaurants ferment leurs portes en après-midi, généralement de 14h à 16h ou 17h.

BUDGET / BONS PLANS

On peut aisément manger sur le pouce pour moins de 10-15 US$. Il faut compter au moins 20-25 US$ le midi et minimum 30 US$ le soir. Les spéciaux midi et soir (*lunch/daily specials, prix fixe menu*) permettent de faire quelques économies et incluent toujours l'entrée et le plat principal, ainsi que le dessert dans les menus 3 services. Les restaurants plus haut de gamme proposent aussi souvent un menu dégustation (*tasting menu*) se déclinant en plusieurs services. Son coût peut varier de 60 à 150 CAN $, voire plus, et un accord avec des vins sélectionnés est proposé en sus. Tous les modes de paiement sont acceptés, mais les petits restaurants se limitent parfois à l'argent comptant et/ou carte de débit. En Louisiane et dans le reste du pays, on peut aussi rapporter chez soi le reste de son repas ou encore apporter sa propre bouteille de vin ou de bière au restaurant. Le concept « Bring your own booze » (BYOB) n'est peut-être pas aussi répandu que chez son voisin canadien, mais plusieurs restaurants le permettent. Le droit de bouchon est généralement d'un maximum de 30 US$ et certains ne chargent pas un rond.

EN SUPPLÉMENT

Règle générale, les prix affichés sur les menus sont toujours hors taxes. Il faut non seulement y ajouter la taxe de vente (4,45 % + taxe locale d'un maximum de 7 %), mais aussi le service de 15 %. Pour savoir ce que l'on doit payer, il faut donc majorer les prix de 19,5 % à 26,5 % selon la ville.

Les succulentes char broiled oysters.

C'EST TRÈS LOCAL

- **Manger des écrevisses,** encore et encore, bouillies, frites, en étouffée et tutti quanti.
- **Mettre de la sauce piquante sur pratiquement tout,** la Louisiane étant réputée comme la capitale américaine de cet assaisonnement ô combien épicé.
- **Prendre son petit déjeuner chez Buck & Johnny's** (à Breaux Bridge) le samedi pour l'incontournable Zydeco Breakfast.
- **S'habituer aux portions souvent gigantesques** à la nord-américaine, mais aussi à la friture qui est omniprésente.

A ÉVITER

Ce n'est pas parce qu'on est en Amérique qu'il faut faire comme les Américains ! De grâce, évitez donc les grandes enseignes de *fast food* et optez pour les tables locales afin de savourer la Louisiane.

ENFANTS

Vos marmots sont les bienvenus dans la majorité des restaurants, à l'exception des sections où un permis de bar s'applique. Chaises d'appoint sont souvent à disposition et plusieurs restaurants offrent un menu spécialement concocté pour les petits.

FUMEURS

Il est interdit de fumer dans les restaurants, mais c'est possible en terrasse.

LES ATTRAPE-TOURISTES

Dans les quartiers très prisés des visiteurs, comme le French Quarter à La Nouvelle-Orléans, prenez le temps de comparer les restaurants et les menus, plusieurs ayant tendance à *booster* leurs tarifs pour profiter de la manne touristique.

LES PHRASES CLÉS

Bonjour, je voudrais réserver une table pour deux personnes pour ce midi ou ce soir.
Hello, I'd like to reserve a table for two for lunch or dinner today.

Avez-vous un menu en français ou en anglais ?
Do you have a menu in French or in English?

Je suis végétarien, y a t-il des plats sans viande ?
I'm a vegetarian. Do you offer any meatless dishes?

Je n'ai vraiment plus faim mais avez-vous une carte des desserts ?
I'm not really hungry anymore, but do you have a dessert menu?

Puis-je avoir l'addition s'il vous plait ? Je peux payer par carte ou en espèces ?
Could I get the check, please? Can I pay by card or cash?

C'était très bon, nous reviendrons. Merci et à bientôt.
It was excellent. We'll be back. Thank you and see you soon.

FAIRE UNE PAUSE

HORAIRES

Les commerces gourmands (boulangeries, pâtisseries, etc.), les cafés et les salons de thé sont généralement ouverts tous les jours, du matin jusqu'en milieu ou fin d'après-midi (certains peuvent être ouverts jusqu'en soirée, notamment les cafés). Il peut cependant y avoir des jours de relâche dans les plus petits commerces ou alors en région, habituellement le dimanche ou en début de semaine. L'horaire peut également être réduit hors saison. Quant aux bars, ils sont nombreux à ouvrir leurs portes dès 11h ou midi, surtout en ville. Sinon, on peut s'attendre à une ouverture vers le milieu ou la fin d'après-midi au plus tard. L'heure de fermeture est généralement fixée à 2h ou 3h du matin, mais certains ferment plus tôt (minuit ou 1h du matin) en début de semaine ou hors saison. Toutefois, à La Nouvelle-Orléans, plusieurs restent ouverts jusqu'aux aurores, voire sans interruption, notamment dans le French Quarter. Si les bars ont tendance à être ouverts 7 jours sur 7, des jours de fermeture sont tout de même à prévoir (ex. : dimanche, lundi, mardi), particulièrement hors des grands centres. Finalement, il faut savoir que certains bars ferment leurs portes en après-midi, généralement de 14h à 16h ou 17h.

BUDGET / BONS PLANS

Le prix des pauses gourmandes et des consommations alcoolisées est relativement semblable à ce que l'on trouve en Europe, notamment dans les villes comme La Nouvelle-Orléans. Pour faire des économies, le fameux Happy Hour offert dans les bars en milieu ou fin de journée est tout indiqué. Il existe aussi des passeports vendus à petits prix permettant de visiter les établissements participants et d'obtenir des consommations gratuitement (pourboire en sus). C'est le cas du PubPass (getpubpass.com) pour les microbrasseries et brasseries artisanales de la Louisiane. Règle générale, les prix affichés sont toujours hors taxes. Il faut non seulement y ajouter la taxe de vente (4,45 % + taxe locale d'un maximum de 7 %), mais aussi le service de 15 %. Tous les modes de paiement sont acceptés, mais les petits commerces se limitent parfois à l'argent comptant et/ou à la carte de débit.

À PARTIR DE QUEL ÂGE

En Louisiane (et dans le reste du pays), l'âge de la majorité est 18 ans, mais il faut avoir 21 ans pour consommer de l'alcool. Partout où un permis de bar s'applique, seules les personnes majeures y sont autorisées. À l'entrée de certains bars, notamment à La Nouvelle-Orléans, un bracelet ou une étampe sont fournis aux personnes de moins de 21 ans afin de permettre aux serveurs de savoir qu'elles n'ont pas l'âge requis. Toutefois, certains lieux détiennent un permis différent (restaurant, production artisanale...) qui permet d'accueillir les mineurs. À noter que tous les bars ou établissements licenciés demandent une carte d'identité officielle

Beignets traditionnels de Mardi-Gras.

avec photo (ID) à l'entrée, et certains établissements n'acceptent en outre que les passeports (la carte d'identité française ne leur évoque absolument rien). Parfois, on vous demandera même votre « ID » au supermarché si vous achetez du vin ou toute autre bouteille d'alcool. En revanche, pendant les festivals, personne ne s'intéressera à votre âge les jours de fête.

C'EST TRÈS LOCAL

À La Nouvelle-Orléans plus particulièrement, mais aussi dans d'autres villes et localités de l'État, il est possible de boire dans la rue, mais le verre ou la bouteille ne doivent pas être en verre ou en métal. Les bars ou les restaurants possèdent tous des verres en plastique ou *go-cups*, dans lesquels vous pourrez verser le reste de votre verre et le finir en marchant dans la rue. Dans le même esprit, on retrouve des comptoirs de daiquiris pour emporter (*daiquiri shops*), voire en formule « service au volant » (*drive-thru*), un peu partout en Louisiane. Bien entendu, il est interdit pour le conducteur et le(s) passager(s) d'ouvrir les contenants et de consommer le tout dans une voiture en mouvement.

ENFANTS

Les enfants sont acceptés partout où un permis de bar n'est pas en vigueur.

FUMEURS

Il est interdit de fumer dans les commerces gourmands, les cafés et les salons de thé, à l'exception des terrasses. Si la loi de l'État n'interdit pas de fumer dans les bars, nombreuses sont les villes qui ont imposé des restrictions locales à cet égard, notamment Alexandria, Baton Rouge, Lafayette et La Nouvelle-Orléans. Il est toutefois possible de fumer en terrasse, et ce partout en Louisiane sauf avis contraire.

LES PHRASES CLÉS

Bonjour, quelle est la spécialité de la maison ? Nous voulons découvrir.
Hello, what is the specialty here? We'd like to try it.

Avez-vous de la place en terrasse ?
Do you have a table available outside?

Quel est votre nom ? Je m'appelle… Ravi de vous rencontrer !
What is your name? My name is ... Pleased to meet you!

A votre santé ! Zut, j'ai renversé mon verre… pouvez-vous m'aider ?
Cheers! Oh, no, I've spilled my drink. Can you help me?

C'était très bon. Nous allons reprendre la même chose s'il vous plait.
It was very good. We'll have the same again, please

PRATIQUE

(SE) FAIRE PLAISIR

HORAIRES

Les horaires d'ouverture peuvent varier d'un établissement à l'autre, mais en général ils ouvrent le matin entre 10h et 12h et ferment entre 18h et 21h. Le dimanche, les horaires sont souvent restreints (12h à 17h ou 18h). Les horaires peuvent aussi varier d'une ville à l'autre et être réduits hors saison. Dans les villes et petites municipalités, il peut également y avoir des jours de fermeture, la plupart du temps le dimanche et/ou lundi (quoique certains préfèrent fermer mardi et/ou mercredi). Et peu importe la saison, la plupart des commerces sont ouverts 7 jours sur 7 dans les grandes villes, voire 24 heures pour certaines épiceries et *convenience stores*.

BUDGET / BONS PLANS

Le coût de la vie en Louisiane est sous la moyenne nationale. Côté shopping, on s'en sort plutôt bien grâce, notamment, à un taux de change légèrement favorable. Si le prix affiché peut sembler séduisant, il ne faut pas oublier que les taxes de vente ne sont jamais incluses, à moins d'un avis contraire. Il faut donc l'ajouter sur ses achats (4,45 % + taxe locale d'un maximum de 7 %, certains produits bénéficient toutefois d'une exemption des taxes comme la nourriture non-transformée). Les paiements par carte de débit ou de crédit sont généralement acceptés partout, même hors des grands centres. À savoir également que la Louisiane bénéficie d'un système de remboursement de la taxe d'État sur certains achats pour les visiteurs étrangers. Plus de 1 500 commerces sont membres du programme « Louisiana Tax Free Shopping » (les hôtels, restaurants et services consommables sur place ne font pas partie du programme). Au moment de régler et sous présentation du passeport, un bon de remboursement correspondant au montant de la taxe d'État - et parfois aussi de la taxe locale - est remis au client (ne pas oublier d'y ajouter le reçu de caisse). Pour obtenir le remboursement des taxes (en espèces jusqu'à concurrence de 500 US$, par la poste pour les montants supérieurs), il faut se présenter à l'un des quatre endroits suivants avec les bons de remboursement accompagnés des factures, sans oublier le passeport et le billet d'avion aller-retour d'une validité de moins de 90 jours : The Outlet Collection at Riverwalk (La Nouvelle-Orléans), Canal Place (La Nouvelle-Orléans, remboursement par la poste uniquement), Louis Armstrong New Orleans International Airport (Kenner) et Tanger Outlets (Gonzales). Pour plus de renseignements : louisianataxfree.com

SOLDES

Les soldes sont une pratique courante en Louisiane et partout aux États-Unis, qu'ils soient gé-

© SHANE LEVERENZ - SHUTTERSTOCK.COM

Disquaire à La Nouvelle-Orléans.

néralisés à une certaine période (fin de saison) ou offerts ponctuellement dans un type de commerce spécialisé (les quincailleries et centres de rénovation juste avant l'été). La Louisiane participe aussi aux grandes ventes que sont le Black Friday (vendredi suivant Thanksgiving en novembre) et le Boxing Day (lendemain de Noël), lesquelles attirent un nombre considérable de consommateurs, souvent dans la frénésie la plus totale...

C'EST TRÈS LOCAL

Il y a bien entendu quelques grands classiques à rapporter d'un séjour en Louisiane comme des accessoires colorés du Mardi Gras, des articles vaudous ou hoodoo, des produits gourmands comme la sauce piquante (il y en a une panoplie !) et le *jerky* d'alligator, ou encore des bières et spiritueux locaux. Et la Louisiane étant réputée à travers le monde pour ses musiciens, une virée chez un disquaire est chaudement recommandée. Sachez toutefois que le marchandage n'est pas du tout une pratique courante dans l'État, sauf peut-être dans certains quartiers de La Nouvelle-Orléans. Pour des bonnes idées de souvenirs, consultez notre dossier « Que rapporter ».

LES ATTRAPE-TOURISTES

Les grands classiques à l'effigie de la destination ont toujours la cote auprès des visiteurs. Malheureusement, très souvent remplies d'articles *made in China*, les boutiques de souvenirs sont omniprésentes dans les grandes villes et les destinations hautement touristiques. Il en va de même pour certaines boutiques d'artisanat. Assurez-vous donc d'acheter local et authentique afin d'encourager l'économie locale.

LES PHRASES CLÉS

Bonjour, c'est superbe, mais combien ça coûte ?
Hello. This is really nice. How much does it cost?

Vous auriez ma taille ? Où se trouvent les cabines d'essayage ?
Do you have my size? Where are the fitting rooms?

Est ce que je pourrai vous le rapporter et l'échanger si ça ne va pas ?
Will I be able to return it for an exchange if it doesn't fit?

J'ai trop dépensé aujourd'hui, pouvez-vous me faire une réduction sympa ?
I've spent too much today. Could you give me a nice discount?

Je prendrai celui-ci. Pouvez-vous me faire un paquet cadeau ?
I'll take this one. Could you gift wrap it for me?

Vous prenez la carte de crédit ? Où puis-je trouver un distributeur de billets ?
Do you take credit cards? Where can I find an ATM?

BOUGER & BULLER

BUDGET / BONS PLANS

Il y a moyen de se dégourdir les jambes sans avoir à débourser un sou. Les mairies des villes et villages mettent à disposition des installations sportives variées, des piscines aux terrains de tennis et de baseball. L'accès est généralement gratuit ou à prix dérisoire. Il y a aussi tout un réseau de sentiers multifonctionnels gratuits en Louisiane, tant pour les cyclistes que pour les randonneurs. Quelques dollars sont par contre exigés dans les parcs d'État et les réserves naturelles. Pour se lancer dans des aventures comme la pêche en haute mer ou encore le parachutisme, il faut toutefois prévoir un budget conséquent.

C'EST TRÈS LOCAL

Avec le golfe du Mexique qui baigne le sud de l'État, la pêche en mer est une activité prisée des locaux mais aussi des touristes de passage. Plusieurs compagnies ont leurs pénates au sud de La Nouvelle-Orléans, notamment à Buras, Venice, Grand Isle et Cocodrie, sans oublier le secteur de l'estuaire de la rivière Calcasieu près de la frontière texane. Pour ceux qui se demandent où pêcher l'écrevisse, sachez que les options sont ultra limitées, le tout relevant quasi uniquement de la pêche commerciale. Le seul endroit que nous connaissions comme étant accessible au grand public est le Crawfish Haven Mrs Rose's Bed & Breakfast à Kaplan, dans le pays cajun.

© MACLANE PARKER -SHUTTERSTOCK.COM

Pêche.

Autre activité fort populaire, notamment lorsque le mercure atteint des sommets : la descente de rivière en chambre à air, ou le *tubing* comme on l'appelle ici. La région du Northshore dans le Greater New Orleans est d'ailleurs réputée dans le domaine et compte plusieurs centres de *tubing*, pour la plupart situés à Bogalusa, Franklinton et Denham Springs. Enfin, deuxième amendement de la Constitution des États-Unis oblige, on ne pourrait passer sous silence les armes à feu, que l'on soit pour ou contre le port d'arme. Les Américains en étant friands, ils ont à leur disposition plusieurs centres de tir pour s'exercer (*shooting ranges*) et la Louisiane ne fait pas exception. Nul besoin d'être membre du centre pour aller tester ses talents de tireur, mais des conditions s'appliquent et varient d'un centre à l'autre (toutes les infos sont sur leurs sites web respectifs).

VOS PAPIERS SVP

Certaines activités demandent une certification ou un permis valide. C'est le cas si, par exemple, vous désirez louer une embarcation nautique motorisée, participer à une partie de pêche ou encore faire de la plongée sous-marine. Il en va de même pour la conduite d'un véhicule tout-terrain sur les voies publiques (appelé ATV ou UTV), où cela est autorisé, qui requiert que vous ayez sur vous votre permis de conduire. Et pour ceux qui aimeraient aller s'exercer au tir dans un « shooting range », des conditions peuvent s'appliquer, comme d'avoir suivi un cours de base de sécurité dans le maniement des armes à feu ou d'être accompagné d'un tireur d'expérience. Bref, renseignez-vous au préalable sur les exigences requises.

A RÉSERVER

Les places étant souvent limitées, il est recommandé, voire indispensable de réserver pour les sorties guidées en plein air, les activités d'adrénaline (parachutisme, tyrolienne et parcours aériens, etc.), les parties de pêche et de golf, ou encore les soins et massages proposés dans les spas. Il en va de même pour les matchs des équipes sportives professionnelles de La Nouvelle-Orléans, soit les Saints au football (équipe membre de la NFL) et les Pelicans au basketball (équipe membre de la NBA). Bien qu'on puisse généralement acheter ses billets sur place, lors des séries éliminatoires, les réservations deviennent indispensables pour s'assurer une place.

LES ÉVÉNEMENTS

Il y a plusieurs événements sportifs de haut calibre en Louisiane, à commencer par les matchs des équipes sportives professionnelles de La Nouvelle-Orléans (Pelicans au basketball et Saints au football), mais aussi ceux des ligues collégiales et universitaires qui font rayonner la relève (consultez le site de la NCAA - National Collegiate Athletic Association - pour la liste des sports et des équipes : ncaa.com). Concernant le football professionnel, sachez que La Nouvelle-Orléans sera l'hôte du Super Bowl en 2025, l'ultime championnat annuel de la ligue NFL et l'un des événements sportifs les plus suivis au monde. Au niveau collégial/universitaire, il ne faut pas rater le Allstate Sugar Bowl qui se tient annuellement en janvier à La Nouvelle-Orléans. La Louisiane compte aussi plusieurs équipes sportives non-professionnelles comme le Crescent City FC et les New Orleans Jesters au soccer, ou encore le NOLA Gold Rugby au rugby. Plusieurs marathons sont également organisés en Louisiane, notamment à Baton Rouge, Lafayette et La Nouvelle-Orléans. Il faut aussi mentionner le Angola Prison Rodeo en avril et en octobre à Angola (rodéos), les courses de chevaux au Fair Grounds Race Course à La Nouvelle-Orléans, le Tour du Teche en octobre sur les bayous Teche et Courtableau ainsi que la rivière Atchafalaya (courses d'embarcations nautiques), ou encore le Zurich Classic New Orleans à Avondale qui accueille chaque année en avril la crème du golf du circuit professionnel PGA.

LES ATTRAPE-TOURISTES

Lors de manifestations sportives, les revendeurs sont omniprésents dans les environs du lieu de l'événement. Même s'il est vrai qu'on peut économiser quelques dollars en s'approvisionnant auprès d'eux, il serait dommage de perdre son argent pour de faux billets d'entrée. Passez donc par les billetteries officielles.

LES PHRASES CLÉS

Bonjour, comment puis-je me rendre à… ? Est-ce loin ?
Excuse me, how can I get to... ? Is it far?

J'aimerais aller courir. Il y a un coin sympa pour cela dans la ville ?
I'd like to go running. Is there a nice place to run in the city?

J'adore cuisiner. Savez-vous où je peux trouver des cours de cuisine ?
I love cooking. Do you know where I can take a cooking class?

Vous pourriez m'indiquer une salle de sport pas très loin ?
Could you tell me where there is a gym nearby?

Quel est le sport national ?
What is the national sport?

Pensez-vous que nous pourrions voir cela ou même participer ?
Do you think we could watch it, or maybe even try it?

HORAIRES

Principalement situées en ville, les boîtes de nuit sont généralement ouvertes les vendredis et samedis - et d'autres soirs selon les clubs - de 21h-22h à 3h, voire plus tard (à noter que les jours et horaires d'ouverture sont plus étendus à La Nouvelle-Orléans, surtout dans le French Quarter). Pour tout ce qui touche les activités entre amis (cinéma, billard, bowling, karting, jeux d'évasion, etc.), les horaires varient grandement selon le type d'établissement. Il y a également plusieurs casinos en Louisiane, pour la plupart ouverts 24h/24. Pour les arts de la scène (musique, danse, théâtre, etc.), la programmation annuelle se concentre surtout hors saison estivale, en soirée la plupart du temps. Cela dit, la musique étant au cœur de la culture louisianaise, les bars à spectacles et les « fais dodo » ont une programmation chargée qui s'étend sur toute l'année et pas qu'en soirée.

BUDGET / BONS PLANS

Sortir en boîte coûte généralement moins cher en Louisiane qu'en Europe (il faut dire que l'on n'y retrouve pas nécessairement le même standing non plus). L'entrée peut être gratuite avant une certaine heure (habituellement 23h ou minuit) ou encore en s'inscrivant sur la *guest list* (habituellement réservée aux femmes). À savoir cependant que les clubs plus exclusifs peuvent exiger de réserver le *bottle service* pour s'assurer une place. Pour le cinéma, des rabais sont souvent offerts pour les représentations avant 16h ou lors de la journée hebdomadaire à prix réduit (généralement le mardi). C'est le cas notamment de la majorité des salles de cinéma AMC et AMC DINE-IN. Bons plans pour les spectacles : Gametime propose, entre autres, des billets de dernière minute pour des spectacles et manifestations sportives à La Nouvelle-Orléans (gametime.co), et n'oubliez pas que la Louisiane vibre continuellement au rythme de la musique ; il est donc très facile de voir des spectacles gratuitement dans les bars. Règle générale, les prix affichés sont toujours hors taxes. Il faut non seulement y ajouter la taxe de vente (4,45 % + taxe locale d'un maximum de 7 %), mais aussi le service de 15 % lorsque applicable. Tous les modes de paiement sont acceptés, mais il peut arriver que le comptoir bar d'une salle de spectacles, par exemple, n'accepte que l'argent comptant et/ou la carte de débit.

A RÉSERVER

Pour s'assurer d'avoir une place, les réservations sont hautement recommandées pour les spectacles et les boîtes de nuit plus exclusives. Dans le cas de certaines activités, comme le karting et les jeux d'évasion, la réservation est souvent impérative et un dépôt peut être exigé. Pour le reste, vous n'avez qu'à vous présenter sur place le jour même.

TRANSPORTS NOCTURNES

À La Nouvelle-Orléans, aucun problème pour rentrer chez soi à une heure tardive. Les lignes de *streetcar* sont fonctionnent 24h/24 (sauf la ligne UPT-Riverfront), mais certains arrêts ne sont pas desservis la nuit sur la ligne Canal Streetcar - City Park/Museum. Pour ce qui est des bus, tout dépend des lignes, certaines étant en service toute la nuit et d'autres se terminant en début de soirée. Quant au *ferry* reliant le centre-ville au quartier d'Algiers Point, il termine son service vers 20h30/20h45 du dimanche au jeudi et 22h30/22h45 les vendredis et samedis. Ailleurs en Louisiane, il n'y a pas de service de transport en commun de nuit, hormis les taxis, Uber, Lyft et autres du genre qui offrent un service 24h/24, mais dans certaines villes et localités seulement. À savoir également qu'il existe un service de raccompagnement payant dans le Greater New Orleans et la région de Shreveport, offert par la compagnie Dryver (dryver.com/cities/new-orleans & dryver.com/cities/shreveport).

A PARTIR DE QUEL ÂGE

En Louisiane (et dans le reste du pays), l'âge de la majorité est 18 ans, mais il faut avoir 21 ans pour consommer de l'alcool. Partout où un permis de bar s'applique, seules les personnes majeures y sont autorisées. À l'entrée de certains bars, notamment à La Nouvelle-Orléans, un bracelet ou une étampe sont fournis aux personnes de moins de 21 ans afin de permettre aux serveurs de savoir qu'elles n'ont pas l'âge requis. Toutefois, certains lieux détiennent un permis différent (restaurant, production artisanale...) qui permet d'accueillir les mineurs. À noter que tous les bars ou établissements licenciés demandent une carte d'identité officielle avec photo (ID) à l'entrée et certains établissements n'acceptent en outre que les passeports (la carte d'identité française ne leur évoque absolument rien). Parfois, on vous demandera même votre « ID » au supermarché si vous achetez du vin ou toute autre bouteille d'alcool. En revanche, pendant les festivals et jours de fête, personne ne s'intéressera à votre âge.

C'EST TRÈS LOCAL

Beaucoup de musiciens sont très connus uniquement à La Nouvelle-Orléans et réussissent à vivre avec leur modique cachet ou les pourboires du public. La musique est présente partout. Il n'y a pas un endroit à favoriser plus qu'un autre. Il faut les essayer tous pour comprendre que la musique à La Nouvelle-Orléans fait partie de la vie de tous les jours et que la chose la plus importante n'est pas la qualité, mais la bonne ambiance et le plaisir de jouer. Toujours dans l'esprit musical, il ne faut pas rater non plus les soirées dansantes dans les *dancehalls* du pays cajun (les fameux « fais dodo »). La Louisiane est aussi réputée pour ses casinos, elle qui est l'un des rares États à avoir rendu légaux les jeux d'argent, mais uniquement dans des casinos situés sur l'eau et à quai, hormis pour le casino Harrah's à La Nouvelle-Orléans et ceux gérés par les tribus indiennes. On verra ainsi de nombreuses plaques d'immatriculation texanes à Lake Charles et à Shreveport. Chaque paroisse a ensuite le choix quant à l'autorisation ou non de l'installation d'un casino sur son territoire. Certains passent des journées à dépenser, hypnotisés par une roulette ou un bandit manchot...

FUMEURS

Il est interdit de fumer dans les clubs, salles de spectacles, centres d'activités (karting, jeux d'évasion...), etc. Si la loi de l'État n'interdit pas de fumer dans les bars (où peuvent se tenir des spectacles) et les casinos (sur les étages avec aires de jeux seulement), nombreuses sont les villes qui ont imposé des restrictions locales à cet égard, notamment Alexandria, Baton Rouge, Lafayette, La Nouvelle-Orléans et Monroe/West Monroe. Il est toutefois possible de fumer en terrasse, et ce partout en Louisiane sauf avis contraire.

LES ATTRAPE-TOURISTES

Tout comme pour les manifestations sportives, la revente de billets de spectacles est omniprésente en ligne, et parfois même dans la rue. Même s'il est vrai qu'on peut économiser quelques dollars en s'approvisionnant auprès des revendeurs, il serait dommage de perdre son argent pour de faux billets d'entrée. Passez donc par les billetteries officielles.

LES PHRASES CLÉS

Bonsoir, comment puis-je me rendre à…
Good evening, how can I get to…

Est ce que cet endroit est tranquille ? Il n'y a pas de problème de sécurité ?
Is this a quiet area? Are there any safety issues?

J'aimerais voir un spectacle typique ! Qu'est-ce qu'il y a en ce moment ?
I would love to see a traditional show! What is available at the moment?

Je ne comprends pas… pouvez-vous répéter s'il vous plait ? Merci.
I don't understand... Could you please repeat that? Thank you.

Est-ce que je peux vous offrir un verre ? Quel est le meilleur cocktail de la maison ?
Can I buy you a drink? What is your best signature cocktail?

J'ai la gueule de bois, auriez-vous quelque chose pour que j'aille mieux ?
I have a hangover. Do you have anything to help me feel better?

BUDGET / BONS PLANS

Bien évidemment, les tarifs varient grandement selon le type d'hébergement choisi. Il n'en coûtera donc pas le même prix si l'on opte pour un lit en dortoir dans une auberge de jeunesse plutôt qu'une suite dans un hôtel 5 étoiles ou une plantation. En basse saison, on peut dénicher une belle chambre dans une auberge ou un hôtel dans une fourchette de prix allant de 80 à 150 US$, tarif qui augmente - et qui peut même doubler, voire plus, dans les grandes villes - en haute saison ou lors d'événements majeurs. Il faut aussi noter que l'hébergement est cher à La Nouvelle-Orléans, quelle que soit la catégorie. Règle générale, les prix affichés sont toujours hors taxes. Il faut non seulement y ajouter la taxe de vente (4,45 % + taxe locale d'un maximum de 7 %), mais aussi d'autres taxes et frais variant selon la paroisse ou la ville et fixés par l'office de tourisme local pour ses membres hôteliers, tels que le Tourism Assessment Fee et l'Occupancy Tax/Bed Tax à La Nouvelle-Orléans. Tous les modes de paiement sont acceptés, mais les petits établissements hôteliers se limitent parfois à l'argent comptant, les chèques de voyage et/ou la carte de débit.

A RÉSERVER

Destination populaire oblige, il est conseillé de réserver en Louisiane, surtout à La Nouvelle-Orléans. Ne pas non plus attendre à la dernière minute pour réserver si vous comptez assister aux célébrations du Mardi Gras à La Nouvelle-Orléans ou encore au Festival International de Louisiane à Lafayette, les établissements hôteliers affichant complet durant ces événements. Bien évidemment, il est plus facile d'obtenir une réservation de dernière minute en région qu'en ville, sauf quand il s'agit des grandes destinations touristiques comme Grand Isle et le secteur du réservoir Toledo Bend où les réservations ne sont pas un luxe.

C'EST TRÈS LOCAL

Avec son climat subtropical, il n'est pas étonnant de retrouver autant d'établissements hôteliers munis d'une piscine en Louisiane. D'ailleurs, à La Nouvelle-Orléans, les beaux jardins avec piscine ou spa sont légion dans les auberges et hôtels de la ville. Puis viennent les expériences typiques qui font rêver tout visiteur, comme celle d'une nuit dans une plantation riche en histoire ou encore un séjour dans un chalet au cœur des bayous.

POUR LES GOURMANDS

Hormis les Bed & Breakfast, les petites auberges et les plantations, le petit déjeuner est souvent offert en supplément. Et sachez que nombreux sont les établissements hôteliers en tous genres qui mettent en vedette la cuisine cajun et/ou créole, qu'elle soit traditionnelle ou contemporaine.

LES PHRASES CLÉS

Bonjour, avez-vous de la disponibilité pour une chambre double pour ce soir ou demain soir ?
Hello, do you have any vacancies for a double room for tonight or tomorrow night?

Avez-vous un code wifi… les enfants ne tiendront pas sans !
Do you have Wi-Fi available? The kids can't live without it!

C'est bruyant, est ce que je peux changer de chambre ?
It's noisy. Could I change rooms?

Jusqu'à quelle heure est-ce que nous pouvons aller à la salle de sport et à la piscine ?
What time do the gym and the swimming pool close?

Est-ce que je peux laisser mon bagage et revenir plus tard le récupérer ?
Can I leave my luggage and come back for it later?

Est-ce que vous pouvez nous appeler un taxi ? Merci beaucoup.
Could you call us a taxi? Thank you very much.

ALLO ?

Sur un mobile, les appels à l'intérieur du pays sont gratuits, pour autant que vous ayez un numéro américain ou que l'option internationale soit activée auprès de votre opérateur européen. Pour faire un appel, il faut toujours composer le code régional (3 chiffres) + les sept chiffres du numéro local. Les numéros de téléphone débutant par 1 800, 1 833, 1 844, 1 855, 1 866, 1 877 et 1 888 sont l'équivalent des numéros verts en France, donc gratuits. Pour les appels interurbains et outre-mer depuis la Louisiane, optez plutôt pour une carte d'appel prépayée. Vous les trouverez facilement (*super stores*, épiceries, pharmacies, *convenience stores*, boutique de téléphonie mobile, etc.). En Louisiane, plusieurs compagnies de téléphone vendent des cartes SIM prépayées ou en forfait mensuel et vous obtiendrez alors un numéro de téléphone local (des forfaits pour visiteurs sont offerts notamment chez T-Mobile - on recommande aussi AT&T mais pas Verizon). C'est l'option la plus économique si vous avez l'intention de vous servir de votre téléphone fréquemment et de passer des appels locaux. Sachez cependant qu'en règle générale, un téléphone acheté chez un opérateur français est « bloqué » et accepte uniquement les cartes SIM provenant de celui-ci. Vous devez faire la demande de déblocage auprès de votre opérateur avant le départ (ce qui n'est pas toujours possible).

ACCESSIBILITÉ

Bien qu'il y ait encore du chemin à faire, la Louisiane se fait de plus en plus accessible aux personnes à capacité physique restreinte. Par exemple, dans la ville de La Nouvelle-Orléans, des *streetcars* à plancher bas sont disponibles sur la majorité des lignes (*streetcars* rouges et quelques *streetcars* verts), et tous les bus et *ferries* sont accessibles. Il en va de même sur les réseaux de transport CATS (Baton Rouge) et LTS (Lafayette) qui rendent accessibles les bus aux personnes à capacité physique restreinte. En Louisiane, conformément au Americans with Disabilities Act (ADA), des rampes sont aussi installées à l'entrée de divers commerces, hôtels, attraits touristiques, etc. Cela dit, gardez en tête que les trottoirs peuvent être en piteux état, notamment à La Nouvelle-Orléans, ce qui peut compliquer les déplacements en chaise roulante. Pour en savoir plus sur le tourisme accessible dans cet État, il suffit de consulter le site web de chacun des offices locaux/régionaux du tourisme.

SANTÉ

Toutes les régions de la Louisiane ont des hôpitaux et des cliniques. Les centres spécialisés se trouvent dans les grandes villes. Vous trouverez la liste des installations de soins de santé sur le site web d'Official USA (officialusa.com/stateguides/health/hospitals/louisiana.html). Si les risques de maladie sont assez réduits lors d'un séjour aux États-Unis, sachez cependant que les soins médicaux sont exorbitants. Par conséquent, une assurance voyage couvrant les frais médicaux et d'urgence est primordiale. L'infrastructure médicale de Louisiane est, néanmoins, excellente, comme dans le reste du pays. Vous serez pris en charge d'autant plus vite que vous présenterez une preuve de solvabilité (carte de crédit ou assurance). Bon à savoir : les *Urgent Care* sont des centres d'urgence de jour bien moins coûteux. Ils traitent les urgences moins graves.

Les personnes sous traitement médical devront se munir d'une ordonnance pour prouver qu'elles n'importent pas de produits illicites. En ce qui concerne les médicaments, ils ne sont pas vendus prêts à l'emploi, dans des flacons étiquetés par les laboratoires, comme en Europe. Ici c'est le pharmacien qui se charge de la préparation du flacon, en le remplissant du nombre exact de comprimés prescrits par le médecin, et qui reporte la posologie de l'ordonnance (prescription) sur l'étiquette, ce qui évite le gaspillage et l'abus de médicaments. Si l'on pense avoir besoin de médicaments délivrés sur ordonnance, mieux vaut donc emporter l'ordonnance avec soi. Les pharmacies se présentent comme des supermarchés de parapharmacie, avec un comptoir « Prescriptions » tenu par un pharmacien. Aux États-Unis, les chaînes CVS et Walgreens sont partout. Les magasins à grande surface offrent également, dans la plupart des cas, un service de pharmacie sur place (ex. : Costco et Walmart).

Enfin, pour plus d'informations sur les exigences liées à la Covid-19 pour entrer aux États-Unis : fr.visittheusa.ca/us-covid-19-recommandations-de-voyage

URGENCES SUR PLACE

Partout aux États-Unis, le 911 est le numéro d'appel d'urgence pour contacter une ambulance, les pompiers ou la police. Ce numéro est gratuit, qu'il soit composé sur un téléphone fixe, un portable ou depuis une cabine téléphonique. Le 911 est accessible 24h/24.

SÉCURITÉ

Vous ne courez pas de grands dangers en vous rendant aux États-Unis, mais ne soyez pas inconscient pour autant. Comme partout au pays, la Louisiane a droit à son lot de criminalité mais, en tant que visiteur de passage, ce que vous aurez le plus à craindre seront les arnaques à touristes et le vol. Dans les grandes villes comme les petites, ne laissez rien de valeur dans le coffre de votre voiture : déposez systématiquement vos bagages à l'hôtel avant d'attaquer les visites de la journée. Faites attention à vos sacs à main et évitez les quartiers qui vous semblent peu recommandables. Cela vaut surtout pour La Nouvelle-Orléans, une des villes les plus dangereuses des États-Unis. Encore une fois, pas de parano, il y a peu de chance que vous vous retrouviez dans les quartiers les plus chauds de toute façon. Le plus grand risque que vous courez en vous rendant dans la région ne peut malheureusement pas être prévenu puisqu'il s'agit des tempêtes tropicales et ouragans qui déferlent sur la côte atlantique, prennent de l'ampleur dans le golfe du Mexique avant de s'engouffrer dans les terres. Si vous êtes présent lors d'un ouragan, suivez les indications d'évacuation de la zone. Si vous n'avez pu évacuer les lieux, il est nécessaire de trouver un abri en dur et de s'approvisionner en nourriture non périssable, en eau minérale, et de se munir de lampes de poche, de bougies, d'une radio à piles, d'une trousse de secours, d'un extincteur et d'une hache, utile si vous deviez vous retrouver coincé à l'intérieur d'un bâtiment.

LGBTQ

Selon les données recueillies par le Movement Advancement Project (lgbtmap.org/equality-maps/profile_state/LA), un groupe de réflexion indépendant sur l'égalité et les opportunités pour tous, les personnes lesbiennes, gaies, bi-

sexuelles, transgenres, queers et bispirituelles (LGBTQ2) représentent près de 4 % de la population louisianaise (18 ans et plus). Si la Cour Suprême des États-Unis a légalisé le mariage entre conjoints de même sexe en 2015, accordant ainsi les mêmes droits et avantages que pour les couples hétéros (notamment l'adoption), ce sont les États et localités qui établissent les autres politiques et législations, par exemple en ce qui a trait aux congés parentaux, à la discrimination (emploi, logement, emprunts et crédits, etc.) et aux crimes haineux, aux controversées thérapies de conversion, aux changements de nom et de sexe sur les pièces d'identité, etc. La Louisiane étant située dans la fameuse « Bible Belt », regroupant les États très conservateurs où règne le protestantisme évangélique, il est nullement surprenant d'apprendre qu'elle obtient un très faible score, ses politiques et législations visant la communauté LGBTQ2 brillant par leur absence. Cela dit, les villes de La Nouvelle-Orléans et de Shreveport ont pris des initiatives locales, notamment contre la discrimination fondée sur le genre en matière d'emploi et de logement. Si ces deux villes sont davantage *queer-friendly* - surtout La Nouvelle-Orléans, il va sans dire -, ce n'est pas tout à fait le cas dans le reste de l'État. Baton Rouge organise toutefois une Gay Pride annuellement en juin et compte des adresses réputées où sortir comme George's Place et Splash Nightclub. Le Bolt Bar & Patio à Lafayette attire aussi les foules.

AMBASSADE ET CONSULATS

Toutes les ambassades se trouvent bien évidemment à Washington D.C., la capitale américaine (washington.consulfrance.org). Cela dit, en Louisiane, la France a un consulat général à La Nouvelle-Orléans (nouvelleorleans.consulfrance.org), et la Belgique et la Suisse bénéficient toutes deux d'un consulat honoraire, à La Nouvelle-Orléans également.

POSTE

Les *post offices* sont ouverts en semaine, généralement de 8h-8h30 à 16h30-17h, le samedi parfois (souvent qu'en matinée), mais jamais le dimanche. Toutefois, les horaires peuvent varier, même en semaine (pour les succursales et horaires : tools.usps.com/find-location.htm). Vous trouverez de nombreuses boîtes aux lettres (toujours bleues), et les hôtels se chargent souvent d'expédier votre courrier. Vous pouvez acheter des timbres dans les *convenience stores* et les boutiques de souvenirs. Une lettre à destination de l'Europe met environ quatre à sept jours ouvrables, voire plus à certaines périodes de l'année comme le temps des fêtes. Pour obtenir tous les tarifs postaux à destination des États-Unis et à l'international : pe.usps.com/text/dmm300/Notice123.htm

Pour recevoir votre courrier en poste restante, il suffit de le faire adresser au General Delivery, Main Post Office, dans la ville de votre choix. Il vous sera remis sur présentation d'une pièce d'identité. À noter qu'outre la poste régulière, d'autres services de messagerie postale sont présents aux États-Unis, même dans les magasins comme Walmart (Fedex) et les pharmacies telles que CVS (UPS).

MÉDIAS LOCAUX

Côté presse, la Louisiane compte plusieurs grands médias, notamment *The Times-Picayune | New Orleans Advocate*, *The Advocate* (Baton Rouge), *The Acadiana Advocate* (pays cajun), *Lafayette Daily Advertiser* et *Shreveport Times*. Au petit écran, deux grands axes se dessinent. D'une part, les chaînes généralistes telles que PBS (la chaîne publique), ABC, CBS, NBC et Fox, et de l'autre, les chaînes thématiques comme HBO, Showtime et Starz, connues pour leurs séries à succès. À savoir que les chaînes généralistes ont leurs antennes locales pour le bulletin de nouvelles et certaines émissions. Les francophones et francophiles de l'État ne sont pas en reste avec quelques médias qui s'adressent spécialement à eux : Télé-Louisiane, axée sur la culture et l'info, et diffusée sur le web (Facebook, Instagram et YouTube), les chaînes de radio KRVS | Radio Acadie 88,7 FM (quelques émissions en français, dont l'incontournable *Bonjour Louisiane* diffusée en semaine de 5h à 7h) et KVPI 92,5 FM (quelques émissions en français), le blogue Le Bourdon de la Louisiane écrit en français louisianais, ou encore les podcasts de Charrer-Veiller sur Facebook (les derniers contenus datent de 2019, mais le tout est fort intéressant). Pour se tenir au parfum de la vie culturelle, de l'art de vivre et des bons plans en Louisiane, on conseille *OffBeat* (magazine mensuel et site web axé sur les scènes musicale et gourmande), *New Orleans Magazine* (idem, mais axé sur l'art de vivre - publie d'autres magazines dont le biannuel *OnStage* dédié aux arts de la scène de la ville), *Gambit* (hebdomadaire et site web d'actualités, sorties, art de vivre et tutti quanti à La Nouvelle-Orléans) et *Where Y'at* (mensuel plus underground que le *Gambit*).

Enfin, pour plonger dans l'univers musical de la Louisiane, les sites web suivants sont chaudement recommandés : louisianatravel.com/music (belle sélection de playlists classées par genre musical comme le jazz, le blues ou encore le zydeco), offbeat.com/livestreams (liens pour les livestreams d'artistes locaux + playlist mensuelle du magazine *OffBeat*), wwoz.org/listen/player (radio live de la populaire chaîne communautaire WWOZ 90,7 FM de La Nouvelle-Orléans, propriété de la New Orleans Jazz & Heritage Foundation).

LES PHRASES CLÉS

Bonjour, mon téléphone ne fonctionne pas, pouvez-vous m'aider s'il vous plait ?
Excuse me, my phone isn't working. Could you please help me?

Je ne me sens pas bien, pouvez-vous m'amener à l'hôpital le plus proche ?
I'm not feeling well. Could you take me to the nearest hospital?

Est-ce que vous avez un médecin qui parle français ?
Do you have a French-speaking doctor?

Je viens de me faire voler mes papiers, où est le poste de Police le plus proche ?
My documents have been stolen. Where is the nearest police station?

Est-ce un quartier dangereux ou je peux y aller sans crainte ?
Is it a dangerous neighborhood, or can I feel safe going there?

Avez-vous des timbres pour une carte postale à envoyer en France ? C'est combien ?
Do you have stamps to mail a postcard to France? How much is it?

DÉCOUVRIR

Pour beaucoup, la Louisiane se résume à La Nouvelle-Orléans, capitale de la fête perpétuelle et du Mardi Gras, aux plantations, témoins d'opulence et d'esclavagisme, au pays cajun, bastion franco-phone/phile en sol américain, et aux bayous, royaumes des cyprès et des alligators. Mais qu'en est-il du reste de l'État, de son histoire et de son incroyable mosaïque culturelle ? Pour plonger au cœur du sujet avant d'y poser le pied, ce chapitre fait un tour d'horizon de ces sujets, mais aussi des enjeux économiques et sociaux, du « père des eaux » qu'est le fameux fleuve Mississippi, des caprices de Dame Nature et des ravages de l'industrie pétrochimique, des croyances et rites vaudou, de l'architecture, du street art ou encore de la scène musicale dont le jazz est la figure de proue. Et parce que la découverte passe aussi par l'assiette, on vous dresse le portrait gourmand de cette destination hors du commun.

MARDI GRAS À LA NOUVELLE-ORLÉANS

Le jour de Mardi Gras est l'apogée de plusieurs journées de défilés et de festivités dans quasiment toutes les villes de Louisiane. Tout s'arrête pour 24 heures. La préparation des parades et leurs défilés dans les rues bloquent les artères principales de La Nouvelle-Orléans. Les boutiques ferment, les employés qui ne sont pas en congé ce jour-là ne vont pas travailler. Les gens sont tous costumés ou habillés en tenue de soirée pour assister aux bals privés. D'autres s'exhibent pour de simples colliers en plastique. Le jeu de Mardi Gras, si on peut appeler ça un jeu, est d'avoir le maximum de colliers. Pour en gagner, les femmes montrent leurs seins et les hommes leur sexe. Même si ces pratiques appelées *flashing* sont interdites, tant de gens le font que la police déclare forfait. Si La Nouvelle-Orléans organise la plus grande fête de Mardi Gras, les villes de Baton Rouge, Houma, Lafayette et Lake Charles ne sont pas en reste.

Un peu d'histoire

Jusqu'en 1823, les bals masqués étaient illégaux au pays et ce sont les créoles qui les remettront au goût du jour. La plupart se terminaient par un défilé dans la rue. En 1839, la première parade constituée de chars défila. La première organisation officielle fut créée par un groupe de businessmen anglo-américains en 1857. La célèbre Mistick Krewe of Comus défila la même année. D'autres organisations se formèrent par la suite. Rex, une des plus connues, créée en 1872, instaura d'autres traditions : le *king cake* (galette des rois) et les trois couleurs, soit violet pour la justice, or pour le pouvoir et vert pour la foi. La première parade noire, Zulu, puise ses origines en 1909, mais il faudra attendre quelques années avant que la thématique africaine des costumes et le nom du *krewe* soient adoptés. Aujourd'hui, Rex et Zulu sont les deux parades principales qui défilent le jour de Mardi Gras. Elles sont aussi les plus attendues. En 1968, la Krewe of Bacchus fut créée par de riches industriels venus d'autres Etats. Peu acceptés par les autres organisations, ils formèrent leur propre club et changèrent le défilé traditionnel de Mardi Gras en un défilé plus spectaculaire. Les acteurs d'Hollywood y prennent part, les stars de la TV sont élues rois des parades. Ces parades étaient considérées par les autres *krewes* plus anciennes comme rivales et trop démonstratrices de la richesse de leurs membres. Les parades Bacchus, Endymion et Orpheus sont encore aujourd'hui connues pour avoir les chars les plus grands, les défilés les plus longs et les plus beaux *throws* (les babioles jetées des chars). En 1991, quelqu'un fit remarquer que la majorité noire de la ville n'était pas représentée pendant Mardi Gras. Les membres

Musiciens lors de la parade de Mardi Gras à La Nouvele-Orléans.

de la plupart des *krewes* étaient sélectionnés suivant la population et la classe sociale. Une femme noire, conseillère du maire à l'époque, demanda à ce que les organisations de carnaval pour défiler dans le centre-ville ne fassent preuve d'aucune discrimination.

Le concept

La saison de Mardi Gras commence à l'Épiphanie pour se terminer le jour de Mardi Gras, juste avant le Carême. C'est un événement majeur pour la Louisiane et une source de revenus importante. Ce sont les associations de carnaval (*krewes*) qui financent la fête. Une loi interdit la commercialisation du carnaval, donc il n'y a aucun sponsor : les cotisations des membres permettent d'acheter les chars et les costumes. Les associations choisissent chacune un thème différent et toutes sont en compétition amicale pour la beauté de leurs chars et de leurs costumes.

Les parades. Le programme des parades est en général tous les ans le même. Chaque jour (sur un mois, les principales ayant lieu le jour de Mardi Gras lui-même), le journal local publie les différents itinéraires des parades et présente ses rois, reines, dauphins ou grand *marshalls*.

Le guide de Mardi Gras *Arthur Hardy's Mardi Gras Guide* (mardigrasguide.com) est disponible dans tous les commerces de la ville. Il propose différents articles sur l'histoire de Mardi Gras et donne le détail des itinéraires des parades. Les défilés dans le French Quarter sont interdits en raison de la fragilité des bâtiments. Seule Krewe du Vieux est autorisée à y défiler (une ou deux semaines avant Mardi Gras).

Lundi Gras. Le lundi avant Mardi Gras est célébré sur le bord du Mississippi par l'arrivée en bateau des rois Zulu et Rex. En après-midi et en soirée, une grande fête est organisée. Orpheus commence. Ce défilé est très illuminé et possède le plus grand char, le Leviathan, qu'il est possible de voir toute l'année à Mardi Gras World (p.153).

Mardi Gras. Il commence très tôt le matin sur la partie centrale de St. Charles Avenue. Mais la journée débute réellement quand le roi Rex lance un toast de son char à la sortie de l'entrepôt et que Zulu arrive sur Jackson Avenue vers 8h (Zulu arrive rarement à l'heure).

A un moment ou à un autre, tous les fêtards se retrouvent dans le French Quarter. Bourbon Street est la rue la plus fréquentée. Certaines parties de la rue sont carrément impossibles à traverser sans bousculer tout le monde.

Dans le quartier Bywater se retrouve un autre groupe sous le nom de Société de Sainte Anne. Toute personne déguisée est bienvenue pour faire partie de ce défilé. Vers 9h, le groupe se retrouve sur Royal Street et Louisa. À chaque arrêt se trouve un bar où il fait bon reprendre un verre. Les gens costumés rejoignent le défilé et

© METHANON - SHUTTERSTOCK.COM

Parade du Mardi Gras sur Canal Street à La Nouvelle-Orleans.

vont en direction du French Quarter pour continuer la fête. La communauté gay est souvent la plus représentée dans cette parade. Dans la foulée de Zulu, suit le Krewe of Rex. Il part à 10h en général de l'intersection Napoleon Avenue et South Claiborne Avenue pour rejoindre St. Charles Avenue. Dans son sillage viennent les Krewe des Elks Orleans et de Crescent City.

Les Mardi Gras Indians

Ce sont des Afro-Américains défilant dans des tenues et entonnant des chants inspirés des cérémonies indiennes. On en dénombrerait près de 50 groupes (appelés *tribes*). Cette tradition rend hommage aux liens forts qui ont jadis uni les Afro-Américains louisianais aux natifs américains. Il est difficile de savoir d'où vient l'origine de cette organisation. Il semblerait que dans les années 1880, les Noirs ont défilé en tant qu'Indiens quand le Chief Becate a organisé le défilé Creole Wild West. Pendant la saison de Mardi Gras, les Mardi Gras Indians défilent par un itinéraire seulement connu du chef et de ses membres qui dirigent la parade. Ils sont souvent accompagnés d'une *second line* (fanfare) qui joue et chante en réponse aux chants du chef. Leurs costumes sont très imposants, recouverts de plumes, de perles et de paillettes. Chaque membre fabrique son propre costume. Certains sont considérés comme des œuvres d'art. Un des spots idéaux pour assister au défilé est sous le pont de l'I-10 sur Claiborne Avenue dans Treme. La meilleure période pour les voir est quand la tribu se réunit le dimanche le plus proche de la Saint-Joseph (le 19 mars) dans Central City, qu'on appelle le Super Sunday, et quelques semaines plus tard près du bayou St. John. Pour en apprendre davantage sur les Mardi Gras Indians, une visite au Mardi Gras Museum of Costumes and Culture (p.157) s'impose.

GÉOGRAPHIE

Napoléon n'a sans doute pas fait la bonne affaire qu'il croyait en se débarrassant, pour 15 millions de dollars, de ce vaste marécage qu'était alors la Louisiane. Les sols sont fertiles et regorgent de ressources naturelles inespérées comme le gaz et le pétrole, le Mississippi se révèle être une formidable autoroute pour le commerce, et le climat une aubaine pour le développement touristique. Occupant une superficie d'un peu plus de 135 000 km² sur le littoral du golfe du Mexique, soit un territoire grand comme un quart de la France, la Louisiane se partage en cinq régions aux paysages très différents qui tous, cependant, ont un point commun : l'absence de relief et une altitude proche du niveau de la mer (pas plus de 3 mètres dans le sud de l'État). Cela est vrai partout sauf dans le nord de l'État où de bas plateaux traversés de larges vallées alluviales viennent casser la monotonie d'un paysage néanmoins magnifique.

Le fleuve Mississippi, l'un des plus importants au monde

Long de plus de 3 700 km, il prend sa source au lac Itasca dans le nord du Minnesota, près de la frontière canado-américaine, avant de déboucher tout au sud du pays, à La Nouvelle-Orléans. Il fait partie du bassin fluvial Missouri-Mississippi, l'un des plus grands de la planète, et son bassin versant, 3e au monde derrière celui de l'Amazone et du Congo, englobe 31 États américains et deux provinces canadiennes. À la fin de son parcours, le Mississippi se jette dans le golfe du Mexique après avoir noyé tout le sud de la Louisiane, créant les bayous et un immense delta qui est le refuge favori de millions d'oiseaux et d'animaux aquatiques. Le Mee-zee-see-bee était le « Père des eaux » pour les Indiens. Les esclaves noirs, qui le surnommaient Old Miss' ou Old Al' (pour *alligator*), l'invoquaient souvent afin qu'il produise le brouillard et que le travail cesse. Lorsqu'il faisait beau, ils l'aidaient un peu en y jetant des plants de tabac, espérant qu'ainsi le Vieux Al' bourrerait sa pipe et se mettrait à fumer. Tout en méandres, le Mississippi se courbe pour mieux séduire et embourber les aventuriers qui voyagent sur son dos. Les premiers explorateurs redoutaient les inondations impressionnantes que sa colère provoque. En 1717, le gouverneur de Bienville impose la construction de levées (digues en terre) pour tenter de le domestiquer. Au fil des siècles, un système de contrôle, de drainage et de dérivation du fleuve a été mis en place, mais les caprices du « Père » ont anéanti plusieurs fois la région, notamment en 1912, 1913 et 1927 (William Faulkner a magistralement décrit une crue du fleuve dans *Les Palmiers sauvages - Si je t'oublie, Jérusalem*). Mais depuis les inondations survenues lors de l'ouragan Katrina, en septembre 2005, ce système de contrôle des crues du fleuve sur

© F11PHOTO

Bateau à vapeur, La Nouvelle-Orléans.

© VALÉRIE FORTIER

Bassin de l'Atchafalaya.

la région de La Nouvelle-Orléans est remis en question et réétudié. Aujourd'hui, le fleuve reste la voie de communication privilégiée pour les marchandises lourdes, mais le trafic fluvial a largement diminué depuis l'invention du chemin de fer puis de la voiture. Bien peu nombreux sont les romantiques qui préfèrent se promener sur le Mississippi plutôt que d'emprunter un moyen de transport plus rapide. Cela dit, nombreuses croisières sont offertes sur le Mississippi, notamment à bord de bateaux à aubes. Certaines prennent la forme d'excursions touristiques de quelques heures, par exemple le **New Orleans Steamboat Company** (p.148) à La Nouvelle-Orléans, alors que d'autres proposent carrément de prendre le large pour quelques jours à travers plusieurs États, comme avec la compagnie American Queen Voyages. Si vous n'avez pas le pied marin, sachez qu'une route touristique suit le Mississippi sur quelque 4 800 km, du Minnesota à la Louisiane : The Great River Road (experiencemississippiriver.com). Ponctuée d'une foule de points d'intérêt et d'activités, c'est un road trip à ne pas manquer ! Enfin, plusieurs musées et centres d'interprétation traitent du Mississippi et du rôle qu'il a joué dans le développement de la Louisiane, notamment **The Great River Road Museum** (p.232) à Darrow et le **Capitol Park Museum** (p.236) à Baton Rouge.

Les fameux bayous de la Louisiane

Bayou est un nom indien (du choctaw *bayuk*) qui signifie « petit cours d'eau/ruisseau » ou « serpent ». Les bayous sont des étendues d'eau stagnantes, ponctuées de cyprès chauves, qui s'étendent dans une jungle verte au sud de l'État, notamment en Acadiane (pays cajun), formant ainsi un immense réseau navigable de milliers de kilomètres de « boyaux ». Même si l'eau semble stagner, il y a un très léger courant. C'est aussi l'endroit où les Acadiens se sont installés lors du Grand Dérangement. Au cours de votre voyage, on vous parlera d'une part de bayou et de *swamp* - le second étant plus difficilement pénétrable, mais les deux mots sont synonymes - et d'autre part de *marsh*, des marais d'eau saumâtre, dépourvus d'arbres. Plusieurs parcs d'État et aires de conservation permettent de découvrir ces milieux naturels, comme la **Barataria Preserve** (p.205) (Jean Lafitte National Historical Park & Preserve) à Marrero, le **Lake Fausse Point State Park** (p.305) à St. Martinville, le Bayou Segnette State Park à Westwego, le Tickfaw State Park à Springfield ou encore l'Atchafalaya National Heritage Area à Breaux Bridge. Des musées et centres d'interprétation abordent également le sujet, notamment la vie dans les bayous et le développement des colonies acadiennes, tels que le **Bayou Terrebonne Waterlife Museum** (p.262) à Houma, le **Wetlands Cajun Cultural Center** (p.269) à Thibodaux et le **Bayou Teche Museum** (p.276) à New Iberia. Mais l'activité phare qui attire les foules dans les bayous est sans contredit le fameux *swamp tour* (visite guidée en hydroglisseur ou bateau), pour la plupart offerts dans le Greater New Orleans et le pays cajun. Vous trouverez de nombreuses bonnes adresses dans ce guide pour vivre cette expérience totalement dépaysante.

▸ **Bassin de l'Atchafalaya :** Atchafalaya vient de la langue indienne choctaw et signifie « longue rivière ». Ancien bras du fleuve Mississippi et situé à l'ouest de ce dernier, le bassin de cette rivière s'étend sur 5 700 km^2 et débute à mi-chemin entre Natchez (Mississippi) et Baton Rouge (Louisiane) avant de se déverser dans le golfe du Mexique. C'est d'ailleurs la plus grande étendue marécageuse associée à un bassin fluvial aux États-Unis, sa superficie dépassant celles des Everglades en Floride et des marais d'Okefenokee en Géorgie.

Le réservoir Toledo Bend.

Les Indiens menèrent les premiers arrivants, principalement les Acadiens, parmi les méandres du bassin, les colons locaux préférant vivre le long de la rivière. Pendant longtemps, les Cajuns restèrent isolés du reste de la Louisiane, seuls à circuler dans les marais. Les églises et les écoles n'étaient alors autres que des bateaux. Seulement l'arrivée de l'homme dans ce bassin modifia l'écosystème et les inondations se multiplièrent, diminuant les terres émergées. Ainsi, en 1973 fut inauguré le Atchafalaya Basin Bridge, la portion surélevée de l'autoroute 10 qui traverse le bassin sur 18 miles (29 km) entre Baton Rouge et Lafayette, ce qui en fait le 3e plus long pont du pays. Aujourd'hui, quelques maisons et des cabanes de bois sont encore installées sur le bassin. Les principales ressources sont le pétrole, le gaz et l'écrevisse (environ 22 millions de livres sont ramassées par an). Le tourisme joue également un rôle important avec la pêche, la navigation, la chasse et l'observation des oiseaux, sans oublier les fameux *swamp tours*. Pour plus d'infos sur le bassin de l'Atchafalaya : atchafalaya.org

La côte du golfe du Mexique

La Gulf Coast, comme on l'appelle communément, s'étend sur cinq États du sud-est du pays, la Louisiane possédant le 3e plus long littoral après la Floride et le Texas. Les criques, baies, lagunes et marais font partie du paysage de cette grande région et de nombreux fleuves se déversent dans le golfe, notamment le plus important d'entre eux, le Mississippi. Dans cette région vit un Américain sur cinq et l'économie tourne principalement autour d'industries pétrochimiques, des pêcheries et du tourisme, pour ne nommer que ceux-ci. En Louisiane, la côte qui borde le golfe n'est pas facilement accessible, peu de routes la longeant hormis dans l'ouest de l'État. Au sud de La Nouvelle-Orléans, la côte voit tranquillement disparaître ses marais en raison de la montée des eaux causée par le réchauffement climatique, des tempêtes et ouragans qui inondent fréquemment l'endroit, et du nombre considérable de canaux que l'industrie pétrolière y a taillé ruinant ainsi tout l'écosystème environnant. D'ailleurs, d'ouest en est, il est impossible de rater l'omniprésence des industries pétrochimiques, sans oublier les plateformes pétrolières qui se comptent par dizaines au large de la Louisiane (c'est ici qu'on en retrouve le plus). Disons que l'aspect idyllique qu'on se fait de la côte du golfe du Mexique en prend un coup ! Cela dit, il existe quelques destinations balnéaires telles que Venice, Grand Isle, Holly Beach ou encore Little Florida Beach. Ces dernières ont toutefois été durement frappées par les ouragans en 2020 et 2021 et plusieurs installations ont été réduites à néant. Car ne l'oublions pas : la côte du golfe est le point d'entrée le plus fréquent des ouragans sur le continent nord-américain, lesquels dévastent fréquemment la région de la Gulf Coast.

Le réservoir Toledo Bend

Partagé avec l'État du Texas et situé presque à mi-chemin entre Lake Charles et Shreveport à l'extrême ouest de la Louisiane, le Toledo Bend est un immense lac de barrage sur la rivière Sabine. Avec une superficie atteignant près de 800 km^2, il constitue le plus grand plan d'eau artificiel de la Louisiane et du Sud américain, en plus de se classer en 5e place au pays. Suite aux inondations fréquentes causées par la rivière Sabine, les deux États se sont lancés dans l'acquisition de terrains et la construction du barrage dans les années 1960, le tout géré conjointement par le Texas et la Louisiane, ce qui en fait d'ailleurs le seul projet du genre sans aucune aide fédérale pour son financement permanent. Les travaux furent complétés en 1969 et la centrale électrique entra en fonction la même année. Le barrage du réservoir Toledo Bend, situé dans le comté de Newton au Texas, peut générer environ 92 mégawatts d'énergie électrique. Chaque année, nombreux sont ceux qui viennent profiter de ses quelque 2 000 km de rivage, des plaisirs nautiques et des centres de villégiature et campings installés dans la région. Du côté du Texas, la Sabine National Forest longe toute la rive ouest du réservoir, alors que sur la rive est en Louisiane, on retrouve deux petits parcs d'État : le **North Toledo Bend State Park** (p.337) à Zwolle et le **South Toledo Bend State Park** (p.338) à Anacoco. Avis aux plaisanciers : faites très attention aux souches, arbres et billes flottantes lorsque vous naviguez sur le réservoir, même en suivant les voies balisées.

NATURE

La Louisiane séduit les visiteurs avec son exotisme et, surtout, sa faune et sa flore emblèmes de l'État. Climat, latitude et proximité du golfe du Mexique font foisonner les espèces végétales, que l'on se trouve dans le Sud louisianais ou dans les collines du centre et du nord. La faune, qu'elle soit locale, de passage ou importée, est incroyable de vitalité et de beauté, bien qu'elle ne soit pas toujours inoffensive... Ce patrimoine louisianais est d'une richesse inestimable. Pour plonger au cœur du sujet, la Louisiane compte plus d'une vingtaine de parcs d'État (*State Parks*, lastateparks.com) et une forêt nationale (*National Forest*, fs.usda.gov/kisatchie), sans oublier une soixantaine de réserves fauniques, refuges et aires de conservation couvrant près de 650 000 hectares de milieux terrestres et aquatiques (*Wildlife Management Areas, Refuges & Conservation Areas*, wlf.louisiana.gov/page/wmas-refuges-and-conservation-areas).

Une faune préservée

La faune est très riche et vous vous en apercevrez très rapidement : dans les jardins, où vos sens sont saisis par des sons, des mouvements et des couleurs inhabituels, en promenade dans la campagne ou encore dans les marécages.

Oiseaux. Des milliers d'espèces d'oiseaux ont adopté la Louisiane pour passer l'hiver, voire l'année entière. D'avril à mai, le retour des oiseaux migrateurs est un spectacle époustouflant. Les marécages sont alors un véritable tapis de plumes et couleurs à faire mourir de jalousie les cabarets parisiens ! Les chasseurs de gibiers d'eau douce, canards et poules diverses s'en donnent à cœur joie lorsque la réglementation les y autorise, bien entendu. Le pélican brun, emblème de l'État, se reproduit sur les côtes du golfe du Mexique. Et puisque vous êtes toujours en Amérique du Nord, vous croiserez l'aigle royal nichant au sommet des cyprès dans les marécages. En guise de moineaux et merles, vous remarquerez les très agités et très bruyants geais bleus, ainsi que les cardinaux au rouge très affirmé ou encore les omniprésentes aigrettes. Le naturaliste et ornithologue Jean-Jacques Audubon peignit ici une véritable anthologie des oiseaux d'Amérique, en quatre volumes. L'ampleur de la tâche lui demanda évidemment quelques années.

Faune aquatique. Lacs, bayous, marais et eaux du golfe fourmillent de poissons (bar, crapet arlequin, maquereau roi, marlin bleu, poisson-chat, thon albacore, truite mouchetée...), de crustacés (crabe, crevette, écrevisse, huître...) et de reptiles tels les tortues d'eaux, certaines étant gigantesques et incroyablement carnivores. Ces tortues s'attaquent même aux alligators et n'hésitent pas à leur trancher les membres de leurs mâchoires extrêmement puissantes et aiguisées. À l'évidence nous n'oublierons pas l'incontournable alligator (population d'environ 2 millions). Le mot vient de l'espagnol *el lagarto*, qui signifie « lézard ». On met souvent crocodiles et alligators dans le même sac. Grossière erreur !

DÉCOUVRIR

© BONNIE TAYLOR BARRY - SHUTTERSTOCK.COM

Couple de cardinaux.

© JAIMIE TUCHMAN - SHUTTERSTOCK.COM

Il n'est pas rare de croiser un alligator dans la région.

L'alligator appartient à la famille des alligatoridés. Il en existe deux espèces : *Mississippiensis*, qui vit dans le sud-est des États-Unis, et *Sinensis*, qui hante la vallée du Yangzi Jiang, en Chine. Le crocodile (de la famille des crocodilidés) est un animal des tropiques, on le trouve donc en Afrique, en Asie et en Australie. Les alligators ont une gueule plus plate et plus large que celle des crocodiles. Chacun aime cependant montrer son impressionnante denture : même la gueule fermée, quatre gigantesques dents restent visibles. Les deux espèces s'en servent de la même manière, pour saisir et déchirer et non pour mâcher. Lorsqu'ils attrapent une proie, ils l'entraînent sous l'eau pour la noyer, puis attendent qu'elle se décompose avant de l'avaler tout rond. Enfin, l'alligator hiberne alors que le crocodile reste actif toute l'année. Un alligator peut vivre jusqu'à 70 ans (plus s'il est en captivité) et atteindre jusqu'à 3 ou 4 mètres pour les plus vieux.

Ne nourrissez JAMAIS un alligator dans une zone naturelle et ne cautionnez pas les opérateurs touristiques peu scrupuleux qui le font. C'est dangereux pour l'homme, car l'alligator va assimiler humain et nourriture, et pour l'alligator que l'on va devoir tuer pour se protéger. Aussi ne vous approchez pas d'eux. D'une part, vous les dérangez dans leur habitat naturel et vous risquez de perturber l'équilibre du bayou. D'autre part, pour un peu que l'alligator soit agressif vous risquez de vous faire attaquer (ce qui est rare mais qui arrive, notamment avec les femelles, extrêmement agressives lorsqu'elles couvent leur progéniture). Contrairement aux idées reçues, l'alligator n'est pas pataud sur terre : il avance à la vitesse d'un cheval au galop, tel le lézard géant qu'il est.

Mammifères. La Louisiane compte aussi un grand nombre de mammifères : écureuils, ragondins, ratons laveurs, opossums, tatous, lapins aquatiques, loutres, cerfs de Virginie, renards, coyotes, ours noirs de Louisiane, etc. Certains d'entre eux, comme les ragondins, sont des espèces importées et les Louisianais le regrettent amèrement car ce sont de véritables calamités. Avis aux amateurs de la chasse aux gibiers : la région de Sportsman's Paradise est connue pour être La Mecque louisianaise en la matière.

Quelques espèces à ne pas approcher. Aussi inoffensifs qu'ils paraissent, il est fortement déconseillé d'attraper les petits animaux sauvages de type raton laveur, opossum ou ragondin : leurs griffes et leurs dents acérées vous assurent de vilaines plaies.

Méfiez-vous également des espèces suivantes dangereuses car très venimeuses : les serpents mocassin d'eau, *cottonmouth*, *copperhead*, *canebrake rattlesnake* ou encore la fameuse araignée veuve noire. Rassurez-vous cependant, il faut vraiment les chercher pour les trouver. Ces espèces fuient l'homme plus qu'elles ne l'agressent et vous serez davantage importunés par les moustiques, mouches, cafards et fourmis rouges.

Une flore luxuriante

Terre fertile, chaleur et pluies intenses : toutes les qualités sont réunies pour que la végétation soit abondante. Avec ses milliers d'espèces végétales, la Louisiane fait honneur à la nature. Ici règne la forêt mixte du sud-est des États-Unis représentée par la pinède (différentes espèces de pin, gommier noir, chêne, carya...) et la forêt de magnolias (magnolia, chêne, houx et hêtre d'Amérique en terrains surélevés, et cyprès chauve, érable et plantes épiphytes dans les parties basses marécageuses). Dans la région des marais, les saules bordent les bayous recouverts de jacinthes d'eau. Accidentellement importées d'Amérique du Sud, les jacinthes sont dangereuses pour les hélices des bateaux et étouffent la flore locale. C'est pourquoi les autorités font vaporiser un puissant désherbant pour les détruire, sans grand résultat. Le cyprès chauve, imputrescible, vit les pieds dans l'eau sans problème. Il est souvent recouvert de mousse espagnole (appelée ainsi par analogie avec la barbe des Espagnols de l'époque coloniale). Ce n'est pas un parasite, elle vit uniquement d'air et d'eau et est très douce au toucher. Elle était autrefois utilisée pour rembourrer les matelas. Les terres drainées favorisent la culture du coton et de la canne à sucre. Les terrains marécageux voient pousser les cyprès, les ormes, les palmiers nains. Nénuphars, iris, hibiscus, chèvrefeuille, roseaux, pins, pacaniers, chênes, hêtres, bambous, gommiers, fleurs des villes et fleurs des champs sont légion. Le magnolia est la reine des fleurs louisianaises. En pleine floraison, il emplit la Louisiane d'un doux parfum. Les azalées sont aussi au printemps une fleur que vous verrez recouvrir entièrement de couleurs éclatantes tous les jardins louisianais.

Observation et interprétation

Partout en Louisiane, des expériences d'interprétation et d'observation de la faune et de la flore locales sont à portée de main, notamment dans les parcs d'État, les réserves fauniques, les refuges et les aires de conservation. On recommande entre autres l'Atchafalaya National Wildlife Refuge entre Lafayette et Baton Rouge, le **Rockefeller Wildlife Refuge** (p.292) (vous y verrez d'énormes alligators) sur la côte au sud-est de Lake Charles, le **Sabine National Wildlife Refuge** (p.292) à la frontière du Texas ou encore la **Kisatchie National Forest** (p.329) au nord d'Alexandria D'autres sites naturels valent le détour : **Grand Isle State Park** (p.260) à Grand Isle, situé à la jonction de la baie de Barataria et du golfe du Mexique, comprenant plus de 11 km de plages de sable blanc, des plaines de cheniers et des marais, en plus d'être un site réputé pour l'ornithologie ; **Barataria Preserve** (p.205) à Marrero, un site de conservation des zones humides s'étendant sur plus de 9 000 hectares, royaume des reptiles et amphibiens et fréquenté par plus de 200 espèces d'oiseaux ; **Jungle Gardens** (p.280) à Avery Island, un jardin à la végétation luxuriante abritant également un sanctuaire pour les oiseaux, le Bird City ; Atchafalaya Basin dans le pays cajun, énorme étendue marécageuse de plus de 100 000 hectares réputée pour ses forêts de cyprès et gommiers noirs, son habitat de la sauvagine, ses innombrables oiseaux migrateurs et ses fameux alligators. Parlant d'alligators, ils sont incontestablement les grandes vedettes de la Louisiane. Les *swamp tours*, proposés en abondance dans le Greater New Orleans et le pays cajun, permettent d'ailleurs de les voir de plus près, quoique que ce n'est jamais garanti. À noter également qu'ils sont moins présents en hiver alors qu'ils entrent dans une léthargie semblable à l'hibernation. On peut aussi les admirer et en apprendre davantage sur eux chez **Insta-Gator Ranch & Hatchery** (p.213) à Covington, **Kliebert & Sons Gator Tours** (p.218) à Ponchatoula et **Gator & Friends** (p.344) à Greenwood, trois attractions ludiques et interactives qui feront le bonheur des petits et grands. Pour partir à la rencontre des animaux d'ici et d'ailleurs, la Louisiane compte plusieurs sites d'intérêt, à commencer par le **Audubon Aquarium of the Americas** (p.150) à La Nouvelle-Orléans, lequel braque les projecteurs sur les différentes espèces qui peuplent les eaux des Amériques. Dans le sud-ouest de la ville, le **Audubon Zoo** (p.164) est un must, notamment pour ses habitats comme les marécages de Louisiane ou la jungle des jaguars, ou encore pour voir de près les mystérieux alligators blancs. Bonus : le zoo se situe au cœur du **Audubon Park** (p.164), un des meilleurs endroits pour l'observation d'oiseaux dans la région du Greater New Orleans. Il y a également le **Alexandria Zoo** (p.326), dans la région Crossroads, qui permet de partir à la rencontre d'environ 160 espèces provenant des quatre coins du globe, ou encore le **Global Wildlife Center** (p.217) à Folsom, au nord de La Nouvelle-Orléans, où les animaux sont ici en totale liberté alors que les visiteurs les découvrent au moyen d'un safari guidé. Vous pourrez même les nourrir !

DÉCOUVRIR

© STEVE BOWER - SHUTTERSTOCK.COM

On trouve les cyprès chauves dans les eaux marécageuses des bayous.

CLIMAT

Chaleur et humidité sont les deux constantes du climat subtropical louisianais. Les températures sont en conséquence de très agréables à très désagréables tout au long de l'année, variant entre 10 et 20 °C en hiver et aux alentours de 35 °C - voire plus - pendant les mois d'été. Il ne neige jamais sauf exceptionnellement, comme on a pu le voir en février 2021 alors qu'une vague de tempêtes hivernales a envahi le pays jusqu'aux États du Sud. Il ne faut pas non plus oublier que la Louisiane est souvent affectée par les tempêtes tropicales, les ouragans et les tornades. La saison des ouragans s'étire normalement du 1er juin au 30 novembre, avec un pic en août et septembre. La plus grande prudence et une bonne préparation sont de mise à cette période, les conséquences pouvant être fatales. Alors pour apprécier pleinement les charmes de la Louisiane, essayez de partir au printemps (mars à mi-mai) ou en automne (octobre-novembre).

Les saisons en Louisiane

Le printemps et l'automne sont les meilleures saisons pour aller en Louisiane. Il fait beau et chaud au printemps, la flore est en pleine effervescence et la faune en pleine activité. La chaleur redevient agréable pour le tourisme en automne, la végétation est luxuriante et la faune très active. L'automne est également la période de chasse des alligators. L'été est très éprouvant (jusqu'à 35 °C à l'ombre mais avec un ressenti bien plus chaud) et souvent très humide (80-90 % d'humidité dans l'air). Les ondées sont parfois fréquentes et en conséquence, elles créent une abondance de moustiques. On peut sentir ces ondées arriver quand l'air devient encore plus humide et chaud, et que le vent se lève. On pourrait même penser que l'air va se « rafraîchir ». Si vous avez attendu avec impatience la pluie, pensant qu'il fera plus frais, vous risquez d'attendre longtemps. Parfait pour la végétation qui reste d'un vert intense et pousse rapidement, presque à vue d'œil. Le mois d'août marque également le grand rendez-vous avec les orages violents et la saison des ouragans (de juin à novembre, mais les ouragans se manifestent généralement à partir d'août). Il n'est pas rare de voir les routes se recouvrir rapidement de plusieurs centimètres d'eau. L'hiver n'est pas la période idéale car la faune et la flore ne sont pas visibles. Vous croiserez quelques ragondins dans les marais et de nombreux sites seront fermés. En revanche, c'est l'occasion de découvrir les décorations de Noël délirantes et de faire la fête à La Nouvelle-Orléans. Concernant les records de température, la plus élevée fut enregistrée à Plain Dealing le 10 août 1936 avec 46 °C (114 °F) et la plus basse, à Minden avec -27 °C (-16 °F) le 13 février 1899.

Le printemps est la saison idéale pour visiter la Louisiane, comme ici le lac Martin.

L'humidex : quésaco ?

En Louisiane, si vous consultez les nouvelles météo ou une appli comme MétéoMédia, vous verrez qu'il y a toujours deux températures : actuelle et ressentie. Mais qu'est-ce que cette fameuse « température ressentie » ? C'est en fait une sensation plutôt qu'une donnée mesurable. Elle tient compte de deux facteurs, soit le refroidissement éolien (FRE) en hiver, qui ne s'applique pas à la Louisiane, et l'humidex en été. Concernant l'humidex, il prend en compte le taux d'humidité dans l'air et sert à mesurer le niveau d'inconfort et les risques pour le corps. Dans un avenir rapproché, ces deux indices pourraient toutefois être remplacés par l'indice universel du climat thermique (IUCT). Ne combinant pas la température à un autre facteur, il en intègre plutôt quatre : la température, l'humidité de l'air, la vitesse du vent et l'ensoleillement, c'est-à-dire, la quantité de radiation solaire que l'on reçoit.

© LIL SUS - SHUTTERSTOCK.COM

L'ouragan Katrina en 2005.

Quand la nature se déchaine

L'ouragan le plus dévastateur, Katrina, s'est abattu entre la Louisiane et l'État du Mississippi le 29 août 2005. Un terrible traumatisme pour La Nouvelle-Orléans qui a mis du temps à se relever de la plus grande catastrophe naturelle de son histoire. Ensuite Gustav, le 1er septembre 2008, s'est transformé en tempête tropicale après avoir ravagé et inondé le Sud louisianais. D'une tout autre ampleur, le 6 février 2017, une tornade a traversé La Nouvelle-Orléans et ses environs, faisant une douzaine de blessés et provoquant de nombreux dégâts matériels. En juillet 2019, Barry, un temps ouragan, puis tempête tropicale, a provoqué d'importantes inondations en Louisiane. Plus récemment, on se rappellera de l'ouragan Laura (août 2020), un monstre qui a entre autres frappé le sud-ouest de la Louisiane et le sud-est du Texas, ainsi qu'Ida (août 2021), l'ouragan le plus puissant ayant touché terre en Louisiane avec des vents de 240 km/h, et ce, 16 ans jour pour jour après Katrina. Et ce ne sont que quelques exemples...

Quelques conseils. Il est important de se préparer à l'avance en cas d'ouragan. Si vous êtes de passage, ne perdez pas de temps et dirigez-vous vers votre prochaine destination ou abrégez votre séjour. Contactez votre compagnie aérienne, vous pourrez sûrement avancer votre départ sans frais si la région où vous vous trouvez a été déclarée « *mandatory evacuation* » (évacuation volontaire mais pas obligatoire).

Pendant la saison des ouragans, les autorités conseillent aux résidents d'établir une liste de tout ce dont ils auraient besoin au cas où une tempête tropicale, un ouragan ou un ordre d'évacuation toucherait la région. Cette liste doit notamment inclure de la nourriture non périssable, des bouteilles d'eau, une trousse de premiers soins, des outils, une lampe de poche (et des batteries au besoin) et des allumettes « gratte-partout ». Si un ouragan menace la région, les canalisations d'eau risquant d'être contaminées ou simplement de ne pas fonctionner, remplir d'eau la baignoire, des carafes, des seaux, des gallons (compter un gallon, soit environ 4 litres d'eau par jour et par personne). Ne tardez pas acheter ce dont vous aurez besoin, les supermarchés étant souvent vides de tout ce que vous avez espéré y trouver. Pour plus d'infos à ce sujet : cdc.gov/disasters/hurricanes/before.html

Si vous vous trouvez près des côtes du golfe, sur un bayou ou sur un lac, repérez à l'avance les routes prévues pour l'évacuation. Ne partez pas au dernier moment. Même si vous vous trouvez près des levées prévues pour la protection des ouragans, il vaudrait mieux prévoir un plan d'évacuation. L'eau peut en effet parfois passer par-dessus les levées. Si vous décidez de ne pas évacuer, sachez que les vents violents des tempêtes ou des ouragans peuvent aussi faire d'incroyables dégâts. Le mieux pour s'installer en toute sécurité, à l'abri des vents destructeurs et des tornades, est de choisir une petite pièce au centre du bâtiment, à l'étage le plus bas. Dans cette situation, gardez avec vous de l'eau, une lampe de poche et des piles, une hache ou quelque chose qui vous permettra de casser tout objet qui pourrait vous empêcher de sortir. En cas d'inondation, en revanche, il convient d'évacuer complètement car les plus bas niveaux, notamment les caves (qui sont d'ailleurs très rares en Louisiane à cause des sols imbibés d'eau), seront immédiatement inondés. Une fois l'eau entrée, elle peut monter sans limites. D'ailleurs, pendant Katrina, des personnes se sont retrouvées coincées par l'eau montante dans les greniers.

ENVIRONNEMENT

Cet État se caractérise, d'un point de vue géographique, par sa façade littorale le long du golfe du Mexique, le fleuve Mississippi et ses bayous, vastes zones marécageuses et réservoir de biodiversité fragile et menacé, à la fois par l'extraction pétrolière et le changement climatique. L'industrie pétrochimique, soumise ici à une réglementation peu contraignante, a largement participé à la contamination des milieux, notamment une frange entre Baton Rouge et La Nouvelle-Orléans, tristement dénommée « Cancer Alley », où les maladies touchent en premier lieu les populations pauvres, particulièrement exposées aux agents toxiques des usines. Cette vulnérabilité se retrouve également face aux événements extrêmes, où les populations les plus précaires, logées sur d'anciennes zones humides asséchées, ont été les plus touchées par l'ouragan Katrina en 2005, à l'image du quartier de Lower Ninth Ward, laissé à l'abandon par les pouvoirs publics.

Aires protégées et biodiversité

Le territoire compte différents types d'aires protégées, relevant du pays ou de l'État de Louisiane. On citera ainsi Poverty Point World Heritage Site (UNESCO), qui abrite l'un des plus vastes sites archéologiques du pays, Cane River Creole National Historical Park and Heritage Area, qui conserve des plantations historiques, ou encore Jean Lafitte National Historical Park and Reserve, composé de six différents sites (incluant un centre de visite dans le French Quarter de La Nouvelle-Orléans) qui vise à protéger des sites naturels et culturels qui témoignent de la singularité de la Louisiane.

Les bayous sont d'anciens bras du Mississippi, qui abritent, au sein de vastes zones d'eau douce, des écosystèmes complexes et fragiles, associés à une biodiversité exceptionnelle, avec des espèces emblématiques (cyprès chauves, alligators, oiseaux). Ces milieux uniques sont cependant menacés par les activités humaines (dont agriculture, industrie), les ouragans et événements extrêmes liés au changement climatique. Selon un institut de recherche américain, la Louisiane (dénommée « Bayou State ») perdrait chaque heure l'équivalent en superficie d'un terrain de football.

Poverty Point World Heritage Site.

Les menaces de l'industrie

L'activité pétrolière génère de multiples impacts environnementaux et sanitaires. Les 4 000 forages et 15 000 km de canaux creusés dans les bayous, en déplaçant une grande quantité de sédiments, ont induit un phénomène d'affaissement des sols qui perturbe les écosystèmes, qui jouent notamment un rôle de barrières naturelles. À cela s'ajoutent les pollutions chroniques et accidentelles des industries. On citera notamment l'explosion de la plate-forme pétrolière Deepwater Horizon en 2010, à l'origine de l'une des plus graves marées noires et catastrophe écologique du pays. Le manque de sédiments liés aux barrages, ainsi que les effets des changements climatiques, avec des aléas d'une grande violence, comme la tempête Ida survenue en août 2021, participent également à la disparition et à la dégradation des milieux naturels.

« Cancer Alley »

Il s'agit d'une frange de 140 km entre Baton Rouge et La Nouvelle-Orléans, où sont installées des industries chimiques, générant, en plus de pollutions aiguës, des contaminations chroniques. Les habitants pauvres sont les plus exposés à cet environnement délétère où le risque de cancers serait supérieur de plus de 50 fois à la moyenne nationale, d'après l'Agence de Protection de l'Environnement des États-Unis.

La doline de Bayou Corne

Non loin de « Cancer Alley », à Bayou Corne, se trouve une doline (*sinkhole*). Il s'agit d'une

© MARCUM HAVENS - SHUTTERSTOCK.COM

Alligator dans le bayou.

dépression circulaire formée suite à l'affaissement d'un puits anciennement exploité pour l'extraction de la saumure, qui a laissé s'échapper du méthane, d'autres gaz toxiques, et des hydrocarbures qui ont contaminé des nappes phréatiques et contraint au déplacement toute une partie de la population locale en 2012.

Face aux changements climatiques

Les changements climatiques se traduisent en Louisiane par une accélération de l'érosion côtière (montée des eaux) et par une plus grande fréquence et intensité des événements extrêmes, à l'image des ouragans Katrina en 2005 et Ida en 2021. L'illustration la plus parlante du changement climatique est peut-être l'Isle de Jean-Charles, qui a perdu près de 98 % de son territoire en moins de 70 ans. Exclue du périmètre de protection des barrages (voir infra), l'île devrait totalement disparaître sous les eaux d'ici à 50 ans et les habitants, réfugiés climatiques, sont relogés ailleurs.

Le 29 août 2005 : l'ouragan Katrina

L'ouragan, qui a balayé le sud de la Louisiane, a provoqué l'inondation de plus de 80 % de La Nouvelle-Orléans, où l'eau salée a stagné pendant des semaines. Quand l'ouragan Rita est arrivé quelques semaines plus tard, les quartiers ont à nouveau subi des inondations, les travaux de consolidation de la digue n'ayant pas été achevés. Le drame de Katrina réside en partie dans le fait qu'une telle catastrophe était prévisible : emplacement géographique, système de protection des digues obsolète, récentes tempêtes passées très près. Les quartiers les plus anciens, édifiés sur des terrains au-dessus du niveau de la mer (French Quarter, Faubourg Marigny, Bywater, une partie d'Uptown), n'ont pas été inondés, contrairement aux quartiers plus récents ou plus pauvres, situés entre un et deux mètres sous le niveau de la mer et résultant de l'assèchement des marécages et terres inondées, qui ont été les plus touchés (Gentilly, Lakeview, New Orleans East). Comme évoqué précédemment, les marécages constituent des défenses naturelles contre les inondations. Au XIXe siècle, une levée de terre fut construite, juste assez haute pour retenir une partie des crues du Mississippi. Un système de drainage des eaux fut ensuite mis en place. Cela n'empêcha pas La Nouvelle-Orléans d'être inondée en 1927, puis en 1965. Le Congrès réagit alors et demanda à l'agence gouvernementale, The Army Corps of Engineers, d'être responsable du contrôle des inondations et, de ce fait, de la construction de digues tout le long de la vallée du Mississippi. En manque de fonds, l'agence change les plans, mais achève quand même la construction. Malheureusement, le 29 août 2005, une partie de la digue casse et inonde les trois quarts de la ville. Impuissante, constatant les dégâts et surtout le nombre de morts, l'agence reconnaît le 1er juin 2006 sa responsabilité. Les travaux (15 milliards de dollars) ont été complétés en juin 2011. 523 km de digues ont été réparés dès 2006 et la Coastal Protection and Restoration Authority (CPRA) a été créée. The Army Corps of Engineers a ainsi réalisé la plus grande station de drainage du monde. L'inertie du président George W. Bush aux premiers jours post-Katrina a essuyé la plupart des critiques, ainsi que les contrecoups de cette action tardive (habitants sans eau ni nourriture ni toit, décès par déshydratation, fatigue et scènes de pillages). Le volontarisme pour reconstruire et le courage des Néo-Orléanais a cependant été salué par tous. Le Lower Ninth Ward, quartier pauvre et le plus dévasté, sur lequel s'était focalisée la fondation de Brad Pitt *Make it right*, n'a cependant toujours pas retrouvé ses traits d'avant.

HISTOIRE

Le peuplement du continent nord-américain s'est effectué il y a plus de 12 000 ans, à la fin de la période glaciaire, par des peuplades de chasseurs venues de Sibérie. Par vagues successives, elles franchirent le détroit de Béring, alors gelé, à la poursuite de gibier. Elles se dispersèrent ensuite sur l'ensemble du continent, développant des modes de vie spécifiques adaptés à leur milieu : ce sont ces indigènes que les premiers Européens, croyant être parvenus aux Indes, baptisèrent Indiens. Il faudra attendre le XVe siècle et les progrès de la navigation pour que les Européens se lancent à la conquête des océans, à la recherche d'une nouvelle route vers les Indes. Ainsi débuta la colonisation de cet immense territoire appelé le Nouveau Monde. Il faut d'ailleurs noter qu'à l'époque, tant la Louisiane française que le Territoire de la Louisiane espagnole s'étendaient sur plusieurs États américains actuels.

1519 L'Espagnol Alonso Alvarez de Pineda est le premier Européen connu à atteindre le Mississippi. C'est également le premier à avoir cartographié le Texas actuel et une partie de la côte du golfe du Mexique.

1541 Hernando de Soto, conquistador et explorateur espagnol, est le premier à documenter la découverte du Mississippi qu'il explore jusqu'à son embouchure.

1663 Sur décision de Louis XIV, la Neuve France, ou Nouvelle-France, devient province française rattachée au domaine royal. La colonie de la Louisiane n'existe toutefois pas encore.

1672-1698 Motivés par la curiosité scientifique, les préoccupations commerciales et l'évangélisation, les Français explorent le cœur du continent.

1682 Robert Cavelier, sieur de La Salle, prend possession de la vallée du Mississippi qu'il nomme Louisiane en honneur de Louis XIV.

1643-1687

René-Robert Cavelier de La Salle

Né à Rouen, il part pour Montréal en 1667 puis se lance dans l'exploration des Grands Lacs, notamment les lacs Ontario, Érié, Huron et Michigan. À l'hiver 1681-1682, lors de son 2e voyage d'exploration, il entreprend de suivre le cours du Mississippi jusqu'à son embouchure. Le 9 avril 1682, il prend alors possession, au nom de la France, de cet immense territoire situé entre la vallée du fleuve Saint-Laurent et le delta du Mississippi et le nomme Louisiane. Il meurt assassiné lors d'une mutinerie en 1687, près de Navasota dans l'actuel État du Texas.

© MORPHART CREATION - SHUTTERSTOCK.COM

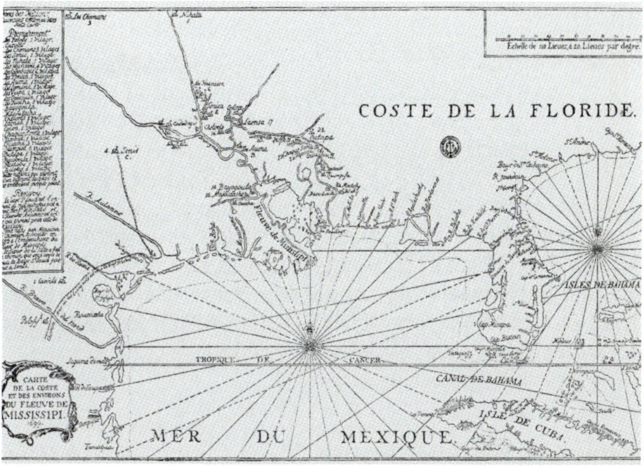

Carte du delta du Mississipi par Pierre Le Moyne d'Iberville, 1699.

FIN DU XVIIE SIÈCLE Pierre Le Moyne d'Iberville fonde la colonie de la Louisiane et les villes de Biloxi (dans l'actuel Mississippi) et Mobile (dans l'actuel Alabama).

XVIIIE SIÈCLE On trouve en Louisiane trois sortes de français : le français parlé par la haute société, les planteurs, les prêtres français ou québécois qui savent l'écrire mais le font très rarement, puis le français des Cajuns et celui de la communauté noire.

1714 Louis Juchereau de Saint-Denis établit le Fort Saint-Jean-Baptiste à Natchitoches. C'est la première implantation européenne permanente fondée dans le territoire compris dans la Vente de la Louisiane (*Louisiana Purchase*).

1718 La Nouvelle-Orléans est fondée par Jean-Baptiste Le Moyne de Bienville et nommée d'après Philippe d'Orléans.

1719 Premier acheminement d'esclaves noirs en Louisiane.

1755-1763 En 1755, le colonel britannique Sir Charles Lawrence ordonne la déportation des Acadiens, agriculteurs venus du Poitou, de Touraine et du Berry, implantés depuis 1604 autour de la baie de Fundy (Nouvelle-Écosse actuelle). À leur place, il a pour projet d'installer des fermiers anglais : le Grand Dérangement, qui a lieu de 1755 à 1763, touchera plus de 10 000 Acadiens. Beaucoup d'entre eux s'établiront par la suite en Louisiane. Au terme du traité de Paris, Louis XV cède les territoires situés à l'ouest du Mississippi et La Nouvelle-Orléans à l'Espagne et ceux à l'est du fleuve à la Grande-Bretagne.

1788 ET 1794 Deux incendies détruisent près de 80 % de La Nouvelle-Orléans, incluant le French Quarter et ses bâtiments construits au moment de la colonisation par les Français. La gouvernance espagnole à l'époque entreprit les travaux de reconstruction rendant ce quartier unique en son genre.

Jean Lafitte (1792 à date inconnue)

Son histoire et ses origines restent mystérieuses. Il serait né en 1792 dans la colonie française de Saint-Domingue (Haïti) d'une mère juive espagnole et d'un père français. Corsaire, contrebandier, pirate, chef des Baratariens, il fut aussi négociant, armateur, marchand d'esclaves. Officiellement, il exploitait une forge avec son frère à La Nouvelle-Orléans, et fréquentait le café des Réfugiés et le Maspéro. Figure locale, il était invité chez les plus riches planteurs et négociants. Pendant la guerre de 1813, il combattit aux côtés du général Andrew Jackson pour défendre son pays d'adoption, ceci malgré les attaques américaines contre sa flotte personnelle à La Nouvelle-Orléans. Le célèbre pirate aurait également entretenu une correspondance avec les grands philosophes Friedrich Engels et Karl Marx. Il aurait même financé le *Manifeste du Parti communiste*... Comme ses origines, sa fin reste nimbée de mystère. Mort au Mexique en 1826 ou dans l'Illinois en 1847 ? Yul Brynner a incarné à l'écran le personnage de ce pirate mythique - avec à ses côtés Charlton Heston dans le rôle du général Jackson - dans le film *Les Boucaniers* d'Anthony Quinn.

1800 L'Espagne rend la Louisiane à la France par le biais du traité secret de San Ildefonso.

1803 Napoléon vend la Louisiane aux États-Unis pour 15 millions de dollars.

1812-1815 La guerre anglo-américaine éclate et se conclura par la signature du traité de paix à Gand qui rétablira le statu quo. En 1812, la Louisiane intègre l'Union et devient le 18e État. Elle adopte également sa première Constitution. Puis en 1815, lors de la Bataille de La Nouvelle-Orléans, les Britanniques échouent face aux troupes d'Andrew Jackson. Cette victoire assoit la suprématie américaine et clôt la guerre d'indépendance.

1837 Première parade de rue de Mardi Gras à La Nouvelle-Orléans.

1849 Baton Rouge devient la capitale de l'État.

1853-1905 Les épidémies de fièvre jaune se succèdent et font des milliers de morts.

1861 La Louisiane est le sixième État à faire sécession et se retrouve divisée avec les Confédérés à l'ouest et l'Union à La Nouvelle-Orléans.

1863 L'Union avance vers l'ouest et prend Port Hudson aux Confédérés qui seront défaits en 1865, ouvrant la voie à l'abolition de l'esclavage.

L'ESCLAVAGE

D'AFRIQUE À L'AMÉRIQUE, LE SOMBRE PORTRAIT DE L'ESCLAVAGE EN LOUISIANE

Au début du XIXe siècle, avec le développement de l'industrie textile, la culture du coton explose et en vient à dominer toute l'économie du Deep South. Elle donne lieu à un recours accru à l'esclavage, véritable socle du système économique et social, sans opposition majeure de la part des États du Nord. La population noire est soumise à la migration forcée vers les grands centres de production. Ainsi, entre 1820 et 1850, plus d'un million de Noirs sont déplacés vers le sud des États-Unis.

L'ère des plantations

En 1840, La Nouvelle-Orléans est la ville la plus riche du pays, la troisième par sa population, et regroupe le plus grand marché d'esclaves. Ceux-ci sont transportés sur le fleuve par bateau et acheminés vers les plantations de coton, de tabac, de canne à sucre ou de chanvre. Dans le processus de déshumanisation auquel ils étaient le plus souvent soumis, les insultes et les humiliations étaient de mise, de même que, dans les cas les plus graves, le viol ou la torture. Outre les coups directs, le fouet était fréquemment utilisé pour punir, corriger une attitude, obtenir un meilleur rendement ou simplement à titre d'exemple et de pression sur le groupe. La séparation des membres d'une même famille était également courante, que ce soit au cours de reventes ou de dispersions sur plusieurs propriétés. Afin d'échapper à leur condition de vie et à certains travaux, certains esclaves allaient jusqu'à se mutiler où à se donner la mort. Parmi les fuyards qui osaient chercher la route de la liberté, certains trouvèrent leur salut dans l'Underground Railroad, qui n'était pas un réseau ferré, mais un ensemble de routes clandestines utilisées pour se réfugier dans les États abolitionnistes du Nord. À l'aube de la guerre de Sécession, alors que le Nord s'est fortement urbanisé et industrialisé, le Sud, lui, dépend totalement de la terre et des esclaves.

La guerre de Sécession

Pendant la première moitié du XIXe siècle, les tensions s'avivent entre le Nord et le Sud et deux lignes de fracture vont rapidement se dessiner. La première a trait aux tarifs douaniers mis en place par le Nord et la seconde concerne l'esclavage. Le Parti républicain, fondé en 1854, insiste sur le fait qu'il ne doit pas s'étendre au-delà des États où il existe déjà. Les États du Deep South, royaume du coton, ne l'entendent pas de cette oreille, dans la mesure où l'esclavage est un pilier de l'économie de plantation. Au cours des décennies précédentes, un fragile compromis avait été trouvé pour que les Free States et les Slave States soient en nombre égal. Mais la poussée vers l'Ouest et l'ajout de nouveaux États à l'Union creusent les tensions entre le Sud et le Nord, et l'équilibre ne tarde pas à voler en éclats. Le Parti démocrate (largement sudiste et esclavagiste) perd la majorité au Congrès, qui interdit bientôt l'esclavage dans les États nouvellement acquis. L'élection d'Abraham Lincoln, le premier républicain à entrer à la Maison-Blanche, le 6 novembre 1860, met le feu aux poudres. En décembre, la Caroline du Sud fait sécession. Elle est suivie par six autres États en janvier et février 1861 : le Mississippi, la Floride, l'Alabama, la Géorgie, la Louisiane et le Texas. Ces sept États proclament la création des États confédérés d'Amérique. L'Union refuse de reconnaître la Confédération, qui demande l'indépendance totale, et la guerre civile éclate. De nombreuses plantations et demeures de planteurs sont occupées ou saisies par les forces de l'Union.

Les *Reconstruction Acts*

La défaite du Sud, en 1865, place la Louisiane sous régime militaire. L'esclavage est aboli. Mais les institutions louisianaises restent dominées par les ex-Confédérés. Le droit de vote est alors refusé aux Noirs. De nombreuses lois, notamment le tristement célèbre Code noir, restreignent les droits et libertés des Noirs de Louisiane. En 1866, des émeutes raciales se transforment en bain de sang. En 1867 et en 1868, le Congrès vote les *Reconstruction Acts* et rétablit le gouvernement militaire. La Louisiane doit se doter d'une Constitution acceptable pour réintégrer l'Union, ce qu'elle fait en juin 1868, grâce à une nouvelle Constitution instituant le droit de vote pour tous les hommes ayant atteint leur majorité et quelle que soit leur race. Les Noirs obtiennent l'égalité des droits civils. Particulièrement actives au niveau politique et économique, les organisations blanches et racistes, parmi lesquelles le Ku Klux Klan et la White League s'attachent à combattre le gouvernement au pouvoir, lynchent et brûlent... L'État ne recouvrera sa pleine autonomie au sein de l'Union qu'en 1877.

1864 La nouvelle Constitution de la Louisiane met fin au bilinguisme. L'anglais devient ainsi la langue officielle et plus aucune école n'enseigne le français. Les Cajuns sont mis au ban de la société louisianaise.

1867-1868 La Louisiane est placée sous gouvernement militaire par l'Union. Elle ne réintègre l'Union qu'après s'être dotée d'une nouvelle Constitution.

1901 On découvre le premier gisement de pétrole de Louisiane à six miles de Jennings, dans la paroisse de Jefferson.

1916 Avec la scolarité obligatoire et gratuite pour tous, les Cajuns envoient docilement leurs enfants à l'école où ils deviennent anglophones, l'usage du français étant formellement interdit en classe à partir de 1921 par la section 12 de la nouvelle Constitution.

1927 La grande crue du Mississippi (*Great Flood*) - la pire de l'histoire des États- Unis - dévaste 70 000 km^2 et laisse des centaines de milliers de personnes sans logement dans plusieurs États.

1928-1935 Le gouverneur Huey P. Long établit de nombreuses mesures sociales. Malgré un fort soutien de la population, très démunie, il est très controversé et est assassiné en 1935.

1957 L'ouragan Audrey détruit le sud-ouest de la Louisiane et tue plus de 400 personnes.

1965 Ouragan Betsy, surnommé *Billion-Dollar Betsy*. L'eau du lac Pontchartrain est poussée par le vent dans nombreux quartiers dont le Lower Ninth Ward. 76 résidents meurent noyés.

1968 Le français est finalement réadmis à l'école, tandis que le Conseil pour le développement du français en Louisiane (CODOFIL) est créé. À l'origine de cette association, un avocat et ancien membre du Congrès, James Domengeaux, qui a investi son argent et son énergie pour la sauvegarde du français en Louisiane. Il vient à Paris demander des professeurs au président Georges Pompidou.

ANNÉES 1980 L'économie louisianaise, basée sur le pétrole, s'effondre suite à la crise économique. La Louisiane devient l'un des États les plus pauvres du pays.

1992 L'ouragan Andrew passe sur le centre de la Louisiane, tuant plus d'une dizaine de personnes et privant plus de 200 000 personnes d'électricité. Des milliers de dollars de récoltes sont détruites.

1998 L'ouragan Georges s'approche très près des limites de La Nouvelle-Orléans, pour se tourner vers les États à l'est au dernier moment. Le secteur du lac Pontchartrain subit des dommages considérables.

Parade du Mardi Gras à La Nouvelle-Orléans en 1920.

2003 Kathleen Babineaux Blanco est élue gouverneur, devenant - et encore à ce jour - la première femme gouverneur de Louisiane. Des programmes bilingues financés par le gouvernement fédéral sont poursuivis. On ne fait plus uniquement qu'enseigner le français, il est maintenant utilisé comme langue véhiculaire pour l'enseignement de certaines matières.

2005 29 août : l'ouragan Katrina détruit le Sud-Est louisianais. La ville est fermée jusqu'à octobre. On estime que plus de 2 millions de personnes de la région du golfe ont été évacuées. 24 septembre : l'ouragan Rita passe sur le Sud-Ouest louisianais et inonde pour la seconde fois une partie de La Nouvelle-Orléans.

2008 Presque trois ans jour pour jour après Katrina, l'ouragan Gustav arrive sur Cocodrie et se transforme en une très grosse tempête tropicale en faisant de nombreux dégâts sur tout le Sud louisianais.

2010 Les New Orleans Saints, l'équipe de football de Louisiane, gagnent le Superbowl. Moins de deux mois plus tard, l'explosion de la plate-forme pétrolière offshore Deepwater Horizon provoque une marée noire sans précédent dans le golfe du Mexique. Les côtes et les bayous de Louisiane sont souillés.

2015 Le 27 août, Barack Obama se rend dans le quartier Treme pour commémorer les dix ans du passage de Katrina.

2016 En août, des pluies torrentielles s'abattent sur la Louisiane, occasionnant des inondations sans précédent.

2018 La Nouvelle-Orléans fête le tricentenaire de sa fondation. En novembre, la politicienne afro-américaine LaToya Cantrell devient maire de La Nouvelle-Orléans, première femme à occuper ce poste.

2019 La Louisiane adopte une loi anti-avortement interdisant l'IVG dès que les battements du fœtus peuvent être détectés (soit à la sixième semaine de grossesse). En avril, trois églises afro-américaines sont incendiées dans la paroisse de St. Landry. Un jeune homme de 21 ans est mis en accusation. Mi-juillet, l'ouragan Barry, finalement rétrogradé en tempête tropicale, provoque d'importantes inondations dans le sud de l'État.

2020 Les parades de Mardi Gras sont annulées alors que le carnaval est déjà en branle, suite au décès de deux personnes mortes écrasées par des chars allégoriques. Les ouragans Laura, Delta et Zeta s'abattent sur la Louisiane. Le sud-ouest est particulièrement touché par les deux premiers, notamment Cameron et Lake Charles.

2021 Les festivités de Mardi Gras prennent un air plus virtuel en raison de la pandémie. Les résidents de La Nouvelle-Orléans s'en donnent toutefois à cœur joie en décorant leurs maisons, souvent de manière extravagante. 16 ans jour pour jour après le passage de Katrina, l'ouragan Ida déferle sur le sud-est de la Louisiane. C'est l'ouragan le plus puissant à avoir frappé la Louisiane, rayant de la carte certaines localités dont Grand Isle.

TOP 10

PERSONNAGES HISTORIQUES

Plusieurs personnalités ont marqué l'histoire de l'État, des premiers peuplements européens à l'ère contemporaine. Nous en avons sélectionné une dizaine qui ont tous contribué, à leur manière, à façonner la Louisiane d'aujourd'hui, toujours riche de ses racines hautement métissées.

ANTOINE CROZAT

Financier français impliqué dans la traite négrière, il fut le premier propriétaire de la Louisiane.

FRANCISCO LUIS HECTOR DE CARONDELET

Gouverneur espagnol de la Louisiane et de la Floride occidentale, il a laissé un très bon souvenir.

RAY NAGIN

Maire de La Nouvelle-Orléans lors du passage de Katrina, sa mauvaise gestion de la crise a marqué les esprits.

PIERRE LE MOYNE

Canadien d'origine et grand héros de la Nouvelle-France, il a fondé la colonie de la Louisiane.

© POWEROFFOREVER - ISTOCKPHOTO.COM

MARIE LAVEAU

Créole francophone et femme d'affaires, elle fut la prêtresse vaudoue la plus connue de La Nouvelle-Orléans.

© BENOITB - ISTOCKPHOTO.COM

JAMES DOMENGEAUX

Homme politique et avocat d'origine cadienne, il fut le père du renouveau francophone en Louisiane.

ISAAC BRIGGS

Gouverneur de la Louisiane de 1803 à 1806, il a interdit la traite négrière en 1804 dans tout l'État.

JEAN-BAPTISTE LE MOYNE

Deuxième gouverneur de la Louisiane, il est surtout connu comme fondateur de La Nouvelle-Orléans.

© WYNNTER - ISTOCKPHOTO.COM

ANDREW JACKSON

Commandant lors de la bataille de La Nouvelle-Orléans, il devint le septième président du pays.

© EVERETT COLLECTION - SHUTTERSTOCK.COM

HUEY PIERCE LONG

Gouverneur puis sénateur, il régna de manière autoritaire. Malgré sa popularité, il fut assassiné en 1935.

© KLAUS NOWOTTNICK - STOCK.ADOBE.COM

LES ENJEUX ACTUELS

Mère nourricière pour les Premiers Peuples, terre convoitée par les colonisateurs européens, la Louisiane base encore de nos jours une partie de son économie sur ses richesses naturelles, notamment le pétrole et le gaz naturel, sans oublier ses autres secteurs économiques tels que l'industrie pétrochimique, le manufacturier, le transport commercial et les activités portuaires, l'agriculture, la pêche commerciale, le tourisme et l'industrie télévisuelle et cinématographique. Cela dit, l'économie de la Louisiane figure parmi les pires au pays, en plus des taux de chômage et de pauvreté particulièrement élevés. À ces enjeux s'ajoutent la dégradation flagrante du littoral, l'augmentation de la fréquence et de la force des catastrophes naturelles ou encore la montée du conservatisme affectant, notamment, le droit à l'avortement et les droits des communautés LGBTQ2, tous des sujets chauds au cœur des débats de société actuels.

L'économie louisianaise en bref

Si l'époque de la colonisation est bel et bien révolue, certaines des activités qui ont contribué au développement de la Louisiane sont toujours d'actualité au XXIe siècle, notamment l'exploitation des ressources naturelles. S'y sont greffés de nouveaux secteurs économiques au fil des siècles et des révolutions industrielles. Il faut d'ailleurs noter que la Louisiane, avec La Nouvelle-Orléans en tête de liste, accueille de plus en plus de startups axées sur les innovations et les nouvelles technologies. Voici un survol des grands secteurs de l'économie louisianaise :

- **Agriculture et élevage.** Une terre riche, un climat doux et des pluies abondantes : le cocktail permet à la Louisiane d'être un grand producteur agricole. Canne à sucre, coton, maïs, patates douces et riz sont ses principales cultures, sans oublier les fruits comme les fraises et les pêches. L'État est aussi reconnu pour ses volailles, œufs, produits laitiers et élevages bovins.

- **La pêche commerciale,** qui se pratique ici en mer comme en eau douce, fait de la Louisiane un des plus importants producteurs du pays, le premier en ce qui a trait aux fruits de mer, soit plus que la production combinée des États de la Virginie, de la Californie et du Massachusetts.

- **L'industrie forestière** contribue grandement à l'économie de l'État (près de la moitié de l'État est recouvert de forêts), avec quelque 3,6 milliards de dollars. Le bois (surtout le pin) est transformé en carton et en papier ou utilisé dans la construction : de nombreuses maisons louisianaises sont encore en bois.

- **Le pétrole brut et le gaz naturel** sont des combustibles fossiles amplement exploités en Louisiane, que ce soit dans le nord de l'État entre Shreveport et Monroe ou encore au large dans le golfe du Mexique. Figurant parmi les producteurs les plus importants du pays - les 17 raffineries produisent 3,4 millions de barils par jour, soit environ 20 % de la production nationale -, il est nullement surprenant d'apprendre que la grande majorité des plates-formes pétrolières offshore américaines sont en Louisiane. Autres faits intéressants : les raffineries de l'État produisent des centaines de produits dérivés du pétrole et plus de la moitié des exportations américaines de gaz naturel liquéfié provient de Louisiane.

- **Premier producteur de sel** des États-Unis avec plus de 10 millions de tonnes métriques, la Louisiane produit également de l'argile, du gravier, du sable et du soufre.

- **La Louisiane est aussi riche par ses voies navigables,** notamment le Intracoastal Waterway qui traverse l'État d'est en ouest, soit du Mississippi à la rivière Sabine près du Texas. Le port de La Nouvelle-Orléans est l'un des plus importants des États-Unis en termes de volume pour le fret maritime et celui de Baton Rouge, pour l'expédition de pétrole et de produits chimiques sans oublier l'aluminium et le grain.

- Grâce aux incitations fiscales instaurées au début des années 2000, la Louisiane est devenue un haut lieu des **tournages cinématographiques et télévisuels**, lui donnant ainsi le surnom de « Hollywood South » ou encore « Hollywood on the Bayou ».

- **Finalement, d'autres secteurs économiques** contribuent fortement au PIB de la Louisiane dont l'immobilier, la santé et les services sociaux, le commerce de détail, la construction, le commerce de gros ou encore les finances et les assurances.

© JENNIFER - STOCK.ADOBE.COM

Culture du coton.

Une destination touristique prisée

Le tourisme est également une des industries majeures en Louisiane, le 4e employeur d'importance dans l'État. Après l'ouragan Katrina, de nombreux touristes ont toutefois boudé la Louisiane et ont changé leurs habitudes touristiques. Les autorités louisianaises se sont alors retroussé les manches pour raviver cette importante ressource financière et les chiffres des dernières années montrent que leurs efforts ne furent pas vains. Cela dit, le tourisme était revenu au beau fixe en Louisiane... jusqu'à ce que la pandémie frappe de plein fouet le pays en mars 2020. Juste avant, l'année 2019 battait un 8e record d'affilé avec quelque 53,2 millions de visiteurs, engrangeant ainsi des recettes touristiques de l'ordre de 18,9 milliards de dollars et des revenus de taxes de vente de 1,92 milliard de dollars. Pour accueillir toute cette manne touristique, quelque 242 000 personnes travaillent dans l'industrie du voyage et de l'hospitalité. Si La Nouvelle-Orléans et ses environs raflent une grande partie du marché touristique, les visiteurs sont également nombreux à se rendre dans le pays cajun ou encore à profiter du plein air dans le nord de l'État. La Louisiane compte d'ailleurs un aéroport international, le Louis Armstrong New Orleans International Airport, et six aéroports régionaux (Alexandria, Baton Rouge, Lafayette, Lake Charles, Monroe et Shreveport), lesquels sont desservis par des compagnies aériennes effectuant des vols intérieurs aux États-Unis.

Les enjeux politiques et sociaux

La Louisiane fait face à de nombreux enjeux alors qu'elle se classe parmi les derniers rangs aux États-Unis au niveau des soins de santé, de l'éducation, de l'économie, des infrastructures, des opportunités, de la stabilité fiscale, de la sécurité publique et de la protection environnementale. Le réchauffement climatique a d'ailleurs des impacts considérables en Louisiane alors que le sud de l'État devient de plus en plus submergé et que les catastrophes naturelles prennent une ampleur inédite. D'ailleurs, plus de 15 ans après Katrina, la reconstruction de La Nouvelle-Orléans ressemble toujours à un « patchwork de réussites et de ratages », comme l'avait déjà constaté Obama pendant sa campagne. Si les quartiers touristiques ont été bichonnés, ce n'est pas le cas des quartiers les plus humbles comme le Lower Ninth Ward. LaToya Cantrell, élue en 2018, est l'une des rares femmes maires à la tête d'une ville américaine. Elle œuvre pour que la reconstruction de la ville s'accompagne aussi d'une baisse de la pauvreté et de la délinquance. Elle-même afro-américaine, elle est un espoir fort pour cette communauté souvent mise de côté. Finalement, État conservateur oblige, le droit à l'avortement subit des revers depuis quelques années et c'est sans compter les politiques et législations visant la communauté LGBTQ2 qui brillent par leur absence à l'extérieur des villes de La Nouvelle-Orléans et de Shreveport.

ARCHITECTURE

La Louisiane… un nom qui nous transporte dans les immenses plantations aux splendides demeures-palais, et dans les rues bouillonnantes de La Nouvelle-Orléans aux maisons pleines de couleurs… Oui, vraiment, la Louisiane est indissociable de son architecture. Mais derrière ces images de cartes postales qui viennent instantanément à l'esprit se cache un patrimoine peut-être moins connu mais aux fascinantes richesses. Saviez-vous que la Louisiane abrite un vaste ensemble monumental et millénaire d'architecture de terre ? Auriez-vous imaginé que dans la torpeur de la douce Shreveport s'étaient écrites les premières pages du modernisme américain ? Là des vestiges de forts militaires, ici des folies éclectiques, là d'étonnantes innovations contemporaines… partout s'affiche la lumineuse vitalité créatrice d'un état que même les plus terribles ouragans ne parviennent pas à éteindre. À vous donc la découverte d'une Louisiane vibrante et unique !

Aux origines

Créés par une société de chasseurs-cueilleurs entre 3700 et 3100 avant notre ère, les tertres monumentaux de Poverty Point témoignent d'un raffinement extrême dans la maîtrise de l'architecture de terre. Sont encore visibles cinq monticules, six crêtes semi-elliptiques concentriques, une esplanade et les vestiges d'une chaussée. Les travaux de réarrangement du sol visibles sous la surface de ces structures témoignent d'un étonnant système de terrassement imaginé pour tout à la fois lutter contre l'érosion et donner aux tertres la forme souhaitée. Sur l'esplanade, des trous, sans doute destinés à recevoir des poteaux de bois, sont encore visibles et laissent deviner à quoi pouvait ressembler ce premier établissement humain.

Influences françaises et espagnoles

Le plan d'origine de La Nouvelle-Orléans fut dessiné par un ingénieur militaire français qui imagina une structure en damier au découpage parfait des rues… le Vieux Carré était né, même si le plan est, en réalité, rectangulaire ! Au départ, les bâtiments étaient tous édifiés sur le même modèle avec un rez-de-chaussée légèrement surélevé et couverts d'écorces et de bardeaux ; les parcelles étant divisées de manière à permettre à chaque bâtiment de bénéficier d'une cour et d'un jardin. Ces premières constructions sont souvent appelées « cottages créoles ». En parallèle, les Français avaient opté pour la brique et la pierre pour leurs édifices publics et religieux, à l'image du **Cabildo** (p.156) (ancien palais du gouverneur) et du **Old Ursuline Convent** (p.158) (couvent des Ursulines) qui comptent parmi les plus anciens édifices de la ville. Marqués par les incendies à répétition, les Espagnols décident de modifier durablement le visage de La Nouvelle-Orléans. Les constructions en bois sont désormais interdites. La brique devient le matériau de prédilection, tandis que sur les toits, les tuiles remplacent les bardeaux de bois. Les bâtiments se dotent d'un ou deux étages supplémentaires, et les cours exiguës réservées aux communs se transforment en agréables et vastes cours et patios intérieurs. Les façades intérieures sont dotées de deux niveaux de loggias ornées d'arcatures en plein-cintre ou en anse de panier. Côté rue, les façades sont désormais rythmées d'une imposante porte-cochère et de balcons à encorbellements aux élégantes ferronneries.

Mais il serait bien trop simple de dire que telle architecture est uniquement française et telle autre uniquement espagnole, car très vite la Louisiane a développé un style créole unique, fait de multiples influences. Il s'agit notamment d'adapter l'architecture aux conditions climatiques. Les maisons créoles se dotent progressivement de grands porches ou d'avancées de toit créant des galeries protectrices. De même, la hauteur sous plafond est augmentée afin de

Architecture typique du French Quarter à La Nouvelle-Orléans.

Plantation The Myrtles.

faciliter la ventilation naturelle. Une ventilation qui s'effectue par un ingénieux système de courants d'air dans les étonnantes maisons de style « bracket shotgun ». Très étroites, ces maisons sont conçues pour s'adapter au parcellaire souvent plus profond que large. Le terme « shotgun » fait référence à l'organisation en enfilade des pièces dont toutes les portes sont alignées… ainsi, une balle tirée à l'entrée pouvait traverser toute la maisonnée ! Le terme « bracket », lui, fait référence aux consoles soutenant le toit en saillie qui protège la façade. La surélévation de ces maisons sur des piliers de brique permettait également de les éloigner de l'humidité et de favoriser la ventilation. De leurs origines caribéennes, ces maisons ont conservé leurs étonnantes et vibrantes couleurs. On en trouve beaucoup dans les quartiers Marigny et Bywater à La Nouvelle-Orléans.

Le quartier historique de Natchitoches est un autre superbe concentré de ce mélange des genres et des influences. Les présences française et espagnole se sont également manifestées par la mise en place d'une architecture défensive. Le fort Rosalie est l'un des premiers établissements blancs chez les Indiens Natchez ; tandis que le fort Saint-Jean illustre l'évolution des défenses militaires, les Espagnols ayant renforcé en brique ce fort français originellement de bois.

Le **Vermilionville Living History Museum,** (p.293) sorte de musée à ciel ouvert, abrite de belles reconstitutions et d'authentiques maisons typiques d'un village acadien des XVIIIe et XIXe siècles. L'habitat acadien, dont les premières structures se sont inspirées de l'habitat sur pilotis avec la création d'une plateforme sur des poteaux de bois adaptés aux sols marécageux, s'est ensuite teinté des influences créoles louisianaises se dotant d'étages supplémentaires, de galeries et de hauts pignons. Dans les célèbres bayous, les Cadiens (Cajuns), eux, ont développé un habitat original, entre maisons sur pilotis et maisons flottantes en bois, autant de richesses vernaculaires aujourd'hui menacées par la montée des eaux…

Les plantations

Les maisons de plantation, dites de la première époque coloniale, sont souvent de plain-pied ou à un étage avec de multiples chiens-assis (petites lucarnes protégées d'un toit), tout en longueur, et entourées de parcs et jardins aux jolies gloriettes (petits pavillons d'agrément servant de belvédère). Mount Hope et **The Myrtles** (p.248)en sont de beaux exemples. Puis leurs fortunes s'accroissant, les riches planteurs vont opter pour un néoclassique grandiloquent, baptisé ici Greek Revival, transformant leurs demeures en véritables palais antiques. La maison principale de la plantation **Nottoway** (p.234) est l'une des plus somptueuses de Louisiane. Jugez plutôt : 22 colonnes corinthiennes, une galerie en hémicycle, 65 pièces, 7 escaliers et une salle de bal tout en marbre et bois blancs. Dans la plantation d'**Oak Alley** (p.230), une allée bordée de 28 chênes blancs mènent à une maison à 28 colonnes doriques dont le belvédère offre une vue sur les 28 dépendances du domaine ! Certaines demeures vont ensuite se parer des atours de l'éclectisme, telle celle de la Plantation San Francisco, dont certains ont qualifié le style de « steamboat gothic ». La silhouette de la maison rappelle, en effet, les superbes bateaux à vapeur naviguant le long du Mississipi ! Parmi les autres superbes plantations, ne manquez pas : **Houmas House** (p.234), **Parlange** (p.251), **Rosedown** (p.248) ou bien encore **Laura** (p.230), la plus créole et colorée d'entre toutes.

Mais que cette splendeur ne vous fasse pas oublier que tout le système de la plantation repose sur l'exploitation de l'homme par l'homme. Certaines plantations ont conservé les baraquements et cabanes de bois sommaires dans lesquels étaient contraints de vivre les esclaves. La plantation Whitney (p.228) se consacre d'ailleurs entièrement à ce sujet. La ville d'Alexandria, elle, a conservé la Edwin Epps House. C'est avec l'architecte et charpentier Samuel Bass, qu'Edwin Epps, l'auteur de *12 Years a Slave*, a construit cette maison en planche de bois avec une cheminée en brique et un porche-galerie… une modeste demeure qui lui a pourtant permis d'échapper enfin à sa condition d'esclave.

Puissance et modernité

Pour contrer les influences étrangères et imposer leur marque, les Américains ont multiplié les maisons de ville, reconnaissables à leur silhouette étroite, à leur structure à trois étages en stuc ou en brique et à leur balcon au 2e étage ; ainsi que les immeubles à trois travées, symboles d'une architecture qui, déjà, se standardise. Mais la jeune nation se rêvait aussi comme « la Nouvelle Athènes », symbole de la toute-puissance démocratique. Le Greek Revival était le style tout trouvé pour souligner cette puissance. Repensant totalement l'urbanisme, à grands renforts de grandes avenues rectilignes et arborées, et mettant l'accent sur le centre des affaires, le Central Business District, les Américains dotent leurs édifices publics de colonnes, pilastres et frontons et les parent d'un blanc immaculé. Les manoirs du quartier d'Uptown et les édifices publics du quartier des affaires de La Nouvelle-Orléans en sont de parfaits exemples. En parallèle, les Américains renforcent les constructions militaires existantes et en construisent de nouvelles, tels les forts Macomb et Pike (p.162) qui appartiennent à l'ambitieux plan de défense baptisé « Third System » et composé de 42 forteresses de pierre conçues pour s'adapter aux évolutions de l'artillerie, aux canons notamment.

Au tournant du XXe siècle, la Louisiane succombe, elle aussi, à l'éclectisme victorien, puisant aux sources de tous les styles passés. Les églises sont d'étonnantes représentantes de cette vague « néo ». Voyez l'impressionnante Cathedral of St. John the Evangelist (p.294) de Lafayette, mêlant néo-byzantin et néogothique avec ses dômes et arcades. Certaines demeures privées font également preuve de beaucoup d'audace dans leurs styles. Les Doullut Steamboat Houses, dans le Lower Ninth Ward à La Nouvelle-Orléans sont d'authentiques chefs-d'œuvre victoriens. Balcons à colonnes métalliques, bastingages et grandes cheminées transforment ces maisons en bateaux à vapeur statiques. Envie d'insolite ? Ne manquez pas de visiter les cimetières de La Nouvelle-Orléans. Bâtie sous le niveau de la mer, la ville est obligée d'enterrer ses morts au-dessus du sol gorgé d'eau dans des tombes en brique recouvertes de stuc, de granit ou de marbre, et dont certaines ont une décoration pour le moins éclectique. Ce retour aux styles passés est également employé pour ceux qui se font pourtant les parangons de la modernité : les gratte-ciel ! Le centre-ville de Shreveport en possède de beaux exemples comme le très néogothique Slattery Building avec ses arches pointues et ses tourelles, ou le plus italianisant Justin Gras Building aux encadrements stylisés. Puis progressivement, la Louisiane va délaisser cet historicisme un tantinet sclérosé pour se tourner vers les lignes plus épurées de la modernité. L'Art déco trouve dans le Louisiana State Capitol (p.239) de Baton Rouge son plus beau représentant… une sobriété à mille lieux du Louisiana'Old State Capitol (p.238) et ses tourelles crénelées. Le style baptisé « streamline modern » qui s'inspire de la cinétique et des nouveaux modes de transport offre des buildings aux silhouettes aérodynamiques, faisant la part belle au verre, à l'acier et à l'aluminium. Puis les murs-rideaux du style international vont venir orner les façades des tours des centres d'affaires. Architectes, entrepreneurs, innovateurs, les frères Wiener ont été durablement marqués par leur voyage en Europe et par leur découverte du Bauhaus dont ils ont souhaité appliquer les principes dans leur ville de Shreveport, alors en plein essor. Jeu sur les matériaux (béton, bois, brique, verre), toits plats, simplicité des volumes géométriques (cubiques ou rectangulaires le plus souvent), jeux sur les perspectives et les éléments en porte-à-faux, intégration harmonieuse à l'environnement, président à leurs créations. La Villa d'Ed Wile, la Mayer House, la Bossier High School ou bien encore la Maison de Samuel G. Wiener comptent parmi leurs plus belles réalisations. Baton Rouge, elle, porte la marque d'un autre architecte phare de l'époque : A. Hays Town. En 1939, il y fonde son agence qui devient, au lendemain de la guerre, la plus importante de l'État. Alors que sa carrière commence sous les auspices les plus classiques du modernisme, comme en témoigne l'Union Federal Savings and Loan Building, A. Hays Town va, à partir des années 1960, ne se consacrer qu'à une architecture purement résidentielle pour laquelle il s'inspire des traditions vernaculaires de la Louisiane. Son travail se caractérise alors par le réemploi de matériaux, l'importance donnée aux détails, l'emploi de couleurs riches et variées, des proportions généreuses et une adaptation permanente aux climats grâce à des cours et fontaines, de grands volets et des surélévations de sol en brique. Au total, il construisit plus de 1 000 maisons !

Plantation d'Oak Alley.

© PHILIP LANGE - SHUTERSTOCK.COM

Old State Capitol Building à Baton-Rouge.

Architecture contemporaine

Les années 1970 à La Nouvelle-Orléans ont été marquées par trois édifices pour le moins étonnants : la Tour Shell aux lignes épurées imaginées par la célèbre agence SOM et qui peut se targuer d'être le plus haut bâtiment de Louisiane ; le **Caesars Superdome** (p.200) qui se trouve être la plus grande structure à dôme fixe à portée libre du monde ; et surtout l'ovni architectural qu'est la Piazza d'Italia imaginée par Charles Moore. Grande figure du postmodernisme, Moore est célèbre pour son art du pastiche qui atteint ici son paroxysme avec cette place et cette fontaine dessinant les contours de l'Italie, et multipliant les colonnades monumentales et autres chapiteaux stylisés. Originales, les nouvelles réalisations contemporaines de Louisiane le sont aussi, à commencer par l'incroyable **Louisiana Sports Hall of Fame** (p.333) de Natchitoches, réalisé par Trahan Architects. Son extérieur sobre et géométrique ne laisse rien présager des merveilleux jeux de courbes fluides et organiques qui donnent vie aux intérieurs. À Baton Rouge, le **Capitol Park Museum** (p.236), reconnaissable à son enveloppe de béton, verre et métal et à son porche monumental, compte parmi les très belles réalisations contemporaines.

Après le passage de l'ouragan Katrina, 80% de La Nouvelle-Orléans est submergée et 130 000 maisons sont détruites ou endommagées. Le Lower Ninth Ward porte encore de lourds stigmates de la catastrophe. C'est dans ce quartier que la Make it Right Foundation de Brad Pitt a décidé de créer des lotissements de petites maisons pensées comme des réinterprétations contemporaines de la tradition créole. Pour l'occasion, l'acteur s'est même adjoint les services du célèbre Franck Gehry... mais aujourd'hui, toutes ces réalisations tombent en ruine du fait de matériaux de piètre qualité. Mais passons sur ces ratés, pour se concentrer sur la manière dont la vibrante NOLA a su se relever. Le quartier de Bywater s'est transformé, où quais et entrepôts ont été réaménagés en galeries branchées. Au cœur du Upper Ninth Ward, le Musician's Village fait battre à nouveau le cœur vibrant de la capitale du jazz. Les petites maisons y accueillent des musiciens aux revenus modestes. Parmi les bâtiments culturels phares de la ville, ne manquez pas non plus le **National WWII Museum** (p.161), grande structure de béton aux volumes saillants qui abrite une structure à pavillons multiples. Depuis le quartier Treme, l'ancienne voie ferrée a été réhabilitée en promenade piétonne et piste cyclable, le Lafitte Greenway. Le Crescent Park est un autre superbe exemple de la manière dont la nature reprend ses droits sur des espaces fortement marqués par les activités industrielles et portuaires de la ville. Récemment, la très prolifique agence louisianaise Wagonner & Ball a proposé un nouveau plan d'urbanisme permettant de changer le rapport des habitants à l'eau, s'inspirant des actions menées par les architectes et urbanistes hollandais. Leur idée ? Imaginer un réseau de canaux, galeries et jardins inondables où l'eau serait gérée et canalisée et embellirait le paysage. La Nouvelle-Orléans n'a pas dit son dernier mot !

BEAUX-ARTS

La Louisiane promet un voyage au cœur d'une culture d'exception. Auréolée de mystère, cette région du Sud profond n'est pas tout à fait américaine. La culture française se fait parfois sentir, à commencer par sa cuisine et son nom, attribué en l'honneur de Louis XIV. Par la suite, la Louisiane est devenue une terre de métissage. Apports autochtones, espagnols, africains, acadiens ou encore créoles se sont entrelacés, façonnant l'esprit si particulier qui la fait vibrer. Son histoire mouvementée se raconte en musique, mais aussi à travers la culture cajun, les croyances vaudous et de nos jours, une scène contemporaine dynamique. Peintres ou photographes, ils sont nombreux à avoir élu domicile en Louisiane. Plusieurs grands musées mettent les arts visuels à l'honneur. Tous les ans, le mois d'août est déclaré *Museum Month* (réservé aux membres des musées). Et toute l'année, les projets *street art* fleurissent dans toutes les villes.

Jean-Jacques Audubon (1785-1851)

Le célèbre ornithologue et peintre naturaliste Audubon est né à Saint-Domingue en 1785, d'un riche planteur et d'une femme de chambre. Après le décès prématuré de sa mère, son père se remarie et rentre en Bretagne. Son talent pour le dessin se manifeste très tôt. Peu en phase avec l'académisme, il part en Amérique s'occuper des terres de son père. Cet amoureux de la nature passe son temps à la peindre. Bientôt ruiné, il devient taxidermiste à Cincinnati où il étudie l'anatomie, la zoologie, et surtout, rencontre l'ornithologue Alexandre Wilson. En 1821, il ouvre son premier atelier où il donne des cours de peinture et fait la connaissance d'Elizabeth Pirrie, qui lui propose de devenir le précepteur de sa fille dans la plantation Oakley devenue l'Audubon State Historic Site (p.247). Pendant quelques mois, il peint la campagne environnante. Après cela, il s'installe à St. Francisville, avec femme et enfants. Pendant que sa femme fait vivre la famille, il consacre son énergie à peindre les planteurs de la région. Ayant tant bien que mal réussi à faire quelques économies, sa femme Lucy le pousse à partir en Europe. Là, il y rencontre le peintre Cuvier Redouté, peintre spécialisé dans les fleurs déjà très connu. En avril 1829, Jean-Jacques Audubon regagne les États-Unis où il trouve enfin la reconnaissance. Frappé par la cécité en 1846, il décède en 1851. L'œuvre qu'il nous laisse est immense, en particulier son formidable bestiaire. Citons *Les Oiseaux d'Amérique*, un chef-d'œuvre de 435 planches, *Quadrupèdes d'Amérique du Nord*, de 500 planches, et *Biographie ornithologique*, autres chefs-d'œuvre comprenant 1 055 dessins accompagnés de leurs notices descriptives. Sa démarche l'impose comme un précurseur dans la protection de l'environnement et du règne animal.

Jean-Jacques Audubon, « Lièvre arctique », 1841, huile sur toile.

Jean-Jacques Audubon, « Balbuzard pêcheur et acoupa royal », 1929, huilesur toile.

George David Coulon (1822-1904)

Natif de France, il s'installe avec sa famille à La Nouvelle-Orléans. Dès l'enfance, il dessine à l'aide de matériaux originaux tels que l'indigo, des mélanges d'herbes et de baies. À la fois professeur, peintre et restaurateur, Coulon est connu pour ses paysages, ses natures mortes et ses portraits allégoriques, parmi lesquels le *Spirit of Louisiana*, peint en 1884. Nourri d'influence néoclassique française, il introduit divers éléments architecturaux en arrière-plan de ses portraits. Il accueille avec enthousiasme l'arrivée de la photographie, qui fait évoluer sa technique de portraitiste, lui faisant saisir jusqu'aux infimes détails vestimentaires de ses modèles.Il épouse Marie-Paoline Casbergue, artiste née à La Nouvelle-Orléans qui se distingue dans la représentation d'oiseaux et de natures mortes. Leurs deux enfants, Elizabeth Emma et George Joseph Amede font également carrière dans l'art.

Edgar Degas, un impressionniste à La Nouvelle-Orléans

Né à Paris en 1834, Degas est le fils d'un banquier parisien et d'une mère créole, originaire de La Nouvelle-Orléans. S'il passe la plupart de sa vie à Paris, il séjourne un an à La Nouvelle-Orléans chez son oncle (sa mère était fille de planteur), de 1872 à 1873, lorsque la guerre avec la Prusse éclate. Il est le seul impressionniste à avoir visité la ville emblématique de Louisiane. Si sa mère Célestine meurt quand il n'a que 13 ans, Degas conserve des attaches à La Nouvelle-Orléans car ses deux frères y vivent. Durant son séjour, il peint un portrait de sa belle-sœur, Estelle, pour laquelle il éprouve une certaine fascination. Il met en lumière également le marché de coton, sur Carondelet Street. Pendant cette année, il vit au 2306 Esplanade Avenue, où il est désormais possible de visiter la **Degas House** (p.151). Son *Portrait of Mme Rene De Gas*, appartient à la collection permanente du **New Orleans Museum of Art (NOMA)** (p.163).

Clementine Hunter (1886 ou 1887-1988)

Première femme noire mise à l'honneur au travers d'une exposition au NOMA, Clémentine Hunter est considérée comme une artiste majeure dans l'histoire de l'art de la Louisiane. Née dans la plantation d'Hidden Hill à Cloutierville, cette descendante d'esclaves commence à travailler dès ses 15 ans dans la **plantation Melrose** (p.331), propriété de François Mignon, bibliothécaire. C'est lui qui donne à Clémentine l'idée de peindre, ce qu'elle fait à merveille, réalisant plus de 5 000 tableaux. De style naïf, ses toiles les plus connues sont de formidables témoignages de la vie quotidienne des plantations, de scènes religieuses et de loisirs dans les célèbres *honky tonks* louisianais. On peut admirer certaines de ses œuvres au **Ogden Museum of Southern Art** (p.158). Son style influence de nombreux peintres louisianais, dont le fameux Alvin Batiste.

Art primitif

Né en 1962 à Donaldsonville, Alvin Batiste peint depuis l'âge de 3 ans. Autodidacte, il est devenu au travers de milliers d'œuvres un symbole louisianais de l'art rural dit « primitif ». Il représente des scènes joyeuses, mais aussi spirituelles et parfois dramatiques de la vie du delta du Mississippi d'antan pour une part inspirée d'histoires contées par sa mère et sa grand-mère sur la vie dans les plantations ou dans les champs : travail, fêtes de la récolte, carnaval, naissances, funérailles, cérémonies vaudou et gospels. Enfants et Big Mamas, omniprésents dans son œuvre, évoquent la tradition africaine du conte, qu'il traduit en images. Alvin est aussi le témoin de son temps : communauté noire louisianaise en proie à la délinquance et à la drogue, portrait de Louisianais d'aujourd'hui, cérémonies de mariages réalisées sur commande. Alvin peint sur tous les types de supports : toiles, bois, verre, portes, poteries. Admirées en Louisiane, ses œuvres font aussi le tour du monde.

L'art primitif s'exprime en sculpture, à travers l'art de Clyde Connell (1901-1998). Sculptrice née dans la région de Shreveport, elle est représentative de mouvements comme l'expressionnisme abstrait et le minimalisme. Le travail de Clyde Connell est également nourri de culture noire, de religion et d'art primitif. Ses matériaux la rapprochent de la nature louisianaise et de l'identité du Sud.

La culture noire est au cœur du programme de l'Ashé Cultural Arts Center de La Nouvelle-Orléans. Événements et expositions rendent hommage aux contributions africaines dans la culture régionale.

L'héritage de George Rodrigue

George Rodrigue (1944-2013), né à New Iberia, a magnifiquement dépeint au travers de ses 300 toiles toute la culture folklorique du pays cajun. « Surréaliste naïf « selon ses propres termes, il peint en 1984 un *Blue Dog* (chien bleu), premier d'une longue série représentative de son œuvre contemporaine et phénomène commercial omniprésent à La Nouvelle-Orléans. L'État lui commande une série de toiles, parmi lesquelles des portraits de Ronald Reagan, George Bush (père) ou encore Michael Gorbatchev. En 1989, il ouvre une première galerie dans le French Quarter, le **Rodrigue Studio,** (p.294) suivie d'une autre ouverture en grande pompe à Carmel, Californie, en 1991. Whoopi Goldberg s'intéresse à lui en 1992, au travers d'un documentaire qu'elle réalise et qu'elle intitule *Rodrigue: A Man and his Dog*. Très impliqué dans la reconstruction de sa ville post-Katrina, George Rodrigue succombe à un cancer du poumon en décembre 2013. Un large public s'est rassemblé pour ses funérailles à la **St. Louis Cathedral** (p.154) de La Nouvelle-Orléans.

© PAGE LIGHT STUDIOS - SHUTTERSTOCK.COM

Sculpture Garden à La Nouvelle Orléans.

Autre portraitiste renommé, son contemporain Garland Robinette est né en 1943 à Boutte. Il s'exprime dans différents domaines : animateur-journaliste d'une émission de radio sur WWL AM, *The Think Tank* ; présentateur et reporter sur une chaîne de télé locale. En 2005, il attire l'attention nationale juste après l'ouragan Katrina en menant l'interview du maire Ray Nagin quand celui-ci provoque le gouvernement fédéral en leur demandant de respecter leur promesse. Sa carrière d'artiste prend son envol durant ses années dans l'audiovisuel, alors qu'il griffonne nerveusement dans les marges de ses scripts. Sa première commande concerne un portrait du pape Jean-Paul II, qu'il réalise pour commémorer sa visite de 1987. Ses portraits sont très connus.

Tendances contemporaines

Les amateurs d'expositions auront le choix entre plusieurs lieux d'envergure comme le **Shaw Center for the Arts** (p.246), situé au centre-ville de Baton Rouge. Ce complexe culturel s'articule autour de la collection du **LSU Museum of Art** (p.237) qui réunit plus de 6 500 objets d'art contemporain et ancien. À découvrir également : la Baton Rouge Gallery - center for contemporary art qui défend l'art vivant avec des découvertes et des artistes connus depuis près de 60 ans.

À NOLA, la visite du **New Orleans Museum of Art** (p.163) est complétée par la centaine de créations du Sculpture Garden. Depuis 1911, le NOMA couvre tous les médiums, de l'art précolombien à la photographie. On peut y découvrir George Dureau (1930-2014), le photographe du corps masculin, originaire de La Nouvelle-Orléans. Son regard tendre sur les hommes noirs, souvent handicapés, transmet un érotisme à fleur de peau.

Portes ouvertes des galeries d'art

Un moment privilégié où les locaux se retrouvent pour quelques heures culturelles et sociales. Quelques villes louisianaises ont une journée ou soirée par mois où les rues deviennent piétonnes et les portes des galeries d'art sont grandes ouvertes pour laisser entrer les amateurs d'art ou tout simplement les curieux. Il est commun que les galeries offrent un petit verre pour attirer la foule. À La Nouvelle-Orléans, les galeries sont ouvertes tous les premiers samedis du mois à La Nouvelle-Orléans dans le Arts District pour l'événement First Saturday. Autre événement dans le secteur : la White Linen Night en août sur Julia Street. Pour humer l'air du temps à Baton Rouge, direction Mid-City, le cœur battant de la capitale. La rue Government Street est jalonnée de galeries d'art ultra tendances, entre espaces de restauration conceptuels et boutiques *vintage*.

Côté rue

La Louisiane prête volontiers ses murs aux artistes. On trouve pêle-mêle les plus grands artivistes (Banksy ou Az), des initiatives publiques et privées comme la fresque anti-Trump réalisée par Cashy-D sur une façade prêtée par un résident, Neal Morris. Ce qui lui valut une plainte ... à laquelle il réagit en fondant le NOLA Mural Project, dans le but de promouvoir le *street art*. Depuis, une multitude de peintures embellissent les extérieurs de La Nouvelle-Orléans ou Baton Rouge. Plus étonnant encore, l'art urbain règne à Shreveport, la ville des casinos. Fresques murales, sculptures, tags, des pépites de tous formats constituent un véritable musée de plein air. Partout en Louisiane, l'art célèbre les droits de l'homme, la musique, et un héritage visuel palpitant.

MUSIQUES ET SCÈNES

Dire que La Nouvelle-Orléans est une des villes les plus musicales au monde ne serait pas mentir. Ce n'est pas qu'on ne l'aime plus ici ou qu'on la joue mieux, c'est simplement qu'elle est partout, comme présente dans l'air que l'on respire et pilier de l'art de vivre louisianais. Mieux, elle est dans toutes les têtes, il semblerait même que les Louisianais marchent en rythme ! Et il y en a pour tous les goûts. Berceau du jazz, la Louisiane honore son style à chaque coin de rue, aussi bien dans les fanfares mobiles que dans les innombrables clubs de la ville. Sans parler du blues, du gospel, de la country ou du rap que le monde entier lui envie, qui résonnent des salles des fêtes aux bars en passant par les *honky tonks*. Dans les terres, les rois et reines sont la musique cajun et le zydeco, deux esthétiques indissociables de l'histoire si particulière de la Louisiane. En somme, la musique fait partie de l'ADN des Louisianais.

La musique traditionnelle

Cela n'étonnera personne, mais la tradition musicale louisianaise est en tout point singulière. Très schématiquement, elle se divise en deux familles qui n'ont eu de cesse de se côtoyer et se marier : la musique créole (d'où descend le zydeco) et la musique cadienne (cajun).

La musique cajun est celle des Cadiens du sud-ouest de la Louisiane. Elle puise directement ses racines dans le vieux folklore français (celui du Poitou, d'où descendent les Acadiens), plein de rythmes endiablés joués à l'accordéon diatonique et au violon. Une esthétique unique en son genre et des paroles en français qui, longtemps, ne se transmirent qu'à l'oral. On jouait à l'oreille les vieux morceaux de ses parents ou grands-parents et c'est ainsi que se passait cet héritage entre générations. Typiquement acadienne à l'origine, la musique cajun s'est enrichie avec le temps d'accents country ou blues, nourrie du melting-pot louisianais mêlant Créoles, Italiens, Espagnols et Afro-Américains. Chaque génération a apporté sa petite touche dans la musique cajun, laquelle a vu naître des musiciens devenus emblématiques tels que Dennis McGee, un pionnier, The Hackberry Ramblers, très influents ou Dewey Segura, figure séminale via le duo qu'il formait avec son frère.

Aujourd'hui, tandis que c'est à Wayne Toups que la musique cajun doit ses plus grands succès commerciaux et que Steve Riley and The Mamou Playboys tiennent le haut de l'affiche, d'autres artistes également très en vue incarnent la musique cajun, à commencer par Michael Doucet (1951). Violoniste né à Scott, il œuvre depuis des décennies pour la reconnaissance et le renouveau de la musique cajun, dont il est considéré comme l'un des plus grands experts. Au travers de son travail, Michael Doucet a ainsi redonné vie à de nombreux vieux airs cajuns. Outre son groupe BeauSoleil, il a beaucoup collaboré avec les époux Savoy au sein du Savoy-Doucet Cajun Band. L'occasion d'aborder une autre figure très importante de la musique cajun : Marc Savoy (1940). Né à Eunice, cet accordéoniste s'est formé en famille en jouant dans les bals cajuns. Puriste et défenseur de la musique cajun traditionnelle, le centre culturel qu'il a ouvert à Eunice est un lieu de passage mondialement connu de tous les amateurs du genre qui viennent y « *jammer* » ou acheter ses accordéons, réputés parmi les meilleurs au monde. Toujours chez les musiciens cajuns, n'oublions pas de mentionner Zachary Richard, un des artistes les plus importants de la francophonie nord-américaine, réussissant à faire de ses compositions un vrai mélange des saveurs louisianaises.

Légende de la musique cajun, Amédé Ardoin (1898-1942) fut un grand accordéoniste de son temps, également considéré comme pionnier des musiques créoles dont il réalisa parmi les premiers enregistrements à la fin des années 1920. La musique créole arrive en Louisiane au début du XIXe siècle, lorsque s'y installent des dizaines de milliers de réfugiés, dont des ex-esclaves libérés, en provenance des Antilles - la plupart furent originaires d'Haïti, pays francophone. Une musique créole de Louisiane se développe alors dans les plantations des colons français et espagnols, pétris des rythmes syncopés d'origine africaine. Un siècle plus tard, autour des années 1930, ces sonorités créoles mariées à la musique cajun ainsi qu'au blues ou au rythm'n blues (puis plus tard au jazz et la country) vont servir de socle au zydeco. Ce mélange excitant, fédérateur et très joyeux ne laisse jamais personne insensible et doit son nom à une déformation des « haricots » (« *zarico* ») en référence à un morceau traditionnel *Les haricots sont pas salés*. Les interprètes incontournables du genre sont Clifton Chenier, le patron, Queen Ida Guillory, première femme du zydeco, Cedric Watson, un incontournable, ou Rockin' Sidney Simien qui a écrit *My Toot Toot*, le grand tube du genre.

Rien de tel qu'une prestation live pour savourer la musique cajun et le zydeco - l'occasion de voir en action ce curieux objet qu'est la planche à laver (aussi appelé "frottoir") qui, avec l'accordéon, est l'instrument principal du zydeco.

Deux rendez-vous immanquables pour goûter à l'âme cajun de la Louisiane : d'abord le Festival Acadiens et Créoles de Lafayette qui, chaque mois d'octobre, multiplie les concerts de musique cajun et de zydeco, puis le Mudbug Madness à Shreveport, aujourd'hui l'un des plus fameux événements du Deep South américain mettant à l'honneur toute la musique *southern* (zydeco, cajun, blues, jazz...). Autrement, à Breaux Bridge, le fameux Zydeco Breakfast du samedi au restaurant Buck & Johnny's (p.310) est à découvrir absolument.

Le jazz

Quelle ville incarne mieux le jazz que La Nouvelle-Orléans ? Car c'est ici qu'est née cette grande révolution musicale pleine de contestation au début du XXe siècle. À l'origine, on trouve trois courants : les traditions africaines (chants et percussions transmis de génération en génération), le ragtime, musique noire qui s'inspire des airs de quadrille, et enfin la musique des fanfares qui animent les défilés, les enterrements et les bals.

S'il est difficile de définir précisément un genre aussi protéiforme que le jazz, il l'est encore plus de déterminer précisément l'origine du nom. Dérivé du verbe français « jaser » pour certains, de l'argot érotique (« *jizz* ») pour d'autres, on ne manque pas d'anecdotes pour raconter la naissance du terme jazz. À La Nouvelle-Orléans, on aime raconter qu'à l'époque où le mot apparait - dans les années 1910 - lorsqu'on allait dans le quartier des prostituées (Storyville) on avait coutume de dire « *I am goin' jazzing* » (en référence à Jezebel, personnage biblique). Le jazz étant né à Storyville, il aurait donc été appelé *jazz music* par dérivation. C'est d'ailleurs dans les cabarets du quartier que le jazz a remporté ses premiers succès. À la fermeture de Storyville, en 1917, les musiciens s'exilèrent à Chicago puis à New York. C'est ainsi que la diaspora du jazz débuta.

Le style Nouvelle-Orléans connaît son apogée entre les mains de musiciens comme King Oliver ou Sidney Bechet. C'est la forme la plus pure, la plus traditionnelle du jazz, celle respectant l'esthétique des origines, dans les années 1910. Inspiré par le blues et le ragtime, il prend le contre-pied du jazz de Chicago, où l'accent est mis sur les solos, les tempos rapides et où le saxophone est plus présent. Musicalement, dans le style Nouvelle-Orléans, le cuivre prédomine et le trombone accompagne la trompette en décalage. Généralement, la trompette est en charge du thème mélodique et des variations. Le trombone s'occupe de la basse, tandis que la clarinette brode du grave à l'aigu. La créativité des musiciens s'exprime fréquemment dans les breaks qui les placent fugitivement dans la position de solistes.

Dans les années 1930, le jazz sort du cadre intimiste des cabarets pour s'offrir les grandes scènes populaires. Il est alors synonyme de joie de vivre et d'insouciance. Charlie Parker et Dizzy Gillespie innovent, ajoutent de nouvelles harmonies, c'est le courant be-bop des années d'après-guerre. Une vraie rupture avec le style Nouvelle-Orléans originel. Le jazz est d'abord

Cedric Watson et Bijou Créole en spectacle à Lafayette.

encensé en Europe où il est considéré comme un art, alors qu'aux États-Unis c'est une « *musique de nègres* ». À partir de 1960, Noirs et Blancs s'expriment à égalité dans les mêmes formations : le jazz, musique contestataire, devient universaliste. L'époque est alors à la liberté et le free jazz, délivré de toutes contraintes formelles, triomphe porté par des géants : John Coltrane, Ornette Coleman ou Sun Ra.

De nombreux musiciens néo-orléanais ont joué une importance capitale pour le développement du style, notamment **Jelly Roll Morton** (1890 -1941), né Ferdinand Joseph Lamothe, qui revendique tout bonnement l'invention du jazz en 1901. Il composa un opéra et des ragtimes et fut le premier à jouer son répertoire sur les rythmes du jazz.

Mais si Morton est le premier, le parrain demeure le fameux **Bunk Johnson**. William Geary Johnson, dit Bunk (1879 ou 1889-1949), est né et mort à La Nouvelle-Orléans mais a passé de très nombreuses années à New Iberia. Trompettiste ayant fait ses armes avec Buddy Bolden, pionnier en la matière, il vécut non seulement de la musique, notamment à bord des bateaux à aubes qui croisaient sur le Mississippi, mais aussi de ses menus boulots dans l'usine Tabasco ou au moulin à riz de Conrad. Si la rumeur raconte qu'il a enseigné le jazz à Louis Armstrong, il a, en tout cas, pour sûr, joué un rôle majeur dans ledit mouvement et représente une pièce maîtresse dans l'histoire du jazz. Les fans de l'artiste de passage à New Iberia se rendront sans hésiter sur sa tombe (Bunk Johnson Grave) au cimetière St. Edward, à la Bunk Johnson Jazz Collection Room, où l'on peut consulter documents, partitions originales, instruments lui ayant appartenu, ou encore Bunk Johnson Mural, une fresque murale en son honneur.

Durant la génération suivante, quelques artistes de la région ont transformé le genre en révolution. À commencer par le géant **Louis Armstrong** (1901-1971). On ne vous fera pas l'affront de vous présenter le trompettiste de jazz le plus connu du monde. Après ses tournées internationales, celui que l'on surnommait Satchmo (de satchel, « sacoche », car lorsqu'il soufflait dans sa trompette, on aurait dit qu'il avait des sacoches à la place des joues), revenait toujours dans sa ville natale où il distribuait dollars et cadeaux aux plus déshérités. Une statue a été érigée dans le parc qui porte son nom (Louis Armstrong Park (p.151)).

À ses côtés, **Sidney Bechet** (1897-1959) est l'autre jazzman incontournable de l'époque qui a façonné le style néo-orléanais. Beaucoup ont découvert le jazz grâce à ce clarinettiste de talent. Bien que louisianais, il vécut en France, pays d'adoption qu'il aimait particulièrement. Il y enregistra notamment *Petite Fleur*, l'un de ses plus grands classiques. Sidney Bechet vécut une bonne partie de sa vie à Garches dans les Hauts-de-Seine où il est mort entouré de sa famille. Un buste à son effigie donné par la France à La Nouvelle-Orléans est lui aussi installé dans le parc Louis Armstrong. N'oublions pas de mentionner une autre vedette de l'époque, Louis Prima, lui aussi natif de La Nouvelle-Orléans, qui fit fructifier le style de la ville en lui donnant un ton de crooner italien.

Durant la génération suivante, c'est **Al Hirt** (1922-1999), le grand nom local. Trompettiste depuis l'âge de 6 ans, il fut à l'affiche d'innombrables concerts à travers le pays et dans le monde entier, emmenant le jazz vers des territoires plus latinos, pop ou classiques. Un de ses comparses, le clarinettiste et saxophoniste **Peter Fountain Jr.** (1930-2016) fut lui aussi un grand nom de La Nouvelle-Orléans. Ce jazzman se forgea son propre son et sa réputation ne cessa de grandir en jouant avec les meilleures formations jazz du pays et surtout en ouvrant son propre club de jazz, référence de La Nouvelle-Orléans pendant des décennies. Dans les années 1970, La Nouvelle-Orléans suit la tendance très libre du genre avec quelques expérimentateurs comme le fabuleux batteur **Idris Muhammad**.

Après eux, la ville continua de cultiver intensément le jazz, chaque génération voyant émerger son lot d'artistes passionnants. Le plus célèbre est sans aucun doute **Harry Connick Jr.**, le fameux crooner qui n'a de cesse de rendre hommage à sa ville (*The Marsalis Family : A Jazz Celebration*, ou *Oh my Nola*). Mais le plus intéressant (et adulé) est de loin **Wynton Learson Marsalis**. Connu sous nos cieux pour être le parrain du festival Jazz in Marciac, dans le Gers, ce fils de pianiste est le membre le plus éminent d'une famille de *jazzeux*, ses frères Branford (saxophoniste), Delfeayo (tromboniste) et Jason (batteur) étant également des musiciens reconnus. Bref, la famille Marsalis est une référence dans le jazz et Wynton est de loin considéré comme un compositeur et un trompettiste de génie. Moins connu que ce dernier, Nicholas Payton fait également partie de cette génération qui expérimente l'avant-garde tout en refusant d'ignorer les traditions du jazz ancien. Insaisissable, ce trompettiste-pianiste-chanteur engagé et libre se démarque par son jeu brillant et puissant.

Marchant dans leur pas, la jeune génération néo-orléanaise cherche l'hybridation, d'un côté avec **Christian Scott aTunde Adjuah** et son jazz avant-gardiste, sorcellerie faite de hip-hop, funk ou électro et de l'autre des artistes cherchant un peu plus les ventes comme **Trombone Shorty**, qui fait de l'héritage jazz de sa ville un R&B très grand public, ou **Jon Batiste**, fer de lance d'une nouvelle scène pop-jazz.

Joueur de jazz à La Nouvelle-Orléans.

La Nouvelle-Orléans est quadrillée de clubs de jazz et le plus difficile est de choisir parmi l'offre pléthorique. Dans les incontournables, le Snug Harbor est un restaurant surtout célèbre pour sa scène jazz, tandis que le mythique **Preservation Hall** (p.203) demeure le cadre le plus parfaitement authentique pour écouter du jazz néo-orléanais. Enfin, on ne peut mieux conseiller que de se rendre à **Bacchanal** (p.185)pour la qualité de ses concerts ou au **Bon Temps Roulé** (p.200)pour son ambiance unique.

Côté festivals, la Louisiane est connue pour deux rendez-vous majeurs : d'abord le Jazz Fest (New Orleans Jazz & Heritage Festival) devenu l'un des plus importants du Sud et qui convie la crème du jazz américain (fin avril - début mai), ensuite le Festival International de Lafayette. Généralement organisés à la même période, les deux festivals convient beaucoup d'artistes en commun, sauf qu'à Lafayette, le festival est gratuit. Un bon plan pour les mélomanes de passage à cette période. Moins connu mais tout aussi bon, tous les ans, le premier week-end d'août, a lieu le Satchmo Summerfest, proposant deux jours de conférences, débats, visionnements et, bien sûr, des concerts sur le thème du jazz. On peut y entendre tous les genres, du brass band local aux groupes plus fameux de renommée nationale.

Le blues et le R&B

Quel style musical américain aura laissé la plus grande empreinte sur la musique mondiale ? Très possiblement le blues. Ce dernier nait dans les champs de canne à sucre et de coton du delta du Mississippi. Un style de musique profondément connecté aux émotions puisque d'un air joyeux il peut basculer brusquement dans la plus profonde mélancolie ! Il faut attendre le milieu des années 1950 pour parler de R&B (rythm'n'blues), évolution du genre où au chant se sont joints divers instruments : guitare, trompette et batterie.

Plus électrique, c'est à cette époque qu'apparait l'amplification. Le genre bénéficie aussi de structures plus variées, puisant dans le jazz, la country ou le gospel. Il commence alors à envahir le sud des États-Unis puis s'étend au reste du pays et à l'Europe. De nombreux artistes louisianais ont lancé la légende du blues et ont figuré parmi les premiers à réaliser des enregistrements, de Huddie « Leadbelly » Ledbetter, figure incontournable du blues du Sud, à Danny and Blue Lu Baker en passant par le poids lourd du boogie, Champion Jack Dupree. L'apport des musiciens, compositeurs, producteurs et ingénieurs du son de Louisiane a fortement contribué au développement du R&B dans tout le pays. Alors que Fats Domino, originaire de La Nouvelle-Orléans, devenait une star nationale avec des titres comme *Walking to New Orleans*, les maisons de disque de New York et de Los Angeles ont commencé à envoyer des artistes de renom comme Little Richard enregistrer des disques à La Nouvelle-Orléans. Les associer à des musiciens locaux, c'était s'assurer des hits nationaux ! D'autres musiciens comme Smiley Lewis, Professor Longhair ou Johnny Adams ont également contribué à l'histoire du R&B. Aujourd'hui, cette tradition musicale s'entretient encore avec force dans les clubs de Louisiane et avec des figures légendaires telles qu'Irma Thomas, la reine de la musique soul de La Nouvelle-Orléans, souvent comparée à Aretha Franklin ou à Etta James, les Neville Brothers, les grands noms locaux du R&B, ou plus récemment Sarah McCoy. Cette dernière, surnommée la diva punk, possède une voie surpuissante et pratique un blues profond qui évoque Tom Waits.

Pour des airs de blues traditionnel, les inconditionnels se rendront sans hésiter au House of Blues. Même si l'établissement fait partie d'une chaîne (Chicago, Las Vegas...), celui de La Nouvelle-Orléans est devenu une étape incontournable de la ville en proposant de très bons concerts dans le domaine.

Rock, soul et funk

La richesse et la grandeur de l'histoire de la musique noire louisianaise se prolonge naturellement dans des courants de la deuxième moitié du XXe siècle que sont le rock ou le funk. Dans le premier, deux figures majeurs ont émergé ici d'abord, Jerry Lee Lewis (1935), chanteur et pianiste connu dans le monde entier grâce à ses tubes *Whole Lotta Shakin' Goin' On* et *Great Balls of Fire* ainsi que pour sa vie privée très « rock'n'roll ». L'autre légende du bayou, c'est Dr. John (1941-2019), pianiste, guitariste et chanteur dont l'œuvre a fait se croiser blues, boogie woogie, zydeco, musique cadienne ou encore rock'n'roll.

Côté funk, fait moins connu, la ville a vraiment eu une signature sonore. Le meilleur moyen de s'en rendre est d'écouter les magnifiques compilations du label Soul Jazz Records sobrement intitulées *New Orleans Funk* où l'on retrouve le funk moite et poisseux de la ville ainsi que ses artistes emblématiques : The Meters, Lee Dorsey, Eddie Bo ou encore Betty Harris.

Le gospel

Très ancré en Louisiane, le gospel naquit des chants des premiers esclaves, teintés pour certains d'entre eux de tradition anglo-protestante. Les *spirituals* furent les premières formes de gospel. Rapprochant leur foi religieuse de leur propre existence et de leurs conditions de vie, les esclaves d'avant-guerre exprimaient à travers ces chants leurs souffrances et leur espoir d'une meilleure vie dans l'au-delà.

Le gospel colore encore les cérémonies religieuses louisianaises de ses harmonies vocales *a cappella* et de ses chants sacrés très rythmés. Chaque dimanche, du matin au soir, est l'occasion de réunir des quatuors/quartets livrant de magistrales interprétations accompagnées à l'orgue, voire à la guitare et à la batterie. Des formations gospel se produisent également dans les clubs et à l'occasion des nombreux festivals que compte la Louisiane. Le gospel se retrouve lui aussi dans des formes hybrides incorporant du blues, du jazz, de la soul, ou encore du rap.

Une très grande dame du gospel est louisianaise : la fameuse Mahalia Jackson (1911-1972). Née à La Nouvelle-Orléans, elle fait ses débuts dès l'âge de 4 ans au sein d'une chorale baptiste. Son premier enregistrement date de 1937. Thomas A. Dorsey, maître de la musique gospel, devient alors son mentor. Elle popularise plus de 400 chansons, parmi lesquelles le magistral *Precious Lord Take My Hand*. Outre des passages dans des émissions de télévision et de radio, elle tourne en Europe et notamment en France où Paris l'acclame. Lors de la marche pour les droits civiques en 1964 à Washington, elle introduit le discours de Martin Luther King et son historique *I Have a Dream* par un mémorable spiritual *I Been 'Buked and I Been Scorned*. Elle assiste à ses funérailles et lui rend hommage en chantant *Precious Lord*. Le théâtre Mahalia Jackson a été baptisé en son hommage. Il est situé dans le parc Louis Armstrong près de l'auditorium municipal.

On ne manque pas d'occasions d'écouter du gospel en Louisiane. Des concerts ouverts au public sont parfois donnés, par exemple à la St. Augustine Church (p.160), l'un des incontournables de Treme. Autrement, l'Abita Springs Opry propose une série de concerts pendant l'année avec, entre autres, de la country, du bluegrass et du gospel.

Le rap

Il n'y a pas que le rap East Coast ou West Coast aux États-Unis. La Louisiane et le sud du pays dans l'ensemble ont joué un rôle majeur dans le domaine en établissant le style appelé « *dirty south* » (littéralement « sud sale ») au début des années 2000. Dès le début des années 1990, le rappeur Master P et son label No Limit Records commencent à instaurer la Louisiane dans la géographie du hip-hop mondiale.

Mais c'est vraiment au tournant des années 2000 que le rap de Louisiane explose, d'abord avec le rappeur Juvenile, puis avec Lil Wayne, que beaucoup considèrent (toujours) comme le meilleur rappeur de l'histoire. Signé à seulement 12 ans par le rappeur Birdman sur son label Cash Money, Dwayne Michael Carter Jr. (de son vrai nom) bouleverse les codes du hip-hop en imposant une nouvelle manière de rapper, plus lente et intense. Son sixième album, *Tha Carter III* en 2008 et dont les ventes dépassent le million d'exemplaires aux États-Unis dès la première semaine, l'installe parmi les stars du genre, notamment grâce à des tubes intemporels comme *A Milli* ou *Lollipop*. Lil Wayne a vendu plus de 120 millions de disques dans le monde et fut le premier artiste masculin à dépasser Elvis Presley avec le plus grand nombre d'entrées dans le haut des *charts*. Un phénomène.

Depuis, le rap de Louisiane continue de bien se porter entre les mains de la nouvelle génération, notamment emmenée par Kevin Gates ou YoungBoy Never Broke Again, tous deux originaires de Baton Rouge ou la plus R&B Dawn Richards, de La Nouvelle-Orléans.

Gospel.

DÉCOUVRIR

PETIT LEXIQUE DU JAZZ

▸ **Bamboula** : danse africaine des mulâtres de La Nouvelle-Orléans avant l'apparition du jazz.

▸ **Be-bop** : mouvement jazz qui s'est épanoui dans les années 1940, représenté par Charlie Parker, Dizzy Gillespie, Thelonius Monk...

▸ **Big band** : grand orchestre de 15 à 20 musiciens, en vogue dans les années 1930 et 1940 (Count Basie, Duke Ellington...).

▸ **Blues** : forme la plus ancienne du jazz, à l'origine chant de désespoir, sur une base harmonique où se succèdent modes majeur et mineur. Perpétué sous forme folklorique par John Lee Hooker, B.B. King...

▸ **Boogie-woogie** : façon originelle de jouer le jazz au piano en utilisant un tempo rapide.

▸ **Chant jazz noir** : Louis Armstrong, Billie Holiday ; il existe aussi une variante soul, représentée par James Brown, Ray Charles. Le timbre de la voix est en général moins métallique et clair, la technique plus gutturale, l'attaque plus soudaine et forte, les inflexions sont nombreuses et rapides.

▸ **Dirty** : jouer avec âpreté, dureté par opposition à jouer « joli ».

▸ **Dixielands** : États du sud des États-Unis. Style des orchestres de jazz blancs qui ont assimilé à leur façon le style Nouvelle-Orléans des Noirs. L'original Dixieland jazz-band effectua le premier enregistrement de musique jazz en février 1917.

▸ **Drive** : force impulsive d'un musicien.

▸ **Free jazz** : jazz dégagé de la règle harmonique et métrique pour retrouver une expression spontanée. Un de ses précurseurs fut John Coltrane.

▸ **Groove** : exprime la perfection de l'inspiration parfaitement accordée au climat de l'interprétation.

▸ **Hard bop** : retour au jazz noir dans les années 1960, après la période cool.

▸ **Honky tonk** : nom des cabarets de La Nouvelle-Orléans fréquentés par les Noirs pauvres. Il y avait une salle où l'on dansait sur des airs joués au piano et une arrière-salle tripot.

▸ **Jam session** : réunion de musiciens improvisant librement.

▸ **Hot** : improvisation passionnée, par opposition à « straight ».

▸ **Jazz-rock** : rencontre de l'instrumentation électrique du rock et du raffinement harmonique du jazz, illustrée par John Mc Laughlin, Herbie Hancock, ou Chick Corea.

▸ **Lazy** : jouer sans effort apparent.

▸ **Mahogany Hall** : ancienne maison close de Lulu White à La Nouvelle-Orléans, haut lieu du jazz.

▸ **Minstrels** : Blancs qui, au XIXe siècle, parcouraient le sud des États-Unis travestis en Noirs et interprétaient des chansons folkloriques.

▸ **Negro spiritual** : psaume religieux afro-américain ayant subi l'influence du choral luthérien et du chant grégorien. Alterne en général un verset chanté en solo et un verset en chœur. Né au XVIIIe siècle dans les réunions de prière et codifié au XIXe siècle.

▸ **Nouvelle-Orléans** : style qui se caractérise extérieurement par une structure orchestrale, évolution des petits ensembles des tonks et des saloons. Cette structure comprend en général de 5 à 8 instruments, parmi lesquels on distingue une section rythmique et une section mélodique. Celle-ci se compose d'un trombone et d'une clarinette, parfois aussi d'un saxo. À la trompette revient l'exposé de la mélodie, thème et variations. Au trombone, une partie de basse, tandis que la clarinette brode du grave à l'aigu. L'invention des musiciens s'exprime fréquemment dans les breaks qui les placent fugitivement dans la position de solistes. Leur cohésion se trouve renforcée par l'appui de la section rythmique, composée d'une batterie, d'un tuba ou d'une contrebasse. Le piano, d'abord rare, s'y établit par la suite. Orchestres célèbres : le jazz-band de King Oliver, Hot Seven de Louis Armstrong, Red Hot Peppers de Jelly Roll Morton. C'est par l'augmentation progressive des effectifs que l'instrumentation néo-orléanaise nourrit les grands orchestres.

▸ **Perdido** : quartier noir de La Nouvelle-Orléans qui a disparu aujourd'hui.

▸ **Ragtime** : style au piano antérieur au jazz, très syncopé.

▸ **R&B (Rythm'n'blues)** : forme populaire du jazz apparue dans les années 1950, fondée sur les harmonies du blues et l'importance du rythme. Les grands interprètes : Ray Charles, James Brown, Erskine Hawkins, Tina Turner.

▸ **Riverboat** : bateau fluvial du Mississippi sur lequel jouaient des orchestres noirs.

▸ **Swing** : véritable vie rythmique dans une interprétation, accentuation sur les temps faibles et naturels qui font la différence entre un exécutant au jeu mécanique et un véritable jazzman. Ère Swing : années 1930, avènement des grands orchestres, Duke Ellington, Count Basie, du saxophone ténor, évolution du jazz vocal.

TOP 10

MUSIQUE

Existe-t-il une région plus musicale que la Louisiane ? Difficile à dire, mais une chose est certaine : La Nouvelle-Orléans vit pour et par la musique. Aussi passionnante que foisonnante, il est bon d'avoir un guide pour s'y retrouver dans cette mine d'or et écouter en premier les artistes qui ont façonné le son d'ici.

WYNTON MARSALIS

Sur son album éponyme de 1982, on entend les débuts d'un immense futur.

© LEV RADIN - SHUTTERSTOCK.COM

BUNK JOHNSON

Le parrain du jazz néo-orléanais dans toute sa splendeur sur *Days Beyond Recall* (1951), avec Sidney Bechet.

IRMA THOMAS

In Between Tears (1973) installe Irma Thomas comme reine de la soul.

LOUIS ARMSTRONG

Toute la discographie de Satchmo est une ode à La Nouvelle Orléans.

© ELLIOTT COWAND JR - SHUTTERSTOCK.COM

MAHALIA JACKSON

En 1955 parait *The World's Greatest Gospel Singer* dont le nom ne ment pas.

SAVOY-DOUCET CAJUN BAND

Sans doute le groupe cajun actuel le plus apprécié. À savourer avec son premier album *Les Harias*.

AMÉDÉ ARDOIN

Une légende de la musique cadienne (cajun) qui en a posé les principaux jalons.

NEW ORLEANS FUNK

Cette série de compilations du label anglais Soul Jazz Records est un trésor pour découvrir le funk local.

DR JOHN

Toute la discographie de cette légende du blues est un remède contre la morosité.

© S_BUKLEY - SHUTTERSTOCK.COM

LIL WAYNE

Tha Carter III (2008) est assurément le meilleur album du « meilleur rappeur ».

© TED ALEXANDER SOMERVILLE - SHUTTERSTOCK.COM

LITTÉRATURE

Il serait facile de se vanter que la Louisiane tire son nom de Louis XIV et de s'enorgueillir du fait qu'elle demeure le plus francophone des États américains. Cela reviendrait à faire fi des langues ancestrales qui disparurent des suites de la colonisation – de certaines, telles que l'atakapa de l'est, qui n'ont conservé qu'à peine 300 mots de vocabulaire – ou de la déportation du XVIIIe siècle dont est issue la communauté cadienne. De la même manière, un raccourci hasardeux reviendrait à se féliciter de l'existence du CODOFIL (Conseil pour le développement du français en Louisiane) et à ainsi ne réduire la littérature louisianaise qu'à ses auteurs francophones. Pourtant, celle-ci est tout aussi forte d'écrivains anglophones qui, si l'on pense à Truman Capote, contribuèrent à initier de nouveaux genres littéraires. Une certitude devrait réconcilier tout le monde : la Louisiane est assurément un État où la littérature se porte bien !

Des origines francophones

Le XVIIe avait assisté à l'arrivée de René-Robert Cavelier de La Salle (1643-1687) et le siècle suivant salué l'introduction de l'imprimerie puis celle de la presse locale (*Le Moniteur de la Louisiane*, 1794). Nous pourrions également nous souvenir des poésies du philanthrope d'origine nantaise Julien Poydras ou de la tragédie *L'Héroïsme de Poucha-Houmma* (à lire en ligne sur le site de la bibliothèque Tintamarre) que publia Leblanc de Villeneufve en 1814. Néanmoins, il faudra rapidement se résoudre à reconnaître que la littérature louisianaise ne prit véritablement son essor qu'au mitan du XIXe siècle, peut-être par la grâce d'Alexandre Latil, touché par la lèpre à 15 ans, qui écrivit ses vers dans le refuge qu'il s'était trouvé dans le bayou et en fit un recueil édité en 1841 sous le titre *Les Éphémères*, et sans aucun doute par celle de Victor Séjour (1817-1874) qui publia en 1837 la plus ancienne œuvre d'un auteur afro-américain : la nouvelle *Le Mulâtre* qui dénonçait l'esclavage. Bien qu'il soit un peu oublié de nos jours, cet auteur ouvrit pourtant la voie à Armand Lanusse (1810-1868), esclave francophone libre qui s'investit dans la lutte pour l'égalité des droits civils, lança en 1843 *L'Album littéraire, journal des jeunes gens amateurs de littérature*, et réunit deux ans plus tard *Les Cenelles*, « *choix de poésies indigènes* » auquel il contribua. La culture indienne fut quant à elle mise en valeur par deux frères, Dominique Rouquette, né en 1810, et Adrien, de trois ans son cadet. Ayant grandi en Louisiane mais s'étant exilés pour leurs études, le premier chantera la nostalgie de son pays natal dans *Les Meschacébéennes* (du nom d'une tribu) paru à Paris en 1839, le second finira par rompre avec son milieu pour aller vivre avec les Choctaws en 1859, dix-huit ans après avoir publié son texte le plus célèbre : *Les Savanes*.

C'est véritablement au lendemain de la guerre de Sécession que se déploie une littérature que l'on pourrait qualifier de nationale. Celle-ci, en tout cas, bénéficie à la langue française que soutiennent *La Renaissance louisianaise* puis *L'Athénée louisianais*, fondés par Alfred Mercier en 1875, qui ouvrent leurs colonnes aux écrivains. Mercier s'adonne également à l'art de l'essai (*Étude sur la langue créole en Louisiane*, 1880) et à celui du roman (*L'Habitation Saint-Ybars*, 1881) avec un succès comparable à celui de son homologue féminine Sidonie de la Houssaye (1820-1894) qui se lance dans l'écriture à la mort de son mari, et ce jusqu'à son propre décès. Son œuvre déjà importante (*Contes d'une grand-mère louisianaise*, *Pouponne et Balthazar*...) se verra parachevée par la publication à titre posthume de sa trétalogie *Les Quarteronnes de La Nouvelle-Orléans*.

La littérature de langue américaine

Si la littérature francophone connaît une certaine effervescence à partir de 1870, elle commence à s'étioler dès le début du XXe siècle faute d'un lectorat suffisamment important. Ce n'est pas pour autant que le monde des lettres louisianais décline puisque des écrivains de langue américaine s'imposent sur le devant de la scène, jouissant de l'attrait que composent tout autant le passé de la région que sa grande diversité culturelle. Il conviendrait ainsi de mentionner au moins trois noms, celui de George Washington Cable, et ceux de Grace King et Kate Chopin. Né en 1844 à La Nouvelle-Orléans, Cable s'installera à la quarantaine dans le Massachussetts, sans doute à cause de son engagement contre le racisme. Celui-ci lui coûta en effet quelques inimités, mais fut récompensé par une grande histoire d'amitié avec Mark Twain qui d'ailleurs l'évoqua avec admiration dans *La Vie sur le Mississippi* (inclus dans La Pléiade parue en 2015). Les textes de Cable disponibles en français, notamment *Louisiane* (Magellan & Cie) et *Carancro* (Actes Sud), dressent une grande fresque de la Louisiane du XIXe siècle tout en dénonçant son conservatisme, une vision à laquelle s'opposera Grace King (1852-1932) qui voulait quant à elle donner une image plus nuancée, et peut-être plus sympathique, de sa région natale.

Elle s'attardera plus précisément à écrire des portraits de femmes, qu'elles soient Blanches et issues d'une aristocratie déclassée ou Noires et en proie à la pauvreté (*Bayou l'ombre*, Actes Sud), rejoignant ainsi le courant annonciateur du féminisme auquel sera également associée Kate Chopin (1850-1904). Cette dernière se découvre elle aussi en français, par exemple aux éditions Interférences qui proposent *Le Sorcier de Gettysburg*, un recueil de nouvelles sur la guerre de Sécession et la vie dans le bayou, ou chez Liana Levi éditrice avec le roman *L'Éveil* qui décrit un amour extra-conjugal et ses conséquences pour la protagoniste.

Tandis qu'à l'aube des années 1920 apparaît le mouvement Harlem Renaissance auquel participe Arna Bontemps né en 1902 à Alexandria, le Sud américain voit émerger une littérature consciente de son passé tout en étant fortement inscrite dans son présent. Ce sont ces deux tendances que peuvent symboliser Frances Parkinson Keyes (1885-1970) d'une part, Lyle Saxon (1891-1946) d'autre part, deux écrivains bénéficiant d'une large audience. La première, femme de sénateur, s'inspire d'abord de sa vie pour son entrée en littérature avec des textes au fort accent autobiographique, avant de se lancer dans une œuvre plus romanesque qui prend notamment la Louisiane comme décor (*Steamboat Gothic*, *Blue Camellia*). Son style suranné, les stéréotypes dont elle use et ses convictions catholiques, qui bientôt ont transpiré dans ses écrits littéraires, la rendent aujourd'hui moins populaire, mais cela ne ferait pas oublier sa postérité d'alors. Quant à Lyle Saxon, sa carrière de journaliste a certainement accentué son aptitude à figer et à récolter les éléments du folklore. Son œuvre plutôt féconde (*Fabulous New Orleans*, *Gumbo Ya-Ya*, *Old Louisiana*) sert toujours de base historique pour qui s'intéresse au début du XXe siècle, bien qu'elle n'ait pas été traduite dans notre langue. C'est encore à cette époque que le « Vieux Carré », c'est-à-dire le French Quarter de La Nouvelle-Orléans, séduit les artistes sensibles à l'ambiance unique et aux loyers modérés. Les auteurs qui s'installent en Louisiane, le temps d'un été ou bien plus longuement, sont nombreux, mais il sera difficile de ne pas au moins s'attarder sur William Faulkner et Tennessee Williams qui ont tous deux trouvé ici l'inspiration. Ainsi, Faulkner n'a certes passé que six mois à La Nouvelle-Orléans – l'immeuble où il vécut héberge d'ailleurs aujourd'hui une librairie dont le nom conserve son souvenir – mais en a ramené des *Croquis* (courtes évocations à découvrir chez Gallimard) et au moins un roman : *Moustiques* (éditions Points). Williams fut plus régulier et ne délaissa jamais tout à fait la ville, il y rencontra *Un Tramway nommé Désir* (parce que souvent en retard !) qui devint une pièce et assura sa célébrité dès la première représentation, en 1949 à Paris. Un festival de théâtre continue de nos jours de lui rendre hommage.

George Washigton Cable.

Du XXe au XXIe siècle

Bien qu'il ait subi les stigmates des deux conflits mondiaux et que certaines questions aussi délicates que l'égalité des droits civiques n'aient pas encore été totalement résolues, le XXe siècle, d'autant plus dans sa seconde moitié, constitue en quelque sorte une synthèse de la période antérieure. En effet, la littérature se fait chamarrée dans le sens où elle est multiculturelle, parfois enrichie d'écrivains qui s'installent dans la région, et on assiste même à un renouveau de la littérature francophone. Cela n'aurait pas été possible sans l'engagement du CODOFIL qui a obtenu que le français soit reconnu seconde langue officielle en 1968, plus de 50 ans après qu'il eut été tout bonnement interdit. Dans la même dynamique, l'organisation Action Cadienne, créée en 1996, a vocation à défendre et promouvoir le patrimoine culturel, dont la langue française.

Quoi qu'il en soit, dans toute cette pluralité se distinguent plusieurs écrivains, dont certains accéderont à une renommée internationale, à l'instar de Truman Capote qui est certes natif de La Nouvelle-Orléans où il vit le jour en 1924 mais dans de telles conditions qu'il ne garda certainement pas un très bon souvenir de son enfance au sein d'une famille ombrageuse. Quels que furent son destin et sa triste fin, il est cependant devenu une icône, autant comme romancier (*Petit déjeuner chez Tiffany*) que comme auteur de « non-fiction », un style proche du « journalisme gonzo » auquel il est intimement lié au même titre que Hunter S. Thompson ou Norman Mailer. En effet, avec *De Sang-froid*, pour lequel il s'inspira d'un fait-divers et auquel il consacra cinq années d'interviews et de travail documentaire, il révolutionna le « récit vrai ». Tout d'abord publié sous forme de chroniques dans le New Yorker, cette histoire fut publiée d'un seul tenant l'année suivante et connut derechef un énorme retentissement. Truman Capote continua d'entrelacer habilement réalité et fiction dans plusieurs recueils, dont *Les Chiens aboient* et *Musique pour caméléons*. De cinq ans sa cadette, sa concitoyenne Shirley Ann Grau est moins connue sous nos latitudes, elle obtint pourtant le Prix Pulitzer en 1965 pour *The Keepers of the House*, une indifférence qu'elle partage avec John William Corrington (1932-1988), poète et nouvelliste.

À l'inverse, et grâce aux bons soins d'une éditrice engagée telle que l'est Liana Levi, Ernest J. Gaines (1933-2019) a pu conquérir le cœur des lecteurs français. Son roman le plus célèbre – *Dites-leur que je suis un homme* – maintes fois primé, a d'ailleurs fait l'objet d'une nouvelle édition en 2022, et ouvre sur une œuvre qui intensément s'interroge sur les rapports entre les Blancs et les Noirs en Louisiane (*Catherine Carmier*, *Colère en Louisiane*, *Le Nom du fils*). Une approche politique que l'on aurait bien du mal à ne pas rapprocher de celle de James Lee Burke qui officie cependant dans le genre policier. Bien qu'il soit natif du Texas, c'est en Louisiane où il a été élevé qu'il fait évoluer son personnage fétiche, Dave Robicheaux, shérif adjoint à La Nouvelle-Ibérie (*Le Brasier de l'ange*, *Dans la brume électrique*, *New Iberia blues*…). Dans un tout autre genre, Anne Rice (1941-2021) s'est consacrée au fantastique et a vendu des millions d'exemplaires d'*Entretiens avec un vampire* qui a été adapté à l'écran et constitue le premier tome de ses *Chroniques des vampires*, l'une de ses nombreuses sagas (*Les Infortunes de la belle au bois dormant*, *La Saga des sorcières Mayfair*, *Les Chroniques du don du loup*…). Enfin, John Kennedy Toole mérite toute sa place dans cette présentation, non seulement parce qu'il était né à La Nouvelle-Orléans en 1937, mais parce qu'il était l'auteur de *La Conjuration des imbéciles*, un roman cynique qui remporta tous les suffrages et lui valut le Prix Pulitzer en 1981, douze ans après qu'il se soit suicidé parce qu'il ne trouvait pas d'éditeur… Pour conclure, citons Zachary Richard qui serpente entre deux cultures et utilise tout autant l'anglais que le français dans son œuvre poétique et musicale, et Barry Jean Ancelet, également très engagé dans la défense de la culture cadienne.

TOP 10

LECTURE

La Louisiane est de ces États américains où la ségrégation s'est imposée dans la pire de ses réalités. Si la question du racisme hante encore la littérature, le bayou et ses mystères alimente lui aussi un imaginaire qui s'adresse à tous les publics. Plongée dans un pays fascinant dont on n'oubliera pas les racines historiques venues aussi de France.

MOJO HAND

Saint James, 1926, un bébé blanc est retrouvé abandonné dans le bayou, il va devenir le frère de cœur de Cletus, futur génie du blues.
Arnaud Floc'h, *éditions Sarbacane.*

TRILOGIE DES CITÉS ENGLOUTIES

À la fin du XXIe siècle, dans un bidonville de la côte de Louisiane, Nailer fouille les épaves pour survivre. Il va faire une drôle de découverte.
Paolo Bacigalupi, *éditions Au Diable Vauvert.*

AU-DELÀ DE L'ISLE DERNIÈRE

Une Française s'installe en Louisiane en pleine guerre de Sécession, et s'interroge sur ses propres opinions.
François Adrien, *éditions Complicités.*

B POUR BAYOU : UN ABÉCÉDAIRE CADIEN

Une initiation à la culture de l'Acadie cadienne à travers des contes et un alphabet qui convoque bien des images ! Dès 8 ans.
Collectif, *éditions Bouton d'or Acadie.*

DANS LA BRUME ÉLECTRIQUE

Alors qu'il tourne un film à New Iberia, l'acteur principal affirme avoir aperçu le corps momifié d'un Noir enchaîné. Robicheaux mène l'enquête.
James Lee Burke, *éditions Rivages Noir.*

L'AUTRE MOITIÉ DE SOI

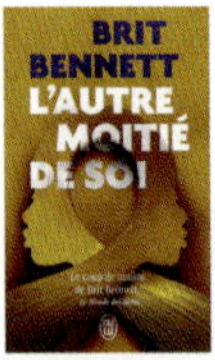

Une jeune femme avait fui son village où seule importait la couleur de la peau. Adulte, elle décide de revenir dans sa communauté.
Brit Bennett, *éditions J'ai Lu.*

ANTEBELLUM

Depuis 1972, année de son installation en Louisiane, le photographe arpente la région et immortalise le quotidien dans des clichés somptueux.
Gilles Mora, *éditions Lamaindonne.*

DITES-LEUR QUE JE SUIS UN HOMME

Dans les années 1940, un jeune Noir illettré est condamné à tort pour le meurtre d'un Blanc. Sa marraine décide de tout faire pour lui rendre sa dignité.
Ernest J. Gaines, *éditions Liana Levi.*

L'ÉVEIL

À la fin du XIXe, Edna se découvre à travers un amour extra-conjugal mais se heurte au jugement de la société. Un roman féministe qui a fait scandale à sa sortie dans les années 1960.
Kate Chopin, *éditions Liana Levi.*

LA LOUISIANE, UNE AFFAIRE D'ÉTAT

Des documents rares pour retracer le parcours de René-Robert Cavelier de La Salle et comprendre les ambitions de Louis XIV.
Raymonde Litalien, *éditions du Septentrion.*

À L'ÉCRAN

À des milliers de kilomètres des studios d'Hollywood et des scènes de New York, la Louisiane n'est pas le premier lieu que l'on associerait avec le cinéma américain. Pourtant, de très nombreux tournages y ont fait halte, et des séries à succès comme *True Blood, American Horror Story* et *True Detective* en ont fait leur décor principal. Le passé à la fois glorieux et problématique de l'État a également nourri les cinéastes comme Steve McQueen (*12 years a Slave*) ou Quentin Tarantino (*Django Unchained*) tandis que les mythologies locales, en particulier la figure du vampire, ont enflammé l'imaginaire des fans dans *Entretien avec un vampire* ou dans la saga *Twilight*. En parcourant la vieille ville de La Nouvelle-Orléans ou en vous égarant dans les rues de Baton Rouge, vous tomberez forcément sur une salle de cinéma, et peut-être sur l'un des festivals qui rythment l'année et vous feront découvrir de nombreuses productions locales.

Cinéma en Louisiane : des origines au Nouvel Hollywood

C'est en 1898 que le cinéma débarque en Louisiane, amené par les cinéastes et opérateurs de la *American Mutoscope and Biograph Company*. Avec leurs caméras, ces réalisateurs filment le chargement d'un *Steamboat* et bien sûr le *Mardi Gras*, qui reste l'un des sujets de prédilection de ces premières années de cinéma local. En 1918, le film *Tarzan chez les singes* est le premier tournage majeur à avoir lieu entre la Louisiane et la Californie. Il faut ensuite attendre les années 1930 pour que d'autres incursions d'Hollywood en Louisiane amènent des collaborations, comme dans *Jezebel* de William Wyler (1938). Un film d'époque narrant l'histoire d'une femme du Sud (Bette Davis) qui perd son fiancé (incarné par le jeune Henry Fonda) et se jure de le reconquérir. La période faste qui précède la guerre de Sécession est également le cadre de *La belle ensorceleuse* (1941) du français René Clair, avec Marlene Dietrich. Mais le film le plus célèbre mettant en scène la Nouvelle-Orléans est sans doute *Un tramway nommé Désir* (1951). Adapté par Elia Kazan de la pièce éponyme de Tennessee Williams, ce film révèle Marlon Brando et iconise son fameux t-shirt blanc et jean, tout en amenant une petite révolution dans le jeu d'acteur hollywoodien. En vous promenant dans le Vieux Carré français, vous replongerez dans l'atmosphère moite du film, sans toutefois pouvoir visiter les décors créés de leur côté en Californie. Le tram 922, véhicule restauré pour les besoins du film, opère encore aujourd'hui avec d'autres machines de la même période sur la ligne de tramway St. Charles, en activité depuis 1835. Arrêtez-vous également face à la L&N Station, gare où Blanche DuBois (Vivien Leigh) arrive au début du film, aujourd'hui un hôtel qui peut s'enorgueillir d'avoir accueilli deux présidents américains, dont Barack Obama. Enfin, découvrez la cocasse initiative du *New Orleans Literary Festival*, qui se tient chaque année au mois de mars, et vous donne la possibilité de crier à gorge déployée la fameuse scène où Stanley et Stella échangent des mots fleuris.

Autre film marquant à plus d'un titre, *Easy Rider* (1969), fit halte au Melançon's Cafe de Morganza, pour une scène iconique où Peter Fonda, Jack Nicholson et Dennis Hopper se retrouvent face à un accueil glacial de la part des locaux. Le restaurant ayant été détruit depuis, une plaque commémore le passage du film dans la ville.

Une fin de siècle plus parsemée

Bien sûr, un panorama filmique de la région ne saurait être complet sans parler de *Vivre et laisser mourir* (1973), huitième opus de la saga *James Bond*. Roger Moore se promène au coin de Chatres et Dumaine Street, avant de se retrouver dans une course-poursuite effrénée au départ du Southern Yacht Club sur le Lac Pontchartrain, puis au travers du Bayou. Dans un tout autre registre, mais au tempo tout aussi soutenu, *Potins de femme* (1989) est tourné dans **The Steel Magnolia House** (p.335) à Natchitoches. Ce portrait choral de six femmes d'âges et de caractères différents met en scène Dolly Parton, Sally Field et Julia Roberts dans un tourbillon de répliques cinglantes et drôles, à découvrir sans tarder. La maison où a eu lieu le tournage est aujourd'hui un mignon B&B, n'hésitez donc pas à vous arrêter pour découvrir la vieille ville pittoresque en poursuivant le Louisiana Film Trail, à la recherche des tournages iconiques de l'État.

Dernière production marquante que l'on peut aborder ici, le très connu *Entretien avec un vampire* (1994), où Brad Pitt et Tom Cruise se donnent la réplique dans les couloirs de la **Oak Alley Plantation,** (p.230)accessible au public. Un film qui a contribué au renouveau des vampires à l'écran, terrain sur lequel la Louisiane se défend plutôt bien.

© THOMAS TROMPETER - SHUTTERSTOCK.COM

La Magnolia plantation, décor du film « 12 Years a Slave ».

Le nouveau cinéma de Louisiane

En 2002, la Louisiane devient soudain l'un des États américains les plus intéressants pour les cinéastes, grâce à une nouvelle loi soutenant le secteur local. Cette manne financière attire les tournages et les projets, parmi lesquels un bon nombre dépassent les frontières. Dans cette « ruée vers l'or », la ville de Shreveport devient un véritable hub de cinéma. Depuis 2006, en plus de nombreux studios et sociétés de productions, elle accueille le Louisiana Wave Studio, un bassin à vagues de 750 mètres carré où furent tournées les scènes de tempête du film *The Guardian* (2006), avec Ashton Kutcher et Kevin Costner. Côté séries, c'est la chaîne HBO qui tire son épingle du jeu avec *True Blood (2008-2014)*, narrant la romance entre un vampire et une jeune innocente de la région. Moment iconique de la série, la demande en mariage dans le cadre idyllique de **The Stockade Bed and Breakfast,** (p.242) à Baton Rouge. Une ambiance hautement romantique qui a inspiré plus d'un fan de cette série. Produites par HBO également, *Treme* (2010-2014) et *True Detective* (2014-2019) parcourent la Louisiane, dans deux ambiances bien distinctes. Au gré de ces histoires, vous vibrerez au son des trompettes de Kermit Ruffins – réellement musicien de profession – que vous pourrez rencontrer dans son fief **Kermit's Treme Mother in Law Lounge** (p.202), ou vous tremblerez dans les sous-sols de fort Macomb et le long du **Creole Nature Trail** (p.291), aux côtés des détectives Rust Cohle et Marty Hart, pour ce qui est une des meilleures séries policières de la décennie. Pour les amateurs du genre, ne passez pas non plus à côté de *NCIS : Nouvelle Orléans*, sept saisons au casting remarquable. Enfin, *12 years a slave* (2013) de Steve McQueen fait aussi partie des immanquables du cinéma de Louisiane. Les plantations de **Magnolia** (p.331), **Destrehan** (p.227) et Bocage, ainsi que la Maison Edwin Epps, constituent les décors principaux de ce film indispensable.

Et après ?

Impossible ici de couvrir tous les tournages et les grands noms qui ont depuis fait halte dans celle qui est devenue la « Hollywood du Sud ». Plutôt que de tenter de tous les découvrir, perdez-vous dans les allées des nombreux cinémas de la région, et découvrez les festivals qui rythment l'année de cinéma en Louisiane, par exemple le News Orleans Film Festival, de renommée internationale, ou le Cinema on the Bayou, un événement qui bat au diapason de cet État accueillant et toujours endiablé, devenu berceau de cinéma.

POPULATION

L'histoire de la Louisiane est un véritable brassage ethnique qui fait de cet État un des meilleurs exemples du melting pot américain. Le choc des populations a souvent été rude sur cette terre de conquête qui a vu passer les couronnes des Français, Espagnols et Anglais avant de devenir américaine et de subir les affres de la guerre civile. Avec plus de 4,6 millions d'habitants, la Louisiane se classe au 25e rang des États-Unis en termes de population. Si la densité de population peut atteindre plusieurs milliers d'habitants par km^2 à La Nouvelle-Orléans, elle descend sous la barre des dix à plusieurs endroits en région. Il demeure une forte population directement issue des présences de l'époque coloniale, alors que près des deux tiers des habitants sont Blancs et près du tiers sont Noirs ou Afro-Américains. Les origines françaises et créoles sont encore notables, même si le français n'est plus aussi courant qu'à l'époque.

Les peuples autochtones

Un peu moins de 1 % de la population louisianaise a des origines autochtones et quatre tribus sont reconnues auprès du gouvernement des États-Unis : les Chitimachas, les Coushattas, les Choctaws et les Tunica-Biloxi. La tribu chitimacha est la seule à vivre encore sur une portion de ses terres ancestrales, non loin de Charenton. Sur le territoire de la ville de La Nouvelle-Orléans vivait d'ailleurs cette tribu, alors que dans le reste de l'État, on retrouvait les tribus suivantes : Atakapa, Caddo, Choctaw, Houma, Natchez et Tunica-Biloxi.

Les Indiens houmas. Le premier explorateur français à mentionner l'existence des villages de ces Indiens fut Lasalle en 1682. Ils étaient alors un peuple sédentaire installé à l'est du Mississippi, au nord de la Louisiane. Avec l'arrivée des Anglais, ils sont descendus dans la région des bayous et s'allièrent avec les Français. Leur langue est la meilleure preuve de leur complicité, puisque aujourd'hui encore les Indiens houmas parlent français, une bonne partie d'entre eux du moins. C'est d'ailleurs cette tribu qui laisse son nom à la ville éponyme située en pays cajun. Ce peuple continue à vivre de pêche, de chasse et surtout de l'artisanat. Dans chaque foire, exposition ou festival en Louisiane, vous pourrez leur acheter paniers, chapeaux, poupées et bibelots en bois de cyprès qu'ils font eux-mêmes à la main, ce qui est très rare de nos jours aux États-Unis. Pour plus d'infos : unitedhoumanation.org

Les Créoles

Ce nom, d'après les linguistes, viendrait du mot portugais *crioulo* signifiant « natif du Nouveau Monde par des ancêtres de l'Ancien Monde ». Ce terme différenciait les esclaves noirs nés aux colonies de ceux qui étaient nés en Afrique. En Louisiane, le terme « Créole » désignait tous les francophones catholiques nés ici par rapport aux anglophones des autres régions des États-Unis. Au XVIIe siècle, les premiers colons créoles vinrent de Nouvelle-France (plus précisément de l'actuelle province du Québec).

DÉCOUVRIR

Esclaves dans un champ de coton au XIXe siècle.

© VALÉRIE FORTIER

Acadian Cultural Center.

Plus tard, des réfugiés de Saint-Domingue, des colons des Antilles, des soldats de Cuba et des colons d'Europe arrivèrent en Louisiane, suivis des réfugiés de l'Acadie. Ils s'installèrent sur les rives du Mississippi, idéales pour irriguer les cultures de canne à sucre ainsi que pour le transport des marchandises. Il y eut d'ailleurs jusqu'à 2 000 plantations sur les rives de ce fleuve mythique. Parmi les Créoles se trouvaient des « barons du sucre » et des « rois du coton » qui devinrent rapidement très riches et contribuèrent à la renommée de La Nouvelle-Orléans. Ces derniers établirent une aristocratie divisée en véritables castes sociales et financières. S'ils passaient beaucoup de temps en campagne dans leur plantation, ils possédaient également des hôtels particuliers ou de belles maisons en ville dont ils profitaient l'hiver. Après la guerre de Sécession, la plupart des plantations furent inondées ou brûlées, et leurs propriétaires ruinés. Ils déclinèrent petit à petit, ne sachant rivaliser avec les Anglo-Saxons beaucoup plus arrivistes. Aujourd'hui subsistent des familles fières de leur descendance directe des premiers colons, mais la plupart se sont assimilées et mélangées à la population américaine. Cela dit, les Créoles de Louisiane mériteraient un chapitre à part entière afin de bien saisir leur importance et leur influence dans l'histoire de la Louisiane. Pour plonger au cœur du sujet, on recommande sans hésiter les visites guidées à pied offertes par Tours by Marguerite (p.148) à La Nouvelle-Orléans.

Les Afro-Américains

Ce sont les descendants d'esclaves arrivés à partir de 1719 du Sénégal et du Congo. En 1865, Colbert fit promulguer le Code noir en Louisiane : cet édit définissait les droits et les devoirs des maîtres envers les esclaves. S'ils avaient le droit de vie ou de mort sur leurs esclaves, ils devaient les loger, les vêtir et les nourrir décemment. Ce qui n'était pas toujours le cas, loin s'en faut. Tout manquement à ces devoirs pouvait entraîner des sanctions sévères. Les esclaves travaillaient dans les champs, construisaient les routes, élevaient des digues pour protéger des crues (une de leurs plus belles contributions fut la première longue digue qui longeait le Mississippi), tandis que les femmes cuisinaient et étaient les nourrices des petits enfants blancs. Ils étaient achetés et vendus comme du vulgaire bétail, et le traitement inhumain des esclaves fut une des raisons de la guerre de Sécession entre le Nord et le Sud. Après la guerre, les Créoles continuèrent à avoir un comportement raciste envers les Afro-Américains, même si certains comme Charles Testu ou les frères Rouquette prirent leur défense et les aidèrent à être plus égaux en droit. Au temps des colonies, les femmes blanches étant plutôt rares en Louisiane, les hommes choisissaient leurs maîtresses parmi les plus belles esclaves noires. Leurs enfants métis furent appelés mulâtres, octavons ou quarterons. Certains firent leurs études en Europe et revinrent très cultivés, devinrent écrivains, musiciens, et parfois fort riches. À La Nouvelle-Orléans, pendant un temps s'installa une étrange coutume : le bal des quarteronnes. Lors de ces bals, on présentait des demoiselles de couleur fort bien élevées à de riches célibataires blancs. Bien sûr, ils les entretenaient, mais jamais ne les épousaient. Ces hommes et femmes reconnues au niveau social, étaient appelés *Creoles of color* ou les « Créoles de couleur ». Une des plus grandes contributions noires à l'histoire et à la culture de la Louisiane et du monde entier fut la musique : le gospel, le negro-spiritual, le blues et notamment le jazz. On peut découvrir leur riche héritage et leur histoire en parcourant le circuit thématique African American Heritage Trail (louisianatravel.com/african-american-heritage-trail) ou encore celui sur le mouvement des droits civiques (louisianacivilrightstrail.com).

Les gens de couleur libres (free people of color)

L'histoire des Blancs et des esclaves est bien connue, mais ce qui est resté dans l'ombre est un groupe social entre les deux : les « gens de couleur libres », comme les Français les appelaient, aussi appelés après la guerre civile *Creoles of color* (Créoles de couleur). Dans les années 1800, les gens de couleur libres avaient leur propre identité et castes sociales. Parlant français, cultivés, de classe moyenne pour la plupart, ils étaient des membres respectés de la communauté de La Nouvelle-Orléans. On pouvait les voir à l'Opéra français et au théâtre et leurs noms étaient même mentionnés dans leurs propres journaux lors de débats politiques. La Nouvelle-Orléans possédait la plus grande communauté de gens de couleur libres aux États-Unis. Leurs leaders ont influencé l'évolution sociale, économique et légale de La Nouvelle-Orléans, mais aussi de la Louisiane.

Les Cadiens (ou Cajuns)

Les Cadiens font partie d'une mosaïque d'autres populations franco-créolophones, dont les Indiens natifs (notamment les Houmas), les Créoles de La Nouvelle-Orléans, les Noirs francophones et créolophones esclavisés et libres, installés dans la région bien avant les Acadiens. Les Cadiens (diminutif de « Acadien », déformé en « Cajun » en anglais) forment le groupe francophone le plus connu pays. Les Cadiens vivant dans le sud de la Louisiane sont les descendants des premiers colons blancs qui ont émigré du centre et de l'ouest de la France, pour s'installer dès 1604 au Canada, sur le territoire de l'actuelle Nouvelle-Écosse. Après avoir été contraints à l'exil entre 1755 et 1763, chassés par les Anglais lors du Grand Dérangement, nombre d'entre eux viennent plus tard s'installer le long du Mississippi et dans les bayous, alors que d'autres traversent le bassin de l'Atchafalaya et arrivent sur le site actuel des villes de St. Martinville et Lafayette. Vivant en marge de la communauté anglophone, ils évoluent différemment. Ils parlent ainsi plusieurs dialectes régionaux, issus des variétés de français et de créole parlées en Louisiane au cours des derniers 300 ans, mais comportant de nombreuses nuances et expressions qu'une oreille exercée peut distinguer. Plusieurs générations de Louisianais francophones ont vécu sans scolarisation, repliées sur elles-mêmes. C'est pourquoi ceux-ci furent pendant longtemps injustement considérés comme des ignorants menant une existence rudimentaire dans les marais, sans aucun contact avec les autres populations. Aujourd'hui, nombre d'entre eux ont perpétué la tradition de la pêche et de la chasse et les trappeurs sont encore très actifs. Certains Cadiens sont encore bateliers et la Louisiane possède aujourd'hui la flotte de bateaux artisanaux la plus importante du pays. Ils sont représentés dans toutes les catégories professionnelles. Les Cadiens ont naturellement pensé qu'il fallait perpétuer leurs valeurs traditionnelles afin de conserver leur identité. Ils cherchaient l'isolement avant tout pour préserver leur culture, qu'ils ont maintenue et renforcée jusqu'à nos jours. On trouve donc aujourd'hui des Cadiens qui ne sont pas du tout d'origine acadienne. C'est en réalité la culture et non le sang qui définit le Cadien d'aujourd'hui. Et un trait les caractérise depuis leur installation en Louisiane, c'est la joie de vivre. Leur maxime : « Laissez les bons temps rouler ! » Nombreux sont les attraits dédiés à l'histoire et à la culture des Cadiens, notamment le **LARC's Acadian Village** (p.293), **Vermilionville** (p.293) et l'**Acadian Cultural Center** (p.293) à Lafayette.

L'état de la langue française

Ne croyez pas que la Louisiane est bilingue, le pays n'est resté français que 80 ans, il y a bien longtemps ! Beaucoup de Français installés ici sont des profs venus de pays francophones pour enseigner le français dans les écoles louisianaises. La Louisiane est le seul État du pays qui a créé une agence pour la défense d'une langue minoritaire : le CODOFIL (Conseil pour le développement du français en Louisiane, codofil.org) créé en 1968 et qui veille à l'enseignement du et en français dans les écoles publiques de Louisiane, en plus de « faire tout ce qui est nécessaire pour encourager le développement, l'utilisation et la préservation du français tel qu'il existe en Louisiane pour le plus grand bien culturel, économique et touristique pour l'État ». Alors que l'on comptait 1 000 000 de francophones en 1970, il y en aurait environ 200 000 de nos jours, quoique certaines données montrent une petite augmentation grâce aux efforts déployés par le CODOFIL, particulièrement dans les écoles d'immersion. Cependant, en pays cadien, les Louisianais n'osent pas souvent parler français, par simple timidité ou complexe par rapport à leur français aux tournures perçues comme archaïques et qui comporte des fantaisies grammaticales en raison de la suppression des écoles francophones au début du XXe siècle. Le français louisianais est néanmoins très savoureux par son accent et ses expressions.

SOCIÉTÉ

La Louisiane détonne dans le paysage américain avec une culture et des mœurs qui lui sont propres, héritages de son passé, mais aussi de ses traditions qui se sont forgées au contact d'une nature et d'un climat distinctifs. Cela a créé des particularismes que l'on retrouve dans de nombreux aspects du mode de vie louisianais. Si plusieurs ont en tête les images festives de La Nouvelle-Orléans où tout semble permis, il reste que c'est un État conservateur, membre en règle de la *Bible Belt*, ce qui se sent dès que l'on quitte la plus grande ville de la Louisiane. C'est également un des États les plus pauvres du pays, frôlant un taux de 20 % en 2019, et moins du quart des Louisianais détiennent un diplôme universitaire. Le taux d'insécurité et de criminalité y est élevé avec également le plus haut taux de meurtres du pays depuis une trentaine d'années consécutives. Cela dit, les zones touristiques sont généralement sécuritaires.

Éducation et héritage familial

Le système scolaire est le même que partout ailleurs aux États-Unis. Les universités louisianaises sont d'ailleurs prisées et accueillent de nombreux étudiants d'autres États et de l'étranger (notamment les Caraïbes), en raison de la qualité des cursus d'études francophones (campus de la University of Louisiana à Lafayette) ou des cursus classiques. Il reste que globalement cet État souffre d'un déficit d'éducation, tout particulièrement au sein des populations les moins favorisées. Le décrochage scolaire et l'illettrisme sont des fléaux que le gouvernement de Louisiane s'attache à combattre à travers divers programmes éducatifs. Si les parents ont moins d'influence sur l'éducation scolaire de leurs enfants, ils prennent cependant grand soin de leur transmettre le meilleur héritage louisianais : l'amour du pays et de ses paysages, le goût des grandes réunions familiales où la cuisine et la musique tiennent une part essentielle. Les grands-parents essaient de transmettre la langue française, même si les plus jeunes ne voient pas l'utilité de parler la langue ailleurs qu'à la maison. Pour de nombreux pères de famille, notamment dans le sud de la Louisiane, partir avec leurs fils pour un week-end de pêche ou de chasse dans les marécages est très coutumier. Enfin, très tôt les jeunes Louisianais sont sensibilisés à la musique. On ne compte plus les très jeunes groupes de musique cajun qui entretiennent cet héritage avec une très grande fierté.

Au boulot

La population active en Louisiane se compose de plus de 2 millions de personnes avec un taux de chômage qui se chiffre à 6,9 % en date de juin 2021 (la moyenne nationale est de 5,4 %). Dans certaines régions de l'État, comme à La Nouvelle-Orléans-Metairie-Kenner, le chômage se chiffre à 8,9 %, le plus haut pourcentage de toutes les grandes agglomérations de la Louisiane. Il faut dire que les disparités dans l'égalité des chances sont toujours prégnantes et ces taux de chômage masquent aussi une autre réalité : celle de la précarité du travail. En effet, un nombre considérable de citoyens américains doit cumuler plusieurs emplois, souvent assortis de salaires très bas, pour pouvoir s'en sortir.

Protection sociale

C'est le gouvernement fédéral qui en a la responsabilité et elle est traditionnellement limitée aux États-Unis. La question des aides de l'État pour le système de santé - le « Obama Care » en 2012 - a provoqué des débats houleux. Les républicains, conservateurs, sont extrêmement hostiles aux interventions de l'État fédéral et s'opposent farouchement à l'idée d'un système de protection sociale publique, qui ne conduirait selon eux qu'à créer une société d'assistés, profitant d'un système trop généreux et peu désireux de travailler. C'est l'opinion qui domine dans le Sud, largement dirigé par des républicains. Des catégories précises de la population bénéficient d'aides publiques telles que le Medicare, destiné aux personnes âgées de plus de 65 ans ou handicapées, ou le Medicaid, destiné aux indigents, que le gouverneur John Bel Edwards a pris soin d'étendre à plus de 600 000 Louisianais supplémentaires depuis le début de son mandat en 2016. Cependant, la plupart des citoyens doivent souscrire à des plans privés d'assurance médicale. Il en va de même pour les retraites, qui sont extrêmement basses dans le secteur public. Le système par capitalisation, qui fait appel à des fonds d'investissement, est le plus répandu. Il existe également d'autres programmes d'aide pour les personnes admissibles, comme les bons alimentaires ou encore les allocations chômage, mais il n'y a pas de congé parental payé dans la plupart des États, sauf pour les employés fédéraux.

© THOMAS TROMPETER - SHUTTERSTOCK.COM

Rainbow flags dans les rues de La Nouvelle-Orléans.

Diversité sexuelle

La Louisiane étant située dans la fameuse *Bible Belt*, regroupant les États très conservateurs où règne le protestantisme évangélique, il n'est nullement surprenant d'apprendre qu'elle obtient un très faible score en matière d'égalité et d'opportunités pour tous, ses politiques et législations visant la communauté LGBTQ2 brillant par leur absence. Cela dit, les villes de La Nouvelle-Orléans et de Shreveport ont pris des initiatives locales, notamment contre la discrimination fondée sur le genre en matière d'emploi et de logement. Si ces deux villes sont davantage gay-friendly, ce n'est pas tout à fait le cas dans le reste de l'État. À La Nouvelle-Orléans, la communauté LGBTQ2 affiche de manière ostentatoire ses *rainbow flags*, notamment dans Lavender Line. Elle contribue activement à la vitalité et la restauration du centre historique. Très bien acceptée, elle attire de nombreux membres de la communauté LGBTQ2 de tout le pays et organise des événements très populaires, comme la New Orleans Pride en juin et le Southern Decadence durant le week-end de la fête du Travail (septembre).

Mœurs et conservatisme

Les Américains du Nord ont toujours trouvé scandaleuse l'influence française en Louisiane où les mœurs étaient plus libérées qu'ailleurs dans le pays. Les touristes américains essaient encore de comprendre le concept de « garçonnière » que l'on trouve dans les plantations ou en ville. Les garçons de bonnes familles y installaient ou recevaient leurs maîtresses en toute tranquillité. Le French Quarter conserva cette réputation sulfureuse jusque dans les années 1960. Véritable « ville du vice » pour la société américaine bien pensante, elle entretenait une prostitution très active avec des maisons closes florissantes. Cette époque est révolue, mais aujourd'hui encore La Nouvelle-Orléans attire de nombreux touristes américains, car elle symbolise la tolérance envers des mœurs plus libres. La Louisiane est d'ailleurs l'un des rares États à avoir rendu légaux les jeux d'argent sur son territoire. De nombreux casinos y ont fleuri et ont contribué à dynamiser l'économie locale, mais ces jeux ne sont pas du goût de tous et certains hommes politiques prêchent leur interdiction. De manière générale, les zones rurales se montrent plus conservatrices, tant dans les urnes que dans les rues. Le nord est plus traditionnellement baptiste ; discuter de l'avortement dans un café n'y serait pas forcément bienvenu. Parfois, des paroles bibliques et/ou vengeresses décorent des jardins ou des murets. Puritanisme ? Peut-être. Toujours est-il qu'exposer ses idées se fait avec tact et dans le respect.

RELIGIONS

Bienvenue dans la fameuse *Bible Belt* ! C'est ainsi qu'est définie la zone englobant les États où une grande partie de la population se réclame d'un protestantisme évangélique. Cette branche du christianisme est majoritaire en Louisiane et dans le reste du pays, suivie de près par le catholicisme. Dès le début de l'arrivée des Européens en Amérique, le christianisme s'est développé à vitesse grand V dans une volonté d'évangélisation des différentes confessions chrétiennes, notamment auprès des Autochtones. Propriété de la Couronne française, la Nouvelle-France s'affichait alors fièrement catholique, jusqu'à appliquer l'édit de Fontainebleau exigeant que seuls les catholiques soient admis dans la colonie. Ils ont d'ailleurs laissé derrière eux un héritage architectural religieux d'une grande richesse, notamment dans les collectivités francophones de l'État. Et bien évidemment, on ne peut pas évoquer la Louisiane sans parler de vaudou !

Les religions dites traditionnelles

Le catholicisme est largement répandu et majoritaire en pays cajun et à La Nouvelle-Orléans. Cette dernière est d'ailleurs très fière d'avoir la plus ancienne cathédrale des États-Unis, la St. Louis Cathedral (p.154). Avant l'américanisation, il n'était pas de bon ton d'afficher une appartenance à une autre religion que la religion catholique. Les protestants faisaient l'objet d'un vrai mépris de la part des créoles et la religion juive était totalement interdite. Une clause du Code noir, mis en place pour réguler la population esclavagiste, mentionnait que tout juif serait expulsé du territoire. Les missionnaires espagnols ont introduit le catholicisme au début du XVIe siècle et beaucoup d'entre eux ont été tués en essayant de convertir les Autochtones. Les Jésuites, les moines capucins et les Ursulines étaient les ordres les plus présents en Louisiane. Jusqu'à la cession de la Louisiane par la France, le catholicisme était la seule religion autorisée. Après avoir dirigé plusieurs groupes de prière depuis 1804, Joseph Willis, un prêcheur métis, met en place la première église baptiste en 1812, dans la région de Lafayette. En 1806, dans la région d'Opelousas, la première église méthodiste de l'État s'installe. La première église épiscopale sera construite à La Nouvelle-Orléans en 1805, une église méthodiste en 1813, une église presbytérienne en 1817, une synagogue en 1828 et une église baptiste en 1834. Après la guerre civile, les Noirs, ne pouvant plus aller dans les églises blanches, mettent en place leurs propres groupes religieux, principalement baptistes et méthodistes. Des centaines d'adultes ont appris à lire et à écrire avec les religieuses qui, pendant des années, pouvaient prendre gratuitement les

© ZRFPHOTO - ISTOCKPHOTO.COM

La cathédrale Saint-Louis, à La Nouvelle-Orléans.

transports en commun en reconnaissance de leur dévouement à l'enseignement. Le code civil louisianais, basé sur le code Napoléon, est influencé par l'éducation catholique, surtout en ce qui concerne les règles de la famille. Le vendredi est toujours le jour du poisson dans beaucoup d'habitations. Le Carême est encore une période difficile pour les restaurateurs en manque de clients à ce moment. Les écoles catholiques, baptistes et tutti quanti existent toujours. Les Louisianais en général ont développé une tolérance pour le jeu et l'alcool en ne les considérant pas comme un vice les menant sur la route de la perdition. En conséquence, à La Nouvelle-Orléans, vivre et laisser vivre est une attitude unique parmi les villes américaines. Aujourd'hui, les lieux de culte restent régulièrement fréquentés et très animés. Faut-il rappeler que le gospel a des racines en Louisiane et qu'il rythme la plupart des cérémonies religieuses ?

Le vaudou

Le vaudou est né dans l'ancien royaume du Dahomey (sud de l'actuel Bénin), étant aussi répandu au Ghana, au Togo et au Nigeria, puis fut importé en Louisiane par les esclaves. Vaudou signifie « monde des esprits ». Issue des cultes animistes africains, la religion entière se base sur le fait que les hommes vivent dans un monde où les esprits, partout présents, contrôlent leurs actions. Beaucoup d'idées fausses circulent sur le vaudou, notamment qu'il serait maléfique. Hollywood est en grande partie responsable. Par exemple, les poupées vaudous, à l'origine, ne servaient pas à faire le mal mais plutôt à guérir. On enfonçait des aiguilles dans une poupée représentant le malade et, lorsqu'on les retirait, le mal disparaissait. Ainsi, on estime à 90 % les vaudous bienfaiteurs, seuls 10 % des pratiquants seraient mal intentionnés. Il faut savoir que la religion vaudou croit que chaque bonne ou mauvaise action a des répercussions. D'où finalement le peu de pratiques dites « maléfiques ». Parmi les grandes particularités du vaudou, on s'intéresse notamment à la Reine Vaudou (*Voodoo Queen*), qui, à l'époque de l'esclavage et de l'arrivée du vaudou en Louisiane, devait être une femme libre de couleur et jamais une esclave. Les règles imposées par les Blancs ne pouvaient donc s'appliquer à elle. On retrouve également régulièrement le personnage du zombie, avec notamment « Li Grand Zombi », un dieu représenté par un homme dansant. Ces zombies sont d'abord apparus en Haïti, où on avait coutume d'empoisonner les criminels avec des plantes. Lorsqu'ils paraissaient morts, on les enterrait puis on les déterrait 24 heures après en leur administrant un antidote. Ils étaient alors ressuscités, mais l'aventure leur avait coûté une partie de leur cerveau, une lobotomie avant l'heure en quelque sorte. Ces pauvres zombies

Poupées vaudous.

étaient ensuite employés aux tâches les plus dures. Contrairement à ce que l'on pourrait croire, la religion vaudou possède de nombreuses connections avec le catholicisme : Ishu, par exemple, est le gardien des vœux de la dualité (bien et mal), un peu comme saint Pierre est le gardien des clés du paradis. Le serpent est un animal très important car il symbolise la même dualité (bien et mal) qu'est la vie. 3 est le chiffre sacré : le bien et le mal que vous ferez vous seront rendus multipliés par trois. La Nouvelle-Orléans a toujours vécu au rythme des cérémonies vaudou. Les Noirs pratiquaient leurs danses étranges dans Congo Square, tout près du cimetière St. Louis. Encore aujourd'hui, c'est là que vous trouverez le plus d'informations sur cette religion. Dans le reste de la Louisiane, si les pratiques existent, elles sont presque invisibles pour qui n'est pas du coin. À l'exception de quelques maisons vaudou, barricadées de croix et de chapelets, vous n'en verrez aucun signe. Si vous suivez un tour guidé du **cimetière St. Louis n° 1** (p.160), vous verrez plusieurs tombes vaudou, marquées de croix et couvertes d'offrandes. La plus connue reste celle de Marie Laveau, une mulâtresse née en 1794, devenue la plus célèbre prêtresse - et femme d'affaires - vaudou de toute l'histoire de la ville. Elle vendait philtres d'amour, potions, poisons, gris-gris aux Noirs et aux Blancs, aux riches et aux pauvres qui la sollicitaient. Elle lisait l'avenir et organisait des danses rituelles dans son jardin (1020 St. Ann Street : des cérémonies ont lieu à cet endroit encore aujourd'hui). Marie Laveau est morte vers 1891 et fut enterrée au cimetière St. Louis n° 1 sous le nom de « veuve Paris ». Dans les années 1920-1930, la prêtresse vaudou à la mode s'appelait Amanda Dorsey Boswell Carroll.

© ALESSIO BARSOTTI - ISTOCKPHOTO.COM

Le cimetière St. Louis N° 1 à La Nouvelle-Orléans.

Aujourd'hui, il est difficile de savoir qui détient le pouvoir de communiquer avec les esprits, les gens n'avouant pas facilement leurs croyances, et pourtant plus de 15 % de la population pratique la religion vaudou. Le milieu est très fermé aux non-initiés, mais vous pouvez assister à une cérémonie du 1er novembre (la fête des Morts) à condition... d'être invité. Si vous souhaitez vous renseigner plus profondément sur le sujet, nous vous conseillons le **New Orleans Historic Voodoo Museum** (p.158) dans le French Quarter ou encore le **Voodoo Spiritual Temple** (p.161), également à La Nouvelle-Orléans, où une prêtresse pratique régulièrement des enchantements. Plusieurs boutiques spécialisées ont aussi pignon sur rue dans la ville où vous pourrez trouver de nombreux ingrédients et écouter les explications sur les pratiques vaudou. Nous vous conseillons aussi la lecture de *Voodoo in New Orleans*, de Robert Tallant, paru pour la première fois en 1946 chez Pelican Publishing Company, un éditeur basé en Louisiane. Ce petit livre de poche raconte toute l'histoire du vaudou en ville, déconstruit les légendes et tente d'apporter une certaine lumière sur des pratiques encore très secrètes.

La spiritualité chez les Autochtones

Avant l'arrivée des premiers colons européens au XVIIe siècle, les différentes tribus indiennes qui peuplaient le territoire pratiquaient leur propre spiritualité. Celle-ci préconisait l'harmonie et la relation d'interdépendance entre toutes les formes de vies, ce qu'on appelle le grand cercle de la vie. Par exemple, la nourriture, qui était considérée comme un cadeau offert par l'esprit des animaux, revêtait un caractère sacré. Aussi les repas étaient-ils accompagnés de rituels, de chants et de battements de tambour, et se terminaient par une danse d'action de grâce. À noter que la spiritualité autochtone s'appuie principalement sur l'animisme, cette croyance en un esprit ou une force vitale animant les êtres vivants, les objets et les éléments naturels, ainsi qu'en des génies protecteurs. Les légendes autochtones qui circulent encore de nos jours y font souvent référence.

Les fascinants cimetières de La Nouvelle-Orléans

Les cimetières de la ville ont leur propre histoire. La visite de ces *cities of the dead* (villes des morts) permet de comprendre l'histoire de la ville et de la présence française. Les victimes des famines et des épidémies, les riches, les pauvres et les politiciens y ont été enterrés les uns près des autres. L'archidiocèse de La Nouvelle-Orléans dirige la plupart de ces cimetières. Les plus vieux sont entourés d'un mur, tandis que les plus récents sont tout ouverts. Les premiers cimetières furent construits juste à la sortie de la ville. Le sol marécageux ne permettant pas d'ensevelir en terre, toutes les tombes sont donc construites au-dessus du sol. En raison du peu de place, les familles sont souvent propriétaires d'une crypte pour plusieurs générations. Certains caveaux et mausolées sont de vraies œuvres d'art architectural de tous les styles. Le **cimetière St. Louis n° 1** (p.160), situé sur les rues Basin et St. Louis aux limites du French Quarter, a été construit en 1789 et héberge les cendres des pionniers de La Nouvelle-Orléans dont le premier maire, Étienne de Boré (1741-1820). En raison des nombreux vandalismes sur les tombes de célébrités du vaudou (comme celle de Marie Laveau), ce cimetière est, depuis 2015, uniquement accessible avec un guide (réservation à l'avance recommandée). Pour plus d'infos sur les cimetières de l'archidiocèse de La Nouvelle-Orléans : nolacatholiccemeteries.org/historic-cemeteries

QUE RAPPORTER ?

Images, saveurs, odeurs, rencontres : difficile de faire plus immatériel qu'un voyage ! Afin d'avoir un - ou plusieurs - symbole de son aventure à l'étranger, le souvenir devient quasi capital. Certains le font par tradition et/ou pour se remémorer leur expérience de voyage alors que d'autres accumulent bibelots de toutes sortes, qu'ils soient kitsch ou non. En tous les cas, il est difficile de résister à la tentation, surtout lorsque le séjour tire à sa fin et qu'il faut rapporter des cadeaux à toute la famille. Ayez toutefois en tête les limites douanières autorisées pour l'alcool, sans quoi vos souvenirs finiront à la poubelle de l'aéroport. Il y a bien sûr mille et une choses à rapporter d'un voyage en terres louisianaises, que ce soit décoratif, d'usage courant ou alors gourmand. On vous donne donc quelques bonnes pistes pour vous assurer de faire un tabac lors de votre retour au pays.

Deux grands classiques

Qui dit Louisiane dit carnaval ! *Beads* (colliers de perles colorées), masques, costumes et accessoires de toutes sortes se trouvent facilement en boutique, peu importe le moment de l'année. La Nouvelle-Orléans étant l'épicentre des festivités du Mardi Gras, les options sont ici nombreuses pour rapporter un souvenir coloré. D'ailleurs, si vous prévoyez visiter l'atelier de fabrication de chars **Mardi Gras World** (p.153), sachez qu'il y a une boutique sur place. Autre incontournable : les articles vaudou et hoodoo. Mais attention, plusieurs boutiques ne valent pas le coup et vendent plutôt des babioles destinées aux touristes. Notre meilleure adresse est **Crescent City Conjure** (p.194) dans le Faubourg Marigny. Vous pourrez ici mettre la main sur des herbes et racines, des Gris-Gris, de l'encens, des huiles, des chandelles, des objets pour la divination et tutti quanti, lesquels offrent protection, amour, prospérité, chance, etc.

Panier gourmand

Destination gourmande par excellence, impossible de quitter l'État sans rapporter quelques saveurs locales. Les fameuses épices cajuns trônent en tête de liste et celles de marque Red Magic de Cajun Cowboy Kitchen ont particulièrement la cote auprès des Louisianais. Les sauces piquantes sont aussi un must et le choix est ici au rendez-vous, allant de la Slap Yo Mama Cajun Hot Sauce à la Crystal Extra Hot Sauce, en passant par l'incontournable Tabasco (ne ratez pas la visite de la **Tabasco Factory** (p.279) à Avery Island). Il y a également l'alligator et ses produits dérivés, notamment le *jerky* qui consiste en une viande séchée et épicée découpée en lanières. Côté douceurs, bien que les pralines tirent leurs origines d'Europe, celles de Louisiane ont ici toute une réputation et les bonnes adresses sont nombreuses, notamment à La Nouvelle-Orléans (Aunt Sally's, Leah's Praline, Loretta's Authentic Pralines, **Southern Candymakers** (p.190)...). La Louisiane est aussi réputée pour ses délicieux spiritueux artisanaux, dont les fameux cognac et whisky de seigle Sazerac - à ne pas confondre avec le cocktail du même nom - que vous pourrez vous procurer entre autres à **The Sazerac House** (p.195) à La Nouvelle-Orléans. Les bières artisanales sont aussi à découvrir, désormais omniprésentes à travers l'État et tout le pays.

Art & artisanat

Ce ne sont pas les galeries et marchés d'art qui manquent en Louisiane. Plusieurs artistes de renom sont d'ailleurs à découvrir tels que le photographe Frank Relle, les peintres Jean-Jacques Audubon, Alvin Batiste, Clementine Hunter, James Michalopoulos et George Rodrigue, ou encore la sculptrice Clyde Connell. À La Nouvelle-Orléans, faites un saut du côté de Julia Street, réputée pour ses galeries d'art, ou encore dans l'un des marchés d'art et d'artisanat de la ville (Arts Market New Orleans, **Secondline Arts & Antiques** (p.197), Zele NOLA). Pour des œuvres plus funky, on recommande Dr. Bob et son art folklorique et éclaté (son atelier se trouve dans le quartier Bywater). Mention également au **Baton Rouge Arts Market** (p.246) et au Bossier City Makers Fair.

© 4NADIA - ISTOCKPHOTO.COM

Mélange d'épices cajun.

© JOEL CARILLET - ISTOCKPHOTO.COM

Les beads, un incontournable à ramener dans sa valise.

Musique

La musique est omniprésente en Louisiane, que l'on pense au jazz de La Nouvelle-Orléans ou encore au zydeco qui fait vibrer le pays cajun. Les disquaires sont nombreux dans la plus grande ville louisianaise, allant de **Louisiana Music Factory** (p.198) sur Frenchmen Street, magasin réputé pour le grand choix de musique locale et indépendante, à **Euclid Records** (p.198), un lieu où dénicher entre autres quelques perles anciennes, en passant par **Lagniappe Records** (p.302), notre meilleure adresse indépendante à Lafayette. On se doit également de mentionner Floyd's Record Shop, bien que ce disquaire soit désormais seulement présent en ligne. Basé à Ville Platte, on y retrouve la meilleure sélection de musique cajun, zydeco et swamp pop (pour les infos et commandes : flattownmusic.com/floyds-record-shop). Sachez aussi qu'il est possible d'acheter directement auprès des artistes qui se produisent dans les bars, la rue, les festivals, etc.

Bon plan : il ne faut pas manquer le fameux Record Store Day qui a lieu partout au pays le 3e samedi d'avril, un événement équivalent au Disquaire Day en France. Le tout se déroule chez les disquaires indépendants en partenariat avec artistes et labels. C'est l'occasion en or pour mettre la main sur des éditions limitées, des rééditions et des commercialisations en avant-première. Bonus : on a souvent droit à des prestations live d'artistes pour souligner l'événement.

Un autre souvenir à rapporter chez soi et qui est typiquement louisianais : le *washboard*, appelé frottoir ou planche à laver par les Cajuns. Cet instrument de percussion traditionnel de la musique zydeco se porte à l'avant comme un plastron et les meilleures sont celles fabriquées par Tee Don Landry (keyofzrubboards.com), fils du métallurgiste Willie Landry qui a conçu, dans les années 1940, le *washboard* tel qu'on le connaît de nos jours.

Lectures

Si vous aimez bouquiner, plusieurs ouvrages vous sont recommandés : *Bons temps roulés : Dans La Nouvelle-Orléans noire disparue, 1979-1982* de Bernard Hermann, présentant les bouillons de cultures et les métissages de musiques, couleurs et saveurs à La Nouvelle-Orléans, avec des images inédites de la « Vieille Reine créole » ; *New Orleans et le sud de la Louisiane* de Gabriel Vitaux, un portrait de la ville et du pays cajun comprenant quelque 730 photos ; *Up From the Craddle of Jazz: New Orleans Music Since World War II* de Jason Berry, Jonathan Foose et Tad Jones, un des meilleurs livres sur le sujet et qui inclut aussi d'autres styles musicaux comme le hip-hop ; *The New Orleans Voodoo Handbook* de Kenaz Filan, pour tout connaître de cette religion plutôt secrète, de ses origines aux recettes pour concocter des huiles magiques ; *Enchaînés à la Terre : Voix des Plantations de Coton et de Canne à Sucre* de Lynette Ater Tanner, des récits d'anciens esclaves des plantations de la Louisiane ; *La Route des Plantations* de Charlotte Dubois, un beau livre qui plonge dans le faste de cette époque révolue. Et les amateurs de cuisine ne manqueront pas de se procurer un livre de recettes de John Besh, Ryan Boudreaux, John Folse, Paul Prudhomme, Susan Spicer ou Isaac Toups, chefs célèbres qui partagent avec vous le meilleur de la gastronomie louisianaise.

SPORTS ET LOISIRS

La Louisiane ne porte pas le surnom de Sportsman's Paradise pour rien ! Royaume de la chasse, de la pêche et du plein air, il y a amplement de quoi faire pour se dégourdir les jambes et prendre un grand bol d'air frais, sans compter les installations récréatives en ville comme en région. Les multiples cours d'eau ainsi que le golfe du Mexique se prêtent à merveille aux activités nautiques et à la pêche (notamment en mer, une expérience à vivre), les terrains de golf aux allures tropicales attirent les néophytes comme les joueurs aguerris, et les parcs naturels invitent à la randonnée, au camping et à l'observation de la faune locale. Et pourquoi pas quelques leçons de tir dans l'un des centres de l'État ! Si vous êtes plutôt du type contemplatif, la Louisiane compte deux équipes sportives membres des ligues majeures et quelques équipes non-professionnelles, sans oublier les ligues universitaires qui font rayonner la relève.

Profiter de la nature en toute saison

Avec le golfe du Mexique bordant le sud de l'État, sans oublier le majestueux fleuve Mississippi, de nombreux lacs et environ 8 000 km de voies navigables (rivières, bayous, ruisseaux et canaux), les activités nautiques bénéficient ici d'un terrain de jeu exceptionnel. Le kayak et le canoë sont d'ailleurs des activités très populaires et les bons spots ne manquent pas, notamment dans les bayous et marécages. Autre activité fort populaire : la descente de rivière en chambre à air, ou le *tubing* comme on l'appelle ici. La région du Northshore dans le Greater New Orleans est d'ailleurs réputée dans le domaine. Pour ceux qui préfèrent enfiler leurs bottines, l'État regorge de sentiers pédestres. Le vélo a également la cote, que ce soit sur circuit routier ou en montagne. Pour une belle balade près de La Nouvelle-Orléans, on recommande le circuit Tammany Trace (p.211) qui s'étend sur une cinquantaine de kilomètres entre Covington et Slidell (tammanytrace.org). La Louisiane est aussi réputée pour ses superbes parcours de golf qui se comptent ici par dizaines, notamment ceux du circuit Louisiana's Audubon Golf Trail où se trouvent les plus sélects d'entre eux (audubongolf.com). Créé en 2001, ce circuit inclut des terrains de golf dessinés par Arnold Palmer, David Toms et Pete Dye. Ce dernier a présenté en 2004 une de ses autres magnifiques créations : le TPC Louisiana où se déroule chaque année le Zurich Classic of New Orleans. Pour préserver la beauté du paysage et la faune, chaque terrain est membre du Audubon Cooperative Sanctuary Program. Bien entendu, une foule d'autres activités sont praticables en Louisiane, comme l'escalade (centres intérieurs), les parcours aériens et les tyroliennes, le parachutisme, l'équitation...

Taquiner le poisson ou le gibier

La chasse et la pêche sont des activités prisées en Louisiane. Les fameux *lodges* exploitent un territoire tout en offrant leurs services. Ainsi, ils proposent des forfaits pour des expéditions qu'il faut réserver, mais ils se chargent de tout : hébergement, équipement et accompagnement avec guides qualifiés. On peut également choisir une virée de chasse ou de pêche de quelques heures, mais en tous les cas, il faut être en possession d'un permis (généralement inclus lors d'une réservation d'expédition avec un *lodge* ou un *outfitter*). Les permis de chasse et de pêche s'obtiennent en ligne sur le site du Louisiana Department of Wildlife and Fisheries (wlf.louisiana.gov), dans les magasins Walmart ainsi que chez de nombreux détaillants autorisés. À noter qu'en vertu d'une entente entre la Louisiane et le Texas, il est possible de pêcher dans les eaux frontalières avec un permis émis en Louisiane. Cela inclut le lac Caddo, le réservoir Toledo Bend, ainsi que le lac, la rivière et le col Sabine. Voici trois expériences typiques de la Louisiane :

La Louisiane offre de jolis parcours de golf.

© NELLY JACQUES

Pêche à l'écrevisse.

▶ **La pêche en mer dans le golfe du Mexique** promet ici de belles prises : barracuda, cobia, mahi-mahi, maquereau roi, marlin bleu, thon albacore, etc. Plusieurs pourvoyeurs (*fishing charters*) ont leurs pénates au sud de La Nouvelle-Orléans, notamment à Buras, Venice, Grand Isle et Cocodrie, sans oublier le secteur de l'estuaire de la rivière Calcasieu près de la frontière texane.

▶ **La pêche à l'écrevisse.** Du côté de Kaplan, en plein pays cajun, Barry Toups, gérant du **Crawfish Haven Mrs Rose's B&B** (p.284), vous propose cette expérience unique. Bien entendu, vous pourrez déguster vos prises sur place et on vous enseignera la bonne manière de décortiquer la bestiole sans en perdre une miette. Bien que les pêcheurs à l'écrevisse soient légion en Louisiane, Barry est le seul à proposer ce type d'excursion aux visiteurs pendant la saison (hiver et printemps).

▶ **La chasse à l'alligator.** Si la chasse à l'alligator est légale en Louisiane, elle est pour autant très encadrée. Les chasseurs doivent non seulement avoir un permis spécifique à la chasse à l'alligator mais aussi posséder une certaine superficie de marécages (ou avoir l'autorisation de chasser sur la propriété d'un tiers). S'ils respectent ces conditions, ils peuvent s'inscrire au Louisiana Department of Wildlife and Fisheries (wlf.louisiana.gov/subhome/alligator) et recevoir leurs *tags* (marqueurs) qu'ils devront apposer sur chaque alligator tué.

La saison de la chasse dure un mois, les dates sont différentes selon les régions. Elle commence le dernier mercredi d'août à l'est et le premier mercredi de septembre à l'ouest, et elle ne dure que 60 jours. Durant cette période, la chasse est autorisée du lever du soleil au coucher du soleil.

Du côté du sport professionnel

Sport chéri des Louisianais et des Américains en général, le football de la NFL (National Football League) est une véritable religion. Il faut dire qu'assister à un match des Saints (l'équipe de La Nouvelle-Orléans) au **Caesars Superdome** (p.200), l'une des plus grandes structures à dôme du monde, a de quoi impressionner ! L'équipe a été élevée au rang de symbole depuis qu'elle a remporté le Super Bowl en 2009, montrant à l'Amérique entière que Katrina n'avait pas eu raison de la vitalité de la ville. C'est d'ailleurs la seule fois que l'équipe a remporté le championnat de la NFL. Il ne faut pas rater le *tailgate party* au Champions Square lors d'un match. Toutes les pelouses autour du stade sont recouvertes de tentes que les fans viennent planter pour délimiter l'endroit où ils vont passer la soirée. Certains amènent leurs sofas avec leur TV, d'autres le barbecue et parfois même le frigo ! La saison régulière s'étend de début septembre à début janvier, suivie des matchs pour le championnat se déroulant au début du mois de février. C'est d'ailleurs la Louisiane qui accueillera le Super Bowl en 2025 au Caesars Superdome. Le football universitaire (appelé *College Football*) est également très prisé avec l'équipe locale LSU Tigers, membre du réseau NCAA qui regroupe toutes les équipes du pays (ncaa.com/sports/football/fbs). À côté de ce sport très suivi, on retrouve également le basketball (avec l'équipe des Pelicans de La Nouvelle-Orléans, membre en règle de la NBA et domicilié au Smoothie King Center), sans oublier les équipes sportives non professionnelles comme le Crescent City FC et les New Orleans Jesters au soccer, ou encore le NOLA Gold Rugby au rugby.

GASTRONOMIE

Trois cents ans d'emprunts et de partage ont créé la cuisine louisianaise d'aujourd'hui. Les Français ont mis au point les sauces, les confiseries et ont apporté pains et beignets. Les Espagnols ont créé le jambalaya. L'okra, les viandes et poissons grillés ou frits sont africains, et ces derniers ont renforcé l'usage des épices. Les Allemands ont accoutumé les Louisianais à la charcuterie et notamment aux saucisses et à la moutarde, façon créole. L'apport antillais se retrouve dans les plats à base de haricots rouges et de riz, dans l'utilisation de légumes exotiques et dans les méthodes de cuisson. Les Indiens firent découvrir les herbes et épices locales, ainsi que les préparations utilisant le maïs. Enfin, l'influence italienne a permis la propagation des plats de pâtes et des sandwichs comme les muffulettas. Bref, vous l'aurez compris, la cuisine louisianaise est un festival de saveurs et un véritable art de vivre.

Cuisine cajun ou créole ?

Derrière ces mots, c'est évidemment toute la Louisiane qui se dessine. Ils se mélangent au point que l'on ne sait plus toujours à quoi ils se rapportent. Pour ce qui est de la cuisine, chaque style est à l'origine bien distinct.

- **La cuisine cajun** provient des vieilles recettes campagnardes importées par les Acadiens. Réfugiés dans les bayous, ils cuisinèrent tout ce qui était comestible. Une cuisine ingénieuse, créative et traduisant leur gigantesque capacité d'adaptation, leur instinct de survie et reflétant par ses couleurs leur immense joie de vivre. Les Acadiens tirèrent profit de tout ce qu'ils trouvèrent dans les bayous et marécages. Toujours amicaux envers les tribus indiennes, ces dernières leur livrèrent en retour les secrets des plantes aromatiques et épices.

« Nous, on ne mange pas pour vivre, on vit pour manger », dit-on chez les Cajuns. Tout comme « Une bonne cuisinière doit savoir tout accommoder, même le putois ». Pour survivre dans les bayous, les Cajuns ont dû manger ce qu'il y avait : écureuils, tortues, alligators, poissons, crustacés... A cela, ils ont ajouté ce qui devint la « Sainte Trinité » de la cuisine cajun : oignons en morceaux, piment et céleri. Il existe d'ailleurs une route gourmande pour découvrir pleinement ce type de cuisine : la Cajun Bayou Food Trail (lacajunbayou.com/foodtrail).

- **La cuisine créole,** quant à elle, dérive de la haute cuisine que l'on servait dans les restaurants de La Nouvelle-Orléans, grand mélange entre diverses traditions culinaires importées par les chefs formés en Europe et savoir-faire indien, antillais, africain...

Les mets concoctés convenaient parfaitement à une classe de planteurs fortunés raffolant de plats sophistiqués et à un mode de vie citadin fait de luxe et de plaisirs variés. Avec les années, la cuisine créole, connue à La Nouvelle-Orléans, s'est mélangée à la cuisine cajun, née dans les bayous et popularisée par le chef Paul Prudhomme. Aujourd'hui, c'est la fameuse cuisine du sud de la Louisiane. La cuisine louisianaise a voyagé dans le monde entier, mais personne ne la cuisine aussi bien que dans le Sud louisianais. Dans les familles, les meilleures recettes se transmettent avec soin de génération en génération.

Les spécialités louisianaises

- **Alligator sauce piquante** (*spicy gator*). Morceaux d'alligator dans une sauce à base de tomate et de Tabasco.
- **Andouille.** Saucisse de porc épicée.
- **Beignets.** Spécialité préparée avec un mélange de farine de blé et de levure, parfumée d'un zeste de citron, de cognac ou de rhum et généreusement saupoudrée de sucre à glacer. On les sert fumants accompagnés de café créole mélangé de chicorée. Il y a même un festival dédié à la cause, le Beignet Fest à La Nouvelle-Orléans.

© VALÉRIE FORTIER

Alligator frit avec sauce Bang Bang et bière locale.

Les fameux cracklins du pays cajun.

Boudin. Boyau de porc farci de riz, d'oignon et de morceaux de porc. Très réputé dans le pays cajun où l'on trouve souvent les meilleurs plats dans les petits *deli* du coin de la rue et les stations-service. Les locaux vous diront que la meilleure façon de le déguster, c'est sur le pouce sur le parking ou dans votre voiture. Tout un itinéraire est prévu pour déguster le boudin, que l'on accompagne des fameux *cracklins* : le Cajun Boudin Trail (cajunboudintrail.com) qui regroupe les principaux lieux de dégustation.

Etouffée d'écrevisses (*crawfish etouffee*). Ecrevisses décortiquées, préparées dans une sauce épaisse et relevée, accompagnées de riz. On déguste l'écrevisse (*crawfish* ou *mudbug*) surtout à la vapeur en saison (hiver et printemps) et à toutes les sauces. La petite bête d'eau douce a même quelques festivals qui lui sont dédiés, comme le Mudbug Madness Festival qui se tient à Shreveport en mai, mais surtout le Crawfish Festival qui se déroule à Breaux Bridge en mai également.

Filé. Il s'agit de sassafras moulu, très utilisé dans le gumbo mais également dans d'autres spécialités créoles pour épicer et épaissir la sauce. Une vieille superstition dit que le filé vert est en fait un gri-gri magique qui, une fois consommé, vous fera revenir régulièrement en Louisiane.

Gumbo. Certains le qualifient de soupe, d'autres de ragoût. Cela dit, son ingrédient principal est l'okra – gumbo est le nom de ce légume africain, que les esclaves considéraient sacré et dont ils ont caché les graines dans leurs cheveux afin de pouvoir le replanter en Louisiane –, auquel on ajoute entre autres, selon la recette, des crustacés, du poulet, des saucisses de porc, des tomates, des oignons, des branches de céleri, des poivrons, du riz, des épices diverses... Chaque famille, chaque cuisinier, chaque région de l'Etat a sa recette de gumbo. Autant dire que vous en testerez de grandes variétés et qu'il n'aura jamais le même goût ! Attention aux restaurants très touristiques où il se révèle souvent décevant.

Huîtres (*oysters*). La Nouvelle-Orléans, environnée d'eau douce ou salée, le lac Pontchartrain et le golfe du Mexique sont célèbres pour les fruits de mer, notamment les huîtres. On les consomme généralement crues, avec un filet de jus de citron, de sauce piquante ou du ketchup. Les huîtres Rockefeller sont farcies d'un mélange d'épinards et d'oignons, de persil et de céleri finement hachés, et cuites au four. La farce est fortement épicée et parfumée au pastis. Les huîtres Bienville sont recouvertes d'un mélange de crème et de crevettes et cuites au four. Bon plan : la route gourmande Louisiana Oyster Trail (visitjeffersonparish.com/restaurants/oyster-trail/).

Jambalaya. Le plat le plus typique de la cuisine créole, sorte de paella à base de riz, viandes (poulet, porc, saucisses...), crustacés (crevettes, écrevisses...), légumes et épices cajuns. Ici encore, les recettes varient.

Muffuletta. Gros sandwich rond d'origine italienne garni de charcuteries, d'olives et autres condiments, arrosé d'huile d'olive.

Po-boy. Ce sandwich typique de Louisiane peut varier d'un endroit à l'autre et se trouve partout. En général, c'est toujours le même type de pain que l'on appelle ici « français » avec de la viande, notamment du bœuf rôti, ou des fruits de mer frits, de la salade, des tomates et des pickles. Ce n'est sûrement pas le sandwich le plus léger et on s'en met partout quand on le mange, surtout quand on prend le *roastbeef* avec sa sauce *gravy*, mais c'est tellement louisianais.

A l'origine, les po-boys seraient le sandwich des moins riches. Une théorie veut que le restaurant Benny and Clovis Martin aurait servi des sandwichs gratuits aux conducteurs de tramway durant une grève et leur surnom étant les *poor boys* (pauvres garçons), par extension, ce serait devenu celui du sandwich qu'on leur servait.

- **Pouding au pain** (*bread pudding*). Du pain rassis mélangé à de la crème ou du lait, du rhum et servi souvent avec une sauce au whisky.
- **Pralines.** Spécialité de La Nouvelle-Orléans. Il paraît que cette recette vient de la ville d'Orléans en France et a été apportée ici par les Ursulines. Cette petite galette sucrée est faite avec de la noix de pécan et du sucre de canne. Un peu comme les doucelettes en Martinique.
- **Riz aux haricots rouges** (*red beans and rice*). Fèves rouges cuites dans une sauce avec de petits bouts de saucisses et mélangées à du riz.
- **Tabasco.** La sauce piquante à base de piment, célèbre dans le monde entier, est fabriquée à Avery Island, tout près d'une mine de sel puisque le sel est une composante essentielle de cette sauce. Cette purée de piments fermente pendant trois ans dans des barils de chêne blanc. Passé ce délai, on y ajoute du vinaigre fin et on laisse reposer la préparation pendant un mois. Enfin, on filtre et on met en bouteille. Le produit fini est exporté dans plus de cent pays et l'emballage est traduit en plusieurs langues.

Boire local, un must !

L'industrie de la bière artisanale fait fureur depuis une décennie, une tendance qui n'est pas près de s'essouffler. Bien qu'il y ait de grandes compagnies industrielles dominant le marché aux Etats-Unis (Anheuser-Busch, Molson Coors Beverage Company...), les microbrasseries et brasseries artisanales (*craft breweries*) se multiplient aux quatre coins de l'Etat. Elles incorporent souvent des ingrédients locaux dans le brassage afin de donner un caractère bien régional aux différentes bières maison. Les brasseries sont également le lieu par excellence pour savourer une cuisine faite à base de produits régionaux, et elles offrent souvent une programmation culturelle et artistique mettant en valeur la scène locale. Moins nombreuses, mais valant tout autant la découverte, les distilleries de la Louisiane produisent d'excellents nectars, que ce soit le rhum fait avec de la canne à sucre du coin ou encore l'absinthe concoctée dans les règles de l'art. Par conséquent, les cocktails ont la cote en Louisiane. Parmi ceux-ci, notons le Mint Julep (bourbon, feuilles de menthe, sucre, eau et glace pilée), le Sazerac (whiskey de seigle ou cognac, liqueur à l'anis, Peychaud's bitters, sucre et zeste de citron en garniture), l'Absinthe Frappé (absinthe, sirop simple, eau pétillante, feuilles de menthe et glace pilée), le Pimm's Cup (Pimm's No. 1, limonade, Seven Up et tranche de concombre en garniture) ou encore le Hurricane (rhum léger, rhum noir, jus de fruit de la passion, jus d'orange, jus de lime fraîche, sirop simple, grenadine, et tranche d'orange et cerise en garnitures). On recommande également le fameux Café Brûlot Diabolique, offert dans certaines grandes tables de La Nouvelle-Orléans.

Quelques conseils

Oubliez la diète en Louisiane ! Tout y est riche, en sauce, avec de l'ail ou frit, parfois à l'excès. Concernant la cuisson de la viande, *well done* signifie « très cuite », *medium* « à point » et *rare* « bleue ». Attention à l'appellation *seafood platter*. Cela n'a rien à voir avec les plateaux de fruits de mer que vous connaissez, souvent tout y est frit. Essayez plutôt les étouffées ou les grillades. Ne soyez pas surpris par l'influence omniprésente de la cuisine française. Privilégiez les restaurants cajuns où se produisent des orchestres, afin de vivre pleinement l'ambiance festive qui fait la réputation de ce peuple.

Po-boy aux crevettes.

AGENDA

Avec plus de festivals que de jours dans l'année, la Louisiane est clairement l'endroit où faire la fête au pays, et pratiquement tout rime avec nourriture, musique et bonne humeur. Sans surprise, les arts de la scène y rayonnent ; on ne compte d'ailleurs plus le nombre de festivals dédiés à la musique dans l'État, de l'incontournable jazz au blues mélancolique, en passant par les traditionnels zydeco et musique cajun. Les spécialités culinaires que sont le jambalaya et le gumbo ont aussi droit à leur moment de gloire annuel, tout comme les grands rendez-vous sportifs mettant en vedette le football américain, le golf ou encore le canoë/kayak. Mais ce qui attire les foules du monde entier, ce sont les festivités ô combien colorées entourant le fameux Mardi Gras de La Nouvelle-Orléans. Pour ne rien louper, consultez le site web de l'office du tourisme de la Louisiane (louisianatravel.com/festivals-events).

TWELFTH NIGHT

LA NOUVELLE-ORLÉANS
www.mardigrasneworleans.com
Le 6 janvier.

Douze jours après Noël, soit le 6 janvier, la fête de l'Épiphanie marque le début officiel de la saison de carnaval à La Nouvelle-Orléans ainsi que dans toute la Louisiane. La parade de Joan of Arc se déroule dans le French Quarter et un bal déguisé, le Twelfth Night Masquerade Ball, est organisé en ville. Le soir vers 19h, les Phunny Phorty Phellows embarquent à bord du *streetcar* de l'avenue St. Charles pour une parade colorée qui sort de l'ordinaire (pour plus d'information et vous joindre à eux : www.phunnyphortyphellows.com).

MARDI GRAS SOUTHWEST LOUISIANA

LAKE CHARLES
✆ +1 337 502 4358
visitlakecharles.org/swlamardigras
En février ou mars, selon la date de Pâques.

La ville de Lake Charles est l'hôte du 2e plus important carnaval du Mardi Gras en Louisiane. Plus d'une soixantaine de *krewes* prennent part aux festivités lors du grand défilé de Krewe of Krewes le jour du Mardi Gras. Il ne faut pas non plus rater une petite visite gourmande dans les boulangeries, restaurants et autres commerces de la ville qui proposent le succulent King Cake (gâteau des rois). Profitez-en aussi pour visiter le Mardi Gras Museum of Imperial Calcasieu.

MARDI GRAS NEW ORLEANS

LA NOUVELLE-ORLÉANS
www.mardigrasneworleans.com
En février ou mars, selon la date de Pâques.

La saison de Mardi Gras commence le 6 janvier, à l'Épiphanie, et se termine le mardi avant le mercredi des Cendres. Cette fête est particulièrement populaire en Louisiane. À La Nouvelle-Orléans, des *krewes*, ou confréries, se préparent toute l'année pour concevoir leurs costumes. Les parades débutent dès le 6 janvier et culminent le jour de Mardi Gras (la liste des parades et lieux est disponible sur le site web). C'est l'un des plus beaux moments de l'année en Louisiane, et aussi l'un des plus festifs. Pensez toutefois à réserver votre hébergement bien à l'avance.

ARTS EVENING

Olde Towne Slidell - **SLIDELL**
✆ +1 985 646 4375
myslidell.com
Vers la mi-mars.

Annuellement en mars, le secteur historique de Slidell prend des airs de grande fête artistique et culturelle. Cet événement est l'un des plus grands de la région du Northshore. Entre autres au programme : performances, arts visuels, danse et musique live avec plus d'une centaine d'artistes, d'artisans et d'organismes locaux. Un volet culinaire fera également le bonheur des gourmands. La plupart des rues du secteur sont réservées aux piétons pour l'occasion et un service gratuit de navette effectue la liaison entre les différents sites de l'événement.

NEW ORLEANS ST. PATRICK'S DAY PARADE

LA NOUVELLE-ORLÉANS
www.stpatricksdayneworleans.com
Vers la mi-mars.

Grande célébration populaire à l'atmosphère festive qui prend d'assaut La Nouvelle-Orléans chaque année. Une journée où le vert prime et la Guinness coule à flots, et où chacun se sent irlandais à sa manière. De nombreux bars et pubs, comme le Parasol's dans le quartier Irish Channel, organisent des événements en marge du défilé, histoire de prolonger la fête. Pour obtenir la liste complète des défilés et *block partys* dans la région de La Nouvelle-Orléans, consultez le site web.

MARDI GRAS INDIANS SUPER SUNDAY

LA NOUVELLE-ORLÉANS
www.mardigrasneworleans.com
Le 3e dimanche de mars pour la parade dans Uptown, quelques semaines plus tard pour celle du Bayou St. John.

Le 3e dimanche de mars, le New Orleans Mardi Gras Indian Council organise son défilé dans les rues de Central City dans Uptown. Habillées de leurs costumes de plumes et de perles, les différentes tribus se retrouvent pour chanter et danser. Un autre défilé se tient du Bayou St. John au 7th Ward quelques semaines plus tard, sans compter d'autres parades qui s'improvisent. Pour vous donner un avant-goût, visionnez le documentaire fait par The New Yorker sur la confection des costumes.

SLIDELL ANTIQUES & CRAFTS STREET FAIR

Olde Towne Slidell
SLIDELL
✆ +1 985 643 4790
www.slidellstreetfair.com
Fin mars et fin octobre.

Chaque année, des dizaines de milliers de personnes - vendeurs, créateurs et acheteurs ou simples curieux - se donnent rendez-vous dans le secteur historique de Slidell. Organisée depuis une quarantaine d'années, cette brocante avec musique et bouffe se tient toujours au printemps et en automne. Des centaines d'antiquaires viennent de tout le pays. Mais il y a plus que des antiquités : artisanat, articles vintage, oeuvres d'art, objets pour collectionneurs, etc.

TENNESSEE WILLIAMS & NEW ORLEANS LITERARY FESTIVAL

Divers lieux dans le French Quarter
LA NOUVELLE-ORLÉANS
✆ +1 504 581 1144
tennesseewilliams.net
Fin mars.

Un hommage au travail de Tennessee Williams, dramaturge et écrivain américain. Ce dernier considérait La Nouvelle-Orléans comme sa terre spirituelle. Le festival propose de nombreuses activités : pièces de théâtre, ateliers pour écrivains et lecteurs avec un écrivain connu et des professionnels de l'édition, concours pro, conférences, ateliers, cocktails et événements culinaires, tours guidés à pied, etc. Le festival attire en général une grande quantité d'acteurs et de célébrités.

CYCLE ZYDECO

LAFAYETTE
✆ +1 337 781 9416
www.cyclezydeco.org
La semaine suivant Pâques.

Pour découvrir le pays cajun autrement, rien de mieux que cet événement sportif ultra convivial. Pendant cinq jours, dont quatre sur votre monture, vous partirez en groupe à la découverte des plus belles localités des environs de Lafayette. Chaque jour, deux circuits différents sont proposés selon la distance que vous désirez parcourir, le tout ponctué d'arrêts gourmands, de visites d'attraits, de spectacles musicaux et plus encore. Le tarif inclut plusieurs choses, dont plusieurs repas, un *swamp tour*, une visite d'une brasserie, des leçons de danse cajun, etc.

FRENCH QUARTER FESTIVAL

Dans le French Quarter
LA NOUVELLE-ORLÉANS
✆ +1 504 522 5730
frenchquarterfest.org
Vers la mi-avril.

Pendant quatre jours, le French Quarter se transforme en grande fête à ciel ouvert. Des scènes sont installées à divers endroits et la programmation s'axe autour du jazz et des différents styles répandus en Louisiane comme, par exemple, la musique folk cajun, le funk ou encore le soul créole. Des événements spéciaux sont également au programme tels que le défilé d'ouverture du festival, des spectacles en soirée dans les hôtels et des leçons de danse. Nombreux kiosques gourmands également, mettant en vedette la cuisine locale.

ZURICH CLASSIC OF NEW ORLEANS

11001 Lapalco Boulevard
AVONDALE
✆ +1 504 342 3000
zurichgolfclassic.com
Mi à fin avril.

Chaque année, le superbe terrain de golf TPC Louisiana à Avondale (banlieue de La Nouvelle-Orléans) accueille cette compétition du PGA Tour. Parmi les anciens champions, notons Ben Crenshaw, Davis Love III, David Toms, Vijay Singh, Nick Watney, Bubba Watson, Billy Horschel, Justin Rose, Ryan Palmer et Jon Rahm. Plusieurs activités festives sont également organisées en marge de l'événement sur le terrain de golf, notamment des spectacles live le dernier week-end.

ANGOLA PRISON RODEO

17544 Tunica Trace - **ANGOLA**
✆ +1 225 655 2030
www.angolarodeo.com
3e samedi et dimanche d'avril et tous les dimanches d'octobre.

Fondé en 1965, le rodéo de la prison d'État de Louisiane est assez unique en son genre. S'il n'accueillait pas de spectateurs les deux premières années, ils sont dorénavant nombreux à venir assister aux différentes épreuves auxquelles participent d'ailleurs les détenus (seule la course de barils n'est pas offerte à ces derniers). Le rodéo récompense le bon comportement des détenus en leur offrant l'occasion de participer aux épreuves (et donc de pouvoir remporter des prix en argent), et de vendre leur art et artisanat créés en prison comme hobby. À voir !

BATON ROUGE BLUES FESTIVAL

Au centre-ville
BATON ROUGE
www.batonrougebluesfestival.org
Fin avril.

Le centre-ville de la capitale louisianaise prend des airs de fête perpétuelle pendant tout un week-end entièrement dédié à la musique blues. Plusieurs scènes sont installées en ville, notamment au Galvez Square, sur Lafayette Street et même à l'intérieur du Old State Capitol. Et comme tout festival qui se respecte, des kiosques de nourriture, de boissons et d'art et artisanat sont aussi présents sur le site de l'événement. Bonus : le festival est gratuit pour tous !

FESTIVAL INTERNATIONAL DE LOUISIANE

Au centre-ville
LAFAYETTE
✆ +1 337 232 8086
www.festivalinternational.org
Fin avril.

C'est le plus grand festival de musique et arts internationaux du pays. Pendant cinq jours, des scènes sont installées un peu partout en ville et la fête bat son plein. Les musiques du monde enflamment les planches avec des groupes venus des Antilles, du Canada, de l'Europe, de l'Afrique, de l'Amérique du Sud et, bien sûr, de la Louisiane. En plus, tous les spectacles sont gratuits ! Outre la musique, le festival présente un volet gourmand et un autre dédié aux arts.

NEW ORLEANS JAZZ & HERITAGE FESTIVAL

1751 Gentilly Boulevard
LA NOUVELLE-ORLÉANS
www.nojazzfest.com
Fin avril à début mai.

Ce festival est l'un des plus importants du Sud américain. Il met à l'honneur tout ce qui fait que New Orleans sera toujours New Orleans : sa musique, sa nourriture et son sens de la fête. Le Jazz Fest a pour but de célébrer l'histoire et l'héritage du jazz tout en englobant d'autres styles musicaux. Le site principal est à l'hippodrome, mais des spectacles ont aussi lieu dans certains établissements de la ville. Et la nourriture et les boissons sont là, en qualité et en quantité !

BREAUX BRIDGE CRAWFISH FESTIVAL

1290 Rees Street
BREAUX BRIDGE
✆ +1 337 332 6655
bbcrawfest.com
Début mai.

La capitale mondiale de l'écrevisse organise tous les ans ce festival dédié à ce petit crustacé servi de toutes les façons possibles et imaginables. Même s'il en existe plusieurs en Louisiane, celui-ci est considéré comme le principal et le vrai festival de l'écrevisse. Aussi au programme : des spectacles musicaux, des démonstrations culinaires et de danse cajuns, des manèges, un défilé, etc. Il ne faut surtout pas rater la course d'écrevisses, un des moments forts du festival.

MID-CITY BAYOU BOOGALOO

Sur les rives du bayou St. John
LA NOUVELLE-ORLÉANS
thebayouboogaloo.com
3e week-end de mai.

Installé sur les jolies rives du bayou St. John, le Bayou Boogaloo est une grande fête rassemblant musique, arts et bouffe. Des spectacles de brass bands, de soul, de zydeco, de jazz, de folk et tutti quanti sont présentés sans temps mort pendant les trois jours de l'événement. Des kiosques d'art et d'artisanat, de nourriture et de boissons sont aussi présents sur le site. Mais ce qui distingue ce festival des autres, c'est la possibilité d'apporter son embarcation nautique non-motorisée ou un matelas gonflable pour profiter pleinement du bayou.

GONZALES JAMBALAYA FESTIVAL

219 South Irma Avenue
GONZALES
www.jambalayafestival.net
Fin mai.

Si vous raffolez du jambalaya, mettez ce festival à votre agenda ! Un des volets les plus populaires est la fameuse compétition culinaire où les équipes s'affrontent pour préparer ce plat bien typique de Louisiane (version pour les plus jeunes également). Le festival ratisse toutefois plus large en présentant des spectacles musicaux, un défilé, une exposition de voitures anciennes, un petit marathon et un concours pour couronner Miss Gonzales Jambalaya et Teen Gonzales Jambalaya.

MUDBUG MADNESS

Au centre-ville
SHREVEPORT - BOSSIER CITY
✆ +1 318 226 5641
mudbugmadness.com
Fin mai.

La première édition de ce festival cajun de Shreveport remonte à 1984 et était alors une grande fête se déroulant dans la rue, l'espace d'un week-end. C'est aujourd'hui l'un des plus fameux événements du *Deep South* américain mettant à l'honneur la musique (zydeco, cajun, blues, jazz...) tout en célébrant la *southern cuisine*. Un festival d'envergure qui ne cesse de faire de nouveaux adeptes. Possibilité de participer au concours du plus gros mangeur d'écrevisses (les dames ont également leur propre concours), à condition de bien savoir comment les décortiquer.

NEW ORLEANS WINE & FOOD EXPERIENCE

LA NOUVELLE-ORLÉANS
✆ +1 504 655 5158
nowfe.com
Début à mi-juin.

Comme son nom l'indique, ce festival braque les projecteurs sur les chefs, la gastronomie et les vins, le tout dans un esprit festif et de découverte. Le programme inclut de nombreuses dégustations (dont certaines à l'aveugle) et des accords mets-vins, mais aussi des ateliers sur le café et même un brunch burlesque. Chaque année, une partie des fonds collectés va à différents organismes et institutions, comme des écoles de cuisine ou des programmes alimentaires pour les jeunes.

ESSENCE FESTIVAL OF CULTURE

1500 Sugar Bowl Drive
LA NOUVELLE-ORLÉANS
✆ +1 504 587 3822
www.essence.com/festival
Fin juin à début juillet.

Ce festival est l'essence même de la culture afro-américaine. Tous les artistes musicaux présentés sont de célèbres Afro-Américains (Janet Jackson, The Roots, Isley Brothers, Beenie Man, Nicki Minaj, etc.). Tous les styles sont rassemblés et l'ambiance est incroyable. La programmation de jour se tient au Ernest M. Morial Convention Center et touche les domaines de la beauté et du bien-être, de la gastronomie, de la culture, de l'*empowerment*, etc.

GO 4TH ON THE RIVER

2300 North Peters Street
LA NOUVELLE-ORLÉANS
www.go4thontheriver.com
Le 4 juillet.

La Nouvelle-Orléans célèbre la fête nationale américaine à sa façon, c'est-à-dire comme un petit festival. Sur les rives du fleuve Mississippi, dans le Faubourg Marigny près du district du French Market, la musique est au rendez-vous en fin d'après-midi et en soirée. Le tout culmine avec un traditionnel feu d'artifice qui est tiré vers 21h (et il sera plus ou moins beau suivant l'humidité de l'air). À savoir que la fête nationale est célébrée partout en Louisiane, bien entendu. N'importe quelle ville aura une attraction plus ou moins populaire.

CAJUN MUSIC & FOOD FESTIVAL

7001 Gulf Highway
LAKE CHARLES
cfmalakecharles.com
Vers la mi-juillet.

Cette journée dédiée à la musique et aux spécialités gourmandes cajuns est organisée par la Cajun French Music Association (CFMA), chapitre de Lake Charles. La programmation comprend de l'art et de l'artisanat, de la bouffe cajun, des ventes aux enchères et une série de spectacles qui prend d'assaut la scène de 9h à 23h sans interruption. Le dimanche, une messe cajun se tient dans le bâtiment abritant la CFMA, le tout se concluant par le couronnement de Miss Cajun Music Queen.

DELCAMBRE SHRIMP FESTIVAL

Richard Street
DELCAMBRE
✆ +1 337 685 2653
www.shrimpfestival.net
Vers la mi-août.

La pêche aux crevettes est une industrie d'importance en Louisiane, elle qui se classe au 1er rang de la production au niveau national. Et Delcambre souligne annuellement l'importance de ce petit crustacé pour son économie locale avec son festival. Bouillies, frites, avec sauce piquante, etc. : on les savoure ici de toutes les manières possibles. Outre le côté gourmand, le festival présente aussi des spectacles musicaux, une compétition culinaire et la bénédiction des bateaux de pêche.

SATCHMO SUMMERFEST

400 Esplanade Avenue
LA NOUVELLE-ORLÉANS
✆ +1 504 522 5730
satchmosummerfest.org
Début août.

Pendant deux jours, le festival propose des conférences, des débats, des visionnements et, bien sûr, des concerts sur le thème du jazz répartis sur deux scènes à l'extérieur du musée du jazz. Vous pourrez y entendre tous les genres, du *brass band* local aux groupes plus fameux de renommée nationale. Quelques événements spéciaux également, comme le défilé d'un Second Line Brass Band ou la célébration d'une messe jazz, tous deux dans le quartier Treme, ainsi que plusieurs options gourmandes pour manger sur le pouce. C'est un événement à ne pas rater !

LOUISIANA SHRIMP AND PETROLEUM FESTIVAL

MORGAN CITY
✆ +1 985 385 0703
www.shrimpandpetroleum.org
Le week-end de la fête du Travail, du jeudi au lundi.

Lors du long week-end de Labor Day (fête du Travail), Morgan City organise son grand festival dédié à deux industries d'importance, les crevettes et le pétrole. Ici on rend hommage aux employés qui travaillent jour et nuit, par beau ou mauvais temps, pour aider à l'économie de la région. Les activités s'enchainent sans temps mort pendant cinq jours : bénédiction des bateaux, défilé de rue, spectacles musicaux, manèges, village pour enfants, feux d'artifice sur la baie de Berwick, etc.

WHITE LINEN NIGHT

Julia Street
LA NOUVELLE-ORLÉANS
www.artsdistrictneworleans.com
Le 1er samedi d'août.

Au cœur du Arts/Warehouse District, Julia Street (entre les *blocks* 300 et 600) et ses environs font place aux piétons, tous de blanc vêtus, venus découvrir gratuitement les expositions dans les galeries d'art, les institutions culturelles et les musées participants du secteur. Une semaine plus tard se tient le Dirty Linen Night sur la rue Royal dans le French Quarter, réputée pour ses magasins d'antiquités et ses galeries d'art. Pour ces deux événements, des animations spéciales, des kiosques gourmands et autres du genre sont également au programme.

SOUTHERN DECADENCE

Dans le French Quarter
LA NOUVELLE-ORLÉANS
www.southerndecadence.net
Le week-end de la fête du Travail, du jeudi au lundi.

Cet événement LGBTQ2+ se déroule le week-end du Labor Day (la fête du Travail) depuis 1995 et marque la fin de l'été. Il rassemble toutes sortes de *queens* et se déroule principalement dans les rues du French Quarter pendant cinq jours d'affilée, notamment dans les environs des rues Bourbon et St. Ann, épicentre du village gay (concerts extérieurs le samedi). Le dimanche, des milliers de personnes défilent déguisées dans le French Quarter, suivant un itinéraire qui passe devant les principaux bars gays (le thème change chaque année).

SOUTHWEST LOUISIANA ZYDECO MUSIC FESTIVAL

1939 West Landry Street
OPELOUSAS
✆ +1 337 290 6048
www.zydeco.org
Le samedi avant la fête du Travail.

Opelousas est la capitale mondiale de la musique zydeco. Il est donc nullement surprenant d'apprendre que la petite ville organise chaque année un festival entièrement dédié à la cause mais aussi à la culture créole. C'est l'occasion idéale pour découvrir les groupes et musiciens qui font rayonner ce style musical ainsi que pour maitriser les pas de danse qui vont de pair. Un événement vraiment chouette qui en était à sa 40e édition en 2022, rien de moins.

BOGALUSA BLUES & HERITAGE FESTIVAL

Ben Miller Road
BOGALUSA
✆ +1 985 205 1075
www.bogalusablues.com
Fin septembre. Camping offert sur place.

Si vous aimez le blues, ce festival est pour vous ! Pendant deux jours, plus d'une dizaine d'artistes se relayent sur les planches de la scène pour faire vibrer la foule au son mélancolique de cette musique typique du Sud américain. L'événement rassemble aussi des foodtrucks et des stands d'artisanat, sans oublier diverses activités pour les plus jeunes comme le mur d'escalade, les balades en petit train ou encore la pataugeoire pour se rafraichir un peu.

LOUISIANA SUGAR CANE FESTIVAL

128 West Main Street
NEW IBERIA
✆ +1 337 369 9323
hisugar.org
Fin septembre.

C'est sur les rives du bayou Teche, au cœur de la ville de New Iberia, que la canne à sucre est célébrée avec une programmation bien ficelée s'étendant sur quatre jours. On peut y voir la parade de la royauté avec King Sucrose et Queen Sugar ou encore celle des fermiers, assister à la bénédiction des récoltes, montrer ses plus beaux pas de danse dans un fais-dodo, admirer des voitures anciennes, faire un tour de manège ou encore assister aux enchères de bétail.

GRETNA HERITAGE FESTIVAL

Historic Downtown Gretna
GRETNA
✆ +1 504 361 7748
www.gretnafest.com
Début octobre.

Située au sud de La Nouvelle-Orléans, sur la Westbank, Gretna célèbre la diversité de sa communauté dans un bel événement festif et gourmand de trois jours. Des espaces thématiques y sont installés, comme le village italien, le *beer garden* allemand ou encore le village latino où on se laisse d'ailleurs facilement emporté par les rythmes endiablés. Le volet bouffe vaut vraiment le détour, avec des spécialités d'un peu partout sur le globe. On y trouve également de l'art et de l'artisanat, des manèges, etc., sans oublier les grandes pointures pour le volet concerts.

RED RIVER REVEL

101 Crockett Street
SHREVEPORT - BOSSIER CITY
✆ +1 318 424 4000
redriverrevel.com
Début octobre.

Pendant neuf jours, le Festival Plaza et ses environs prennent des airs de fête perpétuelle lors d'un des plus importants festivals de Shreveport. L'événement se divise en quatre volets distincts. Sa programmation de spectacles est bien sûr la plus attendue et courue de tous, mais il y a également les expositions d'arts visuels d'artistes louisianais pour la plupart, les nombreuses activités pour les plus jeunes et, comme dans tout bon festival, un volet gourmand avec des plats d'un peu partout dans le monde. À découvrir si vous êtes dans le coin en octobre !

TOUR DU TECHE

tourduteche.com
Début octobre.

Annuellement en octobre se tient le Tour du Teche 135, une course pour canoës, kayaks, pirogues (embarcations traditionnelles cajuns) et planches à pagaie. Elle s'étend sur 135 miles (217 kilomètres) le long du bayou Teche entre Port Barre et Berwick, avec quelques portions sur le bayou Courtableau et la rivière Atchafalaya. Le tout dure trois jours et débute le premier vendredi d'octobre. Il est aussi possible de faire seulement quelques sections du parcours. D'autres courses sont organisées pendant l'année (voir le site web pour les dates et les lieux).

FESTIVALS ACADIENS ET CRÉOLES

Girard Park
LAFAYETTE
✆ +1 337 739 9404
www.festivalsacadiens.com
Vers la mi-octobre.

C'est un des deux plus gros festivals de Lafayette. S'étalant sur trois jours en plein cœur de la ville, il fut à la base créé pour contribuer à garder la culture cajun bien vivante. L'événement a bien évolué depuis, étant devenu un véritable carrefour de musique, bouffe et art dédié aux cultures cajun et créole. La programmation musicale est toujours incroyable et les spécialités gourmandes qui y sont servies délicieuses. Faites aussi un saut du côté du marché d'art et d'artisanat.

STATE FAIR OF LOUISIANA

3701 Hudson Avenue
SHREVEPORT - BOSSIER CITY
✆ +1 318 635 1361
www.statefairoflouisiana.com
Fin octobre à mi-novembre.

Énorme fête foraine, la foire d'État de Shreveport est un événement à ne pas manquer, surtout si vous êtes en famille. Il y a ici de tout pour tous les goûts, allant de dizaines de manèges aux spectacles musicaux, en passant par les enchères de bétail, les performances de rue et le cirque, le zoo, le rodéo et même des courses de cochons. Et pourquoi pas un petit tour d'hélicoptère ? ! Certaines activités sont gratuites, mais il est préférable de se procurer un passeport qui inclut tant l'entrée sur le site que l'accès aux manèges.

WOODEN BOAT FESTIVAL

Sur les rives de la rivière Tchefuncte
MADISONVILLE
✆ +1 985 845 9200
www.lpbmm.org
Vers la mi-octobre.

Organisé par le Lake Pontchartrain Basin Maritime Museum, ce festival réunit, sur les rives de la Tchefuncte River, de nombreux de bateaux en bois provenant de toute la région de la Gulf Coast. Certains propriétaires permettent même d'embarquer à bord pour voir ces bijoux de plus près. La programmation comprend également de la musique, un village pour enfants et diverses activités, notamment le Quick 'N' Dirty Boat Building Contest lors duquel les participants ont 14 heures pour construire leur embarcation qui doit ensuite flotter sur une distance de 91,4 mètres.

GIANT OMELETTE CELEBRATION

Historic Downtown Abbeville
ABBEVILLE
✆ +1 337 344 9232
www.giantomelette.org
Début novembre.

La Confrérie d'Abbeville organise un festival avec des activités pour toute la famille, une exposition de voitures anciennes, des spectacles de musique cajun, un marché d'art et d'artisanat, des stands de bouffe, une messe officielle, un concours de cassage d'œufs en tracteur, etc. Les chefs défilent le dimanche matin avant d'arriver à l'immense poêle et les 5 000 œufs nécessaires à la confection de l'omelette qui sera partagée entre les convives et dégustée en fin de journée.

HALLOWEEN IN NEW ORLEANS

LA NOUVELLE-ORLÉANS
www.neworleans.com
Fin octobre.

Il n'est pas difficile d'imaginer qu'une telle occasion de se déguiser et de défiler dans la rue soit aussi un événement à La Nouvelle-Orléans. Beaucoup en profitent pour recycler leur costume de Mardi Gras, mais tous les Néo-Orléanais ont une panoplie de vêtements et accessoires pour chaque occasion. Des soirées à thème sont organisées un peu partout en ville ainsi que des évènements plus underground et sélects, toujours dans l'esprit de la fête d'Halloween, qui plus est dans une ville qui a la réputation d'être parmi les plus hantées du globe.

NEW ORLEANS FILM FESTIVAL

Diverses salles en ville
LA NOUVELLE-ORLÉANS
✆ +1 504 309 6633
neworleansfilmsociety.org/festival
Début novembre.

L'association New Orleans Film Society organise annuellement un festival du cinéma dans plusieurs salles de la ville, et ce depuis plus de 30 ans. Les réalisateurs de longs et courts-métrages et parfois l'acteur principal sont présents pour les projections. Le festival présente aussi une bonne sélection de films étrangers et remet plusieurs prix dans différentes catégories. À noter que le festival propose également un volet en virtuel, le NOFF Virtual Cinema.

TREME CREOLE GUMBO FESTIVAL

Congo Square
LA NOUVELLE-ORLÉANS
✆ +1 504 558 6100
www.jazzandheritage.org
Vers la mi-novembre.

C'est sur les lieux où jadis les esclaves se réunissaient pour chanter et danser que se tient ce chouette festival dédié à la musique, à la danse et à la bouffe. Le gumbo tient ici la vedette côté gourmand, dans toutes ses déclinaisons possibles, et pour la musique, les *brass bands* se relayent sans temps mort. Le festival accueille aussi un petit marché d'art et d'artisanat. À noter que cet événement se déroule en simultanée avec le Congo Square Rhythms Festival.

HOLIDAYS NEW ORLEANS STYLE

LA NOUVELLE-ORLÉANS
holiday.neworleans.com
Tout au long du mois de décembre.

La Nouvelle-Orléans est une très belle destination pour le temps des fêtes avec une foule d'activités organisées un peu partout en ville. Il y a, par exemple, le dîner créole du réveillon dans les restos, la visite des maisons décorées, l'événement tout en lumière Celebration in the Oaks à City Park, les concerts à la St. Louis Cathedral, les chants de Noël à la chandelle à Jackson Square, les excursions guidées pour aller voir les *bonefires* dans le pays des plantations, etc.

THREE RIVERS ART FESTIVAL

Historic Downtown District
COVINGTON
✆ +1 985 789 7183
covingtonthreeriversartfestival.com
Vers la mi-novembre.

Le centre historique de Covington se transforme en galerie d'art à ciel ouvert alors que quelque 200 artistes et artisans s'installent dans les rues pour présenter leur œuvres. Et on y trouve de tout, de la céramique à la peinture, en passant par la photographie, la sculpture et la joaillerie. C'est l'endroit idéal pour encourager les artistes locaux et acquérir des œuvres uniques. Également sur place : food trucks, concerts live, ateliers créatifs pour enfants, etc.

FESTIVAL OF THE BONFIRES

2545 Louisiana Avenue
LUTCHER
festivalofthebonfires.org
En décembre.

Chaque année, la petite communauté de Lutcher construit des pyramides de bois, appelées *bonfires*, et y mettent le feu la veille de Noël. La légende dit que ces feux indiquent son chemin au Père Noël. Outre ce grand événement qui attire les foules, un festival se tient également dans le parc au début du mois avec des concerts live, des concours de cuisine et de *bonefires* (des *bonefires* sont également allumés pendant le festival), des feux d'artifice, des petits marathons, des activités pour enfants, des kiosques d'artisanat et de gastronomie locale, etc.

NATCHITOCHES CHRISTMAS FESTIVAL

National Historic Landmark District
NATCHITOCHES
✆ +1 318 357 3822
www.natchitocheschristmas.com
Mi-novembre à début janvier.

Natchitoches accueille une des plus anciennes célébrations du temps des fêtes, laquelle débuta en 1927 dans la ville. Dès le samedi précédant la *Thanksgiving* jusqu'à la fête des rois, soit pendant six semaines, le centre historique se pare de plus 300 000 lumières et des quelque 100 décorations à admirer en soirée. Concerts live et DJ, activités pour enfants, feux d'artifice et plus encore sont également au programme, sans oublier le Annual Chistmas Festival le 1er samedi de décembre.

ALLSTATE SUGAR BOWL

1500 Sugar Bowl Drive
LA NOUVELLE-ORLÉANS
✆ +1 504 587 3822
allstatesugarbowl.org
Fin décembre.

La compétition des équipes de football américain des collèges et universités se tient tous les ans au Caesars Superdome. Si l'événement se tenait au début janvier depuis des décennies, il est dorénavant programmé le 31 décembre en raison des finales de football professionnel de la NFL qui débutent plus tôt qu'avant. Des vagues d'étudiants arrivent en ville et animent les rues du French Quarter et tout particulièrement de Bourbon Street. Il ne faut pas rater le *tailgate party* d'avant-match, lequel prend place aux abords du Superdome.

LA NOUVELLE-ORLÉANS ET SES ENVIRONS

Située à l'extrême sud-est de la Louisiane, à un jet de pierre de l'Etat du Mississippi, cette région est flanquée de son incontournable figure de proue : La Nouvelle-Orléans. Ville ô combien festive et riche sur le plan historique, il faut lui accorder du temps. Cependant, il serait dommage de ne pas s'aventurer dans les environs, que ce soit dans le magnifique site naturel de la Barataria Preserve dans le Westbank ou bien dans les vallons et tranquilles marinas du Northshore. Autre immanquable : le lac Pontchartrain, lequel doit son nom au ministre de la Marine qui favorisa l'essor de la Louisiane sous Louis XV. Long de 64 km et large de 38, il se jette dans le golfe du Mexique et est traversé par un des plus longs ponts au monde, le Causeway (38 km) reliant Metairie à Mandeville. Le lac Pontchartrain est le plan d'eau favori des amateurs de voile ; le Southern Yacht Club est d'ailleurs le deuxième club du pays par son ancienneté.

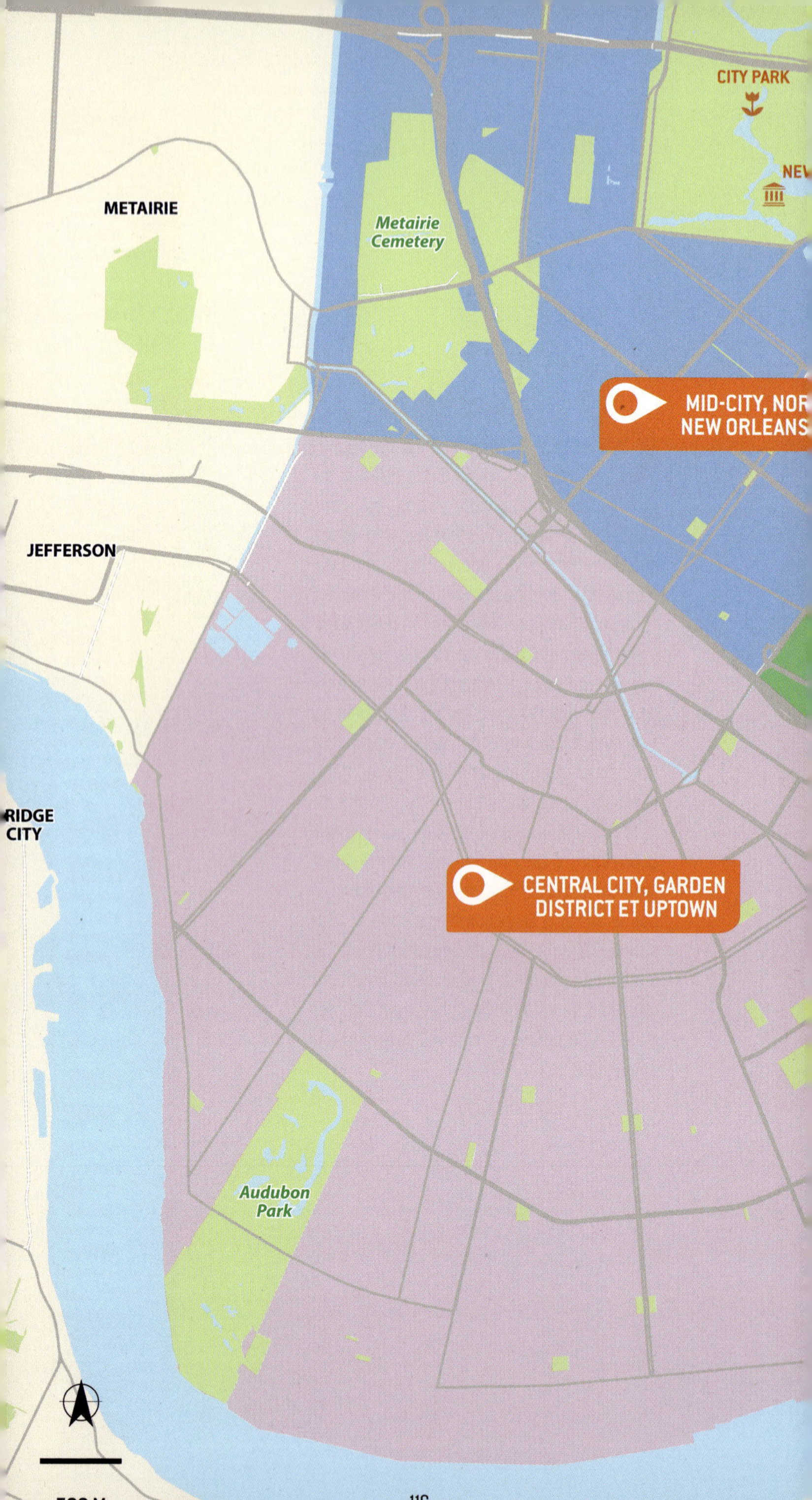

CITY PARK
NEW
METAIRIE
Metairie Cemetery
MID-CITY, NOR
NEW ORLEANS
JEFFERSON
RIDGE CITY
CENTRAL CITY, GARDEN DISTRICT ET UPTOWN
Audubon Park
500 M

Quartiers
de La Nouvelle-Orléans
QUARTIER FRANÇAIS, CBD,
TREME ET MARIGNY
USEUM OF ART (NOMA)
LE MUSÉE DE F.P.C.
BACKSTREET CULTURAL MUSEUM
CONGO SQUARE -
LOUIS ARMSTRONG PARK
FRENCHMEN STREET
LOUIS CEMETERY N° 1
NEW ORLEANS JAZZ MUSEUM
SAINT LOUIS CATHEDRAL
JACKSON SQUARE
THE CABILDO
AUDUBON AQUARIUM
OF THE AMERICAS
MUSEUM OF SOUTHERN ART
THE NATIONAL WWII MUSEUM
CONFEDERATE
MEMORIAL
HALL MUSEUM
NEW
AURORA
MARDI GRAS WORLD
GRETNA
Le Mississippi
TERRYTOWN
HARVEY

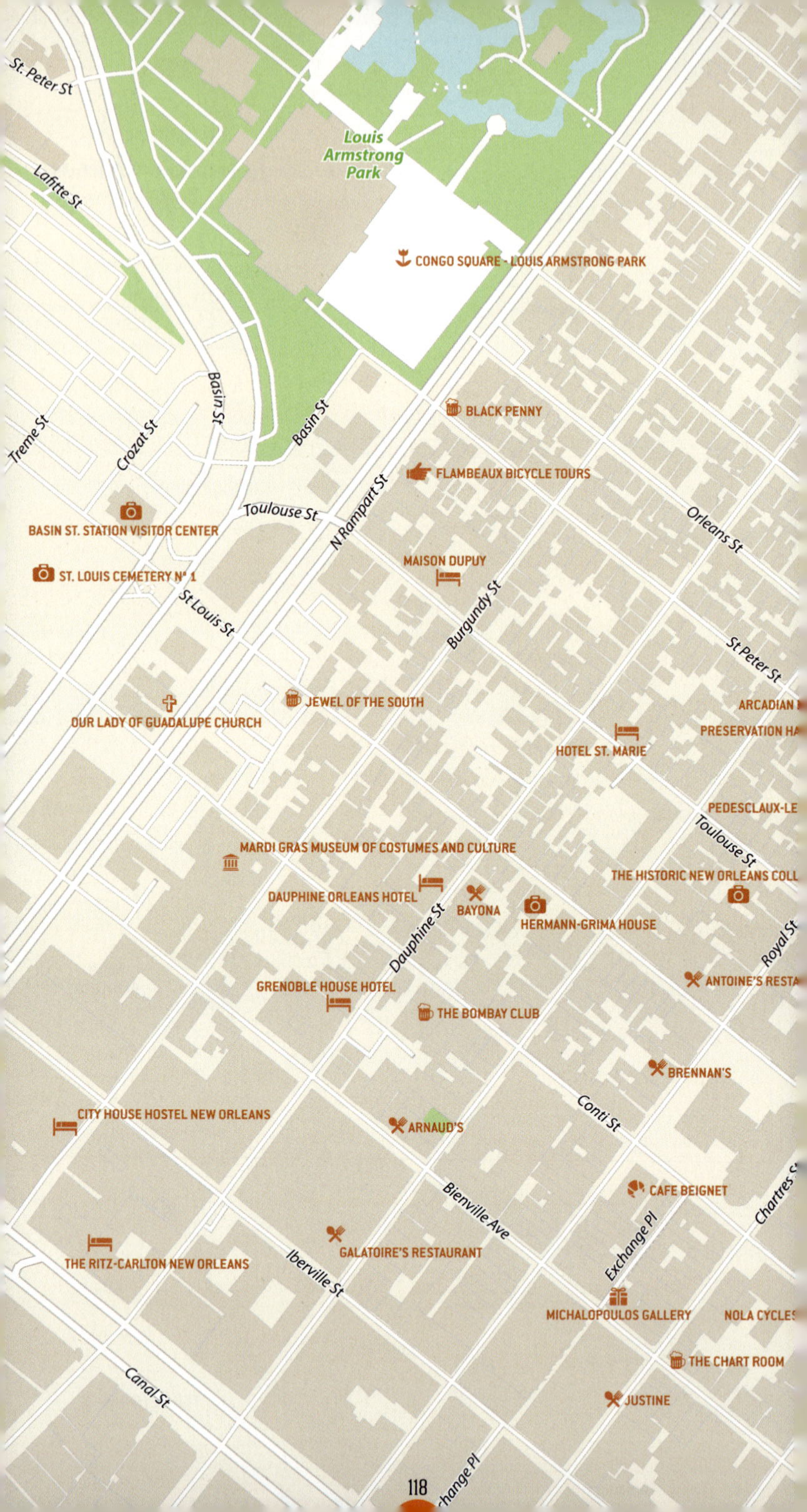
St. Peter St
Lafitte St
Louis Armstrong Park
CONGO SQUARE - LOUIS ARMSTRONG PARK
BLACK PENNY
FLAMBEAUX BICYCLE TOURS
Basin St
Treme St
Crozat St
Basin St
Toulouse St
N Rampart St
BASIN ST. STATION VISITOR CENTER
ST. LOUIS CEMETERY Nº 1
MAISON DUPUY
Orleans St
St Louis St
Burgundy St
St Peter St
JEWEL OF THE SOUTH
OUR LADY OF GUADALUPE CHURCH
ARCADIAN
PRESERVATION HA
HOTEL ST. MARIE
PEDESCLAUX-LE
Toulouse St
MARDI GRAS MUSEUM OF COSTUMES AND CULTURE
THE HISTORIC NEW ORLEANS COLL
DAUPHINE ORLEANS HOTEL
BAYONA
HERMANN-GRIMA HOUSE
Dauphine St
Royal St
ANTOINE'S RESTA
GRENOBLE HOUSE HOTEL
THE BOMBAY CLUB
BRENNAN'S
Conti St
CITY HOUSE HOSTEL NEW ORLEANS
ARNAUD'S
CAFE BEIGNET
Bienville Ave
Chartres St
Exchange Pl
THE RITZ-CARLTON NEW ORLEANS
GALATOIRE'S RESTAURANT
Iberville St
MICHALOPOULOS GALLERY
NOLA CYCLES
THE CHART ROOM
Canal St
JUSTINE
change Pl

Governor Nicholls St
Esplanade Ave
Barracks St
Chartres St
VERTI MARTE DELI & GROCERY
LALAURIE MANSION
GALLIER HOUSE
Ursulines Ave
St Philip St
E'S BLACKSMITH SHOP BAR
BEAUREGARD-KEYES HOUSE
SECONDLINE ARTS AND ANTIQUES
OLD URSULINE CONVENT
PALM COURT JAZZ CAFE
VILLA CONVENTO
Bourbon St
CAFE LAFITTE IN EXILE
Dumaine St
CLOVER GRILL
FIFI MAHONY'S
COOP'S PLACE
CANE & TABLE
HOTEL PROVINCIAL
French Market Pl
EW ORLEANS HISTORIC VOODOO MUSEUM
FRANK RELLE GALLERY
Latrobe
N Peters St
MADAME JOHN'S LEGACY
ITZEL'S EUROPEAN JAZZ CLUB
CAJUN ENCOUNTERS TOUR CO.
THE NEW ORLEANS VAMPIRE CAFE
FRENCH MARKET
CENTRAL GROCERY & DELI
BOURBON ORLEANS HOTEL
Mask Market
RODRIGUE STUDIO
Madison St
TOURS BY MARGUERITE
STANLEY
Decatur St
RIEN'S BAR
ST. LOUIS CATHEDRAL
OUSE BOOKS
THE PRESBYTÈRE
1850 HOUSE
FRIENDS OF THE CABILDO
PIRATES ALLEY CAFE
PIRATES ALLEY
) SHOP
AUNT SALLY'S CREOLE PRALINES
JACKSON SQUARE
CAFE DU MONDE
THE CABILDO
PONTALBA BUILDINGS
Quartier français
SYLVAIN
Washington Artillery
DORIS METROPOLITAN
Wilkinson St
NEW ORLEANS PHARMACY MUSEUM
THE SHOPS AT JAX BREWERY
APOLEON HOUSE
Mississippi River
NEW ORLEANS SCHOOL OF COOKING
NEW ORLEANS STEAMBOAT COMPANY
TUJAGUE'S
FRENCH QUARTER VISITOR CENTER
N Peters St
OUTHERN CANDYMAKERS
Woldenberg Riverfront Park
BUM BERRY'S LATITUDE 29
100 M

La Nouvelle-Orléans et ses environs
Varnado
Poplarville
FRANKLINTON
BOGALUSA
Savannah
MISSISSIPPI
LORANGER
FOLSOM
Sun
Carriere
BUSH
HAMMOND
Picayune
COVINGTON
ABITA SPRINGS
PONCHATOULA
MADISONVILLE
MANDEVILLE
Pearl River
12
Pearl River State Wildlife Management Area
Bay Saint Lo
LACOMBE
55
SLIDELL
Pearlington
Lac Pontchartrain
Irish Bayou
LaPlace
10
Kenner
METAIRIE
LA NOUVELLE-ORLÉANS
GRETNA
CHALMETTE
MARRERO
HARVEY
Hopedale
JEAN LAFITTE
LAFITTE
Mississippi River
Pointe à la Hache
Port Sulphur
Belle Amie
Galliano
Canal Yankee
Boothville
VENICE
GRAND ISLE
Cheniere Caminada
30 KM

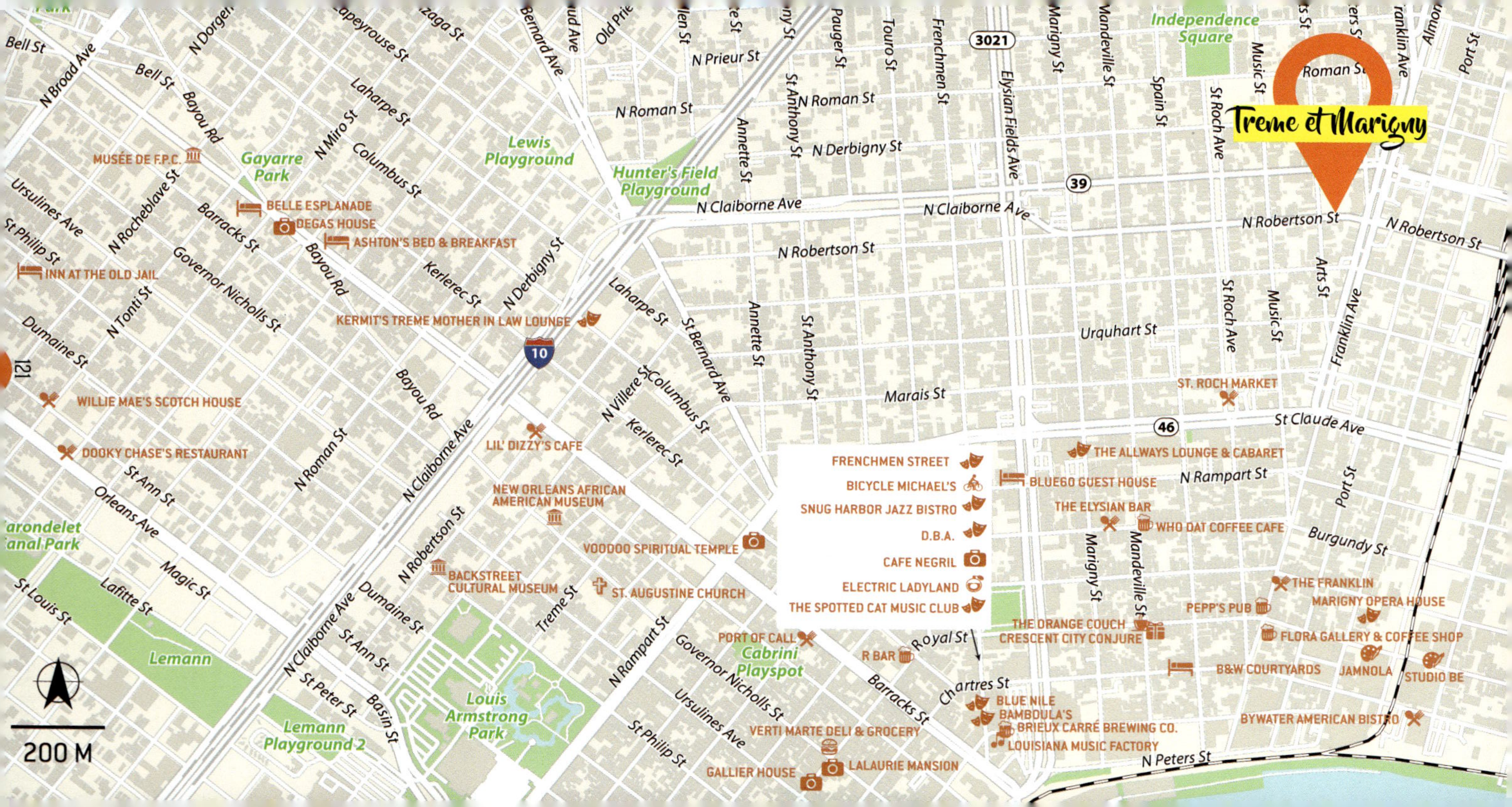

Treme et Marigny
Independence Square
Lewis Playground
Hunter's Field Playground
Gayarre Park
Cabrini Playspot
Louis Armstrong Park
Lemann
Lemann Playground 2
MUSÉE DE F.P.C.
BELLE ESPLANADE
DEGAS HOUSE
ASHTON'S BED & BREAKFAST
INN AT THE OLD JAIL
KERMIT'S TREME MOTHER IN LAW LOUNGE
WILLIE MAE'S SCOTCH HOUSE
DOOKY CHASE'S RESTAURANT
LIL' DIZZY'S CAFE
NEW ORLEANS AFRICAN AMERICAN MUSEUM
VOODOO SPIRITUAL TEMPLE
BACKSTREET CULTURAL MUSEUM
ST. AUGUSTINE CHURCH
FRENCHMEN STREET
BICYCLE MICHAEL'S
SNUG HARBOR JAZZ BISTRO
D.B.A.
CAFE NEGRIL
ELECTRIC LADYLAND
THE SPOTTED CAT MUSIC CLUB
PORT OF CALL
R BAR
VERTI MARTE DELI & GROCERY
GALLIER HOUSE
LALAURIE MANSION
BLUE NILE
BAMBOULA'S
BRIEUX CARRÉ BREWING CO.
LOUISIANA MUSIC FACTORY
ST. ROCH MARKET
THE ALLWAYS LOUNGE & CABARET
BLUE60 GUEST HOUSE
THE ELYSIAN BAR
WHO DAT COFFEE CAFE
THE ORANGE COUCH
CRESCENT CITY CONJURE
THE FRANKLIN
MARIGNY OPERA HOUSE
PEPP'S PUB
FLORA GALLERY & COFFEE SHOP
B&W COURTYARDS
JAMNOLA
STUDIO BE
BYWATER AMERICAN BISTRO
N Claiborne Ave
N Robertson St
St Claude Ave
N Rampart St
Burgundy St
Royal St
Chartres St
N Peters St
Elysian Fields Ave
Frenchmen St
Marigny St
Mandeville St
Spain St
St Roch Ave
Music St
Arts St
Franklin Ave
Port St
Urquhart St
Marais St
St Anthony St
Annette St
St Bernard Ave
N Roman St
N Derbigny St
N Prieur St
Pauger St
Touro St
Laharpe St
Columbus St
Kerlerec St
N Villere St
Treme St
Barracks St
Governor Nicholls St
Ursulines Ave
St Philip St
Dumaine St
St Ann St
St Peter St
Basin St
Orleans Ave
Lafitte St
St Louis St
Magic St
Bayou Rd
N Miro St
N Tonti St
N Rocheblave St
N Broad Ave
Bell St
N Dorgenois St
3021
39
46
10
200 M

HI NEW ORLEANS
THE ORPHEUM THEATER
THE SAZERAC BAR
PYTHIAN MARKET
MONKEY BOARD
Duncan Plaza
SELINA CATAHOULA NEW ORLEANS
CAESARS SUPERDOME
Champion's Square
PAVILLON HO
THE CIVIC THEATRE
Cancer Survivors Park
MAYPOP
ACE HOTEL NEW ORLEANS
PLUCK WINE BAR & RESTAUR
UNION PASSENGER TERMINAL - TRAIN STATION
UNION PASSENGER TERMINAL - BUS STATION
MAMMOTH ESPRESSO
KEIFE & CO.
Lee C
Tulane Ave
S Saratoga St
Elks Pl
S Rampart St
S Liberty St
La Salle St
Clara St
Magnolia Ave
S Robertson St
Freret
Gravier St
Perdido St
Loyola Ct
Loyola Ave
Sugar Bowl Dr
Union
Penn St
Poydras St
Baronne St
Lafayette St
Dave Dixon Dr
Le Rouge
Julia St
S Liberty
O'Keefe Ave
Carondelet St
Earhart Blvd
Pontchartrain Expy Hov Ln
Howard Ave
Dryades St
Liberty St
Pontchartrain Expy
Calliope St
Clio St
Erato St
Oretha Castle Haley Blvd
Baronne St
St Charles Ave
Lee
Calliope St
Pontchartrain Expy
Calliope
10
10
90
90
200 M

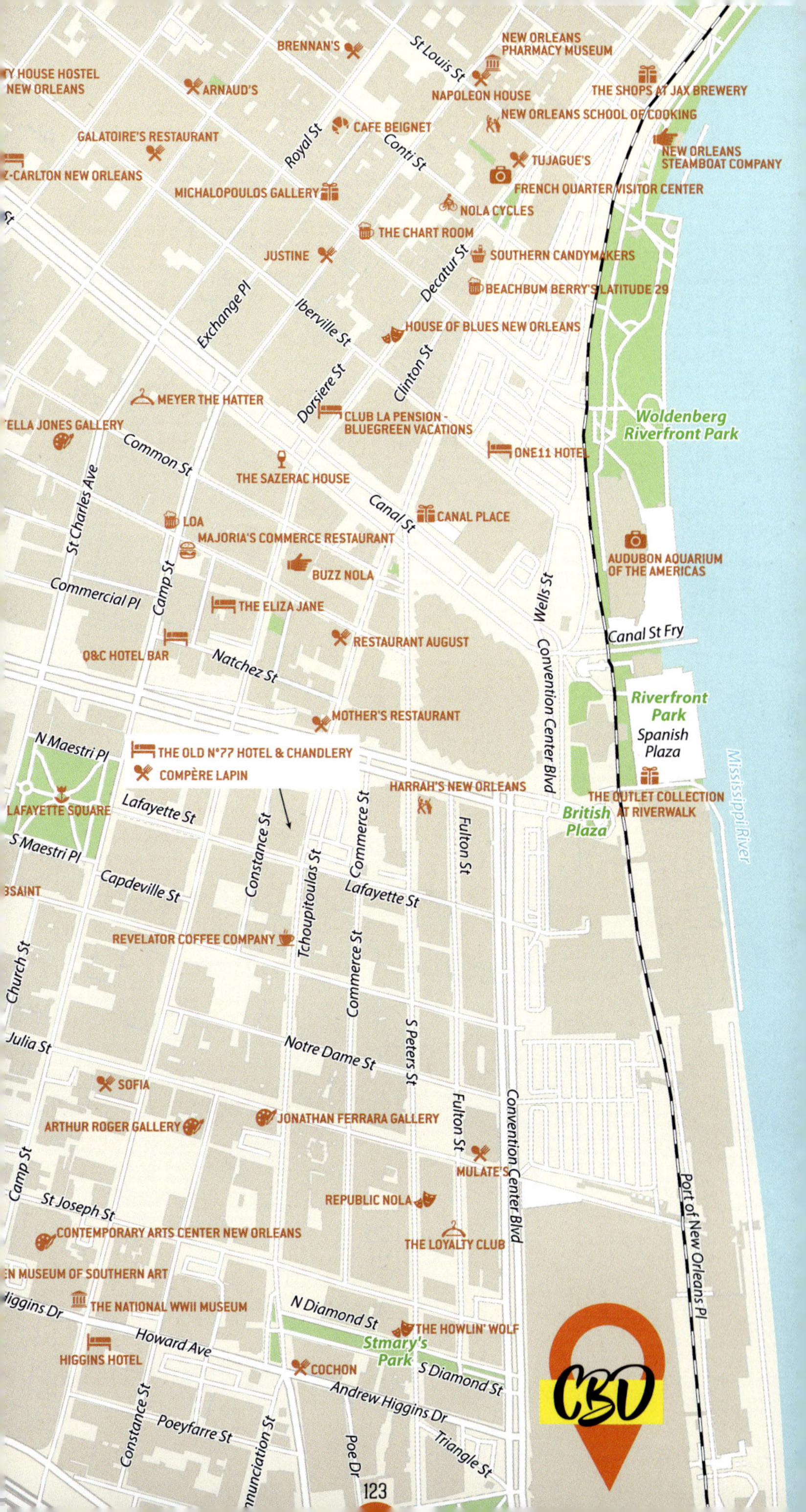
BRENNAN'S
NEW ORLEANS PHARMACY MUSEUM
St Louis St
THE SHOPS AT JAX BREWERY
ARNAUD'S
NAPOLEON HOUSE
NEW ORLEANS SCHOOL OF COOKING
GALATOIRE'S RESTAURANT
CAFE BEIGNET
Royal St
Conti St
NEW ORLEANS STEAMBOAT COMPANY
TUJAGUE'S
MICHALOPULOS GALLERY
FRENCH QUARTER VISITOR CENTER
NOLA CYCLES
THE CHART ROOM
JUSTINE
SOUTHERN CANDYMAKERS
Decatur St
BEACHBUM BERRY'S LATITUDE 29
Exchange Pl
Iberville St
HOUSE OF BLUES NEW ORLEANS
Clinton St
Dorsiere St
MEYER THE HATTER
CLUB LA PENSION - BLUEGREEN VACATIONS
Woldenberg Riverfront Park
Common St
ONE11 HOTEL
THE SAZERAC HOUSE
St Charles Ave
Canal St
CANAL PLACE
LOA
MAJORIA'S COMMERCE RESTAURANT
AUDUBON AQUARIUM OF THE AMERICAS
BUZZ NOLA
Commercial Pl
Camp St
THE ELIZA JANE
Wells St
Canal St Fry
RESTAURANT AUGUST
Q&C HOTEL BAR
Natchez St
Convention Center Blvd
Riverfront Park
Spanish Plaza
MOTHER'S RESTAURANT
N Maestri Pl
THE OLD N°77 HOTEL & CHANDLERY
COMPÈRE LAPIN
Mississippi River
HARRAH'S NEW ORLEANS
THE OUTLET COLLECTION AT RIVERWALK
LAFAYETTE SQUARE
Lafayette St
British Plaza
S Maestri Pl
Constance St
Commerce St
Fulton St
Tchoupitoulas St
Capdeville St
Lafayette St
REVELATOR COFFEE COMPANY
Church St
Commerce St
Julia St
Notre Dame St
S Peters St
SOFIA
Fulton St
Convention Center Blvd
ARTHUR ROGER GALLERY
JONATHAN FERRARA GALLERY
MULATE'S
Camp St
REPUBLIC NOLA
Port of New Orleans Pl
St Joseph St
THE LOYALTY CLUB
CONTEMPORARY ARTS CENTER NEW ORLEANS
MUSEUM OF SOUTHERN ART
THE NATIONAL WWII MUSEUM
N Diamond St
THE HOWLIN' WOLF
Howard Ave
Stmary's Park
HIGGINS HOTEL
COCHON
S Diamond St
Andrew Higgins Dr
Constance St
Poeyfarre St
Poe Dr
Triangle St
CBD

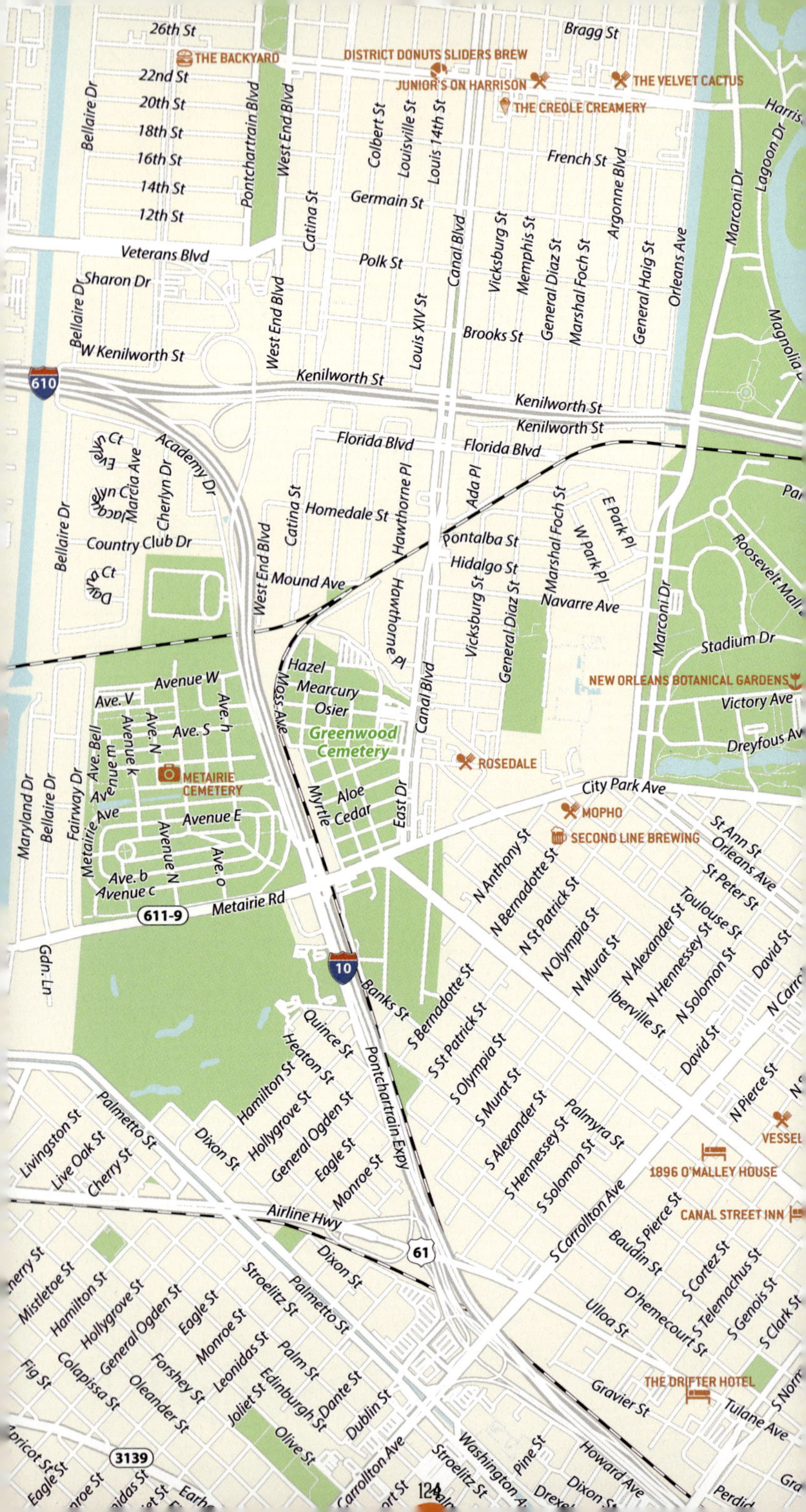
26th St
Bragg St
THE BACKYARD
DISTRICT DONUTS SLIDERS BREW
JUNIOR'S ON HARRISON
THE VELVET CACTUS
THE CREOLE CREAMERY
22nd St
20th St
18th St
16th St
14th St
12th St
Bellaire Dr
Pontchartrain Blvd
West End Blvd
Colbert St
Louisville St
Louis 14th St
Harrison
Lagoon Dr
French St
Argonne Blvd
Germain St
Catina St
Veterans Blvd
Polk St
Canal Blvd
Vicksburg St
Memphis St
General Diaz St
Marshal Foch St
General Haig St
Orleans Ave
Marconi Dr
Sharon Dr
Louis XIV St
Brooks St
Magnolia Dr
W Kenilworth St
610
Kenilworth St
Florida Blvd
Evelyn Ct
Jacquelyn Ct
Marcia Ave
Cherlyn Dr
Academy Dr
Hawthorne Pl
Ada Pl
E Park Pl
W Park Pl
Homedale St
Pontalba St
Hidalgo St
Country Club Dr
Dayna Ct
Mound Ave
Navarre Ave
Roosevelt Mall
Stadium Dr
Hazel
Mearcury
Osier
Moss Ave
NEW ORLEANS BOTANICAL GARDENS
Victory Ave
Dreyfous Ave
Avenue W
Ave. V
Ave. N
Ave. S
Ave. h
Ave. Bell
Avenue k
Avenue m
Greenwood Cemetery
ROSEDALE
METAIRIE CEMETERY
Aloe
Cedar
Myrtle
East Dr
City Park Ave
MOPHO
SECOND LINE BREWING
St Ann St
Orleans Ave
St Peter St
Toulouse St
Maryland Dr
Fairway Dr
Metairie Ave
Avenue E
Avenue N
Ave. o
Ave. b
Avenue c
611-9
Metairie Rd
N Anthony St
N Bernadotte St
N St Patrick St
N Olympia St
N Murat St
N Alexander St
N Hennessey St
N Solomon St
David St
N Carrollton
Iberville St
Gdn. Ln
10
Banks St
S Bernadotte St
S St Patrick St
S Olympia St
S Murat St
S Alexander St
S Hennessey St
S Solomon St
Palmyra St
N Pierce St
VESSEL
1896 O'MALLEY HOUSE
CANAL STREET INN
Quince St
Heaton St
Hamilton St
Hollygrove St
General Ogden St
Eagle St
Monroe St
Pontchartrain Expy
Dixon St
Palmetto St
Livingston St
Live Oak St
Cherry St
Airline Hwy
61
S Carrollton Ave
S Pierce St
Baudin St
S Cortez St
S Telemachus St
S Genois St
S Clark St
Ulloa St
D'hemecourt St
Mistletoe St
Stroelitz St
Leonidas St
Forshey St
Colapissa St
Oleander St
Fig St
Palm St
Edinburgh St
Joliet St
Dante St
Dublin St
Olive St
THE DRIFTER HOTEL
Gravier St
Tulane Ave
Apricot St
3139
Carrollton Ave
Washington Ave
Pine St
Howard Ave
Dixon St
Drexel
Perdido

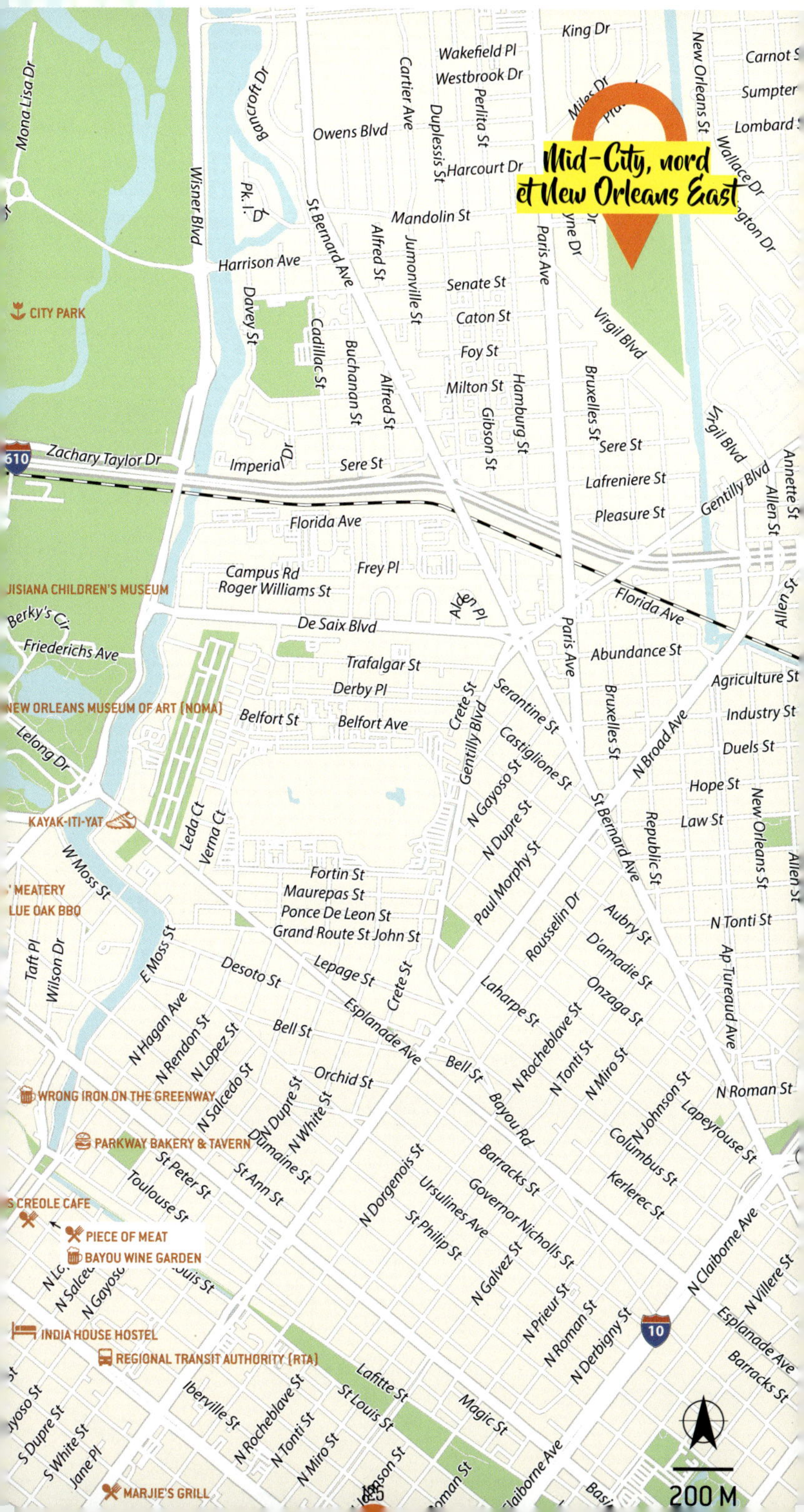
Mid-City, nord et New Orleans East
CITY PARK
JISIANA CHILDREN'S MUSEUM
NEW ORLEANS MUSEUM OF ART (NOMA)
KAYAK-ITI-YAT
' MEATERY
LUE OAK BBQ
WRONG IRON ON THE GREENWAY
PARKWAY BAKERY & TAVERN
S CREOLE CAFE
PIECE OF MEAT
BAYOU WINE GARDEN
INDIA HOUSE HOSTEL
REGIONAL TRANSIT AUTHORITY (RTA)
MARJIE'S GRILL
610
10
200 M

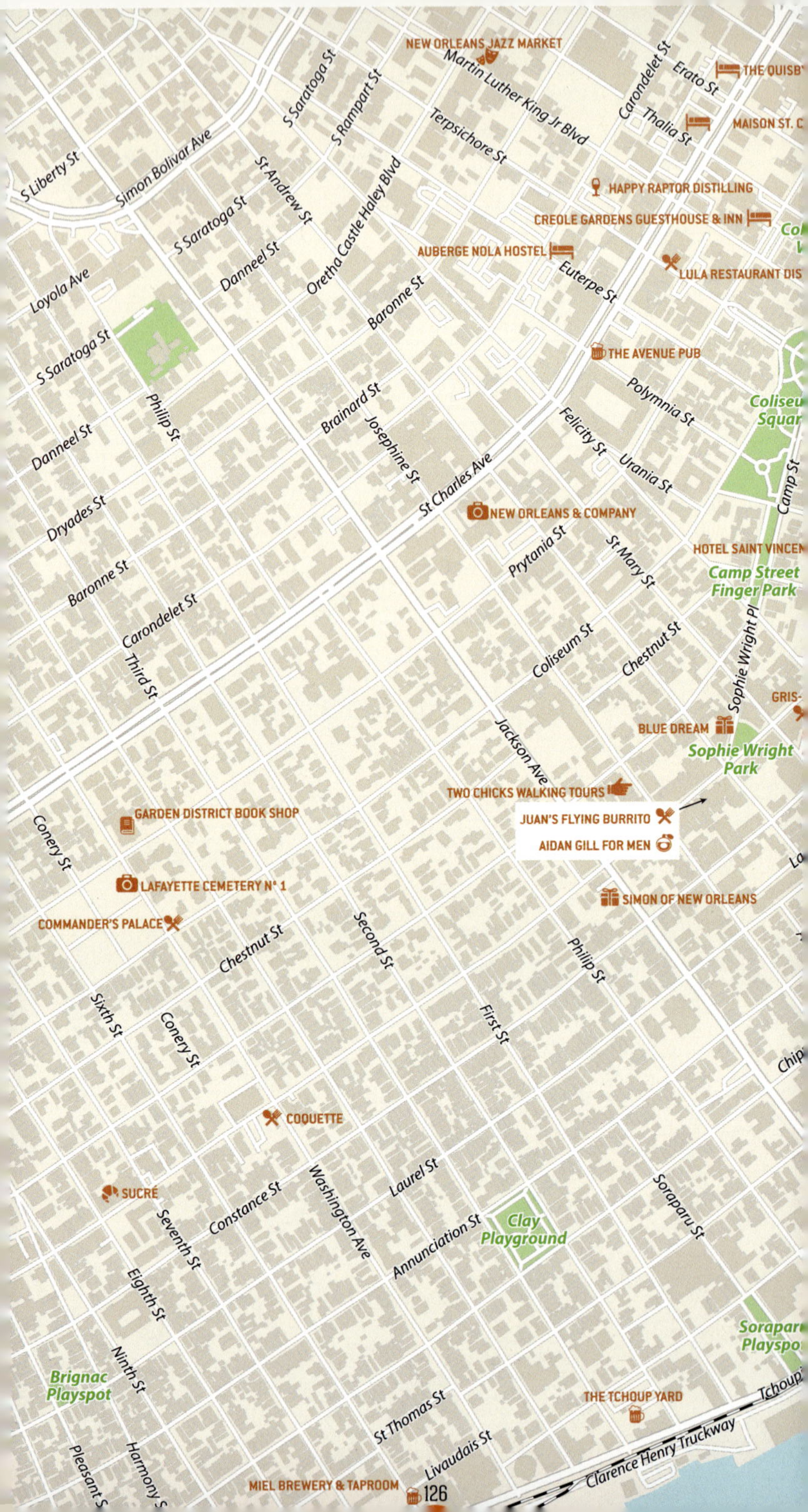
NEW ORLEANS JAZZ MARKET
THE QUISB
MAISON ST. C
HAPPY RAPTOR DISTILLING
CREOLE GARDENS GUESTHOUSE & INN
AUBERGE NOLA HOSTEL
LULA RESTAURANT DIS
THE AVENUE PUB
Coliseu
Squar
NEW ORLEANS & COMPANY
HOTEL SAINT VINCEN
Camp Street
Finger Park
GRIS-
BLUE DREAM
Sophie Wright
Park
TWO CHICKS WALKING TOURS
JUAN'S FLYING BURRITO
AIDAN GILL FOR MEN
GARDEN DISTRICT BOOK SHOP
LAFAYETTE CEMETERY N° 1
COMMANDER'S PALACE
SIMON OF NEW ORLEANS
COQUETTE
SUCRÉ
Clay
Playground
Sorapar
Playspo
Brignac
Playspot
THE TCHOUP YARD
MIEL BREWERY & TAPROOM
Martin Luther King Jr Blvd
Carondelet St
Erato St
Thalia St
Terpsichore St
S Saratoga St
S Rampart St
S Liberty St
Simon Bolivar Ave
St Andrew St
Oretha Castle Haley Blvd
Danneel St
Loyola Ave
Baronne St
Euterpe St
Polymnia St
Felicity St
Urania St
Camp St
Brainard St
Josephine St
St Charles Ave
Philip St
Dryades St
Third St
Prytania St
St Mary St
Coliseum St
Chestnut St
Sophie Wright Pl
Jackson Ave
Conery St
Second St
Sixth St
First St
Chip
La
Constance St
Washington Ave
Laurel St
Annunciation St
Seventh St
Eighth St
Soraparu St
Ninth St
St Thomas St
Livaudais St
Clarence Henry Truckway
Tchoupi
Pleasant S
Harmony S

MERCHANT HOUSE
COURTYARD BREWERY
BARREL PROOF
THE GREEN HOUSE INN
URBAN SOUTH BREWERY
Mississippi River Heritage Park
Annunciation Square
Annunciation St
Tchoupitoulas St
Convention Hall Blvd
Port of New Orleans Pl
Gaiennie St
Pontchartrain Expy
Crescent City Connection
Calliope St
90
Convention Center Blvd
Henderson St
Race St
Orange St
Richard St
Market St
Religious St
S Peters St
St James St
Celeste St
Felicity St
St Andrew St
Jackson Ave Whrf
Mississippi River
Central City et Garden District
200 M

Uptown
JACQUES-IMO'S CAFE
MAPLE LEAF BAR
MORE FUN COMICS
THE CAMELLIA GRILL
SNAKE AND JAKE'S
MUSHROOM NEW ORLEANS
PARK VIEW HISTORIC HOTEL
AUDUBON ZOO
AUDUBON PARK GOLF COURSE
AUDUBON PARK
PICNIC PROVISIONS
Carrollton Cemetery
Dublin Park
George W Carver Playground
Audubon Park
Avenger Playground
Gilmore Park
Alma Peters Playspot
Mississippi River
Cohn St
Hickory St
Birch St
Audubon St
Jeannette St
Dante St
Dublin St
S Carrollton Ave
Oak St
Plum St
Zimple St
Burthe St
Adams St
Pine St
Burdette St
Fern St
Short St
Hillary St
Lowerline St
Leake Ave
Huso St
Maple St
Hampson St
Newcomb Pl
Drill Rd
McAlister Dr
Pearl St
Dominican St
Benjamin St
Broadway St
Newcomb Blvd
Audubon Pl
Law Rd
Cherokee St
Millaudon St
La Salle Pl
Cromwell Pl
Garfield St
Hurst St
Gibson Cir
Pitt St
Walnut St
Audubon St
Perrier St
Chestnut St
Camp St
Calhoun St
Henry Clay Ave
Webster St
State St
Entergy Blvd
Aquarium Dr
Tea Room Dr
Magazine St
Constance St
Patton St
Eleonore St
Nashville Ave
River Dr
Alonzo St
200 M

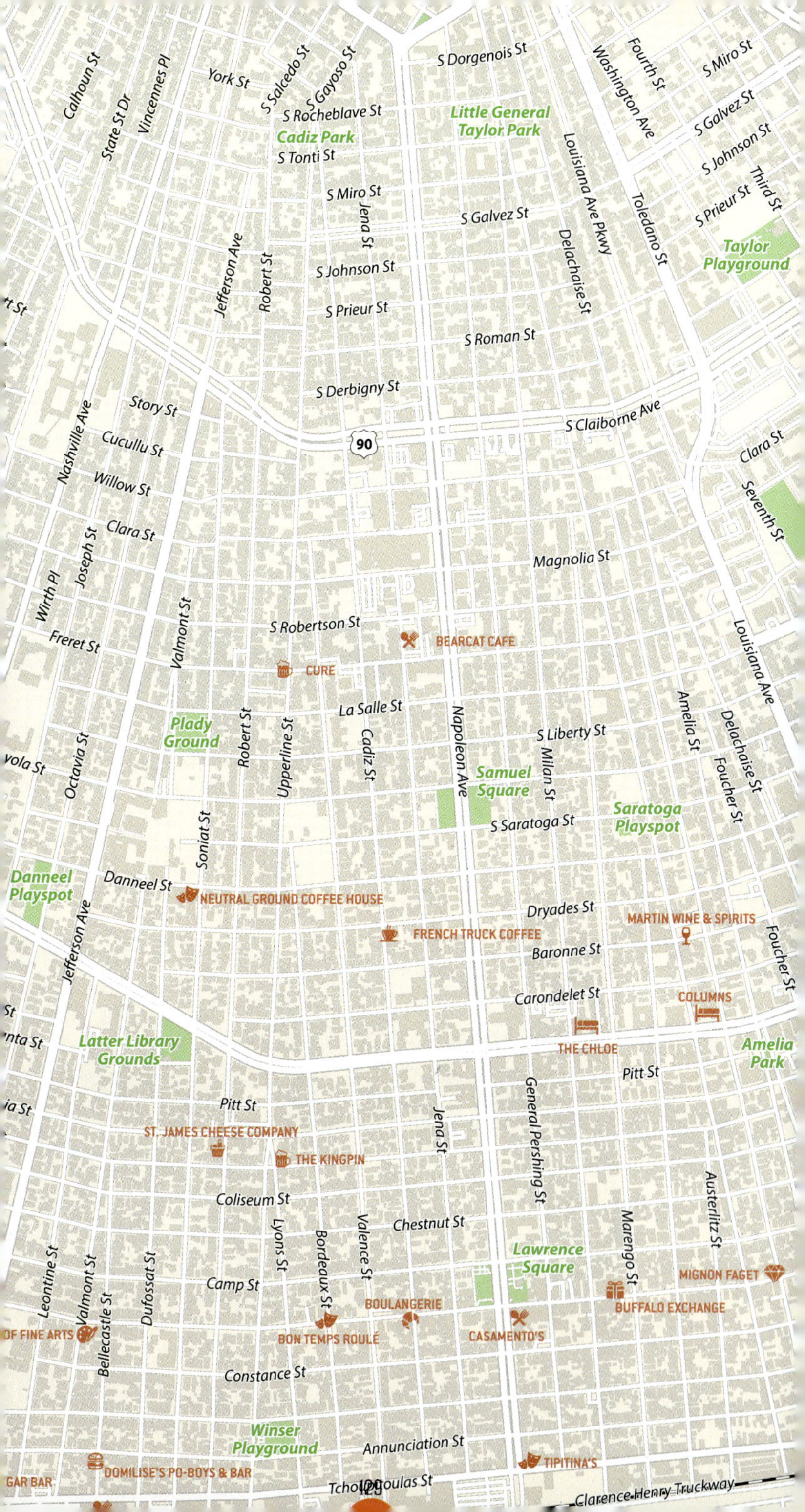
S Dorgenois St
York St
S Salcedo St
S Gayoso St
S Rocheblave St
Calhoun St
State St Dr
Vincennes Pl
Cadiz Park
S Tonti St
Little General Taylor Park
Washington Ave
Fourth St
S Miro St
S Galvez St
S Johnson St
Third St
S Prieur St
Taylor Playground
Louisiana Ave Pkwy
Toledano St
Delachaise St
S Miro St
Jena St
S Galvez St
Jefferson Ave
Robert St
S Johnson St
S Prieur St
S Roman St
S Derbigny St
S Claiborne Ave
90
Story St
Nashville Ave
Cucullu St
Willow St
Clara St
Clara St
Seventh St
Joseph St
Wirth Pl
Magnolia St
Freret St
S Robertson St
BEARCAT CAFE
Valmont St
CURE
Louisiana Ave
La Salle St
Amelia St
Delachaise St
Plady Ground
Robert St
Upperline St
Cadiz St
Napoleon Ave
S Liberty St
Milan St
Foucher St
Octavia St
Samuel Square
S Saratoga St
Saratoga Playspot
Soniat St
Danneel Playspot
Danneel St
NEUTRAL GROUND COFFEE HOUSE
Dryades St
MARTIN WINE & SPIRITS
Foucher St
FRENCH TRUCK COFFEE
Jefferson Ave
Baronne St
Carondelet St
COLUMNS
THE CHLOE
Latter Library Grounds
Amelia Park
Pitt St
Pitt St
General Pershing St
Jena St
ST. JAMES CHEESE COMPANY
THE KINGPIN
Austerlitz St
Coliseum St
Chestnut St
Lyons St
Bordeaux St
Valence St
Marengo St
Lawrence Square
MIGNON FAGET
Leontine St
Valmont St
Dufossat St
Camp St
BUFFALO EXCHANGE
BOULANGERIE
Bellecastle St
BON TEMPS ROULÉ
CASAMENTO'S
Constance St
Winser Playground
Annunciation St
DOMILISE'S PO-BOYS & BAR
TIPITINA'S
Clarence Henry Truckway

Westbank, ou la rive ouest, désigne en réalité la rive sud du Mississippi. Si de banales banlieues défilent sous nos yeux dans les environs de La Nouvelle-Orléans, des cyprès aux allures fantomatiques peuplent les bayous marécageux plus au sud, sans oublier d'innombrables canaux, installations maritimes et industrielles avant d'atteindre les rives du golfe du Mexique. D'ailleurs, ce n'est pas ici que vous ferez un peu de farniente en bord de mer, les quelques coins de plage ayant entièrement disparu. Cela dit, dans ce dédale de bayous et de canaux sont installés nombreux pourvoyeurs proposant des aventures de pêche continentale, côtière ou en mer. Dans ce petit coin de pays, vous entendrez aussi des histoires de pirates, notamment celles du célèbre Jean Lafitte qui installa son quartier général dans la localité éponyme et dont le nom fut également donné au superbe parc naturel situé à deux pas.

Eastbank, ou rive est, comprend la zone au nord du Mississippi jusqu'au lac Pontchartrain. Une partie de la paroisse de Jefferson est incluse dans cette appellation, notamment les villes de Metairie et Kenner (là où est situé l'aéroport de La Nouvelle-Orléans), ainsi que les paroisses d'Orleans (La Nouvelle-Orléans) et de St. Bernard, cette dernière englobant notamment Chalmette où se trouve le Chalmette Battlefield & National Cemetery.

© CWENNY - SHUTTERSTOCK.COM

Slidell.

PAGES

207 ●● **NORTHSHORE**

Le Northshore est composé de paysages verdoyants, de prairies arborées et de forêts de pins qui côtoient des bayous sauvages. Les Français sont les premiers à s'établir de ce côté du lac au XVIIIe siècle où différentes tribus indiennes étaient déjà installées. Le Northshore était à l'époque une destination pour échapper à la chaleur et aux moustiques et à la frénésie de la ville. Beaucoup y construisaient leur maison d'été qui souvent était aussi utilisée comme hôtel. De nos jours, le Northshore est plus indépendant. Son économie a progressé et il devient une destination touristique, surtout pour les Néo-Orléanais en quête d'un peu de quiétude, de belles expériences gourmandes et d'aventures de plein air (notamment la descente de rivière sur tube, une spécialité de la région). La diversité de ses paysages, des vignobles vallonnés de Pontchartrain aux bayous sinueux sauvages, en passant par le charme typique du Old Covington, attire aussi l'industrie du cinéma : Tarantino apprécie la région, une bonne partie de *Dallas Buyers Club* y a été tournée, et la série *True Detective* l'a en partie été à Slidell par exemple, tout comme de nombreux épisodes de *NCIS New Orleans*.

207 **MANDEVILLE ★★**

Située à l'extrémité nord du Lake Pontchartrain Causeway Bridge, la charmante localité de Mandeville a les yeux rivés sur le lac. En plus de son quartier historique, la ville est l'hôte du parc d'État Fontainebleau (mention à la plage et aux chalets sur pilotis) et de belles adresses pour passer la nuit, déguster la cuisine locale et découvrir des groupes musicaux louisianais.

211 **ABITA SPRINGS ★★**

Un bel endroit pour se la couler douce, notamment au Abita Springs Hotel qui donne envie d'y prendre racine. La réputation de cette petite ville tient aussi à sa brasserie, désormais installée à Covington mais dont le pub original trône toujours à Abita. À ne pas manquer : le marché fermier du dimanche au Trailhead Park et les concerts du Abita Springs Opry au printemps et à l'automne.

213 **COVINGTON ★★**

Bordée par la rivière Bogue Falaya, la ville de Covington mérite la découverte. Avec ses bonnes adresses gourmandes, ses beaux hébergements comme le Southern Hotel, ses points d'intérêt pour admirer les alligators dans une pouponnière, ou encore des objets d'une autre époque dans un magasin général, on passe ici un bon moment.

Rue Royale dans le French Quarter.
© VALÉRIE FORTIER

LA NOUVELLE-ORLÉANS

La Nouvelle-Orléans est la cité de la fête perpétuelle et du plaisir. Parmi ses fiertés, elle a vu naître le jazz et le célèbre Louis Armstrong. Son passé français et espagnol reste toujours vivace. Bourbon, Royal et Toulouse Street sont autant de noms évocateurs et de vestiges de la splendeur coloniale qui a livré à l'Amérique ses plus anciens monuments. Flâner dans le French Quarter est ici une activité à part entière, mais pour sentir le pouls de la ville et de ses habitants, il ne faut pas hésiter à découvrir d'autres quartiers, notamment Garden District, Mid-City et Uptown. La Nouvelle-Orléans est aussi la cité de la gastronomie où savourer une délicieuse cuisine créole ou cajun, en salle ou sur des terrasses à la végétation luxuriante. Et c'est sans oublier que la ville est empreinte de croyances entre ses fantômes qu'elle prétend nombreux et ses rites vaudous, dont l'histoire et les plus célèbres praticiens fascinent toujours...

SE REPÉRER SE DÉPLACER

La plus grande ville de la Louisiane est desservie par le covoiturage, les bus interurbains, le train ainsi qu'un aéroport international, le Louis Armstrong New Orleans International Airport. Pour rejoindre le centre-ville depuis l'aéroport, les moyens les plus efficaces sont la navette Airport Shuttles New Orleans, le taxi et le covoiturage avec Lyft ou Uber. Deux lignes de bus de la RTA et de JET relient également l'aéroport à la ville de La Nouvelle-Orléans. En ville, le réseau de transport en commun de la RTA est la meilleure option pour se déplacer. Il dispose d'un réseau d'une quarantaine de lignes de bus, quatre lignes de *streetcars*, un *ferry* entre le centre-ville et le quartier d'Algiers et un autre entre Lower Algiers et Chalmette (certains bus ainsi que la plupart des *streetcars* assurent un service la nuit). Lors de la belle saison, le vélo est fort populaire, notamment le système en libre-service Blue Bikes.

LOUIS ARMSTRONG NEW ORLEANS INTERNATIONAL AIRPORT

1 Terminal Drive - **KENNER** ✆ +1 504 303 7500
flymsy.com
À 15 miles (24 km) à l'ouest du centre-ville de La Nouvelle-Orléans.

Une vingtaine de compagnies aériennes y opèrent des vols nationaux et internationaux. Pour rejoindre le centre-ville, la ligne de bus E1 Veterans-Airport (2 US$ l'aller) et la 202 Airport Express (1,50 US$ l'aller) font la liaison en un peu moins d'une heure. Un service de navette est aussi offert (24 US$ l'aller, 44 US$ aller-retour), sans oublier les taxis (36 US$ pour 1-2 personnes), les applis comme Lyft et Uber, les compagnies de location de voiture et les navettes d'hôtel.

UNION PASSENGER TERMINAL - TRAIN STATION

1001 Loyola Avenue
✆ +1 800 872 7245
francais.amtrak.com
Gare et billetterie ouvertes tous les jours (horaires variables).

Trois trajets relient La Nouvelle-Orléans au reste du pays : City of New Orleans (Chicago - La Nouvelle-Orléans via Memphis), Crescent (New York - La Nouvelle-Orléans via Atlanta) et Sunset Limited (Los Angeles - La Nouvelle-Orléans via San Antonio, Tucson et Phoenix). En plus des billets à l'unité, Amtrak propose des forfaits vacances, un pass multi-trajets ou encore le USA Rail Pass (valide 30 jours dans le pays en classe Économie, nombre limité de 10 trajets).

UNION PASSENGER TERMINAL - BUS STATION

1001 Loyola Avenue
✆ +1 800 231 2222
www.greyhound.com
Gare et billetterie ouvertes tous les jours de 5h30 à 21h30.

La gare routière se situe au même endroit que la gare ferroviaire. La compagnie Greyhound s'y trouve et dessert une vingtaine de villes et localités en Louisiane, en plus d'assurer la liaison avec le reste du pays. Il y a également deux compagnies *low cost*, soit Megabus (us.megabus.com) qui permet de se rendre à Baton Rouge et ailleurs aux États-Unis, et FlixBus (flixbus.fr/bus/etats-unis) qui dessert Baton Rouge, Lafayette et d'autres villes américaines.

AUTO RENTAL ETC

1601 Airline Drive - **KENNER**
✆ +1 504 287 4090 - www.autorentaletc.com
Lundi-vendredi, 6h-21h ; samedi-dimanche, 9h-21h. Navette gratuite du terminal à l'agence (à 2 minutes).

Une agence idéale si vous souhaitez éviter les entreprises multinationales classiques et privilégier une agence louisianaise. Auto Rental ETC propose un grand choix de véhicules à la location et dispose de sept agences implantées dans le sud de l'État, soit à Breaux Bridge, Kenner (au Louis Armstrong New Orleans International Airport - pas de taxe aéroport), Lafayette (deux succursales), Lake Charles, Morgan City et Youngsville. Les réservations sont possibles en ligne et par téléphone auprès de chaque agence. Une compagnie locale chaudement recommandée !

BICYCLE MICHAEL'S

622 Frenchmen Street © +1 504 945 9505
bicyclemichaels.com
Ouvert tous les jours sauf mercredi (horaires variables). À partir de 30 US$ la demi-journée, 45 US$ la journée.

Idéalement située dans le quartier Faubourg Marigny à un jet de pierre du French Quarter, cette boutique propose tant la vente que la location de vélos. À la demi-journée, la journée complète ou même la semaine entière, en vélo de route, de montagne ou tandem, tout est possible (tarifs dégressifs selon le nombre de jours). Le casque et le panier sont en sus, mais le cadenas est inclus, question de sécuriser sa monture lors des arrêts. Et ici, c'est premier arrivé, premier servi, les réservations à l'avance n'étant pas acceptées.

BLUE BIKES NOLA

bluebikesnola.com
Service offert toute l'année et accessible 24h/24.

Ce système libre-service est proposé dans plusieurs quartiers de la ville. Il permet d'emprunter un vélo à l'une des stations selon deux forfaits distincts. Le premier est payable à l'utilisation, soit 15¢/minute plus un frais de déblocage de 1 US$. Le deuxième est un abonnement mensuel au coût de 25 US$ (1 heure gratuite par jour, 15¢/minute ensuite, aucun frais de déblocage). Il est extrêmement avantageux pour les personnes effectuant des petits trajets à chaque fois. L'application disponible pour les téléphones est bien pratique pour repérer les stations.

NEED A RIDE PEDICABS

© +1 504 488 6565
www.needaridenola.com
Réservation à l'avance requise.

Pour se déplacer autrement à La Nouvelle-Orléans, le service de cyclo-pousse de Need a Ride Pedicabs est le bon plan ! Ce mode de transport écolo est offert principalement dans les quartiers Arts District, Central Business District, Faubourg Marigny et French Quarter, mais aussi dans Bayou St. John, Garden District ou encore Treme. On peut réserver un aller simple pour se rendre du point A au point B ou encore demander une visite guidée du ou des quartiers désirés, les guides ayant tous leur permis en règle auprès de la mairie.

NOLA CYCLES

518 Conti Street © +1 504 517 2453
www.nolacycles.com
Mardi-dimanche, 11h-19h. Tarifs variables selon le type de location et la durée.

Située dans le French Quarter, cette boutique propose non seulement la location de vélos, mais également de trottinettes électriques en version debout ou assis (on a un gros coup de cœur pour ce dernier). Les tarifs de location sont à l'heure et ont généralement une limite dans le temps (24 heures pour les vélos, 1 ou 2 heures pour les trottinettes électriques). Pour les petits comme les grands groupes, des tours guidés en soirée avec des vélos illuminés sont proposés. Bien qu'une réservation ne soit pas obligatoire pour la location, on le recommande fortement.

REGIONAL TRANSIT AUTHORITY (RTA)

2817 Canal Street © +1 504 248 3900
www.norta.com
Streetcar et bus : 1,25 US$ l'aller (12,50 US$ pour 10). Ferry : 2 US$ l'aller. Pass 1 jour : 3 US$, 3 jours : 8 US$.

La RTA (norta.com) dispose d'un réseau d'une quarantaine de lignes de bus, quatre lignes de *streetcars*, un *ferry* entre le centre-ville et le quartier d'Algiers et un autre entre Lower Algiers et Chalmette. Ayez le compte exact : les conducteurs ne rendent pas la monnaie. On recommande de télécharger l'application Le Pass pour utiliser le réseau. Deux autres compagnies desservent la région métropolitaine de NOLA, soit Jefferson Transit et St. Bernard Parish Rapid Urban Transit.

UNITED CAB

© +1 504 522 9771
www.unitedcabs.com
Compagnie de taxis.

Probablement la compagnie de taxis la plus connue à La Nouvelle-Orléans, United Cabs vous mènera aux quatre coins de la ville et assure également la liaison avec le Louis Armstrong New Orleans International Airport à Kenner. Cette compagnie possède une flotte de plus de 400 taxis et offre un service 24h/24. Pour commander son taxi, on peut soit appeler au numéro local ou encore télécharger l'application Curb, une app fonctionnant dans d'autres pays également et qui permet de régler la note à l'avance. Ne pas oublier le pourboire !

QUARTIERS DE LA NOUVELLE-ORLÉANS

La plus grande ville de Louisiane comprend une multitude de quartiers qu'il nous est impossible de lister au grand complet. Nous avons donc divisé la ville en trois secteurs et avons inclus les sous-quartiers incontournables. Les plus intéressants sont regroupés dans les environs du Quartier français (appelé officiellement French Quarter ou Vieux Carré), notamment Garden District, CBD (Central Business District) et Arts/Warehouse District, Treme et Marigny/Bywater. Mais il ne faudrait pas se limiter à ces derniers, plusieurs autres valant le détour, comme Mid-City et Uptown/Carrollton. À noter que les rues qui croisent Canal Street, laquelle s'étend du Mississippi à City Park Avenue, sont complétées du mot « North » si elles sont au nord de Canal Street, ou du mot « South » si elles sont au sud. À cela s'ajoute la région métropolitaine qui couvre, en incluant la ville de La Nouvelle-Orléans, une superficie de près de 10 000 km^2.

Quartier français, CBD, Treme et Marigny

Dans le sens des aiguilles d'une montre, nous avons délimité ce quartier par l'autoroute 610 (juste à l'est de City Park) : le Inner Harbor Navigation Canal, le fleuve Mississippi, le Pontchartrain Expressway (route 90), South Broad Street, une partie de Lafitte Greenway, et une partie du cours d'eau bayou St. John auquel sont ajoutés les quartiers de Lower Ninth Ward et d'Algiers.

Quartier français (French Quarter). Quartier incontournable à découvrir impérativement à pied, c'est ici que La Nouvelle-Orléans est née. Aussi appelé Vieux Carré, il est classé au Registre historique national et donc protégé par une commission. Il est délimité par le fleuve Mississippi, Canal Street, North Rampart Street et Esplanade Avenue.

En 1788 et 1794, deux incendies ont ravagé l'architecture française du quartier. Le couvent des Ursulines (au coin des rues Ursulines et Chartres) est le seul bâtiment à ne pas avoir été touché. À cette époque, La Nouvelle-Orléans était sous la gouverne des Espagnols, l'architecture a donc pris un caractère plutôt hispanique avec ses balcons en fer forgé, ses cours intérieures décorées par une fontaine en leur centre et une végétation abondante. Toutefois, les rues ont gardé leurs noms français. N'essayez pas de les prononcer à la française, personne ne vous comprendra. À certains coins de rues, une plaque donne également le nom en espagnol, comme « Calle Real » pour la rue Royale et « Calle de Tolosa » pour la rue Toulouse. Le French Quarter est clairement la zone la plus touristique de la ville, où se relayent quasi sans temps mort établissements hôteliers, cafés, bars et *daiquiri shops*, restaurants, boutiques en tous genres et tutti quanti, plus ou moins authentiques et pas nécessairement bon marché.

Quartier français.

© VALÉRIE FORTIER

Vue sur le Riverwalk (ou Moonwalk) à La Nouvelle-Orléans.

Cela dit, il fait bon y flâner et plusieurs petites perles sont disséminées dans ses petites rues. Il ne faut pas non plus rater ses grands attraits dont Jackson Square et les bâtiments historiques l'entourant (dont la superbe St. Louis Cathedral), le French Market, le Moonwalk (promenade le long du Mississippi), l'Audubon Aquarium of the Americas, le musée du jazz (New Orleans Jazz Museum) ou encore celui sur le vaudou (New Orleans Historic Voodoo Museum). À noter que depuis 2020, la ville envisage sérieusement la piétonisation complète du French Quarter. Un dossier à suivre... Finalement, on ne pourrait passer sous silence la fameuse rue Bourbon (Bourbon Street). Elle tient son nom non pas de la boisson mais de la famille royale Bourbon. Établie dans les années 1720, ce fut l'une des premières rues de la ville, nommée en l'honneur de la dynastie française. Très résidentielle, les commerces s'y installent en 1920, puis dans les années 1950, elle attire les couples, bien habillés, venus écouter du jazz ou assister à un opéra. Depuis, Bourbon Street a bien changé... Elle est considérée comme étant l'*Entertainment District*. Les propriétaires des bars sont maintenant pratiquement tous étrangers à la ville, l'investissement dans un bar de la rue Bourbon étant une affaire qui marche. Cette rue, du moins ses premiers blocs à partir de Canal Street, est un véritable parc d'attractions, principalement le soir. Dès que le soleil tombe et que la rue devient piétonne, l'atmosphère de fête s'installe. Toute l'année, les exhibitionnistes s'exposent pour quelques colliers de Mardi Gras et tout le monde semble avoir un peu trop bu. Allez y faire un tour, même si les locaux se demandent quand les touristes vont arrêter de faire ce qu'ils ne font pas dans leur propre ville. Pour planifier vos activités et sorties dans le quartier : frenchquarter.com

CBD/Downtown. Délimité par Canal Street, le Mississippi, le Ponchartrain Expressway (route 90) et l'Interstate 10, ce qui était le quartier américain a été transformé en quartier des affaires. Facile à repérer, le CBD vit principalement aux heures de bureau et de pointe. Il n'y a que des buildings, des sculptures modernes et tout le monde porte un attaché-case. Jusqu'au début du XXe siècle, la ville était partagée en deux, tant au niveau physique que social, politique et administratif. On peut encore voir que Canal Street était le *neutral ground*, la « séparation neutre » entre les deux communautés, les Américains ne se mélangeant pas avec les Créoles à l'époque. On peut encore voir cette différence par le nom des rues : Bourbon Street devient Carondelet dans le CBD, Chartres Street se transforme en Camp Street, etc.

Dans ce quartier ont entre autres élu domicile de nombreuses chaînes hôtelières, des restaurants branchés, le Caesars Superdome et le Smoothie King Center, des théâtres historiques restaurés comme l'Orpheum ou encore le Saenger, sans oublier le quai d'embarquement du *ferry* pour Algiers.

Arts/Warehouse District. Blotti entre CBD, Garden District et le Mississippi, ce quartier témoigne d'un passé glorieux quand le port accueillait chaque semaine des centaines de bateaux. Les vieux entrepôts sont peu à peu réhabilités. Transformés en galeries d'art (notamment sur Julia Street surnommée « Gallery Row »), en lofts d'artistes et appartements/condos pour les milléniaux, en hôtels, en restaurants ou en bars, et parfois ornés de jolies fresques murales, ces immeubles constituent un bel ensemble architectural, aux allures parfois inquiétantes. À vous d'imaginer l'activité portuaire qui régnait dans ce dédale il y a moins d'un siècle ! C'est aussi dans ce quartier que l'on retrouve le New Orleans Ernest N. Morial Convention Center (MCCNO), des musées d'importance comme The National WWII Museum et l'Ogden Museum of Southern Art, le Contemporary Arts Center New Orleans et le fameux Mardi Gras World.

Tous les premiers samedis du mois lors du First Saturday Galleries Opening (ou anciennement Art Walk), les galeries ouvrent leurs portes au public avec une belle programmation mettant en vedette les artistes locaux et les nouvelles expositions. D'autres événements axés sur les arts et la culture s'y tiennent pendant l'année, notamment Jammin' on Julia le premier samedi de mai, White Linen Night le premier samedi d'août et Art for Art's Sake le premier samedi d'octobre. Pour plus d'infos : artsdistrictneworleans.com. Finalement pour les gourmands, un marché fermier se tient à l'angle des rues Girod et Magazine tous les samedis entre 8h et midi. Un conseil, allez-y très tôt si vous voulez avoir du choix.

▶ **Treme.** Situé au nord du French Quarter, dans le quadrilatère délimité par les rues North Rampart, St. Louis, South Broad et Esplanade, Treme est le quartier historique de la communauté afro-américaine. On y retrouve d'ailleurs un musée dédié à la cause, le New Orleans African American Museum. On aime l'ambiance, l'architecture et les maisons un peu vétustes - pour ne pas dire en piteux état dans certains cas - de ce quartier pas touristique pour un sou. D'ailleurs le soir, arpenter les ruelles peu éclairées de Treme n'est pas vraiment recommandé.

Congo Square est le cœur battant de Treme. C'est ici qu'est né le jazz lorsque esclaves et affranchis se retrouvaient pour des séances de musique en plein air. En 1980, le maire Maurice Edwin « Moon » Landrieu a créé le parc Louis Armstrong en mémoire du fameux jazzman, lequel comprend Congo Square ainsi que le Mahalia Jackson Theater for the Performing Arts. Outre cet incontournable point d'intérêt, Treme est l'endroit en ville où savourer une authentique cuisine créole et où voir les fameuses parades des *Second Lines* et des *jazz funerals* (processions en musique). Mais tout n'est pas rose à Treme. Dans les années 1960, la ville décide de préserver le French Quarter pour faire passer le pont autoroutier de la I-10. Celui-ci enjambera Treme : des centaines de boutiques mettent la clef sous la porte, des milliers de familles s'exilent. Katrina aura le même effet. Durement touché, le quartier peine à retrouver sa vie et ses habitants (quelques stigmates sont encore visibles - une parcelle vide, une bicoque au bois gonflé abandonnée...). De riches citadins, souvent non-Louisianais, investissent, achètent et rénovent plutôt bien, boboïsant le quartier. Les loyers vont jusqu'à quadrupler, créant un nouvel exil forcé des habitants vers des *housing projects*, propres, neufs, bien à l'écart. Et puis les fresques peintes ici et là, décrivant des scènes du quotidien ou honorant tel musicien, déplaisent parfois aux nouveaux arrivants, comme ces funérailles que traditionnellement on célèbre en fanfare. Alors la mairie interdit, essaie de ménager la chèvre et le chou. Des fresques recouvrent à nouveau le blanc immaculé ou le gris béton des services municipaux, des associations s'activent pour redynamiser le quartier et impliquer la jeunesse dans des projets, culturels et sportifs notamment. C'est ici que l'ancien président Barack Obama a déjeuné et serré des mains lors de sa visite fin août 2015 pour la commémoration du passage de l'ouragan Katrina. Il a notamment fait référence à l'extraordinaire force de résilience dont ont fait preuve ses habitants. On recommande d'ailleurs la série télévisée *Treme* qui plonge au cœur du quotidien des habitants du quartier dans La Nouvelle-Orléans post-Katrina.

Congo Square - Louis Armstrong Park.

St Charles Avenue.

Esplanade Ridge. Bordant le quartier Treme au nord-ouest et nord-est, Esplanade Ridge tient sa réputation à la magnifique Esplanade Avenue, surnommée « l'allée des millionnaires » en raison de la population créole prospère, qui y résidait. C'est d'ailleurs sur cette avenue que sont établis le Musée de f.p.c. (Free People of Color Museum) et la Degas House où vécut le fameux peintre Edgar Degas (devenu un bed & breakfast, visite guidée proposée), alors que près du bayou St. John (endroit de prédilection pour une virée en kayak) se trouve le St. Louis Cemetery No. 3. Outre ces points d'intérêt et la belle architecture des maisons du quartier, Esplanade Ridge compte plusieurs restos, cafés, bars et boutiques le long d'Esplanade Avenue, de North Broad Street et leurs environs. À noter que le secteur du bayou St. John au sud de City Park est souvent associé au quartier Mid-City. Personne ne semble s'entendre sur ce point...

Marigny/Bywater. Ces deux quartiers, établis côte-à-côte, sont délimités par Esplanade Avenue, North Rampart Street/St. Claude Avenue, le Inner Harbor Navigation Canal et le fleuve Mississippi. Prudence la nuit toutefois, certaines rues pouvant être parfois mal famées.

Dans Marigny, aussi appelé Faubourg Marigny, les maisons sont principalement de plain-pied ou d'un étage de style créole ou Renaissance grecque. Elles sont très rapprochées les unes des autres, ce qui donne une agréable ambiance de petit village. En 1806, Bernard Xavier Philippe de Marigny divise le terrain où se trouve sa plantation. Le Faubourg Marigny prend forme et est également surnommé pendant le XIXe siècle « Little Saxony » en raison du nombre important d'Allemands qui s'installent dans cette partie de la ville. Dans le quartier Marigny, il ne faut pas rater Frenchmen Street, ses clubs et bars. Les locaux vous diront que c'est ici qu'ils sortent et non sur Bourbon Street (bien qu'elle soit en passe de devenir la nouvelle Bourbon Street...). En effet, les nouveaux groupes de musique, plus expérimentaux, viennent faire leurs armes dans les clubs de Frenchmen. Non loin à l'est se trouve également le Marigny Opera House voué à l'opéra et aux arts de la scène. Juste à l'est de Marigny, le Bywater est un quartier arty et bobo où maisons *shotgun* construites dans les années 1870-1890 côtoient entrepôts squattés ou transformés en ateliers. Ce quartier est toujours en rénovation suite à Katrina. Le Bywater a été fondé par les Allemands, les Irlandais et les esclaves dont les descendants y sont toujours installés. À l'origine, on y trouvait les presses pour le coton, les potagers et les orangers. C'est, aujourd'hui, un quartier agréable et en pleine émulation où les bonnes adresses pour casser la croûte et prendre un verre poussent comme des champignons. Quelques visites à ne pas manquer dans ces quartiers pour les amoureux des arts : The Art Garage, JAMNOLA, Studio Be et Dr. Bob's Folk Art.

Lower Ninth Ward. S'il y a une image qui nous vient en tête en pensant à l'ouragan Katrina, c'est bien le Lower Ninth Ward. Totalement dévasté et englouti sous les eaux, les images du quartier ont fait le tour du monde et l'ont érigé en symbole. Près de 20 ans plus tard, il n'a toujours pas remonté la pente, contrairement à d'autres secteurs de la ville. Vidé d'une grande partie de ses habitants, il semble rassembler toute la misère de La Nouvelle-Orléans, entre les maisons abandonnées et les innombrables terrains vacants où la nature a repris ses droits. Si le secteur au sud de North Claiborne Avenue - plus particulièrement entre St. Claude Avenue et le Mississippi - est davantage habité, toute la zone au nord de North Claiborne Avenue jusqu'au bayou Bienvenue porte encore les stigmates de

Katrina. Dire qu'avant l'ouragan, le Lower Ninth Ward était réputé dans le pays pour son taux élevé d'accession à la propriété chez la communauté noire...
Cela dit, la vie reprend tranquillement son cours, les maisons sont rasées, rénovées ou reconstruites. On pense notamment à la Make It Right Foundation de Brad Pitt qui a permis la construction de maisons écolo, conçues par des architectes de renom comme Frank Gehry et Shigeru Ban. Malheureusement, des vices de construction se sont accumulés et ont mené à la démolition de certaines d'entre elles au cours des dernières années (une saga qui s'assortit d'ailleurs de poursuites judiciaires). Tout au sud du quartier, dans le sous-district de Holy Cross, on retrouve une autre initiative écolo, le Global Green Community & Climate Action Center. Si le quartier a perdu une grande partie de ses habitants, il a aussi perdu nombre de ses commerces, entraînant l'insécurité alimentaire pour la population restante. C'est ainsi que Burnell Cotlon, un habitant du quartier, a décidé de mettre toutes ses économies au profit de sa communauté en ouvrant, en 2014, une petite épicerie doublée d'un salon de coiffure, d'une laverie et d'un café Internet, le Burnell's Lower Ninth Ward Market. Et comme sa communauté lui tient à cœur, il a démarré un 2e projet en lien avec la construction de logements et maisons abordables dans le quartier, Building with Burnell. Il n'est pas le seul à combattre l'insécurité alimentaire alors que des terrains vacants du Lower Ninth Ward trouvent une nouvelle vocation, l'agriculture urbaine, encouragée par la loi *Urban Agriculture Incentive Zone*. Si vous désirez visiter ce quartier, évitez à tout prix les visites guidées qui ne bénéficient que rarement à la population locale. Cependant, nous recommandons l'organisme lowernine.org qui propose des tours en échange de dons qui seront investis dans ses différents projets communautaires. Faites également un saut du côté du Lower Ninth Ward Living Museum afin d'en apprendre davantage sur ce quartier, son histoire et ses habitants.

Algiers. Face au French Quarter, Algiers est bordé par le Mississippi et la région du Westbank. Le *ferry* relie le quartier CBD (embarquement au bout de Canal Street) à Algiers Point, le meilleur endroit pour avoir une vue panoramique de la ville. On se retrouve ici loin de la vie urbaine trépidante du centre-ville, dans un secteur réputé pour son authenticité et son charme désuet qui ne manque pas de séduire. Il faut entre autres voir le Jazz Walk of Fame à deux pas du *ferry*, le petit musée Folk Art Zone and Blues Museum, la vieille station-service Pelican Gulf Station restaurée à titre historique, ou encore le Algy Theater construit dans le style Art déco dans les années 1940 (ce dernier abrite dorénavant un studio de souffleurs de verre, le Rosetree Blown Glass Studio and Gallery).
Jack Kerouack et Neal Cassady venaient à Algiers pour rendre visite à leur ami et écrivain William Burroughs pendant leur odyssée sur la route que l'on peut retrouver dans le livre de Kerouack, *On the Road*. Faisant partie du territoire que Jean-Baptiste Le Moyne, sieur de Bienville, possédait en 1719, Algiers était le site de l'une des principales plantations de la région. Au début du XIXe siècle, le développement du commerce par bateaux à aubes a accru la construction d'entrepôts sur ce côté du fleuve. Grâce à l'afflux d'immigrés, les zones résidentielles se sont développées et elles représentent l'architecture typique de la ville (*shotgun houses*), notamment dans le secteur Algiers Point.

Mid-City, nord et New Orleans East

Nous avons inclus ici le quartier Mid-City, tout le secteur situé entre l'autoroute 610 et le lac Pontchartrain, ainsi que le secteur complètement à l'est de la ville et qui permet de rejoindre le Northshore via l'autoroute 10 et les routes 11 et 90.

Mid-City. Situé en plein centre de la ville, juste sous City Park et rapidement accessible via le *streetcar* de Canal Street, Mid-City est à la fois un quartier en vogue et sans prétention. Majoritairement résidentiel, il recèle d'adresses gourmandes et de lieux fort sympathiques pour boire un verre, ce qui en fait un lieu idéal pour prendre le pouls de la ville et se mêler aux locaux. Il faut toutefois noter que les limites de ce quartier diffèrent selon à qui on s'adresse, certains incluant aussi plusieurs secteurs au sud de l'autoroute 610, notamment le quartier Navarre, la partie sud de City Park, le secteur du bayou St. John, celui des Fairgrounds ainsi que le nord d'Esplanade Ridge le long du bayou, ce que nous n'avons pas fait dans notre guide.

City Park. Immense espace vert de plus de 525 hectares, il s'étire de City Park Avenue au sud jusqu'à Robert E. Lee Boulevard au nord, non loin du lac Pontchartrain. En plus de ses installations sportives et de loisirs, dont un superbe terrain de golf divisé en deux secteurs (Bayou Oaks), il héberge le New Orleans Museum of Art (NOMA), le Louisiana Children's Museum et le New Orleans Botanical Garden, par exemple. Pour plus d'infos : neworleanscitypark.com

Lakeview. Situé à l'est du 17th Street Canal, qui marque la frontière avec la ville de Metairie, et à l'ouest du Orleans Canal et de City Park, entre Mid-City et le lac Pontchartrain, Lakeview inclut aussi des sous-districts comme Navarre, Lakewood et West End (les deux premiers hébergent les fameux cimetières Greenwood et Metairie). C'est un des quartiers qui a subi le plus de dégâts lors de l'ouragan Katrina : quand la levée du canal a lâché, une grande partie de Lakeview s'est retrouvé sous trois mètres d'eau.

Lakeview est un quartier principalement résidentiel, la quasi-totalité des adresses gourmandes et boutiques se concentrant sur Harrison Avenue, sans oublier les restaurants - notamment de fruits de mer - dans les environs des marinas, sur les rives du lac Pontchartrain.

▸ **Gentilly.** Bordé par l'autoroute 610 au sud et le lac Ponchartrain au nord, entre le bayou St. John et le Inner Harbor Navigation Canal, le quartier de Gentilly héberge trois universités dont la plus connue, The University of New Orleans (UNO) avec son grand campus sur les rives du lac, mais aussi la Southern University at New Orleans et la Dillard University. C'est également dans ce quartier que se trouve le siège du bureau de terrain du FBI pour La Nouvelle-Orléans. Gentilly, comme plusieurs autres quartiers, a subi d'énormes dégâts lors du passage de Katrina, la levée du canal de London Avenue ayant cédé à deux endroits.

▸ **New Orleans East.** Complètement à l'est de la ville, un long bras de terre relie La Nouvelle-Orléans à la région du Northshore (via l'autoroute I-10, gardez l'œil ouvert pour le château Fishermans Castle at Irish Bayou juste avant le Twin Span Bridge). Vous passerez également par ici si vous désirez vous rendre sur la Gulf Coast dans l'État du Mississippi (via la route 90).

Zone clairement moins fréquentée par les touristes, elle recèle toutefois quelques points d'intérêt dignes de mention, à commencer par le New Orleans Lakefront Airport et son terminal de type Art déco, l'un des derniers du genre au pays. Toujours sur les rives du lac Pontchartrain se trouve la plage Lincoln (Lincoln Beach) dans le secteur de Little Woods. En fonction de 1939 à 1965, c'était un haut lieu de détente et loisir réservé à la communauté noire avec sa plage, ses piscines et son parc d'attractions. Laissé à l'abandon depuis sa fermeture, la mairie de La Nouvelle-Orléans désire restaurer les lieux dans un avenir rapproché. New Orleans East est aussi l'hôte de deux sites naturels, l'Audubon Louisiana Nature Center et le Bayou Sauvage National Wildlife Refuge. Si l'histoire est davantage votre tasse de thé, vous retrouverez les ruines de Fort Macomb (le long de la route 90, un peu après la jonction avec la route 11) et celles, plus impressionnantes et qui se visitent, de Fort Pike (Fort Pike State Historic Site, le long de la route 90 juste avant le pont The Rigolets). Finalement, il faut savoir que New Orleans East accueille une importante communauté vietnamienne, notamment dans le secteur qui borde la route 90 juste à l'est de la jonction avec l'autoroute I-510. C'est l'endroit par excellence pour aller savourer un succulent sandwich banh mi !

Central City, Garden District et Uptown

Nous avons délimité ce secteur du sud-ouest de la ville par le fleuve Mississippi, Monticello Avenue, la route 61, et l'autoroute 10 suivie du Ponchartrain Expressway (route 90). La majeure partie est occupée par Uptown/Carrollton, un secteur historique reconnu par le New Orleans Historic District Landmarks Commission. Bien que Central City, Garden District et Irish Channel, par exemple, n'en fassent pas partie, plusieurs ont tendance à appeler toute cette grande zone de la ville « Uptown ». À noter que les cimetières Lafayette No. 1 et No. 2 se trouvent ici. Deux grandes artères sont à découvrir absolument, à commencer par St. Charles Avenue rendue célèbre par son *Tramway nommé Désir*, œuvre écrite par Tennessee Williams. C'est le plus vieux tramway encore en circulation au monde et la balade est vivement conseillée : bordée de magnifiques demeures, l'avenue St. Charles passe sous une voûte de chênes centenaires du plus bel effet. Le *streetcar* démarre sur Canal Street, parcourt les avenues St. Charles puis Carrollton jusqu'à South Claiborne, où il termine sa route. Vient ensuite Magazine Street, parallèle à St. Charles Avenue mais un peu plus au sud. Si vous aimez les petites boutiques, les fripes, les antiquités et les objets de déco, c'est votre quartier. La journée sera aussi ponctuée par un arrêt à un *coffee shop* ou sur la terrasse d'un bar ou d'un resto de quartier. Nombreux commerces sont dans des maisons particulières en bois peint, ce qui fait le charme de cette rue à découvrir à pied ou à vélo.

▸ **Central City.** Énorme quartier qui s'étend des avenues St. Charles à South Claiborne, entre Toledano Street et le Ponchartrain Expressway (route 90). Le secteur connu sous le nom de Hoffman Triangle (South Claiborne Avenue, Toledano Street et Martin Luther King Jr. Boulevard) en fait également partie.

Quartier historiquement afro-américain, il est intimement lié aux traditions du *brass band* et des Mardi Gras Indians (ne manquez pas les parades du Super Sunday). Il fut également au cœur du mouvement pour les droits civiques à La Nouvelle-Orléans (la Southern Christian Leadership Conference a été fondée ici avec Martin Luther King Jr.), avant de sombrer dans la pauvreté, le crime et la drogue vers la fin des années 1970 (l'épidémie de crack y a fait des ravages au milieu des années 1980). À l'aube du nouveau millénaire, Central City cumulait maisons abandonnées et terrains vacants avant de voir quelques projets de revitalisation lui donner un second souffle, à commencer par la destruction des *projects*, ces ghettos d'habitations à loyer modique où les gangs de rue font la loi. Depuis, des projets résidentiels à revenu mixte poussent dans certains secteurs, des maisons sont construites ou rénovées et les bonnes adresses se multiplient dans les premiers blocs au nord de St. Charles Avenue (sachez d'ailleurs que les zones plus au nord ne sont pas toutes sécuritaires).

Garden District. Bordant le quartier Irish Channel, le Garden District est délimité par St. Charles Avenue, 1st Street, Magazine Street et Toledano Avenue (à noter que le secteur historique national couvre un peu plus, soit le quadrilatère composé des rues Carondelet, Josephine, Magazine et Louisiana).

Ce secteur a été construit par des hommes d'affaires des États du Nord attirés par la richesse de la ville entre 1840 et 1900. N'ayant pas les mêmes conceptions de la vie que les Créoles du French Quarter, les *Yankees* se sont démarqués en construisant de grandes bâtisses à étage, en bois, avec des balcons et des vérandas où il fait bon prendre le frais sur une chaise à bascule à la tombée du jour. La plupart des balcons sont soutenus par des colonnes : petites et carrées ou énormes et rondes, elles marquent l'attrait pour le style Renaissance grecque répandu à La Nouvelle-Orléans par l'architecte irlandais James Gallier. Pour apprécier le Garden District, il faut le visiter à pied en prenant son temps, question de découvrir l'architecture et la végétation de chaque jardin. Le quartier est aussi réputé pour ses adresses gourmandes. Des néo-Orléanais plutôt au fait des dernières tendances, ainsi que le gratin de la ville, se rejoignent dans les restaurants de Garden District, chics et branchés à l'image de leur population. Excellente destination également pour les *coffee shops*, bars et brasseries artisanales, sans oublier un hébergement de charme dans des maisons historiques. À savoir qu'il existe aussi un quartier du nom de Lower Garden District, lequel jouxte son grand frère jusqu'au Pontchartrain Expressway (route 90). Ce sont les blocs les plus funky, un mélange de résidences de toutes les tailles, de petits cafés, bars et restos, et de commerces en tous genres allant du *tattoo shop* au *record store*.

Irish Channel. Voisin du Garden District, c'est un quartier résidentiel où de nombreux immigrants irlandais se sont installés au fil du temps. Cette partie de la ville est maintenant un mélange de races et d'origines, sans héritage particulier. En revanche, on y célèbre toujours la fête de la St. Patrick au bar Parasol's qui organise chaque année son fameux *block party*. Pour casser la croûte ou boire un verre, la majorité des bonnes adresses se trouve sur Magazine Street, limite nord du quartier, et dans le secteur de Tchoupitoulas Street.

Uptown/Carrollton. Membre à part entière du New Orleans Historic District Landmarks Commission, le secteur Uptown/Carrollton couvre une grande partie du sud-ouest de la ville.

Uptown regroupe plusieurs quartiers, comme West Riverside où se trouve le campus Patton du Lycée français de La Nouvelle-Orléans, ou encore Audubon, hautement réputé pour son parc éponyme, un des plus grands de la ville et qui héberge aussi un zoo et un terrain de golf. Le quartier Audubon accueille également les campus des universités Loyola et Tulane, qu'il faut aller voir pour comprendre pourquoi l'enseignement supérieur est si cher : équipement dernier cri, salles très confortables, cadre somptueux... Au nord-ouest se trouve Carrollton qui comprend entre autres les quartiers de Black Pearl, East Carrollton ou encore Leonidas (aussi appelé West Carrollton). Les bonnes adresses pour manger et sortir sont ici légion, notamment sur les rues Maple et Oak. Les deux autres campus du Lycée français de La Nouvelle-Orléans se trouvent aussi dans Carrollton.

© VALÉRIE FORTIER

Magazine Street dans Lower Garden District.

À VOIR / À FAIRE

La Nouvelle-Orléans se prête à la balade comme aucune autre ville américaine. Si le French Quarter et ses vestiges historiques sont bien évidemment incontournables, il ne faut pas hésiter à sortir des sentiers battus afin de découvrir la ville comme un local. Baladez-vous dans ses différents quartiers, perdez-vous dans les petites rues, arrêtez-vous au hasard dans un café ou un bistro... Laissez votre voiture au parking et n'utilisez que les transports en commun pour prendre le pouls de la vie quotidienne. Et pour ceux qui aimeraient voir les grands classiques sans se ruiner, il faut se procurer le Go City New Orleans ou le New Orleans Sightseeing Pass (apps à télécharger). Valides de un à cinq jours, ils permettent de sélectionner gratuitement certaines attractions et des tours guidés en plus d'obtenir des réductions sur une foule d'autres activités et sorties, en ville comme dans les environs.

BASIN ST. STATION VISITOR CENTER

501 Basin Street
✆ +1 504 293 2600
basinststation.com
Ouvert tous les jours de 8h30 à 17h30.

Ce bureau touristique est situé au rez-de-chaussée d'un complexe destiné à présenter le passé des chemins de fer de La Nouvelle-Orléans et du Sud américain. L'ensemble est installé dans le Southern Railway Building qui date de 1905, à l'entrée sud de Treme et proche du St. Louis Cemetery n° 1 (possibilité d'acheter ses billets ici pour la visite guidée du cimetière). C'est l'une des cinq gares qui desservaient le centre-ville au début du XXe siècle. Expositions, coin boutique.

FRENCH QUARTER VISITOR CENTER

419 Decatur Street ✆ +1 504 589 2636
nps.gov/jela/planyourvisit
Ouvert du mardi au samedi de 9h30 à 16h30.

C'est le bureau touristique officiel pour le Jean Lafitte National Historical Park & Preserve et le New Orleans Jazz National Historical Park. On y retrouve des expositions et un film relatant l'histoire et les traditions du delta du Lower Mississippi River et de la ville reconnue pour son incroyable métissage, sa musique, sa gastronomie, son architecture, etc. Du mardi au samedi à 10h, un *ranger* propose une causerie sur l'histoire de La Nouvelle-Orléans (gratuit).

NEW ORLEANS & COMPANY

✆ +1 800 672 6124
www.neworleans.com

Le site web de l'office du tourisme de La Nouvelle-Orléans contient une mine d'informations pour préparer son séjour. Outre les innombrables bonnes adresses classées par catégories, la rubrique « Trip Planning Tools » contient un guide des quartiers, la liste des rues à visiter, des suggestions d'itinéraires thématiques, des offres et coupons-rabais, un magazine touristique à télécharger ou commander en ligne, etc. Jetez un œil au blog, il contient une foule d'articles pour ne rien louper et vivre pleinement NOLA, le tout écrit et enrichi par des locaux.

ALL BOUT DAT TOURS

✆ +1 504 457 9439
www.allboutdat.com
Tours à partir de 35 US$ par adulte. Voir site web pour les horaires des différentes visites. Réservation impérative.

Fondée en 2013 par Mikhala Iverson, cette entreprise à taille humaine propose de plonger au cœur de la culture afro-américaine de La Nouvelle-Orléans, d'hier à aujourd'hui. Sa visite la plus populaire, le Black Heritage & Jazz Tour, se déroule hors des sentiers battus dans le quartier Treme et revient sur le riche héritage laissé par cette communauté, mais aussi toute son histoire couvrant de l'esclavage à l'émancipation. Une visite spirituelle est aussi offerte, le Sacred Sunday Libation, ainsi qu'un combo swamp tour et visite de la plantation Whitney.

HISTOIRE DE LA NOUVELLE-ORLÉANS

La naissance de La Nouvelle-Orléans

Bien que le site soit inhospitalier (marécages, élévation sous le niveau de la mer, risques d'ouragans et d'inondations...), sa localisation stratégique, entre le lac Pontchartrain et le Mississippi et à proximité du golfe du Mexique, convainc le sieur de Bienville lors de son exploration de la Louisiane. En 1712, les premières concessions de terrain sont faites et c'est en 1718 que La Nouvelle-Orléans est fondée, ainsi baptisée en l'honneur du duc d'Orléans. Détruite par deux ouragans au début des années 1720, une nouvelle ville surgit de terre et des levées et des canaux sont alors construits pour lutter contre le principal problème : l'eau. Afin de réaliser ces grands travaux, la Compagnie des Indes fait venir un grand nombre d'esclaves. En 1762, la Louisiane devient espagnole par le traité de Fontainebleau. La Nouvelle-Orléans n'a cependant jamais été espagnole dans sa culture ou ses coutumes, mais certains gouverneurs ont beaucoup œuvré pour l'amélioration des conditions de vie, notamment le baron de Carondelet. En 1788 et 1794, de grands incendies réduisent à néant une grande partie de la ville, nécessitant sa reconstruction. Puis Napoléon, victorieux de ses campagnes d'Italie, souhaite alors récupérer la Louisiane pour étendre l'influence de son empire. Charles IV d'Espagne accepte de signer la convention de San Ildefonso qui rétrocède la colonie à la France en 1800.

De la vente de la Louisiane à la guerre de Sécession

La vie à La Nouvelle-Orléans est festive. La ville est alors majoritairement catholique mais d'une manière très libérale, personne ne trouve rien à redire aux nombreux bordels et salons de jeux. Cette folie, ce non-respect des convenances puritaines, en vigueur dans les autres Etats, vont profondément choquer les Américains arrivés en grand nombre depuis que Napoléon a vendu la Louisiane aux jeunes Etats-Unis d'Amérique en 1803. Un conflit latent apparaît alors entre les Créoles, à peine éduqués et qui ne pensent qu'à profiter de la vie, et les Américains, attirés par l'importance du port et la fortune qu'on peut y édifier en travaillant dur. En 1812 éclate la guerre anglo-américaine, laquelle se conclut par la bataille de La Nouvelle-Orléans (1815). Les Créoles, les Américains, les Noirs libres, les pirates, tous se portent volontaires aux côtés du général Jackson pour sauver leur ville des Anglais, ce qu'ils font. Puis vient l'âge d'or des bateaux à vapeur et de l'enrichissement de la cité entre 1820 et 1870. Des centaines de *steamboats* accostent et déchargent balles de coton, tabac, indigo, céréales, toutes sortes de marchandises et de voyageurs. En 1860, elle est la plus grande ville du sud des Etats-Unis et, surtout, le plus gros marché de coton du monde. Mais elle est aussi l'une des plus sauvages : la prostitution, le jeu, la corruption et la boisson sont les quatre mamelles de la ville. L'année suivante, la Louisiane est le sixième Etat à faire sécession et se retrouve divisée avec les Confédérés à l'ouest et l'Union à La Nouvelle-Orléans. En effet, en avril 1862, l'amiral américain David G. Farragut prend et occupe la ville sans avoir à la bombarder. Le gouvernement municipal reste en place, mais les Yankees instaurent la loi martiale.

La reconstruction et l'ère moderne

La guerre s'achève en 1865 et les années de reconstruction, où règnent violence, anarchie et corruption, sont les plus noires de La Nouvelle-Orléans. La prostitution est un secteur d'activité très développé dans Basin Street et dans le *Swamp* (Julia Street et Girod Street). « Ces endroits étaient remplis d'égorgeurs, d'incendiaires, de voleurs, de macs. Il y avait des salles de danse, des bordels, des saloons, des salles de jeu, des terrains de combat de coqs et des chambres d'accueil. La mortalité policière était élevée dans ces quartiers. » (Gallatin, historien). « C'était le centre du trafic de drogue et des marchandises volées. » (Al Rose, auteur de Storyville). Dans les années 1920-1930, la population prend conscience de l'état de dégradation avancée du Vieux Carré. Une commission mise en place doit veiller à la rénovation des bâtiments dans un strict respect des styles architecturaux qui font la particularité de ce quartier. Si La Nouvelle-Orléans continue son développement au cours des décennies suivantes, elle change radicalement suite au passage dévastateur de l'ouragan Katrina en 2005. Ses cicatrices restent encore bien visibles dans certains quartiers, mais les Néo-Orléanais sont résilients et la ville reprend définitivement du poil de la bête.

ART HOME NEW ORLEANS - CANO

✆ +1 504 228 8530

arthomeneworleans.org

Tarifs sur demande et en fonction du nombre de personnes. Réservation impérative.

Membre du Creative Alliance of New Orleans, cette association à but non lucratif propose des visites guidées privées à saveur culturelle et artistique. On peut ainsi visiter des ateliers d'artistes et des collections privées du quartier Uptown, plonger au cœur de la mode locale dans les studios et boutiques de créateurs, découvrir l'architecture des habitations des différents quartiers de la ville, ou encore admirer des œuvres d'art avec de vrais connaisseurs.

BALADES AVEC JOSPEH DUNN

joseph@louisianaperspectives.com

Tours sur mesure (groupes et individuels) ; contactez Joseph Dunn pour un devis.

Peut-être l'aurez-vous déjà rencontré à la Plantation Laura, où il loue ses services de guide francophone mais surtout épluche les archives de la propriété et travaille à en éclaircir les zones d'ombre. Sachez que Joseph Dunn, dont l'histoire familiale est étroitement liée à celle de la Louisiane, propose aussi des visites à pied de La Nouvelle-Orléans. Passionné par les notions d'identité et de culture, ses commentaires et anecdotes offrent un son de cloche différent de ce que l'on pourra entendre ailleurs, toujours avec pertinence et dans la nuance.

BUZZ NOLA

214 Magazine Street

✆ +1 504 533 9688

www.buzznola.com

Tours et location tous les jours. Tour guidé à partir de 50 US$ par personne. Réservation requise.

Si l'entreprise Buzz Nola est bien connue pour la location de vélos (électriques ou non), elle propose également des visites guidées à deux roues dont son incontournable Complete Crescent Tour (offert aussi en e-bike) qui vous mènera notamment dans French Quarter, Treme, Faubourg Marigny, Bayou St. John, City Park et plus encore. Il est aussi possible d'avoir un combo French Quarter et Garden District ou encore de réserver une balade à vélo en soirée pour les groupes d'au moins 10 personnes. En tous les cas, il faut réserver son tour au moins 2 heures à l'avance.

CAJUN ENCOUNTERS TOUR CO.

941 Decatur Street

✆ +1 504 834 1770

www.cajunencounters.com

Tarifs variables selon le tour choisi. Réservation requise. Tours à pied ou en bus de La Nouvelle-Orléans aussi offerts.

Cette compagnie est idéale pour ceux n'ayant pas de voiture et désirant découvrir les plantations et les *swamps*. On y propose des excursions aux plantations de Oak Alley et de Houmas House ou encore un combo permettant de visiter Oak Alley et Laura. Du côté des *swamp tours*, ils se déroulent dans le Honey Island Swamp à Slidell et sont offerts de jour comme de soir. Peu importe l'excursion choisie, le transport est inclus et on peut même venir vous chercher à votre hôtel.

DOCTOR GUMBO TOURS

✆ +1 504 473 4823

doctorgumbo.com

Tours du mercredi au dimanche, à partir de 70 US$ par personne. Réservation requise.

Envie d'une visite gourmande dans une ville dont la réputation de la scène culinaire n'est plus à faire ? C'est ce que propose Doctor Gumbo Tours ! Que ce soit pour savourer des spécialités locales (gumbo, po-boy, muffulettas, pralines, etc.) ou siroter des cocktails emblématiques (notamment le Sazerac), on enchaîne ici les visites d'établissements gourmands pour s'en mettre plein la panse. Si le choix est trop difficile entre la nourriture et les cocktails, le forfait combo permet de goûter à une dizaine de plats et environ quatre cocktails différents.

FLAMBEAUX BICYCLE TOURS

626 North Rampart Street

✆ +1 504 321 1505

flambeauxtours.com

Tours : 50 US$ par personne. Voir site web pour les dates. Réservation requise.

Une façon originale et sportive de découvrir La Nouvelle-Orléans, à vélo, grâce à l'un des tours proposés en compagnie d'aussi avisés que sympathiques guides. Au programme, trois tours aussi différents qu'intéressants : Creole Odyssey, Tale of Two Cities et Heart of the City (la description des quartiers et des attraits visités est disponible en ligne). Des tours saisonniers sont également offerts avec des thématiques comme la musique et les droits civiques, sans oublier les virées en soirée pour les groupes privés et la location de vélo pour les plus autonomes.

FREE TOURS BY FOOT

freetoursbyfoot.com/new-orleans-tours

Voir site web pour le calendrier des visites. Gratuit, pourboire en sus.

Comme son nom l'indique, cette entreprise propose des visites guidées à pied gratuites. En fait, c'est à vous de décider combien vous verserez à votre guide. Que ce soit pour visiter des quartiers (French Quarter, Garden District, Treme...), découvrir le cimetière St. Louis #3 et Bayou St. John, plonger au cœur de la religion vaudou ou encore partir à la rencontre des fantômes de la ville, vous trouverez ici chaussure à votre pied. Comble de bonheur, l'entreprise met également des visites guidées en ligne sur son compte YouTube. A visionner sans modération !

LOST LANDS TOURS

✆ +1 504 858 7575

lostlandstours.org

Tours à partir de 95 US$ par personne (tarifs variables selon le nombre de personnes). Réservation impérative.

Entreprise d'écotourisme, Lost Land Tours propose des sorties guidées en kayak à environ 40 minutes de voiture de La Nouvelle-Orléans. Le point de rencontre se fait en ville et débute avec une session d'information sur les impacts environnementaux affectant la côte louisianaise. Puis tout le groupe part vers le Maurepas Swamp Wildlife Management Area où se déroule l'activité (il faut avoir sa propre voiture, mais il est parfois possible d'avoir une place à bord du camion transportant les kayaks). Des tours sur mesure en bateau à moteur sont aussi offerts.

FRIENDS OF THE CABILDO

523 St. Ann Street

✆ +1 504 524 9118

www.friendsofthecabildo.org

Tours tous les jours à 10h30 et 13h30. Adulte : 25 US$. Réservation recommandée.

Friends of the Cabildo est un organisme sans but lucratif travaillant en collaboration avec le Louisiana State Museum. Ses bénévoles offrent entre autres la visite guidée à pied du French Quarter touchant principalement l'architecture, le folklore et les faits historiques. Bien que les réservations ne soient pas obligatoires, on recommande toutefois d'acheter son billet en ligne ou à la boutique, histoire de s'assurer une place. Des visites thématiques sont également proposées à certaines périodes de l'année (histoire du jazz, visites des quartiers créoles, etc.).

LE MONDE CRÉOLE

✆ +1 504 568 1801

www.mondecreole.com

Visites en français à partir de 15 US$ par adulte. Voir site web pour les visites et horaires. Réservation requise.

Créée par Paul Nevski, cette agence propose des visites guidées en français qui sont tout sauf formelles. Que vous choisissiez Le Monde Créole (la visite la plus populaire), la visite du quartier Treme ou encore celle du Garden District, chacune prend plutôt la forme d'un bavardage saupoudré d'anecdotes, de faits anodins, comiques, voire tragiques. Une 4e visite est désormais offerte, soit celle de la pharmacie française qui inclut également le jardin médicinal, l'hôpital de jour et les cabinets des curiosités. Une agence qui sort des sentiers battus !

HAUNTED HISTORY TOURS

✆ +1 504 861 2727

hauntedhistorytours.com

Tours à partir de 30 US$ par adulte. Voir site web pour les horaires. Réservation recommandée.

Pour donner un peu de piquant à vos visites de la ville, cette entreprise propose une dizaine de tours guidés à pied ou en bus à la découverte d'histoires et de légendes frissonnantes sur La Nouvelle-Orléans. Vampires, fantômes, vaudou sont autant de sujets abordés lors des visites qui se tiennent de jour comme de soir. Une visite plus traditionnelle des quartiers de la ville est aussi proposée. Cette entreprise est certainement l'une des plus anciennes et des plus sérieuses de la ville. Les visites à pied durent deux heures en moyenne.

NEW ORLEANS SECRETS

✆ +1 504 517 5397

nosecretstours.com

Tours à partir de 25 US$ par personne. Voir site web pour les horaires. Réservation requise.

Ici aucune horde de touristes suivant le guide local, seulement huit personnes constituant chaque groupe. New Orleans Secrets offre toute une panoplie de visites guidées comme la balade gourmande sur Magazine Street, la virée cocktails dans le French Quarter, la découverte des mystères entourant les pratiques vaudou ou le petit cours d'histoire sur la communauté LGBTQ2 de la ville. Les grands classiques que sont les swamp tours et la visite des plantations sont également au programme, tout comme des excursions en kayak ou des balades à vélo.

NEW ORLEANS STEAMBOAT COMPANY

400 Toulouse Street
✆ +1 504 569 1401
www.steamboatnatchez.com
Tarifs variables selon la croisière choisie. Réservation requise.

Le *Natchez* est le digne descendant d'une riche lignée de bateaux à roue à aubes entièrement mus par la vapeur. Prenant une pause bien méritée, il est dorénavant remplacé par le *RiverBoat City of New Orleans*, nouveau joyau de l'entreprise. Croisières touristiques ou encore brunch/lunch/diner jazzé, elles ont vraiment le mérite de prendre du bon temps et de nous transporter à l'époque où ces mastodontes de bois étaient l'un des rares moyens de se mouvoir.

ST. CHARLES STREETCAR

www.norta.com
Billet aller simple : 1,25 US$.

Le fameux tramway vert que Tennessee Williams nomma Désir parcourt St. Charles Avenue, effectuant une longue boucle de Canal Street à Carrollton Avenue. Son trajet sous les chênes dessert les universités Loyola et Tulane et le parc Audubon. En service depuis 1835, c'est le plus vieux tramway en fonctionnement ininterrompu au monde. C'est un passage obligé de tout touriste de passage en ville. Montez à Canal Street et laissez-vous porter jusqu'au Garden District où vous pourrez vous balader pour admirer les fabuleuses demeures et jardins constituant le quartier.

THE GREAT DELTA TOURS

20876 Chef Menteur Highway
✆ +1 888 316 1338
www.thegreatdeltatours.com
Tours : 250 US$ par personne. Réservation impérative.

The Great Delta propose une virée en mode écotourisme au cœur du delta du Mississippi, de ses communautés locales et de ses espaces naturels. D'une durée de cinq heures et menée par des naturalistes, la visite permet d'admirer de près la faune et la flore sauvages, de plonger dans le quotidien des villages de pêcheurs, lesquels fournissent les fruits de mer à tout le pays, de découvrir l'ampleur de la restauration de la côte suite au passage de Katrina. Avis aux amateurs d'ornithologie : un tour privé avec des experts en la matière est proposé sur demande.

TOUR À NOLA

✆ +1 504 202 4945
www.touranola.com
Tours à partir de 25 US$ par adulte. Réservation requise. Visites privées également (possibles en français).

Établi à La Nouvelle-Orléans depuis plus d'une décennie, le Français Jérémy Habegger est non seulement le fondateur et guide de cette entreprise à taille humaine, mais aussi un musicien. On peut d'ailleurs le voir jouer dans les bars de Frenchmen Street. Outre sa visite du French Quarter, il offre deux visites qui gravitent autour de la musique. Le Music Legacy Tour retrace l'histoire et l'évolution des différents styles musicaux dans la ville, alors que Soirée Jazz braque les projecteurs sur les musiciens lors d'une sortie dans les bars de Frenchmen Street.

TOURS BY MARGUERITE

Place de Henriette Delille
✆ +1 504 517 4324 - toursbymarguerite.com
Visite de 2h, tous les jours à 12h. 30 US$ par adulte, 18 US$ par enfant (7 à 17 ans). Réservation requise.

Tours by Marguerite, ainsi nommé en hommage à la grande conteuse que fut la grand-mère du fondateur, est une agence de visites guidées qui se démarque dans le paysage. Le temps d'une flânerie dans le Vieux Carré, vous plongerez dans le quotidien des Créoles avant la guerre de Sécession. La balade vous mènera à la découverte de l'histoire de la ville. Enfin, une escale dans la Maison Hermann-Grima (1831) donnera un saisissant aperçu de la société louisianaise d'alors. La visite se déroule en français et est vivement recommandée pour comprendre qui sont les Créoles.

TWO CHICKS WALKING TOURS

✆ +1 504 975 4386
twochickswalkingtours.com
Tours : 30 US$ par adulte. Réservation requise.

Sous la gouverne de la Head Chick in Charge, Christine Miller, et dotée d'une équipe de fins connaisseurs, cette agence de visites guidées prône les balades en petits groupes afin de vivre pleinement chaque quartier à un rythme qui permet l'exploration. Que ce soit le French Quarter ou le Garden District, chaque visite dure deux heures et des arrêts sont prévus chez des partenaires locaux. Concernant le French Quarter, deux visites différentes sont offertes, dont celle en soirée qui traite du plus vieux métier du monde, soit celui de la prostitution.

INTERVIEW

LAWSON OTA

FONDATEUR ET DIRECTEUR DE TOURS BY MARGUERITE

Lawson Ota en quelques mots ?

Assis dans un café du quartier Bayou Saint-Jean (Bayou St. John), on pourrait écouter Lawson nous raconter l'histoire des Créoles de Louisiane pendant des heures. Véritable encyclopédie sur le sujet, c'est également un passionné des langues créole et française qu'il enseigne à la jeune relève néo-orléanaise comme aux adultes. En dehors des salles de cours, il arpente les rues du Vieux Carré pour partager ses connaissances lors des visites guidées de son entreprise à taille humaine, Tours by Marguerite.

Qui sont les Créoles louisianais ?

Le terme créole s'applique à tous ceux qui sont nés dans le Nouveau Monde et leurs descendants, peu importe le pays d'origine et la couleur de peau, car ce sont les interactions entre les Ouest-africains, les Européens et les Indiens qui ont donné naissance à cette culture francophone si riche et diversifiée.

Pourquoi avoir créé Tours by Marguerite ?

Créole lui-même, Lawson désirait offrir une perspective authentique sur le sujet plutôt que la sempiternelle vision anglo-américaine. Qui plus est, La Nouvelle-Orléans s'enrichirait ainsi d'une expérience touristique et culturelle en langue française, chose plutôt rare en ville.

Des suggestions de lectures sur le sujet ?

Nul besoin de courir les librairies, Tours by Marguerite proposant plusieurs ouvrages d'auteurs créoles louisianais de la fin du XIXe siècle, qu'on peut se procurer sur place ou via son site Internet.

Et Marguerite dans tout cela ?

Gardienne de la mémoire et raconteuse d'histoires, la grand-mère de Lawson perpétue depuis des décennies la riche tradition orale de l'Afrique de l'Ouest, un héritage dont se sert d'ailleurs admirablement bien notre interviewé.

TOURS BY MARGUERITE

Place de Henriette Delille
✆ +1 504 517 4324
toursbymarguerite.com

ARTHUR ROGER GALLERY

432 Julia Street
✆ +1 504 522 1999
arthurrogergallery.com
Ouvert du mardi au samedi de 10h à 17h. Entrée libre.

Ouverte en 1978 dans Garden District puis déménagée dix ans plus tard dans Warehouse/Arts District, la galerie d'Arthur Roger a contribué au développement de l'activité de la New Orleans Gallery Association (désormais appelée Arts District of New Orleans). Dès ses débuts, la galerie a attiré des artistes réputés tels que Robert Gordy et Ida Kohlmeyer. Ses expositions sont variées, et elles présentent le plus souvent les artistes louisianais mais aussi d'autres de renom provenant des quatre coins du pays. Une galerie à découvrir absolument !

AUDUBON AQUARIUM OF THE AMERICAS ★★

1 Canal Street ✆ +1 504 565 3033
audubonnatureinstitute.org
Horaires variables. 13 ans et plus : à partir de 28 US$. Fin des travaux de modernisation et d'agrandissement en 2023.

Des milliers de créatures de la vie marine réparties en centaines d'espèces se partagent ici la vedette, de la forêt amazonienne au fleuve Mississippi. On y retrouve aussi des espèces rares, comme l'alligator blanc. Parmi ses attractions, notons le nouveau bassin des requins, la forêt pluviale amazonienne ou encore l'immense exposition sur la vie marine du golfe du Mexique. À noter que l'Insectarium et le Jardin des papillons seront relocalisés ici suite aux travaux d'agrandissement.

BACKSTREET CULTURAL MUSEUM ★★

1531 St. Philip Street
✆ +1 504 657 6700
www.backstreetmuseum.org
Voir site web pour les horaires et tarifs.

Rouvert en juillet 2022, c'est dans ses nouveaux locaux du quartier Treme que se trouve le Backstreet Cultural Museum. Ce centre culturel braque les projecteurs sur les parades de la communauté afro-américaine de La Nouvelle-Orléans, le rituel des Indiens, des *second lines* - ces parades funéraires -, sans oublier d'impressionnants costumes de Mardi Gras et d'Indiens. Une visite incontournable pour en savoir plus sur cette culture unique aux États-Unis.

BEAUREGARD-KEYES HOUSE

1113 Chartres Street
✆ +1 504 523 7257
www.bkhouse.org
Visite guidée toutes les heures du lundi au samedi de 10h à 15h ; en français sur rendez-vous. Adulte : 10 US$.

Cette maison de 1826 reflète le style créole et américain à la fois. Elle est décorée et meublée dans le style de 1850. Certains des meubles et objets viennent de la famille du général confédéré Beauregard qui a très peu vécu dans cette maison après la guerre civile. Dans les années 1940, la romancière Frances Parkinson Keyes (1885-1970) a repris en main la maison et l'a restaurée comme elle était à son origine. Le patio derrière la maison est très joli, ainsi que le jardin créole sur le côté que beaucoup de guides disent être hanté.

CONFEDERATE MEMORIAL HALL MUSEUM ★★

929 Camp Street
✆ +1 504 523 4522
confederatemuseum.com
Mardi-samedi, 10h-16h. Adulte : 10 US$, 7-14 ans : 5 US$.

Ouvert le 8 janvier 1891, il est le plus vieux musée de Louisiane. Il rassemble une des plus importantes collection d'objets relatifs à la guerre de Sécession au pays, du coté du camp confédéré. Les uniformes, les armes, les drapeaux et tous les objets exposés proviennent des dons de vétérans louisianais et de leurs familles. Le canon exposé à l'extérieur a permis de défendre la ville de Mobile en Alabama durant la guerre de Sécession (1861-1865).

CONTEMPORARY ARTS CENTER NEW ORLEANS ★

900 Camp Street
✆ +1 504 528 3800
cacno.org
Ouvert tous les jours sauf mardi (horaires variables). Adulte : 10 US$.

Le CAC mise sur une programmation multidisciplinaire mettant de l'avant les artistes de La Nouvelle-Orléans et de la région du golfe du Mexique. Favorisant tant la création artistique que l'engagement du public, l'endroit propose des installations, des performances, des expositions et différents programmes, notamment des résidences d'artistes et des activités pour jeune public. Dans l'atrium se trouve le café Mr. Wolf Espresso & Books, question de faire une pause bien méritée.

CONGO SQUARE - LOUIS ARMSTRONG PARK ★★★

701 North Rampart Street
www.nola.gov/parks-and-parkways
Ouvert tous les jours dès 8h, fermeture à 18h (heure normale d'hiver) ou à 19h (heure avancée d'été).

Situé dans le quadrilatère formé par les rues St. Philip, North Rampart, St. Peter/Basin et North Villere, ce qu'on appelait jadis Congo Square était l'endroit choisi par les esclaves pour se réunir et danser sur les rythmes des tam-tams. Chaque dimanche, quelque 2 000 personnes venaient se réunir après la messe jusqu'au coup de canon indiquant l'heure du couvre-feu. Des cérémonies vaudou avaient lieu parfois, ce qui faisait peur aux Créoles. Ombragé, c'est une invitation à prendre un peu de repos.

Aujourd'hui symbole du quartier Treme, ce parc est un mémorial des musiciens qui ont marqué les rythmes musicaux de La Nouvelle-Orléans : Louis Armstrong a sa statue devant le petit étang, Sidney Bechet a son buste près de l'entrée principale à gauche. Le parc abrite le Mahalia Jackson Theatre for the Performing Arts (une activiste chanteuse de gospel, qui se produisit notamment devant Kennedy pour son élection en 1961) où se déroulent les opéras, le ballet et les shows de Broadway ainsi que, jusqu'à il y a quelques années, les locaux de la station de radio WWOZ (désormais installés à côte du French Market sur North Peters Street). Une grande place pavée est le centre de nombreux festivals, concerts et fêtes privées. Parmi ceux-ci, notons le Congo Square Rhythms Festival et le Treme Creole Gumbo Festival qui s'y tiennent annuellement et qui font partie des événements incontournables de la ville. C'est aussi le point de rencontre pour la parade des chiens pendant le Mardi Gras.

© VALÉRIE FORTIER

DEGAS HOUSE ★★

2306 Esplanade Avenue
✆ +1 504 821 5009
www.degashouse.com
Visite guidée tous les jours à 10h30 et 13h45. Adulte : 29 US$, avec le petit déjeuner : 50 US$. Réservation requise.

La mère du peintre Edgar Degas était de La Nouvelle-Orléans. Edgar passa peu de temps en Louisiane, d'octobre 1872 à mars 1873. Bien que climat ne lui convenait pas et que la lumière était trop violente pour ses yeux, il a tout de même eu le temps d'y peindre 18 œuvres. Les plus connues sont *Le Bureau de coton à La Nouvelle-Orléans* (il s'agit de l'édifice « Factors' Row », situé au coin des rues Perdido et Carondelet), peint en 1873, et *Portrait d'Estelle*. Ces deux peintures peuvent être admirées au musée d'art moderne de la ville (NOMA). Les deux maisons et son atelier sont les décors de la visite où sont présentés la famille et le travail du peintre. Toutes les peintures exposées ne sont que des posters ou des reproductions car David Villarrubia, le propriétaire, a fait le choix de restaurer et maintenir en état cette maison, plutôt que d'acheter les peintures. On ne peut pas tout avoir ! Un documentaire, qui a reçu plusieurs prix, fait revivre la maison à l'époque de Degas, unique lieu où le peintre ait vécu, aujourd'hui ouvert à la visite. À savoir qu'on peut également séjourner dans l'une des chambres de cette somptueuse demeure.

Concernant la visite guidée, elle dure deux heures et inclut le visionnage du documentaire, la visite de la maison et la découverte à pied du quartier permettant de découvrir tout un tas de références au livre *Lettres de La Nouvelle-Orléans* de Degas. Il est aussi possible d'ajouter le petit déjeuner créole au forfait, lequel est servi sur place entre 9h et 10h.

FRANK RELLE GALLERY

910 Royal Street
✆ +1 504 265 8564
frankrelle.com
Lundi, jeudi et dimanche : 10h-20h ; mardi-mercredi, 10h-18h ; vendredi-samedi, 10h-22h. Entrée libre.

Au courant de l'année 2016, le célèbre photographe de La Nouvelle-Orléans, Frank Relle, a ouvert une galerie sur Royal Street. Et pas dans n'importe quel bâtiment : dans le parloir de la maison historique Miltenberger qui a appartenu un temps à Grace Kelly, princesse de Monaco de 1956 à 1982. Les tableaux de ses photographies, lesquelles représentent la culture et l'histoire de la ville mais aussi du sud de la Louisiane, y sont exposés au milieu d'antiquités chinées dans les ventes aux enchères de la région. À voir absolument !

LA NOUVELLE-ORLÉANS

FRENCH MARKET ★

1008 North Peters Street
✆ +1 504 636 6400
www.frenchmarket.org

Boutiques ouvertes tous les jours de 10h à 17h, dès 9h pour le marché fermier et le marché aux puces.

Lieu incontournable de La Nouvelle-Orléans, le French Market existe depuis plus de 200 ans. S'il a occupé divers emplacements dans le quartier et que des ouragans ont détruit la plupart de ses structures, le bâtiment abritant le Meat Market (1813) a lui survécu, tout comme le Vegetable Market (1822). Modernisé et agrandi depuis, il héberge des boutiques, cafés et restaurants, ainsi qu'un marché fermier quotidien. Une partie sert également de marché aux puces, lequel vend toutes sortes de vêtements, babioles et souvenirs plus ou moins authentiques.

FRENCHMEN STREET ★★

Frenchmen Street

C'est une des principales raisons pour laquelle on vient dans le quartier du Faubourg Marigny. Frenchmen Street, aux dires des locaux, est la véritable rue de la musique, de la soif, de la danse et de la fête, bien plus que la touristique Bourbon qu'il est préférable d'éviter pour une expérience plus authentique. Si vous voulez découvrir de nouveaux *jazzmen*, écouter des ensembles expérimentaux, rendez-vous dans l'un des multiples bars et boîtes de Frenchmen Street, lesquels sont principalement regroupés au sud de Royal Street.

GALLIER HOUSE

1132 Royal Street
✆ +1 504 525 5661
hgghh.org

Vendredi-lundi, 9h30-15h30. Adulte : 16 US$, 25 US$ en combinant avec la visite de la Hermann-Grima House.

Propriété de l'architecte James Gallier, qui dessina les plans de l'Opéra et de nombreuses demeures du Garden District, cette maison resta dans la même famille jusqu'en 1917, puis elle fut restaurée et transformée en musée. On peut y voir la parfaite reconstitution d'un intérieur néo-orléanais des années 1860. À savoir que la visite peut se combiner avec l'Hermann-Grima House voisine. D'ailleurs, l'organisme qui gère les deux maisons historiques propose également plusieurs activités et événements spéciaux tout au long de l'année.

HERMANN-GRIMA HOUSE

820 St. Louis Street
✆ +1 504 525 5661
hgghh.org

Mercredi-lundi, 10h-16h. Adulte : 16 US$, 25 US$ en combinant avec la visite de la Gallier House.

On découvre ici comment Samuel Hermann, un homme d'affaires juif fortuné, pouvait vivre dans cette ville. La maison construite en 1831 semble être toujours fermée, mais une fois à l'intérieur vous serez surpris par la lumière et l'agréable cour intérieure. C'est le parfait exemple de l'influence américaine sur l'architecture locale. Demandez avant de prendre la visite si le groupe est important, sinon vous ne monterez pas à l'étage. L'organisme qui gère la maison propose également plusieurs activités et événements spéciaux tout au long de l'année.

JACKSON BARRACKS ★

4209 Chenault Boulevard
✆ +1 504 278 8664
geauxguardmuseums.com

Mardi-vendredi, 9h-17h ; samedi, 9h-14h. Entrée libre (dons encouragés).

Situé aux limites de la ville d'Arabi, ce complexe militaire raconte l'histoire des soldats civils de Louisiane, de l'époque coloniale à nos jours en passant par la Louisiana Purchase et la guerre froide. Base militaire toujours active, elle est le quartier général de la Louisiana National Guard. Plusieurs expositions y sont présentées, notamment la bataille de La Nouvelle-Orléans, la Seconde Guerre mondiale et les femmes de la Louisiana National Guard, sans oublier la portion extérieure avec ses avions, ses blindés et son artillerie.

1850 HOUSE

523 St. Ann Street
✆ +1 504 524 9118
louisianastatemuseum.org

Ouvert du mardi au dimanche de 9h30 à 16h. Adulte : 5 US$. Boutique sur place.

Installé en bordure de Jackson Square et faisant partie de l'édifice Lower Pontalba, ce musée-maison se propose de plonger les visiteurs dans l'intérieur typique d'une famille bourgeoise néo-orléanaise de la moitié du XIXe siècle, sans doute la période la plus prospère de l'histoire de la ville. Nombreux et précieux éléments de décoration aux origines variées sont à découvrir : porcelaines parisiennes, argenterie louisianaises et tableaux anciens... Bref, une belle incursion dans la vie quotidienne d'ancêtres pas si lointains.

MARDI GRAS WORLD ★★★

1380 Port of New Orleans Place
✆ +1 504 361 7821
www.mardigrasworld.com

Ouvert tous les jours de 9h à 17h30 (dernier tour à 16h30). 13 ans et plus : 22 US$, senior : 17 US$, 2-12 ans : 14 US$.

Visitez les ateliers de création de la plus importante entreprise de fabrication de chars de carnaval de la ville. La quasi-totalité des chars de Mardi Gras sont construits par cette compagnie depuis 1947. La visite permet de découvrir les entrepôts où sont mises à l'abri quelques-unes des plus anciennes pièces, de suivre l'histoire et la fabrication des chars. Les dizaines et dizaines de figurines multicolores exposées vous donneront une idée de ce qu'est la folie du Mardi Gras pour les locaux. Notez qu'un service gratuit de navettes est proposé pour s'y rendre.

JACKSON SQUARE ★★★

Si vous cherchez le cœur du cœur de la ville, l'ex-place d'Armes, Jackson Square, couronnée par la façade de la cathédrale St. Louis, est sûrement l'endroit. À différents moments de l'histoire de La Nouvelle-Orléans, Jackson Square fut un lieu de rencontre des politiques et des religieux. Dessinée par Adrien de Pauger en 1722, la place d'Armes a été un camp militaire, un lieu de rencontre pour les habitants et aussi un lieu d'exécution. Les bâtiments de chaque côté sont appelés les appartements Pontalba (les deux imposants bâtiments en brique rouge de chaque côté du square) du nom de la Baronne qui les a fait construire après avoir hérité de son mari. Au centre, la statue représente le général Andrew Jackson sur son cheval lors de la défaite des Anglais à la bataille de La Nouvelle-Orléans en janvier 1815. Aujourd'hui Jackson Square a gardé ses fonctions culturelles et spirituelles de La Nouvelle-Orléans, c'est toujours un lieu de rencontres. Face au square, sur la rue Decatur, une file de calèches attendent les touristes désirant faire une balade dans le quartier. À deux pas se trouvent également le Washington Artillery Park bordant le fleuve Mississippi ainsi que le French Market où aller casser la croûte et faire quelques achats de souvenirs. Finalement, Jackson Square étant entouré de bâtiments d'importance, nous en avons inclus plusieurs dans ce guide : 1850 House, Pontalba Buildings, St. Louis Cathedral, The Cabildo et The Presbytère. Prévoyez quelques heures, selon vos intérêts.

ST. LOUIS CATHEDRAL ★★★

615 Pere Antoine Alley
✆ +1 504 525 9585
www.stlouiscathedral.org
Ouvert tous les jours de 9h à 16h. Visite auto-guidée avec brochure : 1 US$ par personne. Messe à 12h05 tous les jours.

Fondée en 1718 alors que la Louisiane était un territoire français, la première version de cette église, nommée Basilique-Saint-Louis-Roi-de-France, fut détruite par un ouragan en 1722 et la seconde par l'incendie de 1788 qui dévasta presque tout le quartier. L'actuelle fut désignée cathédrale en 1793 et est l'un des meilleurs exemples d'architecture française à La Nouvelle-Orléans en plus de figurer comme l'un des emblèmes de la ville. Derrière l'église, un terrain accueillait les duellistes venus défendre leur honneur à grands coups d'épée vengeresse. Devant s'étale le fameux Jackson Square, cœur de la ville et haut lieu touristique. À noter que le musée de la St. Louis Cathedral est logé au Old Ursuline Convent (1112 Chartres Street, droits d'entrée, visite auto-guidée du jeudi au lundi à 10h, 11h et 13h, possibilité de visite guidée pour groupe sur réservation).

▶ **Cathedral Garden.** Ce petit jardin situé derrière la cathédrale St. Louis a plusieurs noms, mais son nom officiel est Cathedral Garden (jardin de la Cathédrale). On l'appelle aussi St. Antony's Square en mémoire d'un prêtre très apprécié pendant l'époque coloniale, Antonio de Sedella. Malgré le fait qu'il était espagnol à son arrivée en Louisiane, tout le monde l'appelait en français, Père Antoine. C'est le ministre de la Marine de Napoléon III qui est à l'origine du monument en marbre placé au centre du jardin. Il fut érigé en l'honneur de trente marins français qui ont donné leur vie en tant qu'infirmiers bénévoles pendant l'épidémie de fièvre jaune.

PONTALBA BUILDINGS

Jackson Square
Les deux édifices occupent le 500 St. Ann Street et le 500 St. Peter Street. Ils ne se visitent pas.

Les deux immeubles qui bordent Jackson Square ont été construits dans les années 1840 par la baronne Micaela Almonester Pontalba (1795-1874). Cette richissime héritière et grande amoureuse de Paris entreprit l'édification d'immeubles qui lui rappelaient la capitale française. Elle en dessina elle-même les plans et veilla de près à leur construction. Elle fit ensuite construire le square au centre de la place. Très modernes pour l'époque, ces bâtiments de brique rouge et aux toits d'ardoises abritaient des échoppes au rez-de-chaussée et des appartements à l'étage.

THE PRESBYTÈRE ★

751 Chartres Street
✆ +1 504 568 6968
louisianastatemuseum.org
Mardi-dimanche, 9h-16h. Dernière admission à 15h30. Adulte : 7 US$.

Situé juste à côté de la cathédrale St. Louis, le Presbytère était, à sa construction à la fin du XVIIIe siècle, la résidence des moines capucins et s'appelait Casa Curial (maison ecclésiastique). Ce bâtiment a été construit pour aller avec le Cabildo (la mairie à l'époque) et fut terminé en 1813. Pendant longtemps, ce fut un marché, jusqu'en 1834 où on installa un tribunal. Depuis 1911, l'État en a fait un de ses plus attractifs musées. Deux expositions permanentes y sont présentées, l'une sur Mardi Gras et l'autre à propos de l'ouragan Katrina.

Cathédrale Saint-Louis sur Jackson Square, New Orleans.

THE CABILDO ★★

701 Chartres Street
✆ +1 504 568 6968
louisianastatemuseum.org
Mardi-dimanche, 9h-16h. Dernière admission à 15h30. Adulte : 10 US$.

Cet édifice fut construit entre 1795 et 1799 selon les plans de Gilberto Guillemard, lui qui a également dessiné ceux de la St. Louis Cathedral et du Presbytère. Pendant des années, ce bâtiment fut le siège du gouvernement colonial de La Nouvelle-Orléans jusqu'en 1853 puis le siège de la Cour suprême de l'État de la Louisiane. Les législateurs espagnols et français et les gouverneurs ont instauré les lois derrière ces épais murs en pierre. Cabildo signifie en espagnol « conseil ». Autrefois, cette appellation désignait le lieu mais aussi les gens qui y travaillaient. Un des moments historiques qui se déroula dans cet endroit fut la signature de la Louisiana Purchase (la cession de la Louisiane par la France aux États-Unis) en 1803. Devenu un musée au début du siècle dernier, le Cabildo présente des expositions sur la Louisiane sur trois étages par le biais de documents, peintures et objets en 3D provenant de sa riche collection.

▸ **The Arsenal** (615 St. Peters Street, accessible par le Cabildo). L'ancienne prison espagnole fut transformée à partir de 1803 par les Américains qui avaient pris le pouvoir. La légion de Louisiane, qui réunissait les fils des bonnes familles américaines et créoles, y installa son arsenal. Vous pourrez observer son écusson, symbolisé par deux canons croisés au-dessus d'un tas de boulets, et son monogramme dans la balustrade en fer forgé. Le premier étage accueille les programmes pour groupes scolaires alors que des expositions temporaires sont présentées au deuxième.

JAMNOLA ★

2832 Royal Street
jamnola.com
Ouvert du jeudi au lundi (horaires variables). 13 ans et plus : 29 US$. Réservation requise.

JAMNOLA - pour Joy, Art & Music New Orleans - est une expérience immersive tout à fait unique. On déambule ici dans plus d'une dizaine d'expositions éclatées célébrant la culture, la musique, la gastronomie et les arts de La Nouvelle-Orléans, le tout selon la vision de plus d'une vingtaine d'artistes et partenaires locaux. Apportez absolument votre appareil photo pour des clichés mémorables dans les expos. À savoir que le circuit se fait à sens unique et qu'il faut impérativement réserver son billet et sa case horaire pour vivre l'expérience de JAMNOLA.

JONATHAN FERRARA GALLERY

400A Julia Street
✆ +1 504 522 5471
www.jonathanferraragallery.com
Ouvert du mardi au samedi de 10h à 17h. Entrée libre.

C'est au coeur du Arts District que l'artiste Jonathan Ferrera a ouvert sa galerie d'art contemporain éponyme. La diversité des expositions permet notamment à de jeunes artistes de présenter leur art qui parfois peut surprendre. Ses vernissages attirent les locaux et se terminent toujours tard. À noter que la galerie organise chaque année l'événement NO DEAD ARTISTS. Un panel de professionnels du monde des arts et de collectionneurs composent le jury permettant de sélectionner les finalistes à ce concours d'art contemporain.

LAFAYETTE SQUARE

602 Camp Street

Petit écrin de verdure situé au cœur du quartier Central Business District et à un jet de pierre de Gallier Hall, ce square, qui a l'origine s'appelait Place Gravier, prit son nouveau nom après la visite de Lafayette à La Nouvelle-Orléans en 1825. Pendant 150 ans, l'endroit a accueilli des inaugurations, des pèlerinages annuels de groupes musicaux d'écoles et des spectacles de jazz. Le square est encore de nos jours animé par divers événements tels que des concerts gratuits les mercredis en été et un festival de blues en automne.

MADAME JOHN'S LEGACY ★

632 Dumaine Street
✆ +1 504 568 6968
louisianastatemuseum.org
À noter que la maison subit des travaux de restauration et est donc temporairement fermée.

Ce cottage surélevé date de 1788 et est le monument le plus ancien du quartier avec le couvent des Ursulines. D'autres estiment qu'il fut construit en 1726 et serait à ce titre la plus ancienne construction de la vallée du Mississippi. Il est la meilleure démonstration historique de l'architecture de l'époque. George Washington Cable l'a rendu célèbre dans son roman *Tite Poulette* qui raconte comment une maîtresse « quadrone » a utilisé tout l'héritage de son amant blanc, le père de ses enfants. De nombreux guides disent que la maison est hantée par cette famille.

LALAURIE MANSION ★

1140 Royal Street

Pour une visite guidée hantée en soirée : ghostcitytours.com/new-orleans/haunted-places/lalaurie-mansion

Lorsqu'en 1832 Delphine Lalaurie convola pour la troisième fois en justes noces, elle s'installa avec son mari dans cette demeure toute neuve. Issu de la haute bourgeoisie créole, le couple était apprécié pour ses soirées mondaines. Un jour, une esclave se tua en tombant d'un balcon, ce qui alimenta la rumeur selon laquelle Mme Lalaurie maltraitait ses esclaves. Or le code en vigueur protégeait les esclaves et menaçait de prison les maîtres qui les malmenaient. Les autorités eurent beau perquisitionner chez les Lalaurie, on ne trouva rien d'anormal. En 1834, un feu éclata dans la maison et les voisins, en aidant les Lalaurie à sauver leurs meubles, découvrirent dans une petite pièce sans lumière sept esclaves enchaînés et portant des traces de sévices. Une foule révoltée se rassembla devant la maison, mais le couple réussit à s'enfuir, peut-être vers l'Europe. Depuis, on dit que la maison est hantée par les cris des esclaves qui y furent torturés. D'ailleurs, les habitants de la ville appellent rarement cette maison Lalaurie Mansion, préférant le terme « the haunted house » (la maison hantée). La série *American Horror Story* a traité de cet endroit, mais a préféré filmer le tout à la Hermann-Grima House. Pour découvrir le Lalaurie Manor, la compagnie locale Ghost City Tours y organise des visites guidées hantées qui valent leur pesant d'or (la visite de la maison est incluse dans trois tours distincts, notamment The Bad Bitches of New Orleans Ghost Tour offert tous les soirs à 20h30, réservation requise).

LE MUSÉE DE F.P.C. ★★

2336 Esplanade Avenue

✆ +1 504 323 5074

www.lemuseedefpc.com

Visite guidée sur réservation (voir site web pour les horaires). 25 US$ par personne.

Installé dans une magnifique et ancienne villa de style *Greek Revival* voisine de la Maison Degas, ce musée unique au monde est le gardien de la mémoire des *Free People of Colors* (F.P.C.) ou Gens de couleur libres. Malgré son rôle majeur dans l'évolution de la Louisiane et plus généralement des États-Unis, l'histoire de cette catégorie de population - celle des hommes noirs nés libres, dont la présence est attestée à La Nouvelle-Orléans depuis 1722 - est souvent méconnue. Physiciens, journalistes, artistes, hommes d'affaires, les *free people of colors* occupaient des positions sociales élevées et pesèrent de tout leur poids dans la lutte pour l'émancipation des Noirs. C'est cette histoire que l'excellent Musée de f.p.c. se propose d'explorer, à travers l'exposition d'un nombre impressionnant de pièces historiques à valeur culturelle (documents, peintures, arts décoratifs...) que l'on découvre au gré des commentaires érudits dispensés par le guide. Une visite absolument essentielle pour comprendre la Louisiane et l'Amérique d'aujourd'hui.

À noter que le musée possède de jolies maisons dans les environs qu'on peut louer pour une nuitée ou plus : Little House on the Bayou (trois chambres), Chez Vivian (deux chambres) et Creole Cottage (une chambre plus deux lits gigognes dans le salon). Chacune est entièrement équipée, de la cuisine complète à la laverie, et deux ont en plus une terrasse à l'arrière. Les demandes de réservation se font directement sur le formulaire en ligne du site web du musée.

LA NOUVELLE-ORLÉANS

MARDI GRAS MUSEUM OF COSTUMES AND CULTURE ★

1010 Conti Street ✆ +1 504 218 4872

www.themardigrasmuseum.com

Visite et spectacle du vendredi au lundi à 14h (possibilité de cases horaires supplémentaires). 15 CAN $ par personne.

Ce musée dédié au Mardi Gras et à ses costumes pour le moins colorés se vit de façon interactive. Le tout débute par un spectacle de 45 minutes tout en musique à travers les costumes et la culture de cette célébration hautement festive. L'emphase est mise sur les fameux Mardi Gras Indians qui ont, selon nous, les plus magnifiques costumes, mais aussi sur les Social Aid & Pleasure Clubs. À la fin du spectacle, on peut d'ailleurs se déguiser pour prendre ses plus beaux selfies.

NEW ORLEANS AFRICAN AMERICAN MUSEUM ★

1417-1418 Governor Nicholls Street

✆ +1 504 218 8254

www.noaam.org

Ouvert du jeudi au dimanche de 11h à 16h. Adulte : 20 US$, étudiant et enfant de moins de 12 ans : 10 US$.

Situé au cœur de Treme, ce petit musée se voue entièrement à l'histoire des Afro-Américains de La Nouvelle-Orléans et de la diaspora africaine. Il fait également rayonner l'art, la culture et les contributions de ces communautés par le biais d'expositions et de programmes culturels. Pour un léger supplément, il est possible d'avoir une visite guidée du musée. À faire absolument : une des deux visites Treme Experience incluant une visite du quartier, quelques attraits et les repas.

NEW ORLEANS HISTORIC VOODOO MUSEUM

724 Dumaine Street ✆ +1 504 680 0128
voodoomuseum.com
Lundi-dimanche, 10h-18h. Adulte : 10 US$. Boutique sur place. Visite guidée du cimetière St. Louis sur réservation.

Si vous n'avez pas vu le spectre de Marie Laveau errer dans les rues, vous le verrez peut-être ici parmi tous les colifichets recouverts de poussière. À ne pas rater pour comprendre un aspect important de la vie à La Nouvelle-Orléans. On y apprend l'origine et les évolutions de cette religion méconnue, l'importance des gris-gris ou encore des philtres en tout genre. Ce musée est composé de deux petites pièces et d'un étroit couloir très poussiéreux qui garde un semblant d'authenticité.

NEW ORLEANS JAZZ MUSEUM ★★

400 Esplanade Avenue ✆ +1 504 568 6993
nolajazzmuseum.org
Ouvert du mardi au dimanche de 9h à 16h. Adulte : 8 US$.

La Monnaie, cet imposant bâtiment de briques rouges, a été construite en 1835 par William Strickland pour rompre le pouvoir des banquiers de l'Est. On y a frappé la monnaie jusqu'en 1908. Aujourd'hui, il héberge le Louisiana Historical Center et une bibliothèque où se trouvent les archives coloniales de l'État, ainsi que le New Orleans Jazz Club Collection retraçant l'histoire du jazz dans la ville. La pelouse autour du bâtiment accueille plusieurs festivals dont le Satchmo Summerfest (début août) qui réunit les plus fameux musiciens de jazz traditionnel.

NEW ORLEANS PHARMACY MUSEUM ★

514 Chartres Street
✆ +1 504 565 8027
www.pharmacymuseum.org
Mercredi-samedi, 12h-17h. Adulte : 10 US$. Boutique sur place.

Cette boutique d'apothicaire fut fondée par le premier pharmacien licencié au pays, Louis J. Dufilho Jr. Des bocaux conservent encore des potions étranges. Certaines étaient utilisées par la prêtresse vaudou Marie Laveau. Les énormes bouteilles en verre soufflé pleines de liquide de couleur attirent encore les passants. Cette visite est plus intéressante pour les personnes d'un certain âge qui reconnaîtront certains « médicaments » (à une époque, la cocaïne) ou habitudes médicales.

OGDEN MUSEUM OF SOUTHERN ART ★★

925 Camp Street ✆ +1 504 539 9650
ogdenmuseum.org
Lundi-dimanche, 10h-17h. Adulte : 13,50 US$. Boutique sur place. Visite guidée incluse le 2e jeudi du mois à 12h30.

Ce musée se dédie entièrement à l'art du Sud américain et possède d'ailleurs la plus importante collection sur le sujet, notamment grâce au don de plus de 600 œuvres de la collection privée de l'entrepreneur et philanthrope Roger H. Ogden et de milliers d'autres provenant de collectionneurs de partout dans le pays. Parmi les artistes exposés au musée, notons George Dureau, Clementine Hunter, Ida Kohlmeyer et George Ohr. Plusieurs programmes éducatifs également pour tous les publics.

OLD BANKS

- **Old Bank of Louisiana** (334 Royal Street). La bâtisse fut construite en 1826 pour y installer l'ancienne banque de Louisiane.
- **Old Bank of the United States** (343 Royal Street). Avec ses balcons en fer forgé, ce bâtiment fut construit en 1800 pour abriter l'ancienne banque des États-Unis. C'est le plus ancien de tous les établissements financiers.
- **Old Louisiana State Bank** (403 Royal Street). Ce bâtiment fut construit en 1821 pour abriter l'ancienne banque de l'État de Louisiane selon les plans de Benjamin H. Latrobe, l'un des architectes du Capitole à Washington.

OLD URSULINE CONVENT ★

1112 Chartres Street
✆ +1 504 529 3040
stlouiscathedral.org/convent-museum
Ouvert du jeudi au lundi, à 10h, 11h et 13h. Adulte : 8 US$.

Construit par des ingénieurs de l'époque coloniale française au début des années 1750, il constitue le plus vieil édifice de la vallée du Mississippi. Les premières religieuses ursulines arrivèrent de Rouen en 1727 pour éduquer les enfants et s'occuper des orphelins. En 1749, elles emménageaient dans le couvent (le même qu'aujourd'hui) puis le délaissaient en 1824. Avant de devenir un musée, l'endroit a accueilli également une école, les bureaux de l'archidiocèse ou encore des prêtres s'occupant principalement de la communauté italienne de la ville.

OUR LADY OF GUADALUPE CHURCH

411 North Rampart Street ✆ +1 504 525 1551
judeshrine.com
Voir site web pour l'horaire des messes. Boutique sur place : lundi-samedi, 9h-17h ; dimanche, 7h-18h.

Construite en 1826 lors de la grande épidémie de fièvre jaune pour bénir les morts juste avant de les brûler, l'église Notre-Dame-de-Guadeloupe est la plus vieille du genre à La Nouvelle-Orléans. Très ancrée dans la communauté gospel de la ville, elle offre également des messes jazz le dimanche à 9h30 et 11h30. En fait, la musique a une part importante dans chaque célébration. À droite de l'église se trouve une petite grotte représentant Notre-Dame de Lourdes (Our Lady of Lourdes).

PEDESCLAUX-LEMONNIER HOUSE

640 Royal Street

Avec ses trois étages (le quatrième fut ajouté en 1876), ce bâtiment, construit en 1811, est considéré comme le premier « gratte-ciel » de la ville. Regardez le fer forgé des balcons et repérez les initiales YLM pour Yves LeMonnier. Dr. Yves LeMonnier fut le premier propriétaire. En 1860, Antoine Alciatoire y préparait de succulents repas. Il ouvrit par la suite au même endroit un restaurant de renom qui existe toujours et est dirigé par ses descendants, Antoine's Restaurant.

PIRATES ALLEY ★

Petite allée à gauche de la St. Louis Cathedral, entre les rues Chartres et Royal.

Appelée Orleans Alley jusque dans les années 1960, cette allée est l'endroit le plus photographié de la ville. Plusieurs légendes circulent à son sujet, pour la plupart fausses. On raconte aussi qu'elle serait hantée...

- **Faulkner House.** William Faulkner vécut ici entre 1924 et 1926, où il commença à écrire des articles pour la presse avant de débuter dans le roman en publiant *Monnaie de singe* et *Moustiques*. Cet immeuble fut construit en 1840 par Jean Baptiste LaBranche sur l'endroit où se trouvait jadis une prison française. C'est aujourd'hui une librairie.

PITOT HOUSE

1440 Moss Street
✆ +1 504 482 0312
www.pitothouse.org
Ouvert du mercredi au vendredi de 10h à 15h. Visite guidée de la maison : 10 US$ par adulte.

Maison de style colonial français construite en 1799 pour la grand-mère d'Edgar Degas. À l'époque, le bayou St. John, situé juste en face, reliait le lac Pontchartrain au Mississippi et de nombreuses plantations s'y étaient installées. Pitot House est la seule qui ait survécu. Elle fut achetée après sa construction par le premier maire de La Nouvelle-Orléans, James (Jacques pour les Français) Pitot, un esclave haïtien réfugié après la rébellion des esclaves. À noter qu'une balade à pied est aussi proposée dans les environs du bayou (réservation sur le site web).

Pirates Alley.

SHOTGUN HOUSES ★

Shotgun signifie « coup de feu ». Ces maisons, caractéristiques des États du Sud américain, sont conçues de manière très symétrique. Les portes sont placées face à face, de chaque côté de la maison, si bien que l'air peut circuler facilement. On dit que si l'on tire un coup de feu par l'une des portes, la balle ressort à l'exact opposé, d'où le nom de ces maisons. À La Nouvelle-Orléans, on trouve ces maisons typiques dans chaque quartier ou presque, notamment dans Treme, Bywater ou encore Algiers Point. Mais beaucoup ont dû être démolies après l'ouragan Katrina.

ST. AUGUSTINE CHURCH ★

1210 Governor Nicholls Street
✆ +1 504 525 5934
www.staugchurch.org
Voir site web pour l'horaire des messes et célébrations.

Construite en 1841 comme église des citoyens noirs libres de La Nouvelle-Orléans, l'église catholique St. Augustine est l'un des incontournables de Treme. La propriété sur laquelle elle se trouve faisait initialement partie de la plantation du Français Claude Tremé. L'édifice été conçu par l'architecte français J. N. B. de Pouilly, qui a, entre autres, travaillé à l'agrandissement et à la rénovation de la cathédrale St. Louis. Son nom lui a été donné sur demande des sœurs Ursulines qui étaient devenues propriétaires du terrain quelques années auparavant.

ST. LOUIS CEMETERY N° 1 ★★

425 Basin Street
✆ +1 504 525 3377
www.saveourcemeteries.org
Aucune visite libre, billet au Basin St. Station Visitor Center (25 US$). Plusieurs Cies offrent aussi des tours guidés.

Construit à l'écart par peur de la propagation de la fièvre jaune, c'est le plus ancien de la ville. Les tombes sont rehaussées, car cette partie de La Nouvelle-Orléans est située sous le niveau de la mer. Vous y trouverez la tombe supposée de Marie Laveau, grande prêtresse vaudou, enterrée là en 1881. Sa tombe est facilement reconnaissable. Vous y verrez nombre de « X » laissés, autrefois, en hommage par les touristes. C'est d'ailleurs à cause de ce type de vandalisme qu'il est, à présent, obligatoire de faire la visite du cimetière avec un guide.

STELLA JONES GALLERY ★

201 St. Charles Avenue
✆ +1 504 568 9050
www.stellajonesgallery.com
Ouvert du mardi au samedi de 10h à 17h. Sur rendez-vous le dimanche. Entrée libre.

Stella Jones a ouvert sa galerie éponyme en 1996. Cette dernière braque les projecteurs principalement sur les artistes afro-américains, mais également sur l'art contemporain provenant d'Afrique et des Caraïbes. Dans un but éducatif et pour permettre aux jeunes de mieux comprendre leur héritage par l'art visuel, des séries de conférences, discussions, débats sont organisées dans la galerie. On recommande d'appeler avant de se présenter sur place, question de s'assurer que la galerie est bien ouverte et que des places sont disponibles.

STUDIO BE ★

2941 Royal Street
✆ +1 504 419 9145
studiobenola.com
Ouvert du mercredi au dimanche. Billets et plages horaires à réserver en ligne. Adulte : 15 US$.

Sis à un jet de pierre du chemin de fer, dans une zone plus industrielle, impossible de rater le Studio BE. Les bâtiments du secteur sont tous couverts de fresques, le *street art* étant au cœur de la mission de cette galerie. Créée en 2016 par l'artiste muraliste Brandan « BMike » Odums, elle occupe un ancien entrepôt de 3 250 m². Elle braque les projecteurs sur l'art visuel, notamment les peintures murales et les installations, touchant principalement des enjeux de société. Un bel endroit d'échanges et de réflexion pour la communauté et les artistes.

THE HISTORIC NEW ORLEANS COLLECTION ★★

520-533 Royal Street ✆ +1 504 523 4662
www.hnoc.org
Mardi-samedi, 9h30-16h30 ; dimanche, 10h30-16h30 (le campus de la rue Chartres est fermé le dimanche). Entrée libre.

Ce musée fondé en 1966 par le général L. Kemper Williams et son épouse Leila a pour mission de préserver l'histoire du French Quarter et de La Nouvelle-Orléans. Il comprend plusieurs sites historiques et regroupe, notamment, toutes les archives originales de la création de la ville. Il rassemble plus de 400 000 manuscrits, gravures, peintures, photographies, lettres et autres matériels. Parmi ces documents se trouvent le précieux contrat de vente de la Louisiane (Louisiana Purchase) de 1803 signé par Napoléon, de vieilles cartes de la ville et le portrait de Bienville (le fondateur de la ville) ainsi que le rapport du 9 avril 1682 de René Robert Cavelier, sieur de La Salle, qui déclare que la Louisiane est un territoire français. Ils sont visibles au Williams Research Center et beaucoup de documents sont en français. Le musée se divise en deux « campus » regroupant plusieurs maisons et bâtiments restaurés du Vieux Carré, soit celui de Royal Street et celui de Chartres Street. Parmi ceux-ci :

- **Mérieult House,** rescapée du grand incendie de 1794, la plus ancienne de Royal Street, date de 1792. Construite par le négociant Jean-François Mérieult, elle servait à la fois d'habitation (premier étage) et de bureau (rez-de-chaussée). La magnifique chevelure rousse de Mme Mérieult était célèbre de La Nouvelle-Orléans en France, où elle voyageait souvent avec son mari. À cette époque, Napoléon ayant entendu dire que le sultan de Constantinople, avec qui il s'apprêtait à signer un traité, cherchait une perruque couleur de lumière pour l'une de ses femmes, offrit à Mme Mérieult une coquette somme en échange de sa chevelure. Refus obstiné de se faire « scalper » malgré les surenchères. « Tout ne peut donc pas s'acheter », s'étonna Napoléon.

- **Seignouret-Brulatour Building and Tricentennial,** nouveau centre d'exposition créé à l'occasion du tricentenaire (mais ouvert finalement en avril 2019 après plusieurs années de rénovation). À savoir que c'est un négociant français de vin, François Seignouret, qui construisit cette magnifique maison en 1816. Menuisier reconnu dans tout le Sud, il créa de très beaux meubles.

Si pour l'instant les visites guidées sont temporairement suspendues, il est possible de télécharger l'application French Quarters Tours. On peut même créer son propre tour selon la thématique choisie (littérature, musique, commerce d'esclaves, etc.). Et pour faire une pause entre deux visites, on fait un saut du côté du Café Cour (520 Royal Street).

THE NATIONAL WWII MUSEUM ★★★

945 Magazine Street ✆ +1 504 528 1944
www.nationalww2museum.org
Lundi-dimanche, 9h-17h. Attraction « Beyond All Boundaries » de 10h à 16h. Adulte 29,50 US$. Boutique, restaurant.

Ce musée célèbre le débarquement des alliés sur les côtes françaises et plus généralement toute l'histoire de la Seconde Guerre mondiale. Il est situé à La Nouvelle-Orléans parce que les fameux *Higgins Boats*, connus pour leurs rampes qui se baissaient pour lâcher les soldats sur les plages, ont été construits en Louisiane. Le site se découpe en plusieurs bâtiments et il faut une bonne demi-journée pour en faire le tour. La déambulation avec ses mises en scène et reconstitution de la conquête de Berlin par les troupes alliées, *Road to Berlin*, peut prendre à elle seule une heure ; la plongée à bord du sous-marin, *Final Mission : USS Tang Submarine Experience* (7 US$ en sus), où vous pourrez vous mettre à la place de l'un des marins à bord du célèbre vaisseau qui coula le 25 octobre 1944 après avoir torpillé 33 appareils ennemis, dure 20 minutes et comptez 45 minutes pour le film en 4D avec Tom Hanks, *Beyond All Boundaries* (7 US$ en sus). Le musée entre dans les détails sur le débarquement dans le Pacifique, la flotte aérienne américaine, à travers une multitude de documents, de pièces originales et de témoignages. C'est le seul musée aux États-Unis consacré à cette guerre. Né en 2000, élu attraction numéro 1 de la Louisiane et numéro 4 du pays, ce musée pourra, par ses collections, fasciner, instruire et divertir les plus jeunes comme les anciens. Il est toujours intéressant de regarder l'histoire traitée d'un point de vue décentré du prisme franco-français et de prendre la mesure du patriotisme qui habite le peuple américain.

VOODOO SPIRITUAL TEMPLE

1428 North Rampart Street
✆ +1 504 943 9795
voodoospiritualtemple.org
Lundi-samedi, 10h30-18h. Parfois ouvert le dimanche de 11h à 15h. Entrée libre, services tarifés.

Lieu spirituel traditionnel ou site touristique qui joue aux apprentis sorciers, on ne sait pas trop où l'on se trouve. Cela dit, c'est un passage incontournable pour s'imprégner des racines vaudoues de La Nouvelle-Orléans. Le temple est sous la direction de la prêtresse Miriam qui prépare toutes sortes de potions pour la fortune ou l'amour. Elle peut également lire l'avenir avec des os de poulet et des pierres ou même nous marier (comme elle l'a fait pour Nicolas Cage et Lisa Marie Presley). Son temple est chargé d'offrandes aux différents dieux vaudou.

© MALLORY FANDAL - SHUTTERSTOCK.COM

City Park.

AUDUBON LOUISIANA NATURE CENTER

11000 Lake Forest Boulevard
✆ +1 504 581 4629
audubonnatureinstitute.org
Site ouvert du lundi au samedi de 8h30 à 15h30. Voir site Web pour les horaires des services/activités. Entrée libre.

Ce site naturel de plus de 30 ha se trouve dans New Orleans East, à côté du parc Joe Brown. On peut y faire de la randonnée pédestre, visiter le centre d'interprétation de la faune et de la flore locales (des *rangers* sont présents sur place certains jours pour des sessions éducatives) ou encore découvrir la serre botanique et ses plantes typiques des milieux humides. L'endroit héberge également un planétarium qui présente un fascinant voyage dans l'espace (tarification en sus).

BAYOU SAUVAGE URBAN NATIONAL WILDLIFE REFUGE ★

17160 Chef Menteur Highway
✆ +1 985 882 2000
www.fws.gov/refuge/bayou-sauvage-urban
Ouvert tous les jours du lever au coucher du soleil. Aucun centre des visiteurs sur place.

Situé à l'extrême est de la ville de La Nouvelle-Orléans, juste avant les ponts pour la région du Northshore, c'est le dernier site marécageux du secteur des lacs Borgne et Pontchartrain et le plus grand bayou en zone périurbaine de Louisiane. Il héberge de nombreuses espèces en danger, comme le grand pélican brun, et attire les amateurs d'ornithologie avec quelque 340 espèces d'oiseaux présentes dans ce refuge urbain d'une centaine de km^2. À découvrir si vous passez par là !

CITY PARK ★★

1 Palm Drive
✆ +1 504 482 4888
neworleanscitypark.com
Ouvert de 30 minutes avant le lever du soleil à 30 minutes après le coucher du soleil.

On vient y admirer ses magnifiques *live oaks* qui sont toujours aussi beaux et impressionnants par leur taille. De nombreux visiteurs viennent aussi voir ses allées, ses étangs, ses espaces verts (principalement le jardin botanique) et ses attractions, notamment le musée d'art moderne (NOMA) et son jardin des sculptures ou encore le musée pour enfants. Nombreuses installations récréatives également, dont un terrain de golf, et des événements spéciaux comme Celebrations in the Oak (fin novembre à début janvier) et le marché des arts (mi-mai à mi-décembre).

FORT PIKE STATE HISTORIC SITE

27100 Chef Menteur Highway
✆ +1 504 255 9171
www.lastateparks.com
Fermé temporairement au public.

Situé avant le pont Rigolet de la route 90 menant vers le Mississippi, ce fort, ou plutôt ce qu'il en reste, fait partie du 3e groupe de fortifications érigées entre 1816 et 1867 pour protéger la ville tant des attaques terrestres que maritimes. S'il a servi entre autres à l'entrainement des troupes et à la détention de prisonniers, pas un seul coup de canon ne fut jamais tiré. Il fut abandonné officiellement en 1890 et intégra le registre national des lieux historiques en 1972.

LOUISIANA CHILDREN'S MUSEUM

15 Henry Thomas Drive
✆ +1 504 523 1357
lcm.org
Mercredi-samedi, 9h30-16h30 ; dimanche, 11h30-16h30. Adulte et enfant de plus d'un an : 14 US$.

Un musée pour les tout-petits autant que les grands, il suffit d'avoir envie de jouer ! Il encourage la curiosité et regroupe différentes activités ludiques, de la découverte aux expériences scientifiques. Mais c'est également un prétexte pour retomber en enfance et essayer les jeux quand dehors il pleut ou pour échapper à la fournaise d'un après-midi d'été. En août s'y tient d'ailleurs le Children's World's Fair qui invite les enfants à découvrir les différentes cultures du monde.

METAIRIE CEMETERY ★

5100 Pontchartrain Boulevard
✆ +1 504 525 3377
www.saveourcemeteries.org
Ouvert tous les jours de 7h30 à 17h30. Entrée libre. Visite guidée le dimanche à 10h (25 US$ par adulte).

© MALACHI JACOBS - SHUTTERSTOCK.COM

Ce cimetière, construit sur les lieux d'un ancien hippodrome, abrite plus de 7 000 tombes. Beaucoup de Louisianais connus sont enterrés ici, dans de magnifiques monuments de style gothique, roman ou en forme de pyramide égyptienne. L'un des plus célèbres est celui dédié à la Division de la Louisiane de l'armée du Tennessee, avec deux œuvres remarquables du sculpteur Alexander Doyle (1857-1922) : une statue équestre du Général sudiste Albert Sidney Johnston (1803-1862), et une statue d'un soldat confédéré sur le point de lire une liste de morts.

NEW ORLEANS BOTANICAL GARDENS ★

5 Victory Avenue
✆ +1 504 483 9402
neworleanscitypark.com
Mercredi, 10h-20h ; jeudi-dimanche, 10h-16h30. 13 ans et plus : 10 US$.

Près de 2 000 variétés de plantes regroupées par thème sur 4 hectares : une serre tropicale, des jardins aquatiques, un jardin d'azalées et de camélias, une roseraie… Suite à l'ouragan Katrina, le jardin botanique a perdu toute sa collection, mais avec le soutien de nombreux *sponsors*, il a de nouveau repris vie. Le printemps est le meilleur moment pour le visiter, peu de plantes étant en fleur l'été. À découvrir le mercredi : les bons petits plats de la cuisine Kitchen in the Garden.

NEW ORLEANS MUSEUM OF ART (NOMA) ★★★

1 Collins Diboll Circle
✆ +1 504 658 4100
noma.org
Lundi-dimanche, dès 10h (fermeture entre 17h et 21h). Adulte : 15 US$, supplément pour certaines expos spéciales.

Le NOMA possède plus de 40 000 objets d'art. Cette collection regroupe des œuvres d'art américaines, bien sûr, mais aussi françaises et européennes du XVIe siècle à nos jours, sans oublier l'une des plus vastes collections d'objets d'art en verre au pays, de l'art décoratif, africain, précolombien, natif américain et asiatique (principalement des peintures japonaise de la période Edo), pour ne nommer que ceux-ci. La peinture française est à l'honneur : Renoir, Courbet, Monet, Gauguin et Degas, qui peignit plusieurs tableaux lors d'un séjour à La Nouvelle-Orléans chez son oncle en 1872-1873 (sa mère était fille de planteur). Des toiles de Picasso, Braque, Miró, Warhol, Rodin, Giacometti complètent une grande diversité esthétique qui mérite le déplacement. On retrouve également sur place un café et une boutique.

▸ **Sydney and Walda Besthoff Sculpture Garden.** Un jardin a été aménagé avec plus de 90 sculptures à découvrir au milieu des chênes, pins, magnolias, camélias et bassins. Toutes ces œuvres d'art ont été données au NOMA par la fondation Besthoff. Ces sculptures ont été réalisées par de célèbres artistes contemporains comme Antoine Bourdelle, Louise Bourgeois, Henry Moose, George Rickey, Joel Shapiro ou George Segal, et Jean-Michel Othoniel, qui a réalisé la sortie de métro Palais Royal à Paris. La balade est forcément des plus agréable ! Le jardin des sculptures est ouvert tous les jours de 10h à 18h (17h d'octobre à mars) et l'accès est gratuit.

LA NOUVELLE-ORLÉANS

AUDUBON PARK ★

6500 Magazine Street
✆ +1 504 212 5193
audubonnatureinstitute.org
Ouvert tous les jours de 5h à 22h.

Le parc était à l'origine la plantation Foucher qui fut rachetée par la ville en 1871 et est devenue Upper City Park. En 1886, le parc fut rebaptisé Audubon Park en hommage au célèbre naturaliste haïtien et ornithologue John James Audubon qui a vécu à La Nouvelle-Orléans dans les années 1820. Aujourd'hui le parc comprend un terrain de golf, un zoo, des terrains de tennis et de soccer, une piscine et plus encore. Si vous restez longtemps en ville, c'est le parc idéal pour faire un peu d'exercice, pour lire ou rêvasser à l'ombre des nombreux arbres.

AUDUBON ZOO

6500 Magazine Street
✆ +1 504 581 4629
audubonnatureinstitute.org
Horaires variables. 13 ans et plus : à partir de 23 US$.

Situé dans le parc Audubon, le zoo abrite des espèces des quatre coins du globe vivant dans un jardin à la végétation luxuriante. Beaucoup sont rares ou en voie de disparition (alligator blanc, orang-outan, etc.), et la faune et la flore de Louisiane sont ici largement représentées. C'est en tout cas l'un des dix meilleurs zoos des États-Unis selon les lecteurs du USA Today. Parmi ses habitats les plus populaires, notons le marais de Louisiane (Louisiana Swamp) et la jungle des jaguars (Jaguar Jungle). Boutique et restaurants sur place également.

LAFAYETTE CEMETERY N° 1 ★

1400 Washington Avenue
✆ +1 504 525 3377
www.saveourcemeteries.org
Ouvert tous les jours de 7h à 15h. Entrée libre. Visites guidées tous les jours (20 US$ par adulte).

Moins connu que le St. Louis Cemetery n° 1, ce cimetière est pourtant similaire tant en superficie qu'en apparence. Les tombes aux formes gothiques et la végétation tropicales y sont bien présentes. Les terres occupées par le cimetière faisaient jadis partie d'une plantation appartenant à la famille Livaudais, d'origine française. On y retrouve beaucoup de tombes d'immigrants européens, bien souvent regroupées par corporations, ainsi qu'un nombre important de sépultures abritant les restes de victimes de la guerre de Sécession et d'épidémies de fièvre jaune.

NEW ORLEANS ACADEMY OF FINE ARTS

5256 Magazine Street
✆ +1 504 899 8111
noafa.com
Galerie ouverte : lundi-samedi, 10h-16h. Entrée libre.

Cette école privée d'art offre des cours pour jeunes et adultes de peinture, de sculpture, de céramique, de dessin, de photographie et tutti quanti. Au rez-de-chaussée se trouve la galerie ouverte au grand public et qui expose tous les mois un ou plusieurs artistes différents. En juin, les élèves (beaucoup sont des artistes confirmés) participent à un marché de l'art sur le stationnement de l'école, le Annual Student Art Fair. C'est souvent le moment pour faire des affaires.

Audubon Park.

SE LOGER

À La Nouvelle-Orléans, les formules d'hébergement sont nombreuses, allant de l'hôtel à caractère historique aux grandes chaînes internationales, en passant par les appartements équipés, les auberges de jeunesse et les chambres d'hôtes. Pour de bonnes raisons, presque tout le monde veut rester dans le French Quarter, mais il faut être conscient que le bruit de la rue, les rares places de stationnement et les hordes de touristes pourront peut-être vous faire rater la réelle ambiance de La Nouvelle-Orléans, sans parler du prix élevé. Destination populaire oblige, il est conseillé de réserver, surtout si vous comptez assister, par exemple, au Mardi Gras ou au New Orleans Jazz & Heritage Festival, les établissements hôteliers affichant complet durant ces événements. Mais une chose reste certaine : le coût de l'hébergement à La Nouvelle-Orléans est relativement élevé, hormis l'été qui constitue la saison creuse.

AUBERGE NOLA HOSTEL €

1628 Carondelet Street
✆ +1 504 524 5980
www.aubergehostels.com/nola
Chambre partagée : à partir de 31 US$, privée : à partir de 115 US$. Autre auberge à Clarksdale (Mississippi).

Super petite auberge de jeunesse du Garden District, située à un bloc de St. Charles Avenue et de son tramway permettant de rallier les principaux points de la ville. En plus d'être à deux pas d'une foule de bonnes adresses, elle constitue un point de rencontre idéal pour les voyageurs solo (des soirées et sorties sont organisées tous les soirs). Il y règne une ambiance jeune et internationale et de nombreux services y sont offerts : aires communes (instruments à disposition), cuisine équipée, cour intérieur avec barbecue, balcon, casiers et wifi gratuits, etc.

CITY HOUSE HOSTEL NEW ORLEANS €

129 Burgundy Street ✆ +1 504 571 9854
www.cityhousehostels.com
Chambre partagée : à partir de 26 US$, privée : partir de 75 US$. Wifi gratuit. Quatre autres auberges au pays.

Située près des rues Canal et North Rampart, dans le secteur du French Quarter, cette auberge propose des dortoirs mixtes de 4, 6, 8, 10 ou 12 lits ainsi que des chambres doubles avec lit superposé ou Queen. Plusieurs aires communes sont à disposition (dont une avec table de babyfoot), flanquées de belles peintures murales colorées. Une cuisine équipée permet également de préparer ses repas, afin d'économiser sur les restos, et des sorties et activités sont organisées tous les soirs.

HI NEW ORLEANS HOSTEL €

1028 Canal Street
✆ +1 504 603 3850
www.hiusa.org
Chambre partagée : à partir de 27 US$, privée : à partir de 109 US$.

Membre du réseau mondial Hostelling International, cette auberge de jeunesse bénéficie d'une localisation centrale à deux pas de tout. Ouverte en 2019 dans un édifice historique rénové du Central Business District, elle propose des chambres de type dortoir (4, 6 ou 8 lits, salles de bain partagées) et des chambres privées avec salle de bain. Parmi les services offerts, notons un superbe hall d'accueil avec table de billard, une cuisine équipée, un café, une laverie et le wifi gratuits, sans oublier un espace pour les travailleurs nomades. Une adresse au top !

INDIA HOUSE HOSTEL €

124 South Lopez Street
✆ +1 504 821 1904
indiahousehostel.com
Chambre partagée : à partir de 25 US$, privée : à partir de 50 US$.

Sise dans une belle maison colorée du quartier Mid-City, cette auberge de jeunesse n'offre pas que des lits en dortoir et des chambres privées. C'est une expérience hautement sociale et festive qui vous y attend, notamment grâce à sa cour avec piscine creusée, barbecue et scène pour des concerts. L'auberge organise également des repas communautaires (dont les fameux *crawfish boils*) et des partys dans la cour, en plus d'offrir des tarifs réduits sur certaines excursions (plantations, *swamp*, etc.). Services : wifi gratuit, cuisine équipée, salon commun, etc.

1896 O'MALLEY HOUSE €€

120 South Pierce Street ✆ +1 504 488 5896
www.1896omalleyhouse.com

Chambre double : à partir de 155 US$, petit déjeuner inclus. Un minimum de deux nuits peut être exigé.

Ce charmant bed & breakfast du quartier Mid-City propose près d'une dizaine de chambres, dont plusieurs avec bain à remous pour un moment de détente bien mérité. Le cachet historique de la maison a été fort bien conservé et la déco comme les meubles sont dans le même esprit. Le petit déjeuner maison, qui varie tous les jours, peut inclure des oeufs bénédictine avec sauce hollandaise à la créole et saucisse cajun ou encore des gaufres aux bleuets avec petits fruits et bacon fumé au bois de pommier. Aussi sur place : salon avec piano et cour avec barbecue.

LA BELLE ESPLANADE €€

2216 Esplanade Avenue
✆ +1 504 301 1424
labelleesplanade.com

Chambre double : à partir de 204 US$, petit déjeuner inclus. Un minimum de nuitées est exigé.

Logé aux limites du quartier Treme sur la fameuse avenue Esplanade, le petit hôtel hautement coloré et plein de charme de Matthew King et sa femme est une vraie pépite. Il accueille seulement cinq chambres, mais toutes uniques, joliment décorées et ultra confortables. En raison de sa petite taille, le petit déjeuner ne peut être cuisiné sur place, mais qu'à cela ne tienne ! La Belle Esplanade concocte des merveilles gourmandes à partir des produits des commerçants du coin. Bonus : un petit musée des curiosités est installé dans le lobby.

ASHTON'S BED & BREAKFAST €€

2023 Esplanade Avenue
✆ +1 504 942 7048
www.ashtonsbb.com

Chambre double : à partir de 198 US$, copieux petit déjeuner inclus. Un minimum de deux nuits peut être exigé.

Une élégante maison de style *greek revival* datant de 1861 s'impose sur l'avenue Esplanade qui fait partie du district historique d'Esplanade Ridge. Patrick et Karma Ashton, les maîtres des lieux, ont réussi la prouesse d'en faire un bed & breakfast de luxe tout en conservant une atmosphère conviviale et chaleureuse. Ne ratez pas le délicieux petit déjeuner qui fait la part belle à la cuisine cajun, créole et du Sud américain. Et n'hésitez pas à quémander les bons conseils de Patrick pour arpenter la ville. Aussi sur place : stationnement gratuit, cour.

BLUE60 GUEST HOUSE €€

1008 Elysian Fields Avenue ✆ +1 504 324 4311
www.blue60guesthouse.com

Chambre double : à partir de 139 US$. Spa dans la cour/jardins, wifi gratuit, kitchenette dans chaque unité.

Cette superbe *guest house* n'a pas son pareil en ville : à peine a-t-on franchi le portillon à l'ombre de la belle façade de cette ancienne *shotgun house* que déjà le sentiment d'être comme à la maison nous saisit. Les six unités de logement abritent un mobilier hétéroclite plein de cachet et disposent de toutes les commodités nécessaires. Et que dire du jardin garni de plantes luxuriantes et de fleurs délicates, entourant les quelques terrasses de bois surélevées et agrémentées de fauteuils à balancelle ? Une adresse *gay friendly* où on est accueilli comme des amis.

B&W COURTYARDS €€

2425 Chartes Street
✆ +1 504 322 0474
bandwcourtyards.com

Chambre double : à partir de 155 US$. Stationnement gratuit dans la rue.

Cette pépite du Faubourg Marigny est composée de trois maisons distinctes datant du XIXe siècle, lesquelles accueillent les deux chambres doubles, le cottage (trois chambres, max 7 personnes) et le bungalow (une chambre, max 4 personnes). On trouve donc ici autant un hébergement cosy pour une nuit ou deux que des unités entièrement équipées pour prendre racine à La Nouvelle-Orléans. Les maisons sont colorées et deux jardins sont installés au coeur de la propriété, dont un avec spa pour se la couler douce. Une adresse chaudement recommandée !

CANAL STREET INN €€

3620 Canal Street
✆ +1 504 483 3033
canalstreetinn.com

Chambre double : à partir de 155 US$, copieux petit déjeuner inclus.

Établie dans un manoir historique de 1912 du quartier Mid-City, ce bed & breakfast est d'une beauté remarquable. Moulures abondantes, planchers de bois franc, foyers et superbe mobilier font de cet endroit un lieu d'exception. Onze chambres et suites sont à disposition des hôtes, toutes différentes, plutôt contemporaines et munies de commodités haut de gamme. Il est aussi possible de louer l'entièreté des lieux pour les groupes et événements spéciaux. En prime, on a accès à une grande cour avec mobilier de jardin, une véranda et un salon.

CREOLE GARDENS GUESTHOUSE & INN €€

1415 Prytania Street ✆ +1 504 569 8700
www.creolegardens.com
Chambre double : à partir de 119 US$, petit déjeuner inclus. Un minimum de deux nuits est exigé. Stationnement gratuit.

Sis dans une grande maison datant du XIXe siècle, ce bed & breakfast est un secret bien gardé. Sa trentaine de chambres est répartie dans 4 bâtiments distincts, dont les Prytania Cottages proposant 3 appartements parfaits pour les longs séjours. Certaines chambres sont plutôt petites, mais leur prix justifie le tout. À noter que les chambres du Bordello sont une reconstitution d'une maison close... Mention au superbe jardin tropical avec ses bananiers, fontaine et mobilier de jardin.

DAUPHINE ORLEANS HOTEL €€

415 Dauphine Street
✆ +1 504 586 1800
www.dauphineorleans.com
Chambre double : à partir de 129 US$. Promotions disponibles. Piscine ouverte de 7h à 22h.

Membre du groupe The J Collection qui rassemble près d'une dizaine d'hôtels dans la ville et ailleurs en Louisiane, le Dauphine Orleans propose 111 chambres réparties dans trois bâtiments : le Main House, le Carriage House et le Hermann House. L'hôtel propose aussi plusieurs services, dont le stationnement avec voiturier et une piscine d'eau salée. À découvrir sur place : May Baily's Place, autrefois la plus célèbre maison close du *red-light* de Storyville converti en bar avec concerts *live* les vendredis et samedis. Parait-il que ce bar serait hanté...

FRENCH QUARTER GUEST HOUSES €€

✆ +1 800 535 7815
www.frenchquarterguesthouses.com
Tarifs variables selon l'établissement choisi et la saison.

French Quarter Guest Houses regroupe quatre propriétés datant des XVIIIe et XIXe siècles et entièrement rénovées dans le respect du style d'autrefois : Inn on Ste. Anne (28 chambres plus 12 dans l'annexe, accès à une cour), Inn on St. Peter (29 chambres, bâtiment classé lieu historique), Inn on Ursulines (15 chambres, accès à une cour) et Lamothe House (14 chambres et suites plus 10 dans l'annexe, accès à une cour avec piscine). En prime, chaque propriété est à deux pas de tout.

THE QUISBY €

1225 St. Charles Avenue
✆ +1 504 208 4881
www.thequisby.com
Chambre partagée : à partir de 22 US$, privée : à partir de 85 US$. Petit déjeuner inclus. Quartz Bar ouvert 24h.

Ouvert par le sympathique David venu de New York, The Quisby trône sur l'avenue St. Charles, à deux pas du *streetcar* et non loin d'une multitude de bars et restaurants. On apprécie son atmosphère urbaine en même temps que décontractée. Le grand lobby, qui fait à la fois office de réception et de bar, est un point de rencontre incontournable pour boire un verre, assister à des prestations artistiques ou participer à un quiz avec d'autres voyageurs. Ses chambres sont toutes munies d'une salle de bains privée et sont parfaitement confortables. Une adresse au top !

GRENOBLE HOUSE HOTEL €€

323 Dauphine Street
✆ +1 800 722 1834
www.grenoblehouse.com
Chambre double : à partir de 199 US$.

Situé à un coin de rue de Bourbon Street et à trois de Canal Street, ce petit hôtel est parfait pour les longs séjours. Ses 17 unités sont toutes munies d'une cuisine complète, de la coutellerie au lave-vaisselle, et certaines comptent deux chambres à coucher. Trois petites maisons du XIXe siècle (des anciens quartiers d'esclaves) bordent une piscine et un spa dans la cour arrière. Pour le stationnement, il est possible de réserver son emplacement en ligne à l'avance au Premium Parking situé à deux pas, à l'angle des rues Dauphine et Iberville.

LA NOUVELLE-ORLÉANS

HOTEL PROVINCIAL €€

1024 Chartres Street
✆ +1 504 581 4995
www.hotelprovincial.com
Chambre double : à partir de 125 US$. Restaurant ouvert matin et midi, bar ouvert tous les jours dès 15h.

Les voyageurs en général se plaisent dans cet hôtel parce qu'il se trouve en plein centre et qu'il possède toutes les facilités. Il accueille plutôt une clientèle touristique que d'affaires. Il est également charmant et calme avec sa grande cour intérieure où vous pourrez passer un moment agréable assis à l'ombre dans le patio, ou bien au soleil sur un transat au bord de la piscine. L'hôtel est très bien situé, en plein French Quarter, et l'accueil y est impeccable. Le stationnement avec service de voiturier est proposé en sus.

HOTEL ST. MARIE €€

827 Toulouse Street
✆ +1 504 561 8951
hotelstmarie.com
Chambre double : à partir de 179 US$. Promotions disponibles.

Le St. Marie est un hôtel d'une centaine de chambres et suites avec tout ce qu'il faut, notamment une cour intérieure avec piscine et un balcon pour presque toutes les chambres. Celles qui donnent sur le patio sont bien plus calmes que celles qui sont sur Toulouse Street, tout près de Bourbon Street. Pendant le festival Southern Decadence, la clientèle de l'hôtel est en majorité de la communauté LGBTQ2. À découvrir également sur place : le restaurant-bar Vacherie, ouvert du matin au soir et qui propose une cuisine cajun et des plats sur le pouce.

MAISON DUPUY €€

1001 Toulouse Street
✆ +1 504 867 4700
www.maisondupuy.com
Chambre double : à partir de 129 US$. Promotions disponibles. Parking : 45 US$ par jour.

Situé dans une rue plus calme du French Quarter, cet hôtel permet d'accéder à tous les points d'intérêt en moins de dix minutes de marche. Les chambres sont grandes et confortables, mais la déco donne plutôt dans les tons de grande chaînes hôtelières bon marché. Certaines sont munies d'un balcon donnant sur la rue ou la jolie cour intérieure avec piscine creusée et transats. L'hôtel possède aussi une salle de sport ouverte 24h/24 et un restaurant-bar, le Bistreaux, situé au rez-de-chaussée. Une bonne adresse aux prix plutôt raisonnables pour la localisation.

MAISON ST. CHARLES €€

1319 St. Charles Avenue
✆ +1 504 522 0187
www.maisonstcharles.com
Chambre double : à partir de 94 US$, petit déjeuner inclus. Promotions et forfaits disponibles. Parking : 25 US$/jour.

Cet agréable hôtel est idéalement situé sur l'avenue St. Charles dans Garden District, à quelques arrêts de *streetcar* du centre-ville et du French Quarter. Les chambres les plus agréables, mais parfois les plus bruyantes suivant la saison, sont celles qui donnent sur la piscine et le bain à remous extérieurs. Quant aux suites, elles sont très spacieuses et certaines sont munies d'un bain à remous, d'un balcon privé ou encore d'une kitchenette (gros coup de cœur pour la suite exécutive). Pour se dégourdir les jambes, une petite salle de sport est à disposition.

PARK VIEW HISTORIC HOTEL €€

7004 St. Charles Avenue
✆ +1 504 861 7564
www.parkviewguesthouse.com
Chambre double : à partir de 169 US$, petit déjeuner continental inclus.

Situé littéralement à côté du parc Audubon, cette maison classée au patrimoine historique accueille un peu plus d'une vingtaine de chambres réparties sur trois étages (à noter qu'il n'y a pas d'ascenseur). Certaines unités ont un lit antique de plantation datant du milieu du XIXe siècle, alors que d'autres offrent un accès à un balcon avec vue sur le parc. Bref, un endroit agréable où beaucoup d'Européens et de familles descendent. Il est principalement fréquenté par les familles des étudiants des universités voisines lors des remises de diplômes en mai.

Q&C HOTEL BAR €€

344 Camp Street
✆ +1 504 587 9700
www.qandc.com
Chambre double : à partir de 134 US$. Petit déjeuner et stationnement en sus (possibilité de forfait incluant le tout).

Membre de la famille Autograph Collection Hotels de la chaîne Marriott, le Q&C est une destination branchée située à mi-chemin entre le French Quarter et le Warehouse/Arts District. Les chambres sont vraiment jolies et ultra confortables, certaines offrant une vue sur la *skyline* de la ville. L'hôtel héberge également une salle de sport ainsi qu'un restaurant-bar, le Q&C Bar, où casser la croûte et prendre l'apéro. À ce sujet, si votre jour d'arrivée est compris entre le mardi et le jeudi inclus, une dégustation de vin vous sera offerte gratuitement.

SELINA CATAHOULA NEW ORLEANS €€

914 Union Street
✆ +1 504 603 2442
selina.com/usa/catahoula-new-orleans
Chambre double : à partir de 99 US$. Promotions disponibles.

Situé sur une petite rue du Warehouse District, le Selina est un hôtel urbain des plus sympa. De la chambre économique à l'appartement d'une ou deux chambres, en passant par la quadruple avec lits superposés, on trouve ici chaussure à son pied. Mais le Selina, c'est aussi des aires communes absolument superbes, à commencer par sa terrasse sur le toit avec bar (des soirées DJ y sont organisées), sans oublier le café-bar occupant une partie du rez-de-chaussée et la salle dédiée au yoga.

THE OLD N°77 HOTEL & CHANDLERY €€

535 Tchoupitoulas Street
✆ +1 504 527 5271
www.old77hotel.com
Chambre double : à partir de 107 US$. Promotions et forfaits disponibles.

Cet hôtel emblématique, complètement rénové en 2015 avec un cachet indéniable, est un véritable coup de cœur. Son emplacement plus qu'idéal, ses chambres spacieuses décorées entre tradition et modernité, ses oeuvres d'art un peu partout, son agréable hall qui invite à se poser, son excellent rapport qualité-prix et son restaurant réputé (Compère Lapin) en font l'une des meilleures adresses de La Nouvelle-Orléans. Aussi sur place : salle de sport, café, prêt de vélos.

THE DRIFTER HOTEL €€

3522 Tulane Avenue ✆ +1 504 605 4644
thedrifterhotel.com
Chambre double : à partir de 115 US$. Café-bar, piscine extérieure. Programmation de spectacles et événements sur place.

The Drifter est un motel comme les États-Unis savent bien les faire, il suffit pour le comprendre de voir le néon installé sur sa façade. Les chambres, auxquelles on accède par l'extérieur comme le veut la tradition des motels américains, sont alignées autour de la piscine. Rénové en 2017, l'établissement propose des chambres modernes, simples et propres ; mais il a su conserver un certain charme d'antan. The Drifter est particulièrement populaire auprès des jeunes voyageurs venus du monde entier, qui apprécient son atmosphère et les rencontres qu'on peut y faire.

ACE HOTEL NEW ORLEANS €€€

600 Carondelet Street
✆ +1 504 900 1180
acehotel.com/new-orleans
Chambre double : à partir de 179 US$. Promotions et forfaits disponibles.

Présents dans plusieurs grandes villes américaines et ailleurs dans le monde, les Ace Hotels sont des établissements hautement branchés avec une localisation toujours impeccable. Celui de La Nouvelle-Orléans ne fait pas exception à la règle, proposant des chambres, suites et studios de toute beauté. On y retrouve aussi deux restos (italien, fruits de mer), un café, un bar et, surtout, un incroyable bar-terrasse sur le toit avec piscine. À cela s'ajoute une programmation d'activités et d'événements comme des concerts *live*, des sessions de yoga et plus encore.

THE GREEN HOUSE INN €€

1212 Magazine Street
✆ +1 504 525 1333
www.thegreenhouseinn.com
Chambre double : à partir de 219 US$, petit déjeuner continental et stationnement pour une voiture inclus.

Construite en 1840, cette auberge d'une dizaine de chambres a pignon sur rue dans la magnifique Magazine Street, dans le secteur du Lower Garden District. Et ici on passe des nuits ultra confortables, chaque chambre ayant un lit King pour un repos bien mérité. Pour plus d'autonomie, un appartement avec cuisine complète est aussi offert en location. Comble de bonheur, l'auberge possède une belle cour tropicale avec piscine et spa où l'on prendrait volontiers racine, et à deux pas (littéralement) est située une des succursales de French Truck Coffee.

BOURBON ORLEANS HOTEL €€€

717 Orleans Street
✆ +1 504 523 2222
www.bourbonorleans.com
Chambre double : à partir de 189 US$. Promotions disponibles.

Le Bourbon Orleans est une adresse chic au cœur du French Quarter où l'on saura être à vos petits soins. L'histoire a habité les lieux : sa salle de bal, bien antérieure à l'hôtel lui-même, remonte à 1817. Le confort des chambres, bien sûr, ne fait pas défaut quelle que soit la catégorie, et certaines sont munies de leur propre balcon donnant sur la cour intérieure avec piscine. Le petit déjeuner, en revanche, est en sus et peut se prendre au restaurant de l'hôtel, Roux on Orleans (ouvert également le soir). Aussi sur place : Bourbon « O » Bar avec concerts *live*.

COLUMNS €€€

3811 St. Charles Avenue
✆ +1 504 899 9308
thecolumns.com
Chambre double : à partir de 234 US$.

Superbe manoir datant de la fin du XIXe siècle et classé lieu historique par le National Park Service, Columns est un hôtel que tout le monde connaît en ville. Les lieux sont d'une beauté irréprochable et le cachet historique fut restauré méticuleusement. Dans le même esprit, des antiquités meublent les chambres comme les espaces communs. On aime bien aussi les jardins et la terrasse sur le toit. Cerise sur le gâteau, un restaurant-bar a ses quartiers sur place, très prisé pour son atmosphère, ses cocktails signature et ses brunchs.

HOTEL SAINT VINCENT €€€

1507 Magazine Street
✆ +1 504 350 2450
saintvincentnola.com
Chambre double : à partir de 309 US$. Promotions disponibles.

Sis sur la chouette Magazine Street, à un jet de pierre de sa section commerçante, ce bel édifice datant de 1861, puis retapé et reconverti en hôtel en 2021, est une vraie perle. Ses chambres, suites et studios, aux couleurs chaudes et sombres, bénéficient d'un superbe design respectant le style d'origine. Certaines sont même munies d'un balcon offrant une vue sur la cour intérieure, sa piscine et son bar. Le bâtiment abrite également un café, un restaurant-bar et un lounge où sont présentés, notamment, des spectacles de jazz et de burlesque une fois par mois.

INN AT THE OLD JAIL €€€

2552 St. Philip Street
✆ +1 504 301 5743
innattheoldjail.com
Chambre double : à partir de 199 US$. Un minimum de deux nuits est exigé.

C'est dans une belle maison de style Queen Anne, en pleine zone résidentielle de Treme, qu'est établi ce superbe hôtel-boutique. Son nom fait référence au passé du bâtiment qui, autrefois, hébergea entre autres un commissariat et une prison de la NOPD (un prisonnier a d'ailleurs gravé son nom sur un des murs de la chambre The Cage). Abandonné après Katrina et entièrement restauré par la suite, il offre dorénavant neuf chambres et suites au cachet et à l'atmosphère uniques. Aussi sur place : cuisine équipée et salle à manger, grande terrasse sur le toit.

ONE11 HOTEL €€€

111 Iberville Street
✆ +1 504 699 8100
www.one11hotel.com
Chambre double : à partir de 214 US$. Promotions et forfaits disponibles.

Ouvert en décembre 2020, c'est le premier hôtel à être inauguré en plus de 50 ans dans le French Quarter. Situé à proximité du Mississippi et de l'Audubon Aquarium of the Americas, il occupe un entrepôt restauré de l'époque de la canne à sucre. Ses quelque 83 chambres sont réparties sur huit étages et offrent une luminosité incroyable, sans compter le cachet avec, notamment, les murs de brique. L'hôtel héberge le très tendance restaurant-bar Batture, une terrasse sur le toit, une cour avec foyer et piscine, une salle de gym et un stationnement payant.

LE PAVILLON HOTEL €€€

833 Poydras Street
✆ +1 504 581 3111
www.lepavillon.com
Chambre double : à partir de 159 US$. Promotions disponibles.

Situé dans un superbe édifice datant du début du siècle dernier, Le Pavillon est situé en plein centre-ville et est l'un des meilleurs hôtels de La Nouvelle-Orléans. Tout ici respire le luxe, de la décoration somptueuse aux commodités de chacune des chambres. En plus de sa salle de gym et de son stationnement payant avec service de voiturier, l'hôtel accueille le fameux Cachette 1907 Bar & Lounge hautement réputé pour ses cocktails et son décor de *speakeasy*. Un conseil : concentrez-vous sur les chambres simples, les prix s'envolant pour les suites.

THE CHLOE €€€

4125 St. Charles Avenue
✆ +1 504 541 5500
www.thechloenola.com
Chambre double : à partir de 312 US$, cocktail de bienvenue, chocolats et petit déjeuner inclus.

C'est en 2020 qu'un manoir du XIXe siècle du quartier Uptown s'est vu offrir une deuxième vie. Ouvert par l'équipe derrière le restaurant Sylvain et le bar Barrel Proof, The Chloe est un petit hôtel d'une quinzaine de chambres et à l'esthétique absolument incroyable. Les chambres ont chacune leur caractère, table-tournante et vinyles inclus. Son restaurant, sous la gouverne du chef Todd Pulsinelli, est ouvert midi et soir ainsi que pour le brunch du week-end. Également sur place : un bar lounge intérieur et un jardin avec piscine et bar. Une adresse au top !

THE ELIZA JANE €€€

315 Magazine Street
✆ +1 504 882 1234
theelizajane.hyatt.com
Chambre double : à partir de 169 US$. Promotions disponibles. Stationnement avec service de voiturier : 42 US$/jour.

D'anciens entrepôts installés dans un bâtiment datant du XIXe siècle ont été entièrement rénovés pour accueillir les 196 chambres et suites de l'hôtel The Eliza Jane. Le design, signé par la célèbre entreprise new-yorkaise Stonehill Taylor, est digne d'un magazine de déco. Des chambres aux parties communes, tout est tendance et pensé avec beaucoup de soin. L'hôtel héberge aussi une brasserie française, un bar, une salle de sport et une belle cour qui fait office d'oasis privée. Une très belle adresse sur Magazine Street, à deux pas du French Quarter.

THE RITZ-CARLTON NEW ORLEANS €€€

921 Canal Street ✆ +1 504 524 1331
ritzcarlton.com/en/hotels/new-orleans
Chambre double : à partir de 269 US$. Promotions et forfaits disponibles. Stationnement payant, service de voiturier.

Difficile de rater cet immense temple du luxe sur Canal Street, fidèle au standing de la marque Ritz-Carlton. Logé dans l'édifice historique Maison Blanche de style Beaux-Arts, avec des antiquités et œuvres d'art trônant ici et là, l'hôtel met à disposition des hôtes plus de 500 chambres et suites dont certaines avec balcon. Un restaurant de type « de la ferme à la table » est aussi sur place, ainsi qu'un lounge avec concerts, un centre de santé spa et une salle de sport.

CLUB LA PENSION - BLUEGREEN VACATIONS €€€

115 Decatur Street
✆ +1 504 207 7400
www.bluegreenvacations.com/resorts
Tarifs variables selon l'unité choisie, le nombre de personnes et la saison.

Situé aux limites du French Quarter, près de Canal Street, cet établissement propose des appartements d'une ou deux chambres et entièrement équipés pour un séjour en toute autonomie (à noter toutefois qu'ils sont tous munies d'une kitchenette et non d'une cuisine complète). Les pièces sont vraiment agréables, avec leur parquet de bois, leur déco et œuvres d'artistes locaux, sans oublier les équipements technologiques dernier cri. En prime, une belle terrasse commune sur le toit.

HIGGINS HOTEL €€€

1000 Magazine Street
✆ +1 504 528 1941
www.higginshotelnola.com/fr
Chambre double : à partir de 162 US$. Promotions et forfaits. Stationnement au National WWII Museum (32 US$/jour).

Situé face au National WWII Museum, au cœur du quartier Warehouse/Arts District, cet hôtel haut de gamme se pare d'un décor qui n'est pas sans rappeler les années fastes de l'Art déco (mention à la peinture murale du lobby signée par l'artiste Michael Kudnl). Les quelque 230 chambres et suites sont d'une qualité et d'un confort irréprochables. Et que dire des incroyables suites Eisenhower, Truman et Roosevelt : le luxe à l'état pur ! À cela s'ajoutent une salle de gym et trois restaurants, dont le Rosie's situé sur le toit de l'hôtel.

LA NOUVELLE-ORLÉANS

SE RÉGALER

Si vous appréciez la diversité ethnique dans votre assiette et que vous n'envisagez pas de visiter une ville dénuée d'une foisonnante scène gourmande, La Nouvelle-Orléans comblera toutes vos attentes. Il faut dire que le terrain est fertile : avec sa diversité culturelle et le redéveloppement de plusieurs quartiers, la ville jouit d'une offre culinaire sans égale. Il y a bien sûr les grandes vedettes culinaires que sont les cuisines française, cajun et créole, mais aussi la cuisine de rue des quatre coins du monde, les restaurants spécialisés dans le barbecue, les petits snacks de quartier pour dévorer un po-boy ou un muffuletta sur le pouce, le festival du gumbo, du boudin ou encore du poulet frit... Si nombre de restaurants emblématiques de la ville sont situés dans le French Quarter et ses environs, les quartiers plus excentrés comme Mid-City et Uptown sont des destinations gourmandes de plus en plus prisées par la population locale.

Jambalaya.

1000 FIGS €€

3141 Ponce de Leon Street
✆ +1 504 301 0848
www.1000figs.com
Lundi, 11h-20h30 ; mardi-samedi, 11h-21h. Plats entre 5 et 15 US$ (3-4 plats sont conseillés pour un repas complet).

Une adresse originale, toute simple et essentiellement fréquentée par des locaux. Ici les produits frais sont à l'honneur et mettent en vedette la savoureuse cuisine du Moyen-Orient : agneau, salades, légumes, falafels, sandwichs. À plusieurs, on suggère fortement le mezzé, ces petites bouchées qu'on déguste comme des tapas, ou encore le festin de falafel. L'ambiance de village du petit quartier du Bayou St. John est très agréable et offre une bonne alternative au tumulte touristique du French Quarter. Possibilité de prendre à emporter.

ANTOINE'S RESTAURANT €€€

713 St. Louis Street ✆ +1 504 581 4422
antoines.com
Horaires variables. Brunch jazz le dimanche. Carte : 10 à 60 US$. Menu dégustation : 62 US$, 35 US$ l'accord des vins.

Depuis son ouverture en 1840 par un Français, Antoine Alciatore, c'est toujours la même famille qui dirige l'établissement. Rien n'a vraiment changé, sauf les usages. Le bâtiment compte plus d'une dizaine de salles, chacune ayant une raison d'être et une décoration propres. Au menu, le pompano Pontchartrain, la truite amandine et les fameuses huîtres Rockefeller et leur sauce au beurre (plat inventé ici). Et pour le dessert, il faut goûter l'énorme Baked Alaska (une omelette norvégienne). La cave recèle aussi de nombreux trésors. Bar Hermès situé juste à côté.

ARNAUD'S €€€

813 Bienville Street
✆ +1 504 523 5433
www.arnaudsrestaurant.com
Horaires variables. Brunch jazz le dimanche de 10h à 13h30. Carte : 10 à 50 US$. Menu dégustation : 90 US$.

Le restaurant fondé en 1918 est formé de douze bâtiments connectés par un labyrinthe d'escaliers et de couloirs. Le cadre est très chic et a été restauré en 1979 pour garder son cachet de vieux restaurant créole avec les dalles au sol, le plafond en métal frappé et des ventilateurs d'époque au plafond. C'est un peu cher pour ce qu'il y a dans l'assiette. Il est préférable de venir bien habillé, surtout pour le dîner. Et après votre repas, demandez à visiter le mini-musée de Mardi Gras. Aussi sur place : Richelieu Bar et French 75 Bar.

BAYONA €€€

430 Dauphine Street
✆ +1 504 525 4455
www.bayona.com
Horaires variables. Carte : 10 à 60 US$. Terrasse.

Bayona a reçu de nombreux prix d'excellence pour sa cuisine. Très appréciée et reconnue en ville pour son professionnalisme, Susan Spicer est la chef-propriétaire et Eason Barksdale, son chef de cuisine. À un coin de rue à peine de la foule bruyante de Bourbon Street, Bayona est installé dans un petit cottage de 1769 typique du quartier, avec à l'arrière une charmante petite cour. À essayer : la soupe à l'ail crémeuse, la poitrine de canard rôti et n'importe quel dessert. On y retrouve les influences françaises et méditerranéennes, mais aussi créoles.

BRENNAN'S €€€

417 Royal Street
✆ +1 504 525 9711
www.brennansneworleans.com
Horaires variables. Carte : 10 à 60 US$. Cour intérieure.

Deux atouts caractérisent Brennan's : sa vaste carte de cocktails et son chef Ryan Hacker, maintes fois primé, qui consacre tout son savoir et son talent au menu créole du restaurant. On pourra commencer par l'un des cocktails classiques de la maison (surnommés les *eye openers* – qui ouvrent les yeux) avant de jeter un œil à l'audacieux menu, que ce soit pour le brunch ou pour le dîner. Tout est délicieux, sans parler du décor, absolument somptueux. Une petite cour intérieure tombe à point nommé pour siroter tranquillement son café.

BYWATER AMERICAN BISTRO €€

2900 Chartres Street
✆ +1 504 605 3827
bywateramericanbistro.com
Ouvert en soirée (horaires variables). Carte : moins de 35 US$.

Après une visite au New Orleans Center for Creative Arts situé juste à côté, une pause gourmande à ce bistro de quartier est fort recommandée. Occupant une partie du rez-de-chaussée d'un ancien moulin à riz transformé en copropriété, la table de Nina Compton et Larry Miller met en vedette une carte typique de bistronomie qui mêle à la fois les saveurs du monde et les ingrédients classiques de la cuisine louisianaise. Une solide carte des vins, probablement l'une des meilleures en ville, épaule le tout. Mention au décor industriel-chic.

CANE & TABLE €€

1133 Decatur Street
✆ +1 504 581 1112
caneandtablenola.com
Dimanche-jeudi, 17h-23h ; vendredi-samedi, 17h-minuit. Brunch le week-end de 10h30 à 15h. Carte : 10 à 35 US$.

Situé à un jet de pierre de French Market, Cane & Table fait honneur à la cuisine caribéenne avec beaucoup d'influences cubaines. Au menu, *empanadas* au boeuf, pâtés jamaïcains, côtes levées aux épices caribéennes, thon *a la plancha*, riz noir avec crevettes du golfe, croquettes d'écrevisses... Côté brunch, le menu est court mais ô combien tentant (sandwich de poulet frit, cari d'écrevisses avec *grits* à la noix de coco, etc.). L'endroit est aussi hautement réputé pour ses cocktails de style proto-tiki (essayez le Life Raft). Jolie cour intérieure en bonus.

CENTRAL GROCERY & DELI €

923 Decatur Street
✆ +1 504 523 1620
www.centralgrocery.com
Ouvert tous les jours de 9h à 17h. Carte : moins de 15 US$.

Une question et un sujet de discussion courant chez les locaux : qui fait le meilleur *muffuletta* ? Le lieu incontournable pour commander ce sandwich sicilo-américain est sûrement Central Grocery. Le *muffuletta* est un pain rond (assez gros) avec du jambon, du salami, de la mozzarella, des olives et de la salade et quelques *extra stuffing*. Tout ça dimension US, c'est-à-dire *big*. La boutique est submergée de jarres de saucisses et de fromages. Ne comptez pas avoir un sourire du serveur, ce n'est pas le genre de la maison. Parfait pour les grosses faims.

CLOVER GRILL €

900 Bourbon Street
✆ +1 504 598 1010
www.clovergrill.com
Ouvert 24h/24. Carte : moins de 15 US$.

Ce n'est sûrement pas un endroit pour tout le monde. Il faut y aller avec un bon sens de l'humour, accepter l'excentricité et vouloir être parfumé au graillon. Les hamburgers, qui font la réputation du resto, sont bons et cuisinés sur le grill devant vous. Les petits déjeuners sont aussi hautement populaires. L'endroit est petit, très éclairé et il ne faut pas non plus être gêné de manger en vitrine. Que vous soyez assis au comptoir ou à une table, il est inutile de vous préciser que le spectacle est permanent, à l'intérieur comme à l'extérieur suivant le moment.

COCHON €€

930 Tchoupitoulas Street
✆ +1 504 588 2123
www.cochonrestaurant.com
Ouvert tous les jours dès 11h (fermé le lundi). Carte : 10 à 40 US$. Terrasse.

Gare à l'explosion de saveurs ! Donald Link (partenaire du chef Stephen Stryjewski) se concentre ici sur le cochon local, mais aussi les produits des fermiers et pêcheurs de la région. La cuisine du Sud américain et cajun est sa carte de visite avec ses sauces légèrement relevées et ses sucrés-salés. À noter : les serveurs connaissent plutôt bien leurs vins et sauront très bien vous orienter vers des cépages domestiques ou français. L'espace nommé Cochon Butcher, attenant au restaurant, propose cochonnailles, charcuteries et autres salaisons.

COMPÈRE LAPIN €€

535 Tchoupitoulas Street
✆ +1 504 599 2119
comperelapin.com
Ouvert tous les jours dès 11h30. Carte : 10 à 40 US$.

Un décor très agréable pour ce restaurant de qualité attenant à l'hôtel The Old N°77, à deux pas du French Quarter. Son chef, Nina Compton, célèbre pour avoir participé à l'émission Top Chef en 2017, y concocte une cuisine savoureuse, alliant avec talent et simplicité les traditions culinaires de La Nouvelle-Orléans avec des inspirations caribéennes, françaises et italiennes. La carte est réduite, environ 4-5 choix par service, mais il est difficile de ne pas trouver son bonheur parmi la sélection de plats élaborés à base de produits frais et de saison.

COOP'S PLACE €

1109 Decatur Street
✆ +1 504 525 9053
www.coopsplace.net
Ouvert tous les jours de 11h à 23h au minimum (fermé le mardi). Carte : moins de 25 US$.

Un restaurant réputé de cuisine cajun typique en plein cœur du French Quarter. Au menu, le poulet frit à la cajun, le gumbo de fruits de mer, le jambalaya à la saucisse et au lapin, les crevettes à la créole ou encore l'étouffée de crevettes et écrevisses. Et comme souvent aux États-Unis, qui dit bonne adresse, dit queue. Il faut donc généralement patienter un moment avant de pouvoir avoir une table, mais cela en vaut la peine. Pour passer le temps, il suffit de siroter un cocktail dans la file d'attente, une pratique très répandue.

DOOKY CHASE'S RESTAURANT €€

2301 Orleans Avenue
✆ +1 504 821 0600
www.dookychaserestaurants.com
Mardi-vendredi, 11h-15h ; vendredi-samedi, 17h30-21h. Carte : moins de 35 US$.

À son ouverture en 1941, Edward Chase Sr, dit Dooky, et sa femme Emily étaient les propriétaires d'un petit *sandwich shop* où les Afro-Américains se sentaient chez eux. Leur belle-fille Leah dirige maintenant la maison et en a fait un restaurant nationalement reconnu pour la cuisine locale créole. Lieu de rassemblement des leaders du mouvement pour les droits civiques (Martin Luther King est passé par là), c'est aussi ici qu'est venu Barack Obama lors de son passage à La Nouvelle-Orléans juste après son inauguration présidentielle.

DORIS METROPOLITAN €€€

620 Chartres Street
✆ +1 504 267 3500
dorismetropolitan.com/new-orleans
Horaires variables. Carte : 10 à 220 US$. Cour intérieure.

On vient chez Doris pour une seule raison : ses viandes qui font la réputation des lieux. Et ce restaurant n'utilise que du bœuf USDA Prime, lequel est vieilli à sec avant d'être servi. Pour ceux qui en ont les moyens, on y retrouve aussi le fameux bœuf Wagyu du Japon qui vaut vraiment son pesant d'or. Pour les mises en bouche, plusieurs belles options comme la pieuvre, le tartare de thon, le carpaccio ou l'assiette de fromages artisanaux. À savoir que Doris fait aussi dans la boucherie et qu'il est possible d'acheter de belles pièces de viande pour la maison.

ELIZABETH'S €

601 Gallier Street
✆ +1 504 944 9272
www.elizabethsrestaurantnola.com
Ouvert tous les jours de 8h à 14h30 (fermé le mercredi). Carte : moins de 30 US$. Coin terrasse.

Difficile de rater ce restaurant de quartier avec ses oeuvres qui placardent les murs extérieurs. Si Elizabeth's a changé de propriétaires au fil du temps, rien n'a changé à l'intérieur ou en cuisine. On y mange d'excellentes petits déjeuners et brunchs aux accents du Sud américain. À ne pas rater les pralines au bacon. Arrivez l'estomac bien vide, les plats sont tellement copieux que l'on peut tous les partager à deux. N'hésitez pas à prendre un taxi pour vous y rendre, c'est un peu excentré de toutes autres attractions locales.

CAFE DEGAS €€

3127 Esplanade Avenue
✆ +1 504 945 5635
www.cafedegas.com
Ouvert midi et soir du mercredi au dimanche. Brunch du vendredi au dimanche. Carte : 10 à 30 US$. Terrasse couverte.

Les propriétaires (un Français peintre, Jacques Soulas, et un Américain excentrique, Jerry Edgar) ont su recréer la parfaite ambiance d'un café français. On y est accueilli en français ou en anglais. Pour l'apéritif, commencez par un Ricard ou une Suze. Et pour vous mettre en appétit, prenez une assiette de pâtés faits maison et fromages. Gardez une place pour les desserts. La mousse au chocolat est excellente et, en été, les sorbets maison sont à ne pas manquer. Le service est très courtois et loyal. C'est aussi l'endroit parfait pour un petit verre au bar.

GALATOIRE'S RESTAURANT €€

209 Bourbon Street
✆ +1 504 525 2021
www.galatoires.com
Horaires variables. Carte : 10 à 50 US$.

Rien de très original, si vous êtes parisien, d'aller à Galatoire. Le lieu et l'ambiance ressemblent à Chartier. Les habitués préfèrent la salle du rez-de-chaussée, d'origine. Le must est de venir le vendredi midi, d'y prendre une table et d'y rester tout l'après-midi. À la carte : brochette d'huîtres frites et bacon, poisson farci à la chair de crabe, et les fameuses crevettes rémoulade. Le sazerac est toujours le cocktail consommé à chaque table depuis des années. La rudesse et la franchise des serveurs contribuent à l'ambiance.

GUMBO SHOP €

630 St. Peter Street
✆ +1 504 525 1486
www.gumboshop.com
Ouvert tous les jours de 11h à 22h, jusqu'à 23h vendredi et samedi. Carte : moins de 30 US$. Cour intérieure.

Situé à quelques pas de Jackson Square et établi dans un des plus vieux bâtiments du French Quarter, Gumbo Shop est un bon endroit pour essayer la cuisine locale. Dans une grande salle façon brasserie parisienne avec de magnifiques gravures aux murs évoquant La Nouvelle-Orléans française, vous pourrez goûter des plats cajuns ou créoles de viande ou de fruits de mer, le tout à prix doux. Le service est rapide et efficace, et la nourriture plutôt bonne. La cour intérieure est très agréable, sauf si vous vous trouvez près du couloir d'entrée.

HERBSAINT €€

701 St. Charles Avenue
✆ +1 504 524 4114
herbsaint.com
Ouvert du lundi au samedi (horaires variables). Carte : 10 à 50 US$. Terrasse.

Une bonne petite adresse pour une cuisine d'influence française dans un coin tranquille de la ville. Le service est réglé comme une pendule suisse, plutôt efficace. Tout y est en général bon. Le chef Donald Link a démarré cette adresse gourmande en 2000 et c'est le chef Tyler Spreen qui gère l'équipe en cuisine. Tous deux ont un simple désir : cuisiner pour les gens qui reconnaissent ce qui est bon. C'est aussi un endroit très agréable pour déguster un bon petit vin. Le week-end, il vaut mieux réserver si on espère s'y attabler.

JUSTINE €€

225 Chartres Street
✆ +1 504 218 8533
www.justinenola.com
Ouvert tous les jours (horaires variables). Brunch du vendredi au dimanche. Carte : 10 à 40 US$. Cour intérieure.

Grand frère de La Petite Grocery, c'est la table du chef Justin Devillier et sa femme Mia. Logé dans l'édifice historique May & Ellis en plein cœur du French Quarter, le restaurant Justine fait dans la cuisine française de type brasserie avec une touche bien locale. Par exemple, les macaronis au brie et écrevisses avec sauce Mornay ou encore le *shrimp & grits* avec bacon fumé. Des plats plus classiques figurent aussi au menu. Le week-end, ne ratez pas le succulent brunch avec son service de mimosa haut de gamme. Mention à la superbe déco dans chaque pièce.

LIL' DIZZY'S CAFE €

1500 Esplanade Avenue
✆ +1 504 766 8687
lildizzyscafe.net
Ouvert du lundi au samedi de 11h à 15h. Carte : moins de 20 US$.

Fondé par Wayne Banquet Sr. et géré dorénavant par son fils et sa femme, ce restaurant du quartier Treme est très populaire et fréquenté par les habitants du coin. Il faut souvent patienter pour rejoindre la salle remplie et animée. La spécialité de la maison : le *soul food* et les saveurs locales. Si l'on y vient surtout pour son poulet frit, le restaurant propose aussi du gumbo, des po-boys (crevettes frites, saucisses piquantes ou poisson-chat frit) et des assiettes de fruits de mer frits, sans oublier le copieux plat du jour offert à prix doux.

MAJORIA'S COMMERCE RESTAURANT €

300 Camp Street
✆ +1 504 561 9239
commercerest.com
Ouvert en semaine de 6h30 à 15h. Carte : moins de 20 US$.

Cette petite perle de restaurant parait tout droit sorti d'un film américain des années 1960. Tout respire l'ancien ici, du sol en mosaïques à la vielle caisse enregistreuse, derrière laquelle le fils de John Majoria (un descendant d'immigrant sicilien qui a ouvert le restaurant en 1965) encaisse la commande. Si la nourriture est vraiment bonne (salades, po'boys, gumbo et assiettes chaudes variées), on y vient aussi pour l'atmosphère surannée et pleine d'histoires qui habite les lieux.

MAYPOP €€

611 O'keefe Avenue
✆ +1 504 518 6345
www.maypoprestaurant.com
Horaires variables. Carte : 10 à 40 US$.

Occupant un bel espace aéré et design à un coin de rue du Lafayette Square, Maypop fait partie de la famille qui unit Mopho et Rum and the Lash. Le chef Michael Gulotta y prépare une cuisine d'inspiration du Sud-Est asiatique comme les nouilles aux œufs frites avec crevettes géantes du golfe, les pétoncles poêlés au curcuma ou encore la bavette de bœuf marinée à la cambodgienne. Les desserts sont dans le même esprit et le restaurant fait aussi ses propres glaces. En semaine, de 16h à 18h, des réductions sont offertes sur certains alcools et amuse-gueules.

MOTHER'S RESTAURANT €

401 Poydras Street

✆ +1 504 523 9656

www.mothersrestaurant.net

Dimanche-jeudi, 7h-21h ; vendredi-samedi, 7h-22h. Carte : moins de 30 US$.

Une adresse typique dans le CBD dont le succès repose sur les recettes traditionnelles de la mère du premier propriétaire. Depuis les années ont passé, les propriétaires ont changé mais la cuisine est restée la même.

Soyez prévenu, il y a souvent la queue. C'est normal puisque c'est une de ces bonnes adresses gourmandes et abordables. À tester absolument : le jambon (spécialité de la maison), les copieux po-boys (dont l'incontournable Ferdi au jambon, *roast beef* et *debris* au jus), les biscuits maison ou encore les fameuses omelettes.

MULATE'S €€

201 Julia Street

✆ +1 504 522 1492

mulates.com

Horaires variables. Carte : moins de 35 US$.

Vous aurez un petit aperçu des *fais dodo* et de la culture cajun dans ce restaurant qui sert des spécialités typiques comme le gumbo du jour, le jambalaya au poulet et saucisses et l'étouffée d'écrevisses (on recommande le plat de dégustation comprenant le gumbo, l'étouffée et les haricots rouges). Également au menu : assiettes de fruits de mer frits ou grillés, po-boys, bouchées d'alligator grillées, etc. Côté desserts, le pouding au pain avec sauce au beurre et au rhum est un must. À déguster en se laissant porter par les airs des musiciens locaux.

NAPOLEON HOUSE €

500 Chartres Street

✆ +1 504 524 9752

www.napoleonhouse.com

Ouvert dès 11h (jours d'ouverture variables). Carte : moins de 25 US$. Cour intérieure.

Napoleon House est une bonne adresse pour casser la croûte dans le French Quarter. On aime le cadre feutré et de cette taverne populaire à la déco vintage et aux lumières tamisées. Les spécialités cajun, comme le jambalaya de poulet et saucisses ou le gumbo de fruits de mer, ainsi que les autres plats locaux, tels que les muffulettas (une des grandes spécialités des lieux), les po-boys et sandwichs divers, sont simples mais gourmands. La cour intérieure est également un endroit très agréable pour s'attabler. À goûter absolument : le cocktail Pimm's Cup Original.

PHO TAU BAY €

1565 Tulane Avenue

✆ +1 504 368 9846

www.photaubayrestaurant.com

Ouvert en semaine de 11h à 19h. Carte : moins de 20 US$.

Auparavant établi à Gretna et désormais installé face à la faculté de médecine de la Louisiana State University, ce restaurant vietnamien est considéré comme l'un des meilleurs de La Nouvelle-Orléans. Sans surprise, les soupes pho sont ici au cœur du sujet, et leur bouillon mijote tranquillement pendant huit heures, ce qui leur donne un goût exceptionnel. Les rouleaux de printemps sont toujours frais du jour et les amateurs de sandwichs banh mi seront ici aux anges. Également au menu : des plats de riz et des bols de vermicelles variés, des plats végé, etc.

PLUCK WINE BAR & RESTAURANT €€

722 Girod Street

www.pluckwines.com

Mardi-mercredi, 11h-23h ; jeudi-samedi, 11h-minuit. Carte : 10 à 40 US$. Terrasse.

Ouvert en 2021 par la sommelière Skye LaTorre, Pluck est le repaire des amoureux du vin et de la bonne chère. Au verre ou à la bouteille, chaque cru est minutieusement sélectionné et la longue liste plaira sans nul doute aux connaisseurs. Dans l'assiette, des snacks, des charcuteries et fromages, des sandwichs et des plats plus consistants qui s'harmonisent avec les vins proposés. Mention au superbe décor à la fois léché et cosy signé par Colectivo, Boo Randle Interiors et Doug Harmon.

PORT OF CALL €

838 Esplanade Avenue

✆ +1 504 523 0120

www.portofcallnola.com

Ouvert tous les jours dès 12h (fermé le mardi). Carte : moins de 20 US$. Coin terrasse.

Les gros burgers de Port of Call (simples, avec du fromage ou des champignons) sont considérés par les Néo-Orléanais comme les meilleurs de la ville. Vous serez sûrement obligé d'attendre au bar souvent bondé ou dehors sur le trottoir, avant d'être installé dans une pièce sombre et étroite. Mais le goût des *burgers dressed* avec laitue, tomates, oignons et *pickles* vaut la peine. En attendant, demandez la carte et essayez un cocktail à base de rhum. Si vous êtes seul ou à deux, le mieux est souvent de manger au bar. Une adresse chaudement recommandée !

PYTHIAN MARKET €

234 Loyola Avenue
✆ +1 504 481 9599
pythianmarket.com/vendors
Ouvert tous les jours dès 8h. L'horaire peut varier d'un restaurateur à l'autre.

Un très beau *food court* installé dans le bâtiment historique Pythian du quartier Central Business District. Il rassemble différents stands pour un déjeuner ou un dîner sur le pouce, le tout dans un cadre animé et branché. On y trouve notamment de la bouffe de rue du Venezuela, des antipasti et des pizzas, du *soul food*, de la cuisine caribéenne, etc., sans oublier un café, un bar et un comptoir de jus frais et de smoothies. La plupart des produits utilisés étant frais et locaux, c'est également une bonne alternative pour manger sain.

RESTAURANT AUGUST €€€

301 Tchoupitoulas Street
✆ +1 504 299 9777
www.restaurantaugust.com
Horaires variables. Carte : 20 à 55 US$, menu dégustation aussi proposé.

John Besh est reconnu parmi les meilleurs chefs aux États-Unis. Sa cuisine est une révérence à la culture locale. Un accueil et un service impeccables, comme dans une grande maison française. Le cadre du restaurant est incroyable, et on se sent dans un endroit très chic dès qu'on y entre. La cuisine est au niveau de son décor. Le goût et la qualité de chaque plat est un must. Les prix sont parfois un peu trop élevés pour ce qu'il y a dans l'assiette, surtout pour l'assiette de fromage. Mais manger chez John Besh est une expérience en soi.

SOFIA €€

516 Julia Street
✆ +1 504 322 3216
www.sofianola.com
Ouvert du mardi au dimanche dès 17h. Brunch le week-end de 11h à 15h. Carte : 10 à 50 US$.

Ce resto italien fait un beau clin d'oeil à Sophia Loren (une amie des parents du proprio) que l'on retrouve notamment sur une toile de style Andy Warhol où elle mange du spaghetti. Sofia fait dans la cuisine traditionnelle italienne avec une touche moderne. À l'ardoise, de succulents antipasti, des pâtes maison et, surtout, d'incroyables pizzas cuites au four à bois devant nous au fond de la salle. Pour le brunch, essayez absolument la pizza déjeuner ou le *steak and egg*. Une belle carte des alcools épaule le tout, notamment des crus italiens, cela va de soi.

ST. ROCH MARKET €

2381 St. Claude Avenue
✆ +1 504 267 0388
www.strochmarket.com
Dimanche-jeudi, 7h-21h ; vendredi-samedi, 7h-22h. Les comptoirs bouffe ouvrent généralement vers 11h. Terrasse.

La première chose qui frappe en passant la porte est le design de l'endroit. Le bâtiment historique, qui faisait autrefois office de marché de poissons et fruits de mer, a été restauré dans toute sa splendeur après avoir frôlé la destruction totale suite à l'ouragan Katrina. Rouvert en grande pompe en 2015, il héberge désormais les kiosques gourmands de différents restaurateurs de la ville. On y vient pour prendre un bon espresso ou un latte, savourer des plats aux saveurs du monde ou boire un verre au bar pour souligner l'apéro bien mérité.

STANLEY €

547 St. Ann Street
✆ +1 504 587 0093
stanleyrestaurant.com
Lundi et jeudi, 8h-15h ; vendredi-dimanche, 8h-16h. Fermé mardi et mercredi. Carte : moins de 25 US$.

Pour le petit déjeuner ou le lunch avec une vue superbe sur Jackson Square et la St. Louis Cathedral, c'est ici qu'il faut venir. Stanley se spécialise dans le brunch avec, entre autres, les œufs Bénédicte avec bacon acadien fumé et sauce créole hollandaise servis sur un pain po-boy, le Stanley Classic (œufs, bacon fumé avec noix de pécan, grits et pain multi-grains) ou encore l'assiette déjeuner de fruits de mer avec bacon acadien, muffins anglais toastés et sauce créole hollandaise. Près d'une dizaine de savoureux sandwichs également.

SYLVAIN €€

625 Chartres Street
✆ +1 504 265 8123
www.sylvainnola.com
Lundi-vendredi, 16h-23h ; samedi-dimanche, 11h-23h. Brunch le week-end. Carte : 10 à 50 US$. Cour intérieure.

Dans le French Quarter, tout près de Jackson Square, se cache ce charmant bistro de quartier dont le nom vient du premier opéra à avoir été présenté à La Nouvelle-Orléans. Pour débuter, on peut partager une bouteille de champagne avec des frites et aïoli ou encore savourer la pieuvre croustillante. Comme plat de résistance, le menu propose des côtes levées glacées au sésame et soya, le burger Sylvain au boeuf Wagyu et d'autres délices. Belle carte des alcools, notamment les spiritueux, et incroyable brunch le week-end (mention au Loco Moco).

THE ELYSIAN BAR €€

2317 Burgundy Street
✆ +1 504 356 6769
www.theelysianbar.com
Ouvert tous les jours de 7h à 22. Carte : 10 à 45 US$. Cour intérieure.

Rattaché à l'hôtel Peter & Paul dans le quartier Marigny, ce lieu unique abrite divers espaces : un café, un bar, une cour intérieure, ainsi que deux parloirs et un atrium pour le restaurant, le tout dans l'ancien presbytère de l'église reconvertie en salle événementielle. Au menu, une cuisine de type bistro en soirée (os à la moelle rôtie au four, épaule d'agneau braisée, gnocchi au ricotta et crabe, etc.) et un savoureux brunch tous les jours de 11h à 15h (omelette au saumon fumé et crème fraiche, tartare de betteraves fumées, etc.). Les cocktails sont un must !

THE FRANKLIN €€

2600 Dauphine Street
✆ +1 504 267 0640
thefranklinnola.com
Ouvert du mardi au dimanche dès 17h. Carte : moins de 20 US$ le plat (compter deux plats pour un repas complet).

Installé dans une ancienne épicerie, à la frontière entre le Faubourg Marigny et Bywater, le restaurant-bar The Franklin offre une expérience culinaire à ne pas manquer. Véritable QG des foodies du quartier (et de la ville tout entière), on y prépare des petits et moyens plats comme la mousse de foie de canard sur toast avec moutarde d'abricot, les boulettes de porc et veau avec polenta de fromage de chèvre ou encore le fameux burger Franklin avec cheddar, oignons, laitue, tomates, cornichons et aïoli. Très belle carte des cocktails également.

THE JOINT €

701 Mazant Street
✆ +1 504 949 3232
alwayssmokin.com
Ouvert du lundi au samedi de 11h30 à 22h. Carte : moins de 30 US$ sauf pour la totale de côtes levées.

Le quartier Bywater regorge de petites perles et celle-ci ne fait pas exception. Ouvert depuis près de 20 ans, The Joint est un des meilleurs restaurants de cuisine barbecue en ville. Les bonnes odeurs se répandent d'ailleurs dans les environs, nous indiquant être sur le bon chemin. Dans un décor tout en bois avec beaucoup trop de cadres accrochés au mur, on s'est laissé tenter par l'assiette de trois viandes (côtes levées, *brisket* de bœuf et porc effiloché) accompagnées de cornichons, d'une salade de chou et d'un mac & cheese. On en rêve encore...

TUJAGUE'S €€

429 Decatur Street
✆ +1 504 525 8676
tujaguesrestaurant.com
Horaires variables. Brunch du vendredi au dimanche. Carte : 10 à 45 US$. Menu 5 services aussi proposé.

Le migrant français Guillaume Tujague ouvrit son bar-restaurant en 1856. Ses colonnes et le miroir derrière le barman sont même antérieurs et ont été importés de Paris ; le bar en cyprès serait le plus vieux des États-Unis. Les tables de Tujague's ont d'abord accueilli dockers et autres forçats avant quelques présidents du siècle dernier, dont de Gaulle. D'inspiration cajun (épices, sautés de légumes et poisson), cette brasserie propose des plats riches, copieux et souvent raffinés. N'hésitez pas à tenter la rémoulade de crevettes ou le gumbo.

VERTI MARTE DELI & GROCERY €

1201 Royal Street
✆ +1 504 525 4767
vertimarte.net
Ouvert tous les jours, 24h/24. Carte : moins de 15 US$. Plats pour emporter seulement.

Cette adresse fait à la fois office de petite épicerie et de comptoir deli. Et c'est ce dernier qui fait sa réputation, avec sa liste de sandwichs gourmands dont le fameux muffuletta préparé ici selon les règles de l'art. Il faut également essayer le « All That Jazz » avec jambon grillé, dinde, crevettes, fromages américain et suisse, champignons grillés, tomates et « Wow sauce » maison. L'endroit prépare aussi des petits déjeuners ainsi que quelques plats de viande ou végétariens.

WILLIE MAE'S SCOTCH HOUSE €

2401 St. Ann Street
✆ +1 504 822 9503
williemaesnola.com
Ouvert du lundi au samedi dès 11h. Carte : moins de 25 US$. Autre succursale au Pythian Market.

Fondé à la fin des années 1950 comme bar, barbier et salon de beauté, ce n'est qu'au début des années 1970 que l'endroit devient un restaurant-bar. Après avoir reçu le prix du James Beard Award en 2005, la table de Willie Mae Seaton a obtenu une reconnaissance dépassant les frontières de l'État. Encore aujourd'hui, ce restaurant de spécialités afro-américaines est célèbre pour son poulet frit et pour avoir accueilli Barack Obama lors de sa visite à La Nouvelle-Orléans en 2015.

BLUE OAK BBQ €

900 North Carrollton Avenue
✆ +1 504 822 2583
blueoakbbq.com

Ouvert tous les jours de 11h à 21h. Carte : moins de 25 US$ sauf pour les repas familiaux. Terrasse.

Après une balade dans City Park, une halte gourmande dans ce restaurant de cuisine barbecue est recommandée. Les carnivores s'en donneront ici à coeur joie avec le porc effiloché, les briskets de boeuf, les côtes levées, les ailes de poulet fumées et tutti quanti, en formule à la carte ou en assiette de 2 ou 3 viandes au choix. Les sandwichs et burgers sont tout aussi gourmands, notamment le smoked BBQ burger avec oignons caramélisés, cheddar et sauce barbecue. En semaine, le happy hour permet d'économiser sur certaines mises en bouche ainsi que l'alcool.

JUNIOR'S ON HARRISON €€

789 Harrison Avenue
✆ +1 504 766 6902
www.juniorsonharrison.com

Ouvert tous les jours dès 11h, 9h le dimanche. Brunch tous les jours. Carte : moins de 35 US$. Coin terrasse.

Avant même de parler du menu, il faut absolument mentionner la déco zen et aérée, un superbe design réalisé par les propriétaires bien connus dans le milieu de la restauration, Nick Hufft et Lon Marchand, en collaboration avec le Studio Cicada. Ce restaurant du quartier Lakeview concocte ce qu'on appelle la nouvelle cuisine américaine, sous la gouverne du chef Brett Monteleone. Plats à partager, comme le thon cru ou les toasts garnis de crevettes barbecue, ou juste pour soi, tels que le sandwich coréen grillé au bœuf ou la truite amandine, tout est bon !

MARJIE'S GRILL €€

320 South Broad Street
✆ +1 504 603 2234
www.marjiesgrill.com

Ouvert du lundi au samedi (horaires variables). Carte : moins de 35 US$. Terrasse.

Si une envie de cuisine du sud-est asiatique se fait sentir, c'est ici qu'il faut venir ! Inspirée par les saveurs du Laos, de la Thaïlande et du Vietnam, tout en incluant les produits de la côte du golfe du Mexique et des producteurs locaux du Greater New Orleans, l'équipe prépare une foule de délices comme l'épaule de porc au barbecue fumée au bois de chêne ou encore le combo crabe et pêche hyper épicé. Peu importe le plat choisi, c'est frais, souvent épicé et vraiment coloré. On recommande de partager les plats, histoire de goûter à plusieurs items du menu.

MOPHO €

514 City Park Avenue
✆ +1 504 482 6845
www.mophonola.com

Dimanche-jeudi, 11h-22h ; vendredi-samedi, 11h-23h. Carte : moins de 20 US$. Terrasse.

Membre de la famille qui unit les établissements Maypop et Rum and the Lash, Mopho est le restaurant du chef-propriétaire Michael Gulotta. Il rend honneur à la cuisine vietnamienne au coeur du quartier Mid-City. Comme son nom l'indique, la fameuse soupe pho est la grande vedette des lieux (dont la Hangover Pho pour les durs lendemains de veille...), mais le menu comprend également toutes sortes de délicieux bols de riz ou vermicelles, des rouleaux de printemps, des sandwichs hybrides entre le banh mi et le po-boy, etc. Parfait pour une pause sur le pouce !

NEYOW'S CREOLE CAFE €

3332 Bienville Street ✆ +1 504 827 5474
neworleans.neyows.com

Lundi-jeudi, 11h-21h ; vendredi-samedi, 11h-23h ; dimanche, 11h-19h. Carte : moins de 25 US$. Terrasse.

Situé à un jet de pierre du Lafitte Greenway, ce restaurant fait dans la cuisine régionale. Toutes les spécialités possibles figurent au menu, à commencer par le gumbo filé avec crevettes, saucisse fumée et jambon ainsi que l'assiette de haricots rouges et riz avec choix de poulet frit, côtes de porc ou saucisse pour garnir le tout. Les amoureux de poissons et fruits de mer seront servis, en version grillés ou frits, sans oublier les huîtres grillées, les sandwichs po-boy, etc. Pour deux personnes, on recommande le Neyow's Extravanganza Dinner pour goûter à tout.

PARKWAY BAKERY & TAVERN €

538 Hagan Avenue
✆ +1 504 482 3047
parkwaypoorboys.com

Ouvert du mercredi au dimanche dès 10h. Carte : moins de 20 US$.

Tout le monde connaît Parkway, et tout le monde vous dira que c'est la meilleure place au monde pour savourer un po-boy. Même Obama et sa famille sont venus goûter aux fameux po-boys de ce restaurant en 2010. Le choix est d'ailleurs effarant, que l'on soit plutôt viande ou fruits de mer (possibilité de moitié-moitié pour les fruits de mer, par exemple crevettes et huîtres). Bien qu'il y ait d'autres options sur le menu, on y vient pour ses po-boys. Finalement Parkway, c'est aussi une taverne, à l'intérieur comme dehors sur la grande terrasse.

PIECE OF MEAT €

3301 Bienville Street
✆ +1 504 372 2289
www.pieceofmeatbutcher.com
Horaires variables. Brunch le week-end de 10h à 15h. Carte : moins de 30 US$. Terrasse.

Piece of Meat, c'est à la fois une boucherie et un restaurant. La viande est donc ici au cœur du sujet, qu'on ait besoin de belles pièces pour préparer un repas ou qu'on ait envie de manger sur place, dans une belle petite maison du quartier Mid-City. Ceci n'est définitivement pas une adresse pour les végétariens et véganes de ce monde, mais les carnivores seront comblés par la qualité et la saveur des différentes viandes. Le brunch vaut aussi le détour avec son *steak & eggs*, son bologne frit ou encore son bol de boudin, choux, *grits* et œuf miroir.

ROSEDALE €

801 Rosedale Drive
✆ +1 504 309 9595
rosedalerestaurant.com
Horaires variables. Brunch le dimanche. Carte : moins de 30 US$. Terrasse.

Rosedale est la table de la réputée chef locale Susan Spicer, établie dans le quartier Navarre dans une maison qui fut autrefois le poste de police (elle fut déménagée à son emplacement actuel en 1951). Devenu un véritable QG pour les habitants du quartier et de la ville, le restaurant prépare une savoureuse cuisine aux accents louisianais, comme le po-boy au cochon de lait, les crevettes barbecue ou à la créole, le sauté de poisson du golfe ou encore le poulet frit avec mac & cheese. Les prix sont vraiment doux compte tenu de la qualité de la cuisine.

THE BACKYARD €

244 West Harrison Avenue
✆ +1 504 309 8767
www.thebackyardnola.com
Dimanche-mercredi, 11h-21h ; jeudi-samedi, 11h-22h30. Carte : moins de 20 US$. Terrasse.

On vient principalement au Backyard pour assouvir une envie de burger et de sandwich. Et ici le choix est au rendez-vous, que l'on ait envie de brisket, de porc, de dinde, de poulet, de boeuf, de saucisse... Même les végétariens ont leurs options. L'endroit propose aussi des hot dogs gourmets, des ailes de poulet fumées, des salades et des à-côté comme les frites de patates douces ou encore la salade de patates. Les items suivis d'un B sur le menu sont les plus populaires du resto. Bières artisanales et cocktails complètement le portrait.

THE VELVET CACTUS €

6300 Argonne Boulevard
✆ +1 504 301 2083
thevelvetcactus.com
Ouvert tous les jours (horaires variables). Carte : moins de 25 US$. Superbe terrasse. Autre succursale à Baton Rouge.

Une adresse fort sympathique du quartier Lakeview où s'empiffrer de spécialités tex-mex jusqu'à plus faim. Toute la panoplie de *tacos*, *enchiladas*, *burritos*, *fajitas* et *quesadillas* est au menu. Mais il ne faut pas passer outre les entrées avec entre autres le *cheesecake* aux crevettes et fromage, les petites brochettes de poulet à la jerk ou encore le fameux *queso blanco*, un mélange de fromage, tomates, oignons rôtis et jalapeños. Plats pour les végans et les intolérants au gluten aussi proposés. Belle liste d'alcools typiques et de cocktails.

TOUPS' MEATERY €€

845 North Carrollton Avenue
✆ +1 504 252 4999
toupsmeatery.com
Ouvert midi et soir en semaine, brunch et soir le week-end. Carte : 10 à 40 US$. Terrasse.

Le chef-propriétaire Isaac Toups fait partie de la relève dans la cuisine cajun. Il faut dire que sa famille est établie sur le sol louisianais depuis plus de trois cents ans ! Depuis son ouverture il y a une dizaine d'années, le resto ne désemplit pas. Plusieurs y viennent pour les charcuteries maison (d'où le nom de l'établissement), lesquelles figurent tant dans les plats que dans la planche de dégustation. Il faut absolument goûter au couvillion, un ragoût cajun de poissons et de fruits de mer. Pour terminer en beauté, la tarte chocolat et chicorée est un *must*.

VESSEL €€

3835 Iberville Street
✆ +1 504 603 2775
vesselnola.com
Ouvert tous les jours (horaires variables). Brunch le week-end de 9h à 14h. Carte : 10 à 45 US$. Terrasse.

Ce n'est pas tous les jours qu'on va à l'église pour se régaler, et c'est ce que vous propose le restaurant Vessel. Datant de 1914, la petite église luthérienne toute de blanche vêtue se voit offrir une deuxième vie dans le chouette quartier de Mid-City. Dans l'assiette, une cuisine qui s'inspire de la diversité de La Nouvelle-Orléans, mêlant accents français aux savoureux produits typiques de la Louisiane. Belle carte des alcools et réductions en semaine de 16h à 18h. Mention aux étagères du bar installées dans la grande fenêtre, l'effet de lumière est sublime !

ATCHAFALAYA €€

901 Louisiana Avenue
✆ +1 504 891 9626
www.atchafalayarestaurant.com
Brunch et dîner du jeudi au lundi. Carte : 10 à 50 US$. Coin terrasse.

Quel superbe endroit, blotti dans une maison créole en zone résidentielle avec de jolies œuvres ornant les murs ! Atchafalaya fait dans la cuisine typique de La Nouvelle-Orléans tout en repoussant les frontières de la tradition. Son plat de *shrimp & grits* est réputé comme l'un des meilleurs en ville, mais il faut aussi goûter au gumbo du jour ou encore au risotto de champignons de la ferme Maggies. Le brunch, offert tous les jours et avec musique live le week-end, est un must absolu, d'autant que l'endroit propose un Bloody Mary Bar. À tester !

BEARCAT CAFE €

2521 Jena Street
✆ +1 504 309 9011
bearcatcafe.com
Ouvert du mardi au dimanche de 8h à 15h. Carte : moins de 25 US$. Terrasse.

Un super spot pour aller bruncher, peu importe le jour de la semaine, car c'est LA grande spécialité de la maison. Et qu'on soit végétarien, végan ou intolérant au gluten, aucune problème car tout a été pensé pour ces régimes spéciaux. Au menu, les œufs brouillés aux huîtres et chanterelles avec patates, les pancakes accompagnés d'une côtelette de porc, les quesadillas véganes ou encore le fameux *shrimp & grits*. Côté lunch, la carte propose le burger de bison, la burrata créole, le poulet rôti, etc. Autre succursale dans Central Business District.

BOUCHERIE €€€

8115 Jeanette Street
✆ +1 504 862 5514
boucherie-nola.com
Ouvert en soirée (horaires variables). Carte : 10 à 45 US$. Menu dégustation : 65 US$ (90 US$ avec les vins). Terrasse.

Ce qui débuta en formule de *food truck* nommé « The Que Crawl » a un pied-à-terre fort couru depuis 2008. Le nom du restaurant fait référence à la tradition cajun de la boucherie, soit celle de porcs tués selon un rituel et partagés entre familles voisines afin de se nourrir pendant tout l'hiver. Le porc figure donc à l'ardoise, mais aussi la brisket de bœuf Wagyu fumée, les pétoncles fumés au bois de pommier ou encore l'espadon poêlé. On recommande le menu du chef en 5 services pour découvrir pleinement les saveurs du Sud américain.

CASAMENTO'S €

4330 Magazine Street
✆ +1 504 895 9761
www.casamentosrestaurant.com
Midi et soir du jeudi au samedi, soir seulement le dimanche. Fermé de juin à septembre. Carte : moins de 30 US$.

Une institution à La Nouvelle-Orléans depuis 1919, établie par Joe Casamento, un immigrant italien, et qui appartient toujours à la même famille. L'endroit est hautement réputé pour les huîtres et les fruits de mer frits. Ce restaurant a gardé la patine d'autrefois avec ses murs et son sol en carrelage, ce qui lui confère tout son charme. Les huîtres sont servies crues ou grillées et garnies de fromage, et le *oyster stew* (ragoût aux huîtres) est un des plats favoris des habitués. Outre ces spécialités, le restaurant prépare aussi d'excellents po-boys.

CENTRAL CITY BBQ €

1201 South Rampart Street ✆ +1 504 558 4276
centralcitybbq.com
Ouvert tous les jours dès 11h. Carte : moins de 30 US$. Terrasses, bar extérieur, scène pour spectacles.

Un énorme coup de cœur pour ce resto de cuisine barbecue ! Ses *ribs* (côtes levées) ont d'ailleurs remporté les grands honneurs à Memphis (Tennessee) en 2021, rien de moins. Les viandes sont fumées et cuites à perfection, les à-côtés sont incroyablement savoureux (mention aux choux de Bruxelles BBQ avec une sauce sucrée délicieuse et au mac & cheese garni de morceaux de bacon) et l'ambiance est hyper conviviale. Le site extérieur vaut également le détour, orné ici et là de superbes fresques dont plusieurs flanquées du cochon emblématique du restaurant. On adore !

COMMANDER'S PALACE €€€

1403 Washington Avenue
✆ +1 504 899 8221
www.commanderspalace.com
Voir site web pour les horaires complets. Brunch jazz le week-end. Carte : 10 à 60 US$. Cour intérieure.

Le Maxim's de La Nouvelle-Orléans. Installé dans une maison victorienne des années 1880, on ne peut pas rater ce restaurant avec ses murs bleu canard et l'auvent rayé blanc et bleu qui abrite ses façades. Ne pas oublier de faire une réservation et de bien suivre le *dress code*. Depuis son ouverture en 1880, le Commander's Palace a reçu de nombreux prix pour la qualité de sa cuisine. Il faut essayer la soupe à la tortue, les crevettes blanches sauvages de Louisiane et, pour le dessert, le fameux *bread pudding* soufflé. Le brunch du week-end est également très couru.

COQUETTE €€

2800 Magazine Street
✆ +1 504 265 0421
www.coquettenola.com
Horaires variables. Carte : 10 à 50 US$. Menu dégustation : 80 US$, ajouter 40 US$ pour l'accord des vins.

On aime vraiment ce joli petit restaurant, son atmosphère feutrée et son espace restreint offrant ainsi une expérience unique et intime. Au menu, des recettes du sud américain réalisées avec des produits du terroir. Le Chef se fournit dans les fermes louisianaises pour donner à ses clients le vrai goût du pays. Pour ceux qui sont en appétit, le menu dégustation cinq plats offre un beau panorama de la gastronomie du Sud. Du côté de la carte des alcools, on sent que l'équipe a misé sur une petite sélection mais ô combien choisie méticuleusement.

DAT DOG €

3336 Magazine Street ✆ +1 504 324 2226
www.datdog.com
Dimanche-jeudi, 11h-21h ; vendredi-samedi, 11h-22h. Carte : moins de 15 US$. Terrasse. Deux autres succursales en ville.

Avec un tel nom, difficile de ne pas deviner qui est la grande vedette du menu. Le hot-dog est ici décliné de toutes les manières possibles. Par exemple, le Rougarou avec saucisse d'alligator, bacon, oignons grillés, moutarde créole, tomates, jalapenos et sauce BBQ, ou encore le Crawfish Special avec saucisse d'écrevisse, étouffée d'écrevisse, crème sure, oignons, tomates et moutarde créole. Les options sont nombreuses et il est aussi possible de composer soi-même son hot-dog selon ses goûts. Bonus : une ardoise de bières artisanales et de cocktails.

DOMILISE'S PO-BOYS & BAR €

5240 Annunciation Street
✆ +1 504 899 9126
www.domilisespoboys.com
Ouvert de 10h (10h30 le samedi) à 18h30 (19h le samedi) tous les jours sauf le dimanche. Carte : moins de 20 US$.

Installé au coin de la rue dans une maison sans fenêtre qui ne paye pas de mine, ce restaurant de quartier est bien à l'abri des touristes. L'endroit est toujours plein pour le lunch. Trouver une table est très difficile et il ne faut pas hésiter à partager sa table avec un affamé inconnu. Si c'est votre première fois, avant de prendre un numéro d'arrivée, jetez un œil sur la carte au mur et sur l'élaboration du si fameux sandwich. Tout est bon, du roastbeef à la saucisse fumée épicée. Prenez-le *dressed*, c'est-à-dire avec tomate, laitue et moutarde à l'ancienne.

GRIS-GRIS €€

1800 Magazine Street
✆ +1 504 272 0241
grisgrisnola.com
Ouvert tous les jours dès 11h (fermé le mardi). Brunch le week-end de 11h à 16h. Carte : moins de 35 US$. Terrasses.

Ouvert en 2018 par le chef-propriétaire Eric Cook (qui possède également le Saint John dans le French Quarter), le Gris-Gris ne cesse cumuler les honneurs, que ce soit meilleur restaurant de quartier, meilleur brunch ou carrément restaurant de l'année. Bref le chef n'en est pas à son galop d'essai et ça se voit, ça se savoure. Sa cuisine s'inspire des différents styles culinaires de la Louisiane avec une touche de modernité et quelques accents internationaux, que ce soit pour le brunch, le lunch ou le dîner. Belle carte des alcools pour accompagner le tout.

HEARD DAT KITCHEN €

2520 Felicity Street
✆ +1 504 510 4248
www.hearddatkitchen.com
Ouvert tous les jours dès 11h. Carte : moins de 25 US$. Coin terrasse.

C'est LE spot à *soul food* du quartier Mid-City, un type de cuisine ultra réconfortant et très populaire aux États-Unis. Et Heard Dat Kitchen est une affaire de famille depuis son ouverture en 2015, avec Jeffrey Heard et sa fille Tia aux commandes en cuisine. Parmi les plats emblématiques qui attirent les foules, notons le Superdome (poisson noirci garni de purée de pommes de terre, sauce au homard, maïs et rondelles d'oignons) et le Bourbon Street Love (poulet frit servi sur un mac & cheese avec cheddar râpé et la fameuse sauce maison Crawdat).

JACQUES-IMO'S CAFE €€

8324 Oak Street
✆ +1 504 861 0886
jacques-imos.com
Horaires variables. Carte : 10 à 40 US$.

Ce restaurant est très représentatif de La Nouvelle-Orléans et de sa cuisine. Éloignée du centre-ville, c'est une bonne adresse pour fuir les attractions touristiques et rencontrer les locaux. Même si l'endroit est bruyant et bondé, la cuisine y est bonne et le service excellent. Il faut absolument essayer le *shrimp & alligator sausage cheesecake* avec des crevettes et de l'alligator, les tomates vertes frites avec rémoulade de crevettes. Ne soyez surtout pas pressé ! Il faut dire que tout est préparé sur place et à la commande.

JUAN'S FLYING BURRITO €

2018 Magazine Street
✆ +1 504 569 0000
www.juansflyingburrito.com
Ouvert tous les jours de 11h à 22h. Carte : moins de 20 US$. Coin terrasse. Deux autres succursales en ville.

Le personnel tatoué colle parfaitement au décor. Les artistes locaux exposent souvent leur travail. La nourriture est toujours fraîche et cuisinée à la demande. Les *burritos* sont énormes et plus que farcis des spécialités du Sud. La viande et les crevettes sont marinées avec les fameuses épices cajuns qui relèvent tous les plats du Sud mais les rendent très, parfois trop, épicés. N'hésitez pas à demander votre plat moins relevé. Les sauces maison qui accompagnent tous les plats sont les meilleures en ville. Bonus : la margarita se vend aussi au pichet.

LILETTE €€

3637 Magazine Street
✆ +1 504 895 1636
www.liletterestaurant.com
Lundi, dès 17h30 ; mardi-samedi, dès 11h30. Carte : 10 à 40 US$. Terrasse.

Le chef et propriétaire John Harris sait comment préparer des ingrédients simples pour en faire un plat très sophistiqué. Bien sûr les influences sont françaises et italiennes, avec quelques touches asiatiques, tout particulièrement lorsqu'il mélange ensemble le cru, le mariné et le cuit. La déco du restaurant ressemble à un bistrot parisien chic, à la fois romantique et convivial. À essayer : l'épaule d'agneau braisée avec ses gnocchi à la romaine et, au dessert, la crème fraîche au fromage de chèvre avec des poires pochées et un très bon miel à la lavande.

LULA RESTAURANT DISTILLERY €€

1532 St. Charles Avenue
✆ +1 504 267 7624
www.lulanola.com
Ouvert en semaine dès 12h, 11h le week-end. Fermeture à 21h, 22h vendredi et samedi. Carte : moins de 35 US$. Terrasse.

Tout premier restaurant-distillerie à ouvrir ses portes dans le Sud américain, le Lula est tenu par deux amis, Jess Bourgeois et Bear Caffery, tous deux cuisiniers... et fabricants d'alcool ! On y déguste des poissons, fruits de mer et viandes habilement préparés, mais aussi quelques excellents cocktails à base de rhum, vodka et gin distillés en arrière-boutique. Tout est local, des produits que l'on retrouve dans l'assiette à la canne à sucre servant à produire les spiritueux.

LUVI €€

5236 Tchoupitoulas Street
✆ +1 504 605 3340
www.luvirestaurant.com
Ouvert du mardi au samedi dès 17h. Carte : moins de 20 US$ le plat (compter au moins 2 plats pour un repas complet).

Occupant les locaux d'une ancienne boutique de beignes, ce restaurant fait contraste au passé. Dans un décor bien coloré, jusqu'aux chaises fleuries, le chef Hao Gong concocte des délices issus des traditions chinoises et japonaises. Le bar à cru est très populaire, tout comme les dumplings servis dans un bouillon au cari et le poulet bam bam dans une sauce douce au chili. Si vous aimez le cru, tentez l'expérience du menu du chef en 3 services (supplément pour l'accord des vins). Superbe sélection de sakés et de whiskys japonais en prime.

PICNIC PROVISIONS & WHISKEY €

741 State Street ✆ +1 504 266 2810
nolapicnic.com
Horaires variables. Carte : moins de 25 US$, sauf pour les grosses boîtes de pique-nique. Coin terrasse.

Cette adresse d'Uptown est une vraie pépite, fondée par trois comparses désirant célébrer les joies du pique-nique. Quatre boîtes de pique-nique sont proposées, chacune accompagnée au minimum d'un biscuit au beurre, de cornichons maison et d'un choix d'accompagnement (différents formats offerts selon le nombre de personnes). Sinon il est possible de manger sur place dans une déco vraiment jolie et trendy. On recommande d'ailleurs de prendre plusieurs petits plats à partager.

THE CAMELLIA GRILL €

626 South Carrollton Avenue
✆ +1 504 309 2679
camelliagrillnola.com
Lundi-jeudi, 8h-19h ; vendredi-dimanche, 8h-20h. Carte : moins de 20 US$. Coin terrasse.

Qui ne connaît pas The Camellia Grill ? Ouverte depuis 1946 et tenue par la même famille pendant trois générations, cette institution gourmande est désormais sous la gouverne de Hicham Kodr. L'endroit est toujours bondé, notamment pour le petit déjeuner avec son menu qui défile à l'infini. Le reste de la journée, soupes, salades, burgers, sandwichs chauds ou froids, po-boys et plats plus consistants (haricots rouges et riz, poitrine de poulet grillée, etc.) sont proposés à des prix défiant toute concurrence. Une excellente adresse pour se mêler aux locaux.

FAIRE UNE PAUSE

Que l'on ait envie d'une douceur pralinée ou d'un cocktail emblématique, les options sont ici nombreuses. Sans surprise, le French Quarter héberge une quantité non négligeable de bars, notamment la très touristique Bourbon Street, rue de toutes les folies (de grâce, évitez les fameuses échoppes de daiquiris industriels...). Pour une expérience plus authentique, quittez les limites du Vieux Carré afin de découvrir ce que la ville a de meilleur à offrir, notamment les *craft breweries* (microbrasseries), lesquelles se multiplient à un rythme effréné, les *beer* et *wine gardens*, les cafés de type 3e vague, les petits bars de quartier où les groupes de jazz et de blues se succèdent sans temps mort... Ne quittez pas la ville sans avoir dégusté un beignet accompagné d'un café à la chicorée, fait le plein de pralines et de noix de pécan rôties aux épices cajun, et savouré un verre de Sazerac (le spiritueux comme le cocktail) en guise d'apéro.

AUNT SALLY'S CREOLE PRALINES

810 Decatur Street
✆ +1 504 524 3373
www.auntsallys.com
Ouvert tous les jours dès 8h. Autre succursale dans le Warehouse District. Boutique en ligne également.

Depuis 1935, les pralines d'Aunt Sally's sont faites à la main à base d'ingrédients naturels uniquement. Les pralines traditionnelles sont crémeuses et riches. Dans la boutique, on ne trouve pas seulement des pralines, mais également plusieurs autres produits maison comme des noix de pécan enrobées de chocolat, à la cannelle, au sucre, etc., des épices, des sauces piquantes et tutti quanti, ainsi que les produits du Café du Monde (cafés, pâte à beignets), des livres de recettes, etc.

BACCHANAL WINE

600 Poland Avenue
✆ +1 504 948 9111
www.bacchanalwine.com
Ouvert tous les jours dès 12h (fermé le mardi). Grande terrasse.

Véritable chouchou des locaux, le Bacchanal propose un cocktail qui fonctionne assez bien, à la croisée du *New Orleans style* et de la douceur de vivre méditerranéenne : du vin, du fromage européen et de la musique *live*, le tout à déguster dans une vaste cour munie d'une scène et de tables en bois. Il suffit de se servir en fromages et charcuteries emballés sous vide dans le frigo situé dans l'entrée du restau-bar et de sélectionner son vin (au verre ou à la bouteille) et c'est parti. Ambiance jeune et produits vraiment très bons. Concerts de qualité. On aime !

BARREL PROOF

1201 Magazine Street
www.barrelproofnola.com
Ouvert tous les jours dès 16h.

Situé dans le quartier Lower Garden District, ce bar fera le bonheur des amateurs de whisky avec un choix effarant de plus de 300 sortes (sûrement plus car l'équipe a arrêté de compter à 300...). La qualité est ici au rendez-vous, tout comme les perles rares et les éditions limitées. À cela s'ajoutent une belle sélection de bières artisanales et des cocktails. Si le bar a sa propre cuisine, des *pop ups* de restaurateurs s'y déroulent de temps à autre. Bref une chouette adresse avec une ambiance à la fois branchée et de type bar de quartier.

BAYOU WINE GARDEN

315 North Rendon Street
✆ +1 504 826 2925
bayouwinegarden.com
Ouvert dès 15h en semaine, 12h le week-end. Terrasse avec bar.

Un bel endroit à proximité du bayou St. John où se la couler douce de jour comme de soir. Le vin tient ici la vedette, dans le bar intérieur comme dans celui à l'extérieur. Belle liste de cocktails et de spiritueux également, sans oublier l'ardoise gourmande incluant notamment des plateaux de fromages et de charcuteries, des tacos, des sandwichs ou des grillades. À découvrir également : son petit frère situé à l'arrière sur la Norman C. Francis Parkway, le Bayou Beer Garden qui fait la belle part aux bières artisanales et offrant une cuisine adaptée au houblon.

BEACHBUM BERRY'S LATITUDE 29

321 North Peters Street
✆ +1 504 609 3811
latitude29nola.com
Ouvert tous les jours dès 16h. Terrasse.

C'est dans le Bienville Hotel que Jeff « Beachbum » Berry et sa femme Anenne ont ouvert ce bar tiki qui ne désemplit jamais. La déco est à la croisée des styles mid-century et tiki. Il faut absolument goûter à son cocktail éponyme fait à base de rhum Demerara, purée de fruits de la passion, sirop de vanille de Madagascar, orange, ananas et citron. On recommande aussi le Navy Grog qui fut le drink préféré de Frank Sinatra. Super menu gourmand également aux accents asiatiques.

BLACK PENNY

700 North Rampart Street
✆ +1 504 304 4779
Ouvert tous les jours de midi à 4h.

Après une balade dans le Louis Armstrong Park situé juste en face, rien de tel qu'une bonne bière artisanale pour se rafraichir un brin. Et ici on a le choix entre des dizaines et dizaines de sortes, question de plaire à tous les palais. Pour ceux qui sont plutôt tentés par une pause sans alcool, des seltzers et mocktails figurent aussi à l'ardoise. On adore les lieux qui semblent avoir traversé les âges et nous plongent dans un autre temps. Et chaque jeudi se tient la traditionnelle soirée de bingo qu'il ne faut pas manquer !

LA BOULANGERIE

4600 Magazine Street
✆ +1 504 269 3777
laboulangerienola.com
Ouvert tous les jours dès 7h.

Le Français et chef Dominique Rizzo a ouvert cette boulangerie en 2000. Jouissant d'une belle réputation, elle a toutefois traversé des moments difficiles au moment de sa réouverture fin 2015, après une période d'inactivité pour cause de rénovation. C'est alors que le réputé chef Donald Link, lui-même client de l'établissement, s'en est mêlé, rachetant le fond de commerce et plaçant la chef pâtissière Maggie Scales derrière les fourneaux. On y trouve de la bonne baguette croustillante, des viennoiseries et pâtisseries, des salades et sandwichs, etc. À tester !

BRIEUX CARRÉ BREWING CO.

2115 Decatur Street
✆ +1 504 304 4242
www.brieuxcarre.com
Ouvert tous les jours dès midi. Terrasse.

Brieux Carré, c'est une nanobrasserie du quartier Faubourg Marigny qui brasse des bières dans une optique d'expérimentation et d'inusité. On peut ainsi savourer une lager de blé fumée, une bière sure à l'abricot et au sel de mer fumé, une Saison belge, un vin d'orge anglais, une lager mexicaine à la lime ou encore une double IPA bien *juicy*. L'endroit est vraiment minuscule (une dizaine de places à l'intérieur seulement), mais au fond du couloir se cache une petite terrasse fort invitante pour boire sa pinte. Bières maison pour emporter en vente sur place.

CAFE BEIGNET

334 Royal Street
✆ +1 504 500 4370
www.cafebeignet.com
Ouvert tous les jours dès 7h. Trois autres succursales en ville.

Une adresse incontournable pour se régaler de beignets frais, une douceur fort populaire à La Nouvelle-Orléans. Ça serait d'ailleurs l'établissement préféré des locaux en la matière. Situé dans la rue animée de Royal Street, Cafe Beignet est le point de rendez-vous de certaines visites guidées. Ne manquez pas son adorable patio ombragé, particulièrement agréable en début de journée pour s'imprégner de l'ambiance du French Quarter avant de partir arpenter ses rues. Mention à la succursale de Bourbon Street qui propose des spectacles de jazz tous les jours dès 10h.

CAFE DU MONDE

800 Decatur Street
✆ +1 504 587 0833
www.cafedumonde.com
Ouvert tous les jours dès 7h30. Plusieurs succursales en ville et dans le Greater New Orleans.

Boire un café au lait à la chicorée avec des beignets est une vieille tradition louisianaise et le Cafe du Monde est une véritable institution. Que votre séjour soit court ou long, il faut absolument y aller. On pourrait y rester des heures à regarder passer les gens et l'armée d'employés. Le Cafe du Monde est ouvert depuis 1862, alors établi dans le French Market, et c'est toujours un vrai plaisir que de s'y attabler. À savoir que cette succursale est généralement ouverte 24h/24, un horaire qui devrait être rétabli sous peu.

CAFE LAFITTE IN EXILE

901 Bourbon Street
✆ +1 504 522 8397
www.lafittes.com
Ouvert 24h/24 et 7j/7.

Créé en 1933, il s'agit du plus ancien bar gay toujours en activité au pays. Un incontournable jadis fréquenté par Tennessee Williams et Truman Capote. Et si vous vous sentez à l'étroit à l'intérieur, profitez de son balcon qui donne d'un côté sur Bourbon, de l'autre, sur Dumaine. Si vous vous demandez quel est le lien entre le Cafe Lafite In Exile et Lafitte's Blacksmith Shop, le premier était originellement situé dans la célèbre taverne de Blacksmith shop. Forcé à déménager, le propriétaire a nommé le nouveau bar en hommage à son exil quelques mètres plus loin.

CURE

4905 Freret Street
✆ +1 504 302 2357
www.curenola.com
Ouvert tous les jours à partir de 16h. Terrasse.

Pionnier du mouvement de la scène cocktails en ville, Cure possède tous les ingrédients : l'environnement classe dans Uptown, le décor épuré et distingué, l'attitude prétentieuse des barmen et l'originalité des noms de cocktails ! *A Study in Scarlet*, *Conversation Piece* ou encore *Worst Kept Secret* sont autant de créations savoureuses préparées sous vos yeux. Afin d'être dans les meilleures conditions pour apprécier votre cocktail, mangez sur place un sandwich au prosciutto avec compote de figues ou bien une salade de betteraves rôties.

CONGREGATION COFFEE ROASTERS

240 Pelican Avenue
✆ +1 504 265 0194
www.congregationcoffee.com
Du lundi au vendredi, 7h-14h ; samedi et dimanche, 8h-14h.

Situé non loin du débarcadère du ferry, ce torréfacteur est à découvrir absolument. Si on trouve ses cafés maison dans plusieurs endroits en ville, le coffee shop d'Algier Points vaut le détour. Charmant décor, plutôt zen, où il fait bon siroter un espresso ou un latte avant d'attaquer les visites de ce joli quartier de La Nouvelle-Orléans. On peut aussi y casser la croûte avec un menu qui donne dans le petit déjeuner santé. Café moulu et en grains en vente sur place.

DISTRICT DONUTS SLIDERS BREW

527 Harrison Avenue
✆ +1 504 827 1152
www.districtdonuts.com
Ouvert tous les jours de 7h à 21h. Deux autres succursales en ville ainsi qu'à Jefferson.

Pour se sucrer le bec, rien ne vaut une visite chez District Donuts Sliders Brew. On y vient principalement pour ses beignes décadents, ses petits déjeuners (on recommande le taco avec œufs brouillés, chorizo et fromage havarti), ses *sliders* (l'équivalent de petits burgers) qu'on achète en paquet de 2, 3, 6 ou 12, ou encore sa gaufre recouverte de plusieurs fromages différents et de piments jalapenos. Une excellente adresse pour manger sur le pouce dans le quartier Lakeview !

COURTYARD BREWERY

1160 Camp Street
courtyardbrewery.square.site
Ouvert tous les jours dès 11h. Terrasse. Comptoir de glaces.

Une de nos microbrasseries préférées en ville, Courtyard Brewery est le lieu idéal pour l'apéro en fin d'après-midi (on en a presque fait un rituel !). On adore la déco du salon de dégustation avec son mobilier dépareillé, sa table tournante avec collection de vinyles (pour le plaisir de nos oreilles) et, surtout, sa jolie terrasse qui s'illumine en soirée. Bien qu'à peu près tous les styles soient représentés, les bières sures et les IPA ont ici la cote. Un petit gourmand accompagne le tout et si les tacos sont à l'ardoise, commandez-les sans hésiter.

FLORA GALLERY & COFFEE SHOP

2600 Royal Street
✆ +1 504 947 8358
florascoffee.business.site
Ouvert tous les jours de 7h à minuit. Coin terrasse. Expositions d'art visuel.

Ce *coffee shop* de quartier est vraiment *grungy*. L'accueil est très agréable et c'est ici qu'on peut retrouver beaucoup d'artistes du quartier s'ils ne sont pas déjà dans les bars des alentours. Le café et le thé y sont bons et l'on peut manger à toute heure un sandwich, une quiche ou une pâtisserie. Tôt le matin, le jour de Mardi Gras, c'est un des lieux de rencontre pour commencer en costume sa journée. Ce n'est pas le grand luxe du tout, mais une belle adresse bien connue des locaux.

FRENCH TRUCK COFFEE

4536 Dryades Street
✆ +1 504 702 1900
frenchtruckcoffee.com
Lundi-vendredi, 6h30-18h ; samedi-dimanche, 7h30-18h. Plusieurs succursales en ville, une à Metairie, une à Baton Rouge.

Cette succursale de French Truck Coffee est mimi tout plein, la plus jolie d'ailleurs selon nous. Blotti dans sa petite maison jaune, ce torréfacteur propose du café de Colombie, d'Éthiopie, du Guatemala, du Pérou ou encore du Rwanda, par exemple, en version mélange ou origine simple. Chaque saison apporte ses nouveautés, comme le Summer Buzz offert lors de la belle saison. Outre ses cafés et thés, la maison sert également des viennoiseries, de succulents petits déjeuners et des petits plats pour le lunch. À tester absolument !

LOA

221 Camp Street
✆ +1 504 553 9550
www.ihhotel.com/loa-bar/idea
Dimanche-jeudi, dès 17h ; vendredi-samedi, dès 16h. Tenue correcte conseillée.

Situé dans le hall d'entrée de l'International House Hotel, ce bar spécialisé dans les cocktails accueille beaucoup de célibataires, les célébrités hip-hop, les stars de la TV ou les athlètes de passage. Très relax tout de même. La musique lounge/dance/hip-hop ne gêne pas la conversation. Et il semble que tout le monde ne fasse que passer dans ce bar pour aller dans un autre lieu. *Loa* vient du terme vaudou qui signifie « le panthéon des dieux ». Pour la petite anecdote, des scènes d'extérieur du Copacabana du film *Green Book* ont été tournées ici.

JEWEL OF THE SOUTH

1026 St. Louis Street
✆ +1 504 265 8816
www.jewelnola.com
Ouvert du mercredi au dimanche dès 16h ou 17h. Brunch le week-end de 10h30 à 14h. Cour intérieure.

Jewel of the South a ouvert ses portes en 2019 dans une maison créole des années 1830. Un patio paisible et des cocktails élaborés, c'est la combinaison qui fait le succès de ce bar tendance du French Quarter tenu par Chris Hannah, Victoria Espinel et John Stubbs. Si les cocktails ont ici la cote, il ne faut pas passer outre le menu gourmand qui propose, entre autres, la langue de bœuf Wagyu, le parfait de foie gras et une superbe sélection de caviars. Le brunch du week-end est tout aussi alléchant et les cocktails qui vont de pair sont délicieux.

MAMMOTH ESPRESSO

821 Baronne Street
✆ +1 504 475 4344
mammothespresso.com
Lundi-vendredi, 7h-17h ; samedi-dimanche, 7h-15h. Quelques tables à l'extérieur.

À deux pas de la fameuse Julia Street se trouve ce café de type 3e vague qui nous a beaucoup plu. Coup de chance, on logeait tout près, donc on a un peu abusé de leurs savoureux cafés préparés selon les règles l'art. L'endroit arbore un joli design avec quelques tables seulement où étudiants et télé-travailleurs profitent du wifi gratuit pour besogner tranquillement. Outre ses cafés et thés, il faut goûter aux mocktails maison comme le « New » Old Fashioned, fait à partir d'espresso, de sirop simple érable-bourbon, de bitters et d'un peu de lime.

LAFITTE'S BLACKSMITH SHOP BAR

941 Bourbon Street
✆ +1 504 593 9761
www.lafittesblacksmithshop.com
Ouvert tous les jours de 10h à 3h.

Cette vieille taverne est l'un des plus vieux bâtiments de la ville et l'un des seuls témoignages du style colonial français qui ait été épargné par les incendies de 1788 et 1794. On recommande d'ailleurs de lire l'histoire liée à cette maison sur le site web du bar. Aujourd'hui la boutique est devenue un bar sombre, éclairé par des bougies. Un pianiste-chanteur y joue au fond, souvent accompagné au chant par les clients. Il y règne une ambiance spéciale.

MIEL BREWERY & TAPROOM

405 Sixth Street
✆ +1 504 372 4260
www.mielbrewery.com
Ouvert tous les jours (horaires variables). Cour intérieure.

Malgré sa localisation en pleine zone industrielle, comme plusieurs des pépites qui poussent dans les environs depuis quelques années, Miel donne envie d'y revenir encore et encore. Sa cour intérieure est un havre qui incite à prendre racine, une bonne bière maison à la main. D'ailleurs vous aimerez tellement ce que vous dégusterez que vous repartirez avec quelques canettes de vos crus préférés, c'est garanti. Et c'est sans compter les pop ups de restaurateurs qui viennent combler petites et grosses fringales. Bref, une adresse à mettre au carnet de route !

MONKEY BOARD

1111 Gravier Street
✆ +1 504 518 5600
www.monkeyboardnola.com
Ouvert tous les jours dès 16h.

Pour prendre un peu de hauteur, le rooftop bar de l'hôtel Troubadour est tout indiqué. Dans un décor quasi tout de blanc vêtu, l'endroit attire une clientèle branchée venue célébrer l'apéro ou profiter des DJ en soirée. S'il n'y a pas de terrasse, les fenêtres et une grande partie du toit s'ouvrent complètement sur l'extérieur, donnant l'impression d'y être. On s'installe confortablement dans un des divans pour siroter un cocktail, un verre de vin ou une bière artisanale, que l'on accompagne d'un petit plat gourmand. Les couchers de soleil y sont magnifiques.

PEPP'S PUB

706 Franklin Avenue
✆ +1 985 326 1975
www.peppspub.com
Ouvert en semaine dès 12h, 11h le week-end. Coin terrasse. Pop ups de restaurateurs.

Découvert par hasard lors d'une balade dans Marigny, le Pepp's est rapidement devenu notre bar de quartier préféré. Occupant les locaux de l'ancien Cutter's depuis peu, les nouveaux propriétaires ont revampé les lieux en s'assurant de garder le côté *dive bar* tant aimé des locaux. Et comme on a connu pas mal d'habitués sur place, on a eu droit au fameux challenge du Malort. Après avoir bu cet élixir, on est pris en photo pour capter notre réaction, on inscrit quelques mots pour décrire l'expérience et le tout est accroché au mur avec les centaines d'autres photos.

PARLEAUX BEER LAB

634 Lesseps Street
✆ +1 504 702 8433
www.parleauxbeerlab.com
Ouvert tous les jours dès 12h. Grande cour.

Située à un jet de pierre de l'ancienne base navale du quartier Bywater (avis aux explorateurs urbains !), cette microbrasserie est un véritable coup de cœur. Le menu bière a de quoi laisser pantois et on s'est donc offert une palette de dégustation pour goûter à quatre délicieux nectars, dont une Saison vieillie en barrique et une IPA de type West Coast. On a aussi eu droit à une petite visite des installations de brassage. Mais le top du top, c'est la grande cour avec ses petits recoins pour relaxer et qui s'illumine de mille feux en soirée. On y retournera !

PIRATES ALLEY CAFE

622 Pirates Alley
✆ +1 504 524 9332
www.piratesalleycafe.com
Ouvert tous les jours dès 10h.

C'est dans la petite ruelle piétonne jouxtant la St. Louis Cathedral qu'est installé ce petit bar bien connu du French Quarter. Fidèle au nom de la ruelle qui l'héberge, on croirait entrer dans un repaire de pirates avec toute la déco qui va de pair. Outre son décor original, c'est son absinthe qui fait courir les foules, servie selon les règles de l'art. Impossible d'y aller sans y goûter ! Pour la déguster, on s'attable dans la petite salle près du bar ou alors on s'installe dehors tout en regardant la foule bigarrée défilant dans l'étroite ruelle.

PAT O'BRIEN'S BAR

718 St. Peter Street
✆ +1 504 525 4823
patobriens.com
Ouvert tous les jours dès 12h (fermé le mardi). Jolie cour intérieure.

Ouvert depuis 1933, ce bar est connu pour son cocktail Hurricane (ouragan) qu'il faut essayer. Le verre dans lequel il est servi est le logo du bar et vous pouvez partir avec. Pat O'Brien's, c'est en fait quatre bars en un : le Main Bar qui ressemble plutôt à un bar de quartier, le Piano Bar et ses spectacles, le Patio Bar en extérieur avec des tables et chaises en fer forgé autour des fontaines d'eau et de feu, et le Bourbon Bar donnant directement sur la rue Bourbon. Un bon conseil, ne portez pas vos chaussures du dimanche pour aller traîner dans ce lieu.

R BAR

1431 Royal Street
✆ +1 504 948 7499
royalstreetinn.com/pages/bar
Ouvert en semaine dès 15h, 12h le week-end. Fermeture entre 3h et 5h. Quelques tables à l'extérieur.

Ce bar est très agréable pour se reposer de la frénésie des autres clubs sur Frenchmen. Dans un coin du quartier plutôt calme et résidentiel, cet endroit est relax et parfait pour pouvoir tenir une conversation. La clientèle a tous les styles et les cocktails sont bien préparés (on recommande le Watermelon cocktail). Jetez un œil à la déco derrière le bar : une moto est perchée sur les réfrigérateurs et des instruments de musique sont installés dans un coin du plafond attendant qu'un groupe vienne jouer. L'endroit fait aussi auberge de luxe.

REVELATOR COFFEE COMPANY

637 Tchoupitoulas Street
revelatorcoffee.com
Ouvert tous les jours de 7h à 15h. Autre succursale à Birmingham (Alabama).

Lors d'une balade dans le Warehouse District, ne manquez pas de faire un arrêt chez ce torréfacteur. Installé dans un local épuré aux matériaux bruts, Revelator prépare de succulents cafés chauds ou froids que l'on savoure sans se faire prier. On peut également acheter leurs différents mélanges en grains ou moulus pour rapporter avec soi. Pour casser la croûte, des viennoiseries combleront les petites fringales. Pour ceux qui s'installent plus durablement à La Nouvelle-Orléans, renseignez-vous sur le Coffee Club qui vous permettra de ne jamais manquer de café.

SOUTHERN CANDYMAKERS

334 Decatur Street
✆ +1 504 523 5544
southerncandymakers.com
Ouvert tous les jours de 10h à 19h. Boutique en ligne également.

Toutes les confiseries de La Nouvelle-Orléans se trouvent à Southern Candymakers : *almond toffee, cashew tortues, tiger bark, pecan log rolls, chocolate clusters, glazed pecans et fudge*... Les pralines sont fraîches tous les jours. Les locaux disent qu'elles sont aussi bonnes que celles que leur grand-mère faisait. Elles sont faites à partir de noix de pécan, de vrai sucre et de vraie crème. Pendant la dégustation, vous pouvez admirer le savoir-faire des confiseurs. Les vendeurs sont très sympathiques. N'hésitez pas à leur demander de goûter avant d'acheter.

SECOND LINE BREWING

433 North Bernadotte Street
✆ +1 504 248 8979
www.secondlinebrewing.com
Ouvert tous les jours (horaires variables). Terrasse.

Fondée en 2014 par une bande d'amis passionnés de la bière, cette microbrasserie est rapidement devenue un incontournable du quartier Mid-City. Il faut dire que son *beer garden* est ultra invitant, donnant envie d'y passer tout l'après-midi lors des beaux jours. Que l'on ait soif pour une ale blonde brassée avec des grains de café et de la vanille de Madagascar ou d'un Stout impérial au lactose, l'ardoise des bières maison a de tout pour tous les goûts. Comble de bonheur, des pop ups de restaurateurs s'y tiennent régulièrement, mettant en vedette la cuisine de rue.

SUCRÉ

3025 Magazine Street
✆ +1 504 571 5323
shopsucre.com
Ouvert tous les jours (horaires variables). Autre succursale dans le French Quarter.

Sucré propose des glaces, mais ce qui attire surtout l'œil (et les gourmands !), ce sont ses macarons. L'enseigne propose aussi de fins chocolats et des pâtisseries très fines (chères et pas toujours fraîches). Quand on y entre, la différence est flagrante. Les propriétaires de cet endroit ont investi un million de dollars pour changer cette ancienne boutique de vêtements en une *sweet boutique*, comme son nom l'indique. Ils ont même embauché un ingénieur pour avoir une température idéale constante dans toute la boutique et en cuisine.

SNAKE AND JAKE'S

7612 Oak Street
✆ +1 504 861 2802
snakeandjakes.com
Ouvert tous les soirs dès 19h. Grande cour.

Ce *dive bar* du quartier East Carrollton était au sommet de notre liste et on n'a pas été déçu une fois sur place ! Situé en pleine zone résidentielle à proximité des universités Loyola et Tulane, il faut déjà voir l'allure quelque peu délabrée de la cabane qui héberge le bar. L'intérieur est minuscule, hyper sombre, avec des guirlandes colorées en guise d'éclairage (il faut savoir que l'endroit se targue d'être un Christmas Club Lounge). Au fond du bar se trouve la grande cour qui est littéralement prise d'assaut en soirée, avec raison.

THE AVENUE PUB

1732 St. Charles Avenue
✆ +1 504 586 9243
avenuepub.com
Horaires variables selon la saison.

The Avenue Pub est d'abord et avant tout réputée pour son incroyable liste des bières, se targuant même d'avoir la plus grande sélection au pays. Les spiritueux y font également bonne figure. Que l'on soit plutôt bourbon, rye, whisky, scotch ou brandy, on y trouve son bonheur. Et comme tout bon pub qui se respecte, un menu gourmand est proposé, dont plusieurs spécialités typiques de la France. Le pub occupe les deux étages d'une maison du Lower Garden District et on peut s'attabler en intérieur comme sur le trottoir ou le balcon du 2e étage.

THE BOMBAY CLUB

830 Conti Street
✆ +1 504 577 2237
bombayclubneworleans.com
Ouvert tous les jours (horaires variables).

Ce bar style *speakeasy* vous fera complètement oublier que vous êtes à La Nouvelle-Orléans. Le peu d'éclairage et les gros fauteuils en cuir font de ce bar un endroit parfait pour discuter devant un verre. Les spécialités du Bombay Club sont les martinis et les cocktails, le tout préparé par un expert en la matière. Vous pourrez y déguster également un brunch (vendredi au dimanche) ou un dîner composé de savoureuses bouchées. Pour y aller, soyez correctement habillé pour vous sentir plus dans l'ambiance. Musique live le week-end.

THE CROWN & ANCHOR

200 Pelican Avenue
✆ +1 504 227 1007
crownandanchor.pub
Ouvert tous les jours dès 11h. Coin terrasse.

Notre meilleure adresse pour prendre un verre dans Algiers Point, à deux pas du débarcadère du ferry. Le côté chaleureux du décor n'est pas sans rappeler un pub anglais des plus typique, avec ses affiches et photos historiques et ses bocks de bière suspendus au plafond. Si l'endroit ne prépare pas de repas, des pop ups y sont organisés et permettent de savourer de la cuisine barbecue ou encore des fish & chips préparés selon la tradition. Pour se divertir, jeu de dards et plusieurs jeux de société sont à disposition gratuitement.

THE CHART ROOM

300 Chartres Street
✆ +1 504 522 1708
Ouvert tous les jours de 11h à 4h du matin.

Petit mais *cosy*, ce *dive bar* semble ne jamais fermer. Sa lumière tamisée, ses briques rouge foncé, son plafond bas et son long banc en cuir en font un vrai refuge pour la clientèle locale et les touristes de passage depuis de nombreuses années déjà. C'est un endroit très sécurisant où l'on se sent loin du French Quarter sans pour autant le quitter. Un lieu idéal pour se retrouver en petit comité pour de longues conversations et ne pas dépenser une fortune. À noter que le bar accepte seulement l'argent comptant, soyez prévenus !

THE KINGPIN

1307 Lyons Street
✆ +1 504 891 2373
Ouvert tous les jours dès 15h30.

Selon l'avis de plusieurs, le Kingpin est le meilleur *dive bar* en ville. Même Anthony Bourdain en a fait l'éloge dans sa série *The Layover with Anthony Bourdain* lors de l'épisode consacré à La Nouvelle-Orléans. Secret bien gardé et franchement hors des sentiers battus, il est clairement l'un des endroits les plus décontractés en ville. Et comme si l'ambiance ne nous plaisait pas déjà assez, le Kingpin accueille souvent des spectacles, la plupart du temps directement sur le trottoir. Pour les fringales, profitez des pop ups de restaurateurs (voir page Facebook).

THE CREOLE CREAMERY

6260 Vicksburg Street
✆ +1 504 482 2924
www.creolecreamery.com
Ouvert tous les jours (horaires variables). Autres succursales dans Uptown et à Metairie.

Le dessert favori des Américains : la crème glacée ! Une longue boutique rose bonbon au sol en damier propose des glaces aux parfums parfois un peu bizarres. Tout est fait maison, même les cônes gaufrés. Comme dans toute boutique de glace, on peut tout goûter. Certains pourront peut-être essayer le « Tchoupitoulas Challenge » et devenir un membre de Tchoupitoulas Hall of Fame : pour avoir son nom gravé sur une plaque accrochée dans la boutique, il faudra manger huit boules de glace et toute la sauce chocolat et la chantilly en plus.

THE ORANGE COUCH

2339 Royal Street
✆ +1 504 267 7327
www.theorangecouchcoffee.com
Ouvert tous les jours de 7h à 18h. Coin terrasse.

À l'intersection des rues Mandeville et Royal, au cœur du quartier Faubourg Marigny, se trouve un charmant *coffee shop* ouvert depuis 2010. La première chose qu'on voit en entrant, c'est le divan orange - d'où le nom de l'endroit - et qui détonne dans le décor blanc et crème qui habille tout l'intérieur. Pour accompagner son café au lait, son *cold brew*, sa limonade ou son thé glacé, la maison prépare des granolas, des croissants garnis, des bagels avec fromage à la crème, des *empanadas*, des quiches, des douceurs (beignes, scones...) et tutti quanti.

THE SAZERAC BAR

1330 Roosevelt Way
✆ +1 504 648 1200
www.therooseveltneworleans.com
Lundi-jeudi, dès 14h ; vendredi-dimanche, dès 12h.

Un établissement de toute beauté, situé dans les murs de l'hôtel The Roosevelt. Son nom fait évidemment honneur au fameux Sazerac, d'ailleurs considéré comme le tout premier cocktail à avoir vu le jour sur le globe. Le bar arbore un décor tout à fait classe (habillez-vous en conséquence) et figure année après année dans les palmarès consacrés aux meilleurs bars d'hôtel. Les cocktails et spiritueux occupent la majeure partie du menu et outre le Sazerac, on recommande le Ramos Gin Fizz, un classique des lieux. Mention à la fresque réalisée par Paul Ninas.

WHO DAT COFFEE CAFE

2401 Burgundy Street
✆ +1 504 872 0360
Ouvert tous les jours de 7h à 14h. Coin terrasse.

Séjourner dans le Faubourg Marigny nous a permis de découvrir plusieurs pépites dont celle-ci (on remercie le local qui nous a donné le tuyau !). Who Dat, c'est le café de quartier beaucoup trop sympa, où l'on peut autant prendre son café du matin que son mimosa du midi. Mais on y vient beaucoup pour sa cuisine gourmande qui met en vedette des petits déjeuners à saveur bien louisianaise (mention aux confitures maison). C'est probablement la meilleure adresse pour bruncher dans les environs et on y revient volontiers, tel un habitué.

THE TCHOUP YARD

405 Third Street
www.tchoupyard.com
Horaires variables selon la saison.

Le Tchoup Yard, c'est un des bars les plus sympathiques de La Nouvelle-Orléans. Si l'endroit ne paie pas de mine côté rue, une fois dans la cour, c'est une toute autre histoire. Sa particularité est d'être entièrement en extérieur dans une ambiance des plus festive. Même les parties « fermées » ne le sont pas vraiment. Par une chaude journée, les cocktails glacés sont les bienvenus, et la liste de bières en fût fait la part belle aux bières artisanales louisianaises. Côté bouffe, Karibu Kitchen s'occupe des fringales avec une cuisine de style tex-mex.

WRONG IRON ON THE GREENWAY

3532 Toulouse Street ✆ +1 504 302 1503
www.wrongiron.com
Ouvert en semaine dès 16h, 11h le week-end. Menu gourmand (spécialité de tacos). Grande terrasse.

Établi tout près du bayou St. John et du Laffite Greenway dans Mid-City, ce bar est non seulement vaste mais offre une terrasse digne de ce nom. Plus d'une cinquantaine de bières figurent au menu, sans oublier les bons cocktails glacés dont on abuserait tant il fait chaud à La Nouvelle-Orléans. En semaine entre 16h et 19h, on profite du *happy hour* pour faire des économies sur les cocktails, le vin et la bière en fût, et lors de matchs sportifs, des écrans géants sont omniprésents.

URBAN SOUTH BREWERY

1645 Tchoupitoulas Street ✆ +1 504 267 4852
urbansouthbrewery.com
Ouvert en semaine dès 12h, 11h le week-end. Arcades, terrasse. Autre succursale à Houston (Texas).

D'immenses entrepôts ont été reconvertis en une microbrasserie qui fait beaucoup parler d'elle depuis son ouverture en 2016. Elle fait surtout dans les styles lager américaine, IPA, gose (bière sure) et *hard seltzer*. Lors de notre passage, nous avons testé la gose à la lime et concombre ainsi que la *juicy* IPA au pamplemousse. Rien de plus rafraichissant quand le mercure frôle 35 °C ! L'endroit est fort coloré, jusqu'aux tables à pique-nique qui meublent tant l'intérieur que l'extérieur. Pour casser la croûte, un camion-cantine est installé à côté de la terrasse.

ZONY MASH BEER PROJECT

3940 Thalia Street ✆ +1 504 766 8868
www.zonymashbeer.com
Ouvert tous les jours (horaires variables). Terrasse.

C'est dans le bâtiment historique du Gem Theatre, un des deux seuls cinémas afro-américains encore « debout » à La Nouvelle-Orléans, que Mitch Grittman et Adam Ritter ont démarré les opérations de la microbrasserie Zony Mash. Bières sure et IPA y ont la cote, comme partout ailleurs en ce moment, et chaque brassin est fait dans le plaisir et l'expérimentation. On aime beaucoup l'aspect industriel des lieux où l'on s'assoit carrément à quelques mètres des installations. Bonus : des pop ups de restaurateurs et des spectacles (musique, humour, etc.).

(SE) FAIRE PLAISIR

Quand on parle shopping à La Nouvelle-Orléans, on pense à trois choses : les centres commerciaux et galeries marchandes des zones touristiques (Canal Place, French Market, The Outlet Collection at Riverwalk et The Shops at JAX Brewery) ; les échoppes ici et là en ville, notamment dans le French Quarter ; et surtout les boutiques de Magazine Street, rue qu'il faut arpenter à pied pour ne rien manquer. La ville est aussi réputée pour ses galeries d'art mettant en vedette des peintres et photographes internationalement reconnus et, surtout, pour ses boutiques d'antiquités, notamment le long de Royal Street (principalement entre les rues Iberville et St. Louis). Beaucoup de décorateurs d'intérieur y trouvent des trésors, certains magasins ayant des pièces très rares venues à l'époque d'Europe. Et que serait un voyage à La Nouvelle-Orléans sans une petite virée dans les boutiques vaudoues et chez les disquaires de la ville ?

CANAL PLACE

333 Canal Street
✆ +1 504 522 9200
www.canalplacestyle.com
Ouvert tous les jours (horaires variables). Stationnement payant sur place.

Ce centre commercial compte une trentaine de boutiques dont Louis Vutton, lululemon, Michael Kors, Saks Fifth Avenue et Tiffany & Co. On y retrouve également quelques restaurants, un centre de remboursement des taxes (Louisiana Tax Refund Center) ainsi que des salles de cinéma au Prytania Theatres (bar 24 Frames sur place). À noter que sur présentation d'une preuve d'achat de 20 US$ et plus, on a accès à des tarifs réduits pour le stationnement (validation requise auprès du Concierge Desk au niveau 1 ou des magasins participants).

FRENCH MARKET

1008 North Peters Street
✆ +1 504 636 6400
www.frenchmarket.org
Boutiques ouvertes tous les jours de 10h à 17h, dès 9h pour le marché fermier et le marché aux puces.

Le French Market est une zone commerçante très active depuis la fondation de la ville. La partie proche de la rivière était consacrée aux productions des fermiers voisins qui venaient vendre leurs fruits et légumes frais alors que de nombreux artisans s'installaient de l'autre côté. Aujourd'hui, une grande partie a été aménagée pour recevoir des magasins classiques, des cafés et des restaurants. Une partie du marché est destinée aux touristes à la recherche de souvenirs plus ou moins authentiques, sans oublier le marché fermier quotidien.

THE OUTLET COLLECTION AT RIVERWALK

500 Port of New Orleans Place
✆ +1 504 522 1555
www.riverwalkneworleans.com
Ouvert tous les jours dès 10h (heure de fermeture variable). Restaurants sur place. Stationnement payant au Whale Lot.

Pour les indécis des petits souvenirs à ramener, une errance dans cette galerie marchande peut être salvatrice. On y retrouve entre autres un magasin général, des items du Mardi Gras, des créations de l'artiste et musicien local Vernon Cook et une pléthore de magasins de prêt-à-porter. À noter que sur présentation d'une preuve d'achat de 20 US$ et plus, on a accès à des tarifs réduits pour le stationnement (validation requise auprès des magasins participants).

THE SHOPS AT JAX BREWERY

600 Decatur Street
✆ +1 504 566 7601
shopsatjaxbrewery.com
Ouvert tous les jours de 10h à 19h. Stationnement payant sur place.

Construit en 1891 par l'architecte allemand Dietrich Einsiedel pour la compagnie Jackson Brewing, le bâtiment abritait la plus importante brasserie indépendante du sud du pays. Seule brasserie à avoir survécu à la prohibition, elle fut en activité pendant plus de 80 ans. De nos jours, la brasserie n'est plus et a fait place à une dizaine de boutiques dont H&M, Urban Outfitters et Vans. À savoir qu'on peut ici obtenir un bon de remboursement des taxes à chacune des boutiques. Également sur place : quatre restaurants dont l'incontournable Cafe Beignet.

CRESCENT CITY CONJURE

2402 Royal Street
✆ +1 504 421 3189
crescentcityconjure.us
Ouvert du mercredi au dimanche de 12h à 19h. Boutique en ligne également.

On nous avait beaucoup parlé de cette boutique hoodoo comme étant l'une des plus authentiques en ville, loin de celles qui pullulent dans le French Quarter et qui vendent toutes sortes de babioles. Fondée en 2018 par Sen Elias et Jason Colbert sur Bourbon Street, elle a dorénavant de nouveaux quartiers sur Royal Street au cœur du Faubourg Marigny. Outre les encens, les herbes et racines, les grigris et les objets de divination, l'endroit tient aussi sa réputation de ses services spirituels qui touchent les domaines de la prospérité, de l'amour, etc.

KEIFE & CO.

801 Howard Avenue
✆ +1 504 523 7272
www.keifeandco.com
Ouvert du lundi au samedi de 10h à 19h.

Une chouette boutique gourmande où se procurer tout ce qu'il faut pour l'apéro. La sélection de vins est l'une des meilleures en ville, misant sur les petits producteurs et les vins naturels et biodynamiques. Pour quelque chose d'un peu plus corsé, des spiritueux de marque de renom comme de microdistilleries se partagent les étalages. Pour accompagner le verre, toute une gamme de produits gourmands (olives, foie gras, craquelins, condiments, douceurs, etc.) est en vente sur place et on peut se faire confectionner sur mesure un plateau de fromages et charcuteries.

DIRTY COAST

5631 Magazine Street
✆ +1 504 324 3745
dirtycoast.com
Ouvert tous les jours de 10h à 18h. Boutique en ligne également.

Si vous cherchez un T-shirt avec le sens de l'humour de La Nouvelle-Orléans et vraiment fabriqué localement, c'est la boutique où aller. Cette boutique a vu le jour l'année précédant l'ouragan Katrina. Après avoir créé et distribué des stickers « *Be a New Orleanian. Wherever you are* » (Soyez un Néo-Orléanais. N'importe où vous êtes.) dans toute la ville, le succès du slogan aida les créateurs à tenter l'aventure. Allez faire un tour sur le site web, tous les designs y sont présentés. Dirty Coast tient deux autres succursales en ville ainsi qu'une à l'aéroport.

MARTIN WINE & SPIRITS

3827 Baronne Street
✆ +1 504 899 7411
martinwine.com
Lundi-vendredi, 10h-19h ; samedi, 9h-19h ; dimanche, 10h-15h. Programmation d'événements de dégustation.

Une vraie cave à vin comme on ne pense pas en trouver en Louisiane. Tous les spiritueux, les bières et les vins s'y trouvent, ou presque. La boutique possède d'autres succursales dans l'État : deux à Baton Rouge, une à Mandeville et une autre à Metairie. Trois de ces boutiques, dont celle de La Nouvelle-Orléans, abritent également un comptoir *deli* pour casser la croûte sur place. Au menu, des salades-repas, des assiettes de fromages et charcuteries, des sandwichs (plus d'une vingtaine de choix et possibilité de sur mesure) et des vins au verre.

HAPPY RAPTOR DISTILLING

1512 Carondelet Street
✆ +1 504 654 6516
www.happyraptor.com
Salon de dégustation : jeudi-samedi, 12h-20h ; dimanche, 12h-18h. Cour intérieure.

Ouverte en février 2020, cette microdistillerie du quartier Mid-City se spécialise dans le rhum arrangé, un style caribéen. Sa gamme 504Rum se décline en cinq sortes distinctes dont celle aux bananes, vanille, cannelle et épices ou encore la fameuse version King Cake distillée avec de la mélasse louisianaise et infusée avec des noix de Pécan, de la cannelle, de la vanille et des pelures d'orange. Des sirops à cocktail sont aussi produits sur place, soit à l'hibiscus ou aux pralines. À savoir que des visites guidées des installations sont offertes sur rendez-vous.

SEVEN THREE DISTILLING CO.

301 North Claiborne Avenue
✆ +1 504 265 8545
www.seventhreedistilling.com
Salon de dégustation : mercredi-jeudi, 12h-18h ; vendredi-samedi, 12h-19h. Visite guidée des installations : 15 US$.

Établie dans un secteur plutôt industriel en contrebas de la I-10, cette distillerie tire son nom du nombre de quartiers de la ville, soit 73. L'équipe de passionnés embouteille ici de superbes créations comme la vodka au concombre St. Roch, le bourbon Bywater vieilli en barrique, le gin Gentilly infusé aux herbes ou encore le rhum blanc Black Pearl avec canne à sucre. Le bar du salon de dégustation permet de savourer ses spiritueux et des cocktails faits à base des alcools maison.

ST. JAMES CHEESE COMPANY

5004 Prytania Street
✆ +1 504 899 4737
stjamescheese.com
Lundi-mercredi, 11h-18h ; jeudi-samedi, 11h-19h ; dimanche, 11h-16h. Autre succursale dans le Warehouse District.

Le seuil franchi, l'odeur met en appétit tout de suite. Les fromages sont à l'air libre, chose peu courante aux États-Unis. On peut presque tout goûter. Les serveurs sont plutôt ouverts au débat sur les qualités et les défauts de tel ou tel fromage. Côté menu, chaque plat comporte sa part de fromage. Achetez une bouteille de vin pour accompagner votre repas chez le marchand à côté, la fromagerie n'a pas de licence. Comme quoi le fromage américain peut parfois être meilleur que ce que l'on pourrait penser ! *Cheese lovers*, voici une adresse immanquable !

BLUE DREAM

1925 Sophie Wright Place
✆ +1 504 383 4353
bluedreamneworleans.com
Mercredi-samedi, 11h-19h ; dimanche, 11h-17h. Boutique en ligne également.

Située à un jet de pierre de Magazine Street, cette charmante petite boutique fait dans le vintage et les créations locales. On y trouve de tout, tant pour mesdames que pour messieurs, des robes aux souliers, en passant par les lunettes de soleil et les bijoux. Les étagères sont aussi remplies de savons artisanaux, de livres, d'œuvres d'artistes locaux, de chandelles, de thés, de sacs, etc. Et tout ce qui se trouve en boutique a été méticuleusement sélectionné par la fine équipe. Une adresse idéale pour parfaire son look d'enfer !

THE SAZERAC HOUSE

101 Magazine Street
✆ +1 504 910 0100
www.sazerachouse.com
Mardi-dimanche, 11h-18h. Visite autoguidée gratuite, réservation requise. Boutique en ligne également.

Bienvenue dans le temps du fameux spiritueux Sazerac ! Le cocktail éponyme a gagné en popularité dans les années 1850 et est dorénavant à l'ardoise de nombreux bars à travers le monde. Grâce à la visite autoguidée, on apprend tout ce qu'il y a à savoir sur le Sazerac, de son histoire à sa distillation. L'endroit distille également d'autres spiritueux et est derrière la conception du fameux bitter Peychaud. On y propose aussi toute une gamme de forfaits de dégustation ainsi que des ateliers pour parfaire ses papilles ou encore découvrir l'envers du décor.

BUFFALO EXCHANGE

4119 Magazine Street
✆ +1 504 891 7443
www.buffaloexchange.com
Lundi-samedi, 11h-20h ; dimanche, 11h-19h.

Pour faire des trouvailles à petits prix, c'est ici qu'il faut venir ! Fondée dans les années 1970, Buffalo Exchange est une friperie bien connue aux États-Unis avec plusieurs succursales à travers le pays. On peut y vendre ses vêtements et accessoires qui traînent dans notre penderie (ou nos bagages) ou alors se perdre dans la boutique à la recherche des plus beaux morceaux pour parfaire sa garde-robe. Et on y trouve du neuf comme de l'usagé. Bref, un endroit non seulement bénéfique pour l'environnement mais aussi le porte-monnaie.

AIDAN GILL FOR MEN

2026 Magazine Street
✆ +1 504 587 9090
www.aidangillformen.com
Dimanche-vendredi, 10h-18h ; samedi, 9h-18h. Coupe ou barbe : 45 US$. Boutique en ligne également. Coin musée.

Le *barber shop* comme on pourrait se l'imaginer avec tout son lustre d'antan. On y retrouve tous les accessoires pour hommes allant des produits de soin pour la barbe aux rasoirs, en passant par les soins capillaires, le blaireau pour le rasage traditionnel et même des cravates. Si la boutique est sympa, les prix le sont moins. Et comme chez tout bon barbier, un coin bien *vintage* est réservé pour ceux ayant besoin d'un coup ou d'un rasage. Certainement le nouveau repaire des hipsters, mais la déco du magasin vaut vraiment le détour.

ELECTRIC LADYLAND

610 Frenchmen Street
✆ +1 504 947 8286
electricladylandtattoo.com
Ouvert tous les jours de 10h à 22h.

La boutique est vraiment attirante et donne envie d'en avoir un même à ceux qui n'y avaient jamais pensé. Tous les murs sont recouverts de nombreux dessins. La plus grande collection des peintures et dessins d'art d'Annette La Rue s'y trouve. Billy Bob Thornton s'est fait faire un tatouage dans cette boutique. Plusieurs artistes sont souvent invités à se joindre à l'équipe (Mike Wilson, Jeff Rassier, Chris Merchant…). À noter que ce tatoueur possède une 2e succursale dans le quartier Bywater dans le même bâtiment que Fifi Mahony, à deux pas de Satsuma Cafe.

FIFI MAHONY'S

934 Royal Street
✆ +1 504 525 4343
fifisbywater.square.site
Dimanche-mercredi, 12h-18h ; jeudi-samedi, 11h-19h. Autre succursale dans le quartier Bywater.

On trouve ici tout pour le maquillage et les cheveux. Fifi prépare et vend des perruques que de nombreuses *drag queens* locales adorent. Sa boutique est à voir et les vendeurs aussi ont un style qu'il ne faut pas rater. Toute la boutique nous donne l'impression d'être dans une bonbonnière. Une première pièce à l'entrée propose tout le maquillage possible et imaginable, discret ou pas, pour tous les goûts et tous les genres. Au fond, une autre pièce accueille les perruques de toutes les couleurs, crêpées ou raides. À découvrir absolument !

THE LOYALTY CLUB

841 Fulton Street
theloyaltyclub.us
Ouvert du mercredi au samedi dès 12h. Boutique en ligne également.

Fondée en 2015 par le drummer professionnel Blake « Blizzy » Robinson et son comparse Jarroid Warner, cette marque locale de streetwear est un must. La boutique phare, établie dans une petite rue du Warehouse/Arts District, tient les divers vêtements et accessoires de ses créateurs, plusieurs ornés du fameux trèfle emblème de la marque. Casquettes, bonnets, T-shirts, pulls à capuche, pantalons de jogging, shorts, manteaux et même chaussettes à l'effigie de Loyalty Club sont en vente sur place. Également en boutique : des bijoux, épinglettes et autres accessoires.

MEYER THE HATTER

120 St. Charles Avenue
✆ +1 504 525 1048
meyerthehatter.com
Ouvert du lundi au samedi de 10h à 17h45. Boutique en ligne également.

Une véritable institution où l'on peut trouver toutes sortes de chapeaux pour hommes comme pour femmes. Et si vous ne le trouvez pas là, il y a peu de chances que vous le trouviez ailleurs. Monsieur Meyer gère le magasin que son arrière grand-père, Sam H. Meyer, avait créé vers la fin du XIXe siècle avec son épouse française. Vous serez accueilli chaleureusement et simplement. Parmi les marques présentes en boutique, notons l'incontournable Stetson, mais aussi Bailey, Betmar Women, Capas, Dorfman Pacific, Kangol, Mayser et Stefeno.

DR. BOB FOLK ART

3027 Chartres Street
✆ +1 504 945 2225
drbobart.net
Ouvert tous les jours de 10h à 17h.

Impossible de rater cette adresse hautement éclatée du quartier Bywater, à l'image de l'artiste qui l'a fondée. L'endroit vaut en effet à lui seul le déplacement ! Le Dr. Bob est un artiste autodidacte qui recycle toutes sortes d'objets pour en faire des œuvres d'art. On trouve d'ailleurs ses créations disséminées un peu partout en ville et son art se reconnaît d'entre tous. Vraiment une belle adresse pour trouver un souvenir unique et encourager un artiste local. Et comme le dit l'enseigne à côté de la porte : *Be nice or leave !*

MIGNON FAGET

3801 Magazine Street
✆ +1 504 891 2005
www.mignonfaget.com
Lundi-samedi, 10h-18h ; dimanche, 12h-18h. Boutique en ligne également.

Mignon Faget est une créatrice de La Nouvelle-Orléans qui a su imposer sa marque parmi les grands. Son collier « gumbo » avec plusieurs pendentifs représentant des spécificités de la ville est le plus connu, bien qu'il ne soit plus disponible depuis plusieurs années. Presque tout son travail est influencé par la culture louisianaise et ses environs. Bagues, bracelets, pendentifs, boucles d'oreilles et autres du genre sont en vente à la boutique, sans oublier la gente masculine avec des boutons de manchettes ou encore des épingles à cravate.

LUCULLUS ANTIQUES

915 Kentucky Street
✆ +1 504 528 9620
www.lucullusantiques.com
Ouvert du lundi au samedi de 9h à 17h.

Porcelaine, couverts en argent, casseroles en cuivre des XVIIIe et XIXe siècles ou tournebroche français de 1770, toutes les antiquités de l'art culinaire sont rassemblées dans cette caverne d'Ali Baba qui en fait sa grande spécialité. Beaucoup d'objets et de meubles viennent d'Europe ou des États-Unis et datent du XVIIe au XXe siècle. À noter qu'après avoir passé 35 dans le French Quarter, la boutique a installé ses pénates dans ses nouveaux locaux du quartier Bywater. On recommande toutefois de prendre rendez-vous, l'horaire n'étant pas garanti.

MERCHANT HOUSE

1152 Camp Street
✆ +1 504 233 2240
merchanthouse.co
Ouvert du jeudi au lundi (horaires variables). Boutique en ligne également.

Une excellente adresse à mettre au carnet de route pour les amoureux d'antiquités et de décoration. L'équipe du Merchant House part couramment à la recherche de pièces vintage et antiques uniques dénichées un peu partout en ville et même au-delà. L'endroit donne envie de refaire entièrement sa déco, pour peu qu'on en ait les moyens et la possibilité de rapporter le tout à la maison. À noter que la boutique de Camp Street est temporaire, l'antiquaire menant des rénovations à son local de Magazine Street. Vérifiez bien avant de vous y rendre.

MICHALOPOULOS GALLERY

617 Bienville Street
✆ +1 504 558 0505
www.michalopoulos.com
Lundi-samedi, 10h-18h ; dimanche, 12h-16h.

Établi à La Nouvelle-Orléans depuis 1979, cet artiste autodidacte est un des plus influents peintres de la ville. Son style est facilement reconnaissable et ses oeuvres rendent hommage à l'architecture de la ville mais aussi à sa musique, sans oublier les paysages naturels qui furent ses premières inspirations au pinceau. James Michalopoulos est aussi impliqué dans sa communauté et a démarré toutes sortes de projet, allant de la distillerie Celebration aux studios d'artistes NoRo. Difficile de trouver plus authentique comme souvenir qu'une de ses toiles !

RODRIGUE STUDIO

730 Royal Street
✆ +1 504 581 4244
georgerodrigue.com
Lundi-samedi, 11h-17h ; dimanche, 12h-17h. Ouvert également sur rendez-vous. Autre galerie à Lafayette.

Cette galerie se consacre aux œuvres de George Rodrigue. Ses peintures sont reconnaissables à ce chien bleu aux yeux jaunes écarquillés. Une publicité pour les imprimantes couleur l'a fait connaître au niveau international. Si vous demandez où vous pouvez trouver une reproduction ou un poster pas trop cher du Chien Bleu, la réponse est simple : prenez une grande feuille de papier, dessinez un chien bleu et signez Rodrigue. C'est sûrement à la suite d'une discussion à ce sujet que Jim Tweedy a dessiné un chat rouge nommé Charlie.

SECONDLINE ARTS AND ANTIQUES

1209 Decatur Street
✆ +1 504 875 1924
www.secondlinearts.com
Ouvert tous les jours (horaires variables).

Secondline passe pour être un des antiquaires pratiquant les prix les plus justes en ville. Son secret : près de 750 m² de superficie et des dizaines et dizaines d'exposants. Meubles, déco, œuvres d'art, bibelots de toutes sortes, vêtements et accessoires usagés... on y trouve vraiment de tout ! Un marché d'art, d'artisanat et d'antiquités s'installe dans la cour du vendredi au dimanche de 11h à 16h et de 18h à 22h, sans oublier le marché fermier les mardis et mercredis (18h-20h).

SIMON OF NEW ORLEANS

1028 Jackson Avenue
✆ +1 1 504 524 8201
simonofneworleans.com
Ouvert du lundi au samedi de 10h à 17h.

Arrêtez-vous chez Simon, il vous réservera un accueil très chaleureux. Simon est un Français établi à La Nouvelle-Orléans depuis si longtemps qu'il a du mal à parler sa langue natale. En revanche il en a gardé l'accent. Il est artiste peintre et son style est très populaire à La Nouvelle-Orléans. Il veut rendre son art accessible à tous : ses prix sont bas. Achetez quelque chose et il vous prendra en photo avec. Vous ferez partie de sa fabuleuse collection d'albums photos. De retour dans sa boutique, il se souviendra peut-être de vous !

ARCADIAN BOOKS & PRINTS

714 Orleans Street
✆ +1 504 523 4138
Ouvert du lundi au samedi de 10h à 17h.

Situé juste derrière la cathédrale St. Louis, la librairie de Russel Desmond est un « chaos organisé » selon ses propres dires. Parlant couramment français, il pourra d'ailleurs vous conseiller sur les visites à faire dans le French Quarter. Sa toute petite boutique est surchargée de livres d'occasion - littéralement du plancher au plafond - et possède plusieurs ouvrages en français. Il sera aussi ravi de recevoir le livre français que vous ne voudrez plus traîner dans vos valises. Une référence dans le domaine depuis plus de 40 ans !

EUCLID RECORDS

3301 Chartres Street
✆ +1 504 947 4348
euclidrecordsneworleans.com
Ouvert tous les jours de 11h à 18h. Boutique en ligne également.

Situé dans le quartier Bywater, Euclid Records est un excellent magasin indépendant de CD et de vinyles bien connu des locaux comme des visiteurs. On y trouve notamment quelques perles anciennes, des enregistrements de groupes locaux, des cassettes, 33 » et 45 » d'occasion ainsi que des nouveautés tout format confondu. S'y tiennent également des prestations musicales *live* et les employés se feront un bonheur de vous donner toutes leurs bonnes adresses pour voir un ou des concerts en ville. À noter qu'Euclid Records est également présent à St. Louis au Missouri.

FAULKNER HOUSE BOOKS

624 Pirates Alley
✆ +1 504 524 2940
faulknerhousebooks.com
Ouvert tous les jours de 10h à 17h.

Située dans la sympathique rue piétonne Pirates Alley, à un éternuement de la cathédrale St. Louis et du Cabildo, cette petite librairie, reconnue comme une des plus charmantes des États-Unis, fut jadis pendant un temps la demeure de monsieur Faulkner. Les amoureux de littérature pourront y trouver des livres intéressants incluant des bouquins rares et bien sûr des écrits par ou sur William Faulkner, cela va de soi. Pour ceux qui passeront au moins un mois à La Nouvelle-Orléans, informez-vous sur les abonnements personnalisés.

GARDEN DISTRICT BOOK SHOP

2727 Prytania Street
✆ +1 504 895 2266
www.gardendistrictbookshop.com
Lundi-vendredi, 7h-18h ; samedi-dimanche, 8h-17h.

Située dans le tout petit centre commercial The Rink, cette librairie du Garden District est souvent le lieu où les auteurs viennent avec plaisir dédicacer leur livre à leur sortie. La boutique possède les éditions limitées des livres « vampiresques » d'Anne Rice qui habitait à quelques coins de rue. La spécialité de la maison, c'est surtout les livres sur La Nouvelle-Orléans et sa région, les plantes et le jardinage, le design, les voyages et la cuisine.

LOUISIANA MUSIC FACTORY

421 Frenchmen Street
✆ +1 504 586 1094
www.louisianamusicfactory.com
Ouvert tous les jours de 10h à 18h, sauf le mercredi. Boutique en ligne également.

Probablement le disquaire indépendant le plus connu en ville, il est une véritable caverne d'Ali Baba pour dénicher des pépites de musique locale, sa grande spécialité. Jazz, blues, zydeco, R&B et plusieurs autres styles musicaux s'y côtoient, tant en CD qu'en vinyles. L'endroit vend aussi des DVD, des livres, des partitions, des affiches, des T-shirts et tutti quanti. Si vous êtes de passage durant le festival de jazz, ne ratez pas le Factory Fest qui présente des spectacles sur deux jours devant le New Orleans Jazz Museum, en partenariat avec le disquaire.

MORE FUN COMICS

8200 Oak Street
✆ +1 504 865 1800
more-fun-comics.business.site
Mardi-samedi, 11h-19h ; dimanche, 12h-17h.

Amateurs de BD et autres *comics*, voici une adresse qui devrait satisfaire votre appétit ! Ce libraire d'Uptown se spécialise dans la bande dessinée, usagée ou neuve, et abrite également quelques très bonnes productions locales. Aux dires des clients, on y dénicherait même des perles rares qu'on ne trouve nulle part ailleurs au pays. Mais la boutique abrite beaucoup plus, allant des figurines *vintage* à toute une panoplie de jouets, sans oublier les T-shirts, les objets de collection et le mystérieux contenu des boîtes (n'hésitez pas à demander ce qui s'y trouve).

MUSHROOM NEW ORLEANS

1037 Broadway Street
✆ +1 504 866 6065
www.themushroomnola.com
Ouvert tous les jours de 10h à minuit. Boutique en ligne également.

Avec une entrée impossible à rater (vous comprendrez sur place), l'endroit annonce ses couleurs. Temple de la musique et de la fumette, c'est le plus ancien disquaire et *smoke shop* de la ville. On s'y procure CD et vinyles de tout style musical, d'occasion comme neufs, du hip-hop à l'alternatif en passant par le punk et la musique des années 60. Après vient la panoplie d'accessoires quasi exhaustive pour la fumette, sans compter des murs, étalages et vitrines biens garnis de jeux, posters, T-shirts, chandails, accessoires et même des vêtements pour bébé.

BOUGER & BULLER

La Nouvelle-Orléans bénéficie d'un atout de taille : le lac Pontchartrain, situé à la limite nord de la ville. Paradis des amateurs de nautisme, on peut notamment y suivre des cours de voile. Si vous êtes plutôt du type rame ou pagaie, il est possible de louer un kayak pour découvrir le bayou St. John ou encore un canoë pour une excursion peinarde au cœur de City Park. Les deux grands espaces verts que sont Audubon Park et City Park sont d'ailleurs très prisés pour les loisirs et activités sportives en tous genres. Puis vient le réseau cyclable, lequel est en cours d'amélioration et d'expansion grâce au projet Moving New Orleans Bikes (on recommande la Mississippi River Trail du côté d'Algiers pour une belle balade à vélo le long de ce fleuve mythique). Finalement, on ne pourrait passer sous silence les terrains de golf, dont deux membres du club sélect Louisiana's Audubon Golf Trail à même La Nouvelle-Orléans.

AUDUBON PARK GOLF COURSE

6500 Magazine Street
✆ +1 504 212 5291
audubonnatureinstitute.org/golf
Lundi, 10h-18h ; mardi-dimanche, 7h-19h. À pied : à partir de 30 US$, en voiturette de golf : à partir de 45 US$.

Situé dans la partie nord du parc Audubon, ce superbe terrain de golf 18-trous (PAR 62) est à quelques minutes du centre-ville seulement. Redessiné par Denis Griffiths en 2001, le terrain comprend quatre lagons et abrite des chênes plus que centenaires. On retrouve également sur place une boutique, le Pro Shop, et le Club-house Café qui propose des entrées à partager, une grande sélection de sandwichs et burgers ainsi qu'un brunch le week-end (voir site web pour les horaires). Pour réserver une partie, il faut contacter la boutique ou s'inscrire en ligne.

ENGLISH TURN GOLF & COUNTRY CLUB

1 Clubhouse Drive
✆ +1 504 392 2200
www.englishturn.com
Lundi, dès 12h ; mardi-dimanche, dès 7h. À partir de 59 US$ (les tarifs en début de journée sont beaucoup plus chers).

Un terrain de golf 18-trous (PAR 72) très réputé, dessiné par nul autre que Jack Nicklaus. Pour ceux qui aimeraient se perfectionner au golf, des leçons d'une heure et un forfait de cinq leçons sont proposés sur place, sans oublier la zone de pratique ouverte selon le même horaire que le terrain de golf. On retrouve également une boutique sur place, des courts de tennis ainsi qu'un restaurant qui a d'ailleurs figuré dans le fameux film *Green Book*.

KAYAK-ITI-YAT

3494 Esplanade Avenue
✆ +1 504 909 4049
kayakitiyat.com
Excursions guidées tous les jours : 49 US$ par personne. Réservation recommandée.

Cette entreprise à taille humaine propose d'explorer en kayak solo ou tandem le bayou St. John, lequel longe la partie ouest de City Park jusqu'au lac Pontchartrain. Son excursion la plus populaire, le Big Easy Bayou Tour, est d'une durée de deux heures et s'adresse tant aux débutants qu'aux kayakistes confirmés. Durant le trajet, on admire les belles maisons et les guides donnent beaucoup d'informations sur l'histoire et l'importance du bayou dans la communauté, sans oublier la faune qui le fréquente. À surveiller : la nouvelle excursion au bayou Bienvenue.

NEW ORLEANS SCHOOL OF COOKING

524 St. Louis Street
✆ +1 504 525 2665
neworleansschoolofcooking.com
Cours tous les jours. Démonstration : à partir de 35 US$, cours pratique : 145 US$. Réservation impérative.

Cette école de cuisine spécialisée dans la gastronomie sud-louisianaise cajun et créole est un must. Deux options possible : assister à une démonstration exécutée par un chef chevronné, ou y participer (la seconde option est un peu plus onéreuse mais vaut bien son pesant d'or), c'est-à-dire qu'on met la main à la pâte. De nombreux secrets de la cuisine locale y sont dévoilés : gumbo, jambalaya, pralines, etc. Une belle et appétissante expérience ! Boutique sur place.

Bars, cabarets, boîtes ou salles de spectacle : leurs portes et fenêtres sont souvent grandes ouvertes et plusieurs ont un bar, un patio ou un balcon sur la rue, ce qui permet d'avoir un avant-goût de l'ambiance avant d'y rentrer. Ville de musique et de spectacles, il ne faut pas rater Frenchmen Street, la rue où sortent les Néo-Orléanais. On dit que c'est ici que se produisent les nouveaux groupes, les sessions expérimentales, bref, le cœur musical de La Nouvelle-Orléans d'aujourd'hui. Certains préféreront tenter leur chance au casino alors que d'autres opteront pour l'expérience totale du football américain, soit le *tailgate* suivi du match. Pour planifier vos sorties, on recommande l'hebdomadaire gratuit *Gambit Weekly* (nola.com/gambit), le site web d'*OffBeat Magazine* (offbeat.com) et celui de l'émission *Takin' It To The Streets* (pour connaître les dates des prochaines Second Lines, wwoz.org/programs/inthestreet).

BAMBOULA'S

514 Frenchmen Street
www.bamboulasmusic.com
Horaires variables selon la saison. Entrée libre.

Enfin un peu d'espace ! Les plafonds hauts donnent un peu d'air quand nombre d'établissements de la rue Frenchmen peuvent être déconseillés aux grands claustrophobes. Moulures dorées et fresques murales décorent le Bamboula's où l'on vient écouter de petits groupes locaux (jazz, blues, R&B, soul, zydeco...), danser et s'enivrer. L'endroit fait aussi office de restaurant avec poissons et fruits de mer frits, sandwichs po-boy, jambalaya, burgers et une panoplie de coupe-faim. Pour la programmation de spectacles, consultez le site web.

BLUE NILE

532 Frenchmen Street
✆ +1 504 948 2583
www.bluenilelive.com
Ouvert en soirée (horaires variables). Certains spectacles gratuits, d'autres payants.

Le Blue Nile est devenu une institution dans le quartier, avec raison. Ici on mise sur l'éclectisme et il y en a pour tous les goûts : brass bands (plusieurs fois par semaine), reggae (soirée hebdomadaire le jeudi), funk, jazz, etc. Le tout en *live* bien sûr et plusieurs soirées sont gratuites, histoire de donner un peu de répit au porte-monnaie. La salle du haut offre la possibilité de se glisser sur le balcon et de savourer l'ambiance de Frenchmen Street. Belle sélection de cocktails et quelques bières artisanales de Louisiane.

LE BON TEMPS ROULÉ

4801 Magazine Street
✆ +1 504 897 3448
lbtrnola.com
Ouvert 24h. Certains spectacles gratuits, d'autres payants.

Le Bon Temps Roulé porte bien son nom. C'est un endroit où vous pouvez dans une pièce siroter une bière et jouer au billard et dans l'autre, vous trémousser au rythme de la musique des groupes locaux et manger (à noter les huîtres gratuites le vendredi soir). Des spectacles sont présentés presque tous les soirs et il ne vous faudra pas être sensible des oreilles. La musique varie entre le zydeco, le blues, le jazz de New Orleans et la musique des *brass bands*. En entrant par la porte de derrière, faites attention de ne pas recevoir un coup de trombone...

CAESARS SUPERDOME

1500 Sugar Bowl Drive
✆ +1 504 587 3822
www.caesarssuperdome.com
Tarifs variables selon le spectacle ou l'événement.

Anciennement connu sous le nom Mercedes-Benz Superdome, c'est le stade des Saints, l'équipe bien aimée de football américain de La Nouvelle-Orléans, membre de la NFL. Le Superdome, qui a accueilli la population après le passage de Katrina et dont les images ont fait le tour du monde, est le plus grand stade du monde possédant un tel dôme. Le lieu accueille un très grand nombre de représentations artistiques et sportives. Malheureusement, si vous n'allez pas voir l'une d'entre elles, vous ne pourrez pas rentrer simplement pour le visiter.

CAFE NEGRIL

606 Frenchmen Street
✆ +1 504 229 4236
cafenegrilnola.com
Ouvert tous les jours (horaires variables). Entrée libre.

Situé juste en face du restaurant Dat Dog, le Cafe Negril est une des bonnes adresses de Frenchmen Street où les touristes se mêlent aux locaux et inversement. Si la programmation de spectacles est éclectique, du jazz au soul en passant par les brass bands, le reggae, le funk et le rock, l'ambiance, toujours festive et entrainante, est assurée. Mention aux jolies fresques qui ornent les murs, notamment celle de Bob Marley qui occupe le mur au fond de la scène. Une adresse chaudement recommandée pour passer une excellente soirée !

CARROLLTON STATION

8140 Willow Street
✆ +1 504 865 9190
carrolltonstationbar.com
Ouvert en semaine dès 16h, 12h le week-end. Spectacles gratuits ou à peu de frais. Pop ups de restaurateurs.

Ce bâtiment construit dans les années 1900 a été une petite supérette de quartier et ensuite un bordel. Devenu un bar dans les années 1970, ce n'est que dans les années 1980 que les groupes *live* font leur entrée. Depuis, c'est un lieu incontournable pour assister à un spectacle (programmation en ligne). Encore un endroit avec une programmation musicale de groupes locaux souvent intéressante. Le bar sert une multitude de bières pression ou en bouteille, ainsi que des rhums et des whiskys fameux. C'est le parfait endroit pour simplement traîner.

D.B.A.

618 Frenchmen Street
✆ +1 504 942 3731
www.dbaneworleans.com
Lundi-jeudi, dès 17h (fermé le mardi) ; vendredi-dimanche, dès 16h. Spectacles : gratuits ou entre 10 à 25 US$.

Ce bar est connu de tous et présente des spectacles tous les soirs. À l'intérieur, tout est en bois sombre, ce qui donne à l'endroit une ambiance très feutrée. C'est le défilé continuel. Le bar est toujours bondé et il est difficile de s'entendre. Vous pouvez aller y jeter un œil et faire comme tout le monde, juste rentrer pour voir qui est là. Au fond, dans une petite salle, les joueurs de baby-foot et de billard sont toujours prêts à partager une partie. À savoir que les propriétaires possèdent également un bar à New York du même nom, sur la 41st Avenue.

DOS JEFES UPTOWN CIGAR BAR

5535 Tchoupitoulas Street
✆ +1 504 891 8500
dosjefes.com
Ouvert tous les jours de 17h à 3h. Entrée libre. Tables de billard.

À peine en a-t-on poussé la porte qu'une atmosphère de film américain des années 1950 nous submerge. Dans un coin de la pièce, des musiciens s'affairent, pendant qu'au bar, couples, amis et gentlemen solitaires sirotent un bourbon ou autres spiritueux. Les tables disposées face à la scène accueillent quant à elles les amateurs de cigares venus savourer un *puro* de qualité. Une cour attenante, enfin, permet d'aller prendre l'air ou de discuter un peu plus au calme.

FRITZEL'S EUROPEAN JAZZ CLUB

733 Bourbon Street
✆ +1 504 586 4800
fritzelsjazz.com
Ouvert tous les jours dès 12h. Entrée libre.

Ouvert depuis 1969, Fritzel's European Jazz Bar est l'un des derniers endroits où il est possible d'écouter du jazz Dixieland. Ce bar accueille tous les musiciens de jazz qui ont décidé de s'installer à La Nouvelle-Orléans, ou presque. Les spectacles se succèdent sans temps mort, tous les jours et plusieurs fois par jour même. Et quand la ville organise des événements majeurs comme le Jazz & Heritage Festival, la programmation est bonifiée. Bon jazz garanti !

HOUSE OF BLUES NEW ORLEANS

225 Decatur Street ✆ +1 504 310 4999
www.houseofblues.com/neworleans
Horaires variables. Spectacles payants (voir site web pour la programmation et les billets). Brunch gospel le dimanche.

Même si l'établissement fait partie d'une chaîne, il est devenu une étape incontournable de la ville. Les groupes locaux s'y mêlent avec les têtes d'affiche nationales et parfois internationales. House of Blues possède une deuxième salle de concerts, The Parish. Les musiciens locaux y jouent souvent, et l'entrée est moins chère que dans la salle principale. Le bar couvert Voodoo Garden est l'endroit idéal pour commencer sa soirée quand l'humidité n'est pas trop lourde à supporter.

KERMIT'S TREME MOTHER IN LAW LOUNGE

1500 North Claiborne Avenue
✆ +1 504 975 3955
www.kermitslounge.com
Ouvert tous les jours dès 16h20. Certains spectacles gratuits, d'autres payants.

Ouvert en 1994 par le défunt chanteur de R&B Ernie K-Doe et appelé alors Mother-in-Law Lounge, l'endroit est désormais sous la gouverne du musicien néo-orléanais Kermit Ruffins et a rouvert ses portes en 2014. En plus de pouvoir voir fréquemment votre hôte sur scène, le lounge présente des spectacles pratiquement tous les soirs. Il faut aussi goûter à la cuisine préparée sur place ou par des chefs du coin (plus un barbecue dans la cour). Mention aux fresques qui recouvrent le bâtiment.

MAPLE LEAF BAR

8316 Oak Street
✆ +1 504 866 9359
www.mapleleafbar.com
Ouvert tous les jours de 15h à 5h. Spectacles payants (généralement entre 10 et 20 US$).

Le Maple Leaf Bar est un de ces endroits mythiques de la ville où vous pourrez découvrir comment les Néo-Orléanais apprécient la musique locale *live*. Les murs et les plafonds sont recouverts de métal à motifs pressé, typique de La Nouvelle-Orléans. La salle de concerts est en fait un long et large couloir avec d'un côté la scène et de l'autre un patio avec un bar. Tous les mardis soir, le concert des TBC Brass Band est un *must*. Ils envahissent les lieux et mettent une ambiance du tonnerre. Programmation et billets sur le site web.

MARIGNY OPERA HOUSE

725 St. Ferdinand Street
✆ +1 504 948 9998
marignyoperahouse.org
Voir site web pour la programmation. Gratuit, dons encouragés.

Logé dans une ancienne église, le Marigny Opera House est un organisme qui se voue entièrement au rayonnement des arts de la scène et vise à contribuer au développement de la carrière des artistes néo-orléanais. Cette « église des arts », comme on la surnomme, est non confessionnelle bien entendu, et elle présente des performances de divers genres. Son haut plafond en forme d'arche offre une résonance parfaite pour les spectacles acoustiques. Au programme, des performances artistiques qui touchent autant la musique que la danse, le théâtre, le spoken word, etc.

NEUTRAL GROUND COFFEE HOUSE

5110 Danneel Street
✆ +1 504 224 9927
neutralgroundcoffeehouse.org
Ouvert en soirée (horaires variables).

C'est un vieux *coffee shop* que Philip Melancon, pianiste et chanteur, genre crooner, a repris avant de le vendre en 2020 à de nouveaux propriétaires. Ce petit café sombre, tout en bois, est très agréable après une journée très agitée. Tout semble au ralenti. Même la musique, souvent acoustique. Aucun alcool n'est servi. Si vous êtes musicien, n'hésitez pas. Il y a toujours une guitare, un accordéon ou des congas dans un des coins de la pièce. Soirées *spoken word* également.

NEW ORLEANS JAZZ MARKET

1436 Oretha Castle Haley Boulevard
✆ +1 504 646 8390
www.thenojo.com/jazz-market
Voir site web pour la programmation et les billets.

Situé dans le quartier Central City, le New Orleans Jazz Market arbore un design et une acoustique spécialement conçus pour la musique jazz et est devenu le QG de la communauté jazz de la ville. Il comprend un théâtre principal de 370 places et le Bolden Bar pour des événements spéciaux ou privés. Le New Orleans Jazz Orchestra y présente ses spectacles qui valent leur pesant d'or et d'autres artistes viennent fouler les planches du théâtre. Le hall d'accueil et le bar accueille aussi des musiciens, bref la musique est partout !

PALM COURT JAZZ CAFE

1204 Decatur Street
✆ +1 504 525 0200
www.palmcourtjazzcafe.com
Ouvert du mercredi au dimanche de 19h à 23h. Entrée : 10 US$.

Le Palm Court est un restaurant, mais on y vient surtout pour le jazz traditionnel. Pour avoir une bonne place près de la musique, il faut y manger. Sinon il faut rester près du bar où il n'y a pas toujours de place assise. Cet endroit est un cadeau d'anniversaire de George Buck à sa femme Nina, qui rêvait toujours d'avoir un club de jazz. George étant décédé en 2013, c'est Nina qui dirige l'établissement et met l'ambiance. Vous y verrez souvent beaucoup de touristes et peu de locaux, mais la musique est toujours de très bonne qualité.

PRESERVATION HALL

726 St. Peters Street
✆ +1 504 522 2841
www.preservationhall.com
Ouvert tous les jours dès 17h, quatre représentations par soir. Billets à partir de 25 US$, achat à l'avance requis.

Ouvert depuis 1961, c'est un endroit mythique de La Nouvelle-Orléans. Le cadre est vraiment le cliché parfait du club de jazz, comme on l'imagine. Aucune boisson ou nourriture ne sont servies, et il est interdit de fumer, de prendre des photos ou de filmer. Après avoir fait la queue dehors, devant un building qui semble presque tomber en ruine, vous entrez dans une salle sombre tout en bois et en pierre. Cette salle est l'antre du style New Orleans, un style qu'il a fallu préserver suite à l'engouement populaire pour le rockn'n'roll et le jazz moderne.

REPUBLIC NOLA

828 South Peters Street
✆ +1 504 528 8282
republicnola.com
Voir site web pour la programmation et les billets.

Située en plein coeur du Warehouse District et occupant par le fait même un ancien entrepôt, Republic NOLA est une salle de spectacles ultra populaire à La Nouvelle-Orléans. Son design intérieur vaut à lui seul le déplacement, avec ses boiseries abondantes, ses lustres surplombant la piste de danse et la mezzanine qui l'entoure. Malgré le look un peu rustique des lieux, la sono et l'éclairage sont quant à eux à la fine pointe de la technologie. L'endroit accueille plusieurs genres musicaux tels que le hip-hop, l'électro, le folk, l'alternatif, le métal, etc.

ROCK'N'BOWL NEW ORLEANS

3016 South Carrollton Avenue
✆ +1 504 861 1700
www.rocknbowl.com
Horaires variables. Voir site web pour la programmation et les billets. Autre succursale à Lafayette.

Étudiants, businessmen, retraités et branchés s'y retrouvent pour une partie de bowling ou pour aller danser. On se croirait à un bal populaire. Le Rock'n'Bowl est le quartier général le jeudi soir pour le zydeco (différents styles musicaux les autres soirs). C'est donc l'endroit parfait pour apprendre à danser le *two-step* le jeudi soir. Ne soyez pas intimidé par la qualité des danseurs, faites semblant et l'un d'eux viendra sûrement vous montrer les pas. Un petit creux : goûtez les burgers, les pizzas ou encore les bouchées de boudin.

SNUG HARBOR JAZZ BISTRO

626 Frenchmen Street
✆ +1 504 949 0696
snugjazz.com
Ouvert tous les jours à partir de 18h. Spectacles à 20h et 22h. Voir site web pour la programmation et les billets.

Le Snug est l'un des meilleurs clubs de jazz de la ville. Cet endroit est conçu pour les amateurs du jazz moderne. Les plus fameux musiciens de jazz y jouent, ainsi que les moins connus. Souvent des musiciens invités viennent faire un bœuf. Le club est très intime et l'espace réduit. Mais c'est le meilleur endroit en ville pour apprécier le jazz et rencontrer les musiciens. Il y a souvent un des musiciens de la famille Marsalis dans les parages. Bonus : le club héberge également un restaurant spécialisé dans les grillades et les poissons et fruits de mer.

THE ALLWAYS LOUNGE & CABARET

2240 St. Claude Avenue
theallwayslounge.net
Ouvert tous les soirs. Voir site web pour la programmation et les billets.

Lieu coquin au coeur du Faubourg Marigny, le AllWays Lounge & Cabaret est réputé pour ses spectacles de burlesque et ses cabarets *kinky*. Mais la programmation ratisse beaucoup plus large, présentant des soirées *swing* avec leçon de danse, des jams de musiciens, des soirées comédie ou quiz, des bingos burlesques, des spectacles de *drag queens*, de la musique variée, etc. Bref un lieu qui détonne à La Nouvelle-Orléans et qui offre une expérience franchement différente !

THE CIVIC THEATRE

510 O'keefe Avenue
✆ +1 504 272 0865
civicnola.com
Voir site web pour la programmation et les billets.

Construit en 1906 sous le nom The Shubert, l'endroit a accueilli du vaudeville, du burlesque, des comédies musicales et du disco pendant des décennies. Après avoir été laissé à l'abandon pendant des années, la salle a subi une cure de rajeunissement au début des années 2010, tout en conservant son cachet. Il faut d'ailleurs voir ses superbes moulures qui ornent les balcons. Côté spectacles, tous les styles musicaux s'y côtoient, ou presque, et on peut aussi assister à des représentations théâtres et autres formes d'arts de la scène.

THE HOWLIN' WOLF

907 South Peters Street
✆ +1 504 529 5844
www.thehowlinwolf.com
Ouvert tous les jours. Voir site web pour la programmation et les billets. Restaurant sur place.

Juste après l'ouragan Katrina, le Howlin' Wolf a déménagé sur un autre coin du *block* pour s'installer dans un espace plus grand et bien plus intéressant. Maintenant, avec presque 1 000 m^2 d'espace, un bar qui a appartenu à l'un des hôtels d'Al Capone à Chicago et une bonne vue de la scène partout dans la salle, des têtes d'affiche locales et internationales, ce club est devenu encore plus populaire qu'avant. Outre la musique (notamment des *brass bands* qui enflamment les lieux), l'endroit présente également des soirées burlesques, d'humour, etc.

TIPITINA'S

501 Napoleon Avenue
✆ +1 504 895 8477
tipitinas.com
Voir site web pour la programmation et les billets.

La salle de spectacles Tipitina's - ou Tip's comme la surnomme les locaux - a été créé dans les années 1970 par un groupe de musiciens du coin. Ce lieu est aussi un endroit mythique. Son parrain est l'immortel pianiste de blues-rock Henry Roeland Byrd, plus connu sous le nom de Professor Longhair. Touchez son buste à l'entrée, ça porte bonheur. Ce fut ensuite le quartier général des Neville Brothers pendant de nombreuses années. La musique commence en général entre 20h et 22h. À noter que plusieurs spectacles sont présentés gratuitement.

THE ORPHEUM THEATER

129 Roosevelt Way
✆ +1 504 274 4871
orpheumnola.com
Voir site web pour la programmation et les billets.

Un lieu de spectacle mythique connu sous le nom de RKO Orpheum. Imaginé par l'architecte G. Albert Lansburgh, le théâtre de Vaudeville a ouvert ses portes dans les années 1920. Un temps cinéma, il devait être démoli en 1983 mais a finalement été racheté et rénové par l'orchestre philharmonique de La Nouvelle-Orléans. Inscrit au registre national des lieux historiques en 1982, il propose de nos jours une programmation touchant différents arts de la scène. C'est ici qu'a été tournée la scène du concert de Macon dans le film *Green Book*.

VAUGHAN'S LOUNGE

4229 Dauphine Street
✆ +1 504 947 5562
Ouvert tous les jours de 12h à 2h.

En soirée, si vous êtes décidé à ne pas vous coucher et à vivre pleinement l'ambiance de La Nouvelle-Orléans comme les locaux, Vaughan's Lounge (prononcez « Vonz ») est le lieu où vous terminerez votre soirée (ou du moins, vous visiterez les nombreux autres bars du coin avant de terminer ici comme nous l'avons fait). Souvent des musiciens connus viennent faire un bœuf, et l'endroit est toujours bondé. Pendant le Jazz & Heritage Festival, Harry Connick Jr. est souvent assis au piano. Un lieu incontournable pour passer une bonne soirée !

THE SPOTTED CAT MUSIC CLUB

623 Frenchmen Street
www.spottedcatmusicclub.com
Ouvert tous les jours dès 14h. Voir site web pour la programmation. Entrée libre.

L'un des meilleurs bars sur Frenchmen, où des groupes viennent jouer tous les soirs. La plupart du temps, l'entrée est gratuite, sauf quand des têtes d'affiche s'y produisent (en général 5 US$). Si vous passez devant, vous serez sûrement parmi les nombreux curieux qui se demandent quels musiciens jouent. Les boissons ne sont vraiment pas chères, et il y a toujours quelqu'un avec qui discuter. Surtout connu pour son jazz à l'ancienne, vous verrez sûrement des habitués danser le swing.

HARRAH'S NEW ORLEANS

228 Poydras Street
✆ +1 800 427 7247
www.caesars.com/harrahs-new-orleans
Ouvert 24h/24. Hôtel, restaurants, bars/lounges, spectacles et plusieurs autres services sur place.

Le plus grand casino de l'agglomération est situé non loin des rives du Mississippi. Et il a mis du temps à prendre vie, la compagnie ayant fait faillite avant la fin de la construction. La ville et l'État ne voulant pas continuer à avoir ce bâtiment à l'abandon en plein centre-ville, ils ont donc convenu un accord avec la compagnie Harrah's, responsable de nombreux autres casinos au pays. Même si vous ne jouez pas, allez voir la décoration. La famille Blaine Kern, propriétaire de Mardi Gras World, a réalisé les énormes statues et presque toute la déco.

MARRERO

Situé face au quartier Uptown de La Nouvelle-Orléans, de l'autre côté du Mississippi entre les localités de Westwego et Harvey, la petite ville de Marrero (plus de 30 000 habitants) fait partie de la paroisse Jefferson. Elle fut nommée en l'honneur d'un politicien de Louisiane et fondateur de la Marrero Land Company, Louis Herman Marrero. Ce dernier a d'ailleurs joint le 25e Régiment de Louisiane lors de la guerre de Sécession. On vient principalement à Marrero pour accéder à la réserve Barataria, un site naturel qui fait partie du Jean Lafitte National Historical Park and Preserve et qui abrite des marais et marécages fréquentés par les alligators.

BARATARIA PRESERVE

6588 Barataria Boulevard
© +1 504 689 3690
www.nps.gov/jela
Centre des visiteurs ouvert du mercredi au dimanche, de 9h30 à 16h30. Entrée libre.

Barataria Preserve est l'un des six sites répartis dans tout l'État que compte le Jean Lafitte National Park. La réserve naturelle couvre plus de 10 500 hectares de terres immergées et de marécages. Un chemin de planches permet de se diriger dans le bayou avec des spots aménagés avec des panneaux d'information permettant de découvrir la flore et la faune environnantes. Des visites guidées à pied sont organisées par les *rangers*. Le centre d'accueil des visiteurs propose également une exposition sur la vie sauvage des bayous et le style de vie des Cajuns.

LAFITTE

Municipalité non-incorporée de quelque 1 000 âmes, elle doit son nom au fameux corsaire Jean Lafitte, tout comme la localité d'à côté d'ailleurs (Jean Lafitte). Située au bout de la route 45 le long de la Barataria Preserve, elle est un havre de pêche d'importance pour l'économie du coin en plus de faire partie des grandes traditions de la population locale. Nul surprenant d'apprendre que nombreux sont ceux qui viennent ici taquiner le poisson, quelques entreprises de *charters* étant installées dans les environs et proposant des parties de pêche à la truite mouchetée, notamment. Finalement, on vient également à Lafitte pour ses fameux *swamp tours*.

AIRBOAT ADVENTURES

5145 Fleming Park Road
© +1 504 689 2005
airboatadventures.com
Tours offerts tous les jours (3 à 5 départs par jour selon la saison). Adulte : à partir de 35 US$. Réservation requise.

Située à près de 50 km en voiture de La Nouvelle-Orléans, cette compagnie propose des *swamp tours* d'une durée de près de deux heures pour aller admirer les alligators, bien sûr, mais aussi les hérons, les tortues, les serpents et d'autres animaux typiques de la faune locale. Les sorties se font en *airboats* (aéroglisseurs) de 6-8 ou 15-30 passagers, mais aussi en ponton pouvant accueillir jusqu'à 72 personnes. Pour un supplément de 20 US$ par personne, la compagnie offre aussi le service de navette entre La Nouvelle-Orléans et son site de Lafitte.

BAYOU OBSESSION CHARTERS

5032 Shell Road © +1 504 494 0913
lafittefishinn.com
Tarifs variables selon le nombre de personnes et le forfait choisi. Réservation impérative.

Amateurs de pêche, voici votre adresse ! Capitaine Matt accueille les pêcheurs de tout acabit pour vivre une expérience mémorable dans les marais salés situés à l'intérieur des terres et les baies. On y pêche le poisson rouge et la truite mouchetée, grandes spécialités des lieux, mais aussi le bar, la plie ou encore le flet. Pour profiter pleinement de cette aventure, il est possible de réserver un forfait comprenant l'expérience de pêche, l'hébergement et les repas. Pour ceux qui en veulent davantage, d'autres activités peuvent être ajoutées (*swamp tour*, etc.).

VENICE

On accède à Venice en suivant la route 23 jusqu'à son extrémité sud, à un jet de pierre du golfe du Mexique. C'est d'ailleurs la dernière localité accessible en voiture qui se rend près de l'embouchure du fleuve Mississippi et elle marque également la fin de la route thématique Great River Road, ce qui lui vaut le surnom « The end of the world » (le bout du monde). La localité est surtout connue pour être le point de départ de nombreuses excursions de pêche en mer, tout comme Grand Isle située non loin. Mais sa proximité avec le golfe en a fait quelquefois la victime d'ouragans, notamment Katrina qui avait quasiment rayé Venice de la carte.

CHALMETTE

Situé entre Arabi et Meraux dans la paroisse de St. Bernard, à l'est du centre-ville de La Nouvelle-Orléans, la localité de Chalmette est notamment célèbre pour avoir vu se dérouler la bataille de La Nouvelle-Orléans le 8 janvier 1815. Ironie du sort, cette dernière grande bataille de la seconde guerre d'indépendance (appelée également guerre anglo-américaine de 1812) se déroula après qu'un traité mettant fin à la guerre eut été signé à Gand (Belgique) le 24 décembre 1814, à l'insu des deux protagonistes. Pour casser la croûte dans les environs, on recommande le restaurant Rocky & Carlo's et sa cuisine aux accents siciliens et néo-orléanais.

CHALMETTE BATTLEFIELD ★★

1 Battlefield Road
✆ +1 504 281 0510
www.nps.gov/jela
Le Chalmette Battlefield et le National Cemetery sont ouverts tous les jours de 9h30 à 16h30. Entrée libre.

Ce site est devenu célèbre le 8 janvier 1815 lors de la bataille de La Nouvelle-Orléans. L'armée du général Andrew Jackson, aidée des hommes du flibustier français Jean Lafitte, l'emporta sur l'armée britannique, surentraînée et plus nombreuse. Ainsi, cette victoire devint rapidement le symbole d'une nouvelle idée : la démocratie américaine triomphant sur les titres de noblesse et l'aristocratie de la vieille Europe. À coté du champ de bataille, le cimetière national accueille les dépouilles de 14 000 soldats des différentes guerres.

METAIRIE

C'est l'une des plus grandes villes du Greater New Orleans et l'une des banlieues les plus anciennes de La Nouvelle-Orléans qui lui est mitoyenne à l'est. Metairie a sa propre identité et son mélange de cultures : vous pourrez voir un cottage créole entre un bar latino et un restaurant vietnamien. Le Aloha Motel, qui est actuellement fermé, a été un des lieux de tournage du film *Green Book*. Si vous êtes dans le coin, vous reconnaîtrez peut-être le premier hôtel du film. Finalement, sachez qu'on peut emprunter le Lake Pontchartrain Causeway Bridge pour rejoindre le Northshore. La traversée du pont n'est pas payante dans le sens Metairie - Mandeville.

R&O'S €

216 Metairie-Hammond Highway
✆ +1 504 831 1248
www.r-opizza.com
Ouvert du mercredi au dimanche, midi et soir. Carte : moins de 30 US$.

La famille Mollere tient ce restaurant depuis 1980 dans le quartier Bucktown de Metairie. Sa grande spécialité qui fait la réputation des lieux : son sandwich po-boy au rôti de bœuf (*roast beef debris po'boy*), un style populaire à La Nouvelle-Orléans. On y propose aussi le gumbo de fruits de mer, la soupe d'huîtres, des pizzas à croûte mince ou épaisse, une grande variété de sandwichs, des plateaux de fruits de mer, des assiettes d'écrevisses en saison, etc. Bref, une bonne adresse pour casser la croûte non loin du lac Pontchartrain sans vider son porte-monnaie.

STATION 6 €€

105 Metairie-Hammond Highway
✆ +1 504 345 2936
www.station6nola.com
Ouvert le soir du mardi au samedi. Carte : 10 à 50 US$. Terrasse.

Station 6 est l'adresse gourmande de la chef néo-orléanaise Alison Vega-Knoll, elle qui fut autrefois sous le mentorat de Daniel Bonnot et Susan Spicer. Amoureuse des cuisines française et cajun, elle et son équipe en cuisine marient ici les saveurs de la Méditerranée à celles de la Louisiane, notamment les fruits de mer, les poissons du golfe et les saucisses typiques de la région. À savoir qu'Alison a aussi co-fondé Cajun Caviar, une petite entreprise spécialisée dans le caviar qu'on peut retrouver dans certains commerces spécialisés de la Louisiane.

TREASURE CHEST CASINO

5050 Williams Boulevard
KENNER
✆ +1 504 443 8000
www.treasurechest.com
Dimanche-jeudi, 8h-2h ; vendredi-samedi, 8h-5h.

Installé sur une réplique de bateau à aubes flottant sur le lac Pontchartrain, ce casino possède de nombreuses tables de jeu (blackjack, poker, roulette, etc.) et près de 1 000 machines à sous. Le casino abrite aussi un restaurant, le Café Pontchartrain, lequel propose des burgers et hot-dogs, des po-boys et autres sandwichs, du gumbo, des fruits de mer frits, l'assiette de riz, saucisse fumées et haricots rouges, etc. S'il n'y a pas d'hôtel sur place, sachez que le Hilton Garden Inn New Orleans Airport est situé à deux pas du casino.

MANDEVILLE ★★

La ville fut fondée en 1834 par le Français Bernard de Marigny de Mandeville. Sous ses ordres, Louis Bringier dessina les plans de la future ville. La plupart des maisons construites étaient réservées pour les vacances d'été. Uniquement deux maisons subsistent de cette époque et figurent au Registre national des lieux historiques : Moore House « Hightide » au 1717 Lakeshore Drive et Morel Nott House au 2627 Lakeshore Drive. À la fin du XIXe siècle et jusqu'en 1936, un ferry faisait la traversée entre Mandeville et La Nouvelle-Orléans. En 1956, le pont Causeway fut ouvert, ce qui attira de nombreuses familles à venir s'installer au nord du lac.

FONTAINEBLEAU STATE PARK ★★

62883 Highway 1089 ✆ +1 985 624 4443
www.lastateparks.com

Ouvert tous les jours de 6h à 22h. 3 US$ par personne (gratuit pour les 62 ans et plus et les moins de 4 ans).

Superbe parc d'État sur les rives du lac Pontchartrain, autrefois site d'une plantation appartenant à Bernard de Marigny de Mandeville. Couvrant une superficie de plus de 1 100 hectares, il offre une multitude d'activités : belle plage et baignade dans le lac, sentiers de randonnée, piste cyclable Tammany Trace, etc. On peut y camper (plus de 150 emplacements avec ou sans services), y faire du glamping (10 tentes prêt-à-camper) ou encore - et c'est notre gros coup de coeur - loger dans un chalet sur pilotis sur le lac avec vue sublime sur le coucher de soleil.

JEAN BAPTISTE LANG CREOLE HOUSE MUSEUM

605 Carroll Street
✆ +1 504 723 7714

Jeudi-vendredi, 10h-16h ; samedi, 10h-13h. Fermé en janvier et en août. Entrée libre. Boutique sur place.

Un joli cottage anglo-créole datant des années 1850 à l'architecture typique (haut plafond et larges porches devant et derrière) qui fut le pavillon estival du riche négociant en tabac Jean Baptiste Lang. La maison a survécu à la guerre de Sécession et au passage de Katrina qui l'a, toutefois, presque détruite. Sa visite, offerte en anglais, est l'occasion d'en apprendre davantage sur la vie à l'époque de sa construction et de découvrir tous les éléments qui composent son architecture.

OLD MANDEVILLE ★

Mandeville fut bâtie par un certain Bernard de Marigny de Mandeville au début du XIXe siècle (il possédait une plantation à l'endroit où se trouve désormais le parc Fontainebleau). Le quartier historique de Mandeville a été très endommagé par l'ouragan Katrina, mais beaucoup d'endroits ont fait peau neuve par la suite. Des demeures authentiques sont toujours debout entre boutiques, cafés, bars, tables gourmandes, etc. Rendez-vous à Sunset Point, au bout de Massena Street, pour une balade sur les rives du lac, y pique-niquer ou simplement regarder le paysage.

Lake Pontchartrain Causeway Bridge.

LAKE PONTCHARTRAIN CAUSEWAY BRIDGE ★★

100 North Causeway Boulevard
✆ +1 985 674 3641
www.thecauseway.us
Péage (uniquement dans le sens Mandeville-La Nouvelle-Orléans) : 5 US$ pour un véhicule de tourisme. Cash seulement.

Une escapade au nord de La Nouvelle-Orléans par le pont du Lake Ponchartrain Causeway est inoubliable et pour cause, ce pont est l'un des plus longs du monde : 38 kilomètres d'une traite ! Des dizaines de milliers de véhicules le traversent quotidiennement. Ouvert en 1956, ce gigantesque pont est constitué de deux voies, séparées par l'eau et 25 mètres de distance entre elles. L'accès à l'ouvrage est payant en direction de La Nouvelle-Orléans et nécessite l'achat préalable d'un *pass* (vignette) à coller sur le pare-brise, contrôlé lors du passage aux barrières automatiques de péage (possibilité de payer comptant sur place également, mais il faut éviter les voies « Tag only » qui sont réservées aux détenteurs d'une vignette).

Après quelques kilomètres, lorsque vous vous trouvez au beau milieu du pont, vous avez l'impression d'être en pleine mer sur cet immense lac d'environ 1 630 kilomètres carrés. Sur sa longueur, le pont s'élève de plusieurs mètres afin de laisser passer les gros chalutiers ou les tankers ; préparez votre appareil photo quand vous serez au point culminant, vous aurez une vue inoubliable de cette grande flèche qui s'évanouit peu à peu à l'horizon. Il n'est possible de faire demi-tour sur le pont qu'à certains endroits bien indiqués. Une police spéciale le surveille en permanence et la vitesse y est limitée à 65 mph, soit 105 km/h. Bref, si vous en avez l'occasion, la traversée vaut vraiment le coup, dans un sens comme dans l'autre !

DE LA BLEAU B&B €€

124 Lafitte Street ✆ +1 985 629 4646
www.delableau.com
Chambre double : à partir de 165 US$, petit déjeuner (samedi et dimanche seulement) et stationnement inclus.

C'est le sympathique couple formé par Clyde et Cindy qui vous accueillera dans leur jolie et grande maison bleue trônant sur des pilotis face au lac. Idéalement situé, à deux pas du centre-ville et des rives du lac, ce B&B est très bien tenu, chaque chambre possédant une couleur bien à elle. Le petit déjeuner préparé avec amour par Cindy est l'occasion de discuter avec les visiteurs de passage tout en dégustant, entre autres choses, de fabuleuses tranches de bacon dont la maîtresse de maison a le secret. À noter qu'un minimum de deux nuits est exigé le week-end.

GUESTHOUSE ON GIROD €€

203 Girod Street
✆ +1 985 951 5599
www.guesthouseongirod.com
Chambre double : à partir de 135 US$. Stationnement gratuit dans la rue.

Située dans le Old Mandeville, la maison de la famille Gallup bénéficie d'une belle localisation à un coin de rue seulement du lac Pontchartrain. Les deux chambres, chacune avec une entrée indépendante, sont joliment décorées dans des tons apaisants et possèdent leur salle de bain privée et résolument modernes. Les hôtes ont accès à une cour commune pour la détente ou l'apéro et pour le petit déjeuner, il suffit de traverser la rue et d'aller au LaLou, un chouette petit restaurant ouvert tous les jours pour le brunch et le lunch.

MARVILLA GUEST HOUSE €€

2013 Claiborne Street
✆ +1 985 626 5975
marvilla.com
Chambre double : à partir de 135 US$. Stationnement gratuit dans la rue.

Voici un merveilleux exemple d'une demeure louisianaise de 1870 rénovée puis transformée en auberge de charme. Avec son porche coloré, qui court le long de la maison, ses zones ombragées qui permettent d'admirer le superbe jardin fleuri à la fraîche, ses grandes chambres vastes et sobres, Marvilla est un havre de paix. Une fois que vous aurez passé une nuit douce et rêveuse entre ces murs, il y a fort à parier que vous souhaiterez revenir. Pour le petit déjeuner, plusieurs adresses se trouvent à deux pas de cette jolie auberge.

HAMBONE €

544 Girod Street
✆ +1 985 778 0531
www.eathambone.com
Mardi-vendredi, 11h-21h ; samedi, 10h-21h ; dimanche, 10h-16h. Carte : moins de 30 US$. Jardin-terrasse.

C'est dans une jolie maison du Old Mandeville qu'est établie cette adresse gourmande de la chef-propriétaire Lauren Smith. Tout ce qui est concocté ici provient des producteurs des environs et du golfe du Mexique. En résultent des plats de type *comfort food* aux saveurs du Sud américain. Le week-end, l'endroit est pris d'assaut par les amateurs du brunch qui viennent s'y régaler d'oeufs, bacon, *grits* et tutti quanti, le tout accompagné d'un cocktail tel que le mimosa maison. À noter qu'en semaine, entre 14h et 18h, des spéciaux sont offerts sur l'alcool.

LOUISIANA NORTHSHORE

68099 Highway 59
✆ +1 800 634 9443
www.louisiananorthshore.com
Ouvert du lundi au samedi de 8h30 à 16h30.

Le centre des visiteurs de la paroisse de St. Tammany couvre une grande partie de la région du Northshore et on y trouve aussi de l'information sur d'autres lieux en Louisiane. Unique en son genre, il est hébergé dans une structure surélevée au beau milieu d'espaces verdoyants. On en profite pour se procurer la brochure touristique Louisiana Northshore, laquelle est également téléchargeable sur le site Internet de l'office du tourisme. D'ailleurs le site comprend une foule d'informations pratiques et de bonnes adresses pour organiser son séjour dans la région.

LIZ'S WHERE Y'AT DINER €

2500 Florida Street
+1 985 626 8477
lizswhereyatdiner.com
Lundi-vendredi, 6h-14h ; samedi-dimanche, 7h-15h. Carte : moins de 25 US$.

L'enthousiasme de Liz Munson n'a d'égal que ses œufs aux déclinaisons fantasques du brunch. Liz aime son job et ça se voit. Elle a ouvert son cube tagué en bord de route après avoir passé plus de quinze ans à servir dans d'autres restaurants. Ses clients n'ont qu'un surnom : « baby » ! La déco remonte aux sixties et vaut vraiment le détour. Le week-end (surtout le dimanche), il y a foule, pensez à réserver. Nos papilles sont tombées sous le charme des œufs Big Easy : mi-mollets et accompagnés d'oignons verts et de tomates poêlées.

MANDEVILLE SEAFOOD MARKET & EATERY €

2020 Highway 59
+1 985 624 8552
www.mandevilleseafoodmarket.com
Lundi-jeudi, 10h-19h ; vendredi-samedi, 10h-20h ; dimanche, 10h-17h. Carte : moins de 25 US$.

On aime cette petite échoppe chaleureuse. Un côté est réservé à la poissonnerie et aux produits gourmands pour les emplettes. Annexée à cette dernière se trouve la salle à manger et le comptoir « take out » pour se régaler des plats maison mettant en vedette les poissons, mollusques et crustacés. L'incontournable gumbo aux fruits de mer figure à la carte, tout comme les pépites d'alligator et l'assiette d'écrevisses. Si vous êtes pressés, prenez un po-boy à emporter.

CAFE LYNN €€

2600 Florida Street
+1 985 624 9007
www.cafelynn.com
Mardi-vendredi, 11h-15h & 17h-21h ; samedi, 17h-22h. Carte : 10 à 50 US$.

Avant de voler de ses propres ailes, le chef et propriétaire Joey Najolia a tout appris aux côtés d'un chef français installé en Louisiane depuis des années. Ce petit restaurant sans prétention propose une cuisine principalement française aux accents créoles. La traditionnelle soupe à l'oignon, les escargots à l'ail, le steak au poivre et le poulet sauté grenobloise sont tout simples mais vraiment bons. On couronne le tout d'une crème brûlée ou d'un pouding au pain. Belle carte des vins, dont plusieurs crus de France et de Californie.

RIP'S ON THE LAKE €€

1917 Lakeshore Drive
+1 985 727 2829
Jeudi et dimanche, 11h-21h ; vendredi-samedi, 11h-22h. Carte : 10 à 40 US$. Terrasse.

Voici une des options pour déjeuner et dîner dans le charmant entrelacs de villas aux couleurs pastels de la rue longeant le lac Pontchartrain. La vue imprenable depuis sa terrasse rappelle les promenades des fronts de mer du sud-ouest de la France. Dévasté par Katrina, ses habitués disent qu'il n'en est devenu que meilleur. La cuisine y est tout à fait correcte, notamment les fruits de mer. Encore une fois, il est recommandé de réserver, Rip's on the Lake jouit d'une certaine réputation et se trouve être une des rares adresses du Old Mandeville.

CHAFUNKTA BREWING CO.

69123 Skybrook Road
+1 985 869 0716
www.chafunktabrew.com
Lundi-jeudi, 17h-21h ; vendredi-samedi, 12h-21h ; dimanche, 12h-18h. Programmation d'activités (voir page Facebook).

Ça fait plus d'une décennie que Chafunkta Brewing abreuve les *beer geeks* de ce monde avec des nectars maison qui valent le déplacement, allant de la NEIPA (un style très populaire qu'on appelle également Juicy IPA) au Stout impérial, en passant par la bière de blé allemande et le Porter brassé avec le café d'Orleans Coffee de La Nouvelle-Orléans. On adore l'immense salon de dégustation aux airs résolument industriels, brasserie oblige. Certains jours, des restaurateurs s'y installent pour nous ravir les papilles avec de bons petits plats.

THE BARLEY OAK

2101 Lakeshore Drive
+1 985 727 7420
www.thebarleyoak.com
Ouvert tous les jours (horaires variables). Terrasses.

On vient au Barley Oak d'abord et avant tout pour sa vaste sélection de bières artisanales. Elles sont plus d'une centaine à trôner sur le menu avec bon nombre des produits de brasseries louisianaises (Abita, Rally Cap, Urban South...), mais aussi du reste du pays (Bell's, Founders, Southern Prohibition...), d'Europe et même du Québec. Comme tout bon pub qui se respecte, on y sert des assiettes de saucisses, des bretzels, des burgers et des sandwichs de toutes sortes. À découvrir également : leur brasserie artisanale Old Rail Brewing Company.

TAMMANY TRACE

675 Lafitte Street
✆ +1 985 867 9490
www.tammanytrace.org

Entre les villes de Covington et de Slidell s'étire un chemin bitumé d'une cinquantaine de kilomètres, dont une partie longe la rive du lac Pontchartrain. Prenez une brochure dans un bureau touristique pour savoir où il se trouve et découvrir les différents tronçons. Vous pouvez donc en parcourir une partie à pied, une autre à vélo ou même à cheval. Les bureaux du Tammany Trace se trouvent à Mandeville. Repérez le wagon de train vert si vous cherchez le centre des visiteurs. Pour louer des vélos, rendez-vous chez Brook's Bike Shop.

DEW DROP JAZZ & SOCIAL HALL

430 Lamarque Street ✆ +1 985 264 7401
www.dewdropjazzhall.com

Ouverture saisonnière de mars à mai et de septembre à décembre. Adulte : 10 US$, enfants et jeunes : gratuit.

Construite en 1895 dans ce solide bois qu'est le cyprès, la bâtisse a attiré précurseurs et icônes du jazz. Les premiers jazzmen n'hésitaient guère à embarquer sur un bateau à vapeur pour venir se produire au Dew Drop. Dans le souci de préserver non seulement la baraque de planches de bois brut au parfum de nostalgie mais aussi l'ambiance d'alors, il n'y a ni électricité, ni clim. Vous pourrez toujours prendre place dans le petit jardin attenant où la foule s'installe.

RUBY'S ROADHOUSE

840 Lamarque Street
✆ +1 985 626 9748

Ouvert tous les jours jusqu'à 2h (ouverture en matinée, entre 9h et 11h selon le jour).

Un bar très local et hors du temps qui semble tout droit sorti d'un film. Il a d'ailleurs été immortalisé dans le film *Green Book*. Ouvert depuis 1984, ce bar-club s'autoproclame comme le meilleur endroit pour passer sa soirée sur le Northshore, surtout le vendredi et le samedi quand un groupe investit la scène. Ce bar fait de planches fut auparavant un dépôt de bois pour les Afro-américains avant de devenir un club. Rapiécé de partout, l'ambiance est toujours au rendez-vous. Du dimanche au jeudi, Ruby's est un simple bar où l'on joue au billard ou aux fléchettes.

ABITA SPRINGS ★★

La douceur de vivre s'étire langoureusement à l'ombre des majestueux chênes d'Abita Springs. Ancienne ville de villégiature, on y venait depuis La Nouvelle-Orléans, d'abord en bateau puis en train, pour profiter des bienfaits de son eau de source. La ville comptait alors une dizaine d'hôtels. Si, aujourd'hui, elle a perdu en renommée, elle reste une destination très agréable dans le Northshore. On y apprécie tout autant le côté paisible de son petit centre avec son joli parc et son grand gazebo de bois que la gentillesse de ses habitants qui se rassemblent régulièrement pour faire la fête au son des groupes locaux. Une chouette destination !

© MALACHI JACOBS - SHUTTERSTOCK.COM

Abita Springs.

ABITA MYSTERY HOUSE

22275 Highway 36
✆ +1 985 892 2624
abitamysteryhouse.com

Ouvert tous les jours de 10h à 17h. 5 US$ par personne de 6 ans et plus.

Les alligators ne vous impressionnent pas : venez rencontrer des *dogigator, bassigator* et autres bestioles monstrueuses tout droit sorties de l'imagination de John Preble, le propriétaire des lieux et artiste notoire.

C'est un musée qui traverse les âges, c'est une boutique de souvenirs et gadgets uniques, c'est un dédale de micro-univers où l'on appuie sur des boutons et actionne des machines. Prévoyez des *quarters* pour faire fonctionner les machines, certaines sont gratuites mais la plupart fonctionnent avec des pièces de 25 cents.

ABITA SPRINGS TRAILHEAD MUSEUM

22044 Main Street
✆ +1 985 871 5327
www.trailheadmuseum.org
Vendredi-samedi, 10h-16h ; dimanche, 11h-15h. Entrée libre.

Ce petit musée gratuit, situé à un jet de pierre d'Abita Brew Pub et de la Tammany Trace, offre un bel aperçu de l'histoire d'Abita Springs. De ses origines à l'époque où elle était peuplée par les Indiens de la tribu Choctaw, en passant pas son âge d'or lorsque Abita Springs était une destination de villégiature tendance, jusqu'à aujourd'hui entre manifestations locales et production de bières, cette histoire vous sera contée par l'un des bénévoles du musée.

ABITA SPRINGS HOTEL €€

22088 Ann O'Brien Lane
✆ +1 985 951 4200
www.abitaspringshotel.com
Chambre double : à partir de 99 US$. Stationnement gratuit sur place. Service de location de vélos.

Soyez prévenus, vous n'aurez plus envie de quitter les magnifiques chambres d'Abita Springs Hotel. Will, le fils de l'artiste local John Preble, a restauré ce bâtiment historique datant de 1890 qui fut la maison du premier maire d'Abita Springs, ouvrant ainsi superbe hôtel en 2018. On adore la décoration des chambres épurée et design, la vue sur les chênes majestueux et le jardin agrémenté d'une fontaine qui invite à la détente. Et quel plaisir de pouvoir aller visiter les petits musées de la ville ou partir dîner sans avoir besoin de prendre sa voiture !

ABITA SPRINGS CAFE €

22132 Level Street
✆ +1 985 400 5025
abitacafe.com
Ouvert tous les jours de 7h à 20h. Carte : moins de 20 US$. Terrasse. Programmation de spectacles live.

On y vient surtout pour le petit déjeuner servi tous les jours jusqu'à 14h, avis aux lève-tard ! Et ce ne sont pas les options gourmandes qui manquent, allant des oeufs Bénédicte à l'assiette brunch cajun, en passant par toute une panoplie d'omelettes. Midi et soir, l'ardoise propose salades, tacos, *wraps*, po-boys, sandwichs et burgers, sans oublier les spécialités du chef comme l'étouffée de crevettes et d'écrevisses avec poisson-chat frit. Sélection de bières artisanales également ainsi que des cocktails brunch servis toute la journée.

MAMA D'S PIZZA & MORE €

22054 Highway 59
✆ +1 985 809 0308
www.mamadspizza.com
Dimanche-jeudi, 11h-21h ; vendredi-samedi, 11h-22h. Carte : moins de 20 US$.

L'adresse favorite des locaux. Une petite cantine populaire aux banquettes en bois et nappes fleuries. Aux murs, des photos de la faune locale ainsi que quelques portraits de famille. La grande spécialité de la maison, ce sont les pizzas dont les traditionnelles que l'on peut garnir à son goût. Mais tout y est bon, les pâtes comme les sandwichs. Ne manquez pas d'ailleurs l'excellent muffeletta. Attention, les portions sont extrêmement copieuses et toutes les pâtes sont servies avec une petite salade Caesar et du pain à l'ail.

ABITA BREW PUB

72011 Holly Street
✆ +1 985 892 5837
www.abitabrewpub.com
Mardi-jeudi, 11h-21h ; vendredi-samedi, 11h-22h ; dimanche, 11h-16h. Terrasse. Musique live vendredi et samedi.

C'est ici que furent brassées les bières d'Abita Brewing jusqu'en 1994, année où la brasserie s'installa dans de nouveaux locaux adaptés à la forte demande en croissance. Son pub demeure à l'emplacement original, servant, bien entendu, les bières maison brassées dorénavant à Covington (la brasserie est toutefois à proximité du pub). On en profite pour casser la croûte également, avec une sélection de succulents burgers (une dizaine d'options), de sandwichs gourmands et de plats comme le jambalaya, les tacos de poisson ou encore les pâtes créoles.

GOLD COAST SKYDIVERS

Highway 36
✆ +1 800 796 7117
goldcoastskydivers.com
Sauts offerts le week-end entre 9h et 17h. Tarif sur demande pour le saut en tandem. Réservation requise.

Imaginez pouvoir vous « envoyer en l'air » dans la belle région du Northshore ! C'est ce que vous propose cette entreprise qui se spécialise dans le parachutisme depuis une trentaine d'années. Vous serez ici entre de bonnes mains pour effectuer votre baptême de l'air ou tenter l'expérience à nouveau. Pour un supplément, vous pourrez obtenir des photos ou une vidéo de votre saut. A noter que les bureaux sont situés au 25048 route 36 et que vous devez prendre rendez-vous avant de vous y rendre si vous désirez effectuer votre réservation en personne.

COVINGTON ★★

L'histoire de la fondation de Covington reste floue. Certains racontent qu'un homme d'affaires de New York, John Wharton Collins, aurait créé cette ville en la nommant Town of Wharton du nom de son père. D'autres pensent que c'est en l'honneur du général Leonard Covington, un héros de la guerre de 1812, que cette ville gagna son nom. Toujours est-il qu'aujourd'hui, il fait bon errer dans le vieux Covington entre les magnifiques maisons du centre-ville, ses adorables petites boutiques et ses quelques galeries d'art. Son marché fermier est également un must, tout comme ses concerts gratuits offerts aux abords de la rivière Bogue Falaya de mars à octobre.

© MALACHI JACOBS - SHUTTERSTOCK.COM

Covington.

H.J. SMITH & SONS GENERAL STORE AND MUSEUM ★

308 North Columbia Street
✆ +1 985 892 0460
Lundi-mardi & jeudi-vendredi, 8h30-17h ; mercredi, 8h30-12h ; samedi, 8h30-13h. Entrée libre.
À Covington depuis… que Covington existe, certainement ! Ce magasin général où l'on trouve de la viande d'alligator séchée, une bêche flambant neuve et de chics dessous-de-plat prend des airs de musée poussiéreux dans la seconde salle où l'on remonte encore plus loin dans le temps pour tomber sur de belles pièces de collection (un moulin à café, une pirogue, un carrosse pour enfants) et un rat empaillé ! Bref, un endroit hors du temps qui nous plonge au début du siècle dernier.

ST. TAMMANY ART ASSOCIATION

320 North Columbia Street
✆ +1 985 892 8650
www.sttammany.art
Mardi-vendredi, 10h-16h ; samedi, 11h-16h.
Cette association est un excellent point de départ pour ceux s'intéressant aux artistes locaux. Organisation non lucrative en place depuis plus de 60 ans, elle héberge des expositions d'artistes locaux contemporains. Le bâtiment en lui-même est une œuvre d'art avec ses poutres apparentes et ses murs de briques rouges. Des cours d'art sont également dispensés sur place. À voir de mai à décembre : le Art Market dédié aux arts visuels et à l'artisanat (voir site web pour le lieu).

INSTA-GATOR RANCH & HATCHERY ★

74645 Allen Road
✆ +1 985 892 3669
insta-gatorranch.com
Horaires variables. 13 ans et plus : 19 US$, 12 ans et moins : 13 US$.
Cette ferme d'alligators, ou plutôt ce ranch comme on le dit localement, propose des visites guidées sur la vie des alligators. Le département de la faune sauvage de l'État de Louisiane dirige les opérations. Après avoir vu un film sur la collecte et l'éclosion des œufs, la visite commence en passant par la salle d'incubation, une exposition de tannerie des peaux et bien sûr les bassins réservés aux alligators. Vous pourrez les toucher et les porter. À voir !

BROOK'S BIKE SHOP

416 East Gibson Street
✆ +1 985 214 6920
www.brooksbikeshop.com
Ouvert tous les jours de 9h à 18h. Location de vélo à partir de : 10 US$ l'heure ou 25 US$ pour 24h.
Située à deux pas de la piste cyclable Tammany Trace, cette boutique propose la location de vélos pour découvrir la région à coup de pédale. À savoir qu'elle gère deux autres points de service, soit à Mandeville (128 Girod Street) et à Slidell (208 West Hall Avenue), ainsi que des vélos en libre-service à Abita Springs. La boutique de Covington loue également des embarcations nautiques à la journée (canot, kayak et planche à pagaie – pagaies et veste de flottaison fournies). Informez-vous sur les tours guidés à vélo offerts, notamment, à Covington et Mandeville.

SOUTHERN HOTEL €€€

428 East Boston Street ✆ +1 844 866 1907
southernhotel.com
Chambre double : à partir de 189 US$, stationnement inclus. Restaurant, bar, piscine, cour intérieure, salle de gym.

Ouvert en 1907, cet hôtel de charme s'inscrit profondément dans l'histoire de Covington. Fermé en 1960 puis abritant tant une pharmacie que des bureaux gouvernementaux, il rouvre en grande pompe en 2014. Tout en gardant un certain esprit d'alors, le Southern est décoré et aménagé dans un style qualifié de missionnaire, en référence aux Espagnols qui débarquèrent dès la fin du XVIIIe siècle pour évangéliser ces nouvelles terres. L'endroit est carrément superbe et le souci du détail se ressent partout. À découvrir : son nouveau resto, The Gloriette, ouvert en 2022.

MATTINA BELLA €

421 East Gibson Street
✆ +1 985 892 0708
www.mattinabella.com
Ouvert tous les jours de 7h à 14h. Carte : moins de 20 US$.

Ce petit restaurant situé au centre de Covington est réputé pour ses petits déjeuners servis tous les jours jusqu'à 14h. Oeufs Bénédicte, omelettes, gaufres, pancakes et assiettes traditionnelles (oeufs, bacon, saucisses, etc.) figurent à l'ardoise. On recommande notamment les omelettes, elles sont copieusement fourrées avec inventivité. Dès 11h, le menu lunch propose salades, sandwichs, burgers, pâtes et tutti quanti. Vincent et Debbie Riccobono, les heureux propriétaires, sont toujours là pour s'assurer que tout se passe bien.

BEAR'S RESTAURANT €

128 West 21st Avenue
✆ +1 985 892 2373
Ouvert du mardi au samedi de 10h à 15h. Carte : moins de 15 US$.

Un petit restaurant snack très connu à Covington et hautement réputé pour son *roastbeef po-boy* et celui aux crevettes, deux grandes vedettes du menu qui attirent les foules. Parmi les autres options de sandwichs, notons celui au boeuf barbecue ou encore celui au jambon grillé et fromage. La sauce barbecue préparée sur place est succulente. Tous les locaux s'y retrouvent pour le déjeuner. À midi, la file d'attente peut d'ailleurs être longue et il ne faut pas être pressé. Une adresse chaudement recommandée pour un bon repas sur le pouce !

DEL PORTO RISTORANTE €€

501 East Boston Street
✆ +1 985 875 1006
delportoristorante.com
Mardi-jeudi, 11h30-14h30 & 17h-21h ; vendredi-samedi, 11h30-14h30 & 17h-22h. Carte : moins de 40 US$.

David et Torre Solazzo, mari et femme, forment une équipe de choc depuis qu'ils ont déménagé en 2014 dans cet endroit spacieux et beaucoup plus convivial. Le menu rend évidemment honneur à la cuisine italienne, tout comme la liste des vins qui répertorie les crus par région de l'Italie. Le service est efficace et rapide. Sa réputation n'est pas usurpée, les critiques trouvent le moyen d'honorer l'établissement d'un titre presque tous les ans (le resto a d'ailleurs été en nomination à quelques reprises pour le James Beard Award). Il est préférable de réserver.

COFFEE RANI €

234 Lee Lane
✆ +1 985 893 6158
www.coffeerani.com
Lundi-samedi, 8h-19h ; dimanche, 8h-15h. Carte : moins de 20 US$. Autre succursale à Mandeville.

On aime cet adorable restaurant, situé dans le quartier commerçant de Covington, au milieu des boutiques et des galeries. On ira s'asseoir au frais dans la belle salle claire, ou bien en terrasse, après avoir commandé au comptoir une généreuse salade, un sandwich gourmand ou un bon petit plat végétarien. Au déjeuner, vous risquez de croiser un très grand nombre de locaux, venus goûter au pain frais produit localement et aux *latte* réalisés d'une main de maître. Les petits déjeuners et le brunch du dimanche sont également à découvrir.

LOLA €€

517 North New Hampshire Street
✆ +1 985 892 4992
lola.kitchen
Lundi-jeudi, 10h30-14h ; vendredi, 10h30-14h & 17h-21h30 ; samedi, 17h-21h30. Carte : moins de 40 US$.

Ce restaurant propose une cuisine à l'image du sud des États-Unis, parmi laquelle les fameuses huîtres frites, le boudin d'écrevisses ou des spécialités revisitées comme le *Korean barbecue prime flank steak*. À midi, le sandwich Hot Mess a la cote chez les locaux (jetez un œil aussi aux autres sandwichs gourmets). Une cuisine de qualité préparée avec beaucoup de soins, à apprécier dans la belle salle principale tout en briques ou dans la nouvelle partie du restaurant qui attise la curiosité depuis février 2019 : une ancienne voiture de train.

ABITA BREWING CO.

21084 Highway 36
✆ +1 985 893 3143
abita.com
Horaires variables. Terrasse.

Fondée en 1986 à Abita Springs et déménagée à Covington en 1994, la brasserie jouit d'une belle notoriété au pays. Elle produit 125 000 barils de bière et 13 500 barils de soda par année dans ses installations nec plus ultra. On peut d'ailleurs faire une visite guidée ou auto-guidée de la brasserie pour plonger au coeur de son histoire et de ses délicieux nectars. Un salon de dégustation et une terrasse sont à disposition afin de pouvoir tremper nos lèvres dans une mousse locale. Quelques amuse-bouches y sont offerts et des *food trucks* viennent parfois le samedi.

ABITA ROASTING CO.

1011 Village Walk
✆ +1 985 246 3345
abitaroasting.com
Ouvert tous les jours de 7h à 20h. Terrasse. Autres succursales à Madisonville et à Mandeville.

Pour une dose de caféine à toute heure du jour ou presque, c'est ici qu'il faut venir ! Situé sur la charmante Village Walk, ce torréfacteur régale nos papilles depuis 1986 avec ses crus maison qu'on peut d'ailleurs acheter sur place en grains ou moulus pour rapporter avec soi. Le café sert également des petits déjeuners et brunchs qui valent le détour (il faut goûter aux bouchées de beignets), ainsi que des repas sur le pouce midi et soir. Et Abita Roasting ne fait pas que dans le café, proposant une ardoise alcoolisée dont des cocktails brunch toute la journée.

COLUMBIA STREET TAP ROOM & GRILL

434 North Columbia Street
✆ +1 985 898 0899
columbiastreettaproom.com
Ouvert du lundi au samedi (horaires variables). Terrasse.

Columbia Street Tap Room & Grill est un resto-bar très populaire dans le coin, qui diffuse tous les matchs de football américain, notamment ceux de LSU, l'université de Louisiane. L'ambiance est donc enflammée, bon enfant et la bière coule à flots. D'ailleurs, l'endroit est réputé pour sa liste de bières artisanales, en fût comme en bouteille. Pour éponger, vengez-vous sur les burgers ou les plateaux de fruits de mer frits. Bonus : de la musique live plusieurs soirs par semaine.

CUPCAKE CONCEPT

611 East Boston Street
✆ +1 985 898 0400
cupcakeconcept.com
Ouvert du lundi au samedi de 10h à 18h.

À l'image de Covington, cette boutique de *cupcakes* est absolument adorable. En plus des ses saveurs régulières (noix de coco, chocolat, vanille, red velvet, etc.), les inventifs pâtissiers de Cupcake Concept produisent chaque jour une carte différente où carottes, caramel salé, gâteau au fromage et fraises, bananes, beurre d'arachides et autres saveurs décadentes sont proposées pour le plus grand bonheur de nos papilles (jetez également un coup d'oeil aux *cupcakes* saisonniers). Loin d'être conceptuels, les *cupcakes* de Covington se savourent sans réfléchir !

HOODOO ICE CREAM

405 North Columbia Street
✆ +1 985 900 2353
Lundi-jeudi, 12h-21h ; vendredi-samedi, 12h-22h ; dimanche, 12h-19h.

Il fait chaud ? Vous avez une envie de gourmandise ? Ne manquez pas les excellentes glaces de Hoodoo Ice Cream. Située au cœur de Covington, cette échoppe prépare ses glaces maison avec amour à partir du lait des vaches Jersey de Mauthé Progress Milk Barn dans l'Etat du Mississippi. Parmi les saveurs qui attirent les foules, on retrouve l'incontournable fromage à la crème créole (*Creole Cream Cheese*) et le gâteau au fromage (*Milklady Cheesecake*). Et ici, pas de saveurs artificielles, que du vrai et du local ! A noter que le glacier vend aussi ses glaces en pot.

COVINGTON FARMERS MARKET

609 North Columbia Street ✆ +1 985 966 1786
www.covingtonfarmersmarket.org
Le samedi de 8h à 12h et le mercredi de 10h à 14h.

Ce marché fermier rassemble nombre de petits producteurs locaux. C'est surtout l'occasion de survoler la richesse culinaire louisianaise comme la créativité de ses artisans : macarons, pains d'épice, confitures de piments et bacon ou au bourbon (et tant d'autres), chèvre frais, légumes anciens, *cookies*, miels. Parfois, un groupe s'invite et joue sur la placette. Les chefs du coin viennent souvent faire leurs emplettes ici. À noter que le marché du mercredi se déroule ailleurs, soit au Covington Trailhead (419 North New Hampshire Street).

BUSH

Située à un peu plus d'une vingtaine de kilomètres au nord-est de Covington, non loin de la frontière avec l'État du Mississippi, la petite bourgade de Bush abrite notamment un vignoble réputé, le Wild Bush Farm + Vineyard qui était connu jusqu'ici sous le nom de Pontchartrain Vineyards. Au printemps, sa série de concerts Jazz'n the Vines attirent les foules venues prendre un verre au son des musiciens. Côté nature, Splendor Farms vous accueille sur les terres de sa ferme, proposant hébergement, équitation et plein d'air pur, sans oublier la réserve faunique Bogue Chitto située au sud-ouest de Bush et débordant du côté du Mississippi.

SPLENDOR FARMS €€€

27329 Mill Creek Road
✆ +1 985 886 3747
splendorfarms.com
Chambre double : à partir de 195 US$, petit déjeuner, balade à cheval (week-end seulement) et autres activités incluses.

Avec 12 hectares de ferme près de la rivière Bogue Chitto, Splendor Farms permet de s'accorder avec la nature. Le petit bed & breakfast avec deux chambres, une piscine à l'eau salée et un spa est parfait pour s'éloigner un temps de la ville. Un chalet (max 6 personnes) ainsi qu'un bunkhouse (max 8 personnes) sont également en location (un minimum de nuits peut être requis, peu importe l'hébergement choisi). Il ne reste qu'à profiter des activités du site, notamment la petite ferme qui plaira aux plus jeunes et l'équitation, grande vedette des lieux.

WILD BUSH FARM + VINEYARD

81250 Highway 1082
✆ +1 985 892 9742
www.wildbushfarmandvineyard.com
Ouvert du jeudi au dimanche de 12h à 16h. Dégustations : 6 US$ (3 vins) ou 10 US$ (6 vins).

Connu jusqu'en 2022 sous le nom de Pontchartrain Vineyards, le vignoble a changé de main et est dorénavant la propriété de Monica Bourgeois et Neil Gernon, deux passionnés qui oeuvrent dans l'industrie viticole depuis un moment. S'ils entendent faire perdurer la tradition, le duo se lance également dans la culture de fruits, légumes et plantes sur ses terres mais aussi dans la conception de cidres. À ne pas manquer au printemps : la série de concerts gratuits Jazz'n the Vines.

BOGALUSA

Petite ville de quelque 10 600 habitants, Bogalusa se trouve dans la paroisse de Washington. Elle tire son nom du choctaw *bogue lusa* signifiant « eaux sombres » ou « eaux enfumées ». Elle fut développée à la base comme une ville de compagnie au début du siècle dernier afin d'exploiter les forêts de pins environnantes avec la Great Southern Lumber Company. Cette industrie a décliné à partir des années 1960, menant plusieurs citoyens à l'exode pour trouver un emploi ailleurs en Louisiane. Bogalusa tient sa réputation de nos jours à ses activités de descente de rivière sur la Bogue Chitto, que ce soit en chambre à air (grosse bouée), canoë ou kayak.

BOGUE CHITTO TUBING

10237 Choctaw Road
✆ +1 985 735 1173
boguechitto.com
Horaires variables selon la période. Tubing : à partir de 25 US$/personne. Canoë et kayak : à partir de 30 US$/personne.

Pourquoi ne pas louer un canoë, un kayak ou une chambre à air (grande bouée) et descendre la rivière à la vitesse du courant ? Si le temps est beau, il ne faut pas hésiter et faire une pause de la ville pour aller profiter de l'eau. Venez avec votre glacière prête pour un pique-nique, laissez votre voiture au stationnement, et un bus vous emmènera en amont de la rivière pour vous déposer sur la berge avec votre glacière et votre chambre à air. C'est très sympa et relaxant. Pour prolonger le plaisir, un camping est situé à deux pas de Bogue Chitto Tubing.

FRANKLINTON

Siège de la paroisse de Washington, la petite ville de Franklinton fut fondée en 1819 sous le nom de Franklin avant d'adopter sa dénomination actuelle sept ans plus tard. La rivière Bogue Chitto la borde à l'ouest et la localité est entourée de fermes dont certaines offrent l'activité d'auto-cueillette de bleuets (myrtilles). Au sud de la ville se trouve le parc d'Etat Bogue Chitto où il est possible de camper et de faire plusieurs activités de plein air, notamment la descente de rivière sur chambre à air. Si vous êtes de passage à Franklinton en octobre, ne ratez pas le Washington Parish Free Fair, deuxième plus ancienne foire de la Louisiane.

BOGUE CHITTO STATE PARK

17049 State Park Boulevard
✆ +1 985 839 5707
www.lastateparks.com
Ouvert tous les jours de 8h à 22h. 3 US$ par personne (gratuit pour les 62 ans et plus et les moins de 4 ans).

Longé par la rivière éponyme sur son flanc est, ce parc d'Etat est un joli havre naturel au sud de Franklinton. On vient y prendre un grand bol d'air frais, faire de la randonnée ou pédaler sur ses sentiers de vélo de montagne (vélo à fournir soi-même). On peut aussi y louer des chambres à air (grosses bouées) pour descendre la rivière Bogue Chitto au rythme du courant, une activité phare de la région. Pour prolonger le plaisir, des sites de camping, des tentes prêt-à-camper et des chalets sont à disposition de ceux qui ne désirent plus quitter les lieux.

LITTLE RIVER BLUFFS €€

11030 Garden Lane
✆ +1 985 796 5257
www.littleriverbluffs.com
Chalet à partir de 200 US$ (tarif pour 4 personnes, 25 US$ par personne supp.). Un minimum de deux nuits est exigé.

Au coeur d'un site naturel préservé, avec la rivière Tchefuncte à portée de main, tout ici respire la quiétude. On s'emplit les poumons d'air pur et on s'en prend plein la vue côté nature en logeant dans ce lieu d'exception. Trois chalets entièrement équipés sont à disposition ainsi qu'un charmant loft dans les arbres. Certaines unités sont aussi munies d'un bain à remous et/ou d'une cheminée. Cerise sur le gâteau, l'endroit fait le prêt d'embarcations nautiques et de vélos pour explorer les environs. Un bel endroit pour fuir le brouhaha de la ville.

FOLSOM

Située à mi-chemin entre Franklinton et Covington, la localité de Folsom compte à peine quelques centaines d'âmes. Cela dit, elle compte une attraction de taille qui plaira tant aux petits qu'aux grands : la réserve Global Wildlife Center et ses animaux des quatre coins de la planète. Ces derniers étant en liberté, ce sont les humains qui sont en « cage » dans un petit train qui parcourt le site. Folsom compte également un site d'hébergement d'exception au cœur d'un site naturel préservé, le Little River Bluffs. Il n'y a pas meilleur endroit pour déconnecter de la routine, dans l'un des chalets en forêt ou dans le loft perché dans les arbres.

HAMMOND ★

Plus grande ville de la paroisse de Tangipahoa, Hammond abrite la Southeastern Louisiana University fondée en 1925, laquelle constitue la 3e plus importante de l'État. On y retrouve quelques points d'intérêt, notamment le Tangipahoa African American Heritage Museum & Veterans Archives qui braque les projecteurs sur cette communauté dans une perspective historique. Si vous allez vous balader dans le centre d'Hammond, allez voir le bâtiment du Northshore Broadcasting (qui se situe à l'intersection d'East Thomas Street et de North Cypress Street), dont la façade a été utilisée pour représenter la maison de Tony Vallelonga dans le film oscarisé *Green Book*.

GLOBAL WILDLIFE CENTER ★

26389 Highway 40
✆ +1 985 624 9453
globalwildlife.com
Ouvert tous les jours (horaires variables). Safari en petit train : 19 US$ (12 ans et plus), 13 US$ (2 à 11 ans).

Un peu à l'ouest de Folsom se trouve le parc animalier Global Wildlife Center. C'est la plus grande réserve d'animaux en liberté au pays, laquelle en accueille plus de 3 500 provenant des quatre coins du globe (girafes, zèbres, kangourous, chameaux, bisons, lamas…). Pour découvrir la réserve, les visiteurs sont promenés dans un petit train. Avant le départ, des pots de maïs sont vendus pour nourrir les animaux. Ces derniers sont vite attirés et viennent spontanément manger le maïs. N'y allez pas pendant l'été quand il fait très sec et trop chaud.

GNARLY BARLEY BREWING CO.

1709 Corbin Road
✆ +1 985 318 0723
gnarlybeer.com
Ouvert tous les jours dès midi. Musique live les vendredis et samedis. Visites guidées gratuites le samedi à 13h et 14h.

Sans vouloir faire de jaloux, on doit admettre qu'on a eu un véritable coup de foudre pour les bières de cette microbrasserie. On rêve encore à sa savoureuse Jucifer, une Hazy IPA qu'on trouve aussi un peu partout en Louisiane. Lors des chaudes journées, sa hefeweizen HiFi Hefe se déguste sans se faire prier. Le salon de dégustation est installé au cœur des installations de brassage et des bières à emporter sont en vente sur place pour prolonger le plaisir.

PONCHATOULA

Deuxième plus grande localité de la paroisse de Tangipahoa, Ponchatoula est d'abord et avant tout connue pour son fameux Strawberry Festival (festival de la fraise) qui se déroule annuellement en avril. Petite ville sympa, on y vient pour ses boutiques d'antiquités qui s'alignent le long de Pine Street, mais aussi pour son incontournable ferme d'alligators, le Kliebert & Sons Gator Tours où on peut admirer ces grosses bêtes de très près. Il ne faut pas quitter la ville sans une petite virée au Ponchatoula Country Market qui rassemble les œuvres d'artisans et d'artistes locaux. Bonus : des kiosques fermiers s'installent devant la boutique le week-end.

KLIEBERT & SONS GATOR TOURS ★

40511 West I-55 Service Road
✆ +1 985 345 3617
kliebertgatortours.com
Ouvert tous les jours selon la météo (horaires variables). 13 ans et plus : 18 US$, 3-12 ans : 12 US$.

Vous voulez voir des alligators, vous serez ici servi ! Située près d'un bayou, la ferme familiale des Kliebert élève les alligators depuis plusieurs décennies. Vous pourrez en voir de toutes les tailles, mais aussi des tortues, des serpents et autres animaux. Amenez votre pince-nez, les alligators ne se parfument pas au Chanel N° 5. D'énormes bestioles sont dans un périmètre gardé et restent bien tranquilles… Boutique sur place (jerky d'alligator, souvenirs de toutes sortes).

PONCHATOULA COUNTRY MARKET

10 East Pine Street ✆ +1 985 386 9580
ponchatoulacountrymarket.org
Lundi-samedi, 10h-17h ; dimanche, 12h-17h.

Situé dans un ancien dépôt ferroviaire à valeur historique, cette boutique fut établie en 1973 afin de faire rayonner l'art et l'artisanat de la région. Très importante aux yeux des locaux, elle est le symbole de la communauté du Northshore. Les artistes et artisans viennent y exposer leurs chefs-d'oeuvre qu'on peut se procurer sur place. On y croise donc des statuettes de bois, de la céramique, du verre teinté, des bijoux, ainsi que de nombreuses sucreries et pâtisseries.

MADISONVILLE ★

Fondée au début du XIXe siècle sur les bords de la rivière Tchefuncte, la ville s'appelait « Cokie », du français Coquille. En 1811, en l'honneur du président James Madison, la ville prit son nom actuel. En raison de son emplacement, son histoire est en relation avec la rivière et le lac Pontchartrain. À son apogée, l'entreprise Jahncke Shipyard (construction de bateaux Jahncke), complètement disparue aujourd'hui, employait 2 000 personnes. Entre les années 1920 et 1940, beaucoup de Néo-Orléanais venaient passer leurs week-ends et leurs étés à Madisonville. Aujourd'hui, c'est une jolie bourgade qui jouit d'un charmant petit port de plaisance.

LAKE PONTCHARTRAIN BASIN MARITIME MUSEUM ★

133 Mabel Drive
✆ +1 985 845 9200
www.lpbmm.org
Mardi-vendredi, 13h-16h ; samedi, 10h-16h. Entrée : 8 US$, gratuit pour les moins de 6 ans. Boutique sur place.

Sis sur les rives de la rivière Tchefuncte, ce musée présente des expositions en lien avec l'innovation, la créativité et la persévérance des Louisianais, notamment de ce qui a trait à l'histoire maritime du bassin du lac Pontchartrain, de la vallée du fleuve Mississippi et de la côte du golfe du Mexique. On y présente également la vie rurale sur le bayou ou encore la faune et la flore locales. C'est aussi l'endroit pour en apprendre un peu plus sur le phare Tchefuncte River.

OTIS HOUSE AT FAIRVIEW-RIVERSIDE STATE PARK

119 Fairview Drive
✆ +1 985 792 4652
www.lastateparks.com
Temporairement fermé en date de l'été 2022. Vérifiez avant de vous y rendre.

Cette maison de style victorien fut construite dans les années 1880 par le propriétaire d'une scierie, William Theodore Jay. Frank Otis racheta la maison et la rénova dans les années 1930. À sa mort en 1962, il légua la maison et le terrain autour à l'État pour en faire un espace de loisirs puis en 1999, la maison fut classée monument historique. En entrant dans le parc naturel, la maison Otis fait face à la rivière. Possibilité de camping sur place.

TCHEFUNCTE RIVER LIGHTHOUSE

lighthousefriends.com/light.asp?ID=808

Ne se visite pas. On peut le prendre en photo en bateau ou depuis la côte à la pointe sud de la Highway 1077.

Construit en 1837, ce phare, hommage à l'histoire maritime de la Louisiane, a été très abîmé pendant la guerre civile et a été reconstruit en 1867-1968 au même endroit avec les briques restées sur place. En 1965, l'ouragan Betsy détruisit la seule route reliant le phare et la maison du gardien en fut séparée et installée à son emplacement actuel. Le phare apparaît dans le film *L'Etrange Histoire de Benjamin Button*, de David Fincher, et est le sujet de nombreux articles et photos.

TCHEFUNCTE'S RESTAURANT €€€

407 St. Tammany Street © +1 985 323 4800
tchefunctes.com
Ouvert tous les jours sauf lundi (voir site web pour les horaires). Brunch le dimanche. Carte : 10 à 140 US$.

Sans nul doute la meilleure table de Madisonville, avec une superbe vue sur la rivière Tchefuncte. On y concocte une fine cuisine aux accents américain et louisianais, avec un bel apport des producteurs régionaux dans l'assiette comme dans le verre. Le restaurant est réputé pour ses fruits de mer, son bœuf Wagyu et ses viandes maturées (*dry-aged*) et des accords avec les vins sont notamment proposés. Musique live tous les mercredis soir. À noter que les proprios tiennent aussi un restaurant plus décontracté à la même adresse, The Anchor.

BIG BRANCH MARSH NATIONAL WILDLIFE REFUGE ★

61389 Highway 434
© +1 985 882 2000
www.fws.gov/refuge/big-branch-marsh
Voir site web pour les horaires du centre des visiteurs. Entrée libre. Aucun hébergement sur place.

Ce refuge offre une occasion unique d'observer la faune et la flore locales. Il compte près de 73 km² de marais d'eau douce et saumâtre, de forêt de cyprès chauves et de bayous, par exemple. Les marais du refuge fournissent un habitat aux oiseaux de rivage et à la sauvagine, en plus d'être un habitat de frai et d'alevinage essentiel pour certaines espèces de poissons d'eau douce et d'eau salée. Ils aident aussi à protéger les communautés locales contre les ondes de tempête.

LACOMBE

Située à mi-chemin entre Slidell et Mandeville sur la route 190, la localité de Lacombe a vu ses premiers colons européens s'installer au XVIIIe siècle. D'ailleurs, les descendants des premiers habitants célèbrent annuellement la Toussaint en décorant et en illuminant les tombes des vieux cimetières lors d'une cérémonie appelée « Les Toussaints les Lumieres du Morte ». Sinon, la petite ville est surtout connue comme étant la porte d'entrée du Big Branch Marsh National Wildlife Refuge, une aire nationale de conservation située au sud de Mandeville, le long des rives du lac Pontchartrain. Une belle étape à deux pas des bayous Cane, Castine et Lacombe.

SLIDELL ★★

Ville de près de 30 000 habitants dans la paroisse de St. Tammany, elle fut fondée dans les années 1880 pendant la construction du chemin de fer New Orleans and Northeastern Railroad. Banlieue importante de La Nouvelle-Orléans, elle est réputée pour ses *swamp tours* offerts au Honey Island Swamp, mais aussi pour son quartier historique, le Olde Towne Slidell. C'est d'ailleurs ici que se déroule la foire d'antiquités au printemps et à l'automne, le Slidell's Antique District Street Fair. À ne pas manquer également : les concerts gratuits offerts en plein air au parc Heritage (printemps et automne) et les sodas et glaces du Old Town Slidell Soda Shop.

BAYOU LACOMBE MUSEUM

61115 South St. Mary Street
bayoulacombemuseum.com
Horaires variables. Adulte : 3 US$.

Un petit musée dédié à l'histoire de Lacombe et installé dans une ancienne école datant de 1912. Les expositions présentées touchent plusieurs thèmes, allant de la vie quotidienne au début du XXe siècle à l'histoire et à la présence ancestrale de la tribu indienne Choctaw dans la région. Une exposition est également dédiée à la célébrité locale, le prêtre et écrivain Adrien E. Rouquette, ainsi qu'à John H. Davis, celui qui fit don de cette école. Finalement, un Hall of Fame braque les projecteurs sur les résidents membres de l'armée américaine.

HONEY ISLAND SWAMP TOURS

41490 Crawford Landing Road © +1 985 641 1769
www.honeyislandswamp.com
Tours offerts tous les jours (2 à 4 départs par jour selon la saison). Adulte : à partir de 25 US$. Réservation requise.

Les commentaires du Dr. Paul Wagner sont plus intéressants que ceux d'autres guides, puisqu'il a étudié l'écologie et a décidé de partager sa passion avec les touristes. D'une durée de deux heures et à bord d'un petit bateau, lequel peut naviguer dans des zones difficiles d'accès aux plus gros bateaux, on part à la découverte du fameux Honey Island Swamp dans le bassin de Pearl River. Pour un supplément, la compagnie offre aussi le service de navette entre La Nouvelle-Orléans et son site de Slidell. Boutique de souvenirs sur place.

PEARL RIVER ECO TOURS

55050 Highway 90
✆ +1 985 649 4200
www.pearlriverecotours.com
4 à 5 départs par jour selon la saison. 13 ans et plus : à partir de 31,50 US$.

C'est dans le fameux Honey Island Swamp que Pearl River Eco Tours offre ses sorties guidées. En petit bateau de six personnes ou dans un plus gros pouvant accueillir entre 18 et 26 passagers, vous serez ici aux premières loges pour admirer la faune et la flore locales en compagnie d'un guide naturaliste originaire du coin. Pour un supplément, la compagnie offre aussi le service de navette entre La Nouvelle-Orléans et son site de Slidell. Réservation requise pour les tours, avec ou sans service de navette. Boutique de souvenirs sur place.

THE BLIND TIGER €

37330 Lakeshore Marina Drive
✆ +1 985 707 1082
www.tbtslidell.com
Ouvert tous les jours dès 11h. Carte : moins de 25 US$. Terrasse. Autre succursale à Covington ainsi qu'au Mississippi.

Une de nos adresses les plus sympas pour casser la croûte à Slidell, dans le joli décor de la marina Lakeshore tout près du lac Pontchartrain. Le restaurant fleure bon les vacances, avec sa belle terrasse (avec bar) et sa déco de type *beach bar*. On y sert de généreuses assiettes de nachos, des po-boys et sandwichs variés, des tacos avec viande, poisson ou crustacés, des paniers de crevettes ou d'écrevisses (en saison) et d'autres succulents petits plats. On y diffuse aussi des matchs sportifs et des spectacles *live* y sont présentés plusieurs fois par semaine.

PALMETTOS ON THE BAYOU €€

1901 Bayou Lane ✆ +1 985 643 0050
palmettosrestaurant.com
Horaires variables. Brunch du vendredi au dimanche. Carte : 10 à 40 US$. Terrasse.

Cette bonne table est installée face au bayou Bonfouca dans un charmant cottage acadien. On y savoure la fine cuisine du chef Ross Dover, laquelle s'inspire des produits locaux et de saison : les crevettes barbecue de La Nouvelle-Orléans, le gumbo au canard et jambon Tasso ou encore les huîtres frites du golfe du Mexique. Du vendredi au dimanche se tient l'incontournable brunch, toujours avec musique *live* (jazz le dimanche). Outre ses délicieux cocktails (dont le Cajun Bloody Mary), son menu a de quoi donner envie. On recommande chaudement !

SE LA COULER DOUCE SUR LA CÔTE DU MISSISSIPPI

L'Etat voisin du Mississippi bénéficie de près d'une centaine de kilomètres de littoral le long du golfe du Mexique, lequel est ponctué de communautés côtières dont plusieurs méritent la visite. Ceux désirant plus de quiétude iront par exemple à Pass Christian (superbe route historique, la Pass Christian Scenic Drive Historic District) ou Ocean Springs, alors que ceux friands de grandes destinations touristiques opteront pour Gulfport ou Biloxi. Parmi les grands attraits de cette région, il y a bien sûr les plages (celles de Pass Christian et Long Beach sont réputées pour leur beauté et tranquillité), les casinos (la plupart se trouvent à Biloxi), le golf (près d'une vingtaine de terrains) ou encore les activités familiales (les parcs aquatiques ont ici la cote). Plusieurs musées sont également dignes de mention, à commencer par le Ohr-O'Keefe Museum of Art à Biloxi signé par le réputé architecte Frank Gehry. Notons également les musées dédiés au Mardi Gras à Bay St. Louis et Biloxi, le Waveland's Ground Zero Hurricane Museum à Waveland (la région compte aussi plusieurs mémoriaux liés à l'ouragan Katrina), le Mississippi Aquarium et le Mississippi Aviation Heritage Museum à Gulfport, et le Maritime and Seafood Industry Museum à Biloxi (croisière possible sur un authentique *schooner*). Pour faire des économies, informez-vous sur l'Attraction Pass. La région de la Gulf Coast compte également quelques étapes des routes historiques que sont le Mississippi Blues Trail, le Mississippi Country Music Trail et le Mississippi Freedom Trail. Le nautisme est aussi une grande star tout le long de la côte. Excursion de pêche en mer (dont celle de pêche aux crevettes à Biloxi), cours de voile, location de canoë, kayak et motomarine, tout y est ! Et on ne pourrait passer sous silence les magnifiques sites naturels de la région, notamment Ship Island (ferry à Gulfport et Biloxi), le Mississippi Sandhill Crane National Wildlife Refuge à Gautier, le Pascagoula River Audubon Center et le Grand Bay National Estuarine Research Reserve, tous deux à Moss Point, sans oublier les Coastal Preserves comme Deer Island. Pour s'y rendre depuis Slidell, prendre l'autoroute 10 en direction du Mississippi puis les routes 607 et 90, ou alors emprunter directement les routes 190 et 90 (cette dernière suit le littoral de Henderson Point à Ocean Springs, puis poursuit sa route dans les terres vers l'Alabama).

▸ **www.gulfcoast.org**

PASSPORT

LE PAYS DES PLANTATIONS

Il est temps de s'enfoncer dans l'arrière-pays pour découvrir ce que vous avez toujours imaginé à la seule évocation de la Louisiane : les plantations. La route sinueuse qui suit le cours du Mississippi est bordée par ces témoins de l'époque coloniale que des films comme *Autant en emporte le vent* ont rendues mythiques. Des somptueuses demeures à colonnades blanches aux villas créoles colorées, la visite est riche et variée. Majestueusement dressées, au bout de leurs allées de chênes aux branches démesurées et couvertes de mousse espagnole, elles baignent dans une senteur de magnolias et de roses. Aujourd'hui la plupart des plantations ne sont plus des exploitations agricoles sauf exception, mais plutôt des centres d'interprétation et musées où sont racontés le mode de vie des planteurs, l'importance des pièces d'apparat, riches d'un mobilier souvent intact tout de cyprès ou d'acajou, sans oublier le quotidien bouleversant des esclaves.

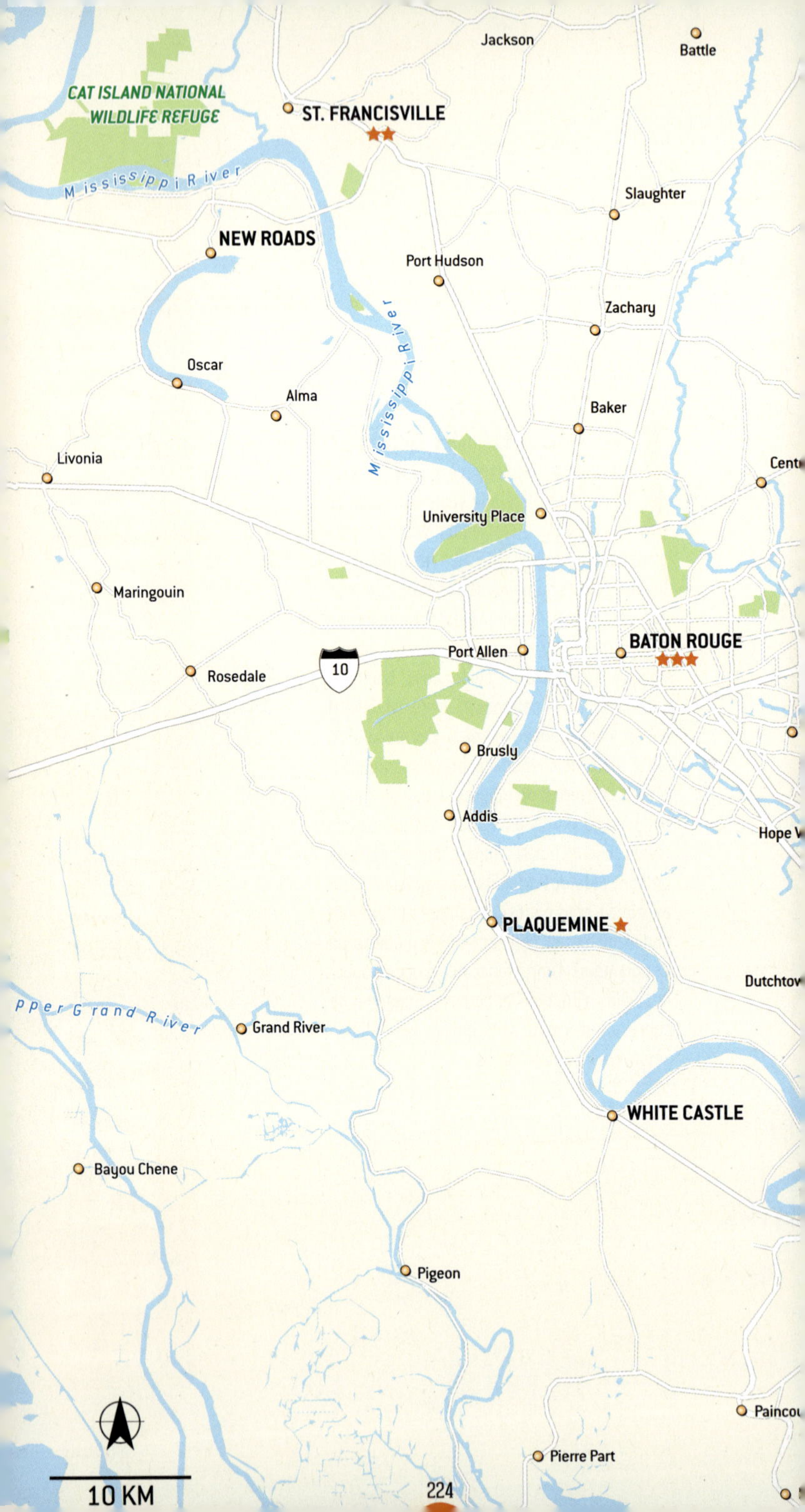
Jackson
Battle
CAT ISLAND NATIONAL WILDLIFE REFUGE
ST. FRANCISVILLE
Mississippi River
Slaughter
NEW ROADS
Port Hudson
Zachary
Oscar
Alma
Baker
Livonia
University Place
Maringouin
Port Allen
BATON ROUGE
10
Rosedale
Brusly
Addis
PLAQUEMINE
Upper Grand River
Grand River
WHITE CASTLE
Bayou Chene
Pigeon
Pierre Part
10 KM

Le pays des plantations
Greensburg
Wilmer
Roseland
Hillsdale
Holton
Grangeville
Pine Grove
Montpelier
55
Weiss
Independence
Tickfaw
Albany
HAMMOND
Livingston
12
PONCHATOULA
Springville
Killian
Strader
French Settlement
Lac Maurepas
55
Gonzales
Ruddock
Sorrento
MAUREPAS
SWAMP WILDLIFE
MANAGEMENT AREA
10
61
LaPlace
GARYVILLE
EDGARD
Lutcher
WALLACE
CONVENT
VACHERIE
Hahnville
DESTREHAN

PAGES

227 ## ●● LA ROUTE DES PLANTATIONS

Ponctuée d'anciennes plantations qui ont survécu depuis les XVIIIe et XIXe siècles, River Road, qui fait partie du circuit mythique du Great River Road traversant une dizaine d'États, longe le fleuve Mississippi depuis Baton Rouge sur plus de 70 miles (environ 110 km), jusqu'à La Nouvelle-Orléans. Parmi les levées, barrages construits par l'homme et voués à protéger les champs des caprices du Mississippi, vous apercevrez les maisons des plantations, souvent érigées dans le style Renaissance grecque, parfois dans le style créole. Mark Twain, entre autres, a contribué à populariser cette route historique, où se mêlent petite et grande histoires, entre légendes de fantômes et guerre de Sécession. La plupart des maisons ont survécu jusqu'au début des années 1920, mais la crise et la déliquescence de l'industrie de la canne à sucre ont durement frappé la plupart d'entre elles. La renaissance de cette région s'amorce dans les années 1940, quand les premières demeures sont restaurées (Oak Alley, Houmas House...). Mais dans ce cadre historique d'exception surgit une ombre au tableau : non loin des plantations, les champs, notamment de canne à sucre, disputent le terrain aux complexes chimiques qui ont progressivement envahi les rives du fleuve...

227 **DESTREHAN ★**

227 **EDGARD**

228 **WALLACE ★**

229 **VACHERIE ★★★**

Grande star de la route des plantations, elle abrite parmi les plus connues d'entre elles. On peut même s'offrir l'expérience d'une nuit sur place à Oak Alley Plantation. Mais Vacherie abrite aussi une école de cuisine où mettre la main à la pâte pour la confection, entre autres, de l'andouille et du gumbo.

232 **DONALDSONVILLE ★**

232 **DARROW ★★**

Une virée sur la rive est du Mississippi s'impose pour une visite empreinte de petites et grandes histoires à la plantation Houmas House. Et avec tout ce qu'il y à faire sur place - expériences gourmandes, hôtellerie de charme et musée -, on peut aisément y passer plus d'une journée.

234 **WHITE CASTLE**

235 **PLAQUEMINE ★**

236 **BATON ROUGE ★★★**

Bordée à l'ouest par le Mississippi, la capitale louisianaise est une chouette petite escale pour un week-end. Entre ses musées, ses galeries d'art, ses bâtiments historiques et ses bonnes adresses pour manger et boire un verre, Baton Rouge mérite qu'on s'y attarde.

247 ## ●● ST. FRANCISVILLE ET SA RÉGION

En venant de Baton Rouge, la différence du paysage est flagrante. On passe des usines chimiques à une épaisse forêt où le peintre John James Audubon a passé de nombreuses années à dessiner la faune, principalement les oiseaux, pour la répertorier. St Francisville est une petite ville du XIXe siècle, très agréable, située au milieu des bois. De Baton Rouge, il vous faudra environ 45 minutes en voiture, et nous vous recommandons d'y passer la nuit, plutôt que de rester dans la capitale louisianaise. Les options hébergement et le cadre y sont plus sympathiques.

247 **ST. FRANCISVILLE ★★**

251 **NEW ROADS**

DESTREHAN ★

Localité d'un peu plus de 10 000 habitants, située à 30 minutes à l'ouest de La Nouvelle-Orléans, elle doit son nom à Jean Noël Destréhan (1754-1823), ancien sénateur de Louisiane et des États-Unis. On y vient principalement pour son joyau, la plantation Destrehan qui propose des visites guidées (deux différentes) ainsi que des démonstrations et même de l'hébergement (deux cottages). On dit que le célèbre pirate Jean Lafitte y aurait caché son trésor et hanterait la demeure les nuits d'orage... On y retrouve une 2e plantation, Ormond Manor, qui fait dorénavant office de bed & breakfast et de restaurant servant, notamment, des spécialités créoles.

DESTREHAN PLANTATION ★★

13034 River Road ✆ +1 985 764 9315
www.destrehanplantation.org
Lundi-jeudi, 9h-16h30 (dernier tour à 15h) ; vendredi-dimanche, 9h-17h30 (dernier tour à 16h). Adulte : 24 US$.

La plantation a été construite en 1787 dans le style colonial français par un mulâtre libre, Charles Pacquet, puis réaménagée dans le style Renaissance grecque dans les années 1830-1840 pour loger les 14 enfants de la famille Destrehan. C'est la plus ancienne plantation répertoriée dans le delta du Mississippi. La maison est aujourd'hui une longue bâtisse créole, huit colonnes doriques sont alignées sur sa façade, deux ailes l'encadrent de chaque côté. Le jardin contient de magnifiques chênes plus que centenaires. La visite est assurée par des guides en costumes.

ORMOND MANOR €€

13786 River Road
✆ +1 985 764 8544
www.plantation.com
Chambre double : à partir de 165 US$, petit déjeuner inclus. Restaurant sur place.

La demeure actuelle fut édifiée un peu avant 1790 dans le style typique des plantations de l'époque. Richard Butler, un colonel irlandais enamouré du Sud louisianais, rachète en 1805 la plantation et la nomme Ormond, en hommage au château d'Ormonde, situé en Irlande. Lorsque la guerre civile éclate, la propriété va passer de main en main, se délabrant peu à peu avec le temps. Elle sera restaurée et modernisée au milieu du siècle dernier. La maison abrite désormais un Bed & Breakfast tout à fait charmant ainsi qu'un très bon restaurant.

EDGARD

Sise sur la rive ouest du fleuve Mississippi à la hauteur de Garyville, cette localité fait partie de ce qu'on appelle la Côte des Allemands (ou *German Coast* en anglais). La plantation Evergreen a d'ailleurs été fondée par un migrant allemand au XVIIIe siècle. Cette dernière, qui ne se visite malheureusement plus, est l'un des complexes de plantation les mieux préservés du Sud américain et près d'une quarantaine de bâtiments (dont les 22 cabines d'esclaves) sont inscrits au registre national des lieux historiques. Propriété privée, elle demeure une plantation de canne à sucre active et sert dorénavant de centre de recherche et d'éducation.

St. Charles Borromeo Catholic Church - Destrehan.

© PHOTOSOUNDS - SHUTTERSTOCK.COM

Edgard.

WALLACE ★

Localité voisine d'Edgard, Wallace fait partie de la Louisiana African American Heritage Trail, une route thématique mettant en valeur l'héritage historique, artistique et culturel de la population afro-américaine en Louisiane. Incluse dans ce circuit, la fameuse plantation Whitney est à voir absolument. Ce qui la démarque des autres, ce sont ses visites guidées qui nous font découvrir l'histoire des lieux à travers les yeux des esclaves qui y travaillaient corps et âme et non des planteurs qui s'enrichissaient de façon indécente. Après la visite, faites un saut au Fee-Fo-Lay Cafe pour savourer les délicieuses pralines faites maison.

EVERGREEN PLANTATION ★

4677 Highway 18

www.evergreenplantation.org

À noter qu'il n'est plus possible de visiter cette plantation.

Cette partie de la rive du Mississippi a très tôt été prisée par les colons allemands, c'est la *German Coast*. Ambroise Haydel (ou Heidel) s'établit sur ce qui deviendra la plantation Evergreen en 1721. Cultivant l'indigo d'abord, la ferme s'oriente vers le sucre, plus rentable. Très bien préservée, Evergreen demeure l'une des plus intactes plantations de canne à sucre du sud des États-Unis. La maison principale de style créole s'est parée à la mode *Greek revival* en 1832 suite aux travaux de rénovation lors du rachat de la ferme des Heidel par Pierre Becnel, inspiré par le style américain des bâtisses néo-orléanaises. Devenue plantation, elle abrite un parterre façon jardin à la française, des garçonnières et pigeonnières, des commodités Renaissance grecque, la maison des esclaves, la cuisine et une allée de 82 chênes vieux de deux cents ans bordée de 22 cabines d'esclaves (deux familles par cabine de 20 mètres carrés) qui furent occupées jusqu'en 1947. C'est cette allée qui a fait rêver pas mal de réalisateurs comme Quentin Tarentino qui est venu y tourner des scènes de *Django Unchained*. Mais l'allée originale a dû laisser le rôle à sa voisine plus télégénique. Dessinée ultérieurement, ses chênes sont d'un siècle plus jeunes ; plus droits, ils donnent une meilleure impression de majestuosité. L'histoire d'Evergreen est aussi complexe que l'histoire de la Louisiane elle-même. À savoir que la plantation est toujours en activité mais n'est plus ouverte au public. Elle est dorénavant réservée à la recherche et à l'éducation.

WHITNEY PLANTATION ★★★

5099 Highway 18

✆ +1 225 265 3300

www.whitneyplantation.org

Ouvert du mercredi au lundi de 10h à 15h. Adulte : 25 US$. Les expositions au centre des visiteurs sont gratuites.

On n'y vient pas pour admirer le style architectural de la maison (la visite de la demeure principale est, d'ailleurs, assez brève), ni pour se prendre pour l'un des personnages d'*Autant en emporte le vent*. On vient ici pour comprendre la vie dans une plantation, non pas du point de vue des riches propriétaires blancs mais à travers les yeux des esclaves qui y travaillaient corps et âme. Pas moins de 350 esclaves y auraient vécu. Un mémorial, le mur d'honneur, recense toutes ces personnes. Il n'y a pas d'accès à la plantation en dehors de la visite guidée. Son contenu est très intéressant et alterne entre des explications sur la vie à l'époque, la visite de sites (la maison, l'église, les cases, la cuisine...) et des temps libres dans les mémoriaux érigés en l'honneur des esclaves et dans un souci de mémoire. Durant la visite, on se familiarise notamment avec les conditions de travail à la fois très dures et dangereuses, les accidents dans les exploitations de canne à sucre et, particulièrement lors de la manipulation des chaudrons et de la cuisson, étant très fréquents. Mais la dimension la plus émouvante de la visite se passe du côté des mémoriaux. Vous pourrez y lire des messages et « anecdotes » d'esclaves qui y évoquent des souvenirs marquants et font référence à leurs conditions de vie dans la plantation. Les textes en « argot » ne sont pas toujours aisés à comprendre pour les voyageurs à l'anglais approximatif. La visite de Whitney est probablement l'une des plus intéressantes d'un point de vue historique.

FEE-FO-LAY CAFE

5593 Highway 18
✆ +1 225 206 1993
www.feefolaycafe.com
Ouvert du mercredi au dimanche de 9h à 15h.

Cette mignonne petite maison abrite un havre gourmand qu'il ne faut pas rater. Lieu idéal pour une pause gourmande entre deux visites de plantations, on y vient pour ses beignets, ses cafés (chauds ou glacés), ses chocolats chauds, ses smoothies ou encore son thé glacé. Mais ce qui attire les foules, ce sont surtout ses pralines qui font la réputation des lieux. Au bon goût de beurre, bien crémeuses et confectionnées avec des noix de pécan, elles sont tout simplement délicieuses. Il faut aussi goûter aux t-cakes, des biscuits aux amandes avec un glaçage au beurre.

VACHERIE ★★★

Petite communauté non-incorporée de la paroisse de St. James en bordure du Mississippi, Vacherie jouit d'une notoriété nationale - et même internationale - en raison de ses plantations ultra connues que sont Laura Plantation et Oak Alley Plantation, sans oublier la St. Joseph Plantation et sa petite sœur Felicity. Mieux prévoir une journée complète pour tout voir, ou alors s'installer pour une nuitée dans un des jolis cottages d'Oak Alley Plantation, une expérience plutôt unique dans un cadre carrément romantique. La localité de Vacherie est aussi brièvement apparue dans la série télé de HBO, *True Detective*, lors de la première saison.

OAK ALLEY PLANTATION €€

3645 Highway 18 ✆ +1 225 265 2151
www.oakalleyplantation.com
Cottage pour 1 ou 2 personnes : à partir de 185 US$, petit déjeuner inclus. Forfaits disponibles. Restaurant sur place.

Les cottages offrent une occasion unique de poursuivre l'expérience de la magnifique Oak Alley et de découvrir le site sous un autre angle, particulièrement magique à la tombée de la nuit lorsque tous les touristes ont disparu.

Construites dans le style de la plantation, les maisonnettes de bois sont très bien équipées avec kitchenette ou cuisine. Chaque pièce est joliment décorée avec tout le confort nécessaire. On pourra aussi profiter des petits decks en bois situés sur l'avant des maison et respirer l'air paisible de la Louisiane. Ambiance romantique assurée.

ST. JOSEPH PLANTATION ★★

3535 Highway 18
✆ +1 225 265 4078
www.stjosephplantation.com
Visite tous les jours à 10h, 11h, 12h, 13h, 14h et 15h. Adulte : 20 US$. Tour privé : 40 US$ par personne.

Juste à côté de la célèbre Oak Alley se trouve cette plantation de canne à sucre un peu plus modeste et moins connue. On vous parlera sûrement durant la visite de sa petite sœur, la plantation Felicity connue pour avoir accueilli le tournage de plusieurs films dont *12 years a slave*. Les deux plantations ont, en fait, fusionné en 1890 pour former la St. Joseph Plantation and Manufacturing Company. D'après l'association de protection des chênes louisianais, la Live Oak Society of Louisiana, la plantation posséderait 16 chênes enregistrés au registre officiel.

CHENIER SEAFOOD & MARKET

22114 Highway 20
✆ +1 225 265 1702
Ouvert tous les jours de 9h30 à 18h30. Commandes pour emporter seulement. Spéciaux pour le lunch du midi.

On vient chez Chenier pour ses fruits de mer, notamment les écrevisses et le crabe en saison. Et côté quantité, ça ne rigole pas ! Par exemple, on peut acheter les écrevisses bouillies en format d'une à... dix livres (4,5 kg) ! Le tout est toujours assorti d'épis de maïs, de pommes de terre et de saucisses, la « Sainte Trinité » des accompagnements. L'endroit étant une épicerie spécialisée et non un restaurant, on y trouve également des plats préparés, des desserts (les tartelettes maison sont un must, surtout celles aux noix de pécan), etc.

OAK ALLEY PLANTATION ★★★

3645 Highway 18
✆ +1 225 265 2151
www.oakalleyplantation.com
Tous les jours de 9h à 17h. Adulte : à partir de 25 US$. Compter 2h de visite. Restaurant et hébergement sur place.

Du balcon de cette demeure, préparez-vous à admirer l'allée la plus célèbre de la Louisiane, avec ses 28 magnifiques chênes multicentenaires. 28 est le nombre fétiche de la propriété : 28 chênes, 28 colonnes doriques qui entourent l'habitation et 28 dépendances. Construite en 1839 par un planteur de canne à sucre français, Jacques Télésphore Roman, dans le style Renaissance grecque et en briques faites à la main, Oak Alley (l'allée de chênes) est rachetée en ruine en 1925 par un courtier en coton, Andrew Stewart. À sa mort, une fondation a été créée par sa femme Jacqueline pour entretenir la maison. En hommage à la mémoire de cette bienfaitrice, toutes les pendules de la maison sont arrêtées à 7h30, heure de sa mort à l'âge de 93 ans. La visite est intéressante. Vous obtiendrez de nombreux détails sur la vie quotidienne des planteurs. Par exemple, vous apprendrez que chaque matin, les domestiques aplatissaient les matelas à l'aide d'un rouleau de bois encastré dans le panneau de la tête du lit. On vous expliquera aussi les techniques architecturales pour préserver la maison de la chaleur humide (hauts plafonds, murs épais). La légende veut qu'un esclave de la plantation ait réussi à greffer un pacanier (arbre voisin du noyer). De nos jours, les pacanes, ou noix de pécan, entrent dans la composition de nombreux desserts louisianais (les *pecan pies* et les pralines) et sont même exportées. Un plan vous sera remis pour visiter le reste du domaine, notamment les quartiers des esclaves et le cimetière Stewart. À voir absolument !

SPUDDY'S CAJUN COOKING EXPERIENCE

2644 Highway 20
✆ +1 225 265 4013
cajuncookingexperience.com
125 US$ par personne, 240 US$ pour deux. Réservation requise.

À force de s'empiffrer de spécialités gourmandes louisianaises pendant le voyage, pourquoi ne pas apprendre à les cuisiner ? C'est ce que vous propose votre hôte - de son surnom Spuddy -, un autodidacte qui a fait de la cuisine traditionnelle sa passion. Vous apprendrez ici à faire de l'andouille (et à la fumer), du jambalaya, du gumbo et le fameux roux, un mélange essentiel notamment pour le gumbo. Cerise sur le gâteau : vous pourrez déguster vos créations sur place après le cours.

LAURA PLANTATION ★★★

2247 Highway 18 ✆ +1 225 265 7690
www.lauraplantation.com
Visites en français à 11h, 13h et 15h, autrement en anglais de 10h à 15h20. Adulte (18+) : 30 US$.

Une des visites les plus complètes, qui raconte l'histoire de la famille propriétaire, aborde l'esclavage et traite des différences culturelles entre Créoles et Américains. La visite est basée sur les mémoires de Laura, une des propriétaires de la plantation, qui racontent près de cent ans de vie à la créole. En effet, cette plantation créole est différente des autres, autant dans son style que dans son fonctionnement. La maison a été restaurée dans les couleurs d'origine et l'intérieur est décoré dans le style de l'époque. Elle a été construite dans le style créole en 1805 et a conservé une douzaine de bâtiments, les cases des esclaves, les deux bâtiments d'habitation et les remises. La visite guidée a été écrite grâce aux recherches effectuées sur place et aux Archives nationales à Paris. Vous ne trouverez ici ni robe à crinoline, ni *mint juleps* sirotés langoureusement sur le porche de la maison. En revanche, on explique que derrière la belle maison principale où demeurait une famille blanche vivaient les esclaves qui avaient apporté avec eux culture et traditions du Sénégal. Une plantation n'était rien d'autre qu'une communauté dont le but était de faire prospérer l'ensemble de l'exploitation. Les guides parlent aussi des différences de mœurs et, plus important, de business, entre Créoles et Américains, et comment les Créoles ont dû s'adapter pour préserver leur activité après la vente de la Louisiane. À la suite d'un incendie en 2004, elle a été restaurée comme elle était à l'origine grâce à l'expertise d'artisans spécialisés dans la préservation des particularités de l'architecture louisianaise.

Ne ratez pas cette excellente visite, très différente des autres, à coupler avec le visionnage des très bonnes vidéos documentaires disponibles en ligne sur le site Internet de la plantation. À noter également l'ouverture au printemps 2017 d'un petit musée, accessible en visite autonome, retraçant la vie de quelques-uns des esclaves de la plantation qui, en explorant diverses facettes de ces vies particulières, laissent deviner une réalité largement répandue à l'époque. La jolie boutique permet de ramener quelques beaux souvenirs, dont les « Mémoires de Laura » traduites en français. Vous pourrez continuer l'histoire de la saga familiale Duparc-Locoul en allant suivre la visite guidée offerte par Le Monde Créole dans le Quartier français à La Nouvelle-Orléans ou en contactant Joseph Dunn (lui-même historien-chercheur à la plantation Laura et proposant des balades commentées, également à La Nouvelle-Orléans).

LAURA

La Plantation Créole

Au-delà des mythes du Vieux Sud

DONALDSONVILLE ★

Bien cachée là où le bayou Lafourche et le Mississippi se retrouvent, la ville fut fondée par un Anglais, William Donaldson, au début du XIXe siècle. Elle fut ensuite désignée capitale de la Louisiane entre 1829 et 1831. Elle est désormais le siège de la paroisse d'Ascension et compte un peu moins de 7 000 habitants. Son district historique vaut le détour, Donaldsonville comptant dans ses rangs parmi les plus beaux bâtiments de l'époque précédant la guerre de Sécession jusqu'aux années 1930. Malheureusement, aujourd'hui la plupart d'entre eux sont en très mauvais état... Ne manquez pas de visiter le River Road African American Museum sur place.

DARROW ★★

Petit village d'à peine 200 âmes, Darrow se situe sur la rive est du Mississippi, juste en face de Donaldsonville, presqu'à mi-chemin entre La Nouvelle-Orléans et Baton Rouge. Si on vient ici, c'est pour explorer sa superbe plantation Houmas House qui constitue son principal point d'intérêt. Sur le grand site d'Houmas House, on retrouve également des restaurants, dont la table gastronomique Latil's Landing Restaurant, un bed & breakfast avec près d'une dizaine de chambres et suites grand confort, et le Great River Road Museum qui nous permet de découvrir toute l'histoire et l'importance de cet axe fluvial majeur qu'est le Mississippi.

RIVER ROAD AFRICAN AMERICAN MUSEUM ★

406 Charles Street
✆ +1 225 474 5553
africanamericanmuseum.org
Visite sur rendez-vous uniquement.

Ce musée est entièrement dédié à l'esclavage mais aussi à la liberté des Afro-Américains. Ses expositions relatent entre autres le lucratif marché d'esclaves entre 1808 et 1865, les influences africaines sur la cuisine louisianaise, les racines rurales du jazz, les médecins noirs en campagne, les artistes populaires tels qu'Alvin Batiste (natif de Donaldsonville), les gens libres de couleur, les inventeurs noirs de Louisiane, etc. Des tours guidés à vélo sont également proposés.

THE GREAT RIVER ROAD MUSEUM ★

40100 Highway 942
✆ +1 225 473 9380
greatriverroadmuseum.org
Ouvert tous les jours de 10h à 16h. Adulte : 20 US$. Combo avec Houmas House : 39 US$ par adulte.

Installé sur le site de Houmas House et géré par sa fondation, ce musée - et centre d'interprétation - présente l'histoire et l'influence du Lower Mississippi sur les transports, le commerce, la musique ou encore les traditions liées à la vie aux abords de cet axe fluvial majeur. Il braque également les projecteurs sur les personnes et les familles qui ont contribué à édifier le couloir le plus lucratif de l'État. À noter que le Cafe Dixie se trouve à même le musée.

THE GRAPEVINE CAFE €€

211 Railroad avenue
✆ +1 225 473 8463
grapevine.cafe
Mardi-vendredi, 11h-14h & 17h-20h30 (21h le vendredi) ; samedi, 17h-21h ; dimanche, 11h-14h. Carte : 10 à 45 US$.

Située dans le district historique de Donaldsonville et installée dans un bâtiment restauré datant des années 1920, cette bonne table propose une cuisine qui mélange les traditions cajun, créole et africaine. Au menu, de savoureuses grillades comme le filet mignon, des poissons et fruits de mer, du poulet farci aux épinards et à l'andouille, des sandwichs dont le poboy aux crevettes frites ou grillées, des pâtes à l'aubergine et à la chair de crabe, etc. Musiciens certains soirs et expositions d'art visuel sur les murs du restaurant.

LATIL'S LANDING RESTAURANT €€€

40136 Highway 942
✆ +1 225 473 9380
houmashouse.com/restaurants
Ouvert en soirée du jeudi au samedi, réservation impérative. 100 US$ par personne, supplément pour l'accord des vins.

A l'intérieur de la plantation Houmas, qui est déjà un but en soi, on peut dîner dans ce merveilleux restaurant, tenu par le chef Jeremy Langlois, lui-même formé par le célèbre chef louisianais John Folse. Tous les soirs d'ouverture, il propose à ses convives un menu de plusieurs plats qui varie selon les saisons et son humeur. Tout est un délice et le cadre est magnifique. Pour vivre l'expérience pleinement, on recommande d'étirer le budget pour s'offrir l'accord des vins.

HOUMAS HOUSE
HISTORIC ESTATE AND GARDENS

La visite guidée de ce vaste domaine historique laisse entrevoir la vie dorée sur la plantation au 19ème siècle, notamment grâce aux nombreuses oeuvres d'art et meubles anciens présentés.
Un merveilleux décor naturel toute l'année, 15 ha de jardins luxuriants parmi les plus beaux du Sud des États-Unis. Plusieurs restaurants et chambres d'hôtes de charme pour passer la journée ou la nuit.
Prenez le temps de visiter le nouveau Great River Road Museum, qui permet de découvrir la vie quotidienne le long du fleuve Mississippi dans les années 1800.

HOUMAS HOUSE FOUNDATION

40136 Hwy 942 | Darrow, LA 70725 | 225.473.9380 |
www.HoumasHouse.com

HOUMAS HOUSE

HOUMAS HOUSE ★★★

40136 Highway 942
✆ +1 225 473 9380
houmashouse.com
Ouvert tous les jours de 9h à 20h. Voir site web pour les tarifs des visites. Tours en français offerts sur réservation.

Surnommés « The Sugar Palace » (le palais du sucre), le domaine et les jardins de Houmas House ont été entièrement restaurés et embellis pour refléter les années 1830 à 1880. Des guides en costume d'époque offrent aux visiteurs un aperçu divertissant de la vie des plantations du Sud. À l'intérieur, de nombreux meubles anciens et œuvres d'art ornent les 16 chambres de la maison. Autrefois la maison des Indiens Houmas, ce site a été transformé au fil des siècles, passant d'un modeste poste de traite au grand domaine que l'on peut admirer aujourd'hui. Cette propriété a survécu à une série de 14 propriétaires, à des guerres, à des inondations et à l'épreuve du temps. Bien qu'une grande partie des 121 000 hectares où poussait autrefois la canne à sucre aient été vendus, plusieurs bâtiments originaux subsistent et sont accessibles à tous les visiteurs, notamment les deux garçonnières dont une fut convertie en une petite taverne où il est possible de siroter un julep à la menthe rafraîchissant, un verre de vin ou encore un cocktail. À l'extérieur, les visiteurs peuvent se promener au cœur de jardins luxuriants. L'hiver et le printemps apportent des couleurs vibrantes et des textures variées. Les éléments aquatiques, tels que les étangs et les cascades, mais aussi les nénuphars amazoniens et les lotus exotiques créent une sensation de paix. La caractéristique la plus impressionnante de ces jardins sont les chênes massifs drapés de mousse espagnole qui forment une allée de type cathédrale devant l'imposant manoir de style néo-grec. Visiter seulement les jardins peut remplir aisément une journée. En plus de la visite du manoir historique et de ses jardins, Houmas House dispose d'une offre en restauration. Ses tables gourmandes permettent aux visiteurs de savourer tant une cuisine raffinée dans la maison d'origine de 1775 qu'un déjeuner décontracté dans le tout récent café. À noter qu'on y retrouve également une des plus importantes caves à vin de l'État de Louisiane. L'ajout du Inn at Houmas House pour le volet hébergement complète l'offre de cette destination, créant ainsi une expérience inégalée le long de la Great River Road. Une vingtaine de cottages privés, nichés le long d'une allée de chênes, créent un environnement serein, parfait pour une escapade romantique. À quelques pas du majestueux fleuve Mississippi, les visiteurs sont alors aux premières loges pour admirer le coucher ou le lever du soleil. Houmas House offre donc bien plus qu'une visite d'une maison de plantation. Un lieu à découvrir absolument !

THE CAJUN VILLAGE

6466 Highway 22
SORRENTO
✆ +1 225 675 2782
www.cajunvillageshops.com
Ouvert tous les jours (horaires variables).

The Cajun Village rassemble des maisons acadiennes restaurées qui hébergent de charmantes boutiques. On peut ainsi y trouver de la poterie, des spécialités gourmandes cajuns, des items de déco ou encore des souvenirs. Les plus jeunes iront faire un tour du côté de la boutique à bonbons. Le site accueille également un café (goûtez aux beignets) et des cottages pour y passer la nuit en mode bed & breakfast. Cela ne vaut pas les authentiques villages acadiens de Lafayette, mais il permet un premier contact avec le mode de vie des Cajuns dans la Louisiane rurale.

WHITE CASTLE

Incluse dans la région métropolitaine de Baton Rouge, la localité de White Castle se situe dans l'extrême sud-est de la paroisse d'Iberville. Cette dernière couvre d'ailleurs une partie de l'Atchafalaya National Wildlife Refuge, situé plus au nord. L'histoire de White Castle est intimement liée aux industries du bois de cyprès, de la canne à sucre et éventuellement de la pétrochimie. La localité abrite aussi une des plantations les plus célèbres de Louisiane, Nottoway. Transformée en petit resort de luxe, elle propose des visites guidées, de la fine cuisine, de l'hébergement et une panoplie de services pour les groupes et l'événementiel.

NOTTOWAY RESORT €€

31025 Highway 1
✆ +1 225 545 2730
www.nottoway.com
Chambre double : à partir de 139 US$. Promotions disponibles. Restaurant sur place.

La rénovation de Nottoway, en plus de réhausser la beauté de la demeure principale, a permis de transformer une partie du domaine en bed & breakfast de luxe. Mariages et grandes réceptions y sont depuis légion. Aux chambres de la demeure, des cottages ont été ajoutés. Chaque pièce, malgré une décoration XIXe siècle, dispose de tout le confort moderne, et les suites sont époustouflantes. Le jardin, avec son bassin et ses chênes couverts de mousse espagnole, invite à la détente. Des courts de tennis et une piscine complètent l'ensemble. Une très belle adresse.

NOTTOWAY RESORT ★★

31025 Highway 1
✆ +1 225 545 2730
www.nottoway.com
Voir site web pour l'horaire des tours selon la saison. Adulte : 20 US$, 12 ans et moins : 10 US$.

John Hampden Randolph fit construire cette maison en 1859 après avoir amassé une fortune considérable dans la culture et le commerce du coton au nord des États-Unis. Édifiée en dix ans par Henry Howard, l'un des plus grands architectes de La Nouvelle-Orléans, la maison a pu répondre aux besoins d'une plantation de canne à sucre de plus de 2 000 hectares. Randolph, homme résolument moderne, avait même fait installer une petite centrale qui permettait d'éclairer toute la maison avec des lampes à gaz et d'avoir de l'eau chaude au robinet. Cet homme de progrès était aussi un homme amoureux, et la frise de magnolias en dentelle de plâtre décorant la corniche du plafond de la salle de bal est une délicate attention envers la maîtresse de maison dont c'était la fleur favorite. Randolph, qui avait onze enfants dont huit filles à marier, avait vu grand et luxueux et cette salle de bal impressionnait les éventuels prétendants. Toutes les pièces sont reliées entre elles par un système de clochettes aux différentes sonorités, correspondant à un code complexe de régulation de la vie dans la plantation. Bien que Nottoway soit vraiment très touristique, sa visite ne vous décevra pas. Et tant qu'à être sur place, profitez-en pour découvrir son restaurant, The Mansion, qui propose une fine cuisine d'inspiration créole épaulée d'une cave à vin bien garnie. Possibilité d'hébergement également à même la propriété (une quinzaine de chambres et suites), établissement membre du réseau des Historic Hotels of America.

THE MANSION RESTAURANT €€

31025 Highway 1 ✆ +1 225 545 2730
www.nottoway.com
Horaires variables. Carte : 10 à 45 US$. Belle carte des vins.

The Mansion est le restaurant de la plantation Nottoway. Il est très réputé dans la région et sert une cuisine du sud authentique. Situé dans la demeure principale, au rez-de-chaussée, il cultive une certaine classe, avec sa décoration chargée, ses lourds rideaux de velours et sa vaisselle à dorures. C'est en partie ce qui plaît beaucoup aux Américains, un peu moins aux Français. Le deuxième point fort de ce restaurant, c'est bien sûr sa vue sur le parc de Nottoway et sa carte plutôt fournie. Attention toutefois, l'addition est salée.

PLAQUEMINE ★

Plaquemine est une petite ville souvent omise, à tort, dans les circuits touristiques. Pourtant, son sympathique centre-ville à fleur du bayou Plaquemine et du fleuve Mississippi peut se révéler une bonne étape pour déjeuner après avoir visité une des multiples plantations du coin. Les plaqueminiers (arbres à kaki) y sont aujourd'hui rares et son imposante écluse lui a valu pendant un temps de tenir le titre de carrefour commercial de la Louisiane. Ne manquez pas de lever les yeux vers l'imposant clocher de l'église St. John, la « cathédrale du bayou », ou de traîner ici ou là pour contempler les façades des nombreuses demeures *antebellum*.

IBERVILLE MUSEUM

57735 Main Street
✆ +1 225 687 7197
ibervillemuseum.org
Mardi-vendredi, 10h-16h ; samedi, sur rendez-vous. 13 ans et plus : 5 US$, 6-12 ans : 3 US$.

Ce n'est pas tant sa collection que le bâtiment lui-même qui vaut un rapide coup d'œil à ce musée. Le musée d'Iberville est situé dans l'ancien tribunal de la paroisse. Érigé dans un style Renaissance grecque vers 1848, c'est le plus vieux, ou presque, bâtiment de la ville. Il hébergea aussi la mairie de Plaquemine. Dorénavant, l'édifice abrite des expositions liées à la paroisse comme la musique locale, les vétérans, le bassin de l'Atchafalaya ou encore la vie de l'artiste Virginia Campbell. Des visites guidées sont proposées et incluses dans le tarif d'entrée.

FAT DADDY'S €

57950 Labauve Avenue
✆ +1 225 687 1826
www.fatdaddysonline.com
Lundi, 10h-20h ; mardi-vendredi, 10h-21h. Carte : moins de 20 US$.

Une des deux adresses du centre recommandées par les locaux, certainement leur préférée. Fat Daddy's, c'est une déco des années 1950 et une ambiance sans chichis pour une pause sur le pouce sans dégarnir le porte-monnaie. On y goûtera les spécialités locales : écrevisses, salades de crevettes, côtes levées de porc au barbecue, muffulettas et *po-boys* plutôt bien préparés (on recommande le Fat Daddy's Special avec jambon, dinde, rôti de bœuf et fromages suisse et américain). En dessert, l'incontournable pouding au pain est pas mal, mais c'est la seule option.

PLAQUEMINE LOCK STATE HISTORIC SITE ★

57730 Main Street
✆ +1 225 687 7158
www.plaquemine.org/148/Visitors
Ouvert du jeudi au samedi de 9h à 17h. Entrée libre.

En créant une jonction navigable avec l'impétueux Mississippi, cette écluse historique aux dimensions impressionnantes joua un rôle extrêmement important à partir du XIXe siècle dans le développement de la ville, mais aussi de l'intérieur louisianais. Achevée en 1909 par le colonel George W. Goethals (plus tard missionné pour dessiner les plans du canal de Panamá), celle qui endossa un temps le statut de plus grande écluse du monde avec ses 20 mètres de hauteur, fit de Plaquemine le terminus nord des voies de navigation intracostales. La demande accrue de fret de la Seconde Guerre mondiale dépassera ses capacités et Port Allen (limitrophe avec Baton Rouge) prendra le relais. Fonctionnant à la vapeur et utilisant la gravité comme force principale, l'écluse fut classée en 1972 site historique. L'architecture de sa tour de contrôle est elle-même relativement atypique avec ses énormes hublots symétriques (les turbines). C'est ici que vous vous présenterez pour voir la petite vidéo relatant l'histoire de la ville (durée d'environ 15 minutes), visiter le musée où des objets d'époque ainsi qu'une maquette mécanique de l'écluse sont exposés, et pour en savoir plus sur les environs (le site joue aussi le rôle de bureau d'information touristique). Les alentours sont agréables et verdoyants, et on retrouve un pavillon en plein air exposant différentes embarcations datant de l'époque où l'écluse était encore opérationnelle. Une visite sympa et entièrement gratuite !

BATON ROUGE ★★★

Baton Rouge est la capitale et le siège administratif de l'État, en plus d'être la deuxième ville de Louisiane en termes de population. La ville est l'hôte du campus principal de la Louisiana State University (LSU) ainsi que de nombreux musées touchant tant les domaines des arts que des sciences. La plupart des points d'intérêt, des hôtels et des bonnes adresses, sans oublier deux des trois casinos, se concentrent au centre-ville et sur les rives du Mississippi ; n'hésitez pas cependant à vous aventurer du côté de Mid City. Si vous aimez l'Art déco, plusieurs bâtiments sont à voir, notamment le Louisiana State Capitol et son hall d'une grande beauté.

CAPITOL PARK MUSEUM ★★

660 North 4th Street ✆ +1 225 342 5428
www.louisianastatemuseum.org
Ouvert du mardi au samedi de 9h à 16h. Adulte : 7 US$, étudiant et senior : 6 US$, 6 ans et moins : gratuit.

C'est une étape quasi indispensable afin de mieux saisir tout ce que vous verrez, ressentirez, croirez comprendre, expérimenterez au cours de votre séjour en Louisiane. Immense, très fourni, attrayant et interactif, ce musée passe tout au crible. L'histoire en partant de la préhistoire (Poverty Point) pour arriver au gouverneur Huey Long en passant par les guerres de Sécession et mondiales, l'esclavage et la lutte pour les droits civiques des gens de couleur, la richesse de la biodiversité louisianaise et, bien sûr, tout l'héritage culturel de la Louisiane.

© JORG HACKEMANN / SHUTTERSTOCK.COM

Baton Rouge.

LOUISIANA ART & SCIENCE MUSEUM ★

100 South River Road ✆ +1 225 344 5272
www.lasm.org
Mercredi-vendredi, 10h-15h ; samedi, 10h-17h ; dimanche, 13h-17h. Adulte : 12 US$. Gratuit le 1er dimanche du mois.

Ce musée est installé dans un ancien dépôt du chemin de fer des années 1920, sur le bord du Mississippi. Il propose différentes expositions permanentes pour les enfants et les adultes (les planètes, le système solaire, l'univers et l'Égypte ancienne) auxquelles s'ajoutent des expositions temporaires. Le planétarium possède un des équipements multimédia les plus sophistiqués au monde : projection de films 70 mm, un show laser pour 150 personnes sur un dôme de 18 mètres de haut.

© VALÉRIE FORTIER

Coucher de soleil sur le Mississippi à Baton Rouge.

LOUISIANA STATE UNIVERSITY (LSU) ★

Dalrymple Drive et Highland Road
✆ +1 225 578 5030
www.lsu.edu
Visitor Information Center ouvert en semaine de 7h à 17h30.

Baton Rouge vit au rythme de son université, la Louisiana State University, et de son équipe de football étudiante, les LSU Tigers. Vous verrez partout des drapeaux, fanions, autocollants, T-shirts ou autre représenter le tigre-mascotte sur fond violet. On peut se promener librement sur le campus et voir le stade où jouent les Tigers et surtout le tigre... vivant. La mascotte de l'université, Mike, est un énorme tigre qui se prélasse dans son habitat clôturé au milieu du campus.

LSU RURAL LIFE MUSEUM AND WINDRUSH GARDENS ★

4560 Essen Lane
✆ +1 225 765 2437
www.lsu.edu/rurallife
Ouvert tous les jours de 8h à 17h. 12 ans et plus : 10 US$, 6-11 ans : 8 US$. Boutique sur place.

Ce musée a pour vocation de présenter la vie telle qu'elle était dans les environs aux XVIIIe et XIXe siècles, c'est-à-dire le travail à la plantation, les différents métiers exercés et les conditions de vie des esclaves. Grâce à la générosité de M. Burden, ancien propriétaire de cette terre, le musée a pu réunir plusieurs bâtiments originaux et les réinstaller sur ce terrain. La visite aborde bien plus le thème de l'esclavage que nombre de plantations, à l'exception de Whitney.

LSU MUSEUM OF ART ★

100 Lafayette Street
✆ +1 225 389 7200
www.lsumoa.org
Mardi-samedi, 10h-17h (20h jeudi et vendredi) ; dimanche, 13h-17h. 13 ans et plus : 5 US$. Gratuit le vendredi soir.

Ce musée fait partie d'un vaste projet d'accès pour le public et les étudiants aux diverses collections d'art et aux programmes d'éducation. Il partage le bâtiment avec le Shaw Center for the Arts et de nombreux autres partenaires culturels, dont le Manship Theatre. Les expositions tournent régulièrement – le fonds compte plus de 6 500 pièces. On y voit principalement des arts décoratifs, de la peinture et de la sculpture. L'art contemporain américain y tient une place de choix et nous avons d'ailleurs eu la chance de voir l'exposition temporaire d'Eugene Martin.

MAGNOLIA MOUND

2161 Nicholson Drive ✆ +1 225 343 4955
www.brec.org
Lundi-samedi, 10h-16h ; dimanche, 13h-16h. Adulte : 12 US$, jardins uniquement : 5 US$ par personne. Boutique sur place.

Cette plantation créole, construite vers 1791, est la plus ancienne des environs. Elle a été restaurée le plus fidèlement possible, dans le style créole français, pour en faire un musée. Ses murs ont été élevés selon la méthode du bousillage entre poteaux, mélange de boue et de mousse espagnole que l'on fait sécher entre des poutres en bois. Une maison de contremaître, un pigeonnier, une cuisine d'époque et un hangar pour les véhicules se trouvent dans un jardin d'herbes et de plantes à récolter. Des démonstrations de cuisine sont données d'octobre à mai.

LOUISIANA'S OLD STATE CAPITOL ★★

100 North Boulevard
✆ +1 225 342 0500
louisianaoldstatecapitol.org
Mardi-vendredi, 10h-16h ; samedi, 9h-15h. Entrée libre pour les expositions, 3 US$ par personne pour le film 4D.

Jusqu'à ce que le gouverneur Huey P. Long fasse construire l'actuel Capitole, ce bâtiment était le centre du gouvernement louisianais. Construit en 1847, il fut brûlé pendant la guerre civile et reconstruit en 1882. Son architecture a été critiquée par de nombreux écrivains dont Mark Twain qui affirmait que ce building était le plus monstrueux des rives du Mississippi. Une rénovation lui a redonné son aspect d'autrefois avec d'impressionnants vitraux et des ornements en acajou.

© VALÉRIE FORTIER

LOUISIANA STATE CAPITOL ★★★

900 North 3rd Street ✆ +1 225 342 7317
www.crt.state.la.us
Ouvert tous les jours de 8h à 16h30. Tour d'observation ouverte en semaine de 8h à 16h. Entrée libre.

Voici le plus haut Capitole des États-Unis. Construit entre 1934 et 1935 (sur une période de 14 mois), il compte trente-quatre étages. Le gouverneur Huey P. Long réussit à convaincre la magistrature de voter un amendement pour constituer les fonds de ce nouveau Capitole. Il fut assassiné en 1935 et inhumé dans les jardins du Capitole. Vous trouverez sa statue à l'entrée. La tour abrite aujourd'hui le siège du gouvernement louisianais. Vous pouvez visiter la Chambre des représentants et le Sénat lorsqu'ils ne sont pas en session. La tour, carrée puis octogonale à partir du 22e étage, est flanquée aux angles de quatre statues allégoriques représentant la Loi, la Science, la Philosophie et l'Art. L'escalier d'entrée comporte quarante-huit marches représentant les quarante-huit États dans leur ordre d'entrée dans l'Union. L'Alaska et Hawaï y ont été ajoutés ultérieurement. Au sommet est gravée la devise des États-Unis : *E pluribus Unum* (One from Many). Deux groupes de statues monumentales encadrent les marches : à l'est les patriotes sont en deuil et pleurent après une bataille, à l'ouest les pionniers symbolisent le courage des hommes et des femmes qui ont construit l'État à partir de rien. La frise gravée à la base du bâtiment illustre les luttes de la Louisiane, son admission dans l'Union et le développement de ses ressources naturelles. Une citation gravée sur la porte à côté de l'entrée principale rappelle les paroles de l'ambassadeur Robert Livingston au moment de sa négociation pour l'achat de la Louisiane en 1803 : « Nous avons vécu longtemps, mais c'est l'œuvre la plus noble de nos vies... Les États-Unis prennent aujourd'hui place parmi les premières puissances du monde. « À l'intérieur, une présentation multimédia vous permet un rapide et intéressant aperçu de l'histoire politique de la ville. Vous pouvez aussi monter gratuitement en haut de la tour (en semaine seulement) : du 27e étage, vous aurez droit à un superbe panorama de Baton Rouge, à l'est les jardins, à l'ouest le Mississippi, au nord les immenses usines et raffineries qui le bordent, au sud les jardins du capitole et la Louisiana State University (LSU). Pour avoir une visite guidée du Capitole (offerte selon disponibilité), contactez-les au moins un jour d'avance, voire plus. À noter que vous trouverez aussi un petit centre d'information touristique dans le hall d'entrée. Et si vous êtes chanceux comme nous, vous pourrez obtenir toutes les informations sur Baton Rouge et les autres régions de la Louisiane dans la langue de Molière.

MIKE THE TIGER'S HABITAT

16 North Stadium Drive
www.lsu.edu/mikethetiger
Accès gratuit 24h/24.

Il y a une tradition assez étrange dans l'équipe universitaire de LSU, celle d'avoir pour mascotte un tigre vivant. La tradition remonte à 1934 suite à l'initiative peu commune de plusieurs entraineurs et dirigeants d'équipes sportives de l'Université de Louisiane de faire venir un jeune tigre du Zoo de Little Rock. Depuis, il y a eu plusieurs générations de mascottes poilues qui se sont succédé à LSU et finalement surnommées Mike en l'honneur de Chellis « Mike » Chambers, l'un des anciens entraineurs à l'initiative du projet.

OLD GOVERNOR'S MANSION ★

502 North Boulevard
✆ +1 225 387 2464
preserve-louisiana.org
Ouvert du mardi au vendredi de 10h à 16h. Entrée libre, visite guidée uniquement.

© STÉPHAN SZEREMETA

Cette *mansion* a été construite en 1929 par le gouverneur Huey P. Long pour devenir sa nouvelle résidence. Aujourd'hui, ce beau manoir est un musée historique et le siège de l'organisme Preserve Louisiana. La maison a été rouverte au public en 1999 après une importante restauration. De nombreux meubles et objets ayant appartenu aux précédents gouverneurs louisianais y sont exposés. La visite n'est pas très originale, mais avec un peu d'imagination on peut voir comment les politiciens louisianais pouvaient vivre au-dessus de leurs moyens.

USS KIDD VETERANS MUSEUM ★★★

305 South River Road ✆ +1 225 342 1942
www.usskidd.com
Ouvert tous les jours de 9h30 à 15h30. Adulte : 12,53 US$, senior : 10,45 US$, 5-12 ans : 8,36 US$. Boutique sur place.

Le USS KIDD Veterans Museum se divise en trois sites distincts, tous au même endroit sur les rives du Mississippi. La visite débute avec le musée entièrement dédié à l'histoire navale américaine et les vétérans, notamment ceux de Louisiane qui ont d'ailleurs leur propre « Hall of Honor » à l'intérieur du musée. On en apprend aussi davantage sur l'amiral Isaac C. Kidd, récipiendaire de la médaille d'honneur, soit la plus haute distinction militaire aux États-Unis, auquel le contre-torpilleur doit son nom. Juste à l'extérieur se trouvent le mémorial des vétérans de Louisiane (Louisiana Memorial Plaza) ainsi qu'un des avions qui a participé à deux conflits en Asie du Sud-Est.

Vient finalement le *USS KIDD*, amarré juste derrière le musée. Pas besoin d'être fanatique des cuirassés ou de films de guerre pour monter à bord de ce contre-torpilleur (*destroyer*) ayant fait ses classes notamment pendant la Seconde Guerre mondiale et la guerre de Corée. La balade se fait seul à l'aide d'un plan détaillé (en français sur demande) et vous pourrez aller littéralement dans chaque recoin des trois étages plus la deuxième plate-forme du *USS KIDD*. Les lance-torpilles, les dortoirs (jugez du confort), les cuisines étriquées, les toilettes « conviviales », les cabines « luxueuses » des supérieurs, la salle de commande, etc. Les enfants - et aussi les plus grands - adoreront ! Prévoyez une tenue confortable et évitez les tongs pour l'explorer, on est toujours à l'étroit dans un tel bateau et les échelles sont assez abruptes.

LOUISIANA WELCOME CENTER

900 North 3rd Street
✆ +1 225 342 7317
www.louisianatravel.com
Ouvert tous les jours de 8h à 16h30.

Lors de votre visite au Louisiana State Capitol, profitez-en pour vous arrêter au kiosque d'information touristique de Louisiana Travel. Ce dernier couvre autant la ville de Baton Rouge que le reste de l'État. Lors de notre passage, une des employées maitrisait bien le français et elle est souvent sur place. N'hésitez pas non plus à visiter le site web de l'office du tourisme de Louisiane pour une foules d'idées et de bons plans pour votre séjour, le tout classé par thème (expériences culinaires, festivals et événements, hébergements, etc.).

BATON ROUGE BUS STATION

1253 Florida Boulevard ✆ +1 225 383 3811
www.greyhound.com
Gare routière : lundi-dimanche, 7h-1h. Billetterie : lundi-dimanche, 7h-00h30.

C'est dans cette petite gare routière qu'arrivent et partent les bus Greyhound couvrant la Louisiane et le reste du pays (à noter que la compagnie Megabus utilise plutôt le terminal de CATS à l'angle des rues Convention et North 22nd). Un petit *convenience store* y vend des trucs à boire et à grignoter. Sachez qu'il n'y a pas de taxi à la gare routière (il faut en commander un) et il faut compter au moins 20 minutes de marche jusqu'au centre-ville. Cela dit, plusieurs hôtels offrent un service gratuit de navette depuis et vers la gare routière.

BATON ROUGE METROPOLITAN AIRPORT

9430 Jackie Cochran Drive
✆ +1 225 355 0333
www.flybtr.com
À 7,4 miles (12 km) au nord-est du centre-ville.

Il dessert quatre grandes villes américaines (Atlanta, Charlotte, Dallas-Ft. Worth et Houston), mais il est plus simple de se rendre à La Nouvelle-Orléans pour plus de flexibilité quant aux horaires des vols. Les compagnies aériennes qui desservent l'aéroport sont American Airlines, Delta Air Lines et Unites Airlines. Pour s'y rendre ou aller au centre-ville, il y a la navette aéroport, le taxi, Lyft, Uber et les navettes d'hôtel. Cinq compagnies de location de voiture sur place.

CAPITAL AREA TRANSIT SYSTEM (CATS)

✆ +1 225 389 8282
www.brcats.com
Billet à l'unité 1,75 US$. Gratuit pour les moins de 5 ans. Pass à la journée 4 US$ en semaine, 2 US$ le week-end.

La capitale louisianaise peut compter sur un réseau de 25 lignes de bus urbains. La ligne 54 permet de joindre l'aéroport mais elle ne dessert pas le centre-ville et une connexion est donc requise (prendre la ligne 22 puis la 54). Pour de l'info en temps réel sur les passages et les circuits des bus, il suffit de télécharger l'application Route Shout. Cela dit, le transport en commun n'est pas très efficace et peut être rarissime, voire inexistant à certaines heures.

VISIT BATON ROUGE

359 3rd Street
✆ +1 225 383 1825
www.visitbatonrouge.com
Ouvert en semaine de 8h à 17h.

Si vous souhaitez tirer le meilleur de la capitale de l'État, une escale au bureau de l'office du tourisme est tout indiquée. Accueil sympathique, infos et documentations sur la ville et ses environs. On peut également jeter un œil au site web de Visit Baton Rouge pour se renseigner avant le séjour et s'assurer de ne rien manquer une fois sur place. Plusieurs brochures sont téléchargeables à même le site web, notamment le guide officiel mais aussi les dépliants sur les musées, les attractions ou encore le centre-ville de Baton Rouge.

GEAUX RIDE

521 3rd Street
✆ +1 225 522 2453
www.geauxridebikes.com
Ouvert tous les jours de 19h à 2h du matin.

Située au centre-ville, la boutique de Geaux Ride propose la location de vélo pour 30 minutes, 1 heure ou 2 heures (cette dernière option est seulement offerte du dimanche au jeudi) pour les randonnées en soirée. Tous les vélos sont « glow in the dark » (brillent dans le noir) et viennent avec une bouteille d'eau et un haut-parleur Bluetooth. L'entreprise offre aussi des tours guidés en soirée vendredi et samedi, la visite mixologie qui inclut trois bars, des tours privés, etc. Pour les tours en soirée, aucune réservation possible (premier arrivé, premier servi).

GOTCHA BIKE SHARE

ridegotcha.com/locations/baton-rouge
Service offert toute l'année et accessible 24h/24.

Ce système de libre-service est proposé principalement au centre-ville. Il permet d'emprunter un vélo à l'une des stations selon des forfaits distincts. Le premier est payable à l'utilisation, soit 25 ₵/minute plus un frais de déblocage de 2 US$. Les autres sont des abonnements, notamment le mensuel à 9,99 US$ (1 heure gratuite par jour, 25 ₵/minute ensuite, aucun frais de déblocage). Il est extrêmement avantageux pour les personnes effectuant des petits trajets à chaque fois. L'application disponible pour les téléphones est pratique pour repérer les stations.

YELLOW CAB BATON ROUGE

✆ +1 225 926 6400
brtaxi.com
Compagnie de taxis.

Probablement la compagnie de taxis la plus connue à Baton Rouge, Yellow Cabs vous mènera aux quatre coins de la ville et de la région métropolitaine et assure également la liaison avec le Baton Rouge Metropolitan Airport. Cette compagnie offre un service 24h/24. Pour commander son taxi, on peut soit appeler au numéro local ou encore télécharger l'application Yellow Cab Baton Rouge qui permet aussi de suivre l'arrivée de votre monture (seulement disponible sur Apple Store). Surtout, ne pas oublier le pourboire (environ 15% du montant total).

HOTEL INDIGO BATON ROUGE DOWNTOWN €€

200 Convention Street
✆ + 1 225 343 1515
www.ihg.com
Chambre double : à partir de 127 US$. Stationnement avec service de voiturier : 27 US$ par nuit.

L'hôtel Indigo est l'un des plus beaux hôtels de Baton Rouge, aux chambres très confortables. On apprécie la clarté des pièces, la décoration sobre et colorée. Au rez-de-chaussée, un restaurant-bar accueille les hôtes du matin au soir. L'hôtel est situé en plein de cœur du centre-ville et accueille de fait une clientèle d'affaires et touristique. Autres services sur place : centre de fitness, wifi gratuit, stationnement avec service de voiturier, centre d'affaires.

THE STOCKADE BED & BREAKFAST €€

8860 Highland Road ✆ +1 225 281 7358
thestockade.com
Chambre double : à partir de 149 US$, petit déjeuner, wifi et stationnement inclus. Forfaits disponibles.

Situé dans un ancien bâtiment militaire du XIXe siècle, aujourd'hui classé au patrimoine national, ce B&B est juste magnifique. Le grand salon invite à se détendre, quant au jardin, c'est un vrai petit havre de paix. Les chambres sont décorées dans un style classique. Pour la petite anecdote, les tableaux qui ornent les murs de la maison sont issus de la collection de Janice, la proprio, qui avait autrefois une galerie d'art, et toutes les œuvres sont signées par des artistes locaux.

HILTON BATON ROUGE CAPITOL CENTER €€€

201 Lafayette Street
✆ +1 225 344 5866
www.hilton.com
Chambre double : à partir de 129 US$. Promotions disponibles. Stationnement : 33 US$ par nuit.

Définitivement un des hôtels chics de Baton Rouge, situé en plein cœur du centre-ville, à deux pas de tout. Les chambres sont spacieuses, très bien équipées, et on recommande sans hésiter celles offrant une vue sur le Mississippi. L'hôtel propose bien sûr plusieurs services comme un restaurant-bar, une salle de fitness, une piscine extérieure (un must avec le climat louisianais), le wifi gratuit et un service gratuit de navette dans un rayon de 8 miles. Une très bonne adresse !

WATERMARK BATON ROUGE €€€

150 3rd Street ✆ +1 225 408 3200
www.watermarkbr.com
Chambre double : à partir de 175 US$. Promotions et forfaits disponibles. Stationnement : 33 US$ par nuit.

Le Watermark est un établissement hôtelier du groupe Marriott, installé dans une bâtisse historique de 1925 – premier gratte-ciel de l'État, de style Art déco – qui jadis abritait le siège de la Banque Nationale de Louisiane. Les éléments anciens ont été savamment mis en avant sans pour autant négliger le confort permis par la modernité : les 144 chambres et suites sont splendides, tout comme les deux restaurants de l'hôtel, The Gregory et Milford's on Third. Sur place également : service de location de vélos, salle de fitness, wifi gratuit.

FRANKIE'S DAWG HOUSE €

2318 Cedardale Avenue
✆ +1 225 389 6255
www.frankiesdawghouse.com
Ouvert du lundi au samedi de 11h à 19h. Carte : moins de 15 US$. Terrasse.

Comprenez « dog » house, la maison du chien chaud, à savoir du hot-dog. Et ici ils sont une merveille d'inventivité, notamment dans les divers types de saucisses, par exemple au canard, au cerf, à l'alligator, au poulet frit ou encore à l'écrevisse. Il y a des options pour tout, comme au petit déjeuner avec le Morning Dawg garni d'un œuf frit, de bacon, de fromage et de sirop d'érable. La maison prépare aussi des *grilled cheese* (appelés « melt ») dont celui aux boudin fumé, oignons grillés et cheddar. Quelques cocktails et bières pour couronner le tout.

TONY'S SEAFOOD MARKET & DELI €

5215 Plank Road
✆ +1 225 355 9669
www.tonyseafood.com
Lundi-jeudi, 8h-18h ; vendredi-dimanche, 8h-19h. Carte : moins de 20 US$.

Si vous vous y rendez à l'heure du déjeuner, préparez-vous à faire la queue, les petits plats du Tony's ne sont déjà plus un secret pour les habitants de Baton Rouge. Ici, pas de tables ni de chaises pour s'assoir, juste ce que l'on attend d'un bon restaurant : des aliments de qualité ! Les poissons, fruits de mer, boudins et autres spécialités louisianaises (jambalya, gumbo, etc.) sont excellents et servis en généreuses portions. À savoir que l'endroit fait également office de marché.

POOR BOY LLOYD'S €

201 Florida Street
✆ +1 225 387 2271
www.poorboylloyds.com
Lundi-jeudi, 6h-15h30 ; vendredi, 6h-22h ; samedi, 11h-22h. Carte : moins de 20 US$.

Ce restaurant, qui est le plus ancien du centre-ville, ressemble à une cantine sans trop de charme. Mais il ne faut pas se fier aux apparences car on mange ici parmi les meilleurs po-boys de la Louisiane, et c'est d'ailleurs pour ça qu'on y vient. On y prépare aussi des assiettes bien copieuses de fruits de mer, d'huîtres frites ou encore d'haricots rouges avec riz et saucisse fumée, sans oublier le gumbo, les salades et les sandwichs variés. En semaine jusqu'à 10h, la maison prépare également des petits déjeuners classiques.

RIO TACOS & TEQUILA €

333 3rd Street
✆ +1 225 663 6753
www.riotacosandtequila.com
Lundi-jeudi, 11h-21h ; vendredi-samedi, 11h-23h ; dimanche, 11h-16h (brunch). Carte : moins de 20 US$. Coin terrasse.

Pour une envie de tex-mex, c'est ici qu'il faut venir ! Toute la panoplie des *quesadillas*, *tamales*, *nachos*, *empanadas* et *tostadas* sont au menu, sans oublier la soupe de tortilla et poulet, les *enchiladas* et les *fajitas*. Mais la spécialité de la maison demeure les tacos, en version bouffe de rue (brisket de bœuf, poulet tinga, etc.) ou de spécialité (poisson, crevettes ou végé). Les tacos sont toujours accompagnés de riz et de haricots. Il faut aussi goûter aux cocktails (notamment la margarita glacée), aux bières mexicaines et, sans surprise, à la téquila.

BEAUSOLEIL COASTAL CUISINE €€

7731 Jefferson Highway
✆ +1 225 926 1172
www.beausoleilcoastal.com
Lundi-jeudi, 11h-21h ; vendredi, 11h-22h ; samedi, 10h30-22h ; dimanche, 10h30-20h. Carte : 10 à 60 US$. Terrasse.

Cette bonne table du quartier Mid City est très populaire auprès des locaux. La cuisine du chef Kyle Hudson s'inspire des influences créoles et ce dernier s'attache tout particulièrement à utiliser des produits cultivés en Louisiane pour plus d'authenticité. Au menu : huîtres frites avec parmesan et vinaigrette de truffe, moules au safran, poulet à la provençale ou encore tataki de thon, sans oublier la fameuse tour de fruits de mer. Brunch le week-end jusqu'à 15h.

BLDG 5 €€

2805 Kalurah Street
✆ +1 225 256 2287
www.bldg5.com
Lundi-jeudi, 11h-21h ; vendredi-samedi, 11h-22h. Carte : 10 à 40 US$. Terrasse.

Clairement l'une des meilleures adresses de Baton Rouge, BLDG 5 laisse pantois juste par sa déco qui mélange matériaux récupérés, design tendance et verdure à foison. Sa cuisine s'inspire des saveurs du monde et on aime particulièrement les plateaux gourmands en soirée pour une, deux ou quatre personnes. L'ardoise des alcools est bien garnie, notamment en ce qui a trait aux cocktails et aux vins. A noter que le restaurant se trouve blotti sous le pont routier de Perkins Road et qu'il peut être difficile à trouver (on y accède par Christian Street).

ELIZA RESTAURANT & BAR €€

7970 Jefferson Highway ✆ +1 225 349 8895
elizabatonrouge.com
Ouvert du lundi au samedi de 11h à 21h. Carte : 10 à 45 US$. Terrasse.

Voici une table qui respecte son terroir, s'approvisionnant auprès des fermiers et producteurs de Port Allen ou encore St. Francisville. Il faut dire que Sally et Russell Davis n'en sont pas à leur galop d'essai et c'est en 2015 que ce resto de Baton Rouge a vu le jour (le nom rend hommage à leur fille). Dans l'assiette, une cuisine créole contemporaine (étouffée d'écrevisses et de poisson-chat, *shrimp & grits*, gumbo ya ya, etc.). Pour un plat tout en fraicheur, on recommande la salade de pastèque avec roquette, concombre, menthe, feta vieillie et oignon rouge.

PARRAIN'S SEAFOOD €€

3225 Perkins Road
✆ +1 225 381 9922
parrains.com
Dimanche-jeudi, 11h-22h ; vendredi-samedi, 11h-23h. Carte : 10 à 35 US$. Terrasse.

Depuis plus de 20 ans, Parrain régale les amateurs de fruits de mer, mais pas que. Les plateaux de fruits de mer frits ont la cote, tout comme les crevettes barbecue style La Nouvelle-Orléans et le steak de thon saisi à feu vif. Pour le côté terre, côtelettes de porc, poitrine de canard grillée et poule entière frite sont notamment au menu. Quelques po-boys, des boules de boudin, de l'alligator et du gumbo aux fruits de mer également, ainsi que des spéciaux du midi à petits prix. Une adresse qui offre un bon rapport qualité-prix.

PHIL'S OYSTER BAR & SEAFOOD €€

4335 Perkins Road
✆ +1 225 924 3045
www.philsoysterbar.com
Lundi-jeudi, 11h-21h ; vendredi-samedi, 11h-22h ; dimanche, 10h30-16h. Carte : 10 à 40 US$.

Le nom ne laisse planer aucun doute sur la spécialité des lieux. Outre les huîtres qui attirent les foules, le restaurant propose des plateaux de fruits de mer, des poissons, des pâtes, des po-boys, sandwichs et burgers, le tout accompagné des classiques que sont le gumbo ou les boules de boudin. En semaine, les spéciaux se succèdent comme, par exemple, les huîtres à 1 US$ chacune le lundi soir. Ne ratez pas le brunch du week-end (servi jusqu'à 16h) et ses fameux ***bottomless mimosas***.

SOLOU €€

7246 Perkins Road ✆ +1 225 256 7070
www.eatsolou.com
Lundi-jeudi, 11h-21h ; vendredi, 11h-22h ; samedi, 10h-22h ; dimanche, 10h-21h. Carte : 10 à 40 US$. Terrasse.

Occupant les anciens locaux du Rum House, SoLou est une des nouvelles adresses gourmandes branchées de la capitale louisianaise. L'abondance de plantes, le mobilier qui fait très *mid-century*, une terrasse avec un mur qui inspire de belles photos Instagram, un menu qui met en valeur les traditions locales mais aussi les saveurs du monde : c'est tout cela SoLou. Mention également au brunch avec ses cocktails et ses bons petits plats (gaufre et poulet frit, alligator sauce créole avec *grits*, etc.). Une adresse un peu loin du centre mais qui vaut le détour.

LIGHT HOUSE COFFEE

257 Lee Drive
✆ +1 225 636 2074
www.lighthousecoffeebr.com
Lundi-vendredi, 7h-21h ; samedi, 8h-21h ; dimanche, 8h-18h.

Un coffee shop avec une conscience, qui s'assure que chaque grain vient d'un commerce équitable afin que les fermiers reçoivent leur juste part. L'endroit engage également des réfugiés dans son équipe, histoire de redonner au suivant (une belle exposition pour honorer la Journée internationale des réfugiés ornait les murs en juin 2022). Et, cerise sur le gâteau, les employés sont de véritables baristas et vous prépareront un café de spécialité qui vous fera démarrer la journée du bon pied. Mention au bel espace zen et aéré, tout de blanc vêtu.

MID CITY BEER GARDEN

3808 Government Street
✆ +1 225 910 8169
www.midcitybeergarden.com
Lundi-jeudi, 15h30-minuit ; vendredi-dimanche, 11h-minuit. Beer garden.

Les bonnes adresses poussent comme des champignons dans le quartier Mid City, et celle-ci ne fait pas exception. Son plus grand atout ? La majeure partie du bar est en extérieur, du moins d'une certaine façon (on adore l'ingéniosité des panneaux latéraux qui servent de murs). L'endroit accueille les amateurs de bières avec une ardoise qui a de quoi faire pâlir la compétition. Des cocktails et des vins sont proposés à ceux moins friands de houblon. Quelques savoureux plats sont également au menu et un brunch est offert le week-end de 11h à 14h.

RALLY CAP BREWING CO.

11212 Pennywood Avenue
✆ +1 225 610 9523
rallycapbrewing.com
Lundi-jeudi, 15h-21h ; vendredi-samedi, 12h-22h ; dimanche, 12h-20h. Coin terrasse.

Fondée en 2017, la microbrasserie Rally Cap a définitivement un faible pour les bières bien houblonnées, à en juger par l'ardoise bien garnie dans les styles Pale Ale et IPA. Cela dit, elle brasse également des bières sures généralement fruitées, des Stouts ou encore des bières d'inspiration belge. Pour les petits creux, des restaurateurs s'y installent en mode pop up (voir page Facebook pour les dates et menus). À savoir finalement qu'il est possible de visiter les installations de brassage du mercredi au vendredi à 17h et le samedi à 13h.

RIVER ROOM

222 Laurel Street
✆ +1 225 400 9627
www.riverroombatonrouge.com
Dimanche-jeudi, 16h-minuit ; vendredi-samedi, 16h-2h. Terrasse.

Si on avait découvert cette adresse plus tôt, on en aurait fait notre QG pour toute la durée de notre séjour à Baton Rouge. River Room, c'est avant tout un grand salon où l'on prend ses aises, un cocktail à la main, avec une musique qui explore à peu près tous les styles. L'ambiance est carrément détendue, le staff hyper gentil et prévenant. Un couloir mène à une terrasse cloisonnée où rencontrer des gens du cru et des visiteurs de passage (on salue d'ailleurs l'adorable couple du Texas !). Pour passer une bonne soirée relax, ici vous ne pouvez pas vous tromper !

THE VINTAGE

333 Laurel Street
✆ +1 225 444 5799
www.thevintagebr.com
Lundi-jeudi, 8h-21h ; vendredi-samedi, 8h-22h ; dimanche, 8h-20h. Coin terrasse.

Est-ce un bar ou un café ? Ou peut-être les deux ? Peu importe que vous soyez en mode espresso et petit déjeuner ou apéro de fin de journée avec quelques bouchées, The Vintage s'adapte à toutes les humeurs et à tous les moments de la journée. Avec son grand espace industriel orné de matériaux bruts, d'une déco de style mid-century et d'un espace distinct entre le comptoir des baristas et celui des *barmen*, l'endroit grouille toujours de monde. Le matin, prenez un fameux beignet et le soir, un cocktail « Not Too Old Fashioned ».

TIN ROOF BREWING CO.

1624 Wyoming Street
✆ +1 225 377 7022
www.tinroofbeer.com
Horaires variables. Coin boutique, salle de jeux, terrasse. Visite guidée de la brasserie le samedi à 13h30 et 15h.

On avait bien hâte de découvrir cette microbrasserie et on n'a pas été déçus. Ouverte depuis 2010, on y brasse avec amour et patience de délicieux nectars, certains étant éphémères ou saisonniers, d'autres qui en sont la figure de proue. Chose certaine, si les IPA ont la cote, il faut aussi découvrir les autres styles. Plusieurs activités et événements y sont organisés (yoga, scène ouverte, bingo, poésie, etc.) et un food truck est presque toujours présent sur place (projet à venir : une roulotte « airstream » pour la restauration, installée de façon permanente).

UNCLE EARL'S BAR

3753 Perkins Road
✆ +1 225 256 2531
uncleearls.com
Horaires variables. Terrasse.

Situé dans le quartier Southdowns, au sud-est du centre-ville, Uncle Earl's est un bar à découvrir. On y vient surtout pour ses cocktails mais aussi pour ses bières de microbrasserie. L'endroit est surtout fréquenté par les étudiants de la Louisiana State University (LSU) située non loin. Des promos sont offertes tous les soirs d'ouverture, notamment la fameuse Ladies Night où les dames obtiennent des rabais sur l'alcool. Plusieurs événements thématiques y sont organisés et il ne faut pas manquer le gros party du Earlapalooza pour la St. Patrick en mars.

BATON ROUGE ARTS MARKET

5th & Main Street
✆ +1 225 344 8558
www.artsbr.org/market
Premier samedi de chaque mois de 8h à midi.

Ce marché d'art est une initiative de la ville de Baton Rouge qui souhaitait ramener l'art entre ses murs. Du coup, une fois par mois, des artistes locaux se réunissent pour vendre leurs créations et leurs oeuvres. C'est une occasion en or de rapporter des souvenirs faits main et d'encourager en même temps la scène artistique locale. Question de faire une pierre deux coups, le marché fermier se tient au même moment et vous pourrez y faire tous vos achats gourmands (à savoir que ce dernier se tient tous les samedis de 8h à midi).

THREE ROLL ESTATE

760 St. Philip Street
✆ +1 225 615 8044
www.threeroll.com
Ouvert du jeudi au dimanche dès midi. Terrasse. Visite guidée et dégustation (jeudi au dimanche) : 15 US$ par personne.

Three Roll Estate est une distillerie ultra connue en Louisiane. Vous trouverez d'ailleurs facilement ses spiritueux dans les bars et restaurants de l'État. Sa particularité est d'avoir ses propres champs de canne à sucre, ce qui permet à l'entreprise d'offrir le concept « des champs à la bouteille ». Sa grande spécialité est le rhum qu'elle décline en différentes variétés, comme le rhum épicé ou encore le rhum agricole. La distillerie produit également une vodka. On peut découvrir le tout sur place au salon de dégustation et des visites guidées sont aussi offertes.

BOUDREAUX & THIBODEAUX'S

214 3rd Street
✆ +1 225 636 2442
Horaires variables.

Boudreaux & Thibodeaux's est d'abord et avant tout une salle de concert où se produisent tant des groupes musicaux que des DJs, le tout réparti sur deux étages (programmation sur chaque étage). L'endroit fait également bar, bien entendu, et nightclub quand la nuit avance. Bref, c'est l'un des spots de sortie les plus populaires de Baton Rouge, notamment auprès des touristes qui logent dans les hôtels avoisinants. Attention, quand l'équipe de football de LSU joue, il n'y en a plus que pour eux ! Cela dit, l'ambiance est à voir !

RED STICK SOCIAL

1503 Government Street
✆ +1 225 223 6637
redsticksocial.com
Horaires variables. Voir site web pour la programmation et les tarifs. Terrasses.

Véritable complexe de divertissement, le Red Stick - en français, Baton Rouge - Social est un lieu où l'on peut aisément passer la journée et même la soirée. Logé dans un bâtiment industriel retapé pour la cause, il abrite un restaurant-bar avec terrasse proposant une cuisine bistro et des spécialités louisianaises, une salle de bowling (25 US$ par allée, location de souliers sur place) et une salle de spectacles avec piste de danse. Le mot « Social » prend ici tout son sens ! Bref, impossible de se tromper en venant ici. On recommande.

SHAW CENTER FOR THE ARTS

100 Lafayette Street
✆ +1 225 346 5001
www.shawcenter.org
Voir site web pour la programmation et les tarifs.

Clairement le complexe dédié aux arts le plus en vue de la capitale louisianaise, l'immense édifice rassemble plusieurs entités sous son toit, à commencer par le Manship Theater. Cette salle de spectacles accueille diverses performances des arts de la scène sur ses planches (musique, théâtre, dance, film, etc.). Viennent ensuite le LSU Museum of Art et la galerie Glassell (cette dernière est gratuite), lesquels appartiennent à l'université d'État. Entre une exposition et un spectacle, trois restaurants et un café ont ici leur QG.

TEDDY'S JUKE JOINT

16999 Old Scenic Highway
ZACHARY
✆ +1 225 658 8029
teddysjukejoint.com
Horaires variables.

Ne vous inquiétez pas si vous croyez être perdu au beau milieu de nulle part, entouré de la campagne et d'un manque total de signes de vie. Ce petit temple du blues est effectivement hors des sentiers battus, mais le jeu en vaut la chandelle (l'entrée du bar est à l'intersection de Heck Young Road). L'endroit à lui seul est complètement décalé, avec sa déco chargé et son look définitivement modeste et rétro. C'était d'ailleurs la maison où a grandi le fondateur des lieux, Lloyd « Teddy » Johnson. Pour être certain de voir les meilleurs shows, allez-y le week-end.

ST. FRANCISVILLE ★★

Établie au début du XIXe siècle sous le nom de Villa of St. Francis, la ville devient, quelques décennies plus tard, le plus important port du Mississippi entre La Nouvelle-Orléans et Memphis avant la guerre de Sécession. On dit qu'à cette époque, deux tiers des millionnaires américains vivaient sur les bords de cette portion du fleuve. Il suffit de se promener dans le quartier historique de St. Francisville pour s'imaginer ce qu'ont pu être sa grandeur et sa richesse. Il ne faut pas non plus rater les plantations avoisinantes ; leur architecture est différente de celles qu'on retrouve plus au sud, mais elles sont tout aussi intéressantes à visiter.

AUDUBON STATE HISTORIC SITE

11788 Highway 965
✆ +1 225 635 3739
www.lastateparks.com

Ouvert tous les jours de 9h à 17h. Adulte : 10 US$. 5 US$ par personne pour l'accès au terrain seulement.

Construite vers 1806 et inscrite au registre national des lieux historiques depuis 1973, la petite demeure de la plantation Oakley est un bel exemple d'architecture coloniale. C'est ici que John James Audubon, célèbre ornithologue américain, est venu séjourner quelques mois en 1812. Il était chargé d'enseigner le dessin à Eliza Pirrie, la fille des propriétaires. Outre la maison, on retrouve également deux cabines d'esclaves près de l'arrière de la maison.

ANGOLA MUSEUM AT LOUISIANA STATE PENITENTIARY

17544 Tunica Trace - **ANGOLA**
✆ +1 225 655 2592
www.angolamuseum.org

À 24 miles de St. Francisville. Ouvert en semaine de 8h à 16h30 (horaire prolongé lors des rodéos). 5 US$ par personne.

La prison d'État de haute sécurité a ouvert un musée consacré à la vie pénitentiaire. La visite est très intéressante même si c'est surtout un hymne au travail courageux des gardiens. On aurait également aimé que l'on nous parle des conditions de détention des prisonniers. Deux rodéos sont organisés pendant l'année, en avril et en octobre. C'est un moment assez spécial où les prisonniers vendent leur art et participent aux épreuves du rodéo. Big House Cafe sur place.

PORT HUDSON STATE HISTORIC SITE ★

236 Highway 61 - **JACKSON** ✆ +1 225 654 3775
www.lastateparks.com

Ouvert tous les jours de 9h à 17h. 4 US$ par personne (gratuit pour les 62 ans et plus et les moins de 4 ans).

Lorsque La Nouvelle-Orléans tomba aux mains de l'Union, fin avril 1862, le maintien du contrôle du fleuve Mississippi par les États Confédérés devint une priorité majeure. Les Sudistes devaient donc protéger d'autres points stratégiques, et les hauteurs près de Port Hudson représentaient un site parfait. Mais Port Hudson tomba le 9 juillet 1963, après 48 jours de siège. Ce fut le plus long siège de la guerre civile et la première fois que des régiments noirs participèrent aux combats.

Maison de Saint-Francisville.

ROSEDOWN PLANTATION STATE HISTORIC SITE ★★

12501 Highway 10
✆ +1 225 635 3332
www.lastateparks.com

Ouvert tous les jours de 9h à 17h. Adulte : 12 US$. 7 US$ par adulte pour l'accès au terrain seulement.

La plantation Rosedown a été construite en 1834-35 par Martha et Daniel Turnbull. Leur sens exceptionnel de l'art leur a permis de meubler la maison et de la remplir d'objets de France et d'Italie, ramenés par bateau au retour de la vente de leur récolte de coton. En 1828, lors d'une de leurs visites du château de Versailles et d'autres jardins en France, en Italie et en Angleterre, le couple fut si inspiré qu'il dessina les plans des jardins dans un style français du XVIIe siècle. Ils furent les premiers Louisianais à importer les camélias, les azalées et beaucoup d'autres plantes. Le résultat est de toute beauté. Avec la guerre de Sécession et l'abolition de l'esclavage, le couple perdit ses cinq cents esclaves. Les Turnbull moururent ruinés. Leur dernière petite-fille vécut jusqu'en 1955 dans cette belle demeure classique à colonnes doriques. Le domaine, acheté en 1956 par Catherine Fondren Underwood, a été restauré après huit ans de travaux. Les moindres détails de la vie au temps des planteurs ont été recréés, ce qui rend la visite intéressante mais sans vie, comme si on visitait un musée. À remarquer : l'immense lit de style gothique originellement destiné à Henry Clay, candidat à la présidence en 1844. Ce dernier n'ayant pas été élu, Daniel Turnbull racheta ce meuble d'art pour lequel il fit bâtir une pièce supplémentaire. À noter que la visite guidée de la plantation est offerte tous les jours à 10h et est comprise dans le tarif d'entrée.

THE MYRTLES PLANTATION ★

7747 Highway 61 ✆ +1 225 635 6227
www.myrtlesplantation.com

Visite guidée tous les jours de 9h30 à 16h30. Adulte : 15 US$. Tour de soir du mercredi au samedi. 20 US$ par personne.

Cette magnifique plantation possède une architecture typiquement louisianaise, avec le fer forgé qui orne presque toute la maison. Cet endroit est aussi connu pour sa tapisserie d'Aubusson, ses chandeliers en cristal de baccarat, ses meubles français dorés à la feuille d'or et ses fantômes ! L'histoire raconte que chaque propriétaire qui a vécu dans cette maison a vu un membre de sa famille tué violemment. Même si les histoires de fantômes ne vous passionnent pas, nous vous recommandons cette visite pour la beauté de la maison. Hébergement et restaurant sur place.

GREENWOOD PLANTATION €€

6838 Highland Road
✆ +1 225 655 4475
www.greenwoodplantation.com

Chambre double : à partir de 199 US$, petit déjeuner et visite guidée de la propriété inclus.

Cette plantation fut construite en 1830 par William Ruffin Barrow dans le style Greek Revival. La maison brûla quasi entièrement en 1960, ne laissant que les colonnes et le perron, avant d'être reconstruite dans toute sa splendeur d'époque. Elle accueille dorénavant ses hôtes pour la nuit, dans l'une des onze chambres douillettes de la propriété (à noter que les chambres sont dans des cottages et non la maison principale). Chacune des chambres est munie d'un balcon offrant une belle vue sur le domaine, la maison principale et/ou encore l'étang.

HEMINGBOUGH €€

10101 Highway 965
✆ +1 225 635 6617
hemingbough.com

Tarifs sur demande. Petit déjeuner continental inclus.

Cette grande demeure aux allures coloniales compte huit chambres et deux suites, qui fonctionnent comme un B&B. Détrompez-vous, rien d'historique dans ces murs : tout est l'œuvre d'Arlin Dease, un passionné d'histoire, de vieilles pierres et surtout très doué de ses mains. C'est lui qui a restauré les plantations Nottoway et Myrtles, avant de construire Hemingbough. Les deux suites possèdent en plus des entrées privées, ainsi qu'un accès au porche meublé de rocking-chairs, de quoi profiter de l'ambiance louisianaise. Une belle adresse dans un cadre relaxant.

THE MYRTLES PLANTATION €€

7747 Highway 61
✆ +1 225 635 6227
www.myrtlesplantation.com

Chambre double : à partir de 165 US$, petit déjeuner et visite guidée de jour inclus. Restaurant 1796 sur place.

The Myrtles est un des sites préférés des chasseurs de fantômes. N'hésitez donc pas à passer la nuit (seul ?) dans l'une des chambres de cette superbe plantation. Mais si vous n'êtes pas très adepte des histoires de fantômes, privilégiez le pavillon Ridgecrest vierge de toute fréquentation non sollicitée. La plantation possède également quelques cottages, plus en retrait, à l'orée de la forêt. Dans tous les cas, on profitera avec bonheur du porche en bois, où se balancent des rocking-chairs, tout comme du petit kiosque au milieu de l'étang et de ses cyprès.

EXPLORE WEST FELICIANA

11757 Ferdinand Street
✆ +1 225 635 4224
www.explorewestfeliciana.com
Lundi-samedi, 9h-16h ; dimanche, 12h-15h.

L'office du tourisme de la paroisse de West Feliciana est installé dans une vieille quincaillerie datant de la fin du XIXe siècle. La maison est également occupée par la West Feliciana Historical Society qui y tient un musée sur l'histoire de la région (plantations, chemin de fer, rébellion de West Florida, etc.) et une boutique de souvenirs. C'est donc un excellent point de départ pour organiser son séjour. On peut également visiter le site web qui liste toutes les bonnes adresses pour bouger, faire du shopping, se régaler et se loger.

THE ST. FRANCISVILLE INN €€

5720 Commerce Street ✆ +1 225 635 6502
stfrancisvilleinn.com
Chambre double : à partir de 205 US$. The Saint Restaurant & Bar sur place.

Entièrement rénovée en 2019, cette auberge a rouvert en 2019. Un travail remarquable a été fait tant dans la décoration que l'aménagement. Le patio est juste magnifique avec sa piscine qui donne sur le parc de la ville et les majestueux chênes recouverts de mousse espagnole. On aime aussi le porche à l'avant de la maison avec ses rocking-chairs qui invitent au farniente. Les petits déjeuners sont tout simplement délicieux. Et si vous voulez poursuivre l'expérience culinaire jusqu'au bout, il vous faut absolument tester son restaurant-bar The Saint.

MAGNOLIA CAFE €

5689 Commerce Street
✆ +1 225 635 6528
www.themagnoliacafe.net
Horaires variables. Carte : moins de 20 US$.

Dans un décor coloré avec des grandes peintures de fleurs de magnolia, des hommes d'affaires, des retraités, des mères de famille font leur pause déjeuner ici. Il faut dire que les plats sont préparés maison, les sandwichs sont délicieux, les salades (laissez-vous tenter par la vinaigrette maison Sensation) plutôt conséquentes. On y sert aussi des plats de cuisine tex-mex ou encore de bonnes pizzas. Il vous faudra peut-être attendre un peu pour avoir une table, mais c'est une étape incontournable si vous passez par St. Francisville. On recommande !

THE FRANCIS SMOKEHOUSE & SPECIALTY MEAT €

6799 Highway 61
✆ +1 225 245 5046
www.thefrancissmokehouse.com
Lundi-samedi, 10h-18h ; dimanche, 10h-15h. Carte : moins de 20 US$.

Petit frère de The Francis Southern Table & Bar, The Francis Smokehouse & Specialty Meat est sa version barbecue. On y trouve toutes les spécialités de cuisine barbecue en sandwich ou à l'assiette, dont les fameuses *briskets* de boeuf, le porc effiloché et les côtes levées. La sauce barbecue, faite maison, est délicieuse. La salle intérieure étant plutôt petite, il est possible de manger sur le coin terrasse si on n'est pas contre d'avoir vue sur la route.

THE FRANCIS SOUTHERN TABLE & BAR €€

6747 Highway 61 ✆ +1 225 635 0033
www.thefrancissoutherntable.com
Dimanche-jeudi, 11h-22h ; vendredi-samedi, 11h-23h. Carte : 10 à 45 US$. Terrasse. Concerts live certains soirs.

Entre le bar qui occupe un îlot central et autour duquel on peut s'attabler dans une ambiance populaire, les différentes pièces au rez-de-chaussée ou à l'étage ou encore l'agréable cour arborée et éclairée de guirlandes, il y a de la place à The Francis. Côté carte, des classiques du Sud américain dont des spécialités à base d'écrevisses, des plats de friture et bien sûr les traditionnels po-boys. Les plats sont plutôt copieux et gourmands et l'ambiance souvent électrique.

BIRDMAN COFFEE, ART & MUSIC

5687 Commerce Street
✆ +1 225 635 3665
Horaires variables (toujours fermé le lundi). Coin terrasse. Programmation culturelle et musicale.

Voici l'un des meilleurs endroits pour prendre le petit déjeuner. D'ailleurs les locaux ne s'y trompent pas et ne cessent de vanter les mérites de Birdman. Pour un *breakfast* ou un *brunch* dans les règles de l'art, le rendez-vous est donné dans ce charmant café. Entre autres au menu : gaufres ou pancakes aux patates douces ou bien *grits* (un mélange de maïs), deux œufs, bacon ou saucisse et toast. Et vous pourrez ici savourer un bon café, un vrai espresso, extrait du percolateur.

MAGNOLIA RIDGE ADVENTURE PARK

11342 Highway 955 East - **ETHEL**
✆ +1 225 286 2929
www.magnoliaridgeadventurepark.com
Ouvert tous les jours de 9h à 17h. Adulte : à partir de 63 US$. Réductions en été pour tous. Réservation requise.

Ce lieu a de quoi vous tenir occupé pour toute la journée. Son attrait principal : son parcours dans les arbres comprenant 8 tyroliennes dont la plus longue de Louisiane (prévoir deux heures pour l'activité). Grâce à son partenariat avec Barn Hill Preserve, il est possible de réserver un forfait combo pour la visite de la réserve d'animaux. Des expériences uniques sont même offertes avec supplément, par exemple nager avec une loutre. Informez-vous aussi sur les dégustations de vins.

NEW ROADS

Siège de la paroisse de Pointe Coupee, New Roads, qui s'appelait autrefois Poste de Pointe-Coupée, est l'une des plus anciennes communautés de la vallée du Mississippi établie par des colons français. C'est en effet vers les années 1720 qu'un premier poste de traite y fut fondé. On y retrouvait de nombreux Créoles, mais aussi des esclaves d'Afrique et des Antilles (le nom et l'origine de chaque esclave sont inscrits dans les archives du palais de justice de New Roads). C'est de nos jours une petite bourgade tranquille, blottie entre la rivière False et le fleuve Mississippi, sur la route qui mène à Marksville et la région des Crossroads.

PARLANGE PLANTATION HOUSE

8211 False River Road
✆ +1 225 638 8410
Visites occasionnelles seulement, les contacter pour plus d'infos.

Construite en 1750 par le marquis Vincent de Ternant dans le style créole colonial, c'est l'une des plus anciennes plantations de l'État. On découvre la maison après avoir traversé une allée de vieux chênes et passé deux pigeonniers. Le jardin est magnifique avec ses nombreuses variétés de plantes et de fleurs. La demeure est en brique et bois de cyprès, construite selon la méthode du bousillage. La maison a été superbement décorée, tous les tableaux et les meubles sont authentiques.

POINTE COUPEE PARISH COURTHOUSE

201 East Main Street
www.18jdc.com
Ouvert en semaine de 8h30 à 16h30.

Le palais de justice de la ville, inspiré des châteaux français, domine le quartier historique de New Roads. Construit en 1902-03 pour remplacer l'ancien palais de justice qui fut détruit par un incendie en 1846, il est de style Renaissance romane, construit à partir de briques fabriquées sur place. Une aile de deux étages fut ajoutée en 1939 sur le côté nord du bâtiment, puis l'édifice entier a subi plusieurs rénovations vers le milieu des années 1980.

ST. MARY OF FALSE RIVER

348 West Main Street
✆ +1 225 638 9665
stmarysfr.org
Voir site web pour l'horaire des messes et célébrations.

La communauté catholique de Pointe Coupée est l'une des plus anciennes de Louisiane, datant de 1728. St. Mary of False River est une église néogothique construite en hommage à la foi des premiers pionniers qui se sont installés sur le site de New Roads au XVIIIe siècle. Une petite église existait déjà en 1823, l'église actuelle fut édifiée entre 1904 et 1907 d'après des motifs de l'architecte Theodore Brune. Elle comporte notamment un bel autel gravé, des vitraux en provenance d'Allemagne et un chemin de croix en peinture à l'huile.

HOT TAILS €€

1113 Hospital Road
✆ +1 225 638 4676
www.hottailsrestaurant.com
Ouvert du lundi au samedi de 11h à 20h. Carte : moins de 30 US$. Terrasse.

Cody et Sam Carroll, qui cumulent les honneurs dans les compétitions culinaires, ont ouvert ce chouette restaurant dans un ancien *convenience store*. Ils y concoctent une cuisine simple mais ô combien savoureuse, composée des grands classiques du Sud louisianais. Boules de boudin ou d'écrevisse, po-boy à l'alligator, gumbo aux fruits de mer, étouffée d'écrevisses et fruits de mer frits sont notamment au menu. Les burgers sont chaudement recommandés, notamment celui au fromage bleu ou encore celui garni d'écrevisses sautées. Une bonne adresse à prix doux !

MOREL'S RESTAURANT €€

210 Morrison Parkway
✆ +1 225 638 4057
www.morelsrestaurant.com
Mardi-jeudi, 11h-21h ; vendredi-samedi, 11h-22h ; dimanche, 11h-14h. Carte : 10 à 40 US$.

Le seul restaurant sur pilotis, qui donne directement sur la rivière et vous pouvez donc y accoster en bateau pour y siroter un daiquiri… Bonne cuisine, spécialités du Sud. Attention si vous commandez un *seafood basket* et que vous saliviez à l'idée de savourer un plateau de fruits de mer frais : ici tout est frit, y compris les huîtres, les crevettes et les écrevisses, et votre plat est accompagné de… frites ! Si vous voulez y passer la nuit, douze chambres peuvent vous accueillir et elles donnent toutes sur les rives de False River.

PASSEPORT

LE PAYS CAJUN

Houma - la frontière texane - Marksville : voilà le triangle du fameux pays cajun, dit aussi Acadiana ou pays cadien. Le pays cajun vous touche en plein cœur. Avec La Nouvelle-Orléans, c'est assurément la région à ne pas rater. Pour ses paysages magnifiques de bayous et de marais, pour son histoire acadienne si particulière, pour sa gastronomie pimentée et inventive, et surtout, surtout pour ses habitants, si chaleureux et tellement sympathiques. Nos lointains cousins parlent un français à l'accent chantant que l'on ne se lasse pas d'écouter. Ce qui tombe bien, puisque les Cajuns ne se lassent pas non plus de nous parler ! Bienvenue dans un pays à part entière, où la fête, la bonne chère et le partage sont à l'honneur. Prévoyez des chaussures confortables pour danser et un bon appétit pour goûter à toutes les spécialités. Ici, on ne mange pas pour vivre, on vit pour manger. Laissez les bons temps rouler !

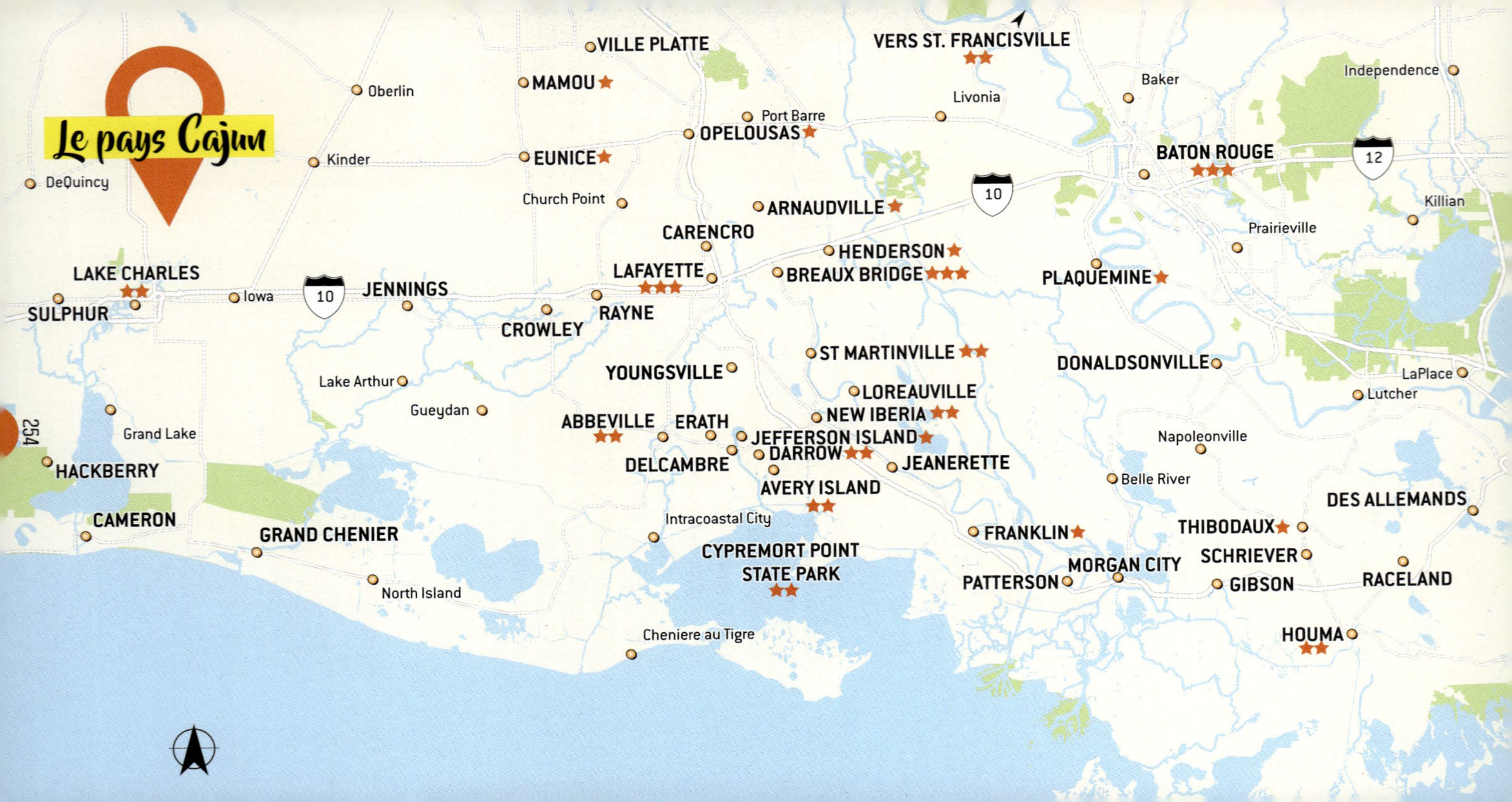
Le pays Cajun
VILLE PLATTE
MAMOU
Oberlin
Kinder
DeQuincy
EUNICE
Church Point
OPELOUSAS
Port Barre
Livonia
VERS ST. FRANCISVILLE
Baker
Independence
BATON ROUGE
12
10
Killian
Prairieville
ARNAUDVILLE
CARENCRO
HENDERSON
BREAUX BRIDGE
LAFAYETTE
PLAQUEMINE
LAKE CHARLES
SULPHUR
Iowa
JENNINGS
CROWLEY
RAYNE
ST MARTINVILLE
DONALDSONVILLE
LaPlace
Lutcher
YOUNGSVILLE
Lake Arthur
Gueydan
LOREAUVILLE
NEW IBERIA
ABBEVILLE
ERATH
JEFFERSON ISLAND
DARROW
JEANERETTE
DELCAMBRE
Napoleonville
Belle River
Grand Lake
HACKBERRY
CAMERON
AVERY ISLAND
DES ALLEMANDS
THIBODAUX
SCHRIEVER
GIBSON
RACELAND
Intracoastal City
FRANKLIN
GRAND CHENIER
CYPREMORT POINT
STATE PARK
MORGAN CITY
PATTERSON
North Island
Cheniere au Tigre
HOUMA

PAGES

●● À L'EST DE L'ATCHAFALAYA

Bienvenue dans les paroisses de Lafourche et de Terrebonne ! Thibodaux et Houma, portes d'entrée ou de sortie du pays cajun à une heure au sud-ouest de La Nouvelle-Orléans, sont deux villes très francophiles. On aime ces bourgades pour leur influence cajun si profonde, et donc leur culture de l'accueil, de la danse et de la bonne chère. Tout au sud, le golfe du Mexique mélange ses eaux salées aux lacs et marécages d'eau douce, si bien que l'on ne sait plus trop où finit la terre et où commence la mer. C'est ici que l'ouragan Ida a frappé de plein fouet la Louisiane le 29 août 2021, dans le secteur de Port Fourchon, avec des vents atteignant près de 240 km/h. Les stigmates de son passage sont toujours bien visibles, notamment à Grand Isle.

GRAND ISLE ★★

 Destination côté mer par excellence en Louisiane, Grand Isle se prête tant au farniente sur la plage qu'à l'excursion sportive de pêche au large. Habituée aux ouragans, elle se relève fièrement suite au passage d'Ida en août 2021, comme en témoignent les réouvertures qui se succèdent et les événements festifs qui reprennent possession des lieux.

HOUMA ★★

 Houma est une étape recommandée sur la route reliant La Nouvelle-Orléans à Lafayette pour ceux désirant visiter l'extrême sud-est du pays cajun. Qui plus est, elle offre plusieurs possibilités en termes d'hébergements, d'attraits, d'adresses gourmandes et de sorties.

COCODRIE ★★

 « *Da Bottom Of Da Boot...* » La botte, c'est la Louisiane, sa silhouette sur une carte géographique. « *The (Da) Bottom* », c'est le bas de cette botte, le bout du bout, seul face à la baie de Terrebonne et le golfe du Mexique. C'est Cocodrie.

Maisons sur pilotis à Cocodrie.

PAGES

Cypremort Point State Park.

PAGES

© BONNIE TAYLOR BARRY - SHUTTERSTOCK.COM

Jungle gardens, Avery Island.

NEW IBERIA ★★

276 Ville de l'écrivain James Lee Burke pour son personnage de Dave Robicheaux, New Iberia - ou La Nouvelle-Ibérie en français - est une étape à inscrire à l'itinéraire. Outre ses adresses gourmandes, dont la boutique de Cane River Pecan Company, on y retrouve des hébergements absolument charmants et des points d'intérêt dignes de mention, en ville comme dans les environs.

AVERY ISLAND ★★

279 On vient à Avery Island pour une seule et unique raison : c'est ici qu'est fabriquée la fameuse sauce piquante Tabasco connue mondialement. Outre la visite des lieux et le passage obligé en boutique, Avery Island abrite également un superbe parc à la végétation tropicale, le Jungle Gardens.

280 **DELCAMBRE**

280 **JEFFERSON ISLAND ★**

282 **ABBEVILLE ★★**

LAKE CHARLES ★★

285 C'est la grande ville de l'ouest de la Louisiane, située à une trentaine de minutes en voiture de la frontière texane. Elle constitue un excellent pied-à-terre pour ceux désirant emprunter le circuit panoramique Creole Nature Trail. La ville attire également les foules avec ses casinos.

290 **SULPHUR**

HACKBERRY

292 Si vous aimez la chasse, la pêche et l'ornithologie, Hackberry est une valeur sûre. Des pourvoyeurs comme Hackberry Rod & Gun vous permettront de vivre l'expérience sans avoir à vous soucier de quoi que ce soit, ou presque. Mentionnons également que Hackberry se trouve à un jet de pierre de la Sabine National Wildlife Refuge.

●● LAFAYETTE ET LE NORD

Située à 55 miles (90 km) à l'ouest de Baton Rouge, Lafayette est la capitale du pays cajun. S'il n'y a pas grand-chose à voir ici d'un point de vue architectural, on y vient, en revanche, pour manger (la gastronomie est ici autant un art qu'un moment d'échange unique), danser (dans les fais-dodo et même les restaurants comme Prejean's), rayonner sur ses villages typiques alentour et profiter de la nature sauvage aux portes de la ville. Les bayous sont d'ailleurs nombreux dans les environs, tout comme les *swamp tours* qui vont de pair. Il faut dire qu'on y retrouve une partie du bassin de l'Atchafalaya, la plus grande étendue marécageuse associée à un bassin fluvial aux États-Unis (un pont long d'une trentaine de km le survole entre Baton Rouge et Lafayette). Quant aux localités situées au nord de Lafayette, elles sont placées sous le signe de la musique cajun et de la *swamp pop*, cette musique rock des marais. Dans le plus petit village qui soit, vous trouverez un bar qui accueille un concert ou une session *jam* accompagnée au *fiddle* cajun. Rendez-vous à Arnaudville, Opelousas, Eunice ou Mamou pour swinguer sur du *two-step* ou du zydeco.

Ville incontournable en Louisiane, elle met en avant son histoire et sa culture cadiennes pratiquement partout. La musique tient aussi une place de choix, dans les bars, *dance halls* et festivals (ne ratez pas les spectacles gratuits au centre-ville au fil des saisons). Et avec bon nombre de bayous, le lac Martin et le bassin de l'Atchafalaya à proximité, les *swamp tours* sont à portée de main.

Une petite ville à découvrir absolument pour plonger au cœur de l'histoire des Acadiens suite à leur déportation depuis le Canada. Outre les sites commémorant ce sombre épisode de leur histoire, on retrouve également un magnifique parc d'État au cœur du bassin de l'Atchafalaya, soit le Lake Fausse Point State Park.

Une charmante petite ville, traversée par le bayou Teche, qu'il faut absolument découvrir. Bridge Street, qui constitue le cœur du village, rassemble bon nombre d'adresses gourmandes, des boutiques d'antiquaires ou encore d'artistes et d'artisans. Il fait vraiment bon de s'y balader par une belle journée ensoleillée.

DES ALLEMANDS

Au début du XVIIIe siècle, ce sont entre autres des colons alsaciens et lorrains qui s'installèrent dans cette région qui longe la rive est du Mississippi et que l'on surnomma vite la Côte des Allemands, d'où le lac des Allemands et le bayou des Allemands. Situé à environ 45 minutes de La Nouvelle-Orléans et comptant un peu plus de 2 000 habitants, cette localité, comme Raceland plus au sud, est une étape sur la route de Houma. Des Allemands est réputée pour être la capitale mondiale - voire de l'univers - du poisson-chat (*catfish*). S'y tient d'ailleurs annuellement un festival entièrement dédié à la cause, le Louisiana Catfish Festival.

SPAHR'S SEAFOOD €

3682 Highway 90 East
✆ +1 985 758 1602
www.spahrsseafood.com
Dimanche-jeudi, 11h-21h ; vendredi-samedi, 11h-22h. Bar ouvert tous les jours dès 9h. Carte : moins de 25 US$.

Situé à moins de 2 miles du bayou des Allemands, Spahr's Seafood est l'endroit idéal pour une pause déjeuner après un tour en *airboat* ou tout simplement sur la route entre La Nouvelle-Orléans et la région de Thibodaux-Houma. La cuisine cajun tout comme le poisson-chat et les po-boys sont à l'honneur dans ce restaurant agréable et d'un service exemplaire. Pour les gourmands ou pour partager, on recommande le plateau de fruits de mer Bill's. Côté dessert, le pouding au pain est un incontournable. Autres succursales à Thibodaux et Galliano.

AIRBOAT TOURS BY ARTHUR

4262 Highway 90
✆ +1 504 810 4756
www.airboattours.com
Voir site web pour les tours. Tarifs à partir de : 45 US$ pour 1 heure, 60 US$ pour 90 minutes. Réservation requise.

Arthur, du haut de ses 30 ans d'expérience, vous propose des *swamp tours* de toute beauté. Ses *airboats*, barges à fond plat propulsées par un moteur à hélice, peuvent emmener jusqu'à 15 personnes. La découverte du bayou des Allemands et de ses marécages peuplés de tortues, d'alligators et de milliers d'oiseaux est un pur moment de bonheur. Le circuit au coucher du soleil est sans conteste le plus magique. Le nombre de personnes enregistrées et la météo conditionnent souvent les départs. Location de kayaks également. Équipe sympathique et passionnée.

RACELAND

Située à une vingtaine de minutes au nord-est de Houma, cette bourgade à fleur de bayou présente l'avantage d'être, comme Des Allemands, une étape sur la route en direction de Houma, New Iberia et Lafayette. Son nom viendrait de la famille Race qui avait à l'époque une grande plantation sur le bayou Lafourche appelée Raceland. La localité est depuis longtemps au cœur de l'industrie du sucre en Louisiane, notamment avec la Raceland Raw Sugar Corporation qui a une capacité de broyage de 15 000 tonnes par jour. Finalement, c'est à Raceland que se trouve le bureau touristique de Louisiana's Cajun Bayou Tourism, lequel couvre toute la paroisse de Lafourche.

CENTER FOR TRADITIONAL LOUISIANA BOAT BUILDING

202 Main Street
LOCKPORT
✆ +1 985 532 5106

Note importante : en date de l'été 2022, le centre est temporairement fermé suite au passage de l'ouragan Ida.

On trouve du côté de Lockport ce petit centre d'interprétation du bateau traditionnel de Louisiane, abritant quelques modèles d'embarcations anciennes, notamment des pirogues utilisées par les Indiens il y a plus de 500 ans, et autres objets en relation avec le transport fluvial, jadis unique moyen d'aller d'un point à un autre sur l'ensemble du territoire. À noter que Lockport se trouve au sud-est de Raceland, à une dizaine de minutes en voiture.

A CHATEAU ON THE BAYOU BED & BREAKFAST €€

3158 Highway 308
✆ +1 985 413 6773
www.achateauonthebayou.com

Chambre double : 185 US$, copieux petit déjeuner inclus. Forfaits disponibles.

Bienvenue chez Claudette ! Votre hôte vous accueille dans sa charmante maison en bordure du bayou. Le jardin est parfait pour profiter des douces soirées de Louisiane, et la localisation du B&B est idéale pour rayonner sur les environs tout en profitant du calme de la campagne. N'hésitez pas à discuter avec Claudette, elle se fera un plaisir de partager ses bons plans. Après le coucher du soleil, on s'immerge dans l'univers mystérieux du bayou bercé par les sons de la vie nocturne.

GRAND ISLE ★★

Incluse dans la paroisse de Jefferson, Grand Isle est une localité balnéaire située sur les rives du golfe du Mexique. On y accès par la route 1 et un péage est requis à Leeville en direction de Port Fourchon et Grand Isle (3 US$ par voiture). L'endroit abrite les quelques rares plages de Louisiane et est également un haut lieu de la pêche. D'ailleurs, chaque été se tient le fameux Grand Isle Tarpon Rodeo, un concours de pêche ultra prisé. Mais de par sa position, Grand Isle fait souvent les frais des ouragans au fil des ans. En 2021, Ida a ravagé la localité presque entièrement, mais les habitants sont résilients et la reconstruction va bon train.

GRAND ISLE STATE PARK ★

Admiral Craik Drive
✆ +1 985 787 2559
www.lastateparks.com

Note importante : en date de l'été 2022, le parc est temporairement fermé suite au passage de l'ouragan Ida.

Situé tout au bout de la route 1, ce parc d'État abrite une des rares plages de Louisiane et la baignade dans les eaux du golfe du Mexique est ici possible (soyez toutefois très prudent car les courants d'arrachement - ou de retour - sont omniprésents). L'endroit est hautement convoité par les amateurs de nautisme, de pêche (la truite mouchetée y abonde) et d'ornithologie. Un sentier de randonnée, long d'un peu plus de 4 km, parcourt le parc. Il est possible d'y passer la nuit, que ce soit en camping avec ou sans services ou alors en prêt-à-camper.

HURRICANE HOLE €€

1851 Highway 1
✆ +1 985 503 1706
hurricanehole.net

Tarifs à partir de : 125 US$ la chambre et 400 US$ le condo.

Situé un peu après le Grand Isle Bridge, Hurricane Hole est bien connu des locaux en raison de sa marina, mais c'est en fait tout un complexe de villégiature qui s'étend ici. Des chambres et suites (2 à 6 personnes) et condos entièrement équipés (8 ou 10 personnes maximum) sont à disposition pour des vacances de rêve. Le site abrite aussi un restaurant-bar, le Old Blue Marlin, ainsi qu'une boutique où se procurer de la bière, du café, des glaces, des snacks, de la viande, des serviettes de plage, des hameçons et appâts, des souvenirs et tutti quanti.

LOUISIANA'S CAJUN BAYOU TOURISM

4484 Highway 1
✆ +1 985 537 5800
www.lacajunbayou.com
Ouvert du lundi au vendredi de 9h à 17h, de 9h à 15h le samedi.

L'office du tourisme couvre la paroisse de Lafourche et inclut les localités suivantes du nord au sud, toutes situées le long du bayou Lafourche : Thibodaux, Raceland, Lockport, Larose, Cut Off, Galliano, Golden Meadow, Leeville et Port Fourchon. Tant au bureau touristique que sur le site web, vous trouverez toutes les informations et bons plans pour organiser votre séjour dans cette vaste région. Il est aussi possible de télécharger la brochure touristique (anglais seulement).

HOUMA ★★

Siège de la paroisse de Terrebonne, Houma tire son nom de la tribu indienne du même nom. Elle est surnommée « la Venise de l'Amérique » car plusieurs bayous convergent vers le centre-ville. Les Américains, qui ne reculent devant rien, y ont construit 55 ponts pour faciliter la vie des habitants. Les environs sont percés de bayous, marais et petites rivières, lesquels se découvrent lors des fameux *swamp tours*. En ville, les points d'intérêt sont nombreux, tout comme les adresses gourmandes et les jolis Bed & Breakfast où passer une nuit bien méritée. Et comme vous êtes toujours au cœur du pays cajun, vous croiserez de nombreux locaux parlant français.

Swamp tour dans la région de Houma.

BAYOU TERREBONNE WATERLIFE MUSEUM ★

7910 West Park Avenue ✆ +1 985 580 7200
www.terrebonnewaterlifemuseum.com
Mardi-vendredi, 10h-17h ; samedi, 12h-16h. 12 ans et plus : 3 US$, 2-11 ans : 2 US$. Boutique sur place.

Parce que la Louisiane est une affaire d'eau, il fallait un musée où saisir en un éclair la différence entre un bayou, un marais et un marécage. Ce n'est pas forcément une étape obligatoire à Houma, mais il est toujours appréciable de comprendre l'environnement dans lequel on évolue : le gigantesque vivier que constituent ces zones où eau douce et salée se rencontrent, l'industrie de la pêche et l'immigration vietnamienne, la complexité des transports maritimes et intercostaux…

SOUTHDOWN PLANTATION & MUSEUM ★

1208 Museum Drive ✆ +1 985 851 0154
www.southdownmuseum.org
Note importante : en date de l'été 2022, la plantation est temporairement fermée suite au passage de l'ouragan Ida.

Cette plantation de style espagnol abrite le musée de la paroisse de Terrebonne. C'est une belle demeure avec d'étonnantes couleurs extérieures, le tout datant de 1859. Le second étage, lui, de style victorien, date de 1893. Le plus bel élément de cette plantation-musée est une magnifique collection de 135 pièces d'oiseaux en porcelaine. N'hésitez pas à vous informer pour avoir une visite guidée en français, sinon une brochure vous attend à la boutique de souvenirs.

THE REGIONAL MILITARY MUSEUM ★

1154 Barrow Street
✆ +1 985 873 8200
www.regionalmilitarymuseum.com
Lundi-vendredi, 10h-16h ; samedi, 10h-14h.
Adulte : 10 US$, étudiant : 2 US$.

Si vous tombez sur Dexter pour la visite de ce musée militaire, vous ne serez pas déçu ! Suivez ce bonhomme très enthousiaste à l'idée de raconter la drôle d'étymologie du mot « jerricane », de vanter la puissance de frappe pour l'époque de tel canon, la maniabilité du célèbre bombardier-torpilleur *TBM Avenger*. Enfin, ne manquez pas de jeter un œil à l'étroitesse du cockpit du tout premier *Air Force One*, celui d'Eisenhower. Uniformes, modèles et propagandes complètent la visite.

ANNIE MILLER'S SON'S SWAMP AND MARSH TOURS

4038 Bayou Black Drive
✆ +1 985 868 4758
www.annie-miller.com
Horaires variables, téléphoner pour réserver.
Tarifs sur demande.

Fondée par feue Annie Miller, cette entreprise familiale, la première à offrir des *swamp tours* en Louisiane, accorde une grande importance au respect de l'environnement et des écosystèmes. Outre les alligators tous connus par leur petit nom, notre guide nous instruit sur la nidification des pygargues à tête blanche, les effets de l'érosion sur les zones humides, et tant d'autres thèmes. Un tour recommandé, ne serait-ce que pour la démarche respectueuse de Mark, petit-fils d'Annie.

EXPLORE HOUMA

114 Tourist Drive
✆ +1 985 868 2732
www.explorehouma.com
Ouvert du lundi au vendredi de 9h à 17h.

Le bureau touristique est en fait situé à Gray, à une dizaine de minutes en voiture de Houma. Vous y trouverez toutes les informations touristiques (en français !) sur cette belle région. Le hall d'entrée accueille une exposition permanente très intéressante sur divers aspects de la culture louisianaise et locale (Mardi Gras, industrie de la pêche, Indiens, musique, etc.). Un arrêt incontournable pour bien préparer sa visite dans la région. Bonus : accès au wifi gratuit et personnel très accueillant. Possibilité de télécharger la brochure touristique en ligne.

GRAND BAYOU NOIR €

1143 Bayou Black Drive
✆ +1 985 804 0303
www.grandbayounoir.com
Chambre double : à partir de 130 US$, petit déjeuner inclus.

Splendide propriété lovée au cœur d'un jardin tropical non moins éblouissant. Elle abrite deux confortables chambres d'hôtes au mobilier ancien et une suite nommée « La Garçonnière ». Le petit déjeuner est servi dans la salle de séjour garnie d'antiquités et d'un piano centenaire, ou sur la terrasse du patio équipé de ventilateurs. Dans le jardin du Grand Bayou Noir s'épanouissent pas moins de 15 variétés de citronniers et plus d'une trentaine de bananiers différents, au milieu desquelles sont disséminés hamacs et rocking-chairs. Un grand bol de Louisiane !

CROCHET HOUSE B&B €€

301 Midland Drive ✆ +1 985 879 3033
www.crochethouse.com
Chambre double : 85 US$, petit déjeuner inclus. Stationnement gratuit sur place. Piscine et spa extérieurs.

Deux chambres plus un studio indépendant avec kitchenette sont ici à disposition des hôtes. Leland et Sally Crochet parlent très bien français et leur accueil est très chaleureux. Ils aiment sincèrement leurs cousins de France ! Eux-mêmes sont de souche française, la famille Crochet est arrivée de Saint-Malo en 1785. C'est d'ailleurs de ses origines bretonnes que vient le surnom de Leland : Capitaine Crochet. Il vous parlera de ses ancêtres et de sa collection de plaques automobiles françaises et internationales avant de vous servir un copieux petit déjeuner.

TEWLVE OAKS PLANTATION BED AND BREAKFAST €€

3650 Southdown Mandalay Road
✆ +1 985 876 5772
twelveoaksplantation.com
Chambre double : 125 US$, petit déjeuner inclus.

Cette magnifique demeure, blottie entre des chênes majestueux face au bayou Black, fut en fait construite dans les années 1950, la maison originale ayant entièrement brûlé en 1936. Elle abrite deux chambres très confortables avec grand lit King, téléviseur avec câble, mobilier antique et salle de bain privée. Chacune offre une superbe vue sur le domaine de la plantation et ses champs de canne à sucre. Une très belle adresse pour se la couler douce en pays cajun !

A-BEAR'S CAFE €

809 Bayou Black Drive
✆ +1 985 872 6306
abearscafe.food-ts.com
Lundi-jeudi, 10h30-14h30 ; vendredi, 11h30-14h30 & 17h-21h. Carte : moins de 25 US$.

Ce restaurant occupe une maisonnette en bois, avec un intérieur simple et propre, des tables avec nappes et de grands ventilateurs. La grande spécialité des lieux est l'assiette de fruits de mer frits (plusieurs choix dont des assiettes combo ou moitié-moitié), sans oublier les grillades, le gumbo aux crevettes ou poulet et saucisses, l'assiette de riz et haricots rouges, le jambalaya, etc. Tous les vendredis soir, vous pouvez avoir un *all-you-can-eat* (service à volonté) de poissons frits pendant qu'un groupe de musiciens assure l'ambiance.

BAYOU DELIGHT RESTAURANT €

4038 Bayou Black Drive
✆ +1 985 876 4879
Dimanche-jeudi, 10h-20h ; vendredi-samedi, 10h-21h. Carte : moins de 25 US$.

Certes, l'endroit ne paie pas de mine. Mais faites confiance aux locaux, s'ils vous y envoient c'est forcément pour une bonne raison. La nourriture est plutôt bonne et l'ambiance est assez géniale. Parmi les spécialités à goûter : le poulet frit, les po-boys, les bouchées de boudin et les crevettes frites. Le samedi soir, tous les villages environnants semblent se retrouver ici pour esquisser quelques pas de danse (musique cajun live le week-end). L'option idéale pour se requinquer après le *swamp tour* de Mark Miller qui part depuis le ponton du restaurant.

BIG MIKE'S BBQ SMOKEHOUSE €

3034 Barrow Street ✆ +1 985 876 4477
www.bigmikesbbqsh.com
Mardi-samedi, 11h-20h30 ; dimanche, 11h-16h (fermé dim. en été). Carte : moins de 20 US$ sauf pour les repas familiaux.

Big Mike's, c'est LE spot pour un repas de cuisine barbecue à Houma ! Viande à la livre (1 livre = 454 g), en sandwich, en assiette avec accompagnements ou en formule familiale, toutes les options sont délicieuses. Les assiettes avec 2 ou 3 choix de viande sont le bon plan pour goûter à tout, ou presque. Le restaurant prépare aussi des entrées à partager, des pommes de terre farcies, des burgers, etc. Belle sélection de bières artisanales. Autre succursale à Thibodaux (musique live).

CAJUN CRITTERS €

6433 Alma Street
✆ +1 985 876 1834
Mardi-jeudi, 11h-21h ; vendredi, 11h-22h ; dimanche, 11h-20h. Carte : moins de 25 US$.

Autrefois installé dans une salle bien plus petite, le restaurant a été frappé par la foudre et a pris feu en janvier 2017. Les locaux ont donc accueilli avec grand plaisir sa réouverture trois mois plus tard dans un établissement bien plus grand. Une touche de décoration cajun représentant la vie dans les marais et, dans l'assiette, des spécialités typiques, essentiellement du gumbo et des fruits de mer. Les spécialités bouillies de la maison sont les plus populaires. Les écrevisses et les crabes bleus sont servis uniquement durant la saison.

BOUDREAU & THIBODEAU'S CAJUN COOKIN' €€

5602 West Main Street
✆ +1 985 872 4711
www.bntcajuncookin.com
Dimanche-jeudi, 10h-21h ; vendredi-samedi, 10h-22h. Carte : 10 à 35 US$. Terrasse.

Le nom de ce restaurant s'inspire de deux personnages fictifs bien connus dans le pays cajun. D'innombrables gags les mettent en vedette, même encore aujourd'hui. Outre cette anecdote, Boudreau & Thibodeau's Cajun Cookin' est un incontournable à Houma. On y sert des bouchées d'alligator, des cuisses de grenouilles, du gumbo, des grillades, des burgers, po-boys et sandwichs, des plats typiques cajuns et des fruits de mer. L'ambiance est sympa et le service attentionné.

BAYOU TERREBONNE DISTILLERS

8043 Main Street
✆ +1 985 790 7722
btdistillers.com
Horaires variables [ouvert du vendredi au dimanche, sur rendez-vous le reste du temps].

Ce sont les petits-fils d'une ancienne *moonshiner* qui tiennent les rênes de cette microdistillerie, histoire de perpétuer la tradition mais dans la légalité cette fois-ci. La spécialité des lieux est le whisky, distillé deux fois en petites quantités dans des équipements traditionnels fabriqués localement. Pour découvrir l'envers du décor, des visites guidées sont proposées sur réservation. Des spectacles musicaux ou encore d'humour s'y tiennent souvent, à découvrir un verre à la main.

THE JOLLY INN

1507 Barrow Street
✆ +1 985 872 6114
Horaires variables. Musique live et restaurant sur place.

The Jolly Inn est connu de tous car c'est l'un des fameux *dance halls* du pays cajun. Lorsque les musiciens se mettent de la partie, l'ambiance monte d'un cran et le plancher de danse est pris d'assaut. C'est donc l'occasion en or pour tenter quelques pas de danse avec les locaux qui se feront un plaisir de vous montrer les bases. L'endroit fait aussi office de restaurant et propose entre autres des salades, des sandwichs et burgers, des fruits de mer frits, du poulet grillé et toute la panoplie d'accompagnements. À couronner d'un pouding au pain en dessert.

CHAUVIN

C'est un coin sauvage où il fait bon bifurquer à l'improviste ou s'arrêter en route pour Cocodrie (il y a peu de chances de se perdre : les deux principales routes sont parallèles et relient Houma à Cocodrie). Appréciez les alentours de Montegut, traversez les eaux pour observer les pélicans à Pointe aux Chenes, empruntez des impasses au bout desquelles vous tomberez sur des horizons faits de marais et de roseaux. Et tant qu'à être sur place, faites un saut du côté du jardin de sculptures et allez faire quelques emplettes chez Cecil Lapeyrouse Grocery qui vient de rouvrir en juin 2022 après avoir subi de gros dommages lors du passage de l'ouragan Ida.

CHAUVIN SCULPTURE GARDEN

5337 Bayouside Drive
✆ +1 985 594 2546
www.nicholls.edu/folkartcenter
Ouvert tous les jours de 8h à 17h. Entrée libre. Les contacter à l'avance pour une visite guidée en français.

Plus d'une centaine de sculptures, au fort tropisme religieux et manichéen, se font face et se répondent dans ce jardin à l'origine privé. Kenny Hill était maçon, puis il s'est mis à décorer son bout de terrain de ses œuvres de briques et de béton griffé. À tel point que depuis 2002, l'université d'État Nicholls a pris le jardin sous son aile et l'a ouvert au public. L'artiste, en lutte avec la vie, son sens, la religion et les notions de bien et de mal, met en exergue des couleurs dites cajuns. Dans certaines sculptures, il s'est même mis en scène.

DOWN THE BAYOU SHRIMP TOURS

8238 Grand Caillou Road
✆ +1 985 257 1200
downthebayoushrimptours.com
Contacter directement Kim Chauvin pour les réservations et les tarifs.

Pour une visite guidée carrément différente, vous serez ici servi ! Pendant 90 minutes, vous découvrirez toutes les facettes de l'industrie de la pêche aux crevettes au sein de cette entreprise familiale. Car tous les aspects sont abordés, de la manière dont les filets sont installés à la quantité de crevettes qu'un bateau peut pêcher, en passant par le développement durable, et les questions environnementales. Une visite chaudement recommandée !

COCODRIE ★★

Cocodrie est un lieu sauvage, authentique, où la vie est un combat quotidien contre l'érosion de la côte, pour la sauvegarde du parler acadien. Cocodrie veut dire crocodile en langue cadienne, mais il y a belle lurette que les alligators ont fui le coin : l'eau salée qui s'invite dans les marais ne leur a pas plu du tout. C'est cette même salinité qui donne parfois ses airs fantomatiques à certains paysages du Sud louisianais. Cocodrie, c'est une excursion loin de la ville où l'on mangera du bon poisson, on papotera avec des pêcheurs, on prendra de la hauteur depuis la tour d'observation du LumCon et on finira avec un cocktail au bout du bout du bout.

CECIL LAPEYROUSE GROCERY

7243 Shoreline Drive
✆ +1 985 594 3054
Ouvert tous les jours de 5h30 à 19h.

Un stop incontournable sur le chemin pour aller à Cocodrie. À peine arrivé sur le parking, vous aurez déjà l'impression d'avoir remonté le temps. Mais la vraie expérience se trouve dans l'épicerie. C'est le rendez-vous des pêcheurs et des locaux. On y trouve des boissons, des snacks mais aussi tout l'équipement pour pêcher. Bien sûr dans un décor qui ne semble pas avoir changé depuis des années. N'hésitez pas à traverser la longue salle pour accéder au petit jardin. Tout au bout, la vue dégagée sur le bayou sauvage vaut vraiment le détour.

COCO MARINA

106 Pier 56
✆ +1 985 594 6626
www.cocomarina.com
Horaires variables en fonction de la saison de pêche et de la fréquentation.

Coco Marina réhydrate les dockers voisins et locaux de tout poil, mais pas seulement. Telle une paillote, le Cabana Bar, à l'étage, propose une terrasse à l'ombre de feuilles de palmier avec une vue imprenable sur le marais, le golfe et son ballet de bateaux de retour de pêche. Un endroit idéal pour boire une bière bien fraîche ou un cocktail. L'établissement tient aussi un restaurant et propose différents types d'hébergement (chambre, studio, condo, appartement, etc.). Finalement, on peut y louer un bateau ou s'offrir une excursion de pêche avec capitaine.

A l'embouchure du golfe du Mexique.

LUMCON ★★

8124 Highway 56
✆ +1 985 851 2800
www.lumcon.edu
Ouvert tous les jours de 8h à 16h. Entrée libre.

LumCon, pour Louisiana Universities Marine Consortium. C'est ici que vous apprendrez tout sur le golfe et les marais, le mode de vie et le régime de leurs habitants, pourquoi certains crabes sont bleus et à quoi ressemble une vertèbre de baleine. Certes LumCon est un centre de recherche : c'est une institution scientifique très respectée dans ses recherches sur l'érosion du littoral comme dans les effets sur l'écosystème à moyen et long termes de la marée noire de BP en 2010. Mais le centre se veut aussi éducatif avec ses aquariums où évoluent quelques spécimens des bas fonds du golfe du Mexique et de l'estuaire de Barataria-Terrebonne, des marais à arpenter tout autour du site, une (possible) visite du *Pelican*, vaisseau de recherche qui ferait rougir le commandant Cousteau et, bien sûr, la tour d'observation (72 marches sans ascenseur, vous serez prévenus !) qui permet d'obtenir un des meilleurs panoramas de la région, surtout en fin de journée au soleil déclinant. Le centre propose aussi des discussions scientifiques sur des sujets aussi variés qu'intéressants et éducatifs, le tout en formule webinaire (voir page Facebook pour les dates et les inscriptions). Vous voulez pousser l'expérience plus loin ? Des activités éducatives sont téléchargeables à même le site web et on peut aussi visionner quelques vidéos. Bref on recommande vivement une visite à LumCon, car apprécier c'est avant tout savoir. À noter que des travaux d'agrandissement ont lieu en date de l'été 2022, un projet nommé Blue Works.

SCHRIEVER

La localité de moins de 6 000 habitants doit son nom à George Schriever, un agent des chemins de fer, en lien avec l'inauguration du tronçon la reliant à Houma dans les années 1870. Schriever se trouve à moins de 10 miles au nord-ouest de Houma en empruntant la pittoresque route Little Bayou Black Drive (La-311, beaucoup plus plaisante que la route 24), et elle est également desservie par le train Sunset Limited de la compagnie ferroviaire Amtrak (ce circuit relie La Nouvelle-Orléans à Los Angeles en deux jours). Ardoyne Plantation sera certainement le seul point d'intérêt de Schriever, mais le fait qu'elle soit unique en son genre vaut le détour.

ESCAPADE AUX AIRS DE BOUT DU MONDE À COCODRIE

Si vous avez une journée à consacrer aux paysages sauvages de l'extrémité sud de la Louisiane, prévoyez une virée jusqu'à Cocodrie. La petite localité aux airs de bout du monde est un heureux mélange d'industrie et de nature sauvage à perte de vue, là où les bayous se jettent dans le golfe du Mexique et où terre et eau se confondent en un paysage plat mais pas pour autant dénué de charmes. Longez la bande de terre qui s'enfonce dans les marais et prenez le temps de vous arrêter au détour d'un accès sur l'un des bayous qui longent la route, d'un petit boui-boui local, d'une marina sauvage ou d'un jardin improbable.

ARDOYNE PLANTATION ★

2678 Highway 311
✆ +1 985 804 2271
www.ardoyneplantation.com
Note importante : en date de l'été 2022, la plantation est temporairement fermée suite au passage de l'ouragan Ida.

C'est l'une des très rares plantations à être restée dans la famille : le sénateur John Dalton Shaffer la fit construire en 1894 et aujourd'hui Susan et Lee Shaffer y habitent. Ardoyne a également su demeurer intacte, tant dans sa structure que dans son mobilier. Au fil de la visite de ses nombreuses pièces, on découvre ces œuvres d'art que sont les poupées de bois sculptées avec talent par Mémé Shaffer dans les « genoux de cyprès » (protubérances racinaires du cyprès chauve qui émergent à fleur d'eau dans le bayou). Margaret « Mémé » Shaffer était aussi plutôt douée avec une aiguille entre les doigts : la quasi-totalité des édredons, draperies, etc. ont été cousus et brodés par ses soins avec un niveau de détails stupéfiant. Pour sûr, Susan Shaffer ne manquera pas de parler des tapisseries du hall imprimées manuellement ou de l'escalier peint lui aussi à la main (un bon moyen d'économiser sur l'entretien d'une moquette). Enfin, c'est l'architecture d'Ardoyne qui en fait une pièce unique en son genre. Considérée comme l'exemplaire le plus abouti du style « victorien gothique rural », la plantation peut, sous un certain angle, prendre des airs de chalet suisse ou de clocher bavarois, avec ses pans de toits exagérément pentus, ses tuiles plates et grises et ses fenêtres oblongues. Construite entièrement en bois, tous les cyprès et pins utilisés proviennent de l'idyllique parc alentour où trônent encore de séculaires chênes. C'est cette odeur de bois qui restera en mémoire une fois le seuil de la porte à vitraux franchie.

THIBODAUX ★

Constituée en 1820, cette ville, surnommée « la reine du bayou Lafourche », est située dans un paysage de marais et de plantations de canne à sucre. C'est le chef-lieu de la paroisse de Lafourche, qui tient son nom du bayou reliant le Mississippi au golfe du Mexique sur environ 170 km de longueur. La ville s'est développée avec la commercialisation de la canne à sucre, du coton et de la mousse espagnole. Aujourd'hui, elle vit toujours de la canne à sucre. On y trouve une université, Nicholls State University, et l'héritage français y est très présent. Porte d'entrée ou de sortie du pays cajun, Thibodaux est attachante, à l'instar de sa population.

E.D. WHITE HISTORIC SITE ★

2295 Highway 1 ✆ +1 985 447 0915
louisianastatemuseum.org
Ouvert du mardi au samedi de 10h à 16h30. Entrée libre.

Ce cottage créole des années 1820 et construit en cyprès peint est très élégant. Au fil des ans, la maison a subi plusieurs transformations lui donnant plutôt une architecture de style Greek Revival. Elle fut la résidence de deux figures politiques importantes de Louisiane, soit Edward Douglas White, qui fut gouverneur de 1835 à 1839, et son fils, lequel fut nommé à la Cour suprême des État-Unis en 1894 et fut juge en chef de 1910 à 1921. Les expositions sont dédiées à ces deux hommes mais aussi à l'histoire de la région du bayou Lafourche.

LAUREL VALLEY PLANTATION ★

595 Highway 308 ✆ +1 985 446 7456
www.laurelvalleyplantation.com
Ouvert tous les jours de 10h30 à 16h30. Visite guidée : 15 US$ par personne, 8 US$ pour les 12 ans et moins.

Dans les années 1770, le gouvernement espagnol de Louisiane octroie 214 hectares de terre à Etienne Boudreaux, colon acadien. À la fin du XIXe siècle, la maison appartient à la famille de J. Wilson Lepine, qui installe un système de rails et de wagons à mulets reliant les plantations sur 24 km ! Cette ancienne plantation possède encore plusieurs machines agricoles et bâtiments extérieurs : les restes d'un énorme moulin à sucre et une grue à charger le sucre, une école, une pension de famille qui accueillait les ouvriers pendant la roulaison (saison des récoltes en automne), un magasin à provisions (*general store*), une ferme, une grange renfermant les anciens wagons, une forge, des maisons d'ouvriers. L'endroit est tenu par de sympathiques bénévoles qui vous racontent l'histoire des lieux. On peut ensuite prendre sa voiture pour rouler au milieu du champ, jusqu'aux anciennes cabanes d'esclaves. La maison principale ne se visite pas, en revanche le tour est intéressant car on peut ainsi se faire une idée des alentours de la maison de maître. Une séquence du film *Ray*, biopic de Ray Charles, a été tournée ici ainsi qu'une partie d'*Entretien avec un vampire*. À noter que la plantation se trouve à environ 6 miles au sud-est de Thibodaux. Il vaut mieux réserver sa place à l'avance pour la visite guidée (au moins deux visites par jour, durée d'une heure), et le tout se fait facilement en ligne à même le site web de la plantation. On conseille aussi de porter des chaussures confortables pour la visite à pied.

Thibodaux.

WETLANDS ACADIAN CULTURAL CENTER ★★

314 St. Mary Street
✆ +1 985 448 1375
www.nps.gov/jela
Ouvert du mardi au samedi de 9h30 à 16h30. Entrée libre.

Ce centre culturel des Wetlands vous raconte l'aventure des Acadiens qui s'établirent dans les marais et bayous du sud-est de la Louisiane. Après le Grand Dérangement, certains Acadiens exilés s'installent dans la campagne à l'ouest de La Nouvelle-Orléans. Au début du XIXe siècle, ils sont environ 3 500 en Louisiane. Ils s'adaptent aux conditions naturelles que leur impose cette région et développent une activité fondée sur la pêche et la chasse. Ce centre très spacieux vous explique de façon intelligente et agréable leurs origines, leur installation dans la région marécageuse des Wetlands et leur culture : histoire, langue, religion, musique, pêche, cuisine, vie quotidienne et tutti quanti. Dans une grande salle, réservée à l'artisanat local, on vous montre comment on construit un bateau ou comment on fabrique un filet de pêche. Une salle de théâtre de 200 places, le Thibodaux Playhouse, propose des spectacles et des programmes acadiens depuis 1960. Enfin, une série de projections vidéo est à votre disposition, en français ; n'hésitez pas à les demander aux *rangers* du parc qui sont particulièrement aidants. Au niveau des activités offertes, notons les visites guidées du secteur historique de Thibodaux, les excursions en bateau sur le bayou Lafourche (relâche en été), les spectacles musicaux du samedi (zydeco, gospel, blues, jazz, cajun, etc.), les activités pour enfants (le samedi également) et les camps d'été pour les enfants et ados.

CARMEL INN & SUITES €€

400 East First Street
✆ +1 985 446 0561
thecarmelinn.com
Chambre double : à partir de 169 US$, petit déjeuner et stationnement inclus. Piscine extérieure sur place.

Bien situé au centre-ville de Thibodaux, cet hôtel familial chargé d'histoire est géré avec enthousiasme par Greg et son épouse. On y retrouve 97 unités, composées de chambres doubles ou familiales spacieuses. L'hôtel dispose aussi d'une jolie piscine extérieure, ce qui est plutôt rare dans la région. Au niveau des services, les hôtes ont accès à un ordinateur avec imprimante en libre-service, au wifi gratuit, à une laverie (bien utile en cours de séjour) ainsi qu'à une petite salle de fitness. Un très bon choix pour une escale à Thibodaux.

DANSEREAU HOUSE €€€

506 St. Philip Street
✆ +1 985 227 9937
dansereauhouse.com
Chambre double : à partir de 205 US$, petit déjeuner inclus sur demande.

Voici peut-être l'hébergement le plus chic de Thibodaux. Cet élégant Bed & Breakfast loge dans une grande demeure datant de 1847 qui n'a rien perdu de son cachet. Le cadre étant d'ailleurs de plus enchanteur, elle est souvent réservée pour de grandes occasions, comme un mariage ou une lune de miel. Sur place, six chambres et suites, dont une pouvant accueillir jusqu'à six personnes, sont à disposition des hôtes. Si vous avez l'occasion d'y dormir, vous pourrez apprécier leur grand confort ainsi que les beaux jardins qui entourent la maison.

GRADY V'S €

900 Country Club Boulevard
✆ +1 985 446 8894
www.gradyvs.com
Mardi, 11h-14h ; mercredi-samedi, 11h-22h (dès 10h le samedi pour le brunch). Carte : moins de 30 US$.

Situé aux abords du terrain de golf du Bayou Country Club (très belle vue depuis la terrasse d'ailleurs), Grady V's est sous la gouverne du chef Brent Daigle. Cette table gourmande est réputée pour ses burgers de boeuf Angus, ses viandes fumées maison et ses fruits de mer frais. Parmi les plats recommandés par le chef, notons le gumbo avec poulet, saucisses, crabe et écrevisses ou encore les nachos avec brisket de boeuf. Côté bar, il faut absolument goûter au Bloody Mary version cajun. À noter que la cuisine est fermée entre 14h et 17h en semaine.

CINCLARE €€

601 West 3rd Street
✆ +1 985 227 9507
cinclarefoodanddrink.com
Ouvert du mercredi au samedi dès 17h, 16h30 pour le bar. Carte : 10 à 35 US$.

Un des meilleurs restaurants de Thibodaux. Le chef résume sa cuisine par l'expression « Rustic Southern Cuisine », proposant une approche sobre et fraîche des traditions culinaires du Sud américain. Les produits sont achetés auprès des producteurs locaux puis triés sur le volet avant de passer par la case cuisine. Et le résultat est plutôt appétissant : jarret d'agneau braisé lentement avec une tempura d'artichaut et un sauté de petits pois, carottes et oignons perlés, et sauce de blanquette. Ou comment prouver que les choses les plus simples sont les meilleures.

FREMIN'S RESTAURANT €€

402 West 3rd Street
✆ +1 985 449 0333
www.fremins.net
Horaires variables. Carte : 10 à 60 US$.

Voici un restaurant aux influences italiennes, qui sert un menu assez varié et consensuel. La viande est à l'honneur avec un filet mignon accompagné de *crab cake* et nappé de sauce béarnaise, ou encore un osso bucco de porc et avec une sauce demi-glace au Cabernet. Quelques belles entrées mettent aussi l'eau à la bouche, comme les huitres de type Rockefeller et les plateaux de charcuteries et fromages (belle sélection). On est bien content de voir Fremin's de retour sur la scène gourmande de Thibodaux, le restaurant ayant subi des dommages lors de l'ouragan Ida.

WEEPING WILLOW CAFE

713 West 3rd Street
✆ +1 985 448 0444
www.weepingwillowcafe.com
Lundi-vendredi, 9h-17h ; samedi, 10h-15h.

Logé en plein coeur du centre de Thibodaux, tout près du bayou Lafourche, on y vient pour sa longue liste de cafés. *Cold brew* (café froid mais non glacé), café glacé (cinq options différentes), américano, italien, latte (dont celui à la citrouille et aux épices, un délice), espresso... Il y en a pour tous les goûts ! Le café prépare aussi une vaste sélection de sandwichs et *wraps* (dont le fameux muffuletta), ainsi que des salades et des soupes. En dessert, laissez-vous tenter par un *cupcake* ou un *brownie*. Une bonne adresse pour un café et manger sur le pouce.

BOURGEOIS MEAT MARKET

543 West Main Street
✆ +1 985 447 7128
www.bourgeoismeatmarket.com
Lundi-vendredi, 7h-17h ; samedi, 7h-13h.

Véritable affaire de famille depuis plus d'un siècle, cette boucherie vaut le détour, ne serait-ce que pour goûter à sa grande spécialité maison qui attire les foules depuis des décennies, le *jerky* de boeuf à la cajun. Cette préparation de viande de bœuf est coupée en lamelles, lesquelles sont par la suite salées, épicées et séchées. À découvrir absolument ! Parmi les autres produits gourmands en boutique, on retrouve des saucisses, du boudin, des *cracklins*, des fromages de tête de dinde ou de porc, des belles coupes de viande, etc.

GIBSON

Située presque à mi-chemin entre Houma et Morgan City, Gibson est une communauté non-incorporée de la paroisse de Terrebonne et compte moins de 2 000 habitants. On retrouve dans ses environs plusieurs terrains de camping, notamment pour les véhicules récréatifs qu'on appelle ici RV. Si les points d'intérêt ne sont pas légion à Gibson, certains valent le détour. C'est le cas de Black Bayou Airboat Swamp Tours qui propose de partir à la rencontre de la faune et de la flore locales (ferme d'alligators également sur le site), ou encore de Wildlife Gardens qui offre de l'hébergement en cabines au cœur d'un bayou peuplé de charmantes bêtes.

BLACK BAYOU AIRBOAT SWAMP TOURS

125 Gator Court
✆ +1 985 665 8571
www.bayoublackairboattours.com
Horaires variables, téléphoner pour réserver. Tarifs sur demande.

Vous retrouverez votre capitaine dans la ferme d'alligators de Greenwood Gator Farm and Tours (possibilité de visite tarifée de la ferme après votre *swamp tour*). Puis vous rejoindrez votre embarcation pour ce tour mémorable qui donne à voir des paysages absolument magnifiques et alterne entre sensations fortes au-dessus de l'eau et des îlots flottants, pauses nature pour observer la faune locale et explications de la vie dans les marais par votre guide qui en connait long sur le sujet.

WILDLIFE GARDENS €€

5306 North Bayou Black Drive
✆ +1 985 209 9677
www.wildlifegardens.com
Cabane : 110 US$ pour 2 personnes, petit déjeuner inclus. 15 US$ par personne supplémentaire, 8 US$ par enfant.

Cet endroit est un lieu magique, où chaque visiteur devrait séjourner au moins une nuit. D'abord parce que les quatre cabanes au milieu du bayou sont d'un charme sans équivoque. On dort véritablement au cœur de la forêt marécageuse. Ne vous méprenez pas, si le bayou est en quelque sorte artificiel, il a été creusé dans un terrain très propice et les animaux qui y vivent sont locaux : les alligators, les tortues serpentines et les paons qui déambulent parmi les buissons. Wildlife Gardens est plus qu'un hébergement, c'est une rencontre à part entière.

MORGAN CITY

Cette ville tient son nom d'un financier nordiste à l'origine de sa prospérité après la guerre civile, Charles Morgan. C'est lui qui fit le terminus de la ligne de chemin de fer, la New Orleans and Great Western Railroad. Morgan City se situe au confluent de l'Atchafalaya, du Teche et de l'Intracoastal Waterway et a par conséquent développé une importante industrie de la pêche sur le lac Palourde, les marécages et les bayous environnants. Peu de points d'intérêt dans cette ville industrielle qui vit de l'exploitation du pétrole offshore et de la pêche. Il ne faut d'ailleurs pas manquer le Louisiana Shrimp & Petroleum Festival qui se tient en septembre.

INTERNATIONAL PETROLEUM MUSEUM & EXPOSITION ★★

111 First Street

✆ +1 504 384 3744

Ouvert du lundi au samedi, visites guidées à 10h et 14h. Adulte : 8 US$.

Morgan City fut le centre de la ruée vers l'or noir (Black Gold Rush) et développa une importante industrie pétrolière. C'est l'unique occasion de visiter une plate-forme pétrolière toujours en activité (une soixantaine d'ouvriers y travaillent), baptisée « Mr Charlie ». Construite en 1952, c'est l'ancêtre des plates-formes de forage en haute mer ; elle fait 75 m de long sur 30 m de large. Elle est située sur l'Atchafalaya, à son intersection avec le Intercoastal Waterway.

AUTO RENTAL ETC

6310 Highway 182

✆ +1 985 918 2500

www.autorentaletc.com

Ouvert du lundi au vendredi de 8h à 18h.

Une agence idéale si vous souhaitez éviter les entreprises multinationales classiques et privilégier une agence louisianaise. Auto Rental ETC propose un grand choix de véhicules à la location et dispose de sept agences implantées dans le sud de l'Etat, soit à Breaux Bridge, Kenner (au Louis Armstrong New Orleans International Airport - pas de taxe aéroport), Lafayette (deux succursales), Lake Charles, Morgan City et Youngsville. Les réservations sont possibles en ligne et par téléphone auprès de chaque agence. Une compagnie locale chaudement recommandée !

LAKE END PARK & CAMPGROUND €

2300 Highway 70

✆ +1 985 380 4623

lakeendpark.net

Camping : 24 US$ par nuit. Site pour RV : à partir de 20 US$ la nuit. Chalet : à partir de 150 US$.

Situé sur les rives du lac Palourde, ce camping propose des sites rustiques pour tentes, des sites avec services pour les véhicules récréatifs ainsi que des chalets sur pilotis (séjour de deux nuits minimum pour les chalets). Services offerts : location de vélos et d'embarcations nautiques, plage et baignade, terrain de jeu pour enfants, sentiers pédestres, etc. À voir : le Brownell Memorial Park & Carillon Tower (une tour de 30 mètres renfermant 61 cloches de bronze de Hollande).

ATCHAFALAYA OAKS €€

501 Railroad Avenue

✆ +1 985 702 9889

www.atchafalayaoaks.com

Chambre double : à partir de 155 US$, petit déjeuner inclus. Stationnement gratuit sur place.

Logée au cœur du centre-ville, la maison de Deborah offre un chic pied-à-terre pour explorer les environs à son rythme. Une suite est à disposition des hôtes et comprend un lit double dans la chambre et un divan-lit dans le salon, sans oublier la kitchenette pour préparer ses petits plats. Une belle cour commune avec foyer permet de se la couler douce après une journée de visites. À savoir que les séjours de longue durée sont ici acceptés. Aussi, sachez que des trains passent souvent à proximité de la maison, ce qui peut déplaire à ceux ayant un sommeil léger.

BAYOU LAGNIAPPE €

102 Bowman Street

BERWICK

✆ +1 985 384 2245

Ouvert du mardi au samedi (horaires variables). Carte : moins de 25 US$.

Ce petit resto est une adresse authentique où l'on dégustera principalement des fruits de mer bouillis (crabes, écrevisses ou crevettes), mais aussi des boules de boudin, des écrevisses à l'étouffée, du saumon grillé, un po-boy, un panier de fruits de mer frits et tutti quanti. Pour goûter à un peu de tout, l'assiette de dégustation avec viande de crabe gratinée, poisson et crevettes frits et crabe farci de crevettes est un must. En dessert, le pouding au pain et le gâteau au fromage couronneront à perfection cette pause gourmande.

RITA MAE'S KITCHEN €

711 Federal Avenue
✆ +1 504 384 3550
Ouvert du lundi au samedi dès 8h. Carte : moins de 20 US$.

C'est dans une jolie petite maison qu'est installé le populaire restaurant Rita Mae's Kitchen. On y vient à toute heure, pour le petit déjeuner, pour un steak bien cuit ou du poulet frit, pour un po-boy pour la route (plus d'une dizaine d'options) et pour sa ribambelle de spécialités du Sud américain (gumbo aux fruits de mer, étouffée d'écrevisses, fruits de mer frits dont les huîtres, crevettes, etc.). Les portions sont conséquentes et satisferont les gros appétits. On aime cet endroit pour ses tarifs abordables et son menu très varié.

WEDELL-WILLIAMS AVIATION & CYPRESS SAWMILL MUSEUM ★

118 Cotten Road
✆ +1 985 399 1268
louisianastatemuseum.org
Ouvert du mardi au samedi de 9h30 à 16h. Entrée libre.

Ce musée braque les projecteurs sur les pionniers de l'aviation louisianaise, James Wedell et Harry P. Williams, qui créèrent l'une des premières lignes aériennes commerciales de l'État. Tous deux moururent dans un crash. Le musée expose plusieurs avions, notamment le fameux Miss Patterson #44 et le Gilmore #121. Trophées et souvenirs du duo ainsi qu'un film sur la 1932 Cleveland National Air Races. À voir également : les expositions sur l'industrie du bois de cyprès.

SWEET & SIMPLE COFFEE & SWEET SHOP

209 Freret Street
✆ +1 985 329 3939
www.sweetandsimplecupcake.com
Ouvert en semaine de 9h à 17h30, le samedi jusqu'à 15h. Coin terrasse.

Notre meilleure adresse en ville pour une pause sucrée. On y vient bien sûr pour sa panoplie de cafés froids, dont le frappuccino offert en de multiples saveurs, ou chauds, comme le latte ou l'américano, mais aussi pour ses petits délices sucrés. Brownies, macarons et biscuits au chocolat ont la cote, mais ce sont les cupcakes qui attirent les foules. Par une chaude journée, on se laisse plutôt tenter par les glaces ou un bubble tea, à savourer dans le parc situé juste en face.

CAPTAIN CAVIAR SWAMP TOURS

112 Main Street ✆ +1 985 395 7420
www.captaincaviar.com
Tour : 60 US$ par personne (minimum de 150 US$). Durée de 3h-3h30. Réservation requise. Possibilité d'hébergement.

La 1ère partie de la balade, qui alterne entre sites industriels et maisons résidentielles, est plus axée sur le côté historique et sur le mode de vie local. Mais une fois passée l'écluse, on s'enfonce alors à vive allure sur le large Atchafalaya. Un sentiment unique tant on se sent si petit face à l'immensité de cette nature sauvage et toute cette eau. Puis on entre dans de plus petits bayous. Une visite différente des excursions plus touristiques que nous vous conseillons vivement.

PATTERSON

Incluse dans la paroisse de St. Mary, Patterson est une petite ville de moins de 6 000 habitants sur la Cajun Coast et située à une dizaine de kilomètres à l'ouest de Morgan City. Son point d'intérêt principal est le Wedell-Williams Aviation & Cypress Sawmill Museum, un musée du Louisiana State Museum, lequel gère plusieurs autres musées dans l'État. Ce musée est dédié à James « Jimmy » Robert Wedell et Harry P. Williams et à l'héritage qu'ils ont laissé dans l'aviation et l'industrie du bois de cyprès. On vient également à Patterson pour ses *swamp tours*, notamment ceux offerts par Captain Caviar qui jouissent d'une belle renommée en Louisiane.

BOILING MADD €

400 Highway 90 West
✆ +1 985 395 4629
Horaires variables. Carte : moins de 20 US$.

Une adresse typique comme on les aime, située en bord de route. Une grande pièce de bois et de tôle au milieu de laquelle trônent des tables éparpillées où s'accoudent les locaux venus déguster des fruits de mer bouillis (en saison, non-offert le midi) ou frits (possibilité de faire un combo avec différents fruits de mer). Po-boys, sandwichs, steaks et autres plats gourmands dans la même veine complètent le menu. Pour faire des économies, surveillez le plat du jour le midi en semaine et le week-end (moins de 10 US$). Une bonne adresse pour le porte-monnaie !

CAJUN COAST

900 Dr. Martin Luther King Boulevard
✆ +1 985 380 8224
www.cajuncoast.com

Ouvert du lundi au vendredi de 9h à 17h, de 9h à 15h le week-end.

C'est dans un beau bâtiment moderne que le bureau touristique de Cajun Coast a installé ses pénates. En plus de Morgan City, il couvre entre autres les localités de Berwick, Patterson et Franklin, toutes situées dans la paroisse de St. Mary. C'est un excellent endroit pour s'informer sur les attractions à voir, les activités à faire et les bonnes adresses où se loger et se régaler. Le site web de Cajun Coast contient aussi une foule d'informations pour préparer son séjour dans la région, incluant le téléchargement de la brochure touristique (anglais seulement).

FRANKLIN ★

Située dans une courbe du bayou Teche sur la Old Spanish Trail, la ville de Franklin, fondée en 1808, s'est développée avec la production de sucre de canne et de sel. Vinrent ensuite les colons français, acadiens, anglais, et dès 1835, les premiers bateaux à aubes s'y ravitaillent. La ville a conservé quelques belles demeures historiques de style Renaissance grecque, ainsi que des maisons construites au moment de l'arrivée du chemin de fer. Si vous passez à Franklin, promenez-vous dans la rue principale (Main Street/Highway 182) sous son arcade de chênes, le long du bayou Teche, et imaginez la vie des planteurs au rythme des bateaux à vapeur...

CHITIMACHA MUSEUM

3289 Chitimacha Trail - **CHARENTON**
✆ +1 337 923 4830
www.chitimacha.gov
Lundi-jeudi, 9h-16h30 (fermé entre 12h et 13h) ; vendredi, 9h-11h30. Entrée libre (dons encouragés).

Musée entièrement dédié à la tribu des Chitimachas. Après avoir bataillé avec les Français, ils signent la paix en 1718. À l'arrivée des Acadiens en 1762, la tribu s'assimile à cette nouvelle population et parle le français cajun. Mais les maladies importées d'Europe déciment ce peuple, et le gouvernement leur prête peu d'attention en 1803 lors du Louisiana Purchase. Après un très long combat pour leur reconnaissance sociale et politique, la tribu fut reconnue officiellement en 1919. Aujourd'hui les Chitimachas sont représentés dans de nombreux corps de métiers.

GREVEMBERG HOUSE MUSEUM

407 Sterling Road ✆ +1 337 828 2092
www.grevemberghouse.com
Ouvert tous les jours de 10h à 16h. Adulte : 10 US$.

Cette maison fut construite en 1850 par Henry Wilson qui la céda en 1857 à la veuve Frances Wikoff Grevemberg. Elle y vécut jusqu'à sa mort en 1871, avec son second mari Gabriel. En 1880, le sénateur Donelson Caffery rachète la maison après différentes successions, elle devient propriété de la ville en 1948. Quatre colonnes blanches corinthiennes soutiennent une maison meublée d'antiquités des années 1830-1870, décorée d'objets d'arts collectionnés dans la paroisse, d'après l'étude de l'inventaire de Gabriel Grevemberg en 1857 et celui de Frances Wikoff en 1871.

OAKLAWN MANOR PLANTATION ★

3296 East Oaklawn Drive ✆ +1 337 828 0434
www.oaklawnmanor.com
Note importante : en date de l'été 2022, la plantation est temporairement fermée. Vérifiez avant de vous y rendre.

C'est la plantation la plus intéressante du coin. Construite en 1837 par Alexander Porter, un Irlandais qui a participé à la fondation de l'État de Louisiane. Après être passée aux mains de plusieurs propriétaires, cette plantation de canne à sucre tomba en ruine. À la fin du siècle dernier, Clyde Arthur Barbour, qui s'était enrichi dans l'industrie pétrolière, commença à restaurer cette demeure dont il était tombé amoureux. Mais un incendie détruisit son œuvre et il dut renouveler son effort pour la restaurer et la remeubler au fur et à mesure de ses voyages en Europe. La maison contient une belle collection d'objets d'art et de mobilier européen, ainsi que des peintures et des gravures originales d'Audubon. Dans le jardin de chênes et de cèdres qui descend jusqu'au bayou Teche, vous pouvez encore voir l'ancienne laiterie où l'on stockait lait et beurre, le puits de briques faites à la main par les esclaves, et une très belle volière construite par les studios de la Warner pour le tournage de *Drowning Pool* avec Paul Newman et Joann Woodward. On vous racontera sans doute que Henry Clay séjourna dans la plantation quelque temps et que le film *La Toile d'araignée*, de Stuart Rosenberg avec Paul Newman, fut également tourné à Oaklawn Manor. Bon plan : visiter la plantation pendant les fêtes de fin d'année, alors qu'elle se pare de ses plus beaux atours. Note pour s'y rendre : lorsque vous êtes sur la route 182, tournez sur Irish Bend Road et suivez les panneaux, la plantation est à 3 miles (5 km) de la route 90.

TOURS BY STEVEN

✆ +1 504 442 4220
www.toursbysteven.com
Adulte : à partir de 30 US$. Réservation requise.

La compagnie Tours by Steven offre différents tours guidés à pied à La Nouvelle-Orléans, mais elle est également présente à Franklin. Deux visites à pied sont ici proposées : Bayou Town Stroll (environ 2h) nous fait découvrir l'histoire, l'architecture et la culture de cette charmante petite ville située sur les rives du bayou Teche, alors que The Ghost Walk of Franklin (environ 2h30) nous plonge au cœur des lieux hantés de Franklin et de l'activité paranormale qui sévit dans la ville. Nouveauté à venir : location et excursion guidée en kayak sur le bayou Teche.

CYPREMORT POINT STATE PARK ★★

Vous n'aurez pas souvent l'occasion d'aller à la plage durant votre voyage en Louisiane, ce parc d'État étant l'une des rares opportunités à saisir, alors autant en profiter. On y accède par la route 83 depuis Baldwin ou New Iberia, puis par la 319 qui mène jusqu'aux rives de la baie Vermilion. Outre la plage, le parc héberge une faune incroyable, notamment de nombreuses espèces d'oiseaux, des opossums, des alligators, des cerfs et même des ours noirs. En quittant le parc, faites un petit détour aller-retour en prenant à droite sur la 319 afin de voir les kilomètres de petites habitations sur pilotis qui sont en fait les maisons de campagne des locaux.

JEANERETTE

Jeanerette a été fondée au début du XIXe siècle (incorporée en 1878) et s'est développée grâce aux scieries et au commerce de la canne à sucre. Aujourd'hui encore, la culture du sucre est le revenu principal de cette petite ville. Il est possible de récupérer à l'office de tourisme de New Iberia (ou à consulter directement sur son site web) la brochure avec itinéraire détaillé d'une balade intitulée « Historic Jeanerette Trail », balisant les principaux points d'intérêt. Sur place, on recommande la visite du Jeanerette Museum pour découvrir le passé de la ville et pour les arrêts gourmands, la boulangerie LeJeune's Bakery et Cooper Street.

Cypremort Point State Park.

CYPREMORT POINT STATE PARK ★★

306 Beach Lane
✆ +1 337 867 4510
www.lastateparks.com

Ouvert tous les jours de 7h à 22h. 3 US$ par personne (gratuit pour les 62 ans et plus et les moins de 4 ans).

Rares sont les occasions de pouvoir se rendre en voiture sur les rives du golfe du Mexique, qui plus est de trouver une plage. Bien qu'aménagée par l'homme, celle de ce parc d'État fait 800 mètres de long et offre un cadre idéal pour se baigner et lézarder toute la journée. Parmi les activités prisées des visiteurs, notons le nautisme, la pêche et l'observation de la faune. Le parc loue aussi quelques chalets rustiques pour prolonger le plaisir sur place.

JEANERETTE MUSEUM

500 East Main Street ✆ +1 337 276 4408
www.jeanerettemuseum.com

Ouvert de 10h à 16h (jours d'ouverture variables). Dernier tour guidé à 15h. Adulte : 3 US$, moins de 12 ans : 1 US$.

Sis dans une maison en bois de cyprès datant de 1902, il présente la vie le long du bayou Teche à travers ses 200 ans d'industrie sucrière. Au programme : exposition sur l'industrie du cyprès utilisé dans la construction des bateaux à vapeur, présentation d'objets artisanaux en bois de cyprès. Une chambre victorienne montre des pièces faites au crochet et des broderies françaises. Mardi Gras Room expose quant à elle une collection de costumes de carnaval. Enfin, la Swamp Room présente les différentes espèces animales des marais, dont le fameux serpent à sonnette.

LEJEUNE'S BAKERY

1510 Main Street
✆ +1 337 276 5690
lejeunesbakery.com

Ouvert en semaine de 8h à 17h.

Cette boulangerie a ouvert ses portes en 1884. Depuis, elle n'a cessé de perpétuer la tradition du bon pain dans la localité de Jeanerette. Cinq générations de LeJeune se sont succédé aux fourneaux et aujourd'hui c'est Matthew qui surveille la cuisson et allume le lampion donnant sur la rue pour prévenir les passants que le pain est prêt. Des tours gratuits sont même organisés pour expliquer le procédé de fabrication du pain. À goûter absolument sur place : les incontournables *ginger cakes* et le pain français (version au beurre à l'ail également).

NEW IBERIA ★★

Siège de la paroisse d'Iberia, elle reste marquée par les différentes influences française, espagnole et acadienne de son histoire. Aujourd'hui, elle est la capitale de la canne à sucre, laquelle est célébrée lors d'un festival en septembre. De belles maisons créoles historiques s'alignent sur Main Street, cœur de la ville avec Bouligny Plaza, où se trouve la statue de Francisco Bouligny, fondateur de la ville. Elle revêt aussi son habit de patrie du jazz en comptant parmi ses défunts habitants William G. « Bunk » Johnson, et a vu naître George Rodrigue, auteur des célèbres peintures du Chien bleu, en plus d'accueillir le roi du zydeco Clifton Chenier.

BAYOU TECHE MUSEUM ★

131 East Main Street
✆ +1 337 606 5977
bayoutechemuseum.org
Jeudi-samedi, 10h-16h. Adulte : 5 US$. Étudiant, militaire et senior : 3 US$. Moins de 6 ans : gratuit.

Ce musée propose un déballage des nombreux artefacts de la région et de différentes époques, des premières boîtes de conserve aux bières à la publicité racoleuse, en passant par des 33 tours aux pochettes si kitsch. Une petite plongée dans la culture et l'industrie locales assez agréable. De nombreuses pièces du peintre local George Rodrigue – et d'autres artistes – ornent ses murs. Le musée accueille d'ailleurs le studio de George Rodrigue, originellement localisé à Carmel en Californie et démonté par sa famille pour être relocalisé dans sa ville natale.

LE FRANÇAIS DANS LA PAROISSE D'IBÉRIE

L'héritage francophone de New Iberia (ou La Nouvelle-Ibérie) se lit partout, des noms d'entreprises aux spécialités culinaires. La ville est d'ailleurs jumelée avec Saint-Jean-d'Angély en France, Aquin à Haïti, et Woluwe-Saint-Pierre en Belgique. Notons aussi un programme d'immersion à l'école primaire North Lewis, La Table Française (Bayou Teche French Table) où les habitants se rencontrent pour discuter en français, et la réunion mensuelle des Cadiens du Teche pour une soirée de conversation et de danse cadienne. À noter que la paroisse a reçu le prix French-Friendly Louisiane du Conseil pour le développement du français en Louisiane (CODOFIL), rien de moins.

CONRAD RICE MILL - KONRIKO ★

307 Ann Street
✆ +1 337 364 7242
www.conradrice.com
Ouvert du lundi au samedi de 9h à 17h. Visites guidées à 10h, 11h, 13h, 14h et 15h. Adulte : 5 US$, 3-11 ans : 3 US$.

C'est le plus vieux moulin à riz toujours en activité aux États-Unis, ouvert en 1912 par Phillip Conrad et classé aujourd'hui bâtiment historique. Conrad plantait lui-même son riz, le faisait sécher sur les levées, le mettait dans des sacs de cent livres pour le porter au moulin en ville, qui fonctionnait de septembre à Noël. Le commerce de Conrad se développant considérablement, il créa dans les années 1950 sa propre marque : Konriko, du nom de son entreprise, Conrad Rice Company. Le riz est encore préparé de façon traditionnelle. Un diaporama très vintage et peu objectif car idyllique, intitulé *The Cajun Culture*, vous présente en une vingtaine de minutes la vie et les mœurs du pays. C'est assez amusant, mais on ne vous parlera pas vraiment de la culture du riz. Dans le moulin, la visite guidée vous présente les différentes variétés de riz (avec mélange pour *jambalaya* ou *paella*, à l'artichaut, pilaf, brun...), la confection des gâteaux de riz et l'étape de l'emballage. La maison propose également, par exemple, toutes sortes d'assaisonnements pour cuisiner ainsi que des craquelins de riz brun avec graines de sésame ou à saveur d'oignon et d'ail, sans oublier la fameuse sauce secrète Bay Island qui s'accorde merveilleusement bien aux plats de riz. En attendant la visite guidée, dans le magasin, on vous proposera une dégustation des riz Konriko et autres produits locaux, souvenirs et artisanat. Une visite fort intéressante et à peu de frais !

SHADOWS-ON-THE-TECHE ★★

320 East Main Street
✆ +1 337 369 6446
www.shadowsontheteche.org
Ouvert de 10h à 16h (jours d'ouverture variables). Adulte : 12 US$. Tour guidé 15 minutes après l'heure juste.

On explore ici l'histoire de ce lieu, avant la guerre de Sécession, à travers les yeux de deux femmes : Mary Weeks, qui a repris l'exploitation de la plantation de canne à sucre après la mort de son mari, et Louisa Bryant, la femme de ménage esclave qui gérait le quotidien de Shadows. Plongez dans leur vie et leurs expériences à Shadows qui a été construite en 1834 comme une maison familiale et non pas de plantation. Plus de 17 000 documents, photographies, histoires orales, artefacts archéologiques et mobilier original façonnent l'expérience des visiteurs.

MAISON LE ROSIER €€

314 East Main Street
✆ +1 833 576 7437
maisonlerosier.com
Chambre double : à partir de 175 US$, petit déjeuner inclus.

Situé en plein cœur du district historique, juste en face de Shadows-on-the-Teche, ce bed & breakfast de luxe occupe une maison construite en 1870 et classée au registre des lieux historiques. Les six superbes chambres, quant à elles, se trouvent dans un cottage derrière la maison principale et le jardin. Entièrement rénovées au goût du jour dans un décor chic et épuré, elles sont toutes munies d'une salle de bain privée, d'un lit Queen, d'une télé à écran plat avec câble et du wifi gratuit. Une excellente adresse pour se faire plaisir !

BAYOU CHATEAU €€

107 Burke Street
✆ +1 337 962 7407
www.vrbo.com/830128
À partir de 180 US$ la nuit.

Cette jolie petite maison-studio donnant sur le bayou Teche dispose d'un charme fou. Elle combine caractère cajun affirmé et confort moderne : terrasse en bois avec mobilier de jardin et barbecue, murs de briques rouges, cuisine américaine entièrement équipée, laverie, mobilier vintage-chic, le tout avec vue sur le bayou. Elle peut accueillir en tout confort jusqu'à quatre personnes. Une adresse idéale pour les couples comme pour les familles cherchant l'autonomie, où les animaux de compagnie sont les bienvenus. Une vraie pépite !

ST. PETER HOUSE €€

107 West St. Peter Street
✆ +1 337 519 8394
www.vrbo.com/916635
À partir de 165 US$ la nuit.

Cette somptueuse demeure victorienne bleu et blanc, bâtie en 1897 et équipée de trois chambres (capacité de huit personnes maximum), est une solution idéale pour passer une nuit, mais aussi pour y poser ses valises un peu plus longtemps. On y trouve une cuisine tout équipée, une vaste salle à manger, un antique piano fraîchement ré-accordé, ainsi qu'un porche muni d'une balancelle où il fait bon flâner à la nuit tombée. La St. Peter House se trouve à un bloc de la rue principale, autorisant à se balader facilement à pied. On se sent très vite comme à la maison.

IBERIA TRAVEL

2513 Highway 14
✆ +1 337 365 1540
www.iberiatravel.com/en-francais
Ouvert du lundi au vendredi de 8h30 à 16h30.

Vous y trouverez toutes les informations touristiques sur New Iberia et la paroisse d'Iberia, dont une section en français. Possibilité de télécharger toutes les brochures sur le site Internet, en français également. N'hésitez pas à demander conseil à Céline, elle se fera un plaisir de vous aider, en français ! Bon plan pour découvrir la ville, son histoire et son architecture : l'itinéraire du district historique (iberiatravel.com/things-do/itineraries/new-iberia-historic-district - pass en vente pour accéder à 3 attractions du district à prix réduit).

LE PAYS CAJUN

TENSAS TOWER ON THE TECHE €€

109 North Weeks Street
+1 337 365 9493
fr.airbnb.ca/rooms/21410806
À partir de 180 US$ la nuit.

Il est difficile d'imaginer un hébergement plus insolite pour dormir dans le centre de New Iberia. Construite sur trois étages, cette maison-tour d'acier et de verre offre une vue imprenable sur le bayou Teche depuis ses terrasses et ses pièces cosy et fonctionnelles décorées avec goût. Elle peut accueillir jusqu'à quatre personnes en tout confort et dispose de toutes les commodités possibles. De loin, l'adresse la plus originale de la ville et même de la région !

JANE'S SEAFOOD & CHINESE RESTAURANT €

1201 Jane Street
+1 337 365 5412
janesseafood.com
Ouvert du mardi au dimanche dès 16h. Carte : moins de 25 US$.

Jane's fait tant dans la cuisine locale que dans les spécialités chinoises. Selon ses envies, on peut opter pour les huîtres, un plateau de fruits de mer frits ou grillés, des fruits de mer bouillis (crevettes, écrevisses ou crabes), l'étouffée d'écrevisses, le poisson-chat grillé ou alors un po-boy du côté des spécialités régionales. Pour changer un peu, on peut au contraire se laisser tenter par le riz frit, le Lo Mein ou toute autres plats aux saveurs de l'Empire du Milieu.

BON CREOLE €

1409 East St. Peter Street
+ 1 337 367 6181
bon-creole.com
Lundi-jeudi, 11h-20h ; vendredi-samedi, 11h-21h ; dimanche, 11h-14h. Carte : moins de 20 US$.

C'est l'adresse idéale pour savourer toutes sortes de spécialités locales. Des po-boys très garnis, des plateaux de fruits de mer frits, des écrevisses bouillies (quand c'est la saison) et le gumbo aux fruits de mer ou au poulet et saucisses sont entre autres à la carte. S'y ajoutent des petits plats sur le pouce comme les salades et les burgers, des plats du jour pour le lunch (étouffée d'écrevisses, rôti de porc, etc.) et le fameux barbecue du dimanche. On aime l'ambiance populaire, les prix modérés et le fait que les locaux en font leur cantine depuis toujours.

VICTOR'S CAFETERIA €

109 West Main Street
+1 337 369 9924
www.victorscafeteria.com
Ouvert tous les jours de 6h30 à 11h. Carte : moins de 10 US$.

Institution de New Iberia, ce café est ouvert depuis 1969, servant aux locaux comme aux visiteurs de copieux petits déjeuners pour bien démarrer la journée. Son « breakfast special » comprend des œufs, un choix de viande, des *grits* ou patates et du pain grillé. D'autres options sont au menu comme le pain perdu et les omelettes. Reste à voir si le restaurant rouvrira éventuellement pour le lunch comme à l'époque. Pour la petite histoire, c'est ici que le personnage fictif de James Lee Burke, le détective Dave Robicheaux, vient prendre son café.

DUFFY'S DINER €

1106 Center Street
+1 337 365 2326
duffysdining.com
Ouvert du lundi au samedi de 10h à 21h (21h30 vendredi et samedi). Carte : moins de 25 US$.

Nous voilà ici replongés dans les années 1950. Bâtiment aux formes arrondies, mosaïque de gros carrelage au sol, juke-box d'époque en coin, banquette en simili cuir rouge sombre et déco *ad hoc* avec une jolie collection d'objets Coca-Cola. Un restaurant fréquenté par tous, du groupe de copains du troisième âge en sortie après la messe au jeune couple en tête-à-tête. Entre autres au menu, des burgers et du poulet frit, mais aussi des po-boys et des fruits de mer frits. Laissez-vous tenter en dessert par un *Old Fashioned Soda,* une sorte de crème glacée à siroter.

LANDRY'S CAJUN SEAFOOD & STEAKHOUSE €€

2318 Highway 90
+1 337 369 3772
landryscajunrestaurant.com
Ouvert le midi en semaine et le soir du mardi au samedi. Carte : moins de 35 US$.

Connu de tous les locaux, ce restaurant – qui ne fait pas partie de la chaîne Landry – sert, comme son nom l'indique, toute la panoplie de fruits de mer et de grillades de boeuf USDA possibles. Pour les fruits de mer, les grosses assiettes « festival » sont le bon plan. Des spécialités comme le *shrimp & grits*, l'étouffée d'écrevisses, le po-boy ou le gumbo sont aussi au menu. Un buffet est offert le midi en semaine ainsi que les vendredis et samedis soir (musique cadienne en soirée).

CANE RIVER PECAN COMPANY

254 West Main Street
✆ +1 337 373 8181
www.caneriverpecan.com
Lundi-vendredi, 10h-17h ; samedi, 10h-15h. Boutique en ligne également.

Pour s'offrir de belles et bonnes gourmandises, c'est ici qu'il faut venir ! Fondée en 1969 par la famille Regard qui est toujours propriétaire de la compagnie, elle offre les meilleures noix de pécan et produits dérivés du sud de la Louisiane. Les pralines sont un pur délice, tout comme les boîtes gourmet de noix enrobées de chocolat ou alors simplement rôties. Il y a même des tartes, notamment celle aux noix de pécan et bourbon. À noter qu'un bar à tartes verra le jour sur place à l'automne 2022, puis un musée sur la noix de pécan en 2023.

AVERY ISLAND ★★

Avery Island - ou Île Petite-Anse - est un petit mont de sel dans la paroisse d'Iberia. Une famille de Natifs américains s'y est installée dans les années 1830 et a découvert que la flore si verdoyante recouvrait une mine naturelle de sel. Malgré l'extraction de sel jusqu'à tout récemment, la localité d'Avery Island est restée un paradis naturel pour la faune et la flore. C'est aussi un lieu dont la réputation dépasse les frontières du pays en raison de la production de la fameuse sauce piquante Tabasco. Sur le même site se trouvent le restaurant 1868 ! et Jungle Gardens, un havre naturel composé de superbes jardins et abritant une faune abondante.

TABASCO FACTORY AVERY ISLAND ★★

6228 Avery Island Road
✆ +1 337 373 6139
www.tabasco.com/visit-avery-island
Ouvert tous les jours de 9h à 16h. Adulte : 12,50 US$ (inclut la visite de Jungle Gardens). Restaurant sur place.

Il était temps de donner un coup de neuf à ce site qui n'avait pas bougé depuis 1868 ! Non pas que les fûts soient les mêmes depuis cette époque, mais l'usine à Tabasco se modernise pour proposer une visite, certes payante désormais, mais bien plus captivante que la version 10 minutes de vidéo et 20 minutes de marche derrière une vitre. Plus interactif, le tour propose de voir la pousse des piments en serre après un passage par le musée qui collectionne de nombreux objets et outils relatifs aux premiers temps de l'entreprise légendaire de McIlhenny, comme une ribambelle de produits dérivées plus ou moins anciens. Ensuite, on pourra voir les cuves où le vinaigre rencontre la purée de piments et les fameux fûts où la mixture de feu patiente trois années avant de finir en bouteilles. Le restaurant aussi a fait peau neuve il y a quelques années. Installé dans une maison de type créole, on pourra goûter à l'étouffée d'écrevisse, au *gumbo*, au boudin, etc., le tout nécessairement relevé au Tabasco. Enfin, on pourra passer par la boutique pour raviver les papilles avec le Coca, la glace, les confitures au Tabasco ou bien tester les nouveautés : Tabasco à l'ail, aux piments jalapeño ou chipotle, le sucrépicé ou le habanero (pas recommandé pour les débutants !). Avis aux gourmands et pour ceux désirant mettre la main à la pâte : des démonstrations culinaires et des cours de cuisine sont disponibles sur réservation. À noter qu'une traduction en français de la visite est proposée.

LE PAYS CAJUN

JUNGLE GARDENS ★★

6164 Avery Island Road
✆ +1 337 369 6243
www.junglegardens.org
Ouvert tous les jours de 9h à 17h. Adulte : 8 US$, 12,50 US$ avec la visite de la Tabasco Factory.

Avery Island est entourée de plans d'eau et de marais, mais cette « île » est en réalité le sommet d'un immense dôme de sel enfoui très profondément dans le sol. C'est ici que l'on a découvert le premier gisement de sel de roche du continent, en 1862. Cinq dômes de sel vieux de 180 millions d'années s'alignent ainsi le long de la côte louisianaise. Ils se sont formés par les accumulations charbonneuses du golfe, sous l'effet de la chaleur du soleil et de la salinité de l'eau. Ne ratez pas ce superbe parc à la végétation tropicale luxuriante car, outre les arbres, les camélias, les iris, les lotus, les orchidées, les chrysanthèmes, les azalées, les bambous géants, les bananiers, les papayers, les pamplemoussiers roses et les orangers, vous y verrez de nombreux animaux des marécages et des collines environnants : tortues, ratons-laveurs, alligators, également cerfs et ours bruns si vous avez de la chance, et surtout des milliers d'oiseaux protégés ; échassiers et aigrettes blanches se rassemblent dans un sanctuaire, surnommé Bird City. Aujourd'hui, plus de 2 000 aigrettes, spatules rosées et autres échassiers y construisent leurs nids chaque année, sur une structure de bambous conçue spécialement pour eux. N'oubliez pas vos jumelles, vous apercevrez les petits dans les nids et, à trois mètres en dessous, fendant les lentilles d'eau, de temps en temps de gros yeux inquiétants… Il est possible de suivre un tour (individuel ou en groupe) guidé par un spécialiste des oiseaux, sur réservation préalable.

SHAWN'S CAJUN MEATS AND GROCERY

410 Canal Street
✆ +1 337 685 0920
www.shawnscajunmeats.com
Lundi-samedi, 6h30-20h ; dimanche, 7h-19h.

Le petit village de Delcambre est notamment connu pour ses milliers de crevettiers qui quittent la baie de Vermilion, mais il est aussi connu pour abriter Shawn's. Cet établissement gourmand fabrique du boudin au poulet, extrêmement rare – le boudin au porc est le plus répandu en Louisiane. Une autre de ses fameuses recettes consiste à préparer une saucisse assaisonnée de sirop de canne. Et le dimanche, il ne faut pas rater le fameux barbecue (les contacter pour réserver votre repas).

BAYOU CARLIN COVE

605 South Railroad Street
✆ +1 800 884 6120
Accès gratuit.

Bayou Carlin Cove est un lieu paisible, idéal pour pêcher si vous avez toutefois tout l'équipement nécessaire. Vous pourrez également y acheter des écrevisses et autres prises de la pêche du jour directement sur le bateau des pêcheurs (pour les arrivages et les coordonnées des pêcheurs : louisianadirectseafood.com/delcambre-direct-seafood). À savoir que c'est dans le pavillon de Bayou Carlin Cove que se tient le fameux marché fermier et de fruits de mer, le Delcambre Seafood & Farmers Market. Il a toujours lieu le premier samedi du mois (sauf en juillet).

DELCAMBRE

Fondée au XIXe siècle et aujourd'hui baptisée « capitale mondiale de la crevette », la localité de Delcambre est un petit port de pêche de poissons, crevettes (« chevrettes » en pays cajun) et de crabes, à l'ambiance familiale. La bestiole à décortiquer a aussi son festival annuel en août avec musique, concours de miss crevette, etc. Delcambre est le port d'attache d'une grande partie de la flotte de pêche louisianaise, et celle-ci est impressionnante, allez la voir ! Finalement, les gourmands iront faire un tour chez Shawn's Cajun Meats and Grocery et au Delcambre Seafood & Farmers Market (le premier samedi du mois, sauf en juillet).

JEFFERSON ISLAND ★

Jefferson Island, tout comme Avery Island, est l'un des cinq dômes de sel de Louisiane. L'endroit fut d'abord habité par les Indiens atakapas, et le célèbre pirate Jean Lafitte y séjourna. On y vient principalement pour visiter les Rip Van Winkle Gardens, de superbes jardins entourant la maison Jefferson. Ces derniers côtoient le lac Peigneur, et tulipes, hibiscus, jonquilles, impatiences, camélias, azalées et roses le fleurissent abondamment, encadrés par les chênes centenaires. Ces jardins sont un décor idéal pour observer l'avifaune de la région. Le site héberge également un Bed & Breakfast composé de deux cottages ainsi que le joli café Jefferson.

RIP VAN WINKLE GARDENS ★★

5505 Rip Van Winkle Road
✆ +1 337 359 8525
ripvanwinklegardens.com
Ouvert tous les jours de 9h à 17h (la maison Jefferson ouvre toujours à 10h). Adulte : 12 US$. Boutique sur place.

Le centre de ce parc est la maison construite en 1870 par l'acteur Joseph Jefferson, qui incarna sur scène le personnage de Rip Van Winkle. Cette élégante demeure de 22 pièces présente une architecture mêlant les styles Steamboat Gothic, mauresque, français et créole et elle est meublée dans le style Empire. À l'intérieur, une vidéo présente l'historique de l'île, avec entre autres événements la catastrophe de 1980, lorsqu'un forage opéré dans le lac Peigneur provoqua le percement du sommet du dôme de sel et causa l'inondation de la mine de sel et des jardins.

COTTAGES AT RIP VAN WINKLE GARDENS €€

5505 Rip Van Winkle Road
✆ +1 337 359 8525
ripvanwinklegardens.com/stay
Tarifs : 134 US$ la nuit du dimanche au jeudi et 167,55 US$ le vendredi et samedi. Petit déjeuner continental inclus.

Au cœur des superbes jardins Rip Van Winkle se trouvent deux adorables cottages avec kitchenette et salle de bain privée pour prolonger le plaisir sur place. C'est tout le charme apaisant du Sud que vous y trouverez, le bruit des paons en fond. Outre le petit déjeuner continental, le tarif inclut également la visite de la maison Jefferson et des jardins. À savoir que les animaux sont les bienvenus, à condition de ne pas les laisser seuls dans le cottage.

CAFE JEFFERSON AT RIP VAN WINKLE GARDENS €€

5505 Rip Van Winkle Road
✆ +1 337 359 8525
ripvanwinklegardens.com/dine
Lundi-vendredi, 11h-14h30 ; dimanche, 11h-15h. Carte : moins de 30 US$. Terrasse.

Blotti dans les superbes jardins Rip Van Winkle, non loin des rives du lac Peigneur, Cafe Jefferson offre l'occasion rêvée de s'attarder dans cet agréable lieu. Entre deux visites, attablez-vous autour d'un gumbo aux fruits de mer, de crevettes rémoulade, d'une étouffée d'écrevisses ou tout simplement d'un bon po-boy ou d'un muffuletta. La vue sur le lac est particulièrement relaxante. Gardez-vous une place pour le dessert, notamment la tarte aux noix de Pécan et Bourbon.

ABBEVILLE ★★

Abbeville, qui fut fondée en 1844 par le père Mégret, est le chef-lieu de la paroisse de Vermilion. Vous serez surpris en arrivant dans cette charmante petite ville très pittoresque par les couleurs pastel des bâtiments historiques de South Concord Street construits dans les années 1920, rénovés et repeints avec fantaisie, comme cette banque à l'architecture si particulière, petit castelet qui semble issu d'un dessin animé... Ici la ville s'organise autour d'un centre-ville « à la française », dont le cœur est le Magdalen Square, joli petit square de chênes et de magnolias. À ne pas rater en novembre : la célébration de l'omelette géante.

ST. MARY MAGDALEN CHURCH ✝

300 Pere Megret Street
✆ +1 337 893 0244
www.stmarymagdalenparish.org
Voir site web pour l'horaire des messes et célébrations.

Le culte fut édifié en 1911 par le père Laforest. Les églises antérieures ayant été la proie d'ouragans et d'incendies, une nouvelle église fut construite dans le style Renaissance romane. Remarquez les vitraux, donation des familles de la paroisse et qui représentent saint Louis, Jeanne d'Arc… Derrière l'église, le Old Catholic Cemetery date de 1843. Sa plus ancienne tombe, celle de Euphemie Broussard, grande famille de la paroisse, date de 1852. Le père Antoine Désiré Mégret y repose également. La plupart des pierres tombales sont gravées en français.

La pêche à l'ecrevisse est un travail minutieux.

THE ACADIAN MUSEUM ★

203 South Broadway
ERATH
✆ +1 337 456 7729
www.acadianmuseum.com
Mardi-vendredi, 13h-16h ; samedi, 10h-12h. Entrée libre.

Situé à Erath, le musée des Acadiens met en valeur l'histoire et le folklore de la région avec des expositions axées sur les Cadiens (Cajuns) et les Créoles et présentant les personnages politiques, les musiciens, la religion, l'histoire militaire, le mode de vie, etc. L'Acadian Room renferme notamment des artefacts datant du XVIIe siècle et une exposition sur Joseph « Beausoleil » Broussard, le leader des premiers Acadiens venus s'établir en Louisiane en 1765. Les Cadiens sont très militants pour défendre leur identité et la reconnaissance de leur culture.

VERMILION PARISH COURTHOUSE

100 Nortth State Street
✆ +1 337 898 1992
www.vermilionclerk.com/history

La cour de justice actuelle fut construite par le célèbre architecte A. Hays Town dans le style Renaissance grecque, au début des années 1950. C'est la troisième structure à être érigée sur ce site, la première, en bois, ayant brûlé en 1885 et la deuxième ayant été éventuellement jugée trop petite pour les besoins de la paroisse. Le Vermilion Parish Courthouse est le siège administratif de la paroisse de Vermilion et il abrite des bureaux fédéraux et d'État.

THE CALDWELL HOUSE €€

105 East Vermilion Street
✆ +1 337 281 0807
thecaldwell.com
Chambre double : à partir de 115 US$, petit déjeuner inclus.

Six grandes chambres sont proposées en formule bed & breakfast dans cette belle demeure historique meublée à l'ancienne. Mark et Darlene, les propriétaires, apportent un soin tout particulier à la décoration de la maison et ajoutent, sur demande, de beaux bouquets de fleurs aux chambres déjà charmantes. Le petit déjeuner est servi dans une élégante salle et permet de démarrer la journée avec enthousiasme. À noter qu'un cottage adjacent à la maison principale est également offert en location, pour ceux désirant leur petit chez-soi.

VERMILION PARISH

200 North Magdalen Square
✆ +1 337 898 6600
www.mostcajun.com
Ouvert en semaine de 9h à 16h30, jusqu'à 15h30 le samedi.

La paroisse de Vermilion est l'une des plus grandes et des plus diversifiées de Louisiane, s'étendant des localités situées au sud de la I-10 jusqu'au golfe du Mexique. À Abbeville se trouve le bureau touristique qui couvre toute cette grande région. Sur place comme sur le web, on a accès à toute l'information nécessaire pour passer du bon temps dans la région. Sur le web, il est possible de télécharger la brochure touristique (en anglais seulement), et certaines sections du site comprennent des recettes ou encore un lexique de certains mots et expressions cajuns.

© CHUCK LANDRY

© JOHN MELANCON

LE PAYS CAJUN

CRAWFISH HAVEN MRS ROSE'S B&B €€

6807 Highway 35 - **KAPLAN** ✆ +1 337 652 8870
www.crawfishhaven.net
Chambre double : à partir de 125 US$, petit déjeuner inclus. Informez-vous sur les cours de cuisine et autres forfaits.

Dans la campagne louisianaise, un B&B typiquement acadien comprenant deux chambres doubles et une chambre familiale (possibilité de louer la maison entière). Barry, le propriétaire, propose aussi de vous emmener pêcher l'écrevisse, puis de les cuisiner et de les déguster. Unique dans la région ! À partir de deux nuits, il vous offrira aussi un dîner cajun. Et entre deux, prenez le temps de vous poser dans son joli jardin qui donne sur un étang ou depuis son joli gazebo tout en bois.

DUPUY'S SEAFOOD & STEAK €

108 South Main Street
✆ +1 337 893 2336
www.dupuys.com
Mardi-jeudi, 11h-21h ; vendredi, 11h-22h ; samedi, 17h-22h. Carte : moins de 30 US$.

Fondé en 1869, ce restaurant est très réputé dans la région et est situé en plein centre-ville, à deux pas de la rivière Vermilion. Spécialité de fruits de mer frits ou bouillis, à la mode cajun : crabes, crevettes, écrevisses, et les célèbres huîtres glacées et salées ! Quelques belles pièces de viande au menu également, ainsi que des po-boys, des burgers, du gumbo aux fruits de mer ou au poulet et saucisses, etc. Une adresse très fréquentée par la population locale.

RIVERFRONT €€

530 Park Avenue
✆ +1 337 893 3070
riverfrontla.com
Lundi-jeudi, 11h-21h ; vendredi, 11h-22h ; samedi, 17h-22h ; dimanche, 11h-15h. Carte : 10 à 35 US$. Terrasse.

Voici une table sûre d'Abbeville. Le menu y est traditionnel, avec ses poissons frits, ses steaks juteux et ses gumbos. Chacun y trouvera son compte. En entrée, nous avons choisi les aubergines en tranches, frites et nappées de sauce marinara, suivies du fameux *shrimp and grits* en plat principal. Les grillades valent aussi le coup, notamment le filet mignon. Le mieux reste d'accompagner son repas d'un daïquiri, à siroter en regardant les bateaux passer sur Vermilion River. Bon plan : le plat vedette du jour en soirée qui coûte moins de 20 US$.

SHUCKS €€

701 West Port Street
✆ +1 337 898 3311
shucksrestaurant.com
Lundi-jeudi, 11h-21h ; vendredi-samedi, 11h-22h. Carte : 10 à 45 US$. Terrasse.

Le nom de ce restaurant fait directement référence aux huîtres qui sont ici proposées crues, grillées, etc. Il est possible de prendre des assiettes de dégustation des différentes huîtres figurant au menu (10 ou 15). Vous pourrez aussi y déguster plusieurs plats de fruits de mer frais ou frits, en bouillabaisse avec du riz (les fameux *gumbos*), au gratin… Mais si vous vous en lassez déjà un peu, essayez le *hamburger steak* maison, c'est vraiment copieux et très bon. Atmosphère familiale et musique live du jeudi au samedi dès 18h.

ABBEY PLAYERS THEATRE

200 South State Street
✆ +1 337 893 2442
www.abbeyplayers.com
Voir site web pour la programmation et les billets.

Construit en 1908, ce bâtiment abritait à l'origine une maison de passe, puis il fut transformé en saloon, le Old Vermilion Bar, par Alfred Baudoin à la fin du XIXe siècle. Aujourd'hui c'est un théâtre qui reçoit des productions et des troupes amateurs. On y accueille des spectacles de théâtre, des comédies musicales style de Broadway, des concerts, etc. Les jeunes foulent aussi les planches en été dans le cadre du Summer Youth Production. Dans le superbe hall trône le Vermilion Bar, rénové en 1981, et qui laisse apparaître ses briques d'origine.

RICHARD SALE BARN

1307 South Henry Street
✆ +1 337 893 5760
richardsalebarn.com
Voir site web pour la programmation.

Cette salle de spectacle accueille des concerts tous les mois (3e samedi du mois) dans une ancienne salle de vente aux enchères de bétail. À ce propos, John et Kathy Richard, les propriétaires, ont hérité d'un véritable petit bijou chargé d'histoire. Le bâtiment présente un énorme intérêt historique, car ce fut le premier du genre et il apparaît aujourd'hui quasiment dans le même état qu'à l'origine. La salle des ventes est un vaste amphithéâtre, le reste du bâtiment est un parcage couvert pour les animaux. Ce centre culturel est donc unique en son genre !

LAKE CHARLES ★★

C'est Jacob Ryan qui fonda la paroisse de Calcasieu, dont Lake Charles est le chef-lieu. Cette région est fortement industrialisée autour de l'exploitation du pétrole et du gaz naturel. Lake Charles est en fait un énorme complexe pétrochimique et son commerce s'est développé autour du port sur Calcasieu River. La ville est plutôt bien intégrée dans une région truffée de lacs, de bayous et de marais. Les *casino boats* constituent la principale attraction de la ville, et les Américains y passent des journées entières, mais on recommande également la promenade du Lakefront, le secteur Cottage Shops pour les boutiques et Ryan Street pour la *nightlife*.

HISTORIC CITY HALL ARTS & CULTURAL CENTER

1001 Ryan Street

✆ +1 337 491 9147

www.cityoflakecharles.com

Ouvert du lundi au samedi de 10h à 18h. Entrée libre.

Le bâtiment originel fut détruit en 1910, dans le grand incendie qui ravagea Lake Charles. Celui que l'on peut visiter aujourd'hui date de 1911. Depuis 2004, cet ancien hôtel de ville accueille des expositions temporaires, mettant en lumière des artistes locaux et internationaux. Le samedi de 8h à 12h, derrière le bâtiment sur Bilbo Street, se tient un marché fermier. En face du centre culturel, on peut voir la Historic Calcasieu Courthouse (cour de justice), également rénovée.

MARDI GRAS MUSEUM OF IMPERIAL CALCASIEU ★★

809 Kirby Street

✆ +1 337 430 0043

www.visitlakecharles.org

Note importante : en date de l'été 2022, le musée est temporairement fermé et pourrait déménager.

Avec son énorme collection de costumes, ce musée est l'un des plus importants de Louisiane. On vous expliquera les règles de Mardi Gras, son histoire, l'importance que revêt cet événement à Lake Charles, les différents *krewes*, le fonctionnement de chacun, et vous pourrez voir un grand nombre de costumes tous plus lumineux et extravagants les uns que les autres. Vous y apprendrez aussi que Lake Charles possède la deuxième plus grande parade de Mardi Gras après La Nouvelle-Orléans.

SAM HOUSTON JONES STATE PARK

107 Sutherland Road

✆ +1 337 855 2665

www.lastateparks.com

Ouvert tous les jours de 6h à 22h. 3 US$ par personne (gratuit pour les 62 ans et plus et les moins de 4 ans).

Vaste espace naturel situé au confluent de trois rivières, ce parc d'État abrite près d'une trentaine d'hectares de pins des marais, la plus vieille espèce vivante de pins du Sud américain. C'est aussi un lieu exceptionnel pour l'observation des oiseaux alors qu'à certaines périodes, ce sont plus de 200 espèces qui fréquentent le parc et ses environs. On y retrouve aussi de nombreux plans d'eau, des sentiers de randonnée, des sites de camping et des cabines.

GROSSE SAVANNE ECO-TOURS

358 Chalkley Road - **BELL CITY**

✆ +1 337 310 4260

www.grossesavanne-ecotours.com

Tour de 2 heures à 75 US$ par personnes, 125 US$ la demi-journée (4 heures), 200 US$ la journée complète (6-8 heures).

Cette compagnie a l'avantage d'avoir un accès privilégié à plus de 20 000 hectares de terrain privé, idéalement situé au carrefour des plaines côtières baignées d'eau salée et des marais d'eau douce garnis de chênes de Virginie, ce qui a pour effet d'attirer une époustouflante variété d'oiseaux. On a le choix tant en ce qui concerne le mode que la durée de l'excursion : tour en bateau privé, session de pêche, randonnée, *birdwatching*... Votre guide connaît les systèmes lacustres et marins sur le bout des doigts, aussi bien qu'il est compétent en ornithologie.

LAKE AREA ADVENTURES

5959 Common Street

✆ +1 337 310 1681

lakeareaadventures.com

Tarifs variables selon l'activité choisie.

Avec l'abondance de plans d'eau dans les environs de Lake Charles, autant en profiter ! Et c'est ce que propose cette petite entreprise à taille humaine. Des sorties guidées en kayak de mer ou encore en bateau de type ponton sont proposées. Il est possible de louer une embarcation nautique, motorisée ou non, et des cours de natation et de plongée sous-marine sont également offerts. À noter que le « camp de base » de l'entreprise abrite une salle avec des jeux vidéo et des arcades, ouverte à tous les vendredis et samedis de 16h à minuit.

AUTO RENTAL ETC

2100 East Prien Lake Road
+1 337 602 6287
autorentaletc.com
Ouvert du lundi au vendredi de 8h à 17h.

Une agence idéale si vous souhaitez éviter les entreprises multinationales classiques et privilégier une agence louisianaise. Auto Rental ETC propose un grand choix de véhicules à la location et dispose de sept agences implantées dans le sud de l'État, soit à Breaux Bridge, Kenner (au Louis Armstrong New Orleans International Airport - pas de taxe aéroport), Lafayette (deux succursales), Lake Charles, Morgan City et Youngsville. Les réservations sont possibles en ligne et par téléphone auprès de chaque agence. Une compagnie locale chaudement recommandée !

L'AUBERGE CASINO RESORT €€

777 Avenue L'Auberge
+1 866 355 7111
www.llakecharles.com
Chambre double : à partir de 159 US$. Restaurants, bars, casino, piscine, golf, spa, boutiques, arcades, etc.

Le confort des chambres est vraiment exceptionnel. Ce sont presque de petits appartements dans les thèmes beige, chocolat et dorure avec une salle d'eau très raffinée. Les restaurants de L'Auberge sont tous de qualité. Le casino lui-même est impressionnant. 24h/24, 7j/7, des milliers de machines à sous et de tapis verts dans un brouhaha de sons électroniques et jingles, des *gamers* au visage tendu, au sourire franc, obnubilés, absorbés, les poches vides ou les billets à vue… Pour ceux qui ne jouent pas, observer les autres reste un passe-temps comme un autre !

GOLDEN NUGGET LAKE CHARLES €€€

2550 Golden Nugget Boulevard
+1 337 508 7777
www.goldennugget.com/lake-charles
Chambre double : à partir de 189 US$. Restaurants, bars, casino, piscine, plage, tennis, gym, marina, etc.

Le Golden Nugget est un gigantesque hôtel-casino à Lake Charles. On passe d'une tour à l'autre par de longs couloirs bordés de magasins, restaurants et salles de casino. Les chambres sont classiques et confortables. La grande piscine est agréable le soir venu, lorsque le calme s'y installe. Ce n'est pas notre type d'hôtel préféré, mais il faut bien avouer que cela vaut le détour pour faire l'expérience de la démesure des ambiances casino aux États-Unis.

GROSSE SAVANNE LODGE €€

1730 Big Pasture Road
+1 337 598 2357
www.grossesavanne.com
Lodge à partir de 375 US$ la nuit (jusqu'à 6 personnes pour ce tarif).

Bien que l'adresse se situe à Lake Charles, le lodge est en fait beaucoup plus au sud, presqu'à mi-chemin entre la ville et Cameron. C'est un haut lieu de la pêche en eau douce comme en eau salée, mais aussi de la chasse, principalement à la sauvagine et à l'alligator. Sa petite soeur, Grosse Savanne Eco-Tours, s'occupe du volet des visites guidées en bateau pour l'observation des oiseaux, l'interprétation de la faune et de la flore locales, etc. Niveau hébergement, le lodge propose deux logements entièrement équipés dans une maison sur pilotis.

FAMOUS FOODS €

1475 Gerstner Memorial Drive
+1 337 508 2833
www.famousfoodsllc.com
Ouvert du lundi au samedi de 8h à 19h. Carte : moins de 20 US$.

Famous Foods fait partie du Boudin Trail, ce chemin qui parcourt le pays cajun et pointe les bons endroits pour manger du boudin cajun. Deux choses à savoir : le boudin cajun n'est pas fait avec du sang, mais avec du riz, de la viande de porc et des épices – le boudin au sang dégoûte d'ailleurs la plupart des Louisianais. Et c'est parfois dans les stations essence que l'on trouve les meilleurs boudins, donc n'hésitez pas. Famous Foods est également réputé pour ses *cracklins* (graisse de porc frite), les meilleurs en ville dit-on.

BEAUXDINES' €

3013 Ryan Street
+1 337 240 8728
Lundi-jeudi, 11h-21h ; vendredi-samedi, 11h-22h ; dimanche, 11h-15h. Carte : moins de 25 US$. Terrasse, musique live.

Le restaurant Beauxdines' est réputé pour ses fruits de mer bouillis offerts en saison généralement dès 11h (contrairement à d'autres restaurants qui offrent le tout qu'en soirée). Mais on y vient également pour ses huîtres, ses burgers gourmands (dont des options sans boeuf mais plutôt aux huîtres, aux crevettes ou au poisson) et ses spécialités typiques comme l'étouffée d'écrevisses, le gumbo au poulet et saucisses et le boudin (entier ou en boules). Il faut aussi goûter à ses pommes de terre farcies de porc effiloché ou de fruits de mer.

© MILES

© KATHRYN SHEA DUNCAN

© VISIT LAKE CHARLES

VISIT LAKE CHARLES

1205 North Lakeshore Drive
✆ +1 337 502 4358
www.visitlakecharles.org
Ouvert du lundi au vendredi de 8h à 17h.

Situé sur les rives du lac, le bureau touristique de Lake Charles vous renseignera sur toutes les activités à faire et les points d'intérêt à voir dans la région, mais aussi sur les bonnes adresses où loger, se restaurer et boire un verre. Un bon endroit également pour de l'information sur les casinos, la Creole Nature Trail et la route du boudin du sud-ouest de la Louisiane. Accueil sympathique et attentif en tout temps. Possibilité de télécharger la brochure touristique sur le site web de l'office du tourisme (en anglais seulement).

© LINDSEY JANIES PHOTOGRAPHY

© KATHRYN SHEA DUNCAN

PAUL'S RIB SHACK BARBECUE €

4800 Nelson Road
✆ +1 337 485 7427
www.paulsribshackbarbecue.com
Mercredi-samedi, 11h-21h. Carte : moins de 20 US$. Grande terrasse.

On ne se lasse pas de la cuisine barbecue, le Sud américain étant l'endroit par excellence pour en profiter. L'histoire de cette adresse gourmande remonte à l'époque où Paul Pettefer cuisinait du BBQ dans son entrée de garage et vendait ses succulentes viandes sur place. Puis vint le *food truck* en 2017 et le restaurant en 2019. Outre les viandes vendues au poids, le burger à la viande cuite au barbecue avec gouda et bacon a la cote. Et chaque samedi soir, c'est le fameux Steak Night !

STEAMBOAT BILL'S SEAFOOD €

1004 North Lakeshore Drive ✆ +1 337 494 1070
www.steamboatbills.com
Dimanche-jeudi, 10h30-20h ; vendredi-samedi, 10h30-22h. Carte : moins de 25 US$, sauf pour l'assiette du capitaine.

Goûtez la spécialité locale, le *crawfish pistolette*, un beignet d'écrevisse frit. Sinon ne passez pas à côté des *boudin balls*, du boudin frit très typique de Lake Charles. Plusieurs autres spécialités également, comme les po-boys, le gumbo, l'assiette de riz et haricots rouges ou encore le généreux plateau de fruits de mer du capitaine. Les plats à l'étouffée sont plutôt épicés. Un restaurant où se mêlent facilement touristes et locaux. On retrouve une deuxième succursale sur South Martin Luther King, ainsi qu'une à DeRidder dans la région des Crossroads.

FIRE & OAK €€

5656 Nelson Road
✆ +1 337 990 5280
Ouvert midi et soir en semaine (sauf lundi), le soir le samedi et pour le brunch le dimanche. Carte : 10 à 45 US$.

Une belle adresse gourmande à Lake Charles, où midi et soir le menu se décline en petits plats façon tapas ou grands plats pour les appétits plus féroces. On a un net penchant pour la première option, d'autant que le choix est plutôt intéressant : huîtres frites, os à la moelle, tartare de boeuf, fromage frit... Mais peu importe l'option choisie, la note est plutôt française dans chacun des plats. On recommande de tester cette adresse pour le brunch et de profiter d'un repas en terrasse avant d'aller s'installer au bar pour le digestif.

PAT'S OF HENDERSON €€

1500 Siebarth Drive
✆ +1 337 439 6618
www.patsofhenderson.com
Lundi-samedi, 11h-21h ; dimanche, 11h-14h. Carte : 10 à 40 US$.

Depuis plus de 50 ans, cette bonne table de Lake Charles jouit d'une réputation inégalée. Sa cuisine cajun rafle souvent les honneurs, que ce soit pour le meilleur gumbo ou le meilleur plat cajun. Outre la cuisine traditionnelle de la région, Pat's propose également de succulentes grillades, des fruits de mer (et pas qu'en friture) et des plats plus simples comme les po-boys et les burgers. Après une longue fermeture suite au passage de l'ouragan Laura en 2020, le restaurant a enfin rouvert ses portes en 2022, au plus grand bonheur des locaux.

RESTAURANT CALLA €€

1400 Market Street
✆ +1 337 429 5701
www.restaurantcalla.com
Ouvert du mardi au samedi de 11h à 21h (22h vendredi et samedi). Brunch le dimanche de 10h30 à 14h. Carte : 10 à 50 US$.

Installé à l'étage d'une maison à colonnades toute récente malgré ses airs de demeure ancienne, le Calla est peut-être l'une des tables les plus inventives de Lake Charles. Dans une ambiance relax et feutrée, égayée certains soirs par la venue de musiciens, on y déguste des assiettes petites ou grandes garnies de produits frais et préparés avec créativité. *Blue Crab Beignets*, planche de fromages et steak & frites se laissent aisément accompagner de quelques-uns des très bons vins en magasin. Cocktails excellents, service impeccable. Contemporain.

CRYING EAGLE BREWING CO.

1165 East McNeese Street
✆ +1 337 990 4871
www.cryingeagle.com
Ouvert du mardi au samedi dès 11h, 14h le dimanche. Terrasse. Visite guidée du mercredi au dimanche sur réservation.

Installé à l'orée d'un petit bois et disposant d'une vaste cour, cette microbrasserie de Lake Charles est à découvrir. À l'origine du projet, deux jeunes amateurs de bière formés à l'art délicat de la fermentation désireux de proposer quelque-chose de local et de créatif. Et le résultat est bien là : en plus des « classiques » servies à l'année, les brasseurs développent des recettes saisonnières. Ajoutez à cela un bel espace et un bistro, le compte y est. Pourquoi « Crying Eagle » ? Voilà une question que nous vous laissons la soin de poser aux tenanciers !

RIKENJAKS BREWING CO.

3716 Ryan Street
✆ +1 337 602 6635
rikenjaks.com
Ouvert tous les jours dès 11h. Beer garden.

Le Rikenjask est une microbrasserie installée dans une ancienne maison rénovée et qui propose toute une sélection de nectars brassés sur place. Mais c'est surtout un lieu très fréquenté les jours de beau temps à l'heure du déjeuner, mais aussi de l'apéro et du dîner, en raison de sa vaste cour extérieure munie d'une armée de tables en bois. On y mange simplement dans une agréable ambiance, tout comme on y boit, non moins joyeusement. Côté programmation : scène ouverte le lundi, bingo le mardi, trivia le mercredi, spectacles du vendredi au dimanche,

THE BEKERY

2040 East Walnut Street
✆ +1 337 761 4777
Mardi-vendredi, 7h-16h30 ; samedi, 8h-14h30. Terrasse.

Une boulangerie très photogénique qui donne tout à fait l'impression d'être dans un café français, le tout dans une jolie maison tout aussi évocatrice. L'intérieur est lumineux et aéré, dans les tons clairs, et on adore les chandeliers au plafond. Les pâtisseries du jour sont très gourmandes et tout est fait maison. On y trouve également des viennoiseries, différents pains, des sandwichs-déjeuners, des omelettes, des quiches, des salades, des sandwichs variés, etc. Une bonne adresse pour le petit déjeuner ou pour un déjeuner sur le pouce.

BAYOU RUM ★

20909 South Frontage Road
LACASSINE
✆ +1 337 588 5800
bayourum.com
Ouvert tous les jours de 9h à 17h. Visite guidée de la distillerie du mardi au samedi, sur réservation.

Avec toute cette canne à sucre, pourquoi ne ferions-nous pas notre propre rhum ? C'est exactement la question que s'est posée Trey Litel, natif de Lake Charles, à l'origine de la distillerie considérée comme la plus grande des États-Unis à conserver des méthodes traditionnelles. Le bâtiment paraît d'époque : en réalité les briques, poutres, etc., le sont mais proviennent de différentes localités. La boutique décline le rhum et son alligator de logo sous toutes ses formes, notamment en pochettes souples pour glisser dans la veste et partir à la pêche équipé !

VIRÉE DANS LE LONE STAR STATE

Avec le Texas à portée de main, il serait dommage de ne pas y aller, d'autant que Houston, 4e plus grande ville du pays, n'est qu'à deux heures de voiture à l'ouest de Lake Charles. Mondialement réputée pour son centre spatial de la NASA (Johnson Space Center), près duquel on retrouve également le Space Center Houston ouvert au grand public, la métropole recèle aussi d'un grand nombre de musées, dont plusieurs réunis dans le Museum District, notamment le fameux Museum of Fine Arts. La ville héberge également quatre équipes sportives professionnelles (baseball, basketball, football et soccer) ainsi que de nombreuses fresques (visites guidées proposées) et une scène gourmande qui vaut le détour. D'ailleurs, les meilleures adresses où manger et sortir se concentrent surtout dans les quartiers Montrose, Midtown, Downtown et EaDo (East Downtown). Vous êtes plutôt du type plage ? A une heure de route au sud-est de Houston se trouve la station balnéaire de Galveston. Hautement fréquentée par les familles, elle comporte une foule d'attraits comme Moody Gardens (immense resort repérable de loin avec ses trois pyramides) et le Galveston Island Historic Pleasure Pier (parc d'attractions). Il ne faut surtout pas rater ses deux quartiers historiques, The Strand Historic District et East End Historic District, ni son parc naturel, le Galveston Island State Park. Pour le retour, on suggère le ferry gratuit jusqu'à la péninsule Bolivar, puis les routes 87 et 124 jusqu'à la I-10.

- **visithoustontexas.com**
- **visitgalveston.com**

© SEAN PAVONE - ISTOCKPHOTO

PANORAMA MUSIC HOUSE

331 Broad Street
✆ +1 337 990 5361
thepanoramamusichouse.com

Ouvert du mardi au dimanche de 11h à 2h. Voir site web pour la programmation.

Ce bâtiment historique aurait un temps accueilli un journal, puis une brasserie. Aujourd'hui, son immense pièce industrielle de briques fait office de bar-restaurant au cœur du centre de Lake Charles. La décoration est *pop* et colorée à souhait. Le grand bar invite à se poser en soirée si vous ne lui préférez pas la très agréable terrasse. Côté carte, c'est simple mais bon. Les sandwichs sont bien copieux et les pizzas très goûteuses. Mais si on y vient aussi, c'est pour ses spectacles présentés tous les soirs et qui ne coûtent pas un sou.

CREOLE NATURE TRAIL ADVENTURE POINT

2740 Ruth Street
✆ +1 337 502 4358
www.creolenaturetrail.org

Lundi-vendredi, 8h30-17h ; samedi, 8h30-16h.

C'est à la fois le point de départ du Creole Nature Trail All-American Road et une sorte de condensé de la typicité du Sud louisianais. Si vous n'êtes pas passés par l'office du tourisme de Lake Charles, vous aurez ici toutes les informations nécessaires. Grâce à ses petits espaces dédiés, vous pourrez donner des thématiques à votre périple à travers le Sabine National Wildlife Refuge. Ici vous pourrez également vous essayer à la planche à laver, cet instrument typiquement cajun.

SULPHUR

Située à 15 minutes à l'ouest de Lake Charles, la ville de Sulphur en est une banlieue. Son nom vient des mines de souffre qui furent exploitées dans les environs au siècle dernier. Les amoureux du plein air et de la nature connaissent surtout cette localité en raison du Creole Nature Trail Adventure Point, centre d'informations et point de départ du circuit Creole Nature Trail All-American Road qui s'étend sur près de 300 km dans le sud-ouest du pays cajun. Ce circuit est d'ailleurs désigné comme l'une des routes panoramiques officielles du pays et regorge de marais, d'espèces fauniques, de plages et de culture cajun. À faire absolument !

HOLLIER'S CAJUN KITCHEN €

1709 Ruth Street
✆ +1 337 527 0061
www.hollierscajunkitchen.net

Ouvert midi et soir du lundi au samedi. Carte : moins de 25 US$.

Un restaurant cajun spécialisé dans le boudin (en *boudin balls*, à la livre ou même en burger), les fruits de mer (notamment les écrevisses bouillies et bien épicées en saison) et les grillades (surtout les steaks). Le menu s'étoffe d'autres plats bien typiques de Louisiane comme les cuisses de grenouille, l'étouffée d'écrevisses, le jambalaya et le traditionnel gumbo. S'ajoute en plus une ardoise plutôt cantine pour se commander un *cheeseburger* ou un *club sandwich* sur le pouce. À savoir que Hollier est une étape de la route du boudin.

HENNING CULTURAL CENTER

923 Ruth Street
✆ +1 337 527 0357
www.brimstonemuseum.org

Lundi-vendredi, 10h-12h & 13h-17h ; samedi, 10h-14h. Entrée libre.

Le centre culturel Henning met à l'honneur avant tout des artistes locaux, de Sulphur, et tend aussi à dégoter de nouveaux talents. Ses portes s'ouvrent souvent à ceux qui ne sont pas artistes de fait. Au menu : photographies, peintures, coutures, ateliers, etc. Ce sera peut-être même l'occasion de trouver une vraie pièce rare ! Il est à noter que le musée Brimstone, qui occupait l'ancienne gare du Southern Pacific Railway datant de 1915, est dorénavant fermé, le bâtiment ayant subi de trop lourds dégâts à la suite de l'ouragan Laura en 2020.

LEBLEU'S LANDING €

202 Henning Drive
✆ +1 337 528 6900
www.lebleuslanding.com

Ouvert du lundi au samedi de 7h à 21h (jusqu'à 22h le vendredi). Carte : moins de 25 US$. Boudin dès 0,99 US$.

Si l'on vient ici, c'est surtout pour le boudin. Nous sommes en plein cœur du pays du boudin. Le *boudin ball* est particulièrement remarquable, car il n'est pas bourratif et ne pique (relativement) pas trop. Le boudin classique aussi est bon, pour ceux qui l'aiment croquant. Une petite boutique donnant sur une grande vitre d'où l'on peut observer tout le processus de fabrication du boudin propose de rapporter le mélange d'épices pour *gumbo*, la recette idéale du *jambalaya*, etc. Sinon le menu s'oriente comme partout sur les fruits de mer et les steaks.

CREOLE NATURE TRAIL ★★★

2740 Ruth Street
✆ +1 337 502 4358
www.creolenaturetrail.org
Accès libre 24h/24. Selon votre rythme, les étapes et le parcours, comptez entre 4 et 10 heures.

Le Creole Nature Trail All-American Road traverse du nord au sud une immense région marécageuse très plate, couverte par le Sabine National Wildlife Refuge. Cette route de plus de 200 kilomètres serpente à travers les marais du sud-ouest et vous permet d'approcher de très près leurs habitants : alligators, tortues, crabes bleus, aigrettes, poules d'eau, canards, oies sauvages et ces étranges oiseaux-spatules (*roseate spoonbills*) grands oiseaux roses qui fouillent la vase à l'aide de leur long bec terminé par une « cuillère ». Les étapes balisées possèdent des espaces de parking, comme les Marsh Trail (2,5 kilomètres de long, situé à 6 kilomètres au sud du centre d'information) ou Walking Trail, petits sentiers de randonnée aménagés le long du canal et traversant les marais : ce sont de véritables points d'observation. Vous pouvez alors marcher pour admirer la faune et la flore, débusquer les alligators qui sommeillent dans l'eau (surtout entre avril et octobre) ou observer les centaines d'espèces d'oiseaux qui fourmillent par ici. Vous pouvez également pêcher le crabe ou les poissons (avec un permis pour les poissons). Le centre d'informations du Sabine National Wildlife Refuge se trouve à environ 20 kilomètres au sud de Hackberry, « capitale mondiale du crabe » où l'on trouve des centres d'élevages de crabes bleus, qui affectionnent aussi les fossés. Tout à fait au sud, vous arrivez à Holly Beach, qui passe pour être la Cajun Riviera. Plutôt un no man's land en semaine, c'est le week-end que son sable gris s'anime. Tous les habitants de la région viennent y faire la fête, danser, jouer de la musique et se baigner dans le ressac du golfe du Mexique. Un sanctuaire pour oiseaux (Birds Sanctuary) se trouve à 15 kilomètres à l'ouest de Holly Beach sur la Hwy-82. Situé dans un chenier (chênaie) de la côte, c'est un endroit paisible où se rassemblent des milliers de spécimens. Ces oiseaux restent d'abord quelque temps ici au printemps puis traversent la Louisiane en octobre en direction des Caraïbes, du Mexique, de l'Amérique centrale et du Sud. Mais vous ne pourrez manquer les envols groupés des grands pélicans gris, suivis de près par leurs consœurs les mouettes. Vous pouvez ensuite prendre le ferry pour Cameron et continuer sur le Creole Trail à l'est de Calcasieu Lake. Nous vous conseillons d'ailleurs, si vous n'avez le temps d'en faire que la moitié, de parcourir ce côté-ci du Trail, la balade y est plus intéressante. Les points d'arrêt et d'observation sont beaucoup plus nombreux de ce côté-ci du lac. Les marais sont truffés de bayous couverts de jacinthes d'eau et de nénuphars en fleur en été, et vous y rencontrerez les pêcheurs d'écrevisses et de poissons. Vous y verrez facilement les alligators et ces timides tortues qui se font bronzer sur tout ce qui émerge de l'eau. N'hésitez pas à vous aventurer un peu dans les chemins transversaux, c'est l'idéal pour débusquer les animaux et non les autres touristes ! Prenez par exemple Little Chenier Road ou Chenier Perdue Road (à Creole), vous vous enfoncerez un peu plus dans la nature.

▸ **Conseils.** Pensez à l'antimoustiques et aux bottes pour les endroits où les sentiers ne sont pas dégagés. Si c'est l'été, partez de très bonne heure le matin, car l'après-midi vous oserez à peine quitter votre voiture climatisée ! Attention aux chemins impraticables (mais il y en a peu) et aux culs-de-sac, ne vous perdez pas, le marais est immense.

Creole Nature Trail.

HACKBERRY

La localité de Hackberry est la porte d'entrée du Sabine National Wildlife Refuge (à noter que le réseau de réserves du sud-ouest de la Louisiane compte aussi Cameron Prairie, Lacassine et Shell Keys). Si vous suivez la Creole Nature Trail, vous passerez forcément par ici. Entouré d'eau de part et d'autre, le village compte sans surprise quelques pourvoyeurs pour les excursions de pêche. La chasse est également très populaire dans les environs, que ce soit au canard ou à l'alligator, par exemple. Comme il est impossible de camper dans la réserve faunique, plusieurs hébergements sont ici à disposition, notamment des campings pour véhicules récréatifs.

SABINE NATIONAL WILDLIFE REFUGE ★★

3000 Holly Beach Highway ✆ +1 337 762 3816
www.fws.gov/refuge/sabine
Ouvert toute l'année (voir site web, rubrique « Visit us », pour les horaires des différentes activités).

Établie en 1937, cette réserve faunique fait partie du réseau national américain qui compte plus de 560 espèces protégées de ce genre au pays. Située à 13 km au sud de Hackberry par la route 27, elle occupe un site naturel composé de zones marécageuses entre les lacs Calcasieu et Sabine. Les activités les plus populaires sont la pêche, la chasse, la randonnée pédestre et l'observation de la faune (notamment les oiseaux). À savoir que cette réserve fait partie du Creole Nature Trail.

HACKBERRY ROD & GUN

485 Lake Breeze Road
✆ +1 337 762 3391
hackberryrodandgun.com
Tarifs variables selon l'activité ou le forfait choisi. Hébergement disponible sur place. Réservation requise.

Hackberry Rod & Gun se targue d'être le plus important lodge de chasse et pêche de la région de la côte du golfe du Mexique. Fondée en 1975, l'entreprise propose en effet des excursions de pêche en eau salée, notamment à la truite mouchetée, la grande star des lieux, ainsi que la chasse au canard. Différents types de forfaits sont proposés, incluant ou non les repas et l'hébergement. Dans le cas de la chasse, vous devez fournir votre équipement et avoir le permis requis. Pour la pêche, il est toutefois possible de louer l'équipement sur place.

CAMERON

Robert Alexandre Cameron, héros de l'armée sudiste et homme politique, a donné son nom à ce port de pêche du golfe du Mexique. Vous trouverez certainement à Cameron de curieux tertres, les *pimple mounds* (monticules en forme de bouton). Il s'agit en fait de monticules formés d'alluvions et recouverts de végétation, ce qui les a protégés de l'érosion. Les *gemmies*, rongeurs de la famille du rat, ont élu domicile dans ces tertres. Sinon Cameron regorge de campings pour les véhicules récréatifs, afin de profiter du golfe, et un ferry traversant le chenal Calcasieu la relie à Holly Beach, Little Florida Beach, Mae's Beach et éventuellement le Texas.

GRAND CHENIER

Située dans la paroisse de Cameron, c'est une communauté non-incorporée comptant quelques centaines d'habitants à peine. En fait, il n'y a pas grand-chose à voir ici, si ce n'est son attraction principale qu'est le Rockefeller Wildlife Refuge. Cette réserve faunique se situe un peu à l'est du village de Grand Chenier via la route 82 et abrite l'une des faunes les plus diversifiées du pays, notamment les oiseaux migrateurs qui passent par ici ou qui hibernent à même la réserve. Comme il est interdit de passer la nuit dans la réserve, on conseille le camping sur la plage de Rutherford Beach situé à Créole, une petite localité à l'ouest de Grand Chenier.

ROCKEFELLER WILDLIFE REFUGE ★

5476 Grand Chenier Highway ✆ +1 337 491 2593
www.wlf.louisiana.gov
Ouvert toute l'année, du lever au coucher du soleil (certains secteurs sont fermés de décembre à début mars).

Cette réserve faunique s'étire le long de la côte du golfe du Mexique sur une quarantaine de kilomètres. Composée de zones marécageuses dans les terres, elle est reconnue pour sa faune native, son industrie des pêches et ses recherches sur les zones humides et les marais. Du côté des activités, pêche et nautisme ont la cote, sans oublier l'observation des oiseaux. À savoir qu'un permis est nécessaire pour accéder à la réserve (voir site web) et que le camping est interdit sur place.

LAFAYETTE ★★★

Il n'y a pas meilleur endroit en Louisiane pour s'imprégner de la culture acadienne. Lafayette est une ville ultra sympathique où les bonnes adresses fourmillent pour déguster la cuisine cajun typique, boire une bière locale et faire quelques pas de danse au rythme de la musique zydeco. C'est ici que se concentrent les attraits majeurs nous transportant dans l'histoire de ce « pays » si singulier, tels que LARC's Acadian Village, Vermilionville et le Acadian Cultural Center. Ses grands événements comme le Festival international de Louisiane et les Festivals Acadiens et Créoles font rayonner la musique et la culture locales, et sont à voir absolument.

LARC'S ACADIAN VILLAGE ★★

200 Greenleaf Drive ✆ +1 337 981 2364
acadianvillage.org

Ouvert du lundi au samedi de 10h à 16h. Adulte : 10 US$, 5-17 ans : 8 US$, 4 ans et moins : gratuit. Boutique sur place.

Un village acadien du XVIIe siècle est ici reconstitué. Tout y est : l'église, l'école, la maison du médecin avec ses instruments. Les maisons sont en bousillage. Toute l'histoire des Acadiens est bien expliquée. On réalise soudain quelles étaient leurs conditions de vie et ce qu'ils ont enduré. Passionnant ! Le principe est un peu le même que le plus authentique Vermilionville. Une bonne alternative si vous vous trouvez dans cette partie de Lafayette et avez peu de temps devant vous. À ne pas manquer en décembre : le Noël Acadien au Village.

ACADIAN CULTURAL CENTER ★★

501 Fisher Road ✆ +1 337 232 0789
www.nps.gov/jela

Ouvert du mardi au samedi de 9h30 à 16h30. Entrée libre.

Une halte dans ce centre culturel est vivement recommandée. Il constitue un très bon complément de visite à Vermilionville. Les *rangers* présents sont très serviables et le film (35 minutes, en français) projeté sur grand écran qui retrace la déportation des Acadiens en Louisiane est vraiment captivant (rien à voir avec les vidéos classiques typiques des musées). À ne pas manquer également, la présentation des différentes caractéristiques de la culture cajun, comme Mardi Gras, la langue française ou encore les différents types de musiques.

FLOYD SONNIER ART GALLERY

1010 St. Mary Street
SCOTT
✆ +1 337 288 0980
www.floydsonnier.com

Mercredi-vendredi, 10h-16h ; samedi, 10h-14h. Entrée libre.

Située à Scott, cette galerie d'art était un saloon jusqu'en 1976, année où Floyd Sonnier décida d'y exposer ses dessins. L'artiste a gardé le bar, maintenant on n'y vient plus pour boire, mais pour admirer son coup de pinceau : des dessins au crayon ou à l'encre de Chine qui représentent la vie des Cajuns à leur arrivée en Louisiane jusqu'au siècle dernier. Du très beau travail, authentique. Une visite guidée privée peut être organisée sur rendez-vous.

VERMILIONVILLE LIVING HISTORY MUSEUM ★★★

300 Fisher Road ✆ +1 337 233 4077
www.vermilionville.org

Mardi-dimanche, 10h-16h. Adulte : 10 US$. Concert de musique cajun le samedi de 13h à 15h. Bal le dimanche de 13h à 16h.

Pour commencer la visite du pays cajun, Vermilionville devrait être une étape obligatoire pour comprendre la vie des Acadiens jusqu'à la fin du XIXe siècle, mais aussi celle des Créoles, des Indiens natifs et des descendants d'Africains. Dans ce beau site en pleine nature, sur les rives du bayou Vermilion, un village cajun a été entièrement reconstitué, certaines des maisons présentées sont d'origine, d'autres sont des répliques. C'est très vivant et dans plusieurs maisons, un artisan, acadien bien sûr, vous raconte, en français la plupart du temps, la vie d'antan et son métier, sans oublier différentes notions historiques et culturelles. La visite se fait de manière autonome mais il est possible de réserver à l'avance une visite guidée, en français sur demande (frais en sus de l'admission). En prime, ne manquez pas :

- **Le bal du dimanche :** le dimanche de 13h à 16h, chaussez vos plus beaux souliers de danse et venez faire un retour dans le temps au bal de Vermilionville.
- **La cuisine de Maman,** ouvert du mardi au dimanche de 11h à 14h. Testez la cuisine gourmande du restaurant de Vermilionville, les locaux sont particulièrement adeptes de son gumbo (et nous aussi !). En dessert, goûtez absolument au *cheesecake* au chocolat.
- **Les journées culturelles** avec une belle programmation d'activités (entrée gratuite) : Créoles en juin, Acadiens en août et Indiens natifs en novembre.

CATHEDRAL OF ST. JOHN THE EVANGELIST ★

914 St. John Street
✆ +1 337 232 1332
www.saintjohncathedral.org
Voir site web pour l'horaire des messes et célébrations. Visite guidée sur réservation.

© DIETMAR RAUSCHER - SHUTTERSTOCK.COM

Construite dans les années 1910 avec des briques rouges, elle est imposante. Sur son flanc gauche se dresse un gigantesque chêne vieux de cinq siècles. Impressionnant ! Derrière la cathédrale, on peut se promener dans le cimetière St. John qui comporte un nombre impressionnants de tombes gravées de noms français. Des audioguides sont bientôt disponibles pour la visite. A voir également sur place, le musée qui retrace l'histoire du diocèse et la boutique de souvenirs.

LES TABLES FRANÇAISES

Pour vous immerger dans la culture cajun et rencontrer des locaux, rien de mieux que de participer à une Table Française. Ces réunions organisées de manière hebdomadaire ou mensuelle sont une très bonne occasion pour les locaux de préserver et pratiquer le français. On y évoque la culture cajun ou l'actualité dans un français teinté d'un bel accent et ponctué d'expressions intemporelles. Si elles étaient en voie de disparition, elles sont redevenues très populaires depuis quelques années, et c'est avec plaisir et enthousiasme que vous serez accueilli à l'une de ces tables. Pour obtenir la liste des Tables Françaises : www.lafayettetravel.com/explore/language/french-tables

RODRIGUE STUDIO ★

1434 South College Road
✆ +1 337 233 3274
georgerodrigue.com
Lundi-vendredi, 10h-16h ; samedi, 12h-16h. Entrée libre. Autre galerie à La Nouvelle-Orléans.

Cette galerie se consacre aux œuvres de George Rodrigue. Ses peintures sont reconnaissables à ce chien bleu aux yeux jaunes écarquillés. Une publicité pour les imprimantes couleur l'a fait connaître au niveau international. Si vous demandez où vous pouvez trouver une reproduction ou un poster pas trop cher du Chien Bleu, la réponse est simple : prenez une grande feuille de papier, dessinez un chien bleu et signez Rodrigue. C'est sûrement à la suite d'une discussion à ce sujet que Jim Tweedy a dessiné un chat rouge nommé Charlie.

THE LAFAYETTE MUSEUM - HISTORIC HOME & GARDENS

1122 Lafayette Street
✆ +1 337 234 2208
www.lafayettemuseum.com
Ouvert du mardi au samedi de 10h à 16h. Adulte : 5 US$, étudiant et senior : 3 US$.

Ce musée témoigne des événements qui ont mené à la croissance et au développement de Lafayette et de ses environs. Il se consacre au partage et à la promotion de l'histoire et de la culture d'Acadiana en collectant, préservant et exposant des artefacts liés aux familles ayant habité la maison et aux époques durant lesquelles elles vécurent. Cette élégante demeure fut construite aux alentours de 1800 par Jean Mouton, un des premiers colons à s'établir dans le sud-ouest de la Louisiane.

CAJUN FOOD TOURS

Au sud de Lafayette. ✆ +1 337 230 6169
www.cajunfoodtours.com
Tour original : à partir de 59 US$ pour les 12 ans et plus. Réservation impérative. Navette gratuite à votre hôtel.

« Allons manger ! » Voilà comment Marie, pleine d'énergie et de passion pour sa région, démarre son fantastique tour en minibus. Puis elle entraîne son groupe durant plus de 3h et dans une ambiance conviviale vers une découverte culinaire de la fameuse cuisine cajun. Elle dispose pour cela de dizaines de partenaires qui proposent boudin, écrevisses, gumbo, *king cake*, etc. Une expérience originale et unique à Lafayette à ne pas manquer. Un petit conseil cependant : évitez de manger avant ! D'autres tours sont proposés, notamment l'expérience cajun d'une journée.

© JASON COHEN

© LAFAYETTE TRAVEL

© JASON COHEN

LAFAYETTE TRAVEL

1400 North West Evangeline Thruway
✆ +1 337 232 3737
www.lafayettetravel.com

Ouvert du lundi au vendredi de 8h30 à 17h, de 9h à 17h le week-end.

Vous trouverez dans ce bureau touristique, et auprès de ses employés pour la plupart francophones, toutes les informations sur Lafayette et sa région. Prenez un moment pour observer le beau jardin derrière le bâtiment. À noter que l'office du tourisme est installé sur un terre-plein, entre les voies de l'Evangeline Thruway. Avant votre séjour, prenez également le temps de consulter le site web de Lafayette Travel. Sa rubrique « Explore » permet de tout connaître, ou presque, sur la musique locale, le peuple cajun, l'histoire d'Acadiana, la bouffe typique, etc.

© LAFAYETTE TRAVEL

© LAFAYETTE TRAVEL

AUTO RENTAL ETC

401 East Pinhook Road
+1 337 237 1282
www.autorentaletc.com
Lundi-vendredi, 8h-17h ; samedi, 8h-12h.

Une agence idéale si vous souhaitez éviter les entreprises multinationales classiques et privilégier une agence louisianaise. Auto Rental ETC propose un grand choix de véhicules à la location et dispose de sept agences implantées dans le sud de l'État, soit à Breaux Bridge, Kenner (au Louis Armstrong New Orleans International Airport - pas de taxe aéroport), Lafayette (deux succursales), Lake Charles, Morgan City et Youngsville. Les réservations sont possibles en ligne et par téléphone auprès de chaque agence. Une compagnie locale chaudement recommandée !

LAFAYETTE REGIONAL AIRPORT

200 Terminal Drive
+1 337 703 4800
lftairport.com
À 3 miles (4,8 km) au sud-est du centre-ville de Lafayette.

Après quelques années de chantier, le nouveau terminal de l'aéroport de Lafayette a ouvert ses portes au public en janvier 2022. Deux fois plus grand et doté des dernières technologies, il est le nec plus ultra dans la région. American Airlines, Delta et United desservent cet aéroport à destination d'autres villes de Louisiane et du pays. Pour s'y rendre ou aller au centre-ville, il faut soit prendre un taxi ou réserver un Lyft ou Uber. Sept compagnies de location de voiture sur place.

LAFAYETTE TRANSIT SYSTEM

+1 337 291 8570
13 ans et plus : 1 US$, 6-12 ans : 0,90 US$, senior : 0.50 US$. Pass 1 jour : 3 US$, 12 billets : 10 US$.

La ville de Lafayette est dotée d'un réseau de transport en commun. Mais il faut être honnête, les passages sont peu fréquents et le service se termine tôt en soirée. Le service de jour compte sept lignes de bus et l'horaire s'étend de 5h45 à 18h30, du lundi au samedi. En soirée, quatre lignes de bus - Red, Blue, Green, Brown - desservent la ville entre 18h30 et 21h30, toujours du lundi au samedi. Et le dimanche, il n'y a tout simplement pas de service. Si le bus est vraiment économique, reste qu'il est plus facile de se déplacer en taxi ou Uber.

BLUE MOON SALOON & GUESTHOUSE €

215 East Convent Street +1 337 234 2422
bluemoonpresents.com
Chambre partagée : à partir de 23 US$ par personne, privée : à partir de 105 US$. Chalet : 250 US$ la nuit.

Cet endroit propose tout en un : des lits en dortoir de type *hostel*, des chambres privées toute mignonnes, un cottage entièrement équipé (situé à proximité), ainsi qu'un saloon avec musique live plusieurs soirs par semaine et des soirées à thèmes comme le jam cajun ou le micro ouvert. On vous offre un ticket boissons lorsque vous passez la nuit là et vous ne payerez pas un rond pour les spectacles. Wifi gratuit, musique gratuite, accueil hyper sympa... bref, un must !

T'FRERE'S HOUSE €€

1905 Verot School Road
+1 337 984 9347
www.tfrereshouse.com
Chambre double : à partir de 125 US$, petit déjeuner inclus. Stationnement et wifi gratuits.

Ce superbe bed & breakfast se situe au sud du centre-ville de Lafayette. La maison a été construite en 1880 par T' Frere's Landry et elle abrite aujourd'hui les chambres, ainsi qu'un salon, une cuisine et une salle à manger pour savourer les spécialités culinaires louisianaises au petit déjeuner. Sachez aussi que le jour de votre arrivée, vous aurez droit à un cocktail de bienvenue. Pour plus d'autonomie, un petit appartement avec deux chambres, salon et cuisine équipée est en location. Mention au magnifique porche et à la cour verdoyante où se la couler douce.

CAJUN STAYS €€

+1 337 935 9066
www.cajunhostel.com
Tarifs variables selon le type d'hébergement choisi.

Cajun Stays propose une panoplie d'hébergements au cœur du centre-ville de Lafayette. Que ce soit une petite maison, une cabine, un loft, un studio ou encore une chambre double, toutes les options sont ici possibles. Pour les plus petits budgets, une chambre partagée de type *hostel* est également proposée (possibilité de réserver qu'un seul lit ou la chambre entière qui accueille jusqu'à cinq personnes). A noter que si vous réservez une chambre privée ou un studio pour au moins deux nuits, vous aurez droit à une bouteille de vin et des chocolats gratuitement.

MOUTON PLANTATION €€

338 North Sterling Road
✆ +1 337 233 7816
www.moutonplantation.com

Chambre double : 135 à 150 US$, suite : 175 à 225 US$. Petit déjeuner gourmand inclus. Happy hour de 16h30 à 18h.

Cette belle maison fut jadis celle de Charles Mouton, gouverneur marseillais de Louisiane, mais aussi celle du docteur Francis Sterling Mudd de Virginie, vice-gouverneur de Louisiane. Aujourd'hui, c'est un B&B des plus agréable. Le personnel parle majoritairement la langue de Molière et pour cause, la clientèle francophone raffole de cette adresse. L'accueil chaleureux de Ravi, le propriétaire, les copieux petits-déjeuners, le jardin luxuriant et les concerts de musique cajun qui ont lieu plusieurs fois par semaine devraient, quant à eux, finir de vous convaincre.

UL RAGIN' CAJUNS CYPRESS LAKE ★

104 East University Avenue
louisiana.edu
Accès gratuit en tout temps.

Comme les alligators ont royalement snobé notre présence lors du *swamp tour*, il fallait absolument trouver un plan B. C'est alors qu'on a eu vent de ce lac aménagé au coeur du campus de la University of Louisiana at Lafayette. Joli petit havre de verdure et de calme, cerné d'une clôture, on s'installe sur sa plateforme d'observation pour admirer les oiseaux, tortues et alligators. Et avec un peu patience, on a eu droit à notre rencontre mémorable avec un alligator, à moins d'un mètre !

© VALÉRIE FORTIER

JUDICE INN €

3134 Johnston Street
✆ +1 337 984 5614
www.judiceinn.com
Lundi-jeudi, 10h-20h30 ; vendredi-samedi, 10h-22h. Carte : moins de 10 US$.

Si vous avez une envie de burger, nous ne pourrions trop vous conseiller de tester cet établissement historique ouvert depuis 1947. Les locaux disent qu'on y sert les meilleurs burgers de la ville et l'on veut bien les croire. Outre les burgers et leurs différentes versions (une ou deux boulettes, avec fromage, etc.), une dizaine de sandwichs figure au menu, dont le succulent *steak & cheese* (steak et fromage). Mais on vient ici avant tout pour les burgers, c'est non-négociable. Quelques bières à l'ardoise également, mais rien de local.

POP'S POBOYS €

740 Jefferson Street
✆ +1 337 534 0621
www.popspoboys.com
Lundi-mercredi, 10h30-14h ; jeudi-samedi, 10h30-21h. Carte : moins de 15 US$.

Ouvert au printemps 2015 par le chef Collin Cormier, le Pop's propose une interprétation créative et bien sentie du sandwich le plus fameux de Louisiane, le bien nommé po-boy, décliné en une douzaine de versions. Par exemple, le Boudreaux au poisson-chat frit avec sauce tartare à l'okra mariné et salade de choux au fromage bleu, ou encore le Delcambre Dandy aux crevettes croquantes du golfe avec roquette, tomates et sauce citron et câpre. Salades et à-côtés également, notamment des frites maison, un *mac & cheese* et de l'okra mariné et frit.

CREOLE LUNCH HOUSE €

713 12th Street
✆ +1 337 232 9929
Ouvert en semaine de 11h à 14h. Carte : moins de 20 US$.

Gardé secret par les habitants de Lafayette, ce petit boui-boui installé à un coin de rue dans un quartier résidentiel ne paie pas de mine. On y sert pourtant une très bonne cuisine créole à moindre coût : côtes levées au barbecue, poulet farci cuit au four, saucisses et haricots rouges, poisson-chat frit, crevettes frites, fricassée de poulet ou aux boulettes de viande, etc. Cette petite adresse gourmande est fréquentée presque uniquement par des locaux. Plus authentique on ne fait pas, et les portions sont vraiment généreuses.

HUB CITY DINER €

1412 South College Road
✆ +1 337 235 5683
www.hubcitydiner.com
Ouvert tous les jours de 6h30 à 21h, jusqu'à 15h le dimanche. Carte : moins de 15 US$.

Un bon vieux *diner* typique des États-Unis avec pour emblème un flamant rose, fréquenté uniquement par les locaux qui aiment ses burgers sans chichis et ses steaks de poulet frit *Texas size* – comprenez énormes. Le restaurant propose aussi une liste hallucinante de plats pour le petit déjeuner, qu'on accompagne d'un Bloody Mary, d'un mimosa ou d'un Screwdriver (jus d'orange et vodka). Loin des restaurants plutôt classes de Lafayette, Hub City Diner cultive une ambiance familiale, finalement plutôt sympa pour un repas sans prétention.

JOHNSON'S BOUCANIERE €

1111 St. John Street
✆ +1 337 269 8878
www.johnsonsboucaniere.com
Mercredi-vendredi, 10h-15h ; samedi, 8h-15h ; dimanche 10h-14h (barbecue et brunch). Carte : moins de 20 US$.

Boucaniere signifie « fumoir » en cajun. La famille Johnson s'illustre depuis des décennies dans le boudin et la viande fumée, grâce à une technique qu'ils ont mise au point à Eunice, non loin de Lafayette. On peut aussi goûter à la délicieuse viande fumée dans un sandwich, accompagné de boudin. C'est loin d'être léger, mais c'est tout à fait divin. La maison prépare également des petits déjeuners, du gumbo, des po-boys et sandwichs variés, sans oublier les assiettes de viandes cuites au barbecue avec tous les accompagnements dignes de ce nom.

PIZZA ARTISTA €

5409 Johnston Street
✆ +1 337 706 7631
www.pizzaartista.com
Dimanche-jeudi, 10h30-21h30 ; vendredi-samedi, 10h30-23h. Carte : moins de 25 US$. Coin terrasse.

Si on pourrait imaginer qu'il s'agit d'une pizzeria *fast-food*, on se rend vite compte qu'il y a bien plus derrière Pizza Artista. Et si les pizzas sont si bonnes c'est parce que la pâte repose pendant deux jours, que les produits sont frais, certains locaux. Sans oublier la créativité des propriétaires, qui ont passé beaucoup de temps à composer des recettes originales et très goûteuses. Si vous voulez tester des pizzas aux influences locales, cinq d'entre elles sont inspirées de la cuisine cajun. Autres succursales à Broussard, Baton Rouge et Lake Charles.

SCRATCH FARM KITCHEN €

406 Garfield Street

✆ +1 337 296 2364

Ouvert du mardi au samedi de 9h à 14h. Carte : moins de 20 US$.

Comme son nom l'indique, cette petite table gourmande fait affaire avec les fermiers et producteurs locaux pour offrir un menu sain, de saison et de proximité. D'ailleurs, la maison inscrit au tableau qui sont les producteurs du menu du jour, afin de leur rendre hommage. Dans l'assiette, des plats qui s'inspirent de la cuisine du monde, toujours frais, colorés et savoureux, tels que le bol de *grits* avec bœuf de pâturage, tomates, okra, gruyère, persil et œuf de ferme. Mention à la jolie déco et aux œuvres qui ornent les murs.

SPOONBILL WATERING HOLE & RESTAURANT €

900 Jefferson Street ✆ +1 337 534 0585

www.spoonbillrestaurant.com

Mardi-samedi, 11h-22h ; dimanche, 10h-14h. Brunch le dimanche. Carte : moins de 25 US$. Terrasse.

Une adresse tendance dans un cadre original. Ce *diner* branché est installé dans un ancien garage Conoco. Choisissez votre place sous les ventilateurs de la terrasse ou confortablement installés dans les banquettes à l'intérieur. La salle lumineuse s'ouvre sur un mur en briques partiellement conservé avec en fond un bar achalandé et la porte vitrée originelle du garage. Vous y dégusterez une cuisine d'inspiration internationale avec un soupçon d'originalité et toujours bien préparée.

T-COON'S €

1900 West Pinhook Road

✆ +1 337 233 0422

tcoons.com

Ouvert tous les jours de 6h à 14h. Carte : moins de 20 US$.

T-Coon est certes cajun avec ses ancêtres d'Acadie, mais il se revendique avant tout de la culture zydeco dans sa façon de cuisiner. Une façon de voir. Toujours est-il que son brunch dominical a ses fidèles et qu'il vaut mieux réserver. C'est une excellente occasion de prendre un vrai petit déjeuner à la sauce locale (*grits*, œufs et bacon, saucisses, omelettes, pancakes, etc.) pour bien commencer des journées qui s'annoncent longues. Pour le lunch, les jours de semaine ont un plat vedette en plus du menu régulier qui affiche nombre de spécialités louisianaises.

THE FRENCH PRESS €

214 East Vermilion Street

✆ +1 337 233 9449

www.thefrenchpresslafayette.com

Lundi-vendredi, 7h-14h (fermé le mardi) ; samedi-dimanche, 9h-14h. Carte : moins de 20 US$.

Notre meilleure adresse en ville pour bruncher ! Déjà on adore la grande salle du resto qui arbore un look ancien et branché à la fois. Dans l'assiette, on s'est laissé tenter par le Cajun Benedict, un plat vraiment gourmand comprenant du pain français toasté, du boudin et deux oeufs pochés, le tout recouvert de gumbo au poulet et andouille et d'oignons français. On a aussi commandé le fameux bacon caramélisé aux noix de Pécan, un délice absolu ! Pour le lunch, le restaurant propose du gumbo, des salades et des sandwichs (dont celui aux *boudin balls*).

BON TEMPS GRILL €€

1211 West Pinhook Road

✆ +1 337 706 8850

bontempsgrill.com

Lundi-vendredi, 11h-22h ; samedi-dimanche, 10h30-22h. Carte : 10 à 40 US$. Musique live tous les jours.

Déménagée dans les anciens locaux du Blue Dog Cafe, Bon Temps Grill est une adresse gourmande qui ne désemplit pas. On y vient pour ses délicieuses entrées comme l'alligator frit avec sauce Bang Bang (on en raffole !) ou encore les beignets frits à l'écrevisse et jalapeno avec sauce rémoulade. C'est aussi ici que les locaux viennent déguster l'un des meilleurs gumbos en ville, leur rappelant la recette traditionnelle familiale. Belle sélection de poissons, fruits de mer et grillades, sans oublier un bar très garni avec bon nombre d'alcools de Louisiane.

CAFE VERMILIONVILLE €€

1304 West Pinhook Road

✆ +1 337 237 0100

cafev.com

Horaires variables. Carte : 10 à 40 US$. Cour intérieure.

On a préservé au mieux l'aspect de cette auberge du début du XIXe siècle. Cette maison de bois peint en blanc abrite en son cœur une belle salle à manger dotée de poutres apparentes, ce qui lui confère une atmosphère rustique. L'ensemble donne sur une belle cour intérieure. À table, on goûtera aux spécialités cajuns ou bien aux plats créoles, marqués par l'influence française. Un soin particulier est apporté à la présentation et au service. Les mercredis du printemps et d'automne, ne manquez pas les concerts *Courtyard Series* de 18h à 21h.

PAMPLONA TAPAS BAR €€

631 Jefferson Street
✆ +1 337 232 0070
pamplonatapas.com
Horaires variables. Carte : 10 à 45 US$. Tapas : moins de 10 US$ chaque.

Parce qu'il n'y en a pas que pour la France à Lafayette, l'Espagne, et la Navarre tout particulièrement, est fièrement représentée ici. Pour une assiette de fromages et de charcuterie, du bon vin espagnol, une ambiance à la Hemingway, c'est ici qu'il faut venir. La carte des tapas est réjouissante avec en tête (selon nous) la *morcilla* et les crevettes barbecue façon basquaise. Bien sûr, le principe de tapas, c'est-à-dire picorer en petite quantité, ne sied pas vraiment aux Américains, du coup les portions sont généreuses, ce qui n'est pas pour nous déplaire.

PREJEAN'S RESTAURANT €€

3480 NE Evangeline Thruway
✆ +1 337 896 3247
prejeans.com
Lundi-jeudi, 10h30-21h ; vendredi-samedi, 10h30-22h ; dimanche, 10h30-16h. Carte : 10 à 40 US$.

Chez Prejean's, le décor rassemble tout l'équipement indispensable à la vie dans les bayous. Les spécialités sont les fruits de mer, les grillades et les *boils* (écrevisses et crevettes ou les deux, offertes seulement le soir dès 17h). Le menu ne s'arrête pas là, comprenant toutes les spécialités louisianaises ou presque : gumbo, étouffée d'écrevisses, po-boy, *shrimp & grits*, alligator, etc. Tout cela bien cuisiné et recommandé par un authentique cajun du coin. Bonus : de la musique live plusieurs soirs par semaine, généralement de musique cajun.

UNCLE T'S OYSTER BAR €€

1001 St. Mary Street
SCOTT
✆ +1 337 504 2285
uncletsoysterbar.com
Lundi-jeudi, 11h-21h30 ; vendredi-samedi, 11h-22h. Carte : 10 à 35 US$. Terrasse.

Une belle découverte dans le charmant village de Scott, à une dizaine de minutes à peine à l'ouest de Lafayette. Le restaurant tient sa réputation à son bar à huîtres, qu'elles soient crues ou en version *charbroiled* (quatre options ou possibilité d'avoir trois huîtres de chaque). Les paniers de fruits de mer frits ont aussi la cote, tout comme les po-boys (plus d'une dizaine de sortes) et les burgers. Pour le dîner, Uncle T's propose également des fruits de mer bouillis en saison, à savoir des écrevisses, des crevettes et du crabe.

VESTAL RESTAURANT €€€

555 Jefferson Street ✆ +1 337 534 0682
vestalrestaurant.com
Ouvert du mardi au samedi dès 16h pour les huîtres et cocktails, 17h pour la cuisine. Carte : 10 à 65 US$.

Ouvert depuis 2020 par le chef-propriétaire Ryan Trahan, Vestal offre une des meilleures expériences culinaires de Lafayette. Le design des lieux est époustouflant et on peut même manger face aux cuisiniers à l'œuvre. Dans l'assiette, du cru (tartare de bœuf Wagyu, ceviche, caviar...), des mises en bouche pour s'ouvrir l'appétit et des plats principaux comme le poisson entier avec câpres, olives, herbes et glaçage de soya. Mais ce sont surtout ses viandes de grande qualité qui attirent les gourmands, que ce soit le bœuf Wagyu ou le tomahawk vieilli à sec.

ARTMOSPHERE

902 Johnston Street
✆ +1 337 233 3331
artmospherela.com
Ouvert du lundi au samedi de 16h à 2h. Terrasse.

Une agréable terrasse, un bar bien garni (surveillez les promos, elles permettent d'économiser sur la bière ou encore les margaritas), des concerts plusieurs soirs par semaine (gratuits ou maximum 10 US$) dans une ambiance électrique et avec des œuvres d'art locales en guise de décoration. Selon le soir, d'autres événements sont organisés comme l'incontournable karaoké ou encore un party avec DJ. Artmosphere est un des incontournables de la vie nocturne de Lafayette et un des meilleurs endroits pour côtoyer la population locale.

CARPE DIEM CAFE & WINE BAR

812 Jefferson Street
✆ +1 337 281 4453
www.carpediemcafeandwinebar.com
Lundi-jeudi, 8h-21h ; vendredi, 8h-22h ; samedi, 9h-22h ; dimanche, 9h-21h. Coin terrasse.

Glacier italien du centre-ville de Lafayette très apprécié pour ses gelati et ses desserts comme le *sundae* et le *banana split* (des gâteaux sont aussi préparés sur place). On y boit également d'excellents cafés, comme le macchiato et le cappucino, et on recommande l'affogato pour les dents sucrées. Plusieurs choix de thés également, ainsi que des crêpes salées ou sucrées pour calmer l'appétit. L'endroit fait également office de bar avec une superbe liste de cocktails et des vins.

HIDEAWAY ON LEE

407 Lee Avenue
✆ +1 337 484 1141
www.hideawayonlee.com
Ouvert midi et soir du mercredi au samedi. Terrasse. Spectacles live (gratuits ou max 10 US$).

Une adresse hautement sympa pour boire un verre et/ou casser la croûte. Hideaway est surtout réputé pour ses cocktails, dont sa collection « signature » qui varie au fil des saisons. Plusieurs bières artisanales de Louisiane également, dont notre préférée, la IPA Jucifer. Côté menu gourmand, les burgers sont la grande vedette des lieux et malgré l'heure avancée, le chef a accepté de nous préparer le burger brunch avec extra bacon (car le bacon, c'est la vie !). On a aussi remarqué une spécialité bien québécoise sur le menu, soit la fameuse poutine. Qui l'eût cru ?

RÊVE COFFEE ROASTERS

200A Jefferson Street
✆ +1 337 534 8336
revecoffeeroasters.com
Lundi-mercredi, 7h-19h ; jeudi-vendredi, 7h-21h ; samedi, 8h-21h. Coin terrasse.

Un très agréable café qui donne sur la rue commerçante de Jefferson Street. A la carte, de bons cafés et des thés, mais aussi du kombucha bio et des gourmandises sur le pouce – muffins, macarons, gâteaux, etc. – à déguster dans la vaste pièce à la décoration chaleureuse et design ou à prendre pour emporter. Rêve Coffee Roasters dispose de plusieurs autres succursales en Louisiane (parfois sous un nom différent) : Campus Grounds à la University of Louisiana at Lafayette, Rêve Coffee Lab à Lafayette et Baton Rouge, et Cafe Mosaic à Eunice.

THE WURST BIERGARTEN

537 Jefferson Street
✆ +1 337 534 4612
wurstbiergarten.com
Mardi-jeudi, 16h-minuit ; vendredi, 16h-2h ; samedi, 12h-2h ; dimanche, 12h-minuit.

Comme son nom l'indique (*Biergarten*, en allemand, se traduit plus ou moins par « jardin à bière »), ce bar dispose d'un bel espace en extérieur garni de parasols où il fait bon siroter une bière artisanale en fin de journée. En fait, tout le bar se trouve en extérieur et est donc sujet à la météo. Sur place, ambiance jeune et décontractée. Quelques options gourmandes également pour apaiser les petits comme les grands creux. Le bar présente aussi des spectacles live (généralement le week-end), des soirées quiz ou encore des shows d'humour.

EARL'S CAJUN MARKET

510 Verot School Road
✆ +1 337 237 5501
earlscajunmarket.com
Ouvert de 7h à 19h tous les jours (fermeture à 13h30 le mardi et à partir de 9h le dimanche).

Très bonne épicerie cajun aux étagères pleines de produits de la région (mais aussi d'épicerie générale). Parfait pour enrichir son attirail d'épices personnelles (ce qu'on a fait !) ou pour rapporter de goûteux cadeaux. Un comptoir de boucherie propose également plusieurs spécialités dont du jerky de bœuf, du boudin et des cracklins (on a goûté et ils sont excellents !), des saucisses fumées, du poulet désossé et farci, des viandes pour le barbecue, etc. Aussi sur place : un coin deli proposant petits déjeuners, po-boys, burgers, etc. ainsi que des plats du jour.

LAGNIAPPE RECORDS

311B Jefferson Street
✆ +1 337 366 8187
lagniapperecords.com
Horaires variables. Boutique en ligne également.

Ce disquaire du centre-ville de Lafayette est une pépite, probablement l'une des meilleures adresses indépendantes de Louisiane. La boutique vend principalement des vinyles, neufs ou usagés, et utilise un système de notation selon l'état du disque (très utile pour éviter les mauvaises surprises). Tous les styles musicaux sont représentés, ou presque, allant de la pop psychédélique française au *brass band* de La Nouvelle-Orléans, en passant par le rap, le jazz ou l'*indie*. Le disquaire vend également des CD, t-shirts à l'effigie de Lagniappe Records, etc.

SOLA VIOLINS

100 East Vermilion Street
✆ +1 337 534 4436
www.solaviolins.com
Mardi-jeudi, 10h-18h ; vendredi-samedi, 10h-16h.

La boutique d'Anya Burgess est un véritable temple du violon. Elle-même violoniste, elle a également étudié le métier de luthière avec Otis Tomas en Nouvelle-Ecosse (Canada) et suit des formations continues afin de perfectionner ses techniques. Notons qu'elle siège aussi à la Violon Society of America. Sa boutique regorge de violons, d'altos, de contrebasses, d'archets, de cordes, d'étuis et d'accessoires, si l'envie vous prend d'acquérir un instrument neuf ou vintage. La maison offre aussi les services de réparation, de restauration ou de location d'instruments.

WILDCAT BROTHERS DISTILLING

2601 SE Evangeline Thruway
✆ +1 337 703 3410
wildcatbrothers.com
Horaires variables.

Installée dans le bâtiment qui abritait jusqu'à tout récemment Gator Cove, un restaurant de fruits de mer bien connu des locaux, la distillerie Wildcat Brothers se spécialise dans le rhum. Sur place, on peut déguster les différentes créations des distillateurs, en version brute ou en cocktail. Des spectacles live y sont aussi organisés au fil des mois (voir la page Facebook pour les détails), ainsi qu'une « école » du rhum et, éventuellement, des cours de cuisine cajun.

DUC IN ALTUM

Basé à Lafayette
✆ +1 337 316 2074
www.ducinaltumkayak.com
Excursion en kayak de 3 heures : à partir de 90 US$. Réservation impérative.

Entre calme et authenticité, Duc in Altium vous propose des sorties en kayak sur les plans d'eau des environs de Lafayette, notamment le magnifique lac Martin à Breaux Bridge. La plupart des sorties durent trois heures, nos préférées : celles au lever ou au coucher du soleil. Des sorties pour les amateurs de photographie sont également proposées, ainsi qu'une excursion dans le silence total. Sur demande, il est possible de réserver des sorties à la demi-journée ou journée complète, ou encore en duo pour une demande en mariage.

ACADIANA CENTER FOR THE ARTS

101 West Vermilion Street ✆ +1 337 233 7060
acadianacenterforthearts.org
Voir site web pour la programmation et les billets. Galerie d'art et café ouverts du mardi au samedi de 9h à 17h.

Sis en plein centre-ville, ce complexe culturel réunit entre autres des galeries d'exposition, des artistes en résidence et un théâtre de 300 places, lequel accueille des spectacles musicaux allant du classique au zydeco, du théâtre, de la danse, etc. Projet à surveiller : l'ouverture du Louisiana Music Museum dans le bâtiment historique adjacent, le Lafayette Hardware Store. Plus qu'un musée dédié aux musiques cajun et créole, il accueillerait aussi un *dance hall* ouvert à tous.

BLUE MOON SALOON & GUESTHOUSE

215 East Convent Street
✆ +1 337 234 2422
bluemoonpresents.com
Voir site web pour la programmation.

Que vous séjourniez ou non au Blue Moon, ne manquez pas ses concerts endiablés. Il ne faut absolument pas manquer la fameuse soirée Cajun Jam du mercredi où des musiciens se rencontrent ici pour « jamer » ensemble. Parfois, des artistes bien célèbres de Louisiane sont invités, tels que Cedric Watson ou Jimmy Breaux. On adore s'essayer au pas de zydeco de la petite salle tout en bois souvent remplie et ouverte sur un bar extérieur et une cour très agréable.

FEED N SEED LAFAYETTE

106 North Grant Street
✆ +1 337 330 4860
www.feedandseedlafayette.com
Voir page Facebook pour la programmation et les tarifs.

Installée dans un ancien entrepôt tout en bois et regorgeant de cachet, Feed N Seed est une salle de spectacles avec une scène, un grand plancher de danse, un bar, des petites lumières d'ambiance et un espace terrasse. En plus des événements privés qui y sont organisés, l'endroit propose des spectacles ouverts à tous, que ce soit des shows d'humour, du burlesque ou des groupes musicaux. Côté musique, tous les styles sont représentés, allant du country au jazz, en passant par le zydeco. L'endroit parfait pour passer la soirée et faire quelques pas de danse !

ROCK'N'BOWL LAFAYETTE

905 Jefferson Street
✆ +1 337 534 8880
www.rocknbowl.com
Horaires variables. Voir site web pour la programmation et les billets. Autre succursale à La Nouvelle-Orléans.

Depuis quelques années, Lafayette peut se targuer d'avoir son propre Rock'n'Bowl, la salle de bowling et de concerts très populaire de La Nouvelle-Orléans. Tout le monde en parle, c'est *the place to be*. C'est dans le décor d'une ancienne banque que vous pourrez venir tenter des *strikes* ou vous déhancher aux sons des groupes locaux qui enflamment la piste de danse les soirs du week-end. Le dimanche, c'est forcément zydeco. Un petit creux : goûtez les beignets recouverts d'une sauce d'écrevisses à l'étouffée et le pain plat au poulet barbecue.

YOUNGSVILLE

Située à un peu plus d'une quinzaine de kilomètres au sud-ouest de Lafayette, cette petite ville compte plus de 15 000 habitants et est incluse dans la paroisse de Lafayette. C'est ici qu'est né l'homme d'affaires et politicien Dudley J. Leblanc qui a fait fortune dans les années 1950 avec son « médicament » Hadacol. D'abord peuplée par des fermiers acadiens au début du XIXe siècle, ce n'est qu'un siècle plus tard que la ville sera incorporée. Et elle grandit rapidement, elle qui fut la ville avec la plus forte croissance en Louisiane entre 1990 et 2005. La tendance se maintient alors que sa population a d'ailleurs doublé entre 2010 et 2020.

POUR €€

1901 Chemin Metairie Parkway
✆ +1 337 573 4315
eatatpour.com
Horaires variables. Carte : moins de 30 US$. Terrasse. Musique live certains soirs. Autre succursale à Lafayette.

Ouverte depuis 2019, POUR est une adresse plutôt branchée pour venir manger et boire un verre. Son menu se décline en une belle offre de tapas (planche de charcuteries et fromages, *empanadas* de canard, chips de fromage bleu, *eggrolls* de boudin, etc.), des salades et soupes comme le gumbo de poulet et saucisses, et des plats plus consistants tels que les tacos de thon, crevettes ou steak, le burger signature ou encore le steak de thon avec sauce teriyaki et orange. Belle sélection de cocktails également ainsi que des tarifs spéciaux sur l'alcool certains jours.

LOUISIANA CAJUN MANSION BED & BREAKFAST €€

4304 Decon Road ✆ +1 337 453 5606
louisianacajunmansion.com
Chambre double : à partir de 90 US$, petit déjeuner inclus. Forfaits disponibles. Tentes de glamping aussi en location.

Au beau milieu des champs se trouve, selon nous, un des plus beaux bed & breakfasts de la région, voire de Louisiane. Quatre suites sont à disposition des hôtes, chacune avec salle de bain privée. Pour une expérience différente, deux tentes de glamping sont installées sur la propriété et bénéficient d'un superbe aménagement avec coin terrasse et pique-nique, jolie déco, structure en bois pour protéger des intempéries, etc. Bonus : une piscine extérieure parmi les jardins.

PARISH BREWING CO.

229 Jared Drive
BROUSSARD
✆ +1 337 330 8602
parishbeer.com
Ouvert du lundi au samedi dès 11h. Terrasse.

Bien que l'histoire de cette microbrasserie remonte à plus d'une décennie, c'est depuis 2012 qu'elle occupe son nouveau bâtiment construit pour la cause. Ses bières les plus emblématiques sont la Ghost in the Machine (une Double IPA qu'on adore), la Canebrake (une bière de blé) et la Envie (une Pale Ale). Mais tous les styles de bières ou presque y sont brassés, allant de la Pilsner à la Berliner Weisse, sans oublier le Stout au café de Rêve Coffee Roasters et le vin d'orge anglais. Les bières sures et celles de type IPA sont toutefois les plus représentées.

C'EST BON CRAWFISH €

3301 Chemin Metairie Parkway
✆ +1 337 573 4729
cestboncrawfish.com
Ouvert pendant la saison des écrevisses (janvier à juin). Tarifs en fonction des prix du marché. Terrasse.

Quand la saison des écrevisses est lancée, cet incontournable restaurant de Youngsville ouvre ses portes à une foule toujours aussi nombreuse venue se délecter de ce petit crustacé. Elles sont offertes en format 3 ou 5 livres, accompagnées de deux pommes de terre, et il ne faut pas hésiter à prendre quelques extras, comme du maïs, des champignons ou une saucisse. Crabes et crevettes sont aussi offerts et il est possible de choisir un combo de deux types de fruits de mer. Bien qu'il y ait d'autres options au menu, c'est vraiment pour les écrevisses qu'on vient ici.

ST. MARTINVILLE ★★

La ville doit son nom à son église catholique consacrée au culte de saint Martin de Tours. D'abord nommée Atakapas Post (Poste des Atakapas), la tribu des Atakapas occupant le territoire, ce n'est qu'au début du XIXe siècle qu'elle prendra son nom actuel, soit après la *Louisiana Purchase*. Les Acadiens y trouvèrent une terre d'accueil suite au Grand Dérangement et nombreux sont les attraits qui soulignent cette page d'histoire. On pense au chêne d'Evangeline qui témoigne de l'importance de la culture acadienne à St. Martinville, mais aussi au Acadian Memorial & Cultural Center Museums et au site historique d'État Longfellow-Evangeline.

ACADIAN MEMORIAL & CUTURAL CENTER MUSEUMS ★★

121 South New Market Street
✆ +1 337 394 2258
www.acadianmemorial.org
Ouvert du mercredi au samedi de 10h à 16h30.

Situé le long du bayou Teche, tout près du chêne d'Evangeline, le monument acadien est dédié à la mémoire des milliers d'hommes, de femmes et d'enfants qui, à partir des années 1750, ont été contraints de quitter leur Acadie natale (actuelle Nouvelle-Ecosse, au Canada) et vinrent éventuellement s'établir en Louisiane.

Le site est constitué de plusieurs attraits, à commencer par la murale de Robert Daffort qui représente l'arrivée des Acadiens (jumelée avec une autre peinture qui se trouve à Nantes). Vient ensuite The Wall of Names (Le mur des noms) qui liste environ 3 000 personnes identifiées comme réfugiés acadiens. Il y a également une flamme éternelle qui brûle dans le jardin du centre, afin de faire vivre à jamais la mémoire de tous les Acadiens morts en chemin. Il faut aussi voir la Croix de la déportation, réplique de celle qui se trouve à Grand-Pré en Nouvelle-Ecosse et qui marque le site exact où furent embarqués plus de 2 000 Acadiens en 1755, sans oublier les armoiries des familles acadiennes qui représentent leur séparation au Canada et leur réunion ici en Louisiane. Enfin, le musée du Monument acadien partage les lieux avec le Musée afro-américain. Il accueille une petite exposition plutôt bien documentée sur la naissance de l'Acadiane, la déportation des Acadiens, l'histoire d'Evangeline, l'esclavage et le commerce triangulaire. Un site à découvrir pour saisir l'ampleur de la Grande Déportation et l'établissement des premiers Acadiens en Louisiane.

LAKE FAUSSE POINTE STATE PARK ★

5400 Levee Road ✆ +1 337 229 4764
www.lastateparks.com
Ouvert tous les jours de 6h à 22h. 3 US$ par personne (gratuit pour les 62 ans et plus et les moins de 4 ans).

Ce parc d'Etat occupe plus de 2 400 hectares dans le bassin de l'Atchafalaya, secteur autrefois habité par les Indiens de la tribu Chitimacha. Avec son incroyable réseau hydrographique, ce parc est l'endroit idéal pour les activités nautiques (location de canoës, kayaks et bateaux sur place). On peut aussi y passer la nuit avec plusieurs options de camping (camping avec ou sans services, canoë-camping, glamping) et de jolis chalets sur pilotis. Trois sentiers de randonnée également.

EVANGELINE OAK PARK ★

121 South New Market Street

Situé en plein cœur de St. Martinville, ce chêne, s'il n'est pas le plus vieux de Louisiane, peut se vanter d'être le plus photographié. Il symbolise le drame de la déportation de milliers d'Acadiens lors du Grand Dérangement, bien souvent séparés de leur famille. Ce chêne bicentenaire est tout proche de l'endroit où débarquaient hommes et marchandises. La légende raconte qu'Evangeline, qui devait se marier avec Gabriel, quand ils furent séparés, et ensuite déportés, vint tous les jours pleurer au pied de ce jeune chêne. Un beau jour, après bien des années, alors qu'elle était devenue une vieille femme, ses prières furent enfin exaucées. Gabriel, à qui elle était toujours restée fidèle, débarqua. Elle le reconnut tout de suite, mais son immense bonheur fut de courte durée. Gabriel, lui, s'était marié. La pauvre Evangéline, qui jusque-là avait résisté à toutes les dures épreuves subies en tant qu'Acadienne dans l'espoir de le revoir un jour, ne put le supporter. Elle mourut quelques semaines plus tard de chagrin… Cette triste histoire est parvenue jusqu'à nos jours grâce au célèbre poème de Henry Longfellow, qui porte le nom de notre bien malheureuse héroïne. Une plaque historique marque d'ailleurs le lieu exact de la rencontre entre Emmeline Labiche et Louis Arceneaux, ceux qu'on surnomme communément Evangeline et Gabriel. Pour pousser plus loin l'expérience et plonger au cœur de la Grande Déportation, faites un saut juste à côté au Acadian Memorial & Cultural Center Museums (ouvert du mercredi au samedi de 10h à 16h30).

© STÉPHAN SZEREMETA

LE PAYS CAJUN

LONGFELLOW-EVANGELINE STATE HISTORIC SITE ★

1200 North Main Street
✆ +1 337 394 3754
www.lastateparks.com
Ouvert tous les jours de 9h à 17h. 4 US$ par personne (gratuit pour les 62 ans et plus et les moins de 4 ans).

Ce site explore l'interaction culturelle entre Acadiens et Créoles, Indiens et Africains, Français et Espagnols, esclaves et gens libres de couleur. L'histoire francophone des différentes familles qui ont vécu sur le bayou Teche est mise de l'avant. On y compare la vie dans une plantation créole aux environs de 1800 et celle dans une ferme typique acadienne. Ce qui est très intéressant, c'est l'authentique impression qui est donnée de la vie des planteurs du XIXe siècle.

RICHIE'S DRIVE INN €

116 North Main Street
✆ +1 337 394 9585
Ouvert du lundi au vendredi de 10h à 20h, le samedi jusqu'à 14h. Carte : moins de 15 US$.

Un guitoune sur un parking qui semble sorti tour droit d'un film. La spécialité, ici, c'est le burger. Vous pourrez le déguster au parc d'Evangéline ou sur place, si la petite table en extérieur est disponible. C'est une vraie aubaine de pouvoir trouver encore un établissement aussi typique. Depuis 1979, rien n'a changé ! Ni le lieu, ni les recettes à part peut-être les clients... C'est simple mais fait maison avec beaucoup de passion. C'est aujourd'hui le fils Richie (le restaurant a d'ailleurs été nommé d'après lui) qui a repris l'entreprise familiale.

THE SHELL SHACK €

2036 North Main Street
✆ +1 337 394 9686
www.the-shell-shack.hub.biz
Ouvert de février ou mars à fin mai ou début juin. Tarifs en fonction des prix du marché.

La Louisiane compte un grand nombre de kiosques ouverts seulement pendant la saison des écrevisses. The Shell Shack est un de ceux-là et attire les gens de partout venus savourer cette grande spécialité que sont les écrevisses bouillies (et épicées, bien sûr). Le petit kiosque propose également des crevettes, bouillies elles aussi. L'endroit est cependant ouvert qu'en soirée dès 17h, comme la plupart des endroits offrant les fameux *crawfish boils*. Pour être certain d'en avoir, on recommande de téléphoner à l'avance pour passer sa commande.

KAJUN KING €

108 South Main Street
✆ +1 337 342 2160
Ouvert du lundi au samedi de 11h à 21h. Carte : moins de 20 US$.

Une devanture à l'architecture créole-espagnole avec un petit air de Far West et une grande salle principale aux allures de bar un peu vieillissant. Voici le décor du restaurant Kajun King. L'établissement se situe au centre-ville, juste en face de l'église. Il est apprécié des locaux pour sa cuisine fraîche et ses spécialités à base de fruits de mer. On y trouve également des salades et des burgers. Les *shrimp potatoes* sont certainement le best-seller de la maison. Vous pourrez également vous installer dans la cour intérieure.

THE ST. JOHN RESTAURANT €€

203 North New Market Street
✆ +1 337 394 9994
www.thestjohnrestaurant.com
Lundi, 11h-14h, mardi-vendredi, 11h-14h & 17h-21h ; samedi, 11h-21h ; dimanche, 11h-14h. Carte : 10 à 50 US$.

Un restaurant à découvrir, sous la gouverne de la réputée chef Bonnie Breaux. Vous pourrez ici déguster de délicieux steaks de bœuf certifié Angus, des *crabcakes*, de nombreux poissons et fruits de mer, de l'alligator frit, de l'étouffée d'écrevisses, du gumbo et autres spécialités régionales. Les locaux ne manqueront pas de vous recommander l'adresse et il vous faudra peut-être réserver le soir afin de ne pas trop attendre. Les *crabcakes* comptent parmi les plus réputés de la région. Pour couronner le tout, le service est attentionné et chaleureux.

THE STUDIO GALLERY & COFFEE BAR

110 Evangeline Boulevard
✆ +1 337 441 5751
Mardi-samedi, 7h-14h ; dimanche, 8h-14h. Coin terrasse.

Pour attaquer la journée du bon pied, The Studio Gallery & Coffee Bar est le *pit stop* parfait. Vraiment cosy, ce café indépendant n'offre pas une longue carte, mais les essentiels s'y trouvent : espresso, americano, cappucino, latte et tutti quanti. Les chai latte sont très populaires, comme le café en mode « pour over ». Selon la semaine et la saison, la maison prépare aussi des douceurs (biscuits, gâteaux, etc.), croissants, quiches et autres petits plats.

BREAUX BRIDGE ★★★

Breaux Bridge est une jolie bourgade située à moins de 10 miles à l'est de Lafayette et bordée par le bassin de l'Atchafalaya. La ville tire son économie du tourisme et de la pêche à l'écrevisse, très prolifiques dans les eaux du bassin. On y vient pour se promener dans la rue principale, où se succèdent les magasins d'antiquaires, et voir à quoi ressemble celle qui fut nommée « capitale mondiale de l'écrevisse » par le Parlement louisianais en 1959. Chaque année, fin avril-début mai, Breaux Bridge organise le Breaux Bridge Crawfish Festival. A ne pas manquer également, le très beau lac Martin dont on fait le tour à pied, en bateau ou en kayak.

ATCHAFALAYA WELCOME CENTER

1908 Atchafalaya River Highway
✆ +1 337 228 1094
Ouvert tous les jours de 8h30 à 17h.

Ce centre des visiteurs est généralement le point de départ des excursions sur le bassin de l'Atchafalaya. On y trouve toutes les informations pour aborder ce site naturel. Sur place, des expositions et un film d'une dizaine de minutes traitent de l'histoire, de la faune et de la flore de ce bassin mythique et du mode de vie dans les environs. Cerise sur le gâteau, plusieurs employés parlent français et pourront donc vous informer dans la langue de Molière.

LAKE MARTIN ★★

Rookery Road

© NELLY JACQUES

Ce lac abrite une végétation incroyable ainsi qu'une faune sauvage spectaculaire : vous y rencontrerez des hérons bleus et de nuit, des chouettes rayées, des ibis blancs ou encore des alligators. Quelques entreprises proposent des *swamp tours* ou encore des excursions en kayak sur ce magnifique lac. Pour ceux qui préfèrent garder les pieds sur terre, il faut découvrir le Levee Trail. Ce sentier d'une longueur de 5,4 km permet de faire le tour du beau lac Martin à pied. L'occasion d'observer la faune et la flore locales à son rythme.

LOUISIANA SWAMP TOURS

1209 Rockery Road
✆ +1 337 380 5632
louisianatours.org
Horaires variables, téléphoner pour réserver. Tarifs sur demande (prévoir du liquide). Visite de 4 personnes maximum.

Une sortie en bateau très authentique avec Wendy, un personnage haut en couleur, une native de la région qui connaît le lac Martin et les environs comme sa poche. Accueillant quatre passagers seulement, son embarcation est un bateau à fond plat typique construit à la main et qui servait autrefois à la pêche à l'écrevisse. Ce que l'on aime particulièrement dans la visite, c'est le côté très nature et très accessible du fait de sa petite capacité et surtout le contact avec Wendy qui est très bavarde et adore discuter avec ses clients.

COUNTRY CHARM B&B €€

1144 Lawless Tauzin Road
✆ +1 337 332 3616
www.countrycharmbb.com
Chambre double : à partir de 100 US$, petit déjeuner inclus. Cuisine extérieure avec BBQ, bateau à disposition.

Un endroit qui porte définitivement bien son nom, blotti au fin fond de nulle part dans un cadre aussi paisible que ressourçant. Deux options s'offrent à vous pour passer la nuit : un cottage de deux chambres avec cuisine, salon et balançoire sur le porche, ou une des deux suites dans un joli pavillon surnommé « la grange », chacune avec kitchenette et coin salon (la Barn Loft Suite est en plus munie d'un bain à remous). Il est possible de pêcher ou de faire du bateau sur leur étang privé. A noter qu'un minimum de deux nuits peut être exigé le week-end.

LE PAYS CAJUN

MAISON MADELEINE €€

1015 John D. Hebert Drive ✆ +1 337 332 4555
www.maisonmadeleine.com
Chambre double : 225 US$. Suite 2 chambres : à 300 US$ pour 3 personnes (25 US$ par pers. supp.). Petit déjeuner inclus.

À 10 minutes du Lake Martin, sur une piste de terre, Madeleine vous accueille dans sa magnifique maison. Une chambre et une suite le tout dans un décor authentique et chaleureux. La Maison Madeleine c'est un peu le lieu rêvé que l'on s'imagine quand on pense B&B en Louisiane. Le porche qui s'ouvre sur un jardin à la végétation luxuriante, les rocking-chairs qui invitent au farniente, les chênes dégoulinant de mousse espagnole, tout y est. Demandez au mari de Madeleine de vous montrer son *Jesus Bar*, une expérience mystique dont on vous laisse la surprise !

BAYOU CABINS B&B €

100 West Mills Avenue
✆ +1 337 332 6158
www.bayoucabins.com
14 cabanes et suites/maisonnettes : entre 70 et 150 US$ la nuit.

Les cabines en question sont de petites maisons en bordure du bayou Teche. Neuf sont disponibles, dont : la *Cajun Cabin* qui est assez rustique avec un lit construit par les propriétaires dans un arbre ; la *Miss Elise* et son style victorien ; la *Fifties* dont la décoration est inspirée des années 1950 ; le *Bayou Palace* avec un lit reproduisant un modèle des années 1800, des chandeliers… Et enfin, la *Cabin on the Hill* qui est en haut d'une colline avec deux chambres et des lits en bois. En plus, cinq suites/maisonnettes tout équipées sont à louer pour les familles.

CAJUN COUNTRY COTTAGES €€

1138A Lawless Tauzin Road ✆ +1 337 332 3093
www.cajuncottages.com
Cottages à partir de 145 US$. Petit déjeuner inclus.

Un air de nostalgie plane autour de ces cottages qui s'appellent *Evangeline*, *Magenta*, *Little Cypress*, *Playhouse* et *Schoolhouse*. L'ensemble sur le site de l'ancienne plantation Magenta, avec un lac privé de 2 hectares, est plutôt réussi et permet de se reposer sereinement dans les environs du bayou Teche. Avec la location d'un de ces cottages entièrement équipés, les propriétaires mettent à disposition des bateaux et des canoës pour profiter du lac. Quant au petit déjeuner, il est livré directement à votre cottage chaque matin.

ANGELLE'S OLD FASHIONED BURGERS €

110 East Bridge Street
✆ +1 337 442 6046
Dimanche-mercredi, 11h-15h ; jeudi-samedi, 11h-17h (dès 10h30 le samedi). Carte : moins de 15 US$.

Le look extérieur de ce bâtiment du centre de Breaux Bridge vaut à lui seul le déplacement. A l'intérieur, l'ambiance de ce petit restaurant est vraiment à la bonne franquette. Un comptoir et quelques tables pour accueillir les clients... rien de plus simple mais une simplicité des plus agréables. On y vient surtout pour ses burgers dont la renommée dépasse les frontières de la région. Et certains sont gras à souhait ! A savoir qu'Angelle a aussi sa propre marque d'épices cajuns.

CHARLIE T'S SPECIALTY MEATS €

1406 Rees Street
✆ +1 337 322 2426
Lundi-vendredi, 6h-18h ; samedi, 6h-17h ; dimanche, 7h-14h. Carte : moins de 10 US$.

À l'origine, il s'agissait d'une boucherie-épicerie avec un stand proposant plusieurs spécialités locales comme du boudin, des cracklins (gras de porc frit) ou du pain frit fourré de fruits de mer. Depuis 2019, l'endroit occupe des locaux beaucoup plus grands. Probablement l'adresse la plus typique de Breaux Bridge. Déjeuner chez Charlie T, c'est l'assurance de faire le plein de calories, mais aussi déguster une cuisine locale et fraiche, toute la viande étant issue du rayon boucherie.

CHICKEN ON THE BAYOU & BOUDIN SHOP €

2942 Grand Point Highway
✆ +1 337 667 6073
boudinshop.com
Ouvert tous les jours de 10h à 20h. Carte : moins de 25 US$.

Situé en bordure de la voie rapide, un boui-boui authentique qui fait office de restaurant et magasin éclectique. Vous commanderez au comptoir du boudin, des cracklins, des fruits de mer frits, un po-boy ou du poulet frit, par exemple, et pourrez vous installer sur la rangée de tables qui trônent au milieu de ce qui ressemble à une épicerie d'un autre temps. Vous y trouverez aussi de la viande surgelée, des épices en tous genres, des sauces piquantes, des souvenirs, etc.

VISIT ST. MARTIN PARISH

110 North Main Street
✆ +1 337 442 1597
www.cajuncountry.org
Ouvert du lundi au vendredi de 8h à 16h, de 8h30 à 13h le samedi.

L'office du tourisme couvre la paroisse de St. Martin, laquelle inclut notamment les villes de St. Martinville, Breaux Bridge, Henderson et Arnaudville, principales destinations des visiteurs. Au bureau touristique comme sur le site Internet, vous pourrez obtenir toutes informations pour profiter pleinement de cette magnifique région située au cœur du bassin de l'Atchafalaya. Bon plan : derrière l'office du tourisme se trouve une terrasse surplombant le bayou Teche avec vue sur le fameux pont Breaux, d'où le nom de la ville.

POCHE'S RESTAURANT & MARKET €

3015 Main Highway
✆ +1 337 332 2108
poches.com
Lundi-samedi, 4h-20h ; dimanche, 6h-18h. Carte : moins de 20 US$.

Tout a commencé en 1962 quand Poche's était qu'un simple spot pour la cuisine barbecue et le boudin. Plusieurs décennies plus tard, Poche's appartient toujours à la même famille et fait à la fois office de restaurant et de boucherie. Du côté du restaurant, les viandes maison sont notamment servies, mais aussi tout un tas de spécialités cajuns avec un menu du jour et du soir proposant plusieurs options. A la boucherie, on fait le plein de saucisses, andouilles, viandes à barbecue, etc.

TANTE MARIE €

107 North Main Street ✆ +1 337 442 6354
jamsandbiscuits.com
Ouvert tous les jours dès 7h. Carte : moins de 20 US$. Coin terrasse. Cajun jam samedi et dimanche de 11h à 13h.

Tante Marie est une belle et grande salle de café à l'atmosphère agréable et conviviale. On y sert de la nourriture maison simple et délicieuse et on donne un maximum de place à la musique, l'art et les rencontres entre les gens de tous horizons. Parmi les spécialités, notons les beignets fourrés au boudin, le Jolie Pont Blue Burger au fromage bleu, le poisson-chat frit, l'espresso Caramel Comfort et les mimosas du brunch du week-end. Sessions de jam cajun tous les samedis et dimanches de 11h à 13h et spectacles live occasionnels (voir page Facebook).

BUCK & JOHNNY'S €€

100 Berard Street
✆ +1 337 442 6630
www.buckandjohnnys.com
Ouvert du lundi au samedi (horaires variables). Carte : moins de 30 US$.

Cette ancienne station-essence attire désormais le Tout-Breaux Bridge ! Endroit à la mode, il y a de l'espace et c'est ce qui plaît lors des concerts. Le bar se donne des allures un peu plus lounge pour siroter un des très nombreux vins de la carte. Sur le menu, vous trouverez un peu de tout, allant des pastas aux sandwichs, en passant par les pizzas ou encore les récurrents *crabcakes* et poissons frits. Tous les samedis dès 8h, a lieu le très fameux *Zydeco Breakfast*. Ambiance garantie avec un live de musique zydeco. A ne pas manquer !

CAFE SYDNIE MAE €€

140 East Bridge Street
✆ +1 337 909 2377
www.cafesydniemae.com
Horaires variables. Brunch le dimanche de 9h45 à 14h. Carte : 10 à 45 US$. Coin terrasse.

Ouvert en 2017, ce restaurant a pris la suite du très célèbre Café des Amis. Un challenge difficile et pourtant réussi avec succès. Les plats concoctés ici sont excellents avec un rapport qualité-prix imbattable. La spécialité de la maison c'est le *Teche Wilmington*, une tourte à base de fruits de mer servie avec la fameuse sauce crémeuse au Sherry. Le poisson-chat qui se décline en version grillé ou frit y est aussi très bon. On aime aussi beaucoup le cadre et les murs de briques, tantôt bruts, tantôt peints, et les expositions d'artistes locaux qui les habillent.

HEBERT'S BOUDIN & CRACKLINS

2013 Reese Street
✆ +1 337 332 1188
hebertsboudin.com
Lundi-samedi, 6h-19h ; dimanche, 8h-19h. Quatre autres succursales dans la région.

Le nom ne pourrait être plus évocateur... Sans surprise, les spécialités de ce commerce sont les *cracklins* (qu'on peut notamment acheter au demi-gallon ou au gallon), le boudin, le tasso (jambon fumé, épicé et séché), les saucisses, les viandes, etc. On y trouve aussi des produits maison et d'autres marques comme les épices, la sauce BBQ au bacon et Bourbon, le mélange à beignets de Cafe du Monde, des sauces piquantes, des conserves et même des articles pour la cuisine.

LA POUSSIERE CAJUN DANCEHALL

1215 Grand Point Highway
✆ +1 337 332 1721
lapoussiere.com
Ouvert le samedi soir et le dimanche après-midi (aussi ouvert certains vendredis soirs).

Tous les samedis soir, ce célèbre *fais-dodo* de Breaux Bridge fait salle comble et les plus de 70 ans ne sont pas les premiers à aller se coucher, ni les plus ridicules sur la piste de danse. La Poussière présente aussi souvent des spectacles le vendredi soir et le dimanche après-midi. Le nom de l'établissement est un clin d'œil à la poussière soulevée par les danseurs sur la piste de danse en terre battue. Pour connaître la programmation, consultez le site web ou la page Facebook.

Le bayou Teche à Breaux Bridge.

HENDERSON ★

Henderson est un petit village échoué au bord du bassin de l'Atchafalaya, la plus grande étendue marécageuse associée à un bassin fluvial aux États-Unis. En été, l'ambiance des week-ends est particulièrement festive. Les habitants des villes environnantes prennent leurs bateaux et se retrouvent ici. Ils mangent et boivent (beaucoup, et toute la journée), pêchent et dansent. L'endroit est d'une beauté exceptionnelle et il faut absolument faire un *swamp tour* sur ce gigantesque bassin. On y remarque notamment des petites cabanes disséminées dans les arbres ou sur des plates-formes, où les locaux viennent se relaxer, pêcher ou chasser en toute tranquillité.

PAT'S FISHERMAN'S WHARF €€

1008 Henderson Levee Road ✆ +1 337 228 7512
patsfishermanswharf.com
Dimanche-jeudi, 11h-21h30 ; vendredi-samedi, 11h-22h30. Carte : moins de 35 US$. Terrasse.

Voici une adresse bien connue des locaux où l'on prépare de bonnes spécialités cajuns : étouffée d'écrevisses, fruits de mer frits ou bouillis et gumbo épicé, mais aussi quelques tendres cuisses de grenouilles frites, directement capturées dans le bayou. Le menu ne s'arrête pas là et propose de nombreux autres plats, à déguster en salle ou sur la grande terrasse surplombant le bayou. Une adresse authentique. A noter que le restaurant tient également un petit hôtel d'une trentaine de chambres fort simples et le petit déjeuner continental est inclus.

CRAWFISH TOWN USA €€

2815 Grand Point Highway
✆ +1 337 667 6148
www.crawfishtownusa.com
Lundi-jeudi, 11h-21h ; vendredi-samedi, 11h-22h ; dimanche, 11h-14h. Carte : moins de 30 US$.

Très bonne cuisine épicée à votre convenance : normal, fort, très fort (ce qui n'est pas le cas de tous les restaurants qui, sans demander votre avis, mettent tout un tas d'épices). Le restaurant prétend servir les plus grosses écrevisses au monde (bien sûr, c'est un minimum) et il est vrai qu'elles sont presque aussi grosses que des langoustes… Les *gumbos* et les plats à l'étouffée sont excellents, tout comme les fruits de mer bouillis, les po-boys ou encore les burgers. Une bonne adresse. A noter que le restaurant tient un marché juste à côté.

LOUISIANA MARKETSHOPS AT THE 115

2942 Grand Point Highway
✆ +1 337 501 6022
Ouvert du jeudi au lundi de 10h à 17h.

Comme le rappellent des panneaux disséminés dans la boutique : « Il y a de fortes chances qu'une fois rentrés chez vous, vous vous disiez : "Zut, j'aurais dû le prendre !", alors n'y pensez pas à deux fois et saisissez votre chance. » Elle regorge de gadgets, de cartes postales d'époque, de pièces de fer forgé, de vieux bouquins pour apprendre à cuisiner le gumbo, d'épluche-écrevisses, de confitures de piments… sans omettre les productions de plus de 300 artistes de la région.

LE PAYS CAJUN

Habitations flottantes sur le bassin de l'Atchafalaya.

MCGEE'S LOUISIANA SWAMP & AIRBOAT TOURS

1337 Henderson Levee Road
© +1 337 228 2384
www.mcgeesswamptours.com
Tours sur le bassin de l'Atchafalaya de 9h à 15h. Pour un tour en français, réserver à l'avance. A partir de 35 US$.

McGee's est une base nautique de référence pour visiter les marécages du bassin de l'Atchafalaya. On y propose des excursions guidées en *airboat* ou en ponton. On conseille d'ailleurs ce dernier qui n'est pas bruyant et qui permet de prendre son temps pour observer la faune et la flore locales. Il est aussi possible de louer son propre canoë-kayak pour partir seul (ou à deux) à l'aventure, grâce à la carte détaillée du bassin fournie par les tenanciers. Boutique de souvenirs sur place.

ARNAUDVILLE ★

Située au nord-est de Lafayette, cette petite ville doit son nom au Père Arnaud qui légua une large portion de terres afin d'y faire construire une église accueillant tant les populations blanches que noires. On surnomme Arnaudville « la jonction » comme elle se trouve sur le lieu exact du croisement des bayous Fuselier et Teche. C'est également une communauté francophone d'importance en Louisiane, alors que près de 4 personnes sur 10 parlent le français cadien. En avril, l'étouffée d'écrevisses y tient son festival qu'il ne faut pas manquer. À découvrir également : la programmation de NUNU Collective et les bières locales de Bayou Teche Brewing.

NUNU COLLECTIVE ★★

1510 Bayou Courtableau Highway
✆ +1 337 453 4223
www.nunucollective.org

Ouvert du jeudi au dimanche de 11h à 16h. Entrée libre, certains événements payants.

Impossible de rater le NUNU : il s'agit d'un immense corps de ferme en bois tout droit venu d'un autre siècle. Cet espace culturel favorise une culture vivante en combinant art, musique, danse et français louisianais. On y trouve des salles d'exposition/boutique où sont à mis à la vente des objets d'art et d'artisanat acadiens, ainsi qu'un petit café. NUNU organise aussi des Tables Françaises et des Tables Kreyol, mais également des rencontres, des spectacles, des expositions, etc. Le NUNU est un acteur essentiel de l'identité cajun en Louisiane.

MYRAN'S MAISON DE MANGER €

1023 Neblett Street
✆ +1 337 754 5064

Ouvert tous les jours de 7h à 20h30. Carte : moins de 20 US$.

Véritable petite institution du village d'Arnaudville opérant depuis 1979, le restaurant Myran's propose des plats gourmands tous les jours du matin au soir, et ce à prix doux : poulet, grillades, poissons et fruits de mer, sandwichs, po-boys et burgers variés, mais aussi de lourds plateaux d'écrevisses et de crevettes en saison. À tester également le copieux petit déjeuner *Egg-O-Myran* (œufs brouillés avec jambon haché et garnis de fromage) et les plats barbecue du dimanche (poulet, côtes levées et/ou steaks de porc). Un classique !

THE LITTLE BIG CUP €€

149 Fuselier Road ✆ +1 337 754 7147
thelittlebigcup.com

Mardi, 11h-14h ; mercredi-jeudi, 11h-20h30 ; vendredi, 11h-21h ; samedi, 9h-21h ; dimanche, 9h-14h. Carte : 10 à 40 US$.

Produits de saison, plafonds hauts, ambiance familiale, voici les principaux atouts de cet établissement qui propose une carte très couleur locale (gumbo, sandwich au cochon de lait, assiette de poisson-chat frit, crabes nappés d'étouffée d'écrevisses, etc.). La maison propose également des salades créatives, des grillades ou encore des burgers gourmands. Également au programme : buffet surf & turf le vendredi et le samedi soir et buffet Boucherie Brunch le week-end. Mention à la coquette et rustique terrasse à l'arrière donnant sur le bayou Fuselier.

BAYOU TECHE BREWING

1002 Noth Lane
✆ +1 337 754 5122
www.bayoutechebrewing.com

Mardi-jeudi, 12h-20h ; vendredi-samedi, 12h-21h ; dimanche, 11h-18h. Beer garden.

Ancrée localement avec ses cuves baptisées d'après les villages alentour et ses *cajun session* et concerts live le week-end, cette microbrasserie est un incontournable depuis 2010. Son salon de dégustation permet de découvrir ses nectars maison et pour étudier le dossier en détail, vous pourrez opter pour quatre échantillons à 12 US$ ou une pinte à 6,50 US$. On peut aussi y casser la croûte avec de succulentes pizzas cuites au four à bois, sans oublier le brunch zydeco du dimanche. Des visites privées payantes sont proposées pour découvrir l'envers du décor.

OPELOUSAS ★

Le poste d'Opelousas a été fondé au XVIIIe siècle par les Français comme poste avancé de commerce avec les Indiens. La ville tient son nom d'une de leurs tribus qui y vivait, les Appalousas. La grande fierté d'Opelousas est d'avoir été, pendant la guerre civile, la capitale de l'État. C'est une des plus anciennes villes où les premiers Français de Louisiane se sont installés (1720), après Natchitoches (1714) et La Nouvelle-Orléans (1718). Après l'achat de la Louisiane, elle fut nommée en 1805 siège de la paroisse impériale de St. Landry. À ne pas manquer : le marché fermier qui se tient tous les mardis, jeudis et samedis matin et le Vieux Village.

MAISON STÉPHANIE €€

1862 Bushville Highway
✆ +1 337 278 4035
www.maison-stephanie.com
Chambre double : à partir de 120 US$, petit déjeuner gourmand et wifi inclus. Stationnement gratuit sur place.

C'est sur les terres du bayou Teche, dans un cadre paisible à mi-chemin entre la I-10 et Arnaudville, qu'est établi l'adorable bed & breakfast de Richard et Kenneth. On y fait un véritable voyage dans le temps : la propriété datant de la fin du XVIIIe siècle est classée au patrimoine historique et un coin bibliothèque contient des trouvailles du département d'archéologie de la University of Louisiana. La maison principale abrite cinq coquettes chambres, en plus des deux chambres avec kitchenette du Carriage House et du petit appartement du Acadian Style Cottage.

OPELOUSAS MUSEUM & INTERPRETIVE CENTER

315 North Maint Street
✆ +1 337 948 2589
www.cityofopelousas.com
Ouvert du lundi au vendredi de 8h à 16h30. Entrée libre.

Ce petit musée traite d'une foule de sujets tels que la guerre civile, l'histoire des peuples natifs ou encore la musique zydeco (c'est ici que sont conservées les archives du fameux Southwest Louisiana Zydeco Music Festival). On y découvre également l'histoire d'Opelousas, de l'ère préhistorique aux temps modernes, ainsi que la collection de plus de 400 poupées The Geraldine Smith Welch Doll Collection et la galerie dédiée à l'athlète local Rodney Milburn.

LE VIEUX VILLAGE HERITAGE PARK & MUSEUM ★

828 East Landry Street
✆ +1 337 948 6263
www.cityofopelousas.com
Lundi-vendredi, 8h-16h30 ; samedi, 9h-16h. Entrée libre. Boutique de souvenirs sur place.

Pour avoir un aperçu de l'histoire de la Louisiane depuis sa découverte par les Français jusqu'à nos jours, il faut aller visiter Le Vieux Village. Sept bâtiments historiques ont été rassemblés pour reconstituer un village d'autrefois et retracer la vie du passé. Le bureau du docteur Laffleur a été construit en 1890 ; il s'agit d'une donation des descendants déplacée en 1991 de Prairie Ronde. Le bureau d'information touristique est une jolie bâtisse victorienne qui offre des brochures en français et une petite exposition sur le zydeco. L'Union Pacific Freight Depot est une donation de l'Union Pacific Railroad, ancienne gare de Court Street avec sa belle locomotive de 1911, Mary Jane Train Engine, à chaudière à bois. Elle servait au transport de marchandises et allait à 25 miles à l'heure. La maison Venus fut construite dans la seconde moitié du XVIIIe siècle, c'est le plus vieux bâtiment du village. Elle est d'architecture créole et a été amenée de Grand Prairie. L'école Witeville date de 1911, elle a été donnée et amenée de Witeville au nord de la paroisse de St. Landry. Le magasin Emar Andrepont date de 1880 et provient de Prairie Ronde en Louisiane ; ce fut un magasin pendant plus de cent ans. On y trouve aussi une maison construite en 1970 comme une maison cajun typique du XIXe siècle. Enfin, la 19th Century Outhouse est une sorte de cabane de jardin de 1890. À savoir que des visites guidées sont offertes du mardi au vendredi entre 10h et 14h sur réservation (gratuit).

CHICORYS AT THE PALACE CAFE €

135 West Landry Street
✆ +1 337 678 0984
Mardi-vendredi, 6h30-14h ; samedi-dimanche, 7h-14h. Carte : moins de 15 US$.

Restaurant du début du siècle dernier bien que le bâtiment ait été entièrement reconstruit, puis racheté et rénové en 2019. Tout le monde vient y manger en famille. On y vient pour ses petits déjeuners bien typiques de la région avec, entre autres, les fameux beignets ou encore l'assiette œuf, boudin et biscuit au fromage (qui n'est pas un biscuit). On peut aussi se construire soi-même son sandwich déjeuner. Le midi, salades, gumbo, sandwichs, burgers et plat du jour sont au menu.

ARPEGGIOS LOUNGE €€

204 North Main Street
✆ +1 337 407 5188
arpeggiosloungeandeventcenter.com
Ouvert en semaine de 7h à 14h. Carte : 10 à 35 US$.

Cette belle grande salle, qui sert également pour les événements privés, accueille les gourmands matin et midi sous le signe des saveurs créoles (petits déjeuners servis jusqu'à 14h). Pour démarrer la journée du bon pied, on recommande l'omelette créole (bacon, jambon, saucisse, champignons, tomates, poivrons et oignons) ou le *catfish & grits* (lanières de poisson-chat épicées et frites avec *grits* crémeux). Le midi, on opte pour un po-boy ou une grillade juteuse, et en dessert, un gâteau au fromage ou la tarte aux noix de pécan et patates douces.

SOILEAU'S DINNER CLUB €€

1618 North Main Street
✆ +1 337 942 2985
www.soileaus.com
Ouvert du mardi au dimanche (horaires variables). Carte : 10 à 40 US$.

La famille Soileau régale les papilles des Louisianais et des visiteurs depuis plus de 80 ans. La troisième génération de Soileau est maintenant à la barre du restaurant et perpétue une tradition de gastronomie cajun simple, bon marché et réalisée avec amour. Au programme : cuisses de grenouille, alligator sauce piquante, gumbo, po-boys, fruits de mer bouillis, grillés ou frits, écrevisses sous toutes leurs formes, poulet frit et autres spécialités bien du coin. À noter que le resto vend aussi quelques produits maison comme des sauces et des vinaigrettes.

CAJUN TRAVEL

978 I-49 South Service Road
✆ +1 337 948 8004
www.cajuntravel.com
Ouvert du lundi au samedi de 9h à 17h. Accessible aux fauteuils roulants.

L'office de tourisme de Cajun Country couvre la paroisse de St. Landry, laquelle inclut entre autres les villes d'Arnaudville, d'Eunice et d'Opelousas. Sur place comme sur le site Internet, toutes les bonnes adresses et les bons plans vous aideront à planifier votre séjour au cœur du pays du zydeco. Bonus : il est possible de télécharger la brochure touristique en français sur le web. Signalons au passage que le bâtiment qui accueille le bureau touristique est magnifique, tant et si bien qu'il a été primé par l'American Society of Landscape Architects.

JAVA SQUARE CAFE

103 West Landry Street
✆ +1 337 678 1055
www.javasquare.cafe
Lundi-samedi, 7h-18h ; dimanche, 8h-16h.

Un petit café tout mignon pour venir chercher une bonne dose de caféine ou encore une limonade maison bien rafraichissante. Il faut aussi goûter aux muffins, notamment celui aux fromage et bleuets, aux paninis et aux sandwichs, aux croissants farcis et aux brioches roulées à la cannelle. L'endroit organise également des activités spéciales comme des soirées de scène ouverte ou encore son fameux Downtown Market qui réunit des artistes, artisans et producteurs gourmands le dernier samedi du mois. Une chouette adresse à découvrir !

YAM COUNTRY PIES

430 East Grolee Street
✆ +1 337 948 4553
www.yamcountrypies.com
Mardi-vendredi, 10h-16h ; samedi, 10h-14h.

Depuis plus de 50 ans, la pâtisserie familiale Yam Country Pies fait le bonheur des habitants d'Opelousas et des visiteurs de passage avec ses tartes et tartelettes. Tout est fait à la main, à partir d'ingrédients naturels et surtout avec beaucoup d'amour. Pomme, citron, patate douce ou crème de noix de coco font partie des saveurs proposées par la maison. Sur demande à l'avance, d'autres saveurs sont disponibles comme chocolat, fromage à la crème, fraise et ananas ou encore figue. Parfait pour combler un petit creux pas si petit que ça !

BILLY'S BOUDIN & CRACKLIN

904 Short Vine Street
✆ +1 337 942 9150
www.billysboudin.com
Lundi-vendredi, 7h30-18h ; samedi, 8h-17h ; dimanche, 8h-14h.

L'une des meilleures adresses de la région pour se procurer du boudin et des *cracklins* [gras de porc frit] faits maison. Billy's vend également diverses viandes [poulet, porc, bœuf, etc.], des saucisses, des pistolettes farcies de boudin ou d'écrevisses, etc. On commande à emporter ou on y mange sur place sur le pouce avant de reprendre les visites. A savoir que Billy's tient trois autres succursales dans les environs, soit à Krotz Springs, à Lafayette et à Scott.

EUNICE ★

La ville d'Eunice est née du rêve d'un homme, vers la fin du XIXe siècle. Lors d'une vente aux enchères, C. C. Duson, shérif de la paroisse, acheta 160 acres [65 hectares] de terrain autour de la voie de chemin de fer à qui il donna le nom de sa femme, Eunice Pharr Duson. Il divisa le terrain, établit un boulevard en son centre et traça des rues. Le 12 septembre 1894, Eunice devenait un village et un an après une ville. Les principaux restaurants et points d'intérêt se trouvent dans les environs de 2nd Street, Park Avenue et South CC Duson Street, notamment le Cajun Music Hall of Fame, l'Eunice Depot Museum et le Prairie Acadian Cultural Center.

CAJUN MUSIC HALL OF FAME & MUSEUM ★

240 South CC Duson Street
✆ +1 337 457 6534
cajunfrenchmusic.org
Ouvert du mardi au samedi de 8h30 à 16h30, de 9h à 17h en été. Entrée libre.

Ce musée a été construit pour honorer tous ceux qui ont contribué au développement de la culture musicale cajun. Il présente une variété d'instruments cajuns ainsi que des enregistrements et de vieux albums. Chaque année, lors d'une cérémonie, est annoncé le musicien cajun de l'année qui a permis le développement de cette musique et a peut-être des chances de se faire un grand nom. Comme le dit si bien le musée : « La place pour honorer les musiciens acadiens ».

EUNICE DEPOT MUSEUM

220 South C.C. Duson Street
✆ +1 337 457 6540
eunice-la.com/historical-sites
Ouvert du mercredi au samedi de 8h30 à 16h30. Entrée libre.

Ce petit musée est installé depuis 1984 dans le vieux dépôt de la gare de marchandises datant de 1893-1894, classé au Registre national des monuments historiques. Dans ce musée, vous verrez des expositions sur la musique cajun, l'histoire du rail, l'histoire de la presse, la vie des Indiens, le Mardi Gras cajun ou encore les premiers fermiers. À cela s'ajoutent des expositions temporaires et des ateliers d'artisanat. On peut également se procurer sur place de la musique cajun ou du zydeco, de l'artisanat cajun et des souvenirs.

PRAIRIE ACADIAN CULTURAL CENTER ★

250 Park Avenue ✆ +1 337 457 8499
www.nps.gov/jela
En date de l'été 2022, le centre est temporairement fermé, mais une programmation extérieure est offerte.

Représentant le mix culturel entre Cajuns, Créoles et cowboys, ce centre expose des instruments de musique qu'on peut soi-même essayer (comme le grattoir, plaque de métal cranté attachée autour du cou et qu'on gratte en rythme avec des cuillères), différents objets et costumes de la vie quotidienne aux XVIIe et XIXe siècles ainsi que différents outils agricoles. Une grande carte explique très bien les différentes périodes de l'exode acadien. Démonstrations, musique et films également.

NICK'S ON 2ND €€

123 South 2nd Street
✆ +1 318 466 3433
Mercredi-samedi, 10h30-22h (fermé l'après-midi en semaine) ; dimanche, 8h-14h. Carte : 10 à 40 US$.

Construit en plein centre-ville, le beau bâtiment historique qu'occupe Nick's on 2nd était, dans les années 1930, un club de jeu pour hommes seulement, le Nick's Bar. L'ambiance y est définitivement différente de nos jours. La carte met à l'honneur les viandes grillées, notamment le bœuf certifié Angus, ainsi que quelques bonnes spécialités cajuns et créoles. La section poissons et fruits de mer est également bien garnie, et les incontournables po-boys, gumbo et autres du genre sont bien évidemment au programme. Musique live certains soirs.

CAFE MOSAIC

202 South 2nd Street
✆ +1 337 546 6276
revecoffeeroasters.com
Lundi-vendredi, 6h-19h ; samedi, 7h-19h ; dimanche, 7h-17h. Coin terrasse.

Pour boire un *latte* accompagné d'un muffin, pour se connecter à Internet ou pour luncher sur le pouce, le Cafe Mosaic est une adresse de choix à Eunice. Avec ses airs urbains, le café détonne, mais cela change un peu des restaurants cajuns. Si vous avez un petit creux en matinée, l'endroit prépare des croissants ou des burritos pour le déjeuner, des gaufres et autres délices. Le midi, il faut absolument essayer un de ses sandwichs signatures aux noms évocateurs de la Louisiane : The Zydeco, The Jazz Fest, The Mardi Gras, The Acadiana... À tester !

SAVOY MUSIC CENTER ♫ ★

4413 Highway 190 East
✆ +1 337 457 9563
www.savoymusiccenter.com
Ouvert du mardi au vendredi de 9h à 12h et de 13h30 à 16h.

Le propriétaire de ce centre, Marc Savoy, fabrique des accordéons et en joue brillamment depuis plusieurs années. Il est très connu notamment pour son combat pour la préservation de la musique cajun. Tous les samedis matin, de 9h à 12h, on peut aller voir une *jam session* au centre. Vous pourrez également acheter un accordéon cajun dans la boutique ou pourquoi pas vous en faire fabriquer un sur mesure, reste à savoir si vous serez assez longtemps dans les parages pour le récupérer, sinon il y a toujours les commandes postales.

MAMOU ★

Située dans la paroisse d'Évangéline, la petite localité de Mamou est connue comme étant la capitale de la musique cajun. De nombreuses chansons parlent de Mamou et de ses habitants. Arrêtez-vous au Fred's Lounge le samedi matin, peut-être y verrez-vous s'y produire Steve Riley & the Mamou Playboys. Ce bar-salle de concert, ainsi que les restaurants du village, sont pour la plupart tous situés sur la rue principale, 6th Street. Si vous êtes de passage pendant la saison du Mardi Gras, il ne faut pas manquer l'événement Courir de Mardi Gras, une tradition haute en couleur qui se tient annuellement le mardi avant le Mercredi des Cendres.

KRAZY CAJUN CAFE €

411 6th Street
✆ +1 337 468 2552
Ouvert du lundi au vendredi de 7h à 14h. Carte : moins de 15 US$.

Petit café sympa au look rétro où l'on prend place sur l'une des quelques tables ou sur un tabouret le long du comptoir. C'est la place en ville où les locaux vont siroter leur café, prendre leur petit déjeuner et papoter entre voisins. Œufs, bacon, saucisses, omelettes, *pancakes*... : toute la panoplie des options bien américaines sont à l'ardoise le matin (le petit déjeuner est servi jusqu'à 10h). Pour le lunch, les traditionnels gumbos, po-boys et fruits de mer frits, mais aussi des salades de poulet grillé, des côtelettes de porc, des burgers, etc.

FRED'S LOUNGE

420 6th Street

✆ +1 337 468 5411

Ouvert le samedi uniquement de 8h à 14h. Ouvert également vendredi et samedi soir avant le jour du Mardi Gras.

La fête se déroule principalement le samedi matin pour participer à l'émission de radio, retransmise en direct sur les ondes de KVPI. Depuis des décennies, c'est la tradition. Les gens arrivent tôt, dès 9h du matin, pour en repartir aux alentours de 13h ou 13h30. La piste de danse est bondée de locaux qui semblent être nés en dansant le *two-step*. Mesdames, vous ferez des rencontres étonnantes et parlerez cajun avec les danseurs qui ne manqueront pas de venir vous inviter. Si vous êtes dans le coin, ne ratez pas cette occasion sous aucun prétexte !

LOUISIANA SWAMP POP MUSEUM

205 NW Railroad Avenue

✆ +1 337 363 0900

Ouvert vendredi et samedi de 10h à 15h. Adulte : 3 US$.

Ce petit musée est entièrement dédié à la *swamp pop*, un genre musical né en Acadiane et mélangeant le blues, le rock, la country, le boogie et le zydeco. Les musiciens sont généralement tous cajuns ou créoles. À l'intérieur, on retrouve des costumes de scène, des photos, des disques, un « wall of fame » d'autographes et bien d'autres choses. Des cartes et graphiques relatent également les histoires et voyages de la *swamp pop* aux quatre coins du monde.

VILLE PLATTE

Ville Platte a été fondée au début du XIXe siècle par Marcellin Garand, un adjudant de l'armée de Napoléon. Il y construisit une épicerie et une taverne où s'arrêtaient les voyageurs à destination d'Opelousas et Alexandria. Il installa ensuite une poste qui servait également de commerce pour les quelques agriculteurs des environs. Ville Platte a vu sa population augmenter à la fin des années 1930 quand on trouva du pétrole au nord de la ville. La création de Chicot State Park, le plus grand parc naturel en Louisiane, est maintenant la principale attraction. La ville en elle-même ne présente pas d'intérêt et manque cruellement de charme.

CHICOT STATE PARK ★

3469 Chicot Park Road

✆ +1 337 363 2403

www.lastateparks.com

Ouvert tous les jours de 6h à 22h. 3 US$ par personne (gratuit pour les 62 ans et plus et les moins de 4 ans).

Situé à 6 miles au nord de Ville Platte, sur la LA-3042, ce grand parc attire les pêcheurs et randonneurs de tout poil. Le camping du parc est vraiment confortable – il est doté d'une piscine – et offre une halte agréable (des tentes prêt-à-camper et des chalets sont aussi en location). Il est situé autour d'un lac à côté de l'arboretum. Ce verger est un véritable musée vivant de l'arbre. Vous en verrez de toutes sortes. La visite peut se faire seul en suivant le fléchage et les indications ou avec un guide. Pour ceux qui aiment se reposer dans la nature.

POINT BLUE BBQ €

3579 South Chataignier Road

POINT BLUE

✆ +1 337 831 3869

www.pbque.com

Ouvert le week-end de 9h à 16h. Carte : moins de 20 US$.

Chaque week-end, le petit stand de Point Blue BBQ répand ses bonnes odeurs au beau milieu de nulle part. On ne passe pas par ici par hasard, on y vient expressément pour savourer la bonne cuisine barbecue. Le menu est court mais ô combien savoureux : brisket de bœuf, côtes levées fumées, steak de porc, demi-poulet et saucisses. Chaque assiette comprend également de la salade de pommes de terre, du riz, des fèves au lard et du pain maison. Le stand prépare aussi des burgers, sans oublier son fameux pouding au pain en dessert.

CAFE EVANGELINE €€

102 West Main Street

✆ +1 337 363 3603

Ouvert midi et soir du mercredi au vendredi, le soir seulement le samedi. Carte : 10 à 40 US$.

Bien installé dans un joli bâtiment historique ayant abrité autrefois une banque, ce restaurant est notre meilleure adresse en ville pour le lunch ou le dîner. Bien évidemment, les spécialités louisianaises ne sont jamais loin (po-boys, *shrimp & grits*, etc.), mais le menu est ici plus diversifié avec, par exemple, la truite amandine, les crêpes aux fruits de mer, le steak de thon, le canard rôti, la poitrine de poulet farcie ou encore le filet mignon. Pour un repas un peu plus simple, salades et sandwichs feront amplement l'affaire.

CROSSROADS

En quittant le pays cajun par la I-49 ou celui des plantations par la La-1 en direction d'Alexandria, vous entrez dans la région du « Carrefour des routes » ou Crossroads, croisement de deux cultures : celle du Sud, langoureuse et sillonnée de bayous et de marais, et celle du Nord, teintée du caractère courageux des pionniers. Cette région est plutôt marquée par ses parcs, ses paysages de forêts et de rivières. C'est le paradis des amoureux du plein air avec des sites naturels réputés tels que la forêt nationale Kisatchie ou le réservoir Toledo Bend et ses deux parcs d'Etat. Les villes principales, Alexandria et Natchitoches, sont reliées par la Red River bordée d'immenses champs de coton. La région abrite d'ailleurs quelques plantations bien préservées, comme par exemple à Alexandria, Cheneyville, Frogmore, Melrose et Natchez, ainsi que le premier et plus ancien fort français à Natchitoches.

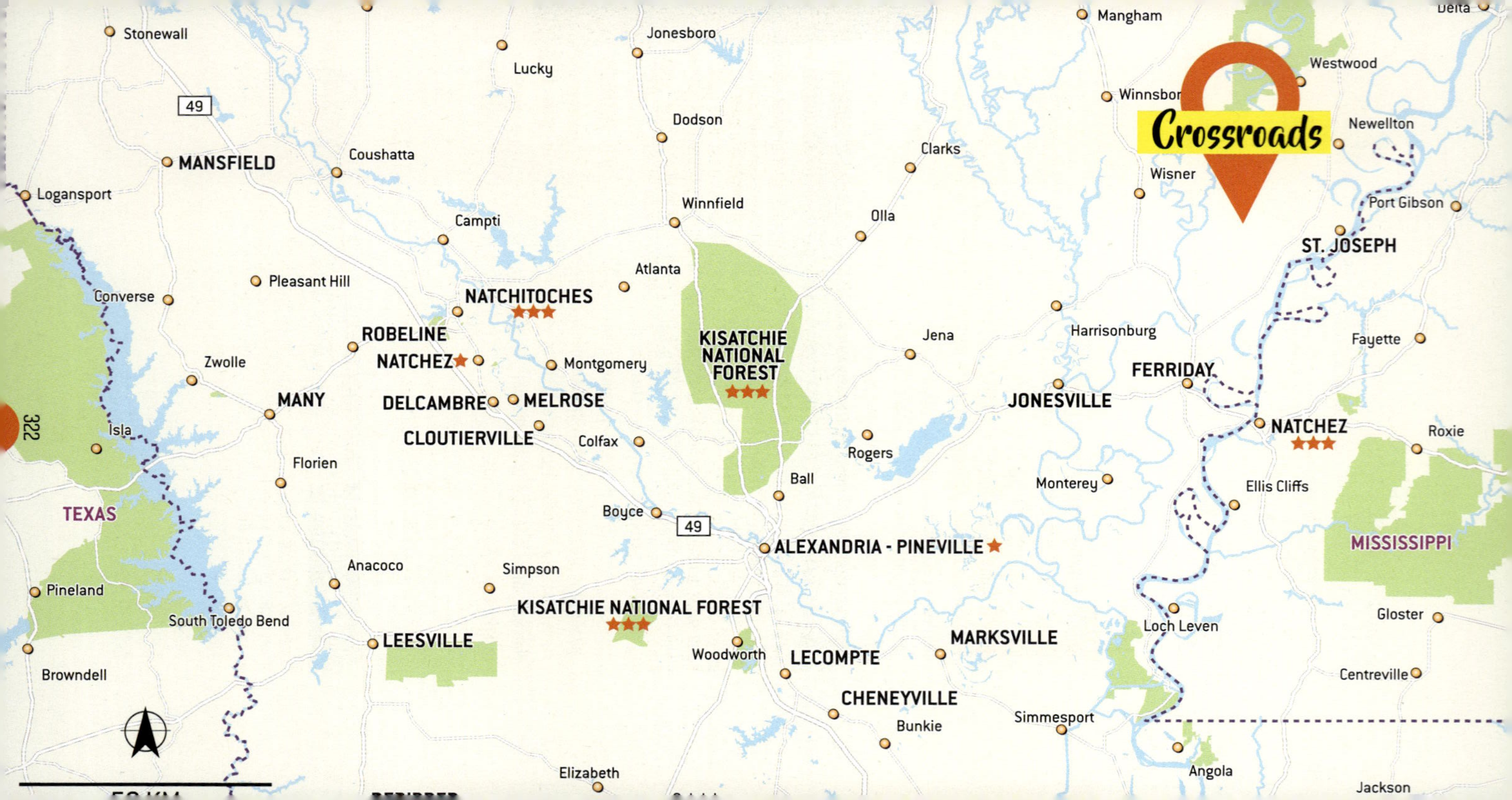
Crossroads
Stonewall
Lucky
Jonesboro
Mangham
Westwood
Winnsbor
Newellton
Dodson
Clarks
Wisner
49
MANSFIELD
Coushatta
Logansport
Winnfield
Olla
Port Gibson
Campti
ST. JOSEPH
Atlanta
Pleasant Hill
Converse
NATCHITOCHES
Harrisonburg
ROBELINE
KISATCHIE NATIONAL FOREST
Jena
Fayette
Zwolle
NATCHEZ
Montgomery
FERRIDAY
MANY
DELCAMBRE
MELROSE
JONESVILLE
NATCHEZ
Roxie
CLOUTIERVILLE
Colfax
Isla
Rogers
Florien
Ball
Monterey
Ellis Cliffs
TEXAS
Boyce
ALEXANDRIA - PINEVILLE
MISSISSIPPI
Anacoco
Simpson
Pineland
KISATCHIE NATIONAL FOREST
South Toledo Bend
Gloster
Loch Leven
MARKSVILLE
LEESVILLE
Woodworth
LECOMPTE
Browndell
Centreville
CHENEYVILLE
Simmesport
Bunkie
Angola
Elizabeth
Jackson

●● RÉGION D'ALEXANDRIA 324

La région d'Alexandria est quelque peu endormie. La ville elle-même reste plutôt calme et les environs manquent un peu de charme quand on vient du sud du pays. Cela dit, les plantations alentour valent le détour, tout comme l'offre bien étoffée d'activités de plein air à la forêt nationale Kisatchie.

KISATCHIE NATIONAL FOREST ★★★ 328

C'est la seule forêt nationale en Louisiane, le pays en comptant plus de 150. Elle couvre une forêt ancienne de pins, sans oublier les cyprès chauves ayant établi leurs quartiers dans les bayous. On y dénombre une cinquantaine de mammifères et tout autant de reptiles, ainsi qu'une trentaine d'amphibiens et plus de 150 espèces d'oiseaux nicheurs ou hivernant ici.

●● CANE RIVER NATIONAL HERITAGE AREA 331

Depuis Alexandria, reprenez la I-49 en direction du nord-ouest vers Natchitoches et sortez à Cloutierville pour découvrir la zone du patrimoine national Cane River. De nombreuses plantations bordent cette paisible rivière qui serpente à travers de superbes paysages, mais aussi des forts de l'époque coloniale, ce qui n'est nullement surprenant quand on sait que la région se trouvait au carrefour des couronnes française et espagnole lors de la conquête du Nouveau Monde. La ville de Natchitoches était d'ailleurs un important centre d'échanges et de commerce au XVIIIe siècle, et son charme historique vaut le détour.

NATCHITOCHES ★★★ 333

Une charmante ville qui vaut le détour, ne serait-ce que pour son passé colonial qui remonte aussi loin que 1714. Outre ses points d'intérêt, ses jolis bed & breakfast et ses tables gourmandes, la ville accueille un marché fermier chaque samedi (printemps et automne), sans oublier le Christmas Tours of Homes (maisons privées ouvertes au public) et le fameux Natchitoches Christmas Festival.

●● L'OUEST DU CROSSROADS 337

L'ouest de la région abrite un attrait majeur : le réservoir Toledo Bend, plus grand plan d'eau artificiel de la Louisiane et classé dans le top 5 du pays. Nul besoin de préciser que villégiature, nautisme et pêche sont ici rois et maîtres !

CHENEYVILLE

Bordant la route 71, laquelle est parallèle à la I-49, Cheneyville fait partie de la paroisse des Rapides et compte à peine plus de 560 habitants. Autant dire que ce n'est pas ici que vous trouverez le plus d'action en Louisiane ! Le village fut nommé d'après le colon William Cheney et a eu un rôle important dans le Restoration Movement, un mouvement né au début du XIXe siècle et qui désirait réformer l'Eglise afin de réunir tous les chrétiens sous le Nouveau Testament. Outre les quelques commerces au centre du village, il n'y a pas grand-chose à voir, hormis la Loyd Hall Plantation qui ne se visite pas, mais où il est possible de passer la nuit.

LOYD HALL PLANTATION €€

292 Loyd Bridge Road
✆ +1 318 443 9879
www.loydhallplantation.com
Chambre double : à partir de 140 US$, petit déjeuner non inclus pour l'instant. Piscine extérieure sur place.

Les cinq chambres doubles ne sont pas dans la plantation mais dans les bâtiments extérieurs restaurés à cet usage. Celle qui est située dans l'ancien magasin général de la plantation donne sur un pré et des champs de coton, qui se révèlent superbes au petit matin. En fin d'après-midi, le spectacle reste enchanteur, assis sur un rocking-chair sur la terrasse. Dans la demeure elle-même, deux magnifiques suites ont été aménagées, principalement pour les lunes de miel. Petite touche en plus (s'il en faut), une piscine a été rajoutée dans un patio très fleuri.

LECOMPTE

Lecompte est une petite bourgade tranquille située à 15-20 minutes de voiture de Cheneyville et d'Alexandria. Elle fait partie de la paroisse des Rapides et on y recense moins de 1 000 habitants. On y vient pour deux principales raisons, à commencer par les fameuses tartes maison de Lea's Lunchroom qui attirent les foules. C'est aussi une excellente adresse pour le petit déjeuner et le lunch à prix doux. Vient ensuite l'ancienne école Lecompte High School classée Monument historique, laquelle se visite gratuitement et comprend entre autres un mémorial de guerre, un musée agricole, une bibliothèque et plus de 2 000 photographies d'époque.

LECOMPTE HIGH SCHOOL

2204 St. Charles Avenue
✆ +1 318 776 9520
Ouvert sur rendez-vous uniquement. Entrée libre.

Si vous avez envie d'imaginer la vie des élèves dans une école du début du siècle dernier… On entre par la bibliothèque, présentez-vous et faites vous-même la visite, elle est libre et gratuite. Les bibliothécaires sont disponibles pour vous donner tout renseignement, et elles en sont très fières. Cette ancienne école de la paroisse des Rapides date de 1924 ; elle accueillit des milliers d'écoliers (âgés de 10 à 15 ans) jusqu'en 1967, quand elle fut supplantée dans son rôle d'école de la paroisse par la Rapides High School. Menacée d'abandon total, elle fut sauvée en 1989 par un groupe de citoyens qui défendaient l'idée de la réaménager en musée. Des bénévoles travaillèrent à sa restauration et rassemblèrent des objets de la vie quotidienne du XIXe et du début du XXe siècle pour alimenter le musée. On visite l'auditorium, où les écoliers faisaient leurs spectacles de fin d'année, la salle de conférence, les classes, le musée agricole, le musée de la guerre civile avec les noms des soldats de la paroisse affichés au mur comme un mémorial de papier… On y trouve encore le bar d'un saloon datant de 1897. Tous les objets exposés et les nombreuses photographies sont des donations des habitants de la paroisse qui ont fréquenté cette école. Vous y apprendrez que « faire l'école buissonnière » se dit *to cut school*. La mascotte du musée est un cheval, le cheval Lecompte, né en 1850 et choisi par le maire comme représentant de la commune. Sa statue est au rez-de-chaussée (celle du cheval, pas du maire !).

LEA'S LUNCHROOM €

1810 Highway 71
✆ +1 318 776 5178
www.leaslunchroom.com
Mardi-dimanche, 7h-15h. Carte : moins de 15 US$. Petit déjeuner offert jusqu'à 10h30. Autre succursale à Monroe.

La même famille tient ce restaurant depuis l'ouverture en 1928. Spécialités de jambon cuit en croûte, de sandwichs de toutes sortes et de tartes maison qui sont vraiment délicieuses ! Vous verrez les habitués, et ils sont aussi nombreux que les touristes qui s'arrêtent ici et en ressortent avec une grande boîte blanche pour partager une tarte avec la famille ou les amis. Aux noix de pécan, aux pommes, aux pêches, à la noix de coco, au citron avec meringue… les gourmands ne sauront plus où donner de la tête. Bien sûr, la recette, familiale, est tenue secrète.

MARKSVILLE

Cette petite ville est située dans la paroisse des Avoyelles et tient son nom d'un marchand, Marc Eliche, qui établit ici, en 1794, un poste de traite. Marksville ne fut cependant indiquée sur les cartes de la Louisiane qu'à partir de 1809. Pendant la guerre de Sécession, Marksville accueillit des soldats confédérés du Texas. La bourgade passa sous le contrôle de l'Union en 1863, au cours de la campagne de la Red River menée par le major-général Nathaniel P. Banks (1816-1894). Parmi les points d'intérêt de la ville, notons le musée de la tribu indienne Tunica-Biloxi, le Paragon Casino Resort et la maison créole Hypolite Boredelon datant de 1820.

THE TUNICA-BILOXI MUSEUM

171 Yuroni Road
✆ +1 318 253 9767
tunicabiloxi.org/cerc/museum
Lundi-vendredi, 9h-12h & 12h30-16h. Adulte : 5 US$. Boutique sur place.

Ce musée de la tribu indienne Tunica-Biloxi est situé dans le Tunica-Biloxi Cultural and Educational Resources Center (CERC), un complexe d'environ 3 700 m² hébergeant également une boutique, une bibliothèque, un auditorium, des salles de classe, etc. Ici on plonge au coeur de l'histoire de cette communauté par le biais d'un diorama, de peintures, de légendes et, surtout, du fameux « trésor » (Tunica Treasure) qui rassemble une vaste collection d'objets et d'artefacts, notamment en lien avec l'époque coloniale et le commerce entre la tribu et les Européens.

BROKEN WHEEL BREWERY

109 Tunica Drive East
✆ +1 318 253 6543
brokenwheelbrew.com
Ouvert du mardi au samedi dès 11h. Terrasse.

Difficile de rater l'énorme fermenteur dans le stationnement qui annonce clairement les couleurs de l'endroit. Fondée par Jonathan Knoll et Chris Pahl, cette brasserie artisanale est notre meilleure adresse pour savourer une bière locale, que l'on ait envie d'une blonde désaltérante ou d'une IPA à l'amertume franche. Situé à même la brasserie, le restaurant Fresh Catch Bistreaux propose des en-cas, des sandwichs et burgers pour tous les goûts (dont le po-boy aux crevettes, huîtres, etc.) et des plats principaux allant des grillades au plateau de fruits mer frits.

PARAGON CASINO RESORT

711 Paragon Place
✆ +1 318 253 1946
www.paragoncasinoresort.com
Ouvert tous les jours 24h/24.

Situé au sud de Marksville, le complexe du Paragon est une propriété de la tribu indienne Tunica-Biloxi. Haut lieu de divertissement, son casino regroupe une multitude de tables de jeux et de machines à sous, sans oublier sa salle de poker. Et ça ne s'arrête pas là, le Paragon hébergeant un hôtel de plus de 500 chambres et suites, un camping pour les caravanes, des restaurants, bars, salles de spectacles et boutiques, un centre de santé spa, trois piscines dont une intérieure dans un décor tropical, un cinéma, un terrain de golf 18-trous et plus encore.

ALEXANDRIA - PINEVILLE ★

Rattachée à la localité de Pineville et située juste au sud de la Kisatchie National Forest, Alexandria est le centre de la région des Crossroads et le cœur géographique de la Louisiane. En 1805, Alexander Fulton, riche propriétaire terrien et marchand, s'installe le long de la Red River, partage la terre en lots et donne naissance à la ville. Riche et prospère jusqu'au milieu du XIXᵉ siècle, elle fut dévastée et brûlée pendant la guerre civile. La ville a bien changé depuis, attirant bon nombre de visiteurs venus profiter de ses musées, sites historiques et plantations, mais aussi des bonnes adresses où faire bombance jusqu'à plus faim/soif.

ALEXANDRIA MUSEUM OF ART ★

933 2nd Street ✆ +1 318 443 3458
themuseum.org
Mardi-vendredi, 10h-17h ; samedi, 10h-16h. Adulte : 5 US$. Gratuit le 2ᵉ mardi du mois.

Ce musée d'art visuel, le plus important du genre dans le centre de l'État, se consacre d'abord et avant tout aux artistes de la Louisiane et du sud des États-Unis, comme en témoigne son exposition permanente *Connected Visions : Louisiane Artistic Lineage*. Des expositions temporaires s'ajoutent à la programmation annuelle ainsi que des ateliers d'art pour les adultes et les familles, des camps d'été artistiques pour les plus jeunes, des programmes éducatifs pour le scolaire, etc. Des visites guidées sont disponibles pour les groupes sur réservation.

CROSSROADS

ALEXANDRIA ZOO

3016 Masonic Drive ✆ +1 318 441 6810
www.thealexandriazoo.com
Ouvert tous les jours de 9h à 16h30 (dernière entrée à 15h30). 13-64 ans : 7,50 US$, 4-12 ans : 5,50 US$.

Situé dans le parc de Bringhurst, le zoo d'Alexandria regroupe 500 animaux de 160 espèces de quatre coins du globe, dont plus d'une trentaine vulnérables ou en voie de disparition. On y va surtout pour l'habitat louisianais : alligators, tortues et autres serpents, bien que les lions d'Afrique soient aussi tout à fait impressionnants. On peut éventuellement emprunter un petit train (tarif en sus) qui amusera les enfants. Un zoo comme un autre, mais qui devient une option intéressante lorsqu'il fait très chaud, car la promenade est presque toujours ombragée.

FORTS RANDOLPH & BUHLOW STATE HISTORIC SITE

135 Riverfront Street ✆ +1 318 484 2390
www.lastateparks.com
Mercredi-dimanche, 9h-17h. 4 US$ par personne (gratuit pour les 62 ans et plus et les moins de 4 ans).

En 1864, trois ans après que la Louisiane a rejoint la Confédération, l'Union cherche à contrôler les voies maritimes de l'État. Alexandria a d'ailleurs été totalement incendiée par l'Union pendant la guerre. Après la bataille de Mansfield et la défaite de l'Union, les Confédérés reprennent un peu espoir. En prévision d'attaques de l'Union, les troupes construisent deux forts, Randolph et Buhlow, pour protéger la Red River. Mais ils ne serviront pas, la guerre prenant fin dans l'année.

KENT PLANTATION HOUSE ★

3601 Bayou Rapides Road
✆ +1 318 487 5660
www.kenthouse.org
Visites guidées offertes du lundi au samedi, plusieurs départs par jour. 13 ans et plus : 11 US$. Boutique sur place.

C'est la plus ancienne maison de planteur de la région. Elle tient son nom de son second propriétaire, Robert C. Hynson, qui la racheta en 1842, et qui venait du canton de Kent (Maryland). Elle fut construite par Pierre Baillio II en 1795 dans le style créole classique, en bousillage et à partir de cyprès trouvés sur place et de briques fabriquées sur la plantation. Elle a conservé de nombreux bâtiments extérieurs : forge, laiterie, sucrerie (on y explique les étapes de la fabrication du sucre de canne roux), cuisine, grange et cabine d'esclaves.

LOUISIANA MANEUVERS & MILITARY MUSEUM ★

623 G Street
✆ +1 318 641 5733
www.geauxguardmuseums.com
Mardi-vendredi, 9h-17h. Entrée libre.

Situé à l'intérieur du camp Beauregard, une base militaire en activité, et installé dans une réplique des baraquements militaires de la Seconde Guerre mondiale, ce musée réunit toutes les traces de l'héritage militaire de la région et son rôle dans ce conflit. En 1940, 60 000 hommes ont été entraînés en Louisiane avant d'être envoyés à la rescousse de la France. On peut aussi voir des tanks et des hélicoptères, des uniformes militaires authentiques et d'autres objets tels des casques.

Alexandria est reliée à sa jumelle Pineville par un pont qui enjambe la Rivière Rouge.

ALEXANDRIA PINEVILLE CONVENTION & VISITORS BUREAU

707 2nd Street
✆ +1 318 442 9546
alexandriapinevillela.com
Ouvert en semaine de 8h à 17h.

Situé en plein centre-ville d'Alexandria, à un jet de pierre du Gillis William Long Bridge, c'est l'office du tourisme officiel de la paroisse des Rapides. Tant sur place que sur le web, on y déniche toutes les bonnes adresses pour se loger, se restaurer, boire une verre et faire du shopping. On y trouve aussi la liste des points d'intérêt et les spots de plein air de la ville et de la région, sans oublier les festivals qui ponctuent les saisons.

THE HOTEL BENTLEY €€

200 Desoto Street
✆ +1 318 442 2226
www.visithotelbentley.com
Chambre double : à partir de 119 US$. Gym sur place, stationnement avec service de voiturier.

Avec sa localisation hyper centrale à Alexandria et ses tarifs abordables, l'Hôtel Bentley est un choix futé. Près d'une centaine de chambres et suites tout confort sont à disposition des hôtes. Son restaurant, The Bentley Room Dining, est ouvert le midi en semaine et tous les soirs sauf le dimanche. On y sert aussi le brunch le week-end. Pour décompresser, on suggère son cocktail lounge, The Mirror Room, qui sert également des tapas pour accompagner son verre (ouvert du lundi au samedi dès 16h ainsi que pour le brunch du dimanche).

SUSAN'S COTTAGES €€

7107 Bayou Rapides Road
✆ +1 318 443 9624
www.susanscottages.net
Chalet en occupation double : à partir de 216 US $, petit déjeuner inclus. Promotions disponibles.

Les trois chalets de Susan, dont un est divisé en deux unités distinctes, offrent tous une jolie vue sur le bayou Rapides. Chacun est muni d'une kitchenette, d'une salle à manger, d'un coin salon, d'un balcon et, surtout, d'un bain à remous pour la détente ultime. Lave-linge et sèche-linge sont également à disposition gratuitement. Une adresse idéale quand on veut passer plusieurs jours dans la région et avoir un pied-à-terre tout confort. À noter qu'on retrouve un atelier de ferronnerie à même le site, le PawPaw's Secret Shop.

CAFÉ DESOTO €

414 Desoto Street
✆ +1 318 545 1414
cafedesoto.com
Ouvert le midi en semaine de 11h à 14h. Carte : moins de 15 US$.

Cette petite adresse sympa est celle du chef Brad Blackwood, lequel a étudié au prestigieux Culinary Institute of America avant de joindre des tables réputées de La Nouvelle-Orléans comme le Commander's Palace. À son café du centre-ville, il prépare toutes sortes de délices inspirés des saveurs du monde comme, par exemple, les tacos au bœuf mariné, les quesadillas au poulet, le sandwich cubain ou encore l'emblématique Philly Cheesesteak très populaire au pays. Les ingrédients sont tous de première qualité et on fait ici une pause gourmande santé bien méritée.

OUTLAW'S BBQ €

818 MacArthur Drive ✆ +1 318 443 8723
outlawsbarbecue.com
Tous les jours de 10h30 à 22h. Carte : moins de 20 US$, sauf pour les repas familiaux. Autre succursale à Pineville.

Comme son nom l'indique, la cuisine barbecue est ici à l'honneur. Outre ses grandes spécialités que sont les côtes levées, le brisket de boeuf et la pomme de terre garnie de viande, bacon, fromage et crème sure, le resto propose des plateaux de viandes cuites au barbecue qu'on peut également acheter à la livre (454 grammes). À la carte figurent également des burgers, sandwichs et po-boys et tous les accompagnements classiques, sans oublier les vendredis « seafood » avec le poisson-chat frit ou les crevettes frites. Bon plan : le menu midi offert en semaine à 9 US$.

SPIRITS FOOD & FRIENDS €€

1200 Texas Avenue
✆ +1 318 445 4491
www.spiritscenla.com
Ouvert du lundi au samedi dès 11h (fermeture à 21h ou 22h, voire plus lors de concerts). Carte : 5 à 55 US$. Terrasse.

Alexandria regorge de petits bijoux où les cuistots se surpassent et le Spirits est l'un d'eux. Bien engoncé dans son quartier résidentiel, qu'il anime pas mal par ailleurs, c'est un lieu très prisé qui garde pourtant son authenticité. La cuisine se veut locale et met en vedette les poissons et fruits de mer, les grillades, les burgers, sandwichs et po-boys, etc.. Belle carte des alcools, notamment les cocktails et les bières artisanales, sans oublier la liste hallucinante de spiritueux. À noter que le jeudi, c'est concert et huîtres grillées sur la terrasse.

THE DIAMOND GRILL €€€

924 3rd Street
✆ +1 318 448 8989
www.thediamondgrill.com
Lundi-samedi, 16h30-22h. Carte : 5 à 55 US$.

Dans les années 1930, ce restaurant était une bijouterie. Aujourd'hui, l'intérieur a été préservé. Certains diront que la déco est chargée, d'autres seront impressionnés par les hauts plafonds agrémentés de moulures, les lustres majestueux et la belle rotonde. Racheté en 2011 par le propriétaire de Loyd Hall Plantation (Cheneyville), ce restaurant est une excellente table d'Alexandria, voire la meilleure. On est vite séduit par son intérieur élégant et sa carte jubilatoire. Et pour un apéro en toute simplicité, le bar de la mezzanine est l'endroit rêvé.

THE TASTING ROOM OF LOUISIANA

812 3rd Street
✆ +1 318 623 1935
Ouvert du lundi au samedi (horaires variables).

C'est dans les locaux du défunt Finnegans Wake que la sommelière Melissa Scarborough a ouvert cette adresse dédiée au whisky, à la bière artisanale et à l'univers du cocktail. En plus des nectars qui attirent les foules, l'endroit propose de délicieux repas comme la soupe de tortellini, le jambalaya, l'assiette de saucisses et pommes de terre ou l'hallacas, un plat typique de Colombie qui consiste en un chausson de maïs fourré à la viande et enveloppé dans une feuille de plantain.

HUCKLEBERRY BREWING CO.

4724 Sterkx Road
✆ +1 318 704 6833
huckleberrybrewingcompany.com
Mardi-vendredi, dès 16h ; samedi, dès 13h. Terrasse.

C'est en pleine campagne, au sud du centre-ville d'Alexandria, que la petite brasserie artisanale a emménagé ses pénates. Fondée en 2017, elle brasse des bières régulières (Ale américaine de blé à la tangerine, Stout au café, etc.) mais aussi des saisonnières en rotation comme la fameuse Juicy Wild Hazy IPA, une bière amère aux notes d'ananas et de bleuets. Son salon de dégustation permet de savourer les bières maison ainsi que la cuisine de son resto Johnny Wingo's (ailes de poulet, hot dogs, etc.). Bonus : des concerts s'y tiennent souvent.

KISATCHIE NATIONAL FOREST ★★★

C'est un immense parc naturel et de loisirs qui s'étend sur plus de 240 000 hectares dans la région des Crossroads (des centaines de miles de sentiers et de nombreux sites de camping), où chacun peut y trouver son compte : pêche, chasse, randonnée, équitation, vélo, baignade... ou simplement observer cette gigantesque réserve faunique (pics-verts, dindons, cerfs, lapins, colombes, aigles, serpents...). Accessible facilement depuis Alexandria, la forêt est en réalité divisée en plusieurs parties, cinq *Ranger Districts* (le cinquième, Caney Ranger District, n'est pas traité ici). N'oubliez pas jumelles, cartes, appareils photo et surtout pensez à l'eau !

TAMP & GRIND

828 4th Street
✆ +1 318 448 0111
www.tampandgrind.com
Lundi-vendredi, dès 7h ; samedi-dimanche, dès 9h. Coin terrasse.

Cet établissement, situé en face de l'ancien marché de la ville, témoigne du dynamisme qui s'installe au centre-ville d'Alexandria depuis quelques années. Les jeunes viennent y déguster un lait frappé (large sélection de parfums), un vrai cappuccino ou encore un bon espresso serré. Les anciens papotent en terrasse, d'autres bouquinent ou surfent le web grâce au wifi gratuit. On y prépare quelques petits plats sur le pouce également, comme la tartine d'avocats, le parfait de yaourt grec ou encore l'houmous maison avec légumes.

TUNK'S CYPRESS INN €€

9507 Highway 28 West
✆ +1 318 487 4014
www.tunkscypressinn.com
Horaires variables. Carte : moins de 35 US$. Terrasse. Spectacles certains soirs.

Populaire – le parking est bondé dès 17h –, honnête, bon enfant et doté d'une vue exceptionnelle sur le lac (ne ratez pas le somptueux coucher de soleil, cela vaut tous les films), Tunk's est l'archétype du resto louisianais. On y sert d'excellents fruits de mer, notamment des écrevisses à se damner. En saison, on les mangera bouillies et pimentées (*boiled crawfish*), avec un épi de maïs et une ou deux pommes de terre. Le restaurant propose aussi l'alligator sous toutes ses formes, un bar à huîtres, le fameux gumbo, des grillades et tutti quanti.

KISATCHIE NATIONAL FOREST ★★★

+1 318 473 7160
www.fs.usda.gov/kisatchie
Voir site web pour la liste des bureaux d'accueil (Ranger Districts) et les tarifs (accès journalier, camping, etc.).

Seule forêt nationale de l'État de Louisiane, elle couvre plus de 240 000 hectares et est divisée en districts qu'on appelle ici Ranger Districts.

Calcasieu District. Divisé en deux parties, c'est le district le plus proche d'Alexandria. Réputé pour ses dindes sauvages, on s'y rend également pour casser la croûte sur le Kincaid Lake (Tunk's Cypress Inn) ou encore pour voir la grotte Wolf Rock. C'est ici que se trouve le sentier balisé des azalées sauvages (Wild Azalea Trail, au sein d'Evangeline Unit). De 31 miles au total (soit 16 heures de marche), vous pourrez n'en faire qu'une portion. Le sentier se termine à Valentine Lake, mais si vous l'empruntez depuis la plage de Kincaid Lake, vous apercevrez des panneaux explicites qui vous mèneront jusqu'à un nid d'aigles (regardez bien en haut, c'est très gros !). C'est aussi dans cette forêt que vos hôtes de Hayes E-Daze vous emmèneront pour une excursion à cheval (depuis Forest Hill).

Catahoula District. La Catahoula Wildlife Management Preserve est le lieu pour des randonnées non balisées parmi les orchidées même hors saison. S'y trouve également le Jardin des papillons et colibris.

Kisatchie District. Dans ce district, situé non loin de Natchitoches, on partira à la découverte du National Longleaf Trail Scenic Byway et de sa trentaine de kilomètres, une des routes les plus pittoresques de tout Kisatchie. Un des plus beaux coins est le Longleaf Vista, dans la zone sauvage de Kisatchie Hills (via les routes 117 et 119). Ici vous pourrez voir des rapides, des plateaux de grès et des fleurs carnivores si vous êtes attentif. Vous pourrez aussi prendre un peu de hauteur et vous délecter du calme qui règne dans cette mer aux cinquante nuances de vert. L'endroit idéal pour une pause déjeuner au milieu des cèdres et pins, car s'y trouve un belvédère (tout équipé pour le barbecue).

Winn District. Connu pour les sentiers équestres de Gum Springs bordés de milliers de fleurs au printemps et de barbons de Gérard (de 8 et 30 kilomètres, également praticables à pied), le district de Winn s'apparente à une cathédrale d'arbres. Il héberge également le bayou Saline (National Scenic Stream), un cours d'eau surnommé plus belle rivière « d'eau noire » du pays ; un chemin de randonnée longe sur 5 miles cette fraîche rivière couleur thé glacé.

À noter qu'il y a un 5e district un peu moins fréquenté, soit celui de Caney, situé dans les paroisses de Claiborne et Webster dans les environs de Shreveport, Minden et Homer.

HAYES E. DAZE RANCH

1313 Upper Boy Scout Road - **FOREST HILL**
+1 337 258 5782
www.hayesedaze.com
Tarifs/personne : 1h 50 US$, 2h 75 US$, 3h 100 US$ (cavaliers expérimentés). Leçon : 40 US$/heure. Réservation requise.

Voici certainement l'une des meilleures façons de découvrir la forêt nationale Kisatchie. Les débutants comme les cavaliers confirmés trouveront ici leur compte lors de balades à cheval d'une durée d'une, deux ou trois heures. Sur des sentiers balisés et historiques, cernés d'érables et de pins, vos hôtes, de véritables *cowboys* aux petits soins, vous guideront et vous informeront à travers cette forêt à l'écoute des oiseaux et à l'affût des parfums comme de la bonne manière de traiter sa monture. Des leçons individuelles sont aussi dispensées.

JONESVILLE

C'est la plus grande localité de la paroisse de Catahoula, située au confluent des rivières Black, Little, Ouachita et Tensas. Par sa proximité avec des réserves fauniques comme celle de Dewey Wills, Jonesville et ses environs attirent pêcheurs et chasseurs de tout acabit. A savoir qu'on trouvait autrefois ici un site archéologique datant de la période sylvicole, le Troyville Earthworks, comprenant entre 9 et 11 monticules construits par les Indiens qui occupaient les lieux de l'an 100 av. J.-C. jusqu'au VIIIe siècle. Un de ces monticules atteignait 25 mètres de hauteur, ce qui en faisait le plus haut de Louisiane et le 2e plus haut du pays.

HONEY BRAKE LODGE

1899 Larto Bridge Road
+1 318 775 1007
www.honeybrake.com
Tarifs sur demande, forfaits disponibles.

C'est sur les rives du lac Larto, à un jet de pierre de la réserve faunique Dewey Wills, qu'est établi ce magnifique lodge dédié d'abord et avant tout à la chasse à la sauvagine, au cerf et à l'alligator. Il est possible de prendre un forfait incluant l'hébergement, les repas, le guide de chasse et le transport depuis et vers l'aéroport. On peut également y pratiquer la pêche, manier le fusil au centre de tir ou encore profiter des sentiers de randonnée pour observer la faune et se dégourdir les jambes. Nombreux autres services et activités sur place.

CROSSROADS

FERRIDAY

Tout à l'est de la région des Crossroads, à 15-20 minutes de Natchez (Etat du Mississippi), la petite ville de Ferriday est bordée par le lac Concordia dans la paroisse éponyme. C'est ici que sont nés Jerry Lee Lewis et Mickey Gilley, les pères fondateurs du blues, ainsi que le télévangéliste pentecôtiste américain Jimmy Swaggart. En ville, il ne faut pas rater la visite du Delta Music Museum pour plonger au cœur de l'épopée musicale du delta du Mississippi. A mi-chemin entre Jonesville et Ferriday se trouve la plantation Frogmore, toujours en activité et qui offre différentes visites des plus intéressantes. On peut même y récolter soi-même du coton.

ESCAPADE AU MISSISSIPPI

La Louisiane est séparée de l'Etat du Mississippi par le fleuve du même nom. Juste de l'autre côté du fleuve, Natchez et Vicksburg sont des étapes incontournables, héritières d'un passé opulent où le bateau à vapeur rythmait la vie de tous. Ces villes ont connu un fort développement sous le règne du coton et ont vu arriver une foule de commerçants, planteurs et aventuriers, bien décidés à faire fortune. De nombreux riches planteurs y possédaient de grandes demeures victoriennes. Pour les gens de passage, ces villes étaient de véritables îlots de civilisation, sur un fleuve encore très sauvage tout au long de son parcours. La frontière occidentale du Mississippi fut également un enjeu crucial de la guerre de Sécession. En effet, les troupes nordistes déployèrent des efforts considérables pour contrôler cette partie de la Confédération, dans leur stratégie de prise en étau du territoire tout entier. Le siège de Vicksburg est ainsi l'une des batailles les plus connues de la guerre et une visite du Vicksburg National Military Park permet d'en saisir l'importance (plus d'infos : nps.gov/vick/index.htm). Ces deux localités sont bien parvenues à préserver cet héritage. Une atmosphère très XIXe siècle en ressort et on a parfois l'impression de se promener dans un musée à ciel ouvert. Si vous avez un peu plus de temps, n'hésitez pas à vous rendre à Jackson, la capitale de l'Etat. Surnommée « City With Soul », on y retrouve plusieurs attraits liés aux droits civiques ainsi qu'à la musique blues.

▶ **visitmississippi.org**

DELTA MUSIC MUSEUM ★

218 Louisiana Avenue
✆ +1 318 757 4297
www.deltamusicmuseum.com

Mercredi-vendredi, 9h-16h. Entrée libre (dons appréciés et nécessaires). Boutique sur place.

Mickey Gilley, Jimmy Swaggart et Jerry Lee Lewis viennent tous de Ferriday. Jerry, le plus connu, fit scandale quant à 13 ans il se mit à jouer dans un bar de Natchez ce qui deviendra « la musique du diable », le rock'n'roll. Le musée permet de prendre une bonne dose de culture musicale et sociale puisque Ferriday fut frappé de plein fouet par les violences racistes des années KKK et fut un théâtre de la lutte contre la ségrégation. Le Haney Big House, lieu de vie qui fit émerger Jerry Lee Lewis et tant d'autres, se trouve à proximité mais ne se visite pas.

FROGMORE COTTON PLANTATION & GINS ★

11656 Highway 84 - **FROGMORE**
✆ +1 318 757 2453
www.frogmoreplantation.com

Ouvert de début mars à mi-novembre (horaires variables). Différentes visites offertes pour individuels et groupes.

Plus de 700 hectares de coton (récolte en septembre pour les photos ou en emporter un bourre), des bâtiments (une église, la grange avec les machines, des cabinets et une dizaine de cabines) authentiques en cyprès et une machinerie toujours d'actualité font de la plantation Frogmore un lieu assez unique en son genre. En effet, les plantations d'époque encore en activité sont de plus en plus rares. D'autant que dans celle-ci, vous pourrez voir (sous vitrine) l'édition originale de *Twelve Years a Slave,* les mémoires de Solomon Northup dont a été tiré le récent blockbuster du même nom de Steve McQueen, ouvrage offert à Lynette Tanner (propriétaire et guide passionnée) par un fidèle visiteur. La visite est très instructive, et insiste notamment sur le quotidien des esclaves à l'époque, l'abolition de leur condition ainsi que l'après, quand il n'y avait pas d'autre choix que de travailler par défaut dans la même plantation. Une courte vidéo introduit la visite d'une bonne heure avec des sous-titres en français.

Six visites sont proposées, certaines s'adressant uniquement aux groupes. Pour les individuels, on a le choix entre « Le coton d'hier à aujourd'hui » (la visite classique), « La plantation au temps de la guerre de Sécession » et « Les temps modernes à la plantation ». Pour les groupes s'ajoutent les visites « Noël à la plantation » et « La musique du delta du Mississippi », sans oublier le forfait pour les scolaires. Bonus : de juillet à avril, on peut soi-même récolter du coton !

MELROSE

Communauté non incorporée de la paroisse de Natchitoches, Melrose fait partie du Cane River Creole National Historical Park and Heritage Area et comprend notamment la fameuse Melrose Plantation. C'est d'ailleurs le seul et unique point d'intérêt de l'endroit et la visite de la plantation est un must si vous êtes dans les environs. A savoir que bien que la maison Badin-Roque soit officiellement située dans les limites de Natchez, elle se trouve en fait à quelques minutes de voiture de la Melrose Plantation, de l'autre côté de la rivière Cane. Juste à côté du petit pont de la route 493 qui y mène se trouve la belle église St. Augustine.

MAGNOLIA PLANTATION

5549 Highway 119
DERRY
✆ +1 318 352 0383
www.nps.gov/cari
Ouvert tous les jours de 9h à 15h30. Entrée gratuite (dons encouragés).

Cette plantation fut établie dans les années 1830 par Ambrose LeComte II et sa femme Julia Buard, bien que le terrain fut acquis en 1753 par Jean Baptiste LeComte I. Les troupes de l'Union la brûlèrent lorsqu'ils quittèrent la région et elle fut donc rebâtie et restaurée dans les années 1890. La maison principale, toujours habitée et non visitable, comprend plus d'une vingtaine de pièces, dont une chapelle de culte catholique et une presse à coton unique dans la région. À noter que ce site historique fait partie du Cane River Creole National Historical Park.

MELROSE PLANTATION ★

3533 Highway 119
✆ +1 318 379 0055
www.melroseplantation.org
Horaires variables. Visite guidée de 10h15 à 15h15 (heure de la dernière visite). 13 ans et plus : 15 US$.

Placée sous le signe des femmes fortes, cette plantation de 1796 possède une riche histoire et de nombreuses légendes, commençant avec celle de Marie-Thérèse Coincoin, une esclave qui fut propriétaire de la maison en la recevant de son maître, Thomas-Pierre Metoyer. Celui-ci lui offrit la liberté et la maison, après lui avoir fait de nombreux enfants, quatre étaient noirs, dix franco-africains. Son fils Augustin est considéré comme le grand-père des descendants du pays de Cane River. Betty, qui fait encore aujourd'hui visiter le site, est elle-même une descendante des Metoyer. Marie-Thérèse travailla dur pour fait prospérer la plantation avec le tabac et le maïs, et pouvoir ainsi libérer tous ses enfants et leur assurer une vie meilleure. La demeure actuelle aurait été construite en 1833 dans le style colonial par le petit-fils de Marie-Thérèse, Louis-Auguste Metoyer. L'histoire reprend en 1898 avec Cammie Garrett Henry, épouse de John Hampton Henry, qui décida de restaurer la maison. Elle y invita entre autres les écrivains William Faulkner et Frances Parkinson Keyes. La célèbre peintre primitif Clementine Hunter y a également travaillé. La plantation est constituée de neuf bâtiments, dont Big House (1833), Yucca (1796), en rénovation, et la fameuse African House (1800) qui aurait été utilisée comme étable et comme cachot pour les esclaves. Pour info, il est possible de ne visiter que le site extérieur pour un tarif réduit. À ne pas manquer : le festival des arts et de l'artisanat qui se tient annuellement à la fin avril.

La cuisine est toujours détachée de l'habitation. Sécurité oblige en cas d'incendie.

NATCHEZ ★

Natchez – à ne pas confondre avec la ville de Natchez dans l'Etat voisin du Mississippi – est un petit village de la paroisse de Natchitoches. On peut y voir plusieurs plantations, majoritairement privées, mais il est possible de visiter l'Oakland Plantation qui fait partie du Cane River Creole National Historical Park and Heritage Area. Le secteur Isle Breville accueille quant à lui la St. Augustine Church qui est la plus ancienne église fondée aux Etats-Unis par des Créoles. Non loin est d'ailleurs située la Badin-Roque House, une maison créole typique ayant entre autres appartenu à l'église et devenue, en 1979, un site historique qui se visite.

BADIN-ROQUE HOUSE ★

Highway 484
✆ +1 318 357 6685
nps.gov/nr/travel/caneriver/bad.htm
Ouvert sur réservation en appelant le Creole Heritage Center.

© STÉPHAN SZEREMETA

Maison créole typique de style poteaux-en-terre, une méthode de construction très populaire auprès des colons français entre 1769 et 1785, elle serait la dernière du genre en Louisiane. Elle fut construite par Jean-Baptiste Metoyer, puis rachetée par le diocèse catholique de Natchitoches pour être utilisée comme couvent et école de l'église St. Augustine située tout près. Quand elle fut revendue en 1859, elle changea de propriétaires à quelques reprises avant d'être acquise par la famille Badin-Roque. Depuis 1979, elle est un site historique.

OAKLAND PLANTATION ★

4386 Highway 494
✆ +1 318 352 0383
www.nps.gov/cari
Ouvert tous les jours de 9h à 15h30. Entrée gratuite (dons encouragés).

Demeure d'architecture créole datant de 1821. Elle fut construite par Jean Pierre Emmanuel Prud'homme et la même famille y habita jusque dans les années 1950 ; d'ailleurs vous entendrez parler de cette famille à plusieurs reprises lors de votre séjour à Natchitoches. Oakland se démarque ainsi des autres plantations par la modernité de sa cuisine, dont l'aménagement date des années 1950 ! Cette maison en bousillage fut restaurée par Robert Harling, auteur de la pièce de théâtre *Steel Magnolias* (laquelle fut adaptée en film à la fin des années 1980). La plantation donne sur une superbe allée de chênes, la troisième de l'État par sa longueur, et elles comprend des dizaines de bâtiments tous préservés, ce qui en fait la plantation la plus riche d'un point de vue architectural. On y voit entre autres l'atelier du charpentier, la laverie, les pigeonniers, la maison du médecin, celle du contremaître... La plantation est toujours entourée de jardins et des champs cultivés jusqu'en 1980. La visite se fait seul, à l'aide d'un plan délivré à l'entrée (bien vérifier l'horaire des bâtiments car certains peuvent être fermés certains jours). À noter que ce site historique fait partie du Cane River Creole National Historical Park. À ne pas manquer annuellement en octobre : le Cane River Fall Festival qui se déroule sur le site de la plantation. Sa programmation comprend des activités pour enfants, des *food trucks*, des concerts, des animations historiques, de la décoration de citrouilles et plus encore.

ROUBIEU-JONES HOUSE

374 Highway 484
Ne se visite pas.

Connue également sous le nom Reform Plantation et Carroll Jones House, cette maison créole de style antillais fut construite aux alentours de 1818, probablement par François Roubieu que l'on suppose être le premier propriétaire des terres agricoles entourant la maison. John Carroll Jones, un Afro-Américain originaire du Tennessee, en devint propriétaire vers la fin du XIXe siècle. Malgré tous les changements apportés à la maison au fil du temps, elle n'a rien perdu des caractéristiques qui font d'elle une habitation typique de style créole.

NATCHITOCHES ★★★

Cette ville d'un peu moins de 20 000 habitants doit son nom à la tribu indienne du même nom (en langue caddo : Náshit'ush). Elle fut fondée en 1714 par l'explorateur Louis Juchereau de St. Denis (1676-1744), dont le buste est dressé au bout de Front Street, en face de l'office de tourisme. Incorporée en 1819, après que la Louisiane soit devenue un Etat en 1812, elle est considérée comme le premier établissement permanent sur les terres acquises par la Louisiana Purchase. Son quartier historique, où se concentrent la majorité de nos bonnes adresses et points d'intérêt, est à découvrir pour son riche passé et la belle architecture de ses bâtiments.

AMERICAN CEMETERY

2nd Street

Situé juste à côté de l'église catholique Holy Cross, ce cimetière est considéré par de nombreux historiens comme étant le plus ancien de la Louisiana Purchase (le portail d'entrée indique 1737). Certaines tombes datent de l'époque coloniale et les familles bâtisseuses de Natchitoches s'y trouvent (Prud'homme, Lambre, Cloutier, Roquier, Buard, DeBlieux, Sompayrac, etc.). Le Louisiana Sports Hall Of Fame & Northwest Louisiana History Museum offre des visites guidées gratuites du cimetière le premier vendredi du mois, de juin à octobre inclus.

GATOR COUNTRY LOUISIANA ★

380 Old Bayou Pierre Road

✆ +1 318 354 0106

www.gatorcountryla.com

Ouvert tous les jours de 10h à 17h. Entrée : 10 US$ par personne. Swamp Boat Tours aussi offerts (autres tarifs).

Des centaines de charmants bébés *gators* au regard curieux – avec lesquels on peut se faire prendre en photo – et des dizaines de bêtes de taille plus conséquentes et au regard moins innocent vous y attendent. Vous pouvez les nourrir vous-mêmes (les petits), quant à leur papa ou leur maman, à l'appétit plus exigeant, ils sont nourris par les propriétaires lors des spectacles. Ces charmantes bestioles se disputent alors sous vos yeux des... croquettes. Le site héberge d'autres animaux (caïmans, tortues, lézards, serpents...) et une mini ferme. Pataugeoire sur place.

FORT ST. JEAN BAPTISTE STATE HISTORIC SITE ★

155 Jefferson Street

✆ +1 318 357 3101

www.lastateparks.com

Mercredi-dimanche, 9h-17h. 4 US$ par personne (gratuit pour les 62 ans et plus et les moins de 4 ans).

En 1716, le sieur Charles Claude Dustiné établit un avant-poste à cet endroit pour contrer les ambitions espagnoles. L'architecte-ingénieur Ignace François Broutin le redessine en 1732 en décidant de le renforcer d'un entrepôt et d'une maison pour le gardien, ainsi que de casernes. Découvrant que les poteaux de la palissade pourrissaient dans le sol, il les fit remplacer et doubler par d'autres plus petits, méthode de fortification peu courante à l'époque. Le fort servit de poste de défense jusqu'en 1762, quand les Français cédèrent le pays aux Espagnols. Pendant l'époque coloniale espagnole, il devint un centre de commerce et de communication avec les différents points du vaste territoire espagnol. Le fort se détériora alors, n'ayant plus sa raison d'être comme poste de défense. À l'arrivée des Américains en 1803, il était si délabré qu'ils décidèrent d'en construire un autre à proximité, le fort Claiborne. Le site qu'on visite aujourd'hui est une reconstitution, datant de 1979, du fort d'origine qui se situait à quelques centaines de mètres plus au sud. On y découvre l'église, la maison du commandant, la poudrière, l'entrepôt, les casernes, le corps de garde, la cuisine. La visite est succincte car le fort n'est pas très grand, mais fort intéressante car les techniques et matériaux utilisés sont ceux du XVIIIe siècle. On imagine aisément la simplicité de la vie dans ces murs et le caractère strictement fonctionnel de ce fort au début du XVIIIe siècle.

LOUISIANA SPORTS HALL OF FAME

800 Front Street ✆ +1 318 357 2492

lasportshall.com

Mardi-samedi, 10h-16h30. Adulte : 6 US$, réductions pour les étudiants et aînés, gratuit pour les moins de 7 ans.

Vous connaissez peut-être Shaquille O'Neal ? Peut-être moins Audrey « Mickey » Patterson. Les deux sont louisianais : le premier est un grand basketteur au physique de colosse, la seconde est une Néo-Orléanaise, première femme afro-américaine à rapporter une médaille aux JO de 1948 à Londres (200 mètres haies). Comme son nom l'indique, c'est ici que les hommages sont rendus et les éloges voués aux grands sportifs louisianais ou ayant contribué aux réussites et exploits de clubs locaux.

NATCHITOCHES NATIONAL FISH HATCHERY

615 South Drive
✆ +1 318 352 5324
www.fws.gov/fish-hatchery/natchitoches
Ouvert tous les jours de 8h à 15h. Entrée libre.

Cette écloserie gérée par le U.S. Fish & Wildlife Service s'implique dans le frai, l'éclosion et l'élevage de jeunes poissons (alevins), tortues et moules, lesquels seront relâchés éventuellement dans la nature dans une optique de restauration et de préservation des espèces, mais aussi pour la pêche récréative. Des projets de recherche s'y déroulent également, notamment le marquage et la surveillance afin de suivre ces espèces une fois relâchées.

QUARTIER HISTORIQUE ★★

Le quartier historique (ou Natchitoches National Historic Landmark District) comprend de nombreux bâtiments intéressants, avec des maisons aux galeries en fer forgé donnant sur la rivière. Il faut y flâner pour imaginer quelle pouvait être l'ambiance de la ville à l'époque du « roi Coton » et de la prospérité du port de Natchitoches.

Le quartier est délimité par Front Street (soi-disant une des plus romantiques rues des États-Unis !) et Jefferson Street, où vous découvrirez les résidences secondaires des planteurs qui séjournaient en ville par mauvais temps. Sur Front Street, allez voir entre autres Ducournau Square (1830) et La Costa Building (1870) avec ses balcons à la française en fer forgé. Sur Jefferson Street, rue plutôt chic couronnée d'arbres, se présentent également de belles demeures : Prudhomme-Rouquier House (1853) au 436 ; Levy Home (autour de 1830) au 328 ; Taylor Home au 320 et Lemée House (vers 1830) au 310. Beaucoup de bâtiments de Front Street étaient des anciens entrepôts. Sachez que toutes les églises de la ville sont réunies sur 2nd Street.

De nombreux films ont été tournés à Natchitoches, dont *Steel Magnolias* (1989) de Herbert Ross avec Julia Roberts, Dolly Parton et Shirley MacLaine, *The Horse Soldiers* (1959) de John Ford avec John Wayne et *Man in the Moon* (1991) de Robert Mulligan avec Reese Witherspoon. Les accessoires des tournages sont exposés au musée de la ville. Bon plan : la visite guidée gratuite du quartier historique (info et réservation à l'office du tourisme).

ROQUE HOUSE AND GARDENS ★

760 Front Street

Cette maison, autrefois située à 22 miles au sud de Natchitoches et déménagée suite au décès de sa dernière propriétaire, est typique de l'architecture créole française, avec son toit de tuiles en bois, ses poutres en cyprès entourées de bousillage. Elle date de 1803 et est aujourd'hui le plus vieux bâtiment de Natchitoches. On l'appelle Roque House d'après sa dernière propriétaire, Mme Aubert Roque, qui y mourut en 1941. Autour de la maison, un espace nommé Beaujardin a été aménagé, avec de jolies petits ponts et parterres fleuris.

THE MINOR BASILICA OF IMMACULATE CONCEPTION ✞ ★

145 Church Street
✆ +1 318 352 3422
www.minorbasilica.org

Elle présente une architecture intéressante. Construite dans les années 1850 dans le style espagnol, elle accueillit la première messe catholique célébrée à l'ouest du Mississippi. Le premier évêque de Natchitoches, Monseigneur Martin, y repose. L'église fut agrandie dans les années 1950, période après laquelle on arrêta de sonner les cloches à la main, modernisme oblige. Pour assister à une messe ou tout autre service, consultez le site web dans la section « Calendar of events ».

NATCHITOCHES CONVENTION & VISITORS BUREAU

780 Front Street
✆ +1 800 259 1714
www.natchitoches.com
Ouvert du lundi au samedi de 9h à 17h.

Situé en plein centre-ville de Natchitoches, c'est l'office du tourisme officiel de la paroisse du même nom. Tant sur place que sur le web, on y déniche toutes les bonnes adresses pour se loger, se restaurer, boire une verre et faire du shopping. On y trouve aussi la liste des points d'intérêt et les spots de plein air de la ville et de la région, sans oublier les festivals qui ponctuent les saisons. Possibilité de télécharger ou de commander la brochure touristique.

JEFFERSON HOUSE BED & BREAKFAST €€

229 Jefferson Street
✆ +1 318 352 5834
www.jeffersonhousebedandbreakfast.com
Tarifs sur demande. Petit déjeuner inclus, stationnement gratuit sur place.

Magnifique bed & breakfast au bord du Cane River Lake, il propose trois suites à ses hôtes, toutes munies d'un accès direct à une terrasse commune avec foyer. D'ailleurs, la portion arrière de la maison, qui donne directement sur l'eau, est carrément superbe, avec son autre terrasse avec foyer et son quai d'accostage (encore avec foyer !) où l'on peut également se détendre. Un salon est aussi à disposition dans la maison, ainsi qu'une salle à manger pour le succulent petit déjeuner.

NATCHITOCHES BED & BREAKFAST €€

✆ +1 800 441 8343
www.natchitochesbandb.com
Tarifs variables selon le bed & breakfast choisi. Petit déjeuner inclus.

Cette association regroupe quatre superbes bed & breakfast à Natchitoches, soit Andrew Morris House, Judge Porter House, Queen Anne et Violet Hill. Tous situés dans le Natchitoches National Historic Landmark District (quartier historique), chacun loge dans une maison historique où le cachet est omniprésent. Les petits déjeuners, offerts en deux services, font la réputation de chaque établissement et regorgent des produits locaux et régionaux. Quatre adresses recommandées chaudement !

SAMUEL GUY HOUSE €€

309 Pine Street ✆ +1 318 354 1080
www.samuelguyhouse.com
Chambre double : à partir de 125 US$, petit déjeuner gourmand inclus. Stationnement gratuit sur place.

Avec ses beaux parquets lustrés, ses lits à baldaquin et ses grands rideaux, cette maison ne manque pas de charme. À l'origine sise dans une plantation de coton de Mansfield, il a fallu la déménager bout après bout avant de la rénover sur place. La chambre Lands End est la plus lumineuse ; elle donne sur les fontaines et le kiosque du jardin. Derrière se trouve le très bucolique cimetière américain vallonné. Tout ici invite au romantisme et au plaisir de vivre. On aurait presque du mal à quitter la chambre… Heureusement, le petit déjeuner a de quoi motiver !

SWEET CANE INN €€

926 Washington Street
✆ +1 318 352 5630
www.sweetcaneinn.com
Chambre double : à partir de 135 US$, petit déjeuner inclus. Un minimum de 2 nuits peut être exigé.

Avec plus d'un siècle d'âge et rénovée avec passion, la maison dégage un charme inégalé. Son porche où se balancent des rocking-chairs invite à la détente. Les chambres, joliment décorées, sont vastes et possèdent toutes une salle de bains privée. Côté petit déjeuner, on vous sert un assortiment de spécialités louisianaises et françaises. Définitivement une des bonnes adresses de Natchitoches ! La proprio tient également un restaurant sur Washington Street, le Maglieaux's Riverfront Restaurant (dessert gratuit au resto pour les hôtes du Sweet Cane Inn).

THE STEEL MAGNOLIA HOUSE €€€

320 Jefferson Street ✆ +1 318 238 2585
www.steelmagnoliahouse.net
Chambre double : à partir de 285 US$, petit déjeuner inclus.

Ce bed & breakfast est avant tout célèbre pour avoir accueilli le tournage de *Steel Magnolias*, un film des années 1980 qui a beaucoup fait parler de la région. Les chambres sont adorables et luxueuses et reflètent l'ambiance romantique de la maison. Un petit appartement, pouvant accueillir jusqu'à quatre personnes et entièrement équipé, est aussi en location. Les jardins, bien entretenus, s'arrondissent autour d'une agréable piscine. Plusieurs espaces communs également, tels qu'un parloir, un salon avec foyer et une belle terrasse.

CRAWFISH HOLE €

119 South Drive
✆ +1 318 352 2379
Ouvert tous les jours (horaires variables). Carte : moins de 20 US$.

Le « trou de l'écrevisse » met bien sûr la demoiselle orangée à l'honneur. Ici il n'est question que de queues d'écrevisses et de la dose de piment qu'on y ajoute. Certes, on a connu des endroits meilleur marché, mais il faut reconnaître que le produit est de première qualité. Et en Louisiane, un plateau d'écrevisses ne se refuse jamais ! À savoir que le restaurant propose aussi des crevettes sous toutes leurs formes, des huîtres frites, du gumbo, des po-boys et burgers, du poisson frit à la cajun et plusieurs autres délices typiques.

LASYONE'S MEAT PIE RESTAURANT €

622 2nd Street
✆ +1 318 352 3353
lasyones.com
Lundi-mercredi, 7h-14h ; jeudi-samedi, 7h-15h. Carte : moins de 20 US$.

Situé dans le quartier historique, ce restaurant sert de très fameuses tourtes à la viande frites (*meat pies*) ainsi qu'une variante aux écrevisses. On peut aussi essayer les burgers, les *enchiladas* de poulet créole, l'étouffée d'écrevisses, l'assiette combo de poisson-chat et crevettes géantes ou encore le po-boy au jambon fumé. Lasyone's est une institution pour les *meat pies*, et pour le petit déjeuner d'une manière générale. Tout le gotha de Natchitoches s'y retrouve dès 8h du matin.

MAGLIEAUX'S RIVERFRONT RESTAURANT €€

805 Washington Street
✆ +1 318 354 7767
www.maglieauxs.com
Ouvert tous les jours, midi et soir (fermé le mardi). Carte : moins de 40 US$. Terrasse.

Une belle petite adresse située sur les rives de Cane River Lake et qui sert une délicieuse cuisine italienne et créole. Les poissons et fruits de mer sont ici à l'honneur (étouffée d'écrevisses, crevette & *grits*, huîtres frites, etc.), mais aussi les pâtes (mention au capellini avec crevettes et sauce crémeuse au champagne), les grillades et les po-boys, burgers et sandwichs gourmands. Bonus : le restaurant possède une fort jolie terrasse sur le bord de l'eau.

MARINER'S RESTAURANT €€€

5948 Highway 1 Bypass ✆ +1 318 228 8056
www.marinersrestaurant.com
Lundi-samedi, dès 16h30. Brunch le dimanche de 10h à 15h. Carte : 5 à 160 US$. Terrasse.

Posé sur les rives du lac Sibley, magnifique vue en prime, cette table propose principalement des fruits de mer frais (on recommande les énormes plateaux de fruits de mer pour ceux qui en ont les moyens), de succulentes grillades (filet mignon, faux-filet de bœuf, steak tomahawk, etc.) et des pâtes faites maison. Le brunch du dimanche vaut également le détour, sans oublier la carte des alcools qui fait la belle part aux whiskies, cocktails et vins avec une sélection qui ravira les amateurs. Bonus : des spectacles musicaux y sont présentés certains soirs.

MAMA'S OYSTER HOUSE

608 Front Street
✆ +1 318 356 7874
www.mamasandpapasnatchitoches.com
Lundi-samedi, 11h-22h ; dimanche, 11h-15h. Terrasse.

Un lieu très animé où se mélangent les locaux et les touristes dans une ambiance de fête. On y présente d'ailleurs des concerts *live* tous les vendredis et samedis dans le Mama's Blues Room (de 20h à 22h) avec principalement de la musique blues, mais aussi du jazz, du zydeco ou encore du country. Pour les gourmands, sachez que l'endroit fait aussi office de bar à huîtres et fruits de mer toute la journée. Si vous préférez les grillades, rendez-vous à la porte à côté, chez Papa's Bar & Grill, qui sert de bons steaks bien grillés.

KAFFIE-FREDERICK GENERAL MERCANTILE

758 Front Street
✆ +1 318 352 2525
www.kaffiefrederick.com
Ouvert du lundi au samedi de 8h à 17h.

Anything, everything, anytime était le slogan de cette épicerie-quincaillerie ouverte en 1863. À l'époque, elle était approvisionnée par les bateaux à vapeur navigant sur Cane River Lake en face du magasin ; aujourd'hui, elle est toujours en fonctionnement et maintient cette ambiance du début du XXe siècle. Une ambiance de bazar que les visiteurs vont adorer et qui ne manque pas de charme. À savoir qu'en plus du magasin général du 1er étage se trouve une boutique de souvenirs au 2e.

LOUISIANA PURCHASE

550 Front Street
✆ +1 318 352 0117
www.frontstreetfudge.com
Ouvert du lundi au samedi dès 10h (11h le lundi).

Située dans le quartier historique, cette boutique est un must pour rapporter un peu de Louisiane chez soi. Que ce soit des sauces piquantes (dont l'incontournable Tabasco), des mélanges pour gumbo ou beignets, de la musique cajun, des livres, des articles déco à l'effigie de la fleur de lys et tutti quanti, on trouve assurément ici de quoi se faire plaisir. Mais il ne faut pas passer outre les deux grandes stars de la boutique, soit les pralines et les incroyables fudges (plus de 15 sortes différentes) qui attirent les foules.

ROBELINE

Petit village de moins de 200 âmes, il fut la capitale du Texas pendant près d'une cinquantaine d'années, soit de 1729 à 1772, alors qu'il s'appelait Los Adaes et abritait un fort construit par les Espagnols pour se protéger des Français installés à Natchitoches. A sa fermeture, les habitants sont partis vers San Antonio. Puis entre 1870 et 1917, un chemin de fer fut construit pour relier Robeline à Marthaville, mais son abandon dans les années 1960 amena le déclin du village. De nos jours, on y va surtout pour son site historique relatant l'époque de Los Adaes et de la Nouvelle-Espagne en Louisiane, le Los Adaes State Historic Site.

MANY

Le nom Many (signifiant « plusieurs » en français) ne vient pas de l'activité démente qui règne dans ce village, loin de là. Many est nommé d'après James B. Many, le commandant de Fort Jesup, un site historique qui constitue la seule attraction du lieu avec le parc d'Etat North Toledo Bend. Many constitue une porte d'entrée pour le fameux réservoir Toledo Bend, un gigantesque lac de barrage s'étirant le long du massif forestier Sabine National Forest, situé lui au Texas voisin. Le réservoir est réputé pour être l'un des meilleurs spots de pêche au bass (bar) du pays, poisson qui compte parmi les plus coriaces des poissons d'eau douce.

FORT JESUP STATE HISTORIC SITE

32 Geoghagan Road ✆ +1 318 256 4117
www.lastateparks.com
Site ouvert du mercredi au dimanche, de 9h à 17h (le musée est fermé mercredi et jeudi). Entrée : 4 US$ par personne.

Le fort a été construit en 1822 par le lieutenant-colonel Zachary Taylor, puis il a été abandonné en 1846. Aujourd'hui, seule la cuisine est d'origine, le reste des bâtiments ayant été reconstruits à l'aide d'historiens du Army Quartermasters General's Office et du National Trust for Historic Preservation. En 1961, le fort devient un lieu historique national et un petit musée y est installé. L'intérêt du lieu est relatif, mais le site est très agréable pour pique-niquer ou se promener.

NORTH TOLEDO BEND STATE PARK ★

2907 North Toledo Park Road - **ZWOLLE**
✆ +1 318 645 4715
www.lastateparks.com
Ouvert tous les jours de 6h à 22h. 3 US$ par personne (gratuit pour les 62 ans et plus et les moins de 4 ans).

Situé sur les rives du réservoir Toledo Bend, ce parc d'État sert de camp de base pour de nombreuses activités nautiques (location d'embarcations sur place), la baignade et la pêche. Sur la terre ferme, plus de 360 hectares de nature sont à disposition pour la randonnée, le vélo et l'observation de la faune, notamment les oiseaux. Une piscine est aussi ouverte en saison et il est possible de camper dans le parc ou d'y louer un chalet. Un bel endroit pour les amoureux de la nature !

CYPRESS BEND RESORT €€

2000 Cypress Bend Drive
✆ +1 318 590 1500
www.cypressbend.com
Chambre double : à partir de 119 US$. Promotions disponibles.

Membre en règle de la famille BW Premier Collection by Best Western, ce resort est un havre de villégiature situé en bordure du réservoir Toledo Bend. En plus de ses 95 chambres et suites tout confort, l'endroit héberge un restaurant, un bar et un café, sans oublier une salle de sport, une piscine intérieure avec bain à remous et sauna, un centre de santé spa, des sentiers de randonnée, de la location de bateaux et des croisières et, surtout, un superbe terrain de golf 18-trous dans un décor à couper le souffle. Une adresse au top pour les vacances !

LEESVILLE

Située à une trentaine de minutes à l'est de l'extrémité sud du réservoir Toledo Bend, cette ville est le siège de la paroisse de Vernon. Elle héberge notamment la caserne Fort Polk de la US Army, le musée d'histoire militaire de Fort Polk et le musée d'histoire locale dans l'ancienne gare du centre historique (Museum of West Louisiana). A noter qu'un des secteurs de la forêt nationale Kisatchie et la caverne Wolf Rock se trouvent non loin de Fort Polk South. Si vous êtes de passage dans la région le premier week-end de mai, ne ratez pas le MayFest qui présente deux jours de musique, de bouffe et d'art et d'artisanat, et ce tout à fait gratuitement.

SOUTH TOLEDO BEND STATE PARK ★

120 Bald Eagle Road - ANACOCO
✆ +1 337 286 9075
www.lastateparks.com
Ouvert tous les jours de 6h à 22h. 3 US$ par personne (gratuit pour les 62 ans et plus et les moins de 4 ans).

Petit frère du North Toledo Bend State Park, c'est une autre destination idéale pour des vacances en nature. Situé à l'extrémité sud du réservoir, il offre une vue imprenable sur ce dernier et ses îles depuis plusieurs endroits. Il est tout aussi populaire auprès des pêcheurs que des amateurs de nautisme, en plus d'offrir deux sentiers pour la randonnée et d'être un haut lieu pour l'observation de la pygargue à tête blanche. Sites de camping, glamping et chalets sont aussi en location.

FATBOY & SKINNY'S €

303 South 5th Street
✆ +1 337 404 3933
Ouvert du lundi au samedi (horaires variables). Carte : moins de 10 US$.

Installé dans une ancienne station-essence, Fatboy & Skinny's tient sa réputation à ses burgers faits de bœuf certifié Angus et offerts en version Fatboy (deux boulettes de viande) et Skinny (une boulette). Le petit resto prépare aussi des hot-dogs, des sandwichs (poulet grillé, dinde, bacon-laitue-tomates, *grilled cheese*, club, etc.) et des à-côtés comme les frites et la salade de chou, sans oublier les nombreuses saveurs de glaces. Quelques tables à pique-nique sont installées à l'extérieur pour savourer le tout sous le soleil.

TACK-A-PAW EXPEDITIONS

2340 Toro Road - ANACOCO
✆ +1 337 286 9337
tackapaw.com
Location de canot (maximum 2 adultes) : 40 US$ pour la journée, 15 US$ par journée supplémentaire.

Cette entreprise à taille humaine propose la location de canots non loin du South Toledo Bend State Park et de la frontière texane. Deux circuits sont proposés pour explorer les plans d'eau des environs : la rivière Sabine et ses plages de sable (trois différentes sections praticables de différents niveaux de difficulté et longueurs) et le bayou Toro (idem). Tout l'équipement est inclus et il possible d'avoir un service de navette payant pour rejoindre les différents secteurs de mise à l'eau. Un conseil : une expérience préalable de canotage est recommandée.

DERIDDER

DeRidder, royaume de la pastèque (festival annuel en juin) et temple de la poupée flippante ! On plaisante, mais le musée de la poupée, le Lois Loftin Doll Museum, est un des principaux intérêts de cette petite ville, avec l'ancienne prison qui, dit-on, serait hantée (visites guidées offertes). Au centre-ville, le quadrilatère formé par les rues Stewart, 2nd, Washington et Port est un secteur historique national désigné en 1983. DeRidder est aussi entouré de cours d'eau qui se prêtent assez bien au canotage. A une trentaine de minutes au sud-ouest de la ville, on trouve plusieurs compagnies de locations de canoë-kayak, du côté de Mittie notamment.

GOTHIC JAIL AFTER DARK

205 West 1st Street ✆ +1 337 463 5534
www.beauregardtourism.com
Visite guidée tarifée : en semaine (10h, 11h, 13h30, 15h), certains vendredis et samedis soir et spécial Halloween.

Cet édifice de style *Gothic Revival* datant de 1915 servit jusqu'en 1982 de prison. Il pouvait alors accueillir une cinquantaine de prisonniers répartis sur trois étages, tandis que le rez-de-chaussée était aménagé pour le gardien et sa famille. Cette prison était en son temps considérée comme un établissement progressiste en raison de la présence de toilettes et de douche dans chaque cellule, ainsi que d'ouvertures laissant passer air et lumière. Un certain nombre de prisonniers y ont été pendus, laissant un parfum funeste entre les murs de ce petit pénitencier.

CECIL'S CAJUN KITCHEN €

120 West 1st Street
✆ +1 337 460 2002
www.cecilscajunkitchenla.com
Lundi-jeudi, 11h-21h30 ; vendredi-samedi, 11h-22h30. Carte : moins de 30 US$. Terrasse couverte.

Une des adresses les plus populaires en ville, Cecil's offre un riche menu qui plaira à tous les goûts. Comme son nom l'indique, les plats cajuns ont ici la cote avec, par exemple, les crevettes et *grits*, l'étouffée d'écrevisses, le jambalaya, l'assiette de haricots rouges et saucisse (pour goûter à un peu de tout, on recommande les assiettes Cajun Sample et Cajun Combo). Sinon, salades-repas, pâtes, grillades, fruits de mer frits, burgers et sandwichs sont également à l'ardoise. L'ambiance est fort sympa et des concerts y sont présentés certains soirs.

SPORTSMAN'S PARADISE

Comme son nom l'indique, cette région accueille à bras ouverts les sportifs de plein air (chasse, pêche, randonnée, canoë, camping...), mais aussi les adeptes de jeux de hasard avec pas moins de six casinos établis dans le secteur de Shreveport—Bossier City. Certes, les villes de Shreveport et Monroe peuvent avoir moins de charme que certaines de leurs homologues situées dans le sud de l'Etat. Mais Shreveport, par exemple, n'en reste pas moins intéressante : un nouvel essor et une certaine dynamique culturelle, un patrimoine historique non négligeable et le nouvel eldorado des réalisateurs de cinéma. Cette région, fort prisée des Louisianais pour des week-ends en nature, est un peu éloignée de La Nouvelle-Orléans (au moins 5 heures de route) pour des touristes qui comptent leurs jours de vacances, mais parfaite pour une escale si vous comptez vous rendre à Dallas au Texas, en Arkansas ou à Jackson au Mississippi.

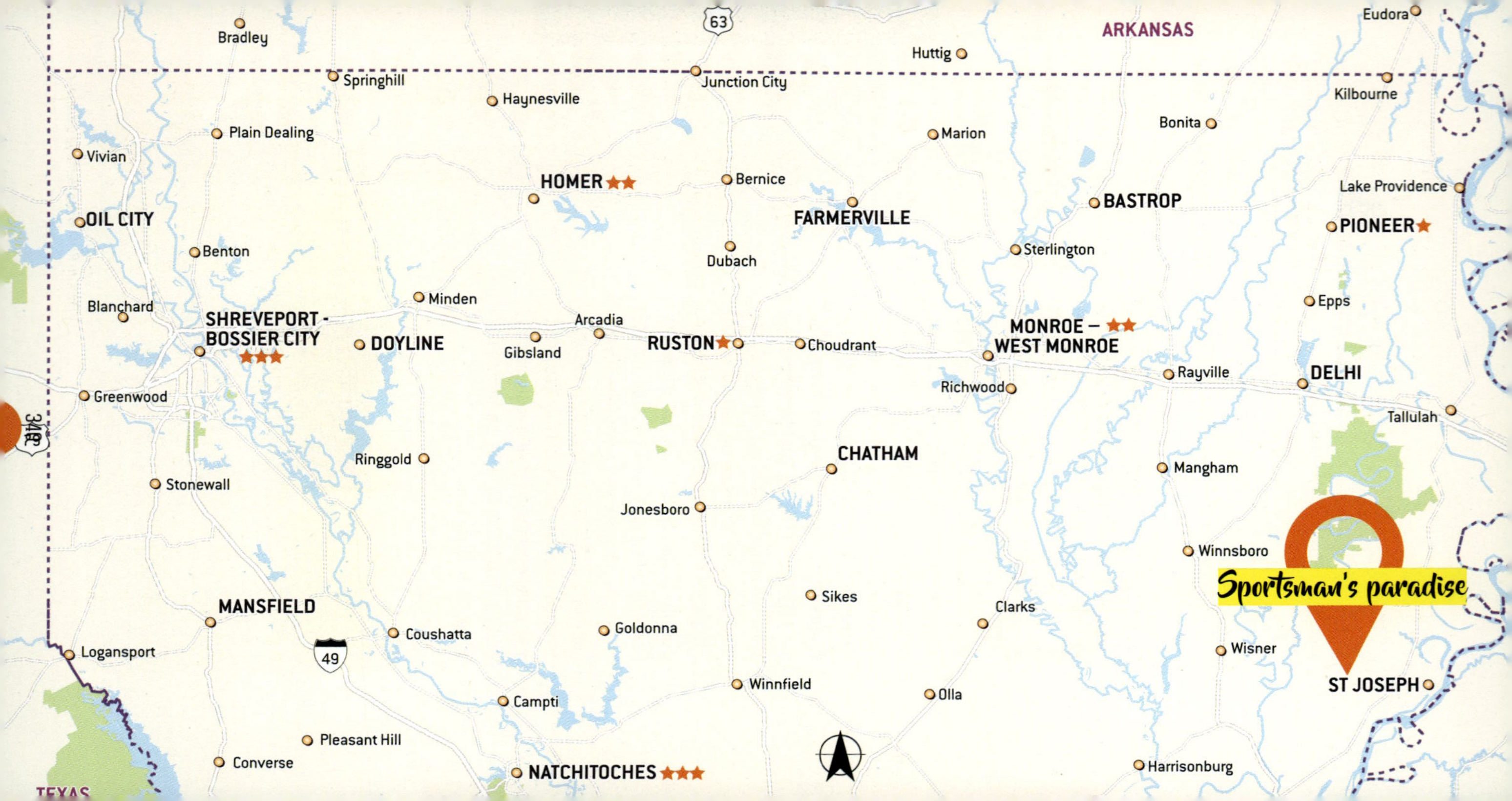
ARKANSAS
63
Eudora
Bradley
Huttig
Springhill
Junction City
Kilbourne
Haynesville
Bonita
Plain Dealing
Marion
Vivian
HOMER ★★
Bernice
Lake Providence
BASTROP
OIL CITY
FARMERVILLE
PIONEER ★
Benton
Sterlington
Dubach
Minden
Epps
Blanchard
Arcadia
MONROE – WEST MONROE ★★
SHREVEPORT - BOSSIER CITY ★★★
DOYLINE
Gibsland
RUSTON ★
Choudrant
Rayville
DELHI
Greenwood
Richwood
Tallulah
Ringgold
CHATHAM
Mangham
Stonewall
Jonesboro
Winnsboro
Sportsman's paradise
Sikes
MANSFIELD
Clarks
Coushatta
Goldonna
Logansport
49
Wisner
Winnfield
Olla
ST JOSEPH
Campti
Pleasant Hill
Converse
NATCHITOCHES ★★★
Harrisonburg
TEXAS

Poverty Point World Heritage à Pioneer.

MANSFIELD

Située à près de 60 km au sud de Shreveport, c'est une petite ville d'un peu moins de 4 500 habitants. Elle est connue pour la bataille de Mansfield-Pleasant Hill durant la guerre de Sécession en 1864, laquelle se solda par une victoire des Confédérés. Un site historique national est d'ailleurs dédié à la cause, le Mansfield State Historic Site. La ville héberge également le Mansfield Female College Museum (entrée libre), premier institut d'études supérieures pour les femmes à l'ouest du fleuve Mississippi et ouvert dans les années 1850 par l'Eglise méthodiste. Pendant la guerre de Sécession, l'endroit servit d'hôpital pour les soldats blessés.

MANSFIELD STATE HISTORIC SITE ★

15149 Highway 175 ✆ +1 318 872 1474

www.lastateparks.com

Mercredi-dimanche, 9h-17h. 4 US$ par personne (gratuit pour les 62 ans et plus et les moins de 4 ans).

Devenu un site historique national en 1973, cet ancien champ de bataille accueille un musée de la guerre de Sécession qui raconte principalement l'attaque de Mansfield-Pleasant Hill en 1864. Outre les expositions, le site présente également des reconstitutions de batailles, des programmes d'interprétation et des événements spéciaux (visite du champ de bataille à la chandelle, démonstration de tir de mousquet, etc.). Aussi sur place : un peu plus d'un kilomètre de sentiers pédestres.

BARBECUE HAVEN €

732 Louise Street

✆ +1 318 872 0329

Horaires variables. Carte : moins de 20 US$. Argent comptant seulement.

Cette petite adresse ne paie peut-être pas de mine, mais elle est hautement réputée pour sa cuisine barbecue. Préparez-vous d'ailleurs à faire la file à l'heure des repas tellement l'endroit est populaire. Ses sandwichs ont la cote, notamment ceux au brisket de bœuf, mais aussi ses plats combo comprenant de la saucisse fumée, de la saucisse *hot link* (saucisse de bœuf épicée, typique de la cuisine louisianaise et du sud des Etats-Unis), des côtes levées, du poulet et tutti quanti. Ce n'est pas un endroit où faire régime, mais le jeu en vaut la chandelle !

SHREVEPORT - BOSSIER CITY ★★★

Fondée dans les années 1830, Shreveport est la troisième ville de l'Etat par sa population. Avec Bossier City, sa ville jumelle de l'autre côté de la Red River, l'agglomération compte environ 400 000 habitants. Connue pour ses casinos, elle compte également une industrie cinématographique d'importance ainsi qu'une scène culturelle et artistique florissante, comme en témoigne le district en développement Shreveport Common. On profite donc dans cette agglomération de lieux *arty* qui éclosent un peu partout, d'une scène gourmande en plein essor et de magnifiques sites naturels dans les environs, notamment Caddo Lake pour faire du kayak parmi les cyprès.

AMERICAN ROSE CENTER ★★

8877 Jefferson Paige Road

✆ +1 318 938 5402

www.rose.org/visit-public-gardens

Avril à fin octobre : lundi-samedi, 9h-17h ; dimanche, 13h-17h. Le reste de l'année : en semaine seulement. Gratuit.

Avec plus de 45 hectares de jardins permettant la culture de plus de 20 000 rosiers, cette roseraie est la plus vaste du pays. Une vraie merveille lors de la floraison ! Le meilleur moment pour une visite est de mi-avril à fin mai et de mi-septembre à fin octobre. De fin novembre à fin décembre s'y tient Christmas in Roseland, un événement qui permet de récolter des fonds tout en transformant les jardins en féérie de Noël (entrée payante). Si l'accès aux jardins est gratuit, un don de 5 US$ est recommandé. Aussi sur place : boutique de cadeaux, jeux pour enfants.

ARTSPACE

708 Texas Street

✆ +1 318 673 6535

www.artspaceshreveport.com

Mardi-vendredi, 11h-17h ; samedi, 12h-18h. Entrée libre.

Plus qu'un musée ou une galerie d'art, Artspace met l'accent sur la création, la production, la présentation, la promotion et l'exploration de toutes les formes d'art possibles. S'adressant à un public aussi varié que les œuvres présentées, l'endroit propose autant des expositions que des lectures de poésie, des événements musicaux ou encore des ateliers d'art et d'artisanat, sans oublier l'événement annuel Critical MASS qui met en vedette les artistes de la région. Egalement sur place : une chouette boutique dédiée aux artistes du nord-ouest louisianais.

Shreveport.

GATORS & FRIENDS ★

11441 Highway 80 - **GREENWOOD**
✆ +1 318 938 1199
www.gatorsandfriends.com
Horaires variables. 11-59 ans : 15 US$, 3-10 ans : 11 US$. Voir site web pour les tarifs des autres activités.

Une ferme aux alligators unique ! Comme ailleurs, on peut voir ces monstres se nourrir – ce n'est certes pas très rassurant mais très sécurisé –, mais ici on peut en plus faire de la tyrolienne au-dessus du bassin où se languissent les alligators faisant claquer leurs mâchoires ! Une véritable expérience que vous ne trouverez nulle part ailleurs (à noter que le circuit compte sept tyroliennes au total). D'autres animaux amusants sont également regroupés dans le *Petting Zoo*, dont des lamas et des kangourous. Une belle activité à faire en famille ou entre amis.

LOUISIANA STATE EXHIBIT MUSEUM ★★

3015 Greenwood Road
✆ +1 318 632 2020
laexhibitmuseum.org
Lundi-vendredi, 9h-16h. Entrée libre.

Complété à la fin des années 1930, le bâtiment de forme circulaire hébergeant le musée vaut à lui seul le déplacement. Ses collections comprennent une foule d'artefacts en lien avec l'histoire locale, régionale et nationale, sans oublier les œuvres d'artistes locaux (notamment Clementine Hunter), des artefacts des tribus indiennes, des expositions d'histoire naturelle et de sciences et technologies, plus d'une vingtaine de dioramas et une fresque de l'artiste Conrad Albrizio.

MEADOWS MUSEUM OF ART

2911 Centenary Boulevard
✆ +1 318 869 5169
www.themeadowsmuseum.com
Ouvert pendant l'année scolaire : lundi-vendredi, 10h-18h (11h-19h mardi et jeudi) ; samedi, 10h-17h. Entrée libre.

Situé à même le campus du Centenary College of Louisiana, ce petit musée de quelques salles se voue à l'art moderne et contemporain avec des expositions renouvelées chaque semestre. Sa collection permanente, qui reflète les cultures et traditions des quatre coins du monde, compte quelque 1 600 œuvres dont la Miller Collection of Haitian Art, la Miller Collection of Inuit Art et des œuvres de l'impressionniste américaine Mary Cassat, du sculpteur expressionniste louisianais Clyde Connell ou encore du peintre français Jean Despujols.

R. W. NORTON ART GALLERY ★★

4747 Creswell Avenue
✆ +1 318 865 4201
www.rwnaf.org
Voir site web pour les horaires du musée et des jardins. Entrée libre.

Une très belle collection privée, réunie par la famille Norton, devenue riche après leur découverte d'un gisement de pétrole dans le nord de la Louisiane et surtout après avoir déposé le brevet sur le forage. La galerie fut ouverte en 1966. On y présente un couloir de la propagande de guerre ainsi que des magnifiques sculptures de Rodin, dont un *Penseur*. Quelques esquisses de Matisse sont également à voir ou des œuvres de Man Ray. À l'entrée à gauche, se trouve un tableau mettant en scène le capitaine Shreve désobstruant la rivière et donnant naissance à Shreveport. La part belle est faite à la peinture et sculpture américaine du XIXe siècle, avec en chefs de files Frederic Remington et Charles Marion Russell, emblématiques de cette période. Ils peignaient le Grand Ouest en s'inspirant de leurs voyages et des histoires qu'on leur rapportait. Ils nous permettent ainsi de découvrir la vie quotidienne des aventuriers, des cowboys et des Indiens qui vivaient dans cet Ouest américain si mythique. L'œuvre du Louisianais Felix Kelly est intéressante pour le message qu'elle dégage sur le sentiment colonial.

Il ne faut pas non plus rater les superbes terrains aménagés et jardins botaniques qui bordent le musée et qui couvrent 16 hectares, lesquels sont aussi la propriété des Norton. On y retrouve notamment plusieurs milliers d'azalées indigènes et introduites qui font sa réputation. Frais, ombragés, on y trouve fontaines et cours d'eau ainsi que de beaux pins et chênes matures plutôt bienvenus quand le soleil tape.

SHREVEPORT MUNICIPAL AUDITORIUM

705 Elvis Presley Avenue ✆ +1 318 518 5027
shreveportmunicipalauditorium.com
Visitée guidée d'une heure : 20 US$. Visite privée aussi offerte sur réservation (8 personnes minimum).

Les fans savent sûrement ce que représente ce bâtiment Art déco. Les autres apprendront rapidement que Shreveport est aussi connue, du moins aux États-Unis, pour avoir accueilli la première performance du King - qui a d'ailleurs donné son nom à l'avenue et dont la statue trône à l'entrée de l'auditorium - le 16 octobre 1954 durant le *Louisiana Hayride Show*, une émission de musique très populaire. L'endroit accueille encore de nos jours des spectacles musicaux sur ses planches.

SUMAS ★

610 Texas Street
✆ +1 318 670 9631
sumashreveport.org
Mardi-jeudi, 10h-17h ; vendredi, 10h-12h. Entrée libre.

Situé sur le campus de la Southern University at Shreveport, ce musée se voue entièrement à l'art et à la culture africains et afro-américains. Sa collection permanente d'art africain comprend des œuvres et artefacts provenant de nombreux pays comme, par exemple, le Bénin, le Cameroun, le Congo, le Mali ou encore le Nigeria. Du côté de l'art afro-américain, il provient de la riche collection de la Southern University Museum of Art à Baton Rouge. Le musée propose aussi des expositions spéciales mettant en vedette des artistes locaux, régionaux et nationaux.

SHREVEPORT-BOSSIER CONVENTION & TOURIST BUREAU

629 Spring Street
✆ +1 318 222 9391
www.shreveport-bossier.org
Lundi-vendredi, 8h-17h.

Le portail officiel de l'office de tourisme regorge d'informations utiles et de bons plans pour organiser son séjour à Shreveport-Bossier City et les environs. On peut d'ailleurs y commander la brochure touristique ou alors la télécharger en ligne. L'office de tourisme tient aussi un bureau d'information au centre-ville, où trouver tant de l'information locale que d'ailleurs en Louisiane, ainsi qu'un autre à l'aéroport régional (ouvert du mardi au vendredi de 10h à 15h).

SPORTRAN

✆ +1 318 221 7433
www.sportran.org
Gratuit.

SporTran est le système de transport en commun de l'agglomération de Shreveport-Bossier City. Il compte près d'une trentaine de lignes de bus et se rend entre autres à l'aéroport régional. À savoir que les bus sont désormais gratuits pour les années 2022 et 2023, grâce à une subvention accordée par le gouvernement fédéral afin de promouvoir l'accès aux transports en commun et de les rendre accessibles à tous. Pour suivre les bus en temps réel et obtenir les horaires des prochains passages, il suffit de consulter le site sportranbus.com.

2439 FAIRFIELD BED AND BREAKFAST €€

2439 Fairfield Avenue
✆ +1 318 424 2424
www.shreveportbedandbreakfast.com
Chambre double : à partir de 145 US$, petit déjeuner inclus.

Proposant quatre suites, dont certaines munies d'un bain à remous ou encore d'un foyer, ce B&B est situé dans le quartier historique de Shreveport, au milieu d'autres belles demeures. Pour éviter les hôtels, c'est assurément ici qu'il faut venir. Construite en 1905, la maison victorienne est entourée d'un jardin à l'anglaise ponctué de roses, avec en son centre un petit kiosque et une fontaine cachée sous les chênes. Un endroit romantique à souhait, loin des édifices du centre-ville.

COURTYARD SHREVEPORT-BOSSIER CITY €€

100 Boardwalk Boulevard
✆ +1 318 742 8300
www.marriott.com
Chambre double : à partir de 149 US$. Promotions disponibles. Stationnement gratuit sur place.

Installés sur Louisiana Boardwalk, on est en plein cœur de ce quartier de shopping basé sur les rives de la Red River, ainsi qu'à quelques secondes des bars et restaurants. Il est également très rapide d'accéder au centre-ville de Shreveport, qui se trouve de l'autre côté du pont. Les chambres sont récentes, propres et claires. Le service est typique d'un Marriott classique, attentionné et sympathique. Parmi les services sur place : restaurant, gym, piscine extérieure, spa, laverie.

© LORI MARTIN / SHUTTERSTOCK.COM

Maison de Shreveport.

THE REMINGTON SUITE HOTEL & SPA €€€

220 Travis Street ✆ +1 318 425 5000
remingtonsuite.com
Chambre double : à partir de 130 US$, petit déjeuner inclus. Stationnement payant, centre de santé spa, lounge bar.

Pour séjourner dans les meilleures chambres de Shreveport, rendez-vous au Remington ! Avec ses 22 suites et lofts tous différents, dont certains s'étalant sur deux étages, l'hôtel joue la carte de la décoration et du grand confort. De la suite standard à la VIP, en passant par la Grand Suite et le Loft, toutes les chambres sont munies d'une kitchenette - voire une cuisine complète -, d'un mobilier unique à chaque pièce et certaines ont même un bain à remous pour la détente. Le top !

THE MISSING LINK €

504 Texas Street
✆ +1 318 751 5820
Horaires variables. Carte : moins de 15 US$.

D'abord connu comme *food truck*, The Missing Link s'est installé dans un local du centre-ville en 2018. Sa grande spécialité est le hot-dog gourmet qui se décline en une dizaine de variétés, dont le fameux Cajun avec saucisse d'alligator et porc. En accompagnement, une panoplie de frites, comme celles au bacon et au cheddar, et des rondelles d'oignons. Le resto propose aussi des salades, burgers (véganes ou non) et sandwichs, que l'on accompagne volontiers d'une bière artisanale. Mention à la belle déco de style industriel steampunk.

BEAUJAX CRAFTHOUSE €

501 Barksdale Boulevard
✆ +1 318 584 7169
www.beauxjax.com
Ouvert tous les jours dès 11h. Carte : moins de 20 US$. Terrasse.

Situé à deux pas de tout dans le secteur de Eastbank Market à Bossier City, cette adresse gourmande est bien connue des locaux et des visiteurs de passage. On y sert une cuisine sans prétention aux accents cajuns comme l'entrée de boudins et craquelins, les sandwichs po-boy (une dizaine d'options différentes), le gumbo, le jambalaya, l'assiette de haricots rouges ou encore celle d'écrevisses. À cela s'ajoutent une belle sélection de bières artisanales et de cocktails maison ainsi que des spectacles acoustiques tous les vendredis soirs de 20h à 22h.

BLIND TIGER €

120 Texas Street
✆ +1 318 226 8747
Ouvert du lundi au samedi dès 11h. Carte : moins de 25 US$.

Un restaurant-bar plutôt sympa, situé en plein centre-ville de Shreveport à l'entrée du district de Red River. On y va principalement pour deux raisons : les spécialités cajuns bien servies – et qui nous rappellent que Shreveport oscille entre pays cajun et frontière texane – et pour les *appetigers* savoureux que l'on grignote en s'imprégnant de l'ambiance pub et populaire du Blind Tiger. Mention également aux plats de fruits de mer frits et à la sélection de spiritueux de Louisiane. Bref, des portions généreuses et un bon rapport qualité-prix !

CRAWDADDY'S KITCHEN €

9370 Mansfield Road
✆ +1 318 688 7532
www.crawdaddyskitchen.com
Ouvert tous les jours dès 11h. Carte : moins de 30 US$. Terrasse.

L'écrevisse est encore une fois à l'honneur ici, en tarte, en gumbo, en étouffée, bouillie, frite, accompagnée de frites ou de maïs. Mais il y a aussi d'autres options, comme le gumbo de poulet et d'andouille, l'alligator frit, les crevettes farcies, la demi-douzaine d'huîtres frites, les po-boys, le jambalaya, les tacos de fruits de mer, l'assiette de haricots rouges et riz, le combo poulet frit et gaufre et tutti quanti. Parmi les desserts, nous recommandons le pouding au pain de La Nouvelle-Orléans ou encore les fameux beignets frits.

HERBY K'S €

1833 Pierre Avenue
✆ +1 318 424 2724
herbyks.net
Ouvert du lundi au samedi dès 11h. Carte : moins de 25 US$. Coin boutique.

Ouvert dans les années 1930, Herby K's s'appelait alors Flying Crow et nourrissait les centaines d'ouvriers qui travaillaient sur les chemins de fer des environs. Aujourd'hui, l'endroit est resté populaire et familial, et il figure à l'itinéraire de nombreux visiteurs de passage. On y mange de roboratifs po-boys, des burgers plutôt réussis et toutes sortes de plats de poissons et fruits de mer dont les huîtres frites et les cuisses de grenouilles. Bien sûr, ne manquez pas de goûter le gumbo, accompagné de quelques *onion rings* (rondelles d'oignons) !

KIM'S SEAFOOD & PO-BOY €

901 Benton Road
✆ +1 318 752 2425
kimsseafoodpoboy2.com
Dimanche-jeudi, 11h-21h ; vendredi-samedi, 11h-22h. Carte : moins de 25 US$. Autre succursale à Shreveport.

Royaume du poisson et des fruits de mer, Kim's déroule son menu à l'infini avec les crevettes, huîtres, alligator et poisson-chat frits, les écrevisses popcorn, les assiettes de la mer, le gumbo aux fruits de mer, le poisson grillé, le crabe, etc. À essayer absolument : les écrevisses bouillies et pimentées (*boiled crawfish*) qui sont la marque de fabrique du lieu et que l'on accompagne de maïs, de patates et/ou de saucisses. Le menu comprend également des sandwichs po-boy, du riz frit, des soupes vietnamiennes et plusieurs autres délices à prix doux.

MARILYNN'S PLACE €

4041 Fern Avenue
✆ +1 318 868 3004
marilynns-place.com
Lundi-jeudi, 9h-21h ; vendredi-samedi, 9h-22h ; dimanche, 10h-14h (brunch). Carte : moins de 20 US$. Coin terrasse.

Si en semaine on y va surtout pour les po-boys, qui sont délicieux et réputés, c'est pour le brunch du dimanche matin que vous apprécierez au mieux l'ambiance de cet endroit unique. Bozz, le boss aux allures de parrain rangé, propose un menu typique de la cuisine louisianaise, qu'on couronne absolument du trio de beignets maison. Le tout avec l'option cocktails à volonté et vous pourrez vous fondre dans la masse (la foule, parfois…) de cette ancienne station essence reconvertie qui attire le tout-Shreveport, aisés comme fauchés. Un must !

STRAWN'S EAT SHOP €

125 East Kings Highway
✆ +1 318 868 0634
www.strawnspie.com
Ouvert tous les jours dès 6h. Carte : moins de 15 US$.

Strawn's est sans conteste un des plans locaux les plus authentiques. Les habitants de Shreveport s'y précipitent pour manger des burgers, du poulet frit et des tartes aux fraises depuis 1944, ce qui en fait un des restaurants les plus anciens de la ville encore en opération. Strawn's a souvent été consacré justement pour ses tartes aux fraises, mais aussi pour ses copieux petits déjeuners servis toute la journée et ses spéciaux du midi à petits prix. En plus de la cuisine, la déco du resto vaut aussi le détour. À découvrir absolument !

FAT CALF BRASSERIE €€

3030 Creswell Avenue ✆ +1 318 351 2253
www.fatcalfbrasserie.com
Mardi-samedi, dès 16h. Carte : moins de 40 US$. Table du chef : 175 US$ avec l'accord des vins (6 pers. min.). Terrasse.

Situé dans le quartier Highland, à l'écart du centre-ville, Fat Calf est un joli restaurant de quartier offrant une cuisine du Sud américain empreinte d'une touche française. Le chef, Anthony Felan, et sa brigade concoctent un menu évoluant au fil des saisons et des récoltes, l'apport de produits locaux et régionaux étant au cœur de la philosophie de cette adresse gourmande. Mocktails, cocktails et bières artisanales figurent à l'ardoise, ainsi qu'une belle sélection de vins incluant des crus d'Europe, d'Afrique du Sud, des États-Unis ou encore d'Argentine.

FLYING HEART BREWING & PUB

700 Barksdale Boulevard ✆ +1 318 584 7039
flyingheartbrewing.com
Ouvert tous les jours dès 11h. Beer garden, spectacles. Autres succursales à West Monroe et à Natchitoches.

Logée dans l'ancienne caserne de pompiers no. 6 du secteur Old Downtown de Bossier City, cette brasserie artisanale est un véritable petit bijou. Outre ses nectars maison, composés de six bières régulières et d'étoiles filantes saisonnières, Flying Heart tient aussi sa réputation à ses succulentes pizzas de style new-yorkais avec une quinzaine d'options différentes et une édition spéciale chaque mois. Mention également au bretzel géant accompagné d'une sauce au cheddar et à la bière.

GREAT RAFT BREWERY

1251 Dalzell Street
✆ +1 318 734 9881
www.greatraftbrewing.com
Ouvert du mercredi au samedi (horaires variables). Soirées quiz, spectacles, etc.

« Raisonnablement corrompue », « Commotion », « L'Oncle gênant »… Ce sont les petits noms que l'équipe donne à quelques-uns des nectars maison. Créée il y a environ une décennie, cette brasserie a le vent en poupe et outre sa gamme régulière, elle brasse également différentes séries allant des saisonnières à la gamme houblonnée, en passant par les bières belges et celles vieillies en barrique. Le salon de dégustation permet de savourer le tout sur place ou d'acheter ses crus pour emporter, et des visites guidées de la brasserie sont aussi offertes le samedi.

RHINO COFFEE

624 Texas Street
rhinocoffee.com
Ouvert tous les jours dès 7h.

Pour une pause café au centre-ville, Rhino est une adresse à retenir. Situé dans le bâtiment qui abritait autrefois le grand magasin Sears, ce torréfacteur propose non seulement de délicieux cafés mais aussi des thés et breuvages de toutes sortes, sans oublier des petits plats pour se sustenter (petits déjeuners servis toute la journée, salades, sandwichs, plats à partager, muffins, scones, biscuits, etc.). À savoir que Rhino Coffee tient aussi une autre succursale dans le quartier South Highland et une troisième devrait ouvrir dans le courant de l'année 2022.

LOUISIANA DOWNS CASINO & RACETRACK

8000 East Texas Street ✆ +1 318 742 5555
ladowns.com
Casino ouvert 24h/24, tous les jours. Pour les courses de chevaux, consulter le calendrier en ligne.

Anciennement connu sous le nom Harrah's Louisiana Downs et racheté par Rubico Acquisition Corp., l'endroit fait à la fois office de casino et d'hippodrome. Côté casino, on retrouve plus de 800 machines à sous (surveillez les promotions). Côté course, certaines se déroulent sur place et des courses des quatre coins du globe sont aussi présentées en télédiffusion. Quelques restaurants et bars se trouvent également sur place pour les petits creux et les grandes soifs.

LOUISIANA BOARDWALK OUTLETS

504 Boardwalk boulevard
✆ +1 318 752 1455
www.louisianaboardwalk.com
Lundi-jeudi, 11h-20h ; vendredi-samedi, 11h-21h ; dimanche, 11h-19h.

Ce centre commercial en plein air regroupe une trentaine de magasins de détails (dont plusieurs de type magasins d'entrepôt ou *outlets*), des bars et restaurants, des hôtels, deux casinos, un cinéma incluant des films IMAX et des attractions pour les plus jeunes, le tout en bordure de la Red River, ce qui lui confère une localisation hyper centrale. Un bureau de détaxe du programme Louisiana Tax Free Shopping est également présent dans ce grand complexe extérieur.

SHREVEPORT SYMPHONY ORCHESTRA

✆ +1 318 227 8863
shreveportsymphony.com
Billetterie ouverte en semaine de 9h à 17h. Les jours de spectacles : 15h à 19h30. Billets à partir de 20 US$.

Fondé en 1948, il est le plus ancien orchestre professionnel toujours en activité en Louisiane et l'un des plus respectés au pays. Sous la direction musicale du chef Michael Butterman depuis 2005, lequel n'en est pas à son galop d'essai comme en témoigne son impressionnant parcours professionnel, le SSO présente des séries de concerts dans divers lieux comme le RiverView Theatre ou encore la First Baptist Shreveport. À surveiller également : ses concerts de musique de chambre.

HORSESHOE BOSSIER CITY HOTEL & CASINO

711 Horseshoe Boulevard
✆ +1 800 895 0711
caesars.com/horseshoe-bossier-city
Casino ouvert 24h/24. Stationnement gratuit.

Membre en règle de la chaîne Casears, ce casino est un havre de divertissement. On y retrouve près de 70 tables de jeux, plus de 1 500 machines à sous, plus de 130 machines de vidéo poker ainsi qu'une salle entièrement dédiée au poker. Le complexe du Horseshoe regroupe également un hôtel de plus de 600 chambres et suites, quatre restaurants (dont un *steakhouse* et un *burger bar*), des salles de spectacles, un bar lounge et une piscine extérieure avec bar. Tout sous un même toit !

THE STRAND THEATRE

619 Louisiana Avenue
✆ +1 318 226 8555
www.thestrandtheatre.com
Billetterie ouverte en semaine de 9h à 17h, ainsi que de midi à l'heure du spectacle le week-end.

Le superbe bâtiment construit en 1925 fait partie des monuments historiques importants de l'État à qui il a été donné pour sa rénovation, suite à sa fermeture dans les années 1970. En décembre 1984, il rouvre à nouveau, ses lustres et vitraux ayant été restaurés, et c'est le Shreveport Symphonic Orchestra qui l'inaugure. Il accueille de nos jours des revues musicales de type Broadway, des concerts, des spectacles de danse, des shows d'humour, etc. La salle est tout à fait majestueuse et accueille un peu plus de 1 500 spectateurs.

DOYLINE

Situé dans le sud-ouest de la paroisse de Webster, le village de Doyline compte moins de 1 000 habitants et est plutôt une petite bourgade tranquille. Au sud de la localité se trouve le lac Bistineau et son parc d'Etat éponyme très prisé des pêcheurs, des adeptes du nautisme et des campeurs. Sinon, le village ne compte pas vraiment de commerces et n'attire pas les touristes et vacanciers autres que ceux venus profiter de son parc naturel. A savoir toutefois que la série télévisée *True Blood* de HBO, basée sur les nouvelles *The Southern Vampire Mysteries* de la romancière Charlaine Harris, a été filmée entre autres à Doyline (trois épisodes).

LAKE BISTINEAU STATE PARK ★

103 State Park Road
✆ +1 318 745 3503
www.lastateparks.com
Ouvert tous les jours de 8h à 22h. 3 US$ par personne (gratuit pour les 62 ans et plus et les moins de 4 ans).

Situé sur la rive ouest du lac éponyme, dans un décor naturel rempli de cyprès et de gommiers noirs, ce parc d'État est réputé pour la pêche au bar, à la marigane noire et au poisson-chat. On y pratique aussi la randonnée pédestre (cinq sentiers), le vélo, le *disc golf* et les activités nautiques (location d'embarcations sur place). On peut également y camper (emplacements pour tentes et véhicules récréatifs) ou alors louer un chalet pour un peu plus de confort.

HOMER

Nommée d'après le poète grec, cette petite ville de 2 600 habitants est surtout connue pour le Lake Claiborne State Park situé à un jet de pierre. Mais la ville en elle-même abrite aussi quelques points d'intérêt qui méritent le détour, notamment son musée Herbert S. Ford qui permet de plonger au cœur de l'histoire, du patrimoine, de la culture et des arts de ce coin de pays qu'est la région du Hill Country. Juste en face se trouve le palais de justice, le Claiborne Parish Courthouse, avec son architecture de style Greek Revival. C'est l'un des quatre palais de justice de Louisiane datant d'avant la guerre de Sécession et qui soient toujours en fonction.

LAKE CLAIBORNE STATE PARK

225 State Park Road ✆ +1 318 927 2976
www.lastateparks.com
Ouvert tous les jours de 6h à 22h. 3 US$ par personne (gratuit pour les 62 ans et plus et les moins de 4 ans).

À quelques miles de Homer se trouve le lac Claiborne, un réservoir d'une superficie d'environ 26 km^2, et c'est à son extrémité sud-est qu'est situé le parc d'État. Le secteur attire de nombreux pêcheurs venus ferrer les différentes espèces peuplant ses eaux. Les adeptes de farniente et de baignade ont aussi leur spot, une belle plage qui compte parmi les grandes stars du parc. Autres activités et services : camping, glamping, chalets, location d'embarcations, sentiers pédestres, etc.

FARMERVILLE

On y vient avant tout pour le lac D'Arbonne, haut lieu de la pêche, du nautisme et de la villégiature et qui borde l'ouest et le sud de cette petite ville de moins de 4 000 habitants. Outre le parc d'Etat, Farmerville abrite aussi le Union Museum of History & Art se vouant à l'histoire et à l'art de la paroisse d'Union avec, entre autres, des artefacts des tribus indiennes qui fréquentaient la région ou encore des œuvres d'artistes du nord de la Louisiane. Pendant la saison du Mardi Gras, il ne faut pas rater le défilé du Krewe of D'Arbonne, et en juillet, le fameux festival de la pastèque propose trois jours d'activités de toutes sortes.

LAKE D'ARBONNE STATE PARK

3628 Evergreen Road
✆ +1 318 368 2086
www.lastateparks.com
Ouvert tous les jours de 6h à 22h. 3 US$ par personne (gratuit pour les 62 ans et plus et les moins de 4 ans).

Bien que Farmerville se situe sur les rives du lac D'Arbonne, le parc d'État se trouve plus à l'ouest et on y accède par la route 2. D'une superficie de 265 hectares, c'est un autre site naturel louangé par les pêcheurs et un lieu réputé pour l'observation des oiseaux. On peut arpenter la forêt de pins en bottines ou à vélo, faire quelques longueurs dans la piscine extérieure, louer un canot pour explorer le lac ou encore y passer la nuit en camping ou en chalet.

HOLLY HARBOR €€

935 Scotts Hideway Road
✆ +1 318 372 3006
fr.airbnb.ca/rooms/16613090
Tarifs variables selon la saison et le nombre de personnes. Réservation sur Airbnb ou Lakehouse Vacations.

Non loin du parc d'État se trouve un petit havre douillet pour profiter pleinement du secteur du lac D'Arbonne. Le chalet de Stephanie Hermann est une perle posée sur les rives du lac et offre quatre chambres, trois salles de bains, un salon avec foyer et immense fenestration, une cuisine équipée et tout ce dont on a besoin pour se sentir comme à la maison. On a également accès à une grande terrasse avec barbecue, des embarcations nautiques pour une excursion peinarde sur le lac, des hamacs pour se la couler douce et même de l'équipement de camping.

BEAU VINES STEAKHOUSE €€€

2647 South Service Road West
✆ +1 318 255 1008
www.beauvines.com
Ouvert du lundi au samedi dès 17h. Brunch le dimanche de 10h à 14h. Carte : 10 à 60 US$. Terrasse.

Réputé parmi les meilleurs *steakhouses* de l'État, Beau Vines - vous saisissez le jeu de mots ? - prépare avec amour et talent de succulentes et juteuses grillades à faire saliver les carnivores de ce monde. Le menu affiche aussi quelques mises en bouche et plats typiques des cuisines cajun et créole comme l'alligator noirci à la cajun, l'étouffée d'écrevisses et le jambalaya. Mais c'est avant tout pour les viandes qu'il faut venir, et la carte des vins promet quelques belles découvertes pour un accord parfait. Aussi sur place : le bar The Revelry.

RUSTON ★

Située à mi-chemin entre Shreveport et la frontière de l'Etat du Mississippi, la ville de Ruston est une étape agréable. On la surnomme la capitale de la pêche (le fruit) en Louisiane et un festival est même dédié à la cause annuellement en juin. Son centre-ville historique, qui se concentre dans les environs des rues Vienna et Trenton, vaut la visite et regroupe les bonnes adresses de la ville pour un café, un repas, une bière ou un spectacle. Ruston héberge aussi le Lincoln Parish Museum, le North Louisiana Military Museum ainsi que la Louisiana Tech University, sans oublier le marché fermier du samedi pour goûter aux saveurs locales.

RAILWAY COFFEE

130 West Park Avenue
✆ +1 318 437 2759
www.railwaycoffee.com
Ouvert tous les jours (horaires variables).

Ce café indépendant de style troisième vague sert des cafés issus de torréfaction locale ou régionale. C'est une jolie petite adresse branchée au look industriel où savourer ce nectar sous toutes ses déclinaisons, chaud ou froid, allongé ou frappé. On peut le personnaliser avec du lait d'amande ou d'avoine ou encore y ajouter un peu de sirop maison. La carte propose aussi des thés, chocolats chauds, limonades et tutti quanti, sans oublier quelques plats et gourmandises sur le pouce. Railway Coffee tient une autre succursale sur Pelican Boulevard.

HEARD FREIGHTHOUSE FOOD TRUCK PARK €

93 East Railroad Avenue
heardfreighthousefoodpark.com
Horaires variables. Carte : moins de 20 US$.

C'est en plein cœur du centre-ville qu'est établi ce petit espace en plein air accueillant des camions de bouffe de rue. Au moment de la rédaction, trois *food trucks* y avaient pignon sur rue : Grown and Grazed avec ses petits déjeuners et burgers débordant de produits locaux, Staple Sandwich Co. avec sa panoplie de sandwichs dont le fameux muffuletta, et Bad Wolf BBQ et ses succulentes assiettes de viandes cuites au barbecue. Une halte gourmande à ne pas manquer !

UTILITY BREWING CO.

206 North Vienna Street
✆ +1 318 514 8811
www.utilitybrewing.com
Ouvert du mardi au samedi dès 11h.

Située à côté du Dixie Center for the Arts, Utility est la première et seule brasserie artisanale de Ruston. Tous les genres de bières s'y côtoient, de la witbier belge à la North Central Louisiana IPA (chaque région du pays aura décidemment son style d'IPA...), en passant par la bière sure aux mûres et le stout à l'avoine. La brasserie ne fait pas que dans la bière, elle qui cuisine de délicieuses pizzas au four à bois. Cerise sur le gâteau, un joli *beer garden* occupe la cour arrière et des concerts gratuits sont souvent présentés à la brasserie.

MITCHAM FARMS PEACH STORE

1926 Mitcham Orchard Road
✆ +1 318 255 3409
www.mitchamfarms.com
Ouvert de mai à septembre (horaires variables).

Tant qu'à être de passage dans la capitale louisianaise de la pêche, aussi bien faire un saut du côté du plus grand verger de l'État. Fondé en 1946, il abrite quelque 12 000 pêchers et chaque fruit est récolté à la main par la fine équipe de Mitcham Farms. On peut non seulement se procurer ce savoureux fruit sur place en saison (différents formats en vente), mais il ne faut pas non plus rater la glace maison aux pêches qui fait courir les foules.

MONROE - WEST MONROE ★★

A proximité de la pittoresque rivière Ouachita, les villes jumelles de Monroe et West Monroe méritent une petite visite. Bien qu'elles aient moins d'influences cajun, créole et française que leurs consœurs louisianaises, elles hébergent des points d'intérêt fort intéressants comme le musée dédié à l'histoire militaire et à l'aviation ou encore le fameux musée d'art Masur. Du côté de West Monroe, il ne faut pas rater l'Antique Alley réputée pour ses boutiques d'antiquités alors que du côté de Monroe, on se donne rendez-vous dans l'une des adresses gourmandes du secteur. Quant aux environs, ils abritent plusieurs refuges et réserves fauniques.

BLACK BAYOU LAKE NATIONAL WILDLIFE REFUGE ★

480 Richland Place
✆ +1 318 387 1114
www.fws.gov/refuge/black-bayou-lake
Ouvert du lever au coucher de soleil ; horaires variables pour le centre des visiteurs. Entrée libre.

Ce refuge fait le bonheur des pêcheurs, chasseurs et amoureux de la nature et du plein air. On peut d'ailleurs y louer des embarcations nautiques afin d'explorer ce magnifique bayou ou alors prendre une carte au centre des visiteurs et partir en randonnée dans les environs, pour approcher les majestueux cyprès et les habitants du bayou, notamment les oiseaux qui sont ici nombreux. À noter qu'il n'est toutefois pas possible de passer la nuit sur place.

CHENAULT AVIATION & MILITARY MUSEUM ★

701 Kansas Lane
✆ +1 318 362 5540
chennaultmuseum.org
Mardi-samedi, 9h-16h. Entrée libre (les dons sont encouragés). Boutique sur place.

Installé à l'intérieur d'un bâtiment qui fut la plus importante école de navigation aérienne au pays pendant la Seconde Guerre mondiale, ce musée rend hommage au Général Claire Chennault et à l'escadrille des Flying Tigers, mais aussi à tous les vétérans qui ont combattu pour les États-Unis, de la Seconde Guerre mondiale à la guerre en Irak. On y raconte aussi l'histoire de la compagnie aérienne Delta et un site extérieur expose plusieurs avions tels que le MR-18 Light Bomber.

Monroe – West Monroe.

MASUR MUSEUM OF ART

1400 South Grand Street
✆ +1 318 329 2237
www.masurmuseum.org
Mardi-vendredi, 9h-17h ; samedi, 12h-17h. Entrée libre.

Logé dans l'ancienne maison de la famille Masur, une superbe résidence construite dans le style Tudor à la fin des années 1920, ce musée détient la plus grande collection d'art du nord-est de la Louisiane. Toutes les expositions se renouvellent constamment et incluent aussi une petite galerie à l'aéroport régional. Le musée propose également une programmation d'activités et d'ateliers pour petits et grands, comme des rencontres avec les artistes, des camps d'été artistiques, des classes d'art (photographie numérique, peinture, collage, etc.).

THE BIEDENHARN MUSEUM & GARDENS

2000 Riverside Drive ✆ +1 318 387 5281
www.bmuseum.org
Mardi-samedi, 10h-17h. Adulte : 7 US$, 4 US$ pour les jardins et le musée de la Bible seulement. Boutique sur place.

On peut suivre un tour guidé de la maison de Joseph A. Biedenharn, le premier à avoir mis en bouteille le Coca-Cola, et de sa famille. La maison date de 1914, et les pièces et leur mobilier sont laissés tels quels depuis la mort des anciens habitants. Également, la femme de Biedenharn avait réuni durant sa vie une collection de Bibles, qui sont désormais exposées ici. Enfin, les jardins du musée sont très agréables à découvrir et leurs fontaines offrent un peu de fraîcheur.

HAMILTON HOUSE INN €€

318 Trenton Street
✆ +1 318 366 2412
www.hamiltonhouseinn.com
Chambre double : à partir de 120 US$, petit déjeuner inclus.

Situé dans le Antique Alley à West Monroe, ce charmant gîte propose cinq jolies chambres, toutes rénovées et équipées d'une salle de bains privée et portant le nom des grands-parents des propriétaires. On aime la déco moderne, qui met en valeur les quelques touches authentiques de la maison qui date de 1898, comme les briques apparentes. Pour un léger supplément, on peut aussi commander vin et fromages ou encore des fraises trempées dans du chocolat et du champagne. Mention au grand balcon-terrasse au 2e étage, lieu idéal pour l'apéro.

THE BURGER GRIND €

1405 North 7th Street
✆ +1 318 570 5432
www.theburgergrind.com
Ouvert tous les jours de 10h30 à 21h. Carte : moins de 20 US$.

Dites ici au revoir à la diète et au régime équilibré ! Comme son nom l'indique, la grande spécialité des lieux est le burger, cochon à souhait. Une douzaine d'options différentes sont au menu, comme le Breakfast Burger avec oeuf frit, bacon et cheddar, le Philly Burger avec fromage à la crème, oignons et poivrons grillés, ou encore le Blue Bomber Burger avec morceaux de fromage bleu et bacon. Il y a bien sûr d'autres options au menu, comme des tacos de bœuf ou de poulet, des sandwichs variés et des ailes de poulet, mais on vient ici pour les burgers. Point.

2 DUDES BREW & QUE €

436 Desiard Street
✆ +1 318 855 5808
Ouvert tous les jours dès 11h. Fermé le mardi. Carte : moins de 30 US$. Terrasse.

Si une envie de cuisine barbecue vous prend, c'est ici qu'il faut venir ! Le menu, dont les noms de plusieurs plats s'inspirent du football américain, regorge de viandes fumées maison comme le brisket de bœuf, l'effiloché de porc, les côtes levées, le jambon, le poulet ou encore la saucisse. La viande peut aussi être servie en tacos, en sandwichs et même en salade. Côté accompagnements, que des classiques tels que la salade de patate ou de chou, le maïs et les fèves au lard. Le resto organise aussi des soirées karaoké, des spectacles musicaux et tutti quanti.

PARISH RESTAURANT & BAR €€

318 North 2nd Street ✆ +1 318 376 2423
www.parishrestaurant.com
Ouvert du mardi au samedi dès 17h. Carte : 5 à 45 US$. Terrasse.

Parish est la table du réputé chef Cory Bahr, fondateur de cette adresse gourmande et natif de Monroe. Celui qui cumule les distinctions et est officiellement un Ambassadeur Culinaire de l'État de Louisiane prône l'alimentation durable qui se reflète dans chacun de ses plats. Il mise ici sur une cuisine inventive du Sud américain selon la méthode de la cuisson au feu. On aime beaucoup aussi la belle variété d'entrées à partager, notamment le très populaire plateau de fruits de mer, et la carte des vins est à la hauteur de la réputation de l'endroit.

RESTAURANT COTTON €€

101 North Grand Street
✆ +1 318 450 4897
www.restaurantcotton.com
Ouvert en semaine dès 11h, 10h le week-end. Brunch le dimanche. Carte : moins de 40 US$.

Classé parmi les meilleurs restaurants de Monroe et situé dans l'édifice historique J. S. Bloch, Cotton met en vedette la cuisine du sud des États-Unis. La carte est inventive et ne déçoit jamais, le midi comme le soir. Le brunch très couru du dimanche offre une carte dans la même optique, qu'on accompagne d'un cocktail typique comme le Sazerac ou le Pimm's Cup ou d'une version Signature comme le punch du planteur. Cotton tient deux autres établissements dans le même bâtiment : The Eli (cocktails et tapas) et Planter's Gastropub (pub gourmand avec terrasse).

WAREHOUSE N° 1 RESTAURANT €€

1 Olive Street
✆ +1 318 322 1340
www.warehouseno1.com
Lundi-vendredi, 11h-14h et dès 17h ; samedi dès 16h. Carte : 10 à 50 US$. Terrasse.

Installé dans un entrepôt restauré sur les rives de la rivière Ouachita, réputée comme l'une des plus belles au pays, ce restaurant prépare toutes sortes de délices comme le gâteau de crabe, les crevettes à la cajun, le gumbo aux fruits de mer, le plateau de poisson-chat ou d'huîtres, les pâtes à la créole ou encore le filet mignon de bœuf USDA. Les desserts sont tout aussi tentants, avec le pudding au pain ou le gâteau au fromage. Bonus : une belle terrasse sur la rivière.

FLYING TIGER BREWERY

506 North 2nd Street
✆ +1 318 547 1738
www.flyingtigerbeer.com
Horaires variables. Programmation culturelle et musicale. Beer garden.

Le nom de cette brasserie artisanale évoque l'histoire locale, soit celle liée à l'escadrille de pilotes américains Flying Tiger. Les noms de plusieurs bières sont tout aussi évocateurs, comme son IPA Heroic Hops. Les nectars maison se déclinent en différentes séries, des régulières (blonde, rousse et IPA) aux éditions vieillies en barrique, en passant par les très populaires *juicy* IPA. Pour les petits creux, il est possible d'apporter son lunch ou de faire livrer une pizza, et, certains jours, un ou plusieurs camions de bouffe de rue s'installent à la brasserie.

STANDARD COFFEE CO.

411 Desiard Street
✆ +1 318 570 4127
www.standardcoffeela.com
Lundi-samedi, 7h-19h.

Fondé par le chef local Cory Bahr et sa femme Whitney, ce petit café indépendant est à inscrire à l'itinéraire. Avec sa belle déco mariant le bois, la brique et le métal, l'endroit offre un design résolument tendance. Vénéré des amateurs de caféine, chaque tasse y est préparée selon les règles de l'art. Outre ses délicieux nectars, on y vient également pour ses petits plats comme la généreuse tartine à l'avocat, le sandwich cubain, le *poke bowl* de thon ou encore les fameuses nouilles ramen. Plusieurs douceurs également pour couronner la pause café.

ANTIQUE ALLEY

Trenton Street
✆ +1 318 388 3930
www.antiquealleyshops.org
Horaires variables selon les boutiques (généralement du mardi au samedi, de 10h à 17h).

C'est l'attraction numéro un de West Monroe. Il faut absolument faire un tour dans cette rue lors de votre passage dans la ville. Les magasins d'antiquités peuvent receler de merveilleuses pièces de collection, à un prix pas toujours abordable toutefois. Quelques autres boutiques de spécialités jalonnent la rue ainsi que le restaurant de cuisine cajun Trapps (terrasse avec vue sur la rivière en prime) et les chambres d'hôtes du Hamilton House Inn. Il s'agit d'un lieu incontournable dans la ville et il est fort agréable de s'y balader.

LANDRY VINEYARDS ★★

5699 New Natchitoches Road
✆ +1 318 557 9050
landryvineyards.com
Salon de dégustation : lundi-samedi, 11h-17h30. Dégustations et visites guidées payantes. Hébergement sur place.

Ce vignoble est connu dans la région pour deux raisons. D'abord, bien sûr, ses vins que l'on peut découvrir au salon de dégustation ou dans sa boutique. Ensuite, on vient à Landry pour ses concerts en plein air offerts de mi-mars à mi-octobre. Différents styles musicaux se partagent l'affiche du printemps à l'automne, pour le bonheur de tous. Pour seulement 5 à 10 US$, on vient s'installer dans les vignes, avec sa couverture ou sa chaise pliante, et on se commande un petit verre de vin qu'on accompagne d'un plat gourmand d'un des *food trucks*. La vie est belle !

BASTROP

Située à un peu moins de 40 km de Monroe et facilement accessible par les routes 165 ou 139, la petite ville de Bastrop compte moins de 10 000 habitants. En fait, sa population est en déclin depuis plusieurs décennies déjà et la tendance ne semble pas s'inverser. Autrefois bastion des Confédérés durant la guerre de Sécession, elle n'offre pas vraiment de points d'intérêt de nos jours hormis son musée dédié à l'histoire locale, le Sydney Museum and Art Center. Au nord de la ville, en suivant la route 425, le Chemin-A-Haut State Park et son bayou Bartholomew sont un petit havre de nature qui mérite la découverte si vous êtes dans le coin.

CHEMIN-A-HAUT STATE PARK

14656 State Park Road
✆ +1 318 283 0812
www.lastateparks.com
Ouvert tous les jours de 6h à 22h. 3 US$ par personne (gratuit pour les 62 ans et plus et les moins de 4 ans).

Situé sur un promontoire surplombant le bayou Bartholomew, ce parc d'État n'est certes pas le plus grand, mais il permet d'aller prendre un grand bol d'air frais. Au programme, deux sentiers pédestres pour se dégourdir les jambes, une piscine et une pataugeoire pour se rafraichir, et de la location de kayaks pour explorer le bayou et le lac. Il est aussi possible de pêcher sur place, à condition d'avoir son propre équipement. Pour prolonger le plaisir, des sites de camping - avec ou sans services - ainsi que des chalets sont proposés à la location.

PIONEER ★

Traverser le village de Pioneer se fait aussi rapidement qu'un éternuement. Et il y a fort à parier que vous ne croiserez pas grand monde dans cette bourgade d'à peine plus d'une centaine d'habitants. Hormis les silos de la Consolidated Grain and Barge Co., la petite épicerie-quincaillerie Jones et l'église baptiste, il n'y a pas grand-chose à voir. En revanche, un peu plus au sud se trouve le Poverty Point World Heritage Site, non seulement le seul point d'intérêt des environs mais surtout, un site inscrit au patrimoine mondial de l'UNESCO en raison des découvertes archéologiques ayant permis de mettre à jour 3 400 ans de présence humaine sur ce site.

POVERTY POINT WORLD HERITAGE SITE ★

6859 Highway 577
✆ +1 318 926 5492
www.povertypoint.us
Ouvert tous les jours de 9h à 17h. 4 US$ par personne (gratuit pour les 62 ans et plus et les moins de 4 ans).

Les tertres monumentaux de ce site lui ont valu d'être inscrit en 2014 au patrimoine mondial de l'Unesco, ce qui en fait l'un des quatre sites américains ayant reçu cette reconnaissance. Les autochtones d'Amérique l'utilisaient il y a plus de 3 000 ans pour des cérémonies et à ce titre, l'endroit est considéré comme l'un des plus intéressants d'Amérique du Nord. Un musée retrace leur histoire dans la région et un sentier de randonnée de plus de 4 km parcourt le site.

DELHI

La guerre de Sécession et le boom de l'industrie du gaz naturel font partie de l'histoire de cette petite ville, tout comme la E.W. Thompson Drug Company, la plus vieille pharmacie encore en activité en Louisiane, elle qui fut fondée en 1873. C'est d'ailleurs l'un des rares endroits où acheter des médicaments et manger un burger se fait en un seul et même lieu. En suivant la route 17 vers le nord, on arrive au réservoir Poverty Point et son parc d'Etat. On peut y passer la nuit en chalet sur pilotis ou alors réserver une chambre au Mansion at Red Hill. Au nord du réservoir se trouve le Black Bear Golf Club membre du Louisiana's Audubon Golf Trail.

POVERTY POINT RESERVOIR STATE PARK

1500 Poverty Point Parkway
✆ +1 318 878 7536
www.lastateparks.com
Ouvert tous les jours de 6h à 22h. 3 US$ par personne (gratuit pour les 62 ans et plus et les moins de 4 ans).

Le Poverty Point est un réservoir d'une superficie d'environ 10 km^2 et c'est sur ses rives que s'étend le parc d'État. Ses eaux poissonneuses attirent les pêcheurs de tout acabit et plusieurs oiseaux migrateurs font halte ici, notamment les sauvagines. Les environs du bayou Macon sont quant à eux fréquentés par les ours noirs et mieux vaut être prudent si on va dans ce secteur. Mention spéciale à la plage du North Marina Complex et aux chalets sur pilotis dans lesquels passer la nuit.

ORGANISER SON SÉJOUR

Si l'appel de la Louisiane vous donne envie de vous acheter un billet d'avion sur-le-champ, une escapade outre-Atlantique, ça se prépare, d'autant que la situation mondiale actuelle engendre quelques formalités supplémentaires. On vous fait donc un survol des compagnies aériennes, tours opérators et agences réceptives desservant la destination, mais aussi du taux de change et du budget à prévoir, des bons plans pour les offres de dernière minute, des sites web pour découvrir la destination, des formalités douanières pour entrer au pays sans tracas, des modes de transport pour bouger sur place et tutti quanti. Que vous soyez un voyageur DIY ou un adepte de circuits guidés, vous trouverez ici tout ce qu'il faut pour planifier votre virée en sol louisianais. Et pour ceux qui voudraient y prendre racine, on a inclus quelques ressources indispensables concernant tant l'expatriation temporaire que permanente.

ARGENT

La monnaie s'exprime en dollars américains (US$ - à ne pas confondre avec le dollar canadien). Les coupures sont de 1, 2 (rarissimes), 5, 10, 20, 50 et 100 US$. Notez que les coupures supérieures à 50 US$ sont parfois refusées, notamment dans les taxis. Quant aux pièces (*coins*), elles sont de 1 cent (*penny*), 5 cents (*nickel*), 10 cents (*dime*) et 25 cents (*quarter*) - utiles pour le téléphone, dans les bus et les lavomatiques -, 50 cents (*half dollar*) et, enfin, 1 US$, qui sont désormais dorées (*golden dollar*). Selon la Bank of America, le taux de change en juillet 2022 était de : 1 US$ = 1.01 € ; 1 € = 0.99 US$ (taux réels en succursale). Bon à savoir : les billets américains se ressemblent tous et exigent un minimum d'attention. D'autant plus qu'ils ont à peu près tous la même taille et que ceux de 1, 2 et 20 US$ sont de la même couleur (vert - les autres sont légèrement teintés de orange, mauve ou rose). Veillez à ne pas vous tromper quand vous payez quelque chose et vérifiez toujours quand on vous rend la monnaie.

BUDGET / BONS PLANS

Pour vous aider à planifier votre budget quotidien sur place, voici trois exemples s'adaptant aux moyens financiers de chacun.

▶ **Petit budget :** 100 US$ par jour et par personne (hébergement en camping/auberge de jeunesse/motel, repas sur le pouce ou épicerie, transport en commun ou covoiturage, activités gratuites ou à moins de 10 US$).

▶ **Budget moyen :** 200-250 US$ par jour et par personne (hébergement en chambre d'hôtes ou hôtel, bonnes tables, transport en commun ou voiture, activités payantes ou en forfait).

▶ **Gros budget :** à partir de 400 US$ par jour et par personne (hébergement en hôtel plus luxueux ou en cottage, bonnes tables, transport en voiture, activités en forfait/expéditions).

▶ **Il ne faut pas non plus oublier** que les prix de la plupart des biens de consommation et des services sont majorés d'une taxe d'État de 4,45 % à laquelle peut être ajoutée une taxe locale d'un maximum de 7 %, généralement non incluses dans le prix affiché. Par exemple, la taxe totale à La Nouvelle-Orléans est de 9,45 % alors qu'elle est de 10,2 % à Lake Charles. Aussi, le pourboire de 15 % doit être rajouté au montant de l'addition au restaurant et dans les bars. Le pourboire aux chauffeurs de taxi, aux femmes de ménage dans les hôtels et aux coiffeurs est également conseillé (mais peut être inférieur à 15 %). Pas de pourboires dans les cinémas et les théâtres.

▶ **En ce qui concerne le marchandage,** ce n'est pas une pratique courante dans le pays. Les prix indiqués sont fixes et généralement non négociables. Toutefois, les commerçants peuvent parfois se montrer généreux et vous offrir quelque chose si vous leur achetez des articles pour un montant important. De la même manière, et bien que ça soit strictement interdit, les petits commerces acceptent parfois de ne pas vous faire payer les taxes si vous payez vos achats en liquide et sans possibilité de retour...

PASSEPORT ET VISAS

Depuis le 1er avril 2016, il faut être en possession d'un passeport électronique ou biométrique pour bénéficier du programme Visa Waiver Pilot (VWP). Ce dernier autorise tous les ressortissants français à entrer sur le sol américain sans visa particulier pour un séjour d'une durée maximale de 90 jours. Pour entrer, il suffit donc d'avoir un passeport valide, un billet aller-retour et ne pas avoir l'intention de prolonger son séjour.

▶ **Autorisation de voyage électronique ESTA.** Les voyageurs n'ayant pas besoin de visa doivent remplir une autorisation de voyage électronique avant leur voyage (au moins 72 heures avant le départ). L'ESTA coûte 14 US$ par personne (moins de 12 €) et est valable deux ans ou jusqu'à l'expiration du passeport. Cette demande en ligne permet aux services de l'immigration américaine d'effectuer des vérifications sur les voyageurs. Attention, de nombreux sites frauduleux pullulent sur la toile. Certaines compagnies, sans lien avec le gouvernement, proposent d'apporter leur aide pour une demande d'ESTA. Mais celle-ci est très simple à faire (et accessible en français). Pour plus de renseignements : esta.cbp.dhs.gov/esta

▶ **Pour tout séjour d'une durée supérieure à 90 jours,** le visiteur doit être en possession d'un visa. Plusieurs types de visas existent (étudiant, de travail, etc.). Pour tout savoir sur le type de visa à demander et les démarches à suivre, consultez le site web de l'ambassade des États-Unis en France : fr.usembassy.gov/fr/visas-fr

▶ **Covid-19.** Depuis le 8 novembre 2021, le pays accueille de nouveau les ressortissants étrangers mais de nouvelles exigences sont en vigueur. Pour tout savoir sur les exigences (elles peuvent être modifiées à tout moment) et vous assurer que vous répondez à tous les critères d'admissibilité : fr.visittheusa.ca/us-covid-19-recommandations-de-voyage

L'ASSURANCE VOYAGE, LE MEILLEUR MOYEN POUR FAIRE FACE À DES FRAIS DE SANTÉ ÉLEVÉS À L'ÉTRANGER

avec le DR MICHEL NAHON, directeur médical d'Allianz Travel

Les frais médicaux sont-ils les mêmes selon les différentes régions du monde ?

Les frais médicaux sont en général plus élevés à l'étranger qu'en France. En Australie, une consultation médicale coûte en moyenne 2 fois plus cher qu'en France. Au Canada, elle est 3 fois plus chère et aux États-Unis, jusqu'à 7 fois.

La sécurité sociale et la mutuelle prennent-elles en charge les frais médicaux à l'étranger ?

La sécurité sociale fonctionne uniquement avec les pays de la Communauté économique européenne, avec lesquels la France a passé des accords. Il faut pour cela penser à faire une demande d'extension de garantie avec la carte européenne d'assurance maladie (CEAM). Ensuite, un remboursement de la sécurité sociale peut déclencher un remboursement de la mutuelle, en fonction des contrats.

À combien peut s'élever une consultation chez un médecin généraliste ou une hospitalisation à l'étranger ?

Aux États-Unis, au Canada et en Australie, une consultation chez un généraliste peut coûter entre 200 et 5 000 dollars, si le médecin a besoin de pratiquer des examens au cabinet. Le coût d'une hospitalisation peut lui atteindre plusieurs milliers de dollars par jour !

Quelle est la meilleure protection pour faire face aux frais médicaux ?

Cela se fait au cas par cas. En fonction du pays dans lequel on voyage, il est nécessaire d'avoir le bon contrat, avec la bonne couverture. Allianz Travel dispose de solutions adaptées pour couvrir les frais médicaux imprévus à l'étranger.

Les couvertures incluses dans certaines cartes bancaires ne sont-elles pas suffisantes ?

Les cartes bancaires ne sont pas toutes les mêmes et il en est de même pour le montant de la prise en charge des frais médicaux. Il est donc nécessaire de bien prendre connaissance de son contrat, car la plupart des cartes disposent de faibles couvertures.

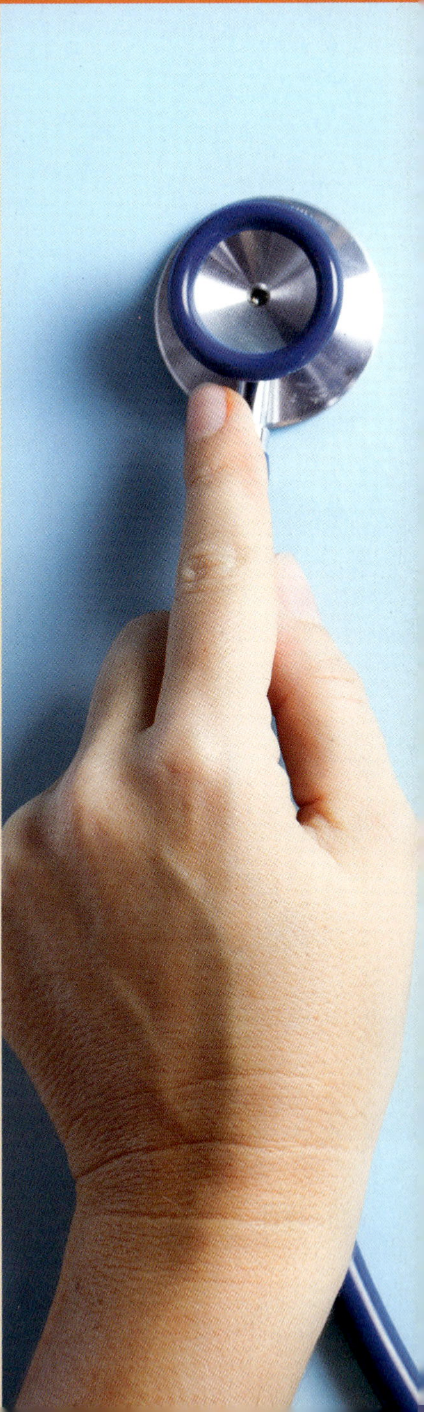

© NEIRFY

ET VOUS,
QUI ÊTES-VOUS
EN VOYAGE ?
Assurez celui ou celle
que vous serez en voyage
www.allianz-voyage.fr - 01 73 29 06 10*
Allianz
Assureur Officiel
Allianz Travel
AWP FRANCE SAS - Siège social : 7, rue Dora Maar - CS 60001 - 93488 Saint-Ouen cedex - Société par Actions Simplifiée - au capital de 7 584 076,86 € - 490 381 753 RCS Bobigny - Siret : 490 381 753 00055 - Société de courtage d'assurances - immatriculée à l'Orias (www.orias.fr) - sous le n°07 026 669
*du lundi au vendredi de 9h à 19h et le samedi de 10h à 18h, sauf jours fériés. Octobre 2019
Photographie : Eric Vernazobres / Favorite production - Conception : Insign 2019

PERMIS DE CONDUIRE

Les permis de conduire français, belges et suisses sont acceptés pour une période ne dépassant pas trois mois, et ce, dans tous les Etats ; le cas échéant, vous devrez vous munir du permis international dans votre pays d'origine avant le départ. Si vous désirez louer une voiture en Louisiane, il faut être âgé de 21 ans, voire 25 ans pour certains modèles, et être en possession d'une carte de crédit. L'essence, qui se vend au gallon, est largement moins chère qu'en Europe, et son prix varie d'un État à l'autre. Cela dit, la Louisiane, comme plusieurs autres États du Sud tels que le Texas, le Mississippi et l'Alabama, offre le prix le plus bas à la pompe (gasprices.aaa.com). Un permis de conduire est également requis pour conduire un véhicule tout-terrain sur les voies publiques (appelé ATV ou UTV), où cela est autorisé, et le permis moto est obligatoire pour en conduire une. Pour une mine d'information en français sur le sujet : authentikusa.com/ca-fr/faq/fr/code-route-americain & authentikusa.com/ca-fr/faq/permis-louer-voiture-usa

SANTÉ

Il n'y a pas de maladies infectieuses ou de risques sanitaires dignes de mention en Louisiane, hormis bien évidemment la Covid-19 qui affecte le monde entier (voir les rubriques « Passeport et visas » et « Vaccins obligatoires » de cette fiche pratique pour plus d'infos).

VACCINS OBLIGATOIRES

En date de l'été 2022, il faut montrer patte blanche en termes de vaccination contre la Covid-19. D'autres exigences peuvent également être requises afin d'être admis aux États-Unis. Pour plus d'informations et vous assurer que vous répondez à tous les critères d'admissibilité : fr.visittheusa.ca/us-covid-19-recommandations-de-voyage

SÉCURITÉ

Vous ne courez pas de grands dangers en vous rendant aux États-Unis, mais ne soyez pas inconscient pour autant. Comme partout au pays, la Louisiane a droit à son lot de criminalité mais, en tant que visiteur de passage, ce que vous aurez le plus à craindre seront les arnaques à touristes et le vol. Dans les grandes villes comme les petites, ne laissez rien de valeur dans le coffre de votre voiture : déposez systématiquement vos bagages à l'hôtel avant d'attaquer les visites de la journée. Faites attention à vos sacs à main et évitez les quartiers qui vous semblent peu recommandables. Cela vaut surtout pour La Nouvelle-Orléans, une des villes les plus dangereuses des États-Unis. Encore une fois, pas de parano, il y a peu de chance que vous vous retrouviez dans les quartiers les plus chauds de toute façon. Le plus grand risque que vous courez en vous rendant dans la région ne peut malheureusement pas être prévenu puisqu'il s'agit des tempêtes tropicales et ouragans qui déferlent sur la côte atlantique, prennent de l'ampleur dans le golfe du Mexique avant de s'engouffrer dans les terres. Si vous êtes présent lors d'un ouragan, suivez les indications d'évacuation de la zone. Si vous n'avez pas pu évacuer les lieux, il est nécessaire de trouver un abri en dur et de s'approvisionner en nourriture non périssable, en eau minérale, et de se munir de lampes de poche, de bougies, d'une radio à piles, d'une trousse de secours, d'un extincteur et d'une hache, utile si vous deviez vous retrouver coincé à l'intérieur d'un bâtiment.

DÉCALAGE HORAIRE

Le décalage horaire avec la Louisiane est de 7 heures en moins, en été comme en hiver. Le changement d'heure à l'automne et au printemps ne se fait toutefois pas en même temps.

LANGUES PARLÉES

En Louisiane, il n'y a pas de langue officielle, mais la langue anglaise est parlée par l'ensemble de la population de l'État. Selon les données les plus récentes (2012-2016) du American Community Survey concernant les langues parlées en Louisiane, outre l'anglais, environ 3,6 % de la population utilise l'espagnol à la maison et 2,3 % le français (incluant le français cadien ou, selon le bon terme, le français louisianais). Suivent le vietnamien (0,7 %), le chinois, l'arabe et le créole haïtien (0,2 %) puis l'allemand (0,1 %), sans oublier quelques dizaines d'autres langues, melting-pot culturel oblige. À La Nouvelle-Orléans et ses environs, vous entendrez également le yat, un dialecte local anglais qui se démarque par la prononciation particulière de certaines lettres, l'usage un peu étrange des prépositions, l'accent, etc. À savoir aussi que si plusieurs langues autochtones étaient autrefois parlées en Louisiane, seuls le choctaw et le caddo font toujours partie du paysage linguistique de l'Etat. Cela dit, plusieurs nations tentent de réhabiliter leur langue respective en l'enseignant aux nouvelles générations. Concernant la langue française, il est à noter que la Louisiane est le seul État du pays qui a créé, en 1968, une agence pour la défense des droits linguistiques d'une minorité : le CODOFIL (Conseil pour le développement du français en Louisiane, codofil.org).

COMMUNIQUER

La couverture téléphonique est excellente dans les grands centres et la plupart des régions, sauf dans certains endroits plus reculés, notamment dans les grandes zones marécageuses. Si vous prenez un abonnement mobile en Louisiane, notamment auprès d'opérateurs à bas prix, vérifiez bien la couverture car elle pourrait être limitée. Pour ce qui est du wifi, trouver une connexion n'est pas un problème dans les moyennes et grandes villes de Louisiane, mais les options sont plus limitées dans les petits villages. Les aéroports, gares routières et ferroviaires, établissements hôteliers (attention : les hôtels de luxe offrent souvent ce service avec supplément), restos, cafés, bars, lieux culturels, etc., sont généralement équipés en wifi, le tout offert gratuitement la plupart du temps. Les bibliothèques, certains établissements hôteliers et cafés mettent également des ordinateurs à disposition, parfois gratuitement. Mais les bornes Internet et les ordinateurs en libre-service tendent à disparaître graduellement du paysage...

ELECTRICITÉ ET MESURES

▶ **Électricité.** Courant alternatif de 110 volts avec une fréquence de 60 Hz. Les fiches sont plates à l'américaine (pas rondes comme en Europe). Munissez-vous d'un adaptateur, afin de pouvoir utiliser les appareils européens tels que rasoir ou séchoir à cheveux, et vérifiez qu'ils acceptent ce voltage. Le cas échéant, munissez-vous également d'un transformateur de courant.

▶ **Mesures.** Les États-Unis refusent de se soumettre au système métrique, ce qui ne nous facilite pas la vie. Les distances sont mesurées en *inches* (pouces), *feet* (pieds), *yards* (verges) et *miles* (miles). D'ailleurs, il faudra vous habituer aux miles, les distances et limites de vitesse étant indiquées dans cette unité de mesure partout au pays (1 mile = 1,6 km). Si vous louez une voiture sur place, le compteur de vitesse sera également en miles, mais ne vous inquiétez pas, l'équivalent en km y est également inscrit.
Les poids sont mesurés en *ounces* (onces), *pounds* (livres) et *tons* (tonnes). Les mesures liquides sont encore plus complexes et confuses : les mesures impériales (anglaises) et les mesures américaines sont en *pints* (pintes) et *gallons* (gallons), mais sont différentes (1 *imperial pint* = 1,25 *american pint*). Comble du comble, les températures ne sont pas en degrés Celsius mais Fahrenheit... Pour convertir les degrés Fahrenheit (°F) en degrés Celsius (°C), il faut retrancher 30, diviser par deux, ajouter 10 %. Pour convertir les degrés Celsius (°C) en degrés Fahrenheit (°F), multiplier par deux et ajouter 32. Ex. : 80 °F = 80 - 30 = 50 ; 50 : 2 = 25 ; 25 + 10 % = 27,5 °C. En bref, aux États-Unis, la température normale du corps humain est entre 97 et 99 °F, l'eau bout à 212 °F, il gèle à 32 °F. Quant aux pointures de chaussures, le 38 femme correspond au 7 (qui équivaut au 39,5 pour l'homme). Pour les tailles des vêtements, le 40 femme correspond au 12 ; le 44 homme devient le 34.

▶ **Pour y voir plus clair :** metric-conversions.org/fr

LES PHRASES CLÉS

Bonjour, je voudrais réserver un billet aller/retour pour…
Hello, I would like a round trip ticket for…

J'ai raté mon avion. Je voudrais échanger mon billet s'il vous plaît.
I missed my flight. I would like to change my ticket, please.

Mon vol est très en retard. Ma correspondance sera bien assurée ?
My flight is very delayed. Will I be able to make my connection?

Mes bagages ont été égarés, à qui dois-je m'adresser ?
My luggage was lost. Whom should I speak to?

Louez-vous des voitures avec chauffeur ?
Do you provide chauffeur-driven car rental service?

Je n'ai presque plus d'essence. Où se trouve la station-service la plus proche ?
I'm almost out of gas. Where is the nearest gas station?

S'Y RENDRE

Pour se rendre en Louisiane depuis l'Europe, une seule solution (ou presque) : l'avion. Comme tous les vols impliquent en général une correspondance ou deux, il faut compter 11 à 13 heures au minimum. Un vol aller-retour pour La Nouvelle-Orléans depuis Paris se vend en moyenne entre 650 € et 900 € en ce qui a trait aux meilleurs tarifs. À noter que la variation de prix dépend de la compagnie empruntée mais, surtout, du délai de réservation. Pour obtenir des tarifs intéressants, il est indispensable de s'y prendre très en avance ou alors de surveiller les offres de dernière minute, pour autant que l'on soit flexible pour les dates de voyage. Depuis l'Europe, les principales compagnies aériennes qui desservent La Nouvelle-Orléans sont Air France, American Airlines, Delta Airlines et United Airlines. Les vols depuis Paris se font tant depuis l'aéroport Paris-Charles de Gaulle que celui d'Orly.

AIR FRANCE

✆ 09 69 39 36 54

wwws.airfrance.fr

Réservations par téléphone (tous les jours de 8h à 20h) et en ligne.

Air France dessert La Nouvelle-Orléans depuis Paris plusieurs fois par jour avec une (aux États-Unis) ou deux (en Europe et/ou aux États-Unis) correspondances. Il faut compter au minimum 13 heures de voyage. Il est aussi possible de partir depuis d'autres villes de France (Lyon, Marseille, Nice, Toulouse...) ou d'ailleurs en Europe (Bruxelles, Genève...) avec une correspondance ou un trajet en train supplémentaire. Le vol en Europe peut être assuré par une compagnie partenaire membre de l'alliance SkyTeam, comme par exemple KLM.

AMERICAN AIRLINES

✆ 08 21 98 09 99

www.americanairlines.fr

Réservations par téléphone en semaine de 8h à 18h, de 9h à 17h le week-end.

American Airlines propose des vols quotidiens depuis Paris vers La Nouvelle-Orléans, avec une ou deux correspondances aux États-Unis. American Airlines propose également des correspondances idéales via son hub de Dallas / Fort Worth vers les aéroports régionaux de la Louisiane. Les voyageurs fréquents peuvent adhérer au programme de fidélisation AAdvantage qui offre notamment la possibilité de gagner des miles et de les échanger contre des primes de voyages sur American Airlines et toutes les compagnies partenaires du programme.

DELTA AIRLINES

✆ 09 69 39 17 79

fr.delta.com/fr/fr

Delta Airlines dessert La Nouvelle-Orléans depuis Paris plusieurs fois par jour, avec une ou deux correspondances en sol américain, généralement Atlanta, Detroit, Minneapolis - St. Paul et/ou New York. Si vous voyagez fréquemment vers les États-Unis, informez-vous sur le programme de fidélisation SkyMiles, lequel permet d'accumuler des miles de récompense pour économiser sur votre prochain vol, sur l'achat d'un forfait Delta Vacations ou pour obtenir un surclassement. À noter que les miles n'expirent jamais et que l'adhésion est gratuite.

UNITED AIRLINES

✆ 01 71 23 03 35

www.united.com/fr/fr

Réservations par téléphone tous les jours de 8h à 20h.

United Airlines est l'une des plus grandes compagnies aériennes basées aux États-Unis. Elle est également un fondateur majeur de Star Alliance, un réseau qui regroupe 26 compagnies aériennes desservant plus de 1 300 aéroports dans le monde grâce aux partenaires de correspondance. Plusieurs possibilités de liaisons chaque jour entre Paris et La Nouvelle-Orléans, via généralement Chicago, Houston, Newark et/ou Washington. Informez-vous également sur le programme de fidélisation MileagePlus afin de cumuler des miles de récompense.

AÉROPORT DE PARIS ROISSY-CHARLES-DE-GAULLE

✆ 39 50

www.parisaeroport.fr

Situé à 23 km au nord-est de Paris, l'aéroport Roissy-Charles de Gaulle était le 2e d'Europe et 10e du monde pour le trafic passagers (72,2 millions en 2018). L'aéroport CDG compte trois terminaux ; les terminaux 1 et 2 accueillent les compagnies internationales, alors que le terminal 3 est consacré aux vols charters. A terme, un nouveau et gigantesque terminal, le T4, devrait permettre à l'ensemble de passer la barre des 100 millions de passagers.

BRUSSELS AIRPORT

Leopoldlaan

ZAVENTEM

✆ +32 2 753 77 53

www.brusselsairport.be/fr

L'aéroport de Bruxelles est desservi en transports par train et bus. Vous pouvez descendre à la gare SNCB de l'aéroport depuis la plupart des gares du pays ainsi que des gares internationales, vous pouvez aussi emprunter les lignes 12 (express en 30 min à Bruxelles) 471, 659 et 359 du côté flamand (et une tonne d'autres petites lignes). Des connexions aussi avec l'aéroport de Charleroi, pratique pour ses compagnies low cost. Les vols à destination des pays de la zone Schengen partent de la jetée A, à destination de l'Afrique, jetée T et le reste, jetée B.

GENÈVE AEROPORT

21 route de l'Aéroport

GENÈVE

✆ +41 848 192 020

www.gva.ch

Un des plus vieux aéroports du vieux continent puisque, créé le 11 octobre 1919, il a dépassé le siècle d'existence. L'aéroport de Genève-Cointrin est desservi en transports en commun par trains ou bus. L'option du train est clairement la meilleure vu qu'elle permet de relier l'aéroport au centre-ville et la gare de Genève Cornavin en 7 minutes chrono. Autrement, les lignes de bus 5, 10, 23, 28, 50, 56, 57, 59 et 66 peuvent aussi vous y emmener (le 66 part de Ferney-Voltaire, à la frontière, et relie l'aéroport en 15 minutes).

EASY VOLS

✆ 08 99 19 98 79

www.easyvols.fr

Pour voyager malin, il faut faire ses recherches en toute efficacité, sans perdre trop de temps à jongler d'un site à un autre. Pour trouver le bon vol au bon prix, l'idéal est la plateforme comparatrice de vols. Easyvols permet de comparer en temps réel les prix des billets d'avion chez plus de 700 compagnies aériennes et pas seulement des compagnies low-cost. Vous pouvez économiser jusqu'à 70 % du prix si vous êtes prêts à saisir au vol les meilleures offres. Des avis avisés de clients sont aussi consultables sur le site Internet.

MISTERFLY

www.misterfly.com

Ouvert du lundi au vendredi de 9h à 21h. Le samedi de 10h à 20h.

MisterFly.com est le nouveau-né de la toile pour la réservation de billets d'avion. Son concept innovant repose sur un credo : transparence tarifaire ! Cela se concrétise par un prix affiché dès la première page de la recherche, c'est-à-dire qu'aucun frais de dossier ou frais bancaire ne viendront alourdir la facture finale. Idem pour le prix des bagages ! L'accès à cette information se fait dès l'affichage des vols correspondant à la recherche. La possibilité d'ajouter des bagages en supplément à l'aller, au retour ou aux deux... tout est flexible !

OPTION WAY

✆ 04 22 46 05 23

www.optionway.com

Option Way est l'agence de voyages en ligne au service des voyageurs. L'objectif est de rendre la réservation de billets d'avion facile en vous faisant économiser. 3 bonnes raisons de choisir Option Way :

- la transparence comme mot d'ordre. Finies les mauvaises surprises, les prix sont tout compris, sans frais cachés ;
- des solutions exclusives qui vous permettent d'acheter vos vols au meilleur prix ;
- le service client, basé en France, joignable gratuitement, composé de véritables experts de l'aérien. Ils sont là pour vous, n'hésitez pas à les contacter.

SÉJOURS ET CIRCUITS

Si certains aiment organiser leur voyage de A à Z, d'autres préfèrent confier la logistique à une agence spécialiste de la destination. On peut choisir de partir en groupe organisé ou alors seul, en couple, entre amis ou en famille, avec un forfait clé en main ou conçu sur mesure. L'offre de séjours en Louisiane comprend quasi toujours les incontournables que sont La Nouvelle-Orléans, la route des plantations et le pays cajun. À cela s'ajoutent Alexandria, Natchez et Natchitoches, ainsi que des escapades dans les villes historiques que sont Natchez et Vicksburg au Mississippi, par exemple. Mais n'hésitez pas à aller explorer d'autres secteurs rarement offerts par les agences, comme le Northshore, les rives du réservoir Toledo Bend ou encore les sites naturels de la région Sportsman's Paradise. Mais sachez que dans la plupart des cas, que ce soit en autotour ou en circuit guidé, la Louisiane est souvent jumelée avec d'autres États du Sud.

ALMA VOYAGES

573, route de Toulouse
VILLENAVE-D'ORNON
✆ 05 56 87 58 46
www.alma-voyages.com
Ouvert du lundi au vendredi de 9h à 17h30 et le samedi de 9h à 12h.

Chez Alma Voyages, les conseillers connaissent parfaitement les destinations proposées et chaque client est suivi par un agent attitré ! Une large offre de voyages, avec émission de devis pour les voyages sur mesure, vous sera alors proposée. Alma Voyages pratique les meilleurs prix du marché et travaille notamment avec Kuoni, Beachcombers, Jet Tour, Marmara, Look Voyages... Si vous trouvez moins cher ailleurs, l'agence s'alignera sur ce tarif et vous bénéficierez en plus, d'un bon d'achat de 30 euros sur le prochain voyage... Catalogue sur le site Internet.

ALTIPLANO VOYAGE

Route de la Bouvarde - **EPAGNY METZ-TESSY**
✆ 04 50 46 90 25
www.altiplano-voyage.com
Ouvert du lundi au vendredi de 8h à 13h et de 14h à 18h.

Voyagez comme vous l'imaginez avec Altiplano Voyage ! Cette agence est spécialiste des voyages sur mesure en Amérique latine, en Amérique du Nord, en Asie et en Europe. Les spécialistes connaissent parfaitement les destinations proposées. Vous pouvez vous inspirer des exemples d'itinéraires 100 % personnalisables proposés sur le site et consultez leurs expériences signatures, des activités et hébergements éthiques et/ou insolites choisis par leurs experts destination. Une adresse de confiance pour voyager en toute sérénité vers des destinations inattendues.

AMERICAN MOTORS TRAVEL

73, avenue Henri Ginoux
MONTROUGE
✆ 01 47 46 09 58
www.american-motors-travel.com

Avec ses routes mythiques, l'Amérique a toujours fasciné les motards. Cette agence vous propose donc de vivre cette expérience en formule accompagnée ou en mototour. Son circuit « Le Sud authentique » vous fera découvrir plusieurs régions de la Louisiane, notamment la route des plantations, le pays cajun et Crossroads, ainsi que le Mississippi et le Tennessee. Pour ceux désirant explorer davantage le pays, le circuit « Route du Blues » s'étend de La Nouvelle-Orléans à Chicago, en passant entre autres par Memphis et Nashville. Circuits en voiture aussi proposés.

AMERIKASIA

48, rue Franklin - **LYON** (2e)
✆ 04 78 42 98 82
www.amerikasia.fr
Ouvert du lundi au vendredi de 10h à 18h, le samedi de 10h à 15h.

Agence spécialiste des voyages à la carte, elle propose différents séjours en Louisiane, à commencer par deux autotours dont un incluant l'État voisin du Texas. Ceux préférant les circuits accompagnés opteront pour « Bayous et Plantations ». D'une durée de 9 jours et 7 nuits, il permet de découvrir les charmes du Sud, le patrimoine historique de La Nouvelle-Orléans, les majestueuses demeures des plantations ainsi que les mystérieux bayous. Vient finalement le circuit « Jazz, Blues & Bayous » pour vivre le meilleur du Tennessee, du Mississippi et de la Louisiane.

COMPTOIR DES VOYAGES

2-18, rue Saint-Victor - **PARIS** (5e)
✆ 01 53 10 30 15
www.comptoirdesvoyages.fr
Ouvert du lundi au samedi de 10h à 18h.
Egalement des agences à Marseille, Nice, Lyon, Toulouse, Bordeaux et Lille.

Le concept : vendre une destination animée par de vrais spécialistes originaires ou ayant vécu dans le pays. Experte des voyages sur mesure, l'agence vous aidera à construire votre itinéraire de rêve avec une grande sélection d'hébergements et d'expériences authentiques, sans oublier une rencontre avec un Welcome Host sur place et une assistance 24h/24 et 7j/7. L'agence possède sa propre appli voyage avec GPS, Luciole, qui contient une foule de bonnes adresses et une carte interactive. Sur le site web, vous trouverez de belles idées de voyage pour la Louisiane.

JETSET VOYAGES

249, rue de Crimée
PARIS (19e)
✆ 01 53 67 13 00
www.jetset-voyages.fr

Couvrant l'ensemble des Amériques, cette agence se spécialise dans les voyages sur mesure. Elle propose de nombreux autotours aux quatre coins des États-Unis, dont le circuit « Jazz, country, blues & rock'n'roll » qui vous mènera aux sources de ces styles musicaux dans pas moins de six États, notamment la Louisiane. On recommande également « Sur la route des droits civiques » qui braque les projecteurs sur cette période fort mouvementée du siècle dernier (à noter que cet autotour n'inclut pas la Louisiane, mais elle peut être ajoutée à l'itinéraire).

LES MAISONS DU VOYAGE

3, rue Cassette
PARIS (6e)
✆ 01 53 63 13 43
www.maisonsduvoyage.com

Loin du tourisme de masse, Les Maisons du Voyage, qui possèdent des « Maisons » sur presque chaque continent, réinventent pour vous le voyage en Amérique à travers des escapades en solo ou en groupe suivant toujours des itinéraires maison. L'itinéraire « Les charmes de la Louisiane » vous permettra d'explorer en profondeur le pays du jazz et des bayous. Vous aimerez également les circuits « Sur les pas de Martin Luther King » et « La route des plantations ». Envie de prendre le large ? Embarquez à bord de l'*American Duchess* pour une croisière sur le Mississippi !

NATIONAL TOURS

15, quai Lamartine
RENNES
✆ 02 99 78 46 98
www.nationaltours.fr
Plusieurs autres agences en France.

Parmi les différents circuits accompagnés offerts aux Etats-Unis, National Tours propose entre autres « La Nouvelle-Orléans, Memphis, Chicago, au rythme de la musique ». S'étirant sur deux semaines, vols compris, il vous mènera au Texas, en Louisiane, au Mississippi, au Tennessee, en Indiana et en Illinois. Il y a également le circuit « Texas, Louisiane, Floride », lui aussi d'une durée de deux semaines, qui vous fera découvrir non seulement ces trois Etats mais aussi le Mississippi, le Tennessee et la Géorgie. Le meilleur du Sud à portée de main !

TUI STORE

✆ 08 25 00 08 25
www.tui.fr
Près de 200 agences en France.

Spécialiste des États-Unis, ce tour-opérateur original fabrique entièrement ses programmes et les distribue exclusivement dans ses agences. Avec l'aide de conseillers expérimentés, vous construirez votre itinéraire idéal et vous personnaliserez totalement votre voyage à l'aide d'une sélection d'étapes de charme et de modules d'escapades. Découverte individuelle à votre rythme, hébergements authentiques, tout est à la carte ! Signalons ici le circuit « Autant en emporte la musique » qui propose de découvrir six États du Sud américain.

USA TRAVEL

75, boulevard Louis Schmidt
BRUXELLES - BRUSSEL
✆ +32 2 734 97 00
usatravel.be
Ouvert du lundi au vendredi, de 9h à 18h.

Spécialiste des États-Unis depuis plus de 25 ans, mais aussi du Canada avec son agence Canada Travel. Le Sud américain est bien représenté dans l'offre avec des circuits en autotour, comme par exemple « Antebellum Plantations » qui vous mènera sur la route des plantations ou encore « Blues, Rock N Roll & Bayous », un itinéraire s'étendant de Chicago à La Nouvelle-Orléans en passant par Nashville et Memphis. Si vous préférez vous concentrer uniquement sur la Louisiane, le circuit accompagné « Bayous et Plantations » est chaudement recommandé.

AMERICAN CRUISE LINES ★★

✆ +1 800 460 4518

www.americancruiselines.com

Tarifs variables selon la croisière choisie. Réservation impérative.

American Cruise Lines propose des croisières à différents endroits aux États-Unis, que ce soit le long de la Nouvelle-Angleterre ou de la côte Ouest, et même jusqu'en Alaska ! Le fleuve Mississippi est également au programme avec une dizaine d'itinéraires, dont Memphis-La Nouvelle-Orléans ou encore la boucle au départ de La Nouvelle-Orléans vers le pays des plantations ainsi que Natchez et Vicksburg dans l'État du Mississippi. Pour vivre la totale, la croisière « Complete Mississippi River Cruise » vous mènera de La Nouvelle-Orléans à St. Paul au Minnesota.

AMERICAN QUEEN VOYAGES

✆ +1 888 749 5280

www.americanqueensteamboatcompany.com

Tarifs variables selon la croisière choisie. Réservation impérative.

Cette compagnie propose des croisières sur les grands fleuves et lacs des États-Unis à bord de bateaux à roues à aubes. Le fleuve Mississippi est bien entendu au programme : La Nouvelle-Orléans-Memphis (8 ou 9 jours, peut se faire dans le sens inverse) ou encore Minneapolis-La Nouvelle-Orléans (15 ou 16 jours). À cela s'ajoute la croisière aller-retour depuis La Nouvelle-Orléans (8 ou 9 jours), laquelle permet la visite de la plantation Nottoway, de la jolie ville de St. Francisville et des villes historiques de Natchez et Vicksburg dans l'Etat du Mississippi.

AUTHENTIK USA

✆ +1 725 210 6996

www.authentikusa.com/fr-fr

N° Vert depuis la France : 0 805 080 055.

Une agence spécialiste des États-Unis qui propose des *road trips* qui plairont à tous les publics : individuels, familles, couples et petits groupes. Plusieurs autotours sont proposés dans l'Ouest et l'Est américains, sans oublier la Floride et la Louisiane (il est possible de télécharger gratuitement des guides de voyage de chacune de ces destinations). L'agence offre également la location de voiture et de camping-car pour vivre ses vacances en pleine autonomie. À savoir que les séjours s'adaptent aux goûts et aux besoins de chacun.

EASYVOYAGE

✆ 08 99 19 98 79

www.easyvoyage.com

Le concept peut se résumer en trois mots : s'informer, comparer et réserver. Des infos pratiques sur plusieurs destinations en ligne (saisonnalité, visa, agenda...) vous permettent de penser plus efficacement votre voyage. Après avoir choisi votre destination selon votre profil (famille, budget...), le site vous offre la possibilité d'interroger plusieurs sites à la fois concernant les vols, les séjours ou les circuits. Grâce à ce moteur performant, vous pouvez réserver directement sur plusieurs bases de réservation (Lastminute, Go Voyages et bien d'autres).

JETCOST

www.jetcost.com

Jetcost compare les prix des billets d'avion et trouve le vol le moins cher parmi les offres et les promotions des compagnies aériennes régulières et *low cost*. Le site est également un comparateur d'hébergements, de loueurs d'automobiles et de séjours, circuits et croisières. L'interface du site Internet est très simple d'utilisation. Après avoir lancé la recherche, on peut affiner les résultats en fonction de ses choix afin de trouver le vol le plus intéressant, la durée du trajet, les éventuelles escales ou encore l'aéroport d'arrivée.

QUOTATRIP

www.quotatrip.com

Voyages sur mesure.

QuotaTrip est une nouvelle plateforme de réservation de voyage en ligne qui met en relation des voyageurs à la recherche d'expériences authentiques et uniques et des agences de voyages locales sélectionnées pour leurs compétences et leur sérieux. Le réseau de QuotaTrip couvre près de 200 destinations dans le monde entier. Le but de ce rapprochement est simple : proposer un séjour entièrement personnalisé aux utilisateurs. QuotaTrip promet ainsi l'assurance d'un voyage serein, sur mesure, sans intermédiaires et sans frais supplémentaires.

INTERVIEW

LE VOYAGE-SUR-MESURE

AVEC STEVEN LE CHEVALIER ET MATHIEU VALLY DE QUOTATRIP

Quel est le concept de l'agence QuotaTrip ?

Quotatrip est la première plateforme de mise en relation entre voyageurs et agences locales. Grâce à elle, les voyageurs peuvent enfin échanger en direct avec des agences qui sont sur place et concevoir un voyage unique, au meilleur prix et 100% personnalisé.

Pourquoi voyager avec des agences locales ?

À l'inverse des agences traditionnelles, les agences locales sont des expertes de la destination choisie. Ce sont aussi les mieux placées pour concevoir des séjours qui sortent des sentiers battus. Elles sont ainsi en mesure de répondre à l'ensemble des envies, le voyageur rentre dans l'univers de l'equi-tourisme = le tourisme sans intermédiaire.

Quels sont les autres avantages pour les voyageurs ?

Il y a une multitude d'avantages. Cela permet notamment de ne pas voyager comme tout le monde, d'organiser de manière simple et rapide un séjour sur mesure et au meilleur prix. Fini les mauvaises surprises, les voyageurs posent toutes les questions qu'ils souhaitent et bénéficient d'un accompagnement sur mesure, de la conception du projet jusqu'à sa réalisation en toute sécurité car les agences référencées sont sélectionnées et recommandées par les journalistes des guides du Petitfute en toute impartialité.

Les démarches sont-elle simples à effectuer ?

Les sites de voyage en ligne font perdre beaucoup de temps aux internautes sans pour autant répondre entièrement à leurs désirs. QuotaTrip propose un formulaire simple et rapide qui permet de décrire les souhaits, les envies et les besoins. L'internaute reçoit aussitôt gratuitement et sans engagement les offres de trois ou quatre agences locales avec qui il peut ensuite échanger afin de personnaliser son projet grâce à la messagerie mise en place.

Quelles sont les destinations proposées ?

Notre plateforme propose plus de 21 000 projets de voyage sur plus de 100 destinations à travers le monde. De l'Amérique latine en passant par l'Asie et l'Afrique, nos mille agences partenaires sont là pour répondre à vos projets de voyage.

Décrivez votre projet de voyage. Echangez en direct avec les agences locales et partez au meilleur prix.

***Plus d'informations** : quotatrip.com*

© D.R

© D.R

© D.R

SE LOGER

La Louisiane compte un grand nombre d'expériences d'hébergement. Les amateurs de plein air opteront pour le camping dans un terrain privé, un parc d'État ou national. Certains proposent aussi des tentes prêt-à-camper ou encore des chalets sur pilotis, par exemple. À La Nouvelle-Orléans, les petits budgets ont accès à plusieurs auberges de jeunesse, qu'elles soient membres du réseau HI USA (Hostelling International) ou bien indépendantes, et la plupart proposent tant des lits en dortoir que des chambres privées pour un peu plus d'intimité. Pour un chez-soi atypique ou non, on recommande VRBO, la plateforme de location de résidences de vacances qui vous met en lien directement avec le propriétaire. Puis vient le réseau de chambres d'hôtes de la Louisiane (Louisiana Bed & Breakfast Association), sans oublier l'omniprésence des grandes chaînes internationales, notamment dans les villes et le long des axes routiers.

BEWELCOME €€

www.bewelcome.org

Le système est simple : être hébergé chez l'habitant, partout dans le monde. C'est le site Internet qui se charge de contacter les accueillants et les postulants puis de les mettre en contact, que ce soit en ligne ou dans la vraie vie. Avec leur carte interactive, les profils *des « welcomers »* s'affichent, avec leurs disponibilités. Certains font part de leurs projets de voyage afin de pouvoir trouver des affinités, des opportunités d'action avec les membres du site. Idéal pour un voyage solidaire et plein de belles rencontres !

COUCHSURFING €€

www.couchsurfing.com

Plateforme internet pour séjourner chez l'habitant. Tarif d'adhésion : 15€ environ.

Couchsurfing est le service d'hébergement gratuit en ligne regroupant le plus d'adhérents. Il suffit de s'inscrire pour accéder aux profils des locaux ou faire sa demande d'hébergement pour quelques jours, voire quelques semaines. En échange, vous pouvez par exemple inviter votre hôte à manger, lui offrir un cadeau ou bien l'accueillir chez vous. Le site Internet met en place des systèmes de contrôle : notation des membres, numéro de passeport exigé à l'inscription, etc. Les participants ont accès à des hébergements volontaires dans plus de 200 pays.

HELPX €€

www.helpx.net

Plateforme Internet pour séjourner chez l'habitant.

Des fermes biologiques, des B&B, des hôtels où l'étranger aide tout en bénéficiant, selon les hôtes, d'un hébergement, de repas ou de cours de langues selon le travail fourni. Un panel de lieux, partout dans le monde, où vivre durant une année ou moins, afin d'améliorer une langue ou vivre une expérience hors du commun pendant une année de césure. Lors de notre dernière visite sur le site, des propriétaires de *guesthouse* proposaient lit + déjeuner en échange de quelques heures de travail. Peut être une bonne affaire pour les plus jeunes.

HOME EXCHANGE €€

www.homeexchange.fr

Abonnement annuel 130 €.

Et si vous échangiez votre maison avec d'autres pour partir en vacances ? HomeExchange est une plateforme d'échange de maisons et d'appartements entre particuliers. L'idée : un site Internet pour échanger son logement (studio, appartement, villa…) moyennant un abonnement annuel à l'agence en ligne, qui se charge de la présentation du bien et de la mise en contact des intéressés. Un excellent moyen de faire des économies pour partir en vacances et économiser ainsi les frais d'hébergement sur place. Le choix est large, avec plus de 400 000 offres dans 159 pays.

HOSTELWORLD €

www.hostelworld.com

Depuis 2005, cette centrale de réservation en ligne permet de planifier son séjour à prix corrects dans le monde entier. Afrique, Asie, Europe, Amérique… Hostelworld est spécialisé dans les logements peu onéreux (auberges de jeunesse ou *hostels*…) mais proposant des services et un cadre plutôt soignés. Pour chaque grande ville, le site propose une sélection pointue d'enseignes partenaires et vous n'aurez plus qu'à choisir l'adresse la plus pratique, la mieux située, ou tout simplement la moins chère. Une plateforme bien pratique pour les baroudeurs.

HI USA €

www.hiusa.org

Réductions pour les adhérents sur l'hébergement et auprès des partenaires locaux.

Cette association sans but lucratif propose aux voyageurs de tous les âges un réseau d'une trentaine d'auberges de type hostel, réparties dans plus d'une quinzaine d'États à travers le pays ainsi qu'à Hawaï. Membres du réseau mondial Hostelling International, elles offrent des lits en chambres partagées, des chambres privées et familiales ainsi que des lodges et chalets pour les petits groupes, sans oublier la panoplie de services proposés, allant de la cuisine équipée aux sorties organisées. La manière la plus cool de voyager !

WORKAWAY €€

www.workaway.info

Abonnement annuel à la plateforme : 49 € pour un voyageur seul, 59 € pour deux voyageurs.

Ici, le système est simple : être nourri et logé en échange d'un travail. Des fermes, des maisons à retaper, ou plus simplement des vendanges ou cueillettes… Une expérience unique en son genre où l'on ne paye pas son hébergement avec de l'argent mais en rendant des services. Ce mode de logement alternatif, s'il n'est pas de tout repos, est de plus en plus populaire. Lors de notre dernière visite, des hôtes proposaient le gîte et parfois le couvert, majoritairement en échange de la pratique de l'anglais avec eux... Un bon deal !

LOUISIANA STATE PARKS - RÉSERVATIONS CAMPING €

✆ +1 225 342 8111

www.lastateparks.com

La Louisiane peut compter sur un réseau de plus d'une vingtaine de parcs d'État. C'est l'occasion en or pour découvrir les beautés naturelles de la Louisiane et question d'en profiter pleinement, nombreux sont les parcs qui proposent des sites de camping avec ou sans services, des refuges et des chalets. Neuf d'entre eux offrent également l'expérience de glamping dans une tente de type prêt-à-camper. Vu la popularité de certains parcs, une réservation à l'avance n'est pas un luxe.

LOUISIANA BED & BREAKFAST ASSOCIATION €€

www.louisianabandb.com

Cette association regroupe une quarantaine d'établissements de type Bed & Breakfast aux quatre coins de la Louisiane. Que vous ayez envie de séjourner au cœur de La Nouvelle-Orléans ou dans une plantation historique sur les rives du Mississippi, tout est ici possible. Le site web permet d'effectuer une recherche par critères (piscine/spa, restaurant, clim, stationnement gratuit, accessible aux fauteuils roulants, etc.) et de réserver directement en ligne.

VRBO €€

www.vrbo.com

Envie d'une expérience d'hébergement qui diffère des auberges et hôtels ? Vous aimez avoir votre propre « camp de base » lors de vos vacances ? Vrbo est la solution idéale ! Cette plateforme vous met directement en contact avec les propriétaires qui proposent toutes sortes d'hébergements allant du loft en ville au chalet en bord de lac, en passant par la villa de luxe et la maison de plage. On y trouve aussi des hébergements insolites pour une expérience hors du commun. Bref, il suffit de créer son compte en ligne et le tour est joué !

SE DÉPLACER

Bien que les distances ne soient pas très grandes en Louisiane, la location d'une voiture s'avère indispensable pour visiter certaines régions, d'autant plus qu'elle permet une véritable liberté. Des vols intérieurs sont offerts entre certaines villes, mais impliquent une ou deux escales hors Louisiane, ce qui ne vaut pas nécessairement le coup. Nous avons donc préféré inclure ici des compagnies offrant des vols intérieurs à bas prix aux États-Unis, pour ceux qui désirant voir d'autres États. La compagnie ferroviaire nationale Amtrak dessert le sud et l'extrême est de la Louisiane, sans oublier les bus FlixBus (trois localités), Greyhound (une vingtaine de localités) et Megabus (deux localités) qui sillonnent tant la Louisiane que le reste du pays. Aussi, afin de franchir certains cours d'eau, notamment le Mississippi, des services de ferry sont offerts. Bon plan : le covoiturage, très populaire et surtout hyper abordable.

FRONTIER AIRLINES

✆ +1 801 401 9000
www.flyfrontier.com
Réservation en ligne ou par téléphone.

Basée à au Colorado, cette compagnie aérienne *low cost* dessert la plupart des États américains (incluant l'Alaska contrairement à d'autres compagnie) ainsi que le Canada, le Mexique, les Caraïbes et certains pays d'Amérique centrale. En plus des vols, on peut également réserver ses nuitées en hôtel, louer une voiture et se procurer des billets pour des spectacles, des visites guidées, des attractions, etc. Pour les voyageurs fréquents, renseignez-vous sur l'abonnement Discount Den qui permet de cumuler des miles de récompense pour économiser sur les vols.

JETBLUE

✆ +1 800 538 2583
www.jetblue.com
Réservation en ligne ou par téléphone.

Basée à New York, cette compagnie *low cost* dessert la plupart des États américains ainsi que le Mexique, les Caraïbes et certains pays d'Amérique centrale et du Sud. Depuis New York, il est également possible d'avoir un vol direct vers les aéroports Gatwick et Heathrow à Londres. Plusieurs services à bord : wifi, films et télé gratuits, boissons et snacks gratuits et alcools et boîtes repas payants (offerts sur certaines liaisons seulement ; repas, boissons et alcools gratuits sur les vols vers Londres). Pour un confort total, informez-vous sur la classe Mint.

FLIXBUS

www.flixbus.fr/bus/etats-unis
Réservation en ligne.

Bien connue en Europe, FlixBus est une compagnie de bus *low cost* qui dessert plus de 2 500 destinations dans près d'une quarantaine de pays à travers le monde. Elle est présente dans de nombreux États américains, principalement sur la côte Ouest, les États du Sud, la côte Est et la région des Grands Lacs. Non seulement les tarifs sont-ils plus qu'abordables mais en plus, vous bénéficiez d'une place assise garantie avec beaucoup d'espace pour les jambes, de prises électriques pour vos appareils techno et du wifi gratuit pour vous divertir pendant le trajet.

GREYHOUND

✆ +1 800 231 2222
www.greyhound.com
Réservation en ligne ou par téléphone.

Greyhound est la compagnie nationale de bus aux États-Unis. Avec ses compagnies partenaires, son réseau couvre tous les États américains, à l'exception de l'Alaska et d'Hawaï. Certains liaisons permettent également de se rendre dans certaines villes canadiennes (Vancouver, Toronto, Montréal...) ainsi qu'au Mexique (Tijuana, Nuevo Laredo, Monterrey...). Pour économiser jusqu'à 30 % sur les trajets, trois options s'offrent à vous : réservez en ligne ou via l'appli, réservez votre billet au moins 7 jours à l'avance, voyagez les mardis et mercredis.

MEGABUS

us.megabus.com

Réservation en ligne.

Ces bus à deux étages (avec wifi gratuit) desservent plus d'une centaine de villes et localités aux États-Unis, pour la plupart situées dans la région des Grands Lacs, la côte Est américaine et les États du Sud. Trois villes sont également desservies en Californie (Los Angeles, Riverside) et au Nevada (Las Vegas). Compagnie *low cost*, elle offre d'excellents tarifs, mais le confort est moindre que dans les bus de la compagnie Greyhound. Megabus est également présent au Canada (principalement en Ontario) ainsi qu'au Royaume-Uni.

AMTRAK

✆ +1 800 872 7245

francais.amtrak.com

Réservation en ligne ou par téléphone.

Compagnie ferroviaire américaine circulant aux États-Unis et assurant également des liaisons avec le Canada (quelques gares en Colombie-Britannique, en Ontario et au Québec). Trois itinéraires permettent de se rendre à La Nouvelle-Orléans : City of New Orleans (depuis Chicago), Crescent (depuis New York) et Sunset Limited (depuis Los Angeles). En plus des billets à l'unité, Amtrak propose des forfaits vacances ainsi que des pass multi-trajets ou encore le USA Rail Pass (10 trajets pendant 30 jours dans le pays en classe Économie).

AUTO RENTAL ETC

autorentaletc.com

Une agence idéale si vous souhaitez éviter les entreprises multinationales classiques et privilégier une agence louisianaise. Auto Rental ETC propose un grand choix de véhicules à la location et dispose de sept agences implantées dans le sud de l'État, soit à Breaux Bridge, Kenner (au Louis Armstrong New Orleans International Airport - pas de taxe aéroport), Lafayette (deux succursales), Lake Charles, Morgan City et Youngsville. Les réservations sont possibles en ligne et par téléphone auprès de chaque agence. Une compagnie locale chaudement recommandée !

BSP AUTO

✆ 01 86 26 90 80

www.bsp-auto.com

Site comparatif accessible 24h/24.

Il s'agit là d'un prestataire qui vous assure les meilleurs tarifs de location aux conditions les plus avantageuses auprès des grands loueurs de véhicules dans les gares, aéroports et les centres-villes du monde entier. Le kilométrage illimité et les assurances sont souvent compris dans le prix. Avec BSP Auto, vous pouvez réserver dès maintenant et payer seulement cinq jours avant la prise de votre véhicule. Autre bonus du courtier BSP : pas de frais de dossier ni d'annulation (jusqu'à la veille). La moins chère des options zéro franchise.

DOTD

✆ +1 877 452 3683

wwwsp.dotd.la.gov/Pages/default.aspx

Site officiel du Département des transports et des infrastructures de la Louisiane, il regorge d'informations utiles pour vos déplacements dans l'État (cliquez sur la section Residents). On y retrouve notamment les conditions routières, l'état du trafic, des *ferries* et des ponts levants / basculants, la carte géo du système autoroutier lousianais, les routes / ponts à péage et les tarifs, les liens pour les différents modes de transport dans l'État, les coordonnées des bureaux d'accueil touristique de Louisiana Travel et plus encore.

RIDESHARING.COM

www.ridesharing.com

Réservation en ligne. Frais de réservation et tarifs variables selon la destination.

Ridesharing.com est une compagnie bien connue de covoiturage desservant le Canada et les États-Unis. Ses activités sont réparties entre le covoiturage local et longue distance. En réservant via le site web, vous avez accès à une foule d'informations sur les conditions du trajet (espace disponible pour les bagages, fumeur ou non, animaux bienvenus, etc.) ainsi qu'à l'évaluation des passagers ayant voyagé avec ce conducteur. Toujours sur le site web, une section comprend des articles de blog mais il n'est toutefois pas très à jour.

S'INFORMER

Pour bien préparer votre voyage en sol louisianais, mais aussi pour vous mettre dans l'ambiance, on a sélectionné ici quelques ressources autant utiles que divertissantes. Que ce soit pour connaître l'ensemble de l'offre touristique de l'État, découvrir la culture cajun et visionner des reportages en français, vous laisser entraîner par les rythmes des différentes musiques qui font la réputation de la Louisiane, suivre l'actualité de la scène gourmande et culturelle, trouver les meilleurs spots où prendre un verre et vous déhancher ou encore vous tenir au parfum de tous les événements à venir, ces ressources vous seront sans nul doute d'une aide fort précieuse. Et pour de l'information supplémentaire sur les différents médias de la Louisiane (web, radios, journaux et magazines, etc.), consultez également notre fiche pratique « Vie quotidienne » dans le chapitre « Inspirer » en début de guide.

LOUISIANA TRAVEL

✆ +1 225 342 8121
www.louisianatravel.com

Pour la version française, aller dans « Language » qui vous redirigera vers le site visittheusa.fr.

Site officiel de l'office du tourisme de l'État, c'est l'endroit idéal pour planifier votre séjour en sol louisianais. Que ce soit pour avoir des idées de voyage thématique, la liste des attraits par catégorie, les lieux d'hébergement, les expériences culinaires, les festivals et événements ou encore les activités de plein air, tout y est. Une section du site permet également de découvrir les différentes régions de la Louisiane et il est possible de télécharger le guide officiel du visiteur (possibilité d'envoi par la poste en Amérique du Nord uniquement).

OFFICE DU TOURISME DES ÉTATS-UNIS

✆ 08 99 70 24 70
www.office-tourisme-usa.com

Informations touristiques données exclusivement par mail ou par téléphone (3 €/appel, pas de surtaxe depuis un mobile).

Le Visit USA Committee France est une association à but non lucratif créée en mai 1996 suite à la fermeture de l'office de tourisme des Etats-Unis dans le monde entier. Regroupant la majorité des professionnels du tourisme opérant vers ce pays, elle assure la promotion de la destination USA sur le marché français. Infos pratiques pour préparer son voyage, dossiers thématiques sur la destination, fiches d'informations sur les Etats et plusieurs villes américaines, tout y est !

CARNETS DE VOYAGE

36, Boulevard de la Bastille
PARIS (12e)
phoenix-publications.com

Trimestriel consacré à des destinations de voyage avec des focus dédiés à la découverte des régions.

Trimestriel consacré à des destinations de voyage avec des focus dédiés à la découverte des régions, *Carnets de Voyage*, le magazine des voyages réussis. Tous les 3 mois, la revue vous invite à découvrir à travers ses reportages le meilleur des destinations. Grande ou petite escapade à la découverte d'une ville, d'une région, en France, en Europe ou dans le monde à travers des reportages photo uniques complétés de conseils pratiques et de bonnes adresses pour nous faciliter le voyage avec enfin, un agenda des rendez-vous à ne pas manquer.

GAMBIT

LA NOUVELLE-ORLÉANS

www.bestofneworleans.com

Hebdomadaire gratuit (également disponible pour consultation en ligne), il couvre toute l'actualité de La Nouvelle-Orléans, que ce soit la politique, la musique, les arts, les films, les festivals et événements, la scène gourmande, le design et la déco (édition mensuelle *Gambit Details* disponible également en ligne) ou encore le *lifestyle*, sans oublier les petites annonces. La version papier est distribuée dans environ 400 endroits de la grande région de La Nouvelle-Orléans et est un incontournable pour ne rien rater en ville.

OFFBEAT MAGAZINE

LA NOUVELLE-ORLÉANS

www.offbeat.com

OffBeat est un magazine mensuel spécialisé sur la musique. Ses articles font rayonner l'industrie musicale de la Louisiane - principalement de La Nouvelle-Orléans - sous toutes ses coutures et est clairement un indispensable pour les mélomanes. Son site web mérite également la visite avec de nombreux articles sur l'actualité de l'industrie, la liste des spectacles à venir, des revues d'albums, des vidéos de jam sessions et même des articles sur la scène gourmande locale. Pour se mettre dans l'ambiance, OffBeat met en ligne une *playlist* sur Spotify chaque mois.

KRVS - RADIO ACADIE

LAFAYETTE

www.krvs.org

88.7 FM

Basée à Lafayette, voici LA radio cajun ! On y joue de la musique cajun, du zydeco, du blues, du jazz et aussi du swamp pop et du swamp rock (de la pop et du rock des marais). D'une manière générale, tout ce qui se fait sur un plan musical en Louisiane se retrouve diffusé sur les ondes de KRVS. Programmes essentiellement en anglais.

À écouter : le programme *Bonjour Louisiane,* du dimanche au vendredi de 5h à 7h. Au menu, musiques cajuns et infos sur les événements francophones et francophiles à venir. Podcast disponible sur le site web.

WHERE Y'AT

LA NOUVELLE-ORLÉANS

www.whereyat.com

Expression couramment utilisée à La Nouvelle-Orléans et qui signifie *How are you* ? ou *What's going on* ? (Comment vas-tu ? / Quoi de neuf ?), *Where Y'at* est également un magazine mensuel gratuit disponible en version papier ainsi que pour consultation en ligne. Il couvre les scènes artistique, culturelle et gourmande de La Nouvelle-Orléans et est un indispensable pour les sorties. Chaque année, il publie également ses *Best of the Big Easy* sur son site web dans les catégories du nightlife, des restaurants, des arts et du shopping.

MUSIC IN LOUISIANA

www.louisianatravel.com/music

La musique est un élément qui peut motiver à lui seul un voyage en Louisiane. Du jazz au zydeco, en passant par le blues et les violons entraînants de la musique cajun, les styles musicaux sont ici variés et les légendes de la musique sont si nombreuses que les mélomanes viennent ici en véritable pèlerinage. C'est pourquoi l'office de tourisme de la Louisiane a lancé ce site web spécialement dédié aux musiques locales et à leurs artistes. On y trouve aussi le calendrier des festivals et événements musicaux ainsi que des idées de voyage suivant cette thématique.

WWOZ

LA NOUVELLE-ORLÉANS

www.wwoz.org

90.7 FM

Plus communément appelée O.Z. et surnommée *Guardians of the Groove* (gardiens du groove), c'est LA radio de La Nouvelle-Orléans ! Tous les styles louisianais y passent, c'est-à-dire jazz, zydeco, cajun, brass band, musique africaine, blues, world music... Cette radio non-commerciale existe grâce à des subventions et surtout grâce aux donations des auditeurs. Pendant le New Orleans Jazz & Heritage Festival (fin avril - début mai) mais aussi d'autres événements musicaux, WWOZ retransmet en direct. À savoir qu'il est possible d'écourter cette chaîne radio en ligne.

Nombreux sont ceux qui, chaque année, tentent l'expérience de l'expatriation temporaire ou même permanente au pays de l'Oncle Sam. Il faut dire que les opportunités sont aussi variées que nombreuses, allant du cursus scolaire dans un *high school* typiquement américain à l'expérience d'un cycle universitaire à l'étranger, en passant par les stages en entreprise, les projets de recherche, les programmes d'immigration pour travailleurs qualifiés ou encore les opportunités d'investissement. Et cultures cajun et créole obligent, la Louisiane offre aussi plusieurs opportunités d'emploi dans ses « écoles d'immersion » pour l'enseignement du français ou de toute autre matière en français. Donc pour bien vous informer sur les différentes voies qui s'offrent à vous et les démarches à entreprendre pour étudier, travailler, investir et vivre en Louisiane, ces sites web sauront répondre à toutes vos questions, ou presque.

AEFE

23, place de Catalogne
PARIS (14e)
✆ 01 53 69 30 90
www.aefe.fr

Cette agence, sous tutelle du ministère des Affaires étrangères, anime et gère un réseau de près de 500 établissements d'enseignement français à l'étranger, dans près de 140 pays. 370 000 élèves, dont 40 % de Français, fréquentent ces établissements. Offres d'emploi à l'international pour les titulaires de la fonction publique (Education nationale principalement) et informations sur la politique pédagogique, la scolarité et l'orientation émaillent le site Internet de cet organisme qui soutient également l'association Anciens des lycées français du monde.

CIDJ

www.cidj.com

Le Centre d'Information et de Documentation Jeunesse a été créé en 1969, sous la tutelle du ministère de la Jeunesse et des Sports. Le site Internet est bien fait et très complet. La rubrique « Partir à l'étranger » fournit des informations pratiques aux jeunes qui ont pour projet d'aller vivre à l'étranger. Il y a une rubrique spécifique dédiée à chacun des thèmes suivants : travail, étude, stage, volontariat international et séjours linguistiques. Pour vous aider dans vos démarches, vous pouvez avoir un entretien gratuit avec un conseiller du CIDJ.

WEP FRANCE

95, avenue Ledru Rollin
PARIS (11e)
✆ 01 48 06 26 26
www.wep.fr

WEP propose plus de 50 projets éducatifs et séjours linguistiques dans une trentaine de pays pour une durée allant de une semaine à 18 mois. Quel que soit votre projet d'études ou de volontariat à l'étranger, vous trouverez sur le site de WEP une rubrique qui y sera consacrée : étudier au lycée, dans une université, partir en séjour linguistique, faire une expérience professionnelle dans le cadre d'un stage ou vivre en immersion dans une famille. Possibilité également de planifier des programmes combinés (études et projet humanitaire par exemple).

BUSINESS FRANCE

77, Boulevard Saint-Jacques
PARIS (14e)
✆ 01 40 73 30 00
Ouvert en semaine de 8h30 à 18h30.

L'Agence pour le développement international des entreprises françaises travaille en étroite collaboration avec les missions économiques. Le site Internet recense toutes les actions menées, les ouvrages publiés, les événements programmés et renvoie sur la page du Volontariat International en Entreprise (VIE). Fondée en 2015, cette structure est née de la fusion entre Ubifrance et l'Agence française pour les investissements internationaux. Elle est affiliée au Ministère de l'Europe et des Affaires étrangères et au Ministère de l'Économie et des Finances.

FRENCH AMERICAN CHAMBER OF COMMERCE - GULF COAST

LA NOUVELLE-ORLÉANS
✆ +1 504 458 3528
www.facc-gc.com

Membre du réseau CCI France International, fort de 126 chambres de commerce réparties dans 96 pays, le bureau de La Nouvelle-Orléans met son expertise au service de votre stratégie dans la région (Louisiane, Mississippi et sud de l'Alabama). Que ce soit pour exporter ou vous implanter, plusieurs services sont mis à votre disposition : contacts clés, mission de prospection, événement de réseautage, recrutement, création de filiales, plan d'affaires, etc. Une excellente référence !

LOUISIANA ECONOMIC DEVELOPMENT

✆ +1 225 342 3000
www.opportunitylouisiana.com

Contact pour la France : Ben Fontenot, ben.fontenot@la.gov, +1 225 342 4058.

L'agence de développement économique de la Louisiane a pour mission de renforcer l'environnement commercial de l'État et d'y créer une économie plus dynamique. Dans la section de son site web dédiée au commerce international avec la France, vous trouverez de l'information relative aux investissements français en Louisiane et aux chiffres des échanges commerciaux (import et export), sans oublier quelques ressources utiles sur les liens unissant la Louisiane et la France.

COUNCIL ON INTERNATIONAL EDUCATIONAL EXCHANGE

✆ +1 207 553 4000
www.ciee.org

Le Council on International Educational Exchange (CIEE) offre des opportunités d'emplois d'été, de stages et d'études à l'étranger. Aux États-Unis, trois grands programmes sont proposés : études (dans un lycée américain), travail (emploi d'été dans un camp de vacances, programme vacances-travail) et recherche et stages (recherche pour les chercheurs, boursiers, professeurs et experts, stage en résidence ou professionnel). Consultez le site web pour connaître les critères et coûts.

FRANCE ÉDUCATION INTERNATIONAL - CODOFIL

✆ 01 45 07 60 00
www.france-education-international.fr

Établissement placé sous la tutelle du ministère de l'Éducation nationale, de la jeunesse et des sports, une de ses missions consiste notamment à contribuer à la mobilité internationale des assistants de langue et des enseignants via des programmes d'échange tel que CODOFIL. Ce dernier offre l'opportunité d'aller en Louisiane enseigner le français ou toute autre matière dans cette langue, et ce, pour une année scolaire avec possibilité de deux renouvellements. Avis aux intéressés !

USCIS

www.uscis.gov

Site officiel du U.S. Citizenship and Immigration Services, il renseigne sur les grands thèmes que sont visiter, étudier, travailler et immigrer aux États-Unis. Que ce soit pour une visite d'affaires, des études professionnelles ou universitaires, un travail temporaire ou permanent, vous y trouverez toute l'information sur les programmes et visas ainsi que sur les démarches nécessaires pour présenter une demande d'immigration (temporaire ou permanente), de citoyenneté ou d'asile. L'outil « Explore My Options » permet d'ailleurs de vous aiguiller en quelques clics.

VIE - VOLONTARIAT INTERNATIONAL EN ENTREPRISE

✆ 04 96 17 26 50
mon-vie-via.businessfrance.fr

Le VIE est destiné aux jeunes de 18 à 28 ans. Il s'effectue en entreprise, dans une ONG, dans une collectivité locale ou dans un service de l'État – allant de l'ambassade à l'établissement culturel en passant par le consulat. Par ailleurs, il peut durer de 6 à 24 mois et être renouvelé une fois, de deux ans au plus. Enfin, sa rémunération mensuelle est constituée d'un salaire fixe de 723,99 € et d'une indemnité supplémentaire dont le montant varie selon la mission.

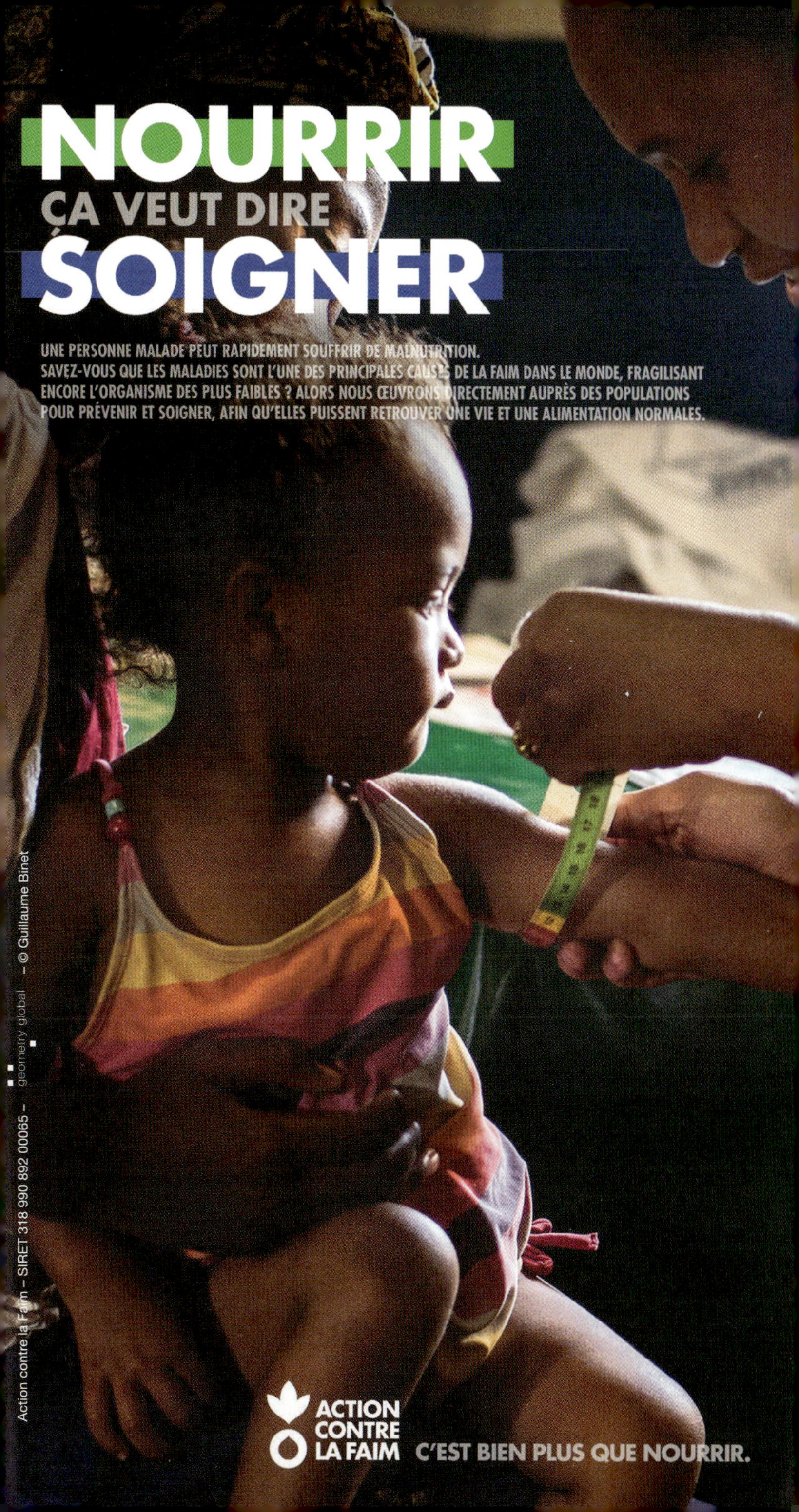
NOURRIR
ÇA VEUT DIRE
SOIGNER
UNE PERSONNE MALADE PEUT RAPIDEMENT SOUFFRIR DE MALNUTRITION.
SAVEZ-VOUS QUE LES MALADIES SONT L'UNE DES PRINCIPALES CAUSES DE LA FAIM DANS LE MONDE, FRAGILISANT ENCORE L'ORGANISME DES PLUS FAIBLES ? ALORS NOUS ŒUVRONS DIRECTEMENT AUPRÈS DES POPULATIONS POUR PRÉVENIR ET SOIGNER, AFIN QU'ELLES PUISSENT RETROUVER UNE VIE ET UNE ALIMENTATION NORMALES.
Action contre la Faim – SIRET 318 990 892 00065 – geometry global – © Guillaume Binet
ACTION CONTRE LA FAIM
C'EST BIEN PLUS QUE NOURRIR.

INDEX

C

D

E

F

G

H

I

J

K

L

O

P

Q

R

S

EDITION

Directeurs de collection et auteurs : Dominique AUZIAS et Jean-Paul LABOURDETTE

Auteurs : Valérie FORTIER, Amandine GLEVAREC, Kévin GIRAUD, Romain RISSO, Sylvie DEL COTTO, Juliette COURTOIS, Priscilla PARARD, Baptiste THARREAU, Mathias DESHOURS, Nelly JACQUES, Martin FOUQUET, Clément BEUSELINCK-DOUSSIN, Manon LIDUENA, Béatrice GERMAINE, Jean-Paul LABOURDETTE, Dominique AUZIAS et alter

Directeur Editorial : Stéphan SZEREMETA

Rédaction Monde : Laure CHATAIGNON, Morgane VESLIN, Pierre-Yves SOUCHET, Natalia COLLIER

Rédaction France : Briséis CREAC'H-MENUT, Mélanie COTTARD, Audrey VEDOVOTTO, Nicolas WODARCZAK

FABRICATION

Maquette et Montage : Romain AUDREN, Julie BORDES, Delphine PAGANO

Iconographie et Cartographie : Anne DIOT, Julien DOUCET

WEB ET NUMERIQUE

Directeur Web : Louis GENEAU de LAMARLIERE

Développeurs : Guillaume BARBET, Adeline CAUX et Roland SPOUTIL

Intégrateur Web : Mickael LATTES, Antoine DION

Webdesigner : Caroline LAFFAITEUR

Community Traffic Manager : Alice BARBIER, Mariana BURLAMAQUI et Noémie LE SAUX

DIRECTION COMMERCIALE

Directeur commercial : Guillaume VORBURGER

Coordinatrice des Régies commerciales : Manon GUERIN assistée de Jonas HESOL

Account Manager Marketplace : Leila ROUGEOT assistée de Lola FAVRE-MOT

Responsable Régies locales : Michel GRANSEIGNE

Responsables Développement régie inter : Jean-Marc FARAGUET, Guillaume LABOUREUR et Camille ESMIEU

Chefs de Publicité Régie nationale : Caroline AUBRY, François BRIANCON-MARJOLLET, Perrine DE CARNE MARCEIN, Jonathan TOUTOUX, Amélie NOEL,

Régie LOUISIANE : Jean-Christian DAVID

DIFFUSION ET PROMOTION

Directrice des Ventes : Bénédicte MOULET assistée d'Aissatou DIOP

Responsable des ventes : Jean-Pierre GHEZ assisté de Nelly BRION

Relations Presse-Partenariats : Jean-Mary MARCHAL

ADMINISTRATION

Président : Jean-Paul LABOURDETTE

Directrice des Ressources Humaines : Dina BOURDEAU assistée de Sandra DOS REIS et Eva BAELEN

Directrice Administrative et Financière : Valérie DECOTTIGNIES

Comptabilité : Guillaume PETIT, Aminata BAGAYOKO, Jeannine DEMIRDJIAN

Recouvrement : Fabien BONNAN assisté de Sandra BRIJLALL

Responsable informatique : Elie NZUZI-LEBA

PETIT FUTÉ LOUISIANE

LES NOUVELLES EDITIONS DE L'UNIVERSITE
18, rue des Volontaires - 75015 Paris.
✆ 01 53 69 70 00 - Fax 01 42 73 15 24
Internet : www.petitfute.com
SAS au capital de 1 000 000 € - RC PARIS B 309 769 966
Couverture : © Lafayette Travel
Impression : CORLET IMPRIMEUR - 14110 Condé-en-Normandie
Achevé d'imprimer : octobre 2022
Dépôt légal : 19/11/2022
ISBN : 9782305077871

Pour nous contacter par email, indiquez le nom de famille en minuscule suivi de @petitfute.com
Pour le courrier des lecteurs : info@petitfute.com

IMPRIMÉ EN FRANCE